U1000081

無錫文庫

第二輯

鳳凰出版傳媒集團
鳳凰出版社

ISBN 978-7-5506-0809-2

9 787550 608092 >

圖書在版編目（CIP）數據

尤氏古迹考等 / 尤桐等纂輯. -- 南京 : 鳳凰出版社, 2011.8
（無錫文庫. 第2輯）
ISBN 978-7-5506-0809-2

Ⅰ. ①尤… Ⅱ. ①尤… Ⅲ. ①古籍－匯編－中國
Ⅳ. ①Z422

中國版本圖書館CIP數據核字(2011)第173456號

責任編輯　王　劍
裝幀設計　姜　嵩
出版發行　鳳凰出版傳媒集團
　　　　　鳳凰出版社(原江蘇古籍出版社)
　　　　　南京市中央路165號　郵編 210009
　　　　　發行部電話 025－83223462
集團網址　鳳凰出版傳媒網　http://www.ppm.cn
印　　刷　無錫市證券印刷有限公司
　　　　　無錫市揚名高新技術産業園B區75號　郵編 214024
開　　本　889×1194毫米　1/16
印　　張　40.75
版　　次　2011年8月第1版　2011年8月第1次印刷
標準書號　ISBN 978-7-5506-0809-2
定　　價　530.00圓
(本書凡印裝錯誤可向承印廠調換,電話:0510－85435666)

無錫文庫工作委員會

顧　問
楊衛澤　毛小平　周和平　譚　躍

主　任
王立人

副主任
曹佳中　陳海燕　吴小平

委　員
方標軍　須　儉　陳堯明　尤文科
何承志　蔡文煜　葉建興　施　展
嚴克勤　劉　川　雷群虎　李祖坤
瞿　敬　華瑞興　周興安　姜小青

無錫文庫編輯委員會

主　編

王立人

副主編

須　儉　姜小青

編　委（按姓氏筆畫排列）

王進雄　王賡唐　卞惠興　全　勤　吴　迪　沙無垢

金其楨　夏剛草　倪培翔　徐小躍　徐志鈞　浦學坤

陳文源　過旭明　過耀華　許墨林　張志清　程勉中

湯可可　蔡家彬　劉桂秋　錢建中　錢菲菲　顧文璧

執行編委

王華寶　王　劍　薛　飛　陳紅彦　林世田　謝冬榮

徐憶農　陈　立

編務人員

顧志堅　李躍光

無錫文庫學術顧問

（按姓氏筆畫排列）

朱玉麒　朱維錚　江慶柏　李文海
沈衛榮　武秀成　金良年　胡福明
莫礪鋒　徐中玉　陳熙中　許倬雲
張仲禮　張廷銀　彭　林　程章燦
馮　遠　馮其庸　楊天石　趙生群
劉玉才　錢　遜　錢中文　錢文忠

總序

七千年文明史，三千年建城史，江南名城無錫，襟長江依太湖，自古以來就是魚米之鄉，禮儀之邦。無錫文化自泰伯南奔以來，騰蛟起鳳，尚德崇文，在數千年的傳承發展中，教化常持，經世務實，人杰輩出，大家林立，文藻絢麗，錯彩鏤金。舍南舍北皆春水，欲與湖山作主人，數千年的人文傳統，賦予了風光秀美的無錫以獨特的文化魅力，鑄就了城市剛柔相濟、秀逸清麗的的文化品格。

無錫是中國吴文化的發源地。早在商代晚期，周太王古公亶父的長子泰伯三讓王位，携其弟仲雍奔吴，定居無錫梅里，建『勾吴國』，『端委以治周禮』，施以禮儀教化，興修水利，授以農桑，不數年而『民人殷富』。泰伯帶來的中原文化與無錫本地土著文明相結合，吴文化以及作爲其重要組成部分的無錫文化就此發端。晋室南渡，北方人群大量南遷，帶來了中原的文化技術，促進了無錫農業、水利、手工業和商業的發展，中原文明再度與吴文化進行融合互滲。在本土文化與异地文化的碰撞和交融中，不斷推動着無錫這座城市的文明進步。

無錫歷史文化『追歷七千餘載歲月滌蕩，遂經四大轉折而成其廣大深厚：泰伯西來，吴文化成焉；永嘉南渡，江左文脉振焉；宋室波遷，江南文風始焉；歐風東漸，錫邑占風氣之先，民族工商文化始焉。數百代鄉彦賢達智慧與創造累積，文獻足徵，無慮百千』（《錫山先哲叢刊》重版弁言）。無錫文化以兼容并蓄多樣化的形態不斷發展。

崇文尚教，以教促文。北宋嘉祐三年（一〇五八），無錫始設縣學；北宋政和元年（一一一一），理學傳人楊時在無錫創建東林書院，此後無錫出現了喻樗、尤袤、李祥、蔣重珍等一批知名的教育家。至明代，顧憲成、高攀龍等在東林書院講學，此後又有許多書院相繼而起。古代無錫對教育的重視，促進了『崇文』和『尚教』的風氣，也造就了大量的人才。自隋朝開創科舉取士到清末廢除科舉，無錫共出了五名狀元、三名榜眼、六名探花和三名傳臚，并有五百四十名進士，一千二百多名舉人；『一榜九進士』、『六科三解元』，自古傳爲佳話。近代以來，經濟的繁榮進一步帶動了教育的興盛。無錫籍國學大師錢穆曾説：『晚清以下，群呼教育救國，無錫一縣最先起。』此後無錫的實業家紛紛出資興辦文化教育事業。教育的繁興，在極大程度上促進了無錫的文化發展，出現了空前的文化人才崛起的高峰。

文脉綿延，後出轉强。歷來『文化』的概念有廣義和狹義之分，這裏的『文脉』之『文』，用的是狹義的概念，即指經史、文學、藝術等人類所創造的精神財富的總和。在無錫的歷史文化傳統中，自古及今，悠悠文脉，如瓜瓞之綿綿。必須指出的是，從文化發生學的角度來看，早期中華文化的中心是在黄河流域的中原地區，無錫在宋元以前，雖有像顧愷之、李紳、尤袤、蔣捷、倪瓚等一批人文英才，但在整體上，無錫的文氣是自明清以迄近現代達到巔峰。在整個江南地區文教昌明和無錫經濟繁盛、教育勃興的大背景下，無錫地區在經史、文學、繪畫、音樂等諸多領域中，建樹卓越，俊才雲蒸，真正呈現出『人文之盛，冠於南國；碩彦輩出，著述繁富』的局面。

求實務本、重工崇商。無錫自古爲江南富庶之地、魚米之鄉。明代東林講學者將士商并列爲『本行』，講求經世致用；近代早期維新的思想家、實踐家薛福成提出『黜浮靡，崇實學』，大力倡揚『工商爲先，耕戰植其基，工商擴其用』的觀念，這些都成了近代以來無錫人求實務本、重工崇商的重要的思想根源；兼以明清時期，封建自然經濟解體，資本主義開始萌芽，無錫經濟日趨繁盛。鴉片戰争以後，上海開埠，由於商品經濟的發展和商業資本積累的增加，逐步形成了一個以上海爲中心的，北接江陰、靖江，西連蘇州、無錫、常州的經濟區域。有布、米、絲、錢『四大碼頭』的無錫，被譽爲『小上海』。到了十九世紀末、二十世紀初，無錫許多有識之士積極引進西方生産技術，大力興辦工廠，形成了近代六大資本系統，無錫成了近代中國民族工商業的發祥地和蘇南經濟中心。經濟的繁盛，不僅爲無錫文化的不斷發展提供了堅實的物質基礎，而且也形成了無錫文化的主流形態之一的，具有鮮明特色和豐富内涵的『工商文化』。

文化源長，文獻宏大。在歷史上，無錫有過兩次較大規模的文化整理。一八九九年，《常州先哲遺書》是包涵無錫在内的第一次區域性文化整理集成。一九三一年，《錫山先哲叢刊》是無錫真正意義上從城市角度進行的一次文化整理。當時，國家積貧積弱，社會動蕩離亂，身處亂世的有識之士高擎文化的旗幟，以縱覽千古的魄力和毅力致力於城市文化傳統的繼承與弘揚，爲無錫地方人文教育提供了文化楷模，對增强無錫崇文興教氛圍發揮了重要的作用，爲無錫躋身江南名城提供了文化動力，其意義至今爲後人感念。

滄桑巨變，天上人間。經過近一個世紀的奮鬥探索，特別是改革開放三十多年來的迅猛發展，中華民族强勢崛起。國運昌隆，盛世修典。中共無錫市委、市政府高度重視地方傳統文化的整理弘揚工作。自二〇〇七年提出『建設文明無錫，打造文化名城』以來，無錫全面深入開展歷史文化遺産的挖掘、清理、保護和修復工作，傳承弘揚優秀傳統文化，彰顯城市人文歷史底蘊，掀起歷史文化名城建設新高潮。此後，市委、市政府在《無錫市文化大發展大繁榮行動綱要》中明確要求全面整理出版地方歷史文獻，市委、市政府在《關於深化文化體制改革加快文化强市建設的決定》中再次明確要求編纂《無錫文庫》，正式啓動迄今爲止無錫地區規模最大、綜合性鄉邦文獻集成的修編工作。爲確保《無錫文庫》的編纂工作順利進行，市委、市政府專門成立了『無錫文庫工作委員會』，由市委宣傳部牽頭，設立了『無錫文庫編輯委員會』，計劃用三年時間完成編纂出版工作。《無錫文庫》的編纂，將以嶄新的學術角度和現代學科框架對城市歷史文化進行全面梳理和弘揚，站在時代的高度，充分展示城市深厚的歷史底蘊，彰顯先賢哲人的智慧創造，解讀無錫文化的獨特個性，提煉升華無錫的人文精神，光前裕後，古爲今用，以文化人，由人化文，以史爲鑒，開啓未來。

《無錫文庫》的編纂出版必將發揮重要的文化功能：首先是搶救文獻。無錫自古即有豐富的地方文獻，無論經史子集，都有重要著作流傳於世。然而無錫近代歷經戰亂，一些重要典籍已毀佚，僅有書名存留；還有一些珍貴的明清地方史籍，也以孤本存世，處於若存若亡之間。由於各種原因，一些代表無錫文化的典籍保存於國内外各大圖書館中，在無錫不易見到。從清末到民國期間，在文化上有不少重要成果，而這部分書籍因長期被忽視而處於毀佚的邊緣。《無錫文庫》的編纂就是爲了搶救文獻，保存文脉。其次是古籍整理。無錫先賢留下的載籍很多，但現存書籍，版本雜亂，良莠不齊，整體而言没有經過系統編排梳理，使用不便。《無錫文庫》的編纂，就是從版本目録學的角度加以梳理，每書皆撰提要，鈎玄指要，便於閲讀使用。第三是服務大衆。《無錫文庫》所收皆爲地方古史遺文，是研究無錫歷史沿革和文化傳承的必讀書目。《無錫文庫》的編纂出版，使這些書籍的使用更加便捷和廣泛，對無錫的文化建設、城市規劃、古迹保護、名勝開發都具有很高的學術價值和實用價值。

歷史唯物主義觀是《無錫文庫》編纂出版工作的重要指導思想。《無錫文庫》是一部具有社會主義新時代特點的典籍集成，編纂理念和選編觀念更加科學，注重學術性、實用性和經典性相結合，并且儘量收入古籍版本研究的新成果，廣泛收集流散在國内外的珍貴典籍。編纂工作中，始終堅持『尊重歷史、尊重科學、尊重規律、尊重專家』的原則，堅持『雙百』方針，對傳統文化中重要的不同學派、不同觀點的資料兼收并蓄，力求客觀、完整和全面。當然，《無錫文庫》不可能包羅萬象，而以文史哲爲主要内容，兼顧其他類别著述，整體呈現出無錫歷史文化的發展脉絡。强化編纂工作的學術規範，提倡實事求是的良好學風，對文庫的整體規模、體例框架、所收書目、版式裝幀等進行反復論證，反復比較，多方聽取意見，慎之又慎，力争使《無錫文庫》成爲一部真正代表無錫文化的綜合性鄉邦文獻集成。

編纂出版《無錫文庫》的盛舉，得到了海内外衆多著名的文史專家、學者教授的熱烈響應。許倬雲、馮其庸、楊天石、李文海、徐中玉、馮遠、胡福明等無錫籍文化名人和劉玉才、程章燦、江慶柏、張廷銀、金良年等專家學者應邀擔任《無錫文庫》的學術顧問，他們扎實的學術功底、嚴謹的治學風範、卓越的學術見識，爲《無錫文庫》提供了有力的支撑。

千年吴地文明，百年工商繁華，賦予無錫人聰慧和靈秀，創造了具有獨特品質的城市文化和城市精神。當我們手捧先哲留下的珍貴文化遺産，不僅滿懷感恩、敬畏之心，更涌動着不負前賢、勵志圖新的激情，去努力創造城市文化嶄新的輝煌，讓無錫文化大發展大繁榮的春天更加姹紫嫣紅、繽紛燦爛！

無錫文庫編輯委員會

二〇一一年一月

凡例

一、《文庫》所收爲無錫籍作家的著述和與無錫相關的歷代文獻，分爲《官修舊志》、《地方史料專著》、《年譜家乘》、《無錫文存》和《近現代名家名著存目》五輯。

二、無錫地域範圍以現行行政轄區爲準。《文庫》立足無錫市區，兼顧江陰、宜興，適當選收江陰、宜興具有代表性的著作。

三、《文庫》所收著作，以史料價值高、使用價值大爲原則，適當兼顧其版本價值。

四、《文庫》主要采用影印方式出版，《近現代名家名著存目》收入作家小傳和主要著述目録。

五、《文庫》所收著作，其編纂年代下限爲一九四九年；《近現代名家名著存目》則不受此限。

六、《文庫》所收著作，原書如有蠹損、殘缺、漫漶不清處，原則上以相同版本予以換頁、補頁，使全書清晰、整齊。

七、《文庫》對所收每種圖書，均撰寫提要，置於每種書扉頁之背面；每册均新編頁碼，自爲起訖。

八、《文庫》編制書名索引和著者索引，以方便讀者使用。

第二輯編輯説明

本輯爲《無錫文庫》之第二輯《地方史料專著》。這些書籍皆爲個人著作，它們是官修方志之外最重要的地方史料，是對地方歷史更爲精細的記録和闡述。其中保存了官志中看不到的材料，所以也是官志極其重要的補充。無錫自古以來人文薈萃，所以歷史上存留下來的地方史料專著也非常豐富。明清以來這些著述得到了長足的發展。作爲方志體裁的史書，這些著作所述史事已細化到一個鄉村，一座寺廟，一幢宅第，一座園林，一所學府，一項工程，一個專題等，從而爲後人保存了大量第一手的史料。進入民國後，隨着社會的發展，在政治、經濟、文化、教育等方面，出現了許多專門的出版物，這些具有時代特色的文獻，爲我們保存了民國時期原生態的歷史材料。從這些文獻中可以看到當時無錫向現代都市邁進的步伐。第二輯所收書籍，不少都是孤本，彌足珍貴。特別是一些藏於外地圖書館的珍貴書籍，這次也盡了最大的努力加以搜集。由於歷史的原因，一些地方史籍已失傳，僅有書名存留，不無遺珠之憾。一些民國書籍也偶有缺葉。敬請讀者見諒。從另一個角度而言，也更説明了這次文庫編纂的必要。

目録

尤氏古迹考

（民國）尤桐 輯

《尤氏古迹考》不分卷，（民國）尤桐輯，民國遂初堂鉛印本。

尤桐，字幹丞，號日新居士。清光緒九年（一八八三）秀才，後中鄉試副榜。歷任教諭、主事等職，民國時任交通部主事等。民國二十四年（一九三五），尤桐主持編輯《尤氏宗譜》，特將其中所輯有關尤氏先祖之遺迹見於各種地方文獻者，彙集一處，單行，名爲《尤氏古迹考》。是書自尤氏遷錫始祖尤叔保居許舍始，舉凡尤氏族人中名宦將官之屬於無錫者，可謂有聞必録，巨細無遺。見於無錫及外地地方史籍者亦皆輯録。每條史料皆注明出處，個別稀見之與尤氏相關之碑文則全文録入。尤氏族人聚居之村落，冠以尤氏者亦備載。書中還載有尤桐於民國時修復古迹之記録，當時呈文及政府批復亦全文録入。此於當時不無法律依據之意，而今則已成寶貴文獻。卷末附有尤氏碑碣目録，其中多有墓銘、神道碑等文。在尤文簡公祠之石刻、尤袤手迹及題跋文字，亦全文録入。尤氏族中名人之墓皆開載明確地點、墓址、碑文作者。在尤氏古迹大都皆已湮没之今天，此記録足資考證博識。

本書用當年尤桐所贈之民國鉛印本影印。在該書末頁有尤桐親筆簽名。

（徐志鈞）

尤氏古蹟考

古蹟 碑碣附

楝樹城

許舍山中多虎童男女晝不出戶尤待制叔保居之使人拾楝樹子數十斛作大繩以楝樹子置繩股中埋於山之四圍不四五年楝大成城土人遂呼爲楝城乃作四門[illegible]啓閉虎不敢入 以上見康熙無錫縣志卷二十五雜識古今圖書集成方輿彙編職[illegible]第七百二十四卷常州府部紀事乾隆無錫縣志卷四十一雜著光緒[illegible]縣志卷四十雜識錫金識小錄古蹟

許舍山

許舍山去州西南三十五里在路耿山之南橫山之東羣峯盤旋結爲深谷宋待制蔣諸顯謨許德之侍郎施坰禮部尤袤皆嘗卜築其內山東有湯村嶺 以上見元無錫縣志卷二山川

許舍山在縣西南三十五里路耿山之南橫山之西羣峯盤旋結爲深谷宋待制蔣諸顯謨許德之侍郎施坰尚書尤袤皆嘗卜築其內東有湯村嶺 以上見明無錫縣志卷十五山川一山

許舍山在路耿之南其東爲橫山羣峯盤旋蓄爲深谷宋待制蔣瑎顯謨許德之侍郎施坰禮部尤袤皆卜築其中四家遂世爲婚姻東有湯村嶺 以上見康熙無錫縣志卷二山川古今圖書集成方輿彙編職方典第七百八卷常州府部彙考二常州府山川考

許舍山羣峯盤旋結爲深谷宋蔣待制鍇許顯謨德之施侍郎坰尤尚書袤皆卜築其中 以上見常州府志卷四山川

許舍山在路耿南東有嶺曰湯村宋待制蔣瑎學士許德之侍郎施坰禮部尤袤皆卜築其中四家世爲婚姻上有睢陽廟俗名龍王廟 以上見乾隆無錫縣志卷三山水

許舍山在路耿之南橫山之東羣峯盤旋結爲深谷宋待制蔣瑎學士許德之侍郎施坰尚書尤袤皆卜築其中東有湯村嶺窰窩嶺 以上見嘉慶錫金縣志卷二山

許舍山在路耿之南羣峯盤旋結爲深谷宋待制蔣瑎學士許德之侍郎施坰尚書尤袤皆卜築其中東有湯村嶺窰窩嶺 以上見光緒錫金縣志卷二山水

環玉堂

環玉堂在許舍祖基楠木廳 以上見萬柳溪邊舊話

雲松堂

雲松堂在待制公祠 以上見萬柳溪邊舊話

關侯祠

關侯祠在青楓巖下 以上見萬柳溪邊舊話

逢辰堂

文獻公創書堂於許舍山上樑日龍見故榜曰逢辰 以上見萬柳溪邊近話

覺林寺 文獻公祠堂

覺林寺僧淵來謁工侍公請以旁院五間奉文獻公香火因出金置田三頃畀之俾作燭費 以上見萬柳溪邊舊話上侍公記文獻公祠堂碑記

覺林教寺在縣北十三都治長涇距城三十里唐廣明元年陳坦捨舍建初爲義安寺僧眞應請開山朱梁開平元年改永安宋大觀四年賜今額宋文獻公輝致政時見寺傾圮

擴而新之其後輝子著重修并置田三頃寺僧淵請以寺之旁院五楹奉文獻公香火著爲之記 以上見蘇州府志卷四十一寺觀三長洲縣

異女塔

尤少師時亨之子平貞娶王氏產一女從左脅下出名曰佛奴聰慧異常五齡舉動如成人至秋漸不食形體日小一日母腹復開女便躍入母腹母卽痛死以僧法焚之築小塔於赤石嶺葬焉 以上見錫金識小錄卷三舊蹟引錫山別攷及湧幢小品按溪邊舊話平貞係文獻公之鈔寫義子當以舊話爲正

白石里

第三甲第三十七人尤袤本貫常州無錫縣開化鄉白石里父爲戶 以上見紹興十八年同年小錄

東帶河大第

斥瀆東出運河曰水磋河在大市橋南曰東帶河河上卽宋尤端明之故宅河繞其居故以東帶名 以上見元無錫縣志卷二山川

水磋河在大市橋南曰東帶河其上有宋尤端明故宅河繞其居故名曰倉前新河元大

德五年鑿水通漕運自斥瀆而下皆引西溪水東入運河元末築城後今城中諸水皆會於東帶河而下梁溪以上見明無錫縣志卷十五山川二水

東帶河直河經中市橋南又分而西過學宮之前而出西水門環尤文簡公宅故名以上見康熙無錫縣志卷三山川古今圖書集成方輿彙編職方典第七百八卷常州府部彙考二常州府山川考

東帶河直河經中市橋南分流西入虹橋經學宮前過將軍堰西行合西溪出西水門環尤文簡公宅故名以上見乾隆無錫縣志卷四山水

遂初書院　依山亭

遂初書院在讀書臺左始於爰從祖文獻公輝名依山亭文簡取孫興公遂初賦義以名宋崇陵爲御書遂初二字以賜中藏書三萬卷所傳公退手鈔與其子弟及諸女婢計日分鈔者咸聚焉後燬於火以上見慧山記山居類乾隆無錫縣志卷十四古蹟

遂初書院舊名依山亭至文簡改今額原扁係宋崇陵御筆名遂初者文簡嘗愛孫興公遂初賦借以自況也後燬於火以上見錫山景物略卷三

遂初書院在惠山第二峯下宋尤文簡公爰讀書地今廢不可考以上見康熙無錫縣志卷六學校古今圖書集成方輿彙編職方典第七百十四卷常州府部彙考八常州府學校

遂初書院宋尤文簡爰建在惠山第二峯下今廢以上見嘉慶錫金縣志卷六學校

遂初書院初名依山亭爰取孫興公遂初賦義以名宋崇陵爲御書遂初二字以賜中藏書三萬卷相傳公退手鈔與其子弟及諸女婢計日分鈔者咸聚焉後燬於火以上見嘉慶錫金縣志卷十三古蹟光緒錫金縣志卷十四古蹟

遂初書院宋文簡爰建在惠山第二峯下久廢以上見光緒錫金縣志卷六學校

錫麓書堂

錫麓書堂在錫山下宋文簡公尤爰讀書之處奇花異卉咸植於前春月邑人率往遊焉

錫麓書堂在錫山下宋尤文簡公爰讀書之所以上見明無錫縣志卷二十六古蹟以上見元無錫縣志卷三古蹟

錫麓書堂在秦皇塢介慧錫兩山之間宋尤文簡公爰讀書地初因文昌祠結廬數椽雜植竹柏於四垂而不事華飾終爰世歷四傳七十餘年無所改易後稍陵夷五世孫玘仕元歸盡復舊觀起重樓樹名花春月邑人率往遊焉亦燬於火以上見慧山記山居類乾隆無錫縣志卷十四古蹟

尤文簡公藏書之富素甲天下置錫麓書堂於讀書臺左傳至五世孫知非公玘亦燬於火以上見錫山景物略卷三

錫麓書堂在無錫縣秦皇塢下宋尤爰讀書處結廬數椽不事雕飾歷四傳無所更易以上見江南通志卷三十一輿地志古蹟常州府

錫麓書堂在秦皇塢下宋尤文簡公爰讀書地初因文昌祠結廬數椽雜植竹柏於四垂而不事華飾終爰世歷四傳七十餘年無所改易以上見康熙無錫縣志卷七古蹟古今圖書集成方輿彙編職方典第七百二十卷常州府部彙考十四常州府古蹟考一之七

錫麓書堂在秦皇塢下宋尤文簡公爰讀書地以上見古今圖書集成方輿彙編山川典第九十八卷錫山部彙考之一

錫麓書堂在秦皇塢下宋尤文簡公爰讀書地久廢不詳遺址所在以上見常州府志卷二十古蹟

錫麓書堂在秦皇塢介錫惠兩山之間宋尤文簡爰讀書地初因文昌祠結廬數椽不事華飾歷四傳無所改易以上見嘉慶錫金縣志卷十三古蹟光緒錫金縣志卷十四古蹟

樂溪居　萬卷樓　暢閣　來朱亭　二友齋

樂溪在西郊梁溪之下爰未築遂初堂居東帶河數十步即出西關渡梁溪造圃溪上左種梅右種海棠各數百樹後有高岡眺望最得溪山勝概題曰樂溪故所著有名樂溪集者五十卷中有萬卷樓暢閣來朱亭二友齋來朱者曾與考亭講道於此後人因圖其像於壁二友則陳同父楊誠齋也以上見慧山記山居類乾隆無錫縣志卷十四古蹟

尤文簡公致仕歸尚未築遂初堂居東帶河大第數十步即出西關渡梁溪造圃溪上沿溪左種梅右種海棠各數百樹後有高岡眺望最得湖山勝概題曰樂溪因以爲號內有萬卷樓暢閣來朱亭二友齋來朱者與考亭講道之所後人重之因圖其像於壁二友陳同父楊誠齋也以上見王永積錫山景物略卷四樂溪居

尤文簡藏書之富素甲天下於溪西置萬卷樓以上見錫山景物略卷三

尤文簡公致政歸不居許舍山專居東帶河大第數步即出西關渡梁溪因造圃於其上

題曰樂溪後有高岡可供眺望左種梅數百株右種海棠亦數百株花時最是勝觀公嘗爲瑞鷓鴣詞各一首詠之（以上見康熙無錫縣志卷二十五雜識常州府志卷三十八摭遺乾隆無錫縣志卷四十一雜著）

樂溪居在西郊梁溪之上後有高岡眺望最得溪山勝概題曰樂溪故所著有名樂溪集者五十卷中有萬卷樓暢閣來朱亭二友齋來朱者曾與考亭講道於此後人因圖其像於壁二友則陳同甫亮楊誠齋萬里也（以上見嘉慶錫金縣志卷十三古蹟光緒錫金縣志卷十四古蹟）

尤文簡致政歸居束帶河大第數步即出關渡梁溪因造圃於其上題曰樂溪後有高岡左種梅數百枝右種海棠亦數百枝花時最勝公嘗爲瑞鷓鴣各一首詠之（以上見嘉慶錫金縣志卷四十雜識光緒錫金縣志卷四十雜識）

蔣重珍樂溪居萬卷樓詩三首云小艇溪邊月來尋萬卷樓遂初讀書處鶴去白雲留剩有溪山樹書樓迹已沉古人不可見遠樹一悲吟　萬壑注清流孤煙起莫愁龍山半溪落雁影過書樓（以上三首見康熙無錫縣志卷三十七五言絕句常州府志藝文按錫山景物略乾隆無錫縣志亦有此三首惟第二首均題俞彥淵作第三首題李晦作）

蔣重珍樂溪居詩又一首歲暮清溪上居留人已休菰蒲殘白雪魚鳥去清流存展周公志亡從泰伯游羹牆遺跡在惆悵一登樓（以上見慧山記山居錫山景物略卷四樂溪居按蔣重珍字良貴無錫人嘉定進士卒諡忠文）

遂初堂

遂初堂始於袤從祖文獻公輝初名依山後改今名宋崇陵嘗手書遂初二字以賜中藏書三萬卷所傳公退手鈔與其子弟諸婢不得暫輟者咸萃焉後稍凌夷至六世孫玘仕元歸盡復舊業起重樓樹名花爲都人游觀之地後毀於火而藏書亦無存者（以上見康熙無錫縣志卷七古蹟古今圖書集成方輿彙編職方典第七百二十卷常州府部彙考十四常州府古蹟考一之七按此遂初堂實係遂初書院今因原文爲遂初堂姑列此欄）

遂初堂在束帶河上尤文簡莊定祖孫所居文簡晚年取孫綽遂初賦以自號崇陵御筆賜之遂名其堂志載文簡致政歸居束帶河大第莊定自序全唐詩話末署咸淳辛未書於遂初堂是額既爲光宗御書當在大第無疑（以上見周有壬錫金考乘卷三第宅園林）

陸放翁游尤延之侍郎屢求作遂初堂詩詩未成延之去國因以奉送詩云印何纍纍綬若若（康熙乾隆無錫縣志纍纍作壘壘）只堪人看公何樂忽然掁桅開布颿（常郡八邑藝文志桅作枕乾隆無錫縣志亦作枕布颿作布颿）感蒲平生一丘壑（常郡藝文志嘉慶錫金縣志丘作邱）遂初築堂今幾時年年說歸眞得歸異書名刻堆蒲屋欠伸欲起遭書圍捨之出游公豈誤（常郡藝文志康熙乾隆嘉慶縣志捨作舍）綠髮朱顏已非故請將勳業付諸郎身踐當年遂初賦（以上見劍南詩稿卷廿一並見常郡八邑藝文志康熙無錫縣志乾隆無錫縣志嘉慶錫金縣志）

姜宸英惠山秦園記云予時與客遊其上或指示予山寺故爲宋湛長史宇其南麓唐李承相紳讀書樓旁去數武爲宋尤文簡公遂初堂故址不獨其室宇無存而其子孫亦零落盡矣（以上見常郡八邑藝文志卷四國朝記）

秦松齡一梅亭記云吾邑自宋以來高門華胄其爵位之顯第宅之盛過於忠文者何限皆湮沒不復傳獨蔣氏之一梅尤氏之遂初邵氏之容春不特其子孫知之後人莫不知也此不以賢者重與嗟乎人亦何不自勉爲賢者與有堂之與無堂固不必論也（以上見嘉慶錫金縣志卷三十八藝文）

遂初書堂

遂初書堂尤尙書袤讀書處在慧山今不知所在（以上見慧山記山居類）

台州城垣

城按舊經周回一十八里淳熙三年秋大雨城又幾墊尤守袤極力隄護事竟復修城城全邦人歌之（以上見赤城志卷二地理門）

台州館驛

天台館在州南一百三十步俗名行衙乾道九年火淳熙三年尤守袤重建（以上見赤城志卷三地理）

思賢堂

先是尤守袤立思賢堂祠畢文簡公士安章文簡公得象元章簡公絳皆舊侯有惠政後至宰輔者也（以上見赤城志卷四公廨門）

清平閣

清平閣在節愛堂右山上舊在堂前賀參政允中以守蕭治清平而名淳熙三年尤守袤重建（以上見赤城志卷五公廨門二）

節愛堂

節愛堂在君子堂右舊名燕豫淳熙四年尤守袤重建取節用愛人之義更今名（見同上）

霞起堂

霞起堂在靜鎭堂後淳熙三年尤守袤建取孫綽賦赤城霞起之句（見同上）

凝思堂

凝思堂在霞起堂後尤守袤建（見同上）

樂山堂

樂山堂在清平閣下淳熙三年尤守袤建取仁者樂山之義（見同上）

舒嘯亭

舒嘯亭在參雲亭後舊名匿峯淳熙四年尤守袤建取孫綽賦匿峯千嶺之句（見同上）

文簡公廬墓處

在吳塘門萬柳溪邊舊話云閩僧普明喜爲人相葬地文簡公父雲耕翁卒普明徧相吳塘山之陽而葬之文簡公廬於墓者三年其始葬方十日月夜見萬燈滿湖叱聲震地文簡公懼與二三僮僕棲隱喬松之下空中問曰此地發福三百年彼人子有何德而畀之速令發去又聞空中高聲應曰尤時亨累世積德袤又純孝之子也空中又曰世德純孝可當此地究其善護之此紹興十四年秋事也清光緒二年知縣巴江廖綸題大字碑云宋尤文簡廬墓處

遂初泉

在西孔山文簡公墓道光邑志云康熙時巡撫丈定陞科三十六畝墓右有泉道光時掘地得遂初泉古碑築欄圍之

二二泉

在許舍山兵侍公召匠鑿之不十尺而泉汭出甘淡不異二泉吳丞相名之曰二二泉（以上見萬柳溪邊舊話）

東莊

尤圖舊名迴溪溪上有東莊爲尤莊定公別業（以上見錫山景物略卷七尤圖）

迴溪自運河而北蛇行磬折徐入於興塘其地水曲而修土平而有容先莊定公之廢東莊也（以上見伯聲公尤氏世墓碑銘）

湖曲　遂初堂

莊定公嘗築圃於臨安之西湖花木不繁而瀟灑（以上見萬柳溪邊舊話）

徐偃王廟

石塘山下有徐偃王廟上有石塘菴尤棟記稱偃王嬴姓爲諸侯治以仁義穆王西遊瑤池忘返諸國交執玉帛贄于徐穆王馳歸伐之王不忍兵其民去之彭城武原山下居焉子孫散處揚徐間卽所居立王祠蓋衢常皆古揚州境也建廟歲月不可考重修于紹聖戊寅歷紹興慶元以逮保慶藉浮屠氏力建閣以儲梵典闢軒以延賓客又累石堤百餘丈建三橋居民始不病涉菴爲宋端明學士尤某香火建于嘉定初年初名法王繼名寶慶至正統初僧法龎增建水月軒環香閣崇禎中唐憲副士嵘于菴右建樓三楹上祀關帝三面皆可望湖去菴里許僧曉峯又結一小菴自題曰小靈山募修石堤二百餘丈（以上見錫山景物略卷六）

松泉

松泉在九龍山第五曲祕閣公綸墊（以上見萬柳溪邊舊話）

梁溪橋

梁溪橋一名梁清一名清溪一名跨溪在縣治西跨梁溪通太湖隋大業中建宋咸淳五年尤師幹重建元至元六年僧楷僧康改建石梁極高峻至正十六年毀於兵自後改水梁屢建屢壞國朝天順七年巡撫副都御史劉孜改建石梁下甃三門以洩水（以上見明無錫縣志卷三）

休齋公復構遂初書院

遂初書院後燬於火洪武初禮部休齋公良復之構堂五楹中祀文獻公輝以文簡莊定兩大宗伯配（以上見錫山景物略卷三遂初書院）

葛桓遂初書院詩少從洙泗入眞門（梁溪詩鈔入眞門作璧中詩）老戀茲山學益深（梁溪詩鈔茲作龜）悟到太初忘六籍（梁溪詩鈔忘作通）春來靑草是天心（以上見康熙無錫縣志卷三十七七言絕句錫金考乘卷九藝文並見梁溪詩鈔按葛桓字仲威）

無錫人洪武中舉明經拜監察御史靖難兵薄金川門死之

尤圖　尤村渡　書香堂　梅花書屋　半隱堂　恩覆菴

尤圖耆名迴溪里相傳東迴溪西清溪深廣相敵東里故有三墩墩高而溪深里人病之乃倣塞芙蓉湖故事日取墩土塡溪日復一日歷百餘年悉成阡陌墩損如丘溪流且如綫矣稱尤圖者溪上有東莊爲尤莊定公別業洪武十三年味菜公加闢焉構書香堂三楹堂後鑿小池啓土尺餘遇大石命工止鑿夜半啓視之見白金二罌仍取石覆之至二十年歲大旱斗米百錢乃出一罌衡之計三百兩買米給散週十里得免溝壑二十五年又大旱再發一罌數倍之周濟如故居民德味菜公不置因改迴溪爲尤圖後菊軒公又增建梅花書屋聽泉公又增建半隱堂今皆他屬本里又有恩覆菴奉大士洪武二年尤氏有糧長入金陵誤走御道下詔獄遘危疾見一白衣婦以楊枝水灑面而愈事白歸見江渚有觀音壞像儼如獄中所見因載之歸建菴奉之菴後有樓祀孝廉務朴公公事母最孝母嗜魚去骨始進陳秋林畫四圖於壁一釣魚圖一烹魚圖一選魚骨圖一進魚圖嘉靖燬於倭而菴尚存以上見錫山景物略卷七尤圖

尤圖洪武十三年七月尤翁建書堂堂後鑿小池啓土未滿一尺有大廣石焉翁疑之命工勿鑿至夜親啓石視之則白金兩小罌在焉躬抱石加覆不令外人知也至二十年歲大旱斗米二百錢翁曰此金可用矣乃出一罌衡之百兩悉以買米麥散之周十里之人復賫粥於門以食不能舉火者銀盡而麥熟矣至二十五年復大旱翁仍啓所存一罌其數逾於前復散米賫粥如前故鄉人德之稱其里爲尤圖云原注此條見尤晉句吳聞見錄按翁晉之高祖晉參藩瑛之父也以上見錫金識小錄卷三舊蹟

尤圖洪武十三年七月尤翁建書堂鑿小池啓土未一尺有大黃石焉命工勿鑿夜親啓之則白金兩罌在焉抱石加覆不發至二十年歲旱出一罌以周飢二十五年大旱又出一罌以周飢故鄉人德之稱其里曰尤圖以上見錫山補志稿

西梁溪東迴溪宋元時溪流甚廣後周文襄公取三墩土塡迴溪爲良田今僅存帶水明初尤徵君文與王孟端並居溪上過庭章去溪半里許三君相得甚歡孟端畫家溪六景

曰春波雨意秋霖水漲羣漁捕瀨廬州集雁晴漁洒網雪霽鴉翔庭章亦畫溪崗九松合倡和詩爲一軸以上見乾隆無錫縣志卷四十一雜著嘉慶錫金縣志卷四十雜識

迴溪宋元時與西梁溪汪洋並廣後周文襄撫吳取三墩土塡溪爲田僅存帶水明初尤徵君文與王孟端並居溪上過庭章去溪半里三人相得甚歡以上見錫山補志稿

選魚室

徐有貞選魚室記予聞古孝子臥冰泣竹事以精誠格天卒起親疾而名永後世後世人想見其爲人而不可得予童時則有姻戚往來無錫稱說無錫尤徵君事母之孝不殊古人其言剴劘腑中今老矣不能忘暇日偶過無錫飲二泉於山下會吾邑五六縉紳談及徵君事其一縉紳尤遂安卽徵君季子其一舉人遂安仲子也相與談徵君再辭朝聘甘貧養母事彰朝野矣而母性嗜魚魚之外無所食徵君日釣於家左迴溪中得一魚趨歸手治之擷至小室選去其骨然後具飯以進日以爲常四十年如一日徵君有庶弟南昌郡丞名寶者時欲代其兄勞徵君不聽也此小室在母臥室之後徵君日夜居是後居喪及卒皆於是託處焉鄉先生陳公題其室之額曰選魚願一言爲之記嗟乎孝貴乎純久則方可稱純徵君辭徵至再選魚至四十年不倦可謂久矣非純孝而能若是乎視古人感格一時者過之矣予故樂爲之記以上見祠本按徐有貞初名珵字元玉號天全吳縣人宣德進士華蓋殿大學士封武功伯有武功集

清風館　米船

詩人尤開周於竹中結茅成館榜曰清風遁跡其中號清風館主又製竹葉蓬舫能自弄槳扶篙置書畫器玩於舫中號米船漁父以上見李石菴先生明詩人尤開周傳

遺安堂　舫齋

方思道舫齋記無錫尤翁聽泉先生搆一室於遺安堂之左上如龜形下平以木左右各八窗洞然開朗書史名畫古彝器充溢其中窗外各有巨津津外列花木竹石坐者如登江南巨舟遊乎山水之間也其制亦奇矣余指室而問曰此陸而舟翁亦有意乎翁不覺變喜樂而爲欷歔曰此吾廢舟之遺材乎吾於宏治改元有司以吾家甲於一鄉俾典錢穀轉運京師告成於郡率鄉之父老暮夜發舟風狂雨作舟人手足失措適遇來舟其勢

猖獗舵者力少彼此相觸一時幾靡爛幸而天佑得他舟易之衆人賴以安而吾之命僅免其危而險如此未幾而吾弟弼舉於鄉壽拜一命之榮懇當道以解其役今有田可耕有子可教向之危今則安矣今日獲此安者實由於昔日危中所致也吾不忍一旦廢舟之材故作斯室其居安思危之意歟公能一言以記吾之事乎予曰昔歐文忠公居滑日嘗於公署之東治室爲燕私之居廣一室深七室以戶相通穴上爲明窗設欄檻於兩旁以爲坐立之倚凡晏休其室者如晏休乎舟中也山石巉崪佳花美木植於兩簷之外覩之者如汎中流而左右山林之相映也自名之曰畫舫焉客有問曰公之所築者室也而何以舫爲其必有故矣歐公告曰余嘗以罪謫走江湖自汴絕淮浮大江至巴峽舟行萬里遭風波之險脫死於萬一者屢矣今日至此殆非天活我而使之安也吾之命名蓋出於此噫翁之意其亦歐公之意歟吾翁以勢位論固不得比歐公然翁公卿名胄祖父爲世鉅儒家固中人翁承之綜理振拓田園百頃新先祠修祖墓推其餘以濟貧人邑有大役多資於翁使翁出而仕也勳業豈多讓文忠哉誠所謂古今一致者也遂以舫齋名之爰爲之記此記所稱遺安堂舫齋與倘古齋其故址皆在今尤鬮里

倘古齋

尤聽泉先生悅有倘古齋齋後決池水流於竹逕之間日滑滑有聲不異身在二泉之上以上見陳寶聽泉記

大安橋

大安橋舊木梁嘉靖中尤悅妻孫氏改建石梁橋在景雲鄉以上見乾隆金匱縣志卷十橋梁

十峯樓

邵寶十峯樓記明府尤君遂良還自崇陽作樓於居第之西面龍山爲膈山之九峯近在几席君對之若賓主焉有客過之爲之題曰十峯之樓君以告予予始疑其名與數今知之矣蓋峯之在山其爲土爲石初無異也然平而爲麓起而爲岡伏而爲塢虛而爲谷盈而爲邱各形其形而各名其名勢則然矣乃若突然而高其名爲峯峯蓋不自知爲峯也而峯之名歸之夫人亦何以異是哉他不暇論試以尤君言之其爲諸生於邑固邑之人

也迄其明經博史成章而達焉舉於京闈而文名著於辟雍而學業廣試於銓曹而治理通宰於劇邑而政務舉至於檄撫夷而展變通之略疏防邊而悉備預之宜遠人懷之中朝談之譬之於山其所謂突然而高者非耶君不自知而人之望之固如此故雖謂之峯可也昔之人有以山而擬諸人者若五老若仙人若玉女之類蓋多有之由是觀之謂之爲峯顧不可哉以道觀物物我無間名之在此猶在彼也而況於數之多寡又何足計乎是故以一參九不見其爲不足以九乘一不見其爲有餘問之九峯九峯無言問之尤君君指九峯作而笑曰有是哉請書爲記以上見容春堂別集卷十六按邵寶字國賢無錫人謚文莊

塔子橋

塔子橋本名塔影水面時有妙光塔影明邑人尤晉建石梁今改爲木以上見嘉慶錫金縣志卷五橋梁

白水蕩　後樂園　方塘書院　淸風茶墅　對揚堂　柏峯書院　聚景樓　從謙齋　禪室　玄室　觀水樓船

白水蕩在盛巷西舊三十餘畝爲春申君行宮內有蛟穴通太湖深不可測天順中盛冰壑顒取之爲後樂園卽地建方塘書院開淸風茶墅日與子弟羣從翩舞爲樂倣竹茶罏故事名人墨客題咏盈帙歷四十餘年子孫失守始屬之尤西村奉養居素公於其中不惜餘貲重頭整頓又建對揚堂柏峯書院聚景樓從謙齋皆極宏麗復建世德祠五楹設禪玄二室養僧道各六奉祀香火蕩內置樓船一署曰觀水春風秋月如置身於濠濮間池旁植高梧翠柏綠楊疏柳及海棠桃李之屬紅紫爛然書院前疊石爲山廣選太湖靈壁錦川英德之奇巧者峯巒洞壑約十丈許佐以疏篁老檜山礬紅梅丁香緋桃諸佳植內有古柏一株色如鐵高幹參雲爲宋朝舊物尤奇絕山下濬小池蓄朱魚數百頭傍疏小澗通於大池迂迴於松檀竹徑中節以數閘大雨後淙淙有聲疑山泉下注而不知爲巧工所曲折也西村公歿屬余高叔祖五湖公業五湖公歿屬余舅氏安我素公希范按蠡溪筆記昔有三虹起蕩而盛冰壑生再起而尤京兆生居是地者皆有神驗今則一望滔滔主人數易而竟不知誰屬也以上見錫山景物略卷十按白水蕩今爲無錫公園

後樂園卽方塘書院副都御史盛顒罷山東巡撫歸取白水蕩以營之蕩廣三十畝一望

芰荷魚鳥渺然巨浸飛梁曲樹參差布列中爲清風茶墅與其子弟羣從闢舛爲樂盛既壽終門緒不振及歸尤府丞魯增益宏麗舊有古柏一株宋時所植最名又爲曲堰以節水大雨之後飛流竟日作琴筑聲尤沒歸王司務業頗恣斬伐遂不可復振矣（以上見康熙無錫縣志古蹟園亭）

後樂園即方塘書院副都御史盛顒罷山東巡撫歸取白水蕩以營之蕩廣三十畝一望芰荷魚鳥渺然巨浸飛梁曲樹參差布列中爲清風茶墅與其子弟羣從闢舛爲樂盛既壽終門緒不振及歸尤府丞魯增益宏麗舊有古柏一林宋時所植最名又爲曲堰以節水大雨之後飛流竟日作琴筑聲尤沒歸王司務業頗恣斬伐遂不可復振矣（以上見乾隆無錫縣志卷十五園亭）

後樂園即方塘書院副都御史盛容罷山東巡撫歸取白水蕩以營之蕩廣三十畝一望芰荷魚鳥渺然巨浸飛梁曲樹參差布列中爲清風茶墅與其子弟羣從闢舛爲樂園故有古柏一株宋時物也容既歿歸尤府丞魯增益宏麗又爲曲堰以節水雨至飛流竟日作琴筑聲後屬王司務業遂廢（以上見嘉慶無錫金匱縣志卷十三園墅）

後樂園即方塘書院明盛顒取白水蕩以營之飛梁曲樹參差布列中爲清風茶墅與子弟羣從闢舛爲樂園故有古柏一株宋時物也後尤魯王業皆嘗得之旋廢歸秦氏（以上見光緒無錫金匱縣志卷十四古蹟）

世德祠

尤懋宗魯捐資建私祠五楹於北關居第之右白水蕩之上祠前有門祠後有堂有樓有夾室左有臺有亭右有樹有壇祠中三龕一奉文獻公一奉文簡公一奉莊定公三主異楹皆南向而以子孫十二人分配左右分配者以賢不以爵以行不以年也十二人者戶部尚書知非公玘太常少卿休齋公良貴州布政司參議文度公安禮詔徵孝廉務樸公文南昌府同知斐菴公實處士菊軒公謙遂安知縣靜庵公諤登封學訓友梧公輔蒼梧知縣十峯公弼太僕寺少卿篔菴公樾貢士封戶科給事中居素公基江西布政司參政迴溪公瑛（以上見曹邦輔尤氏世德祠記）

冠龍山居　遂初堂

冠龍山居爲尤叔埜茂先別墅中搆堂五楹仍取文簡公舊額榜曰遂初茂苑文嘉書堂左有精舍後有傑閣礬石爲門喬松數十株皆百年物背高峯面平野巨壁攢青泉流界白尤宜夏日崑山俞允文爲之記（以上見錫山景物略卷三）

冠龍山居尤茂先別墅中搆堂五楹取文簡公舊額曰遂初長洲文嘉重書之詳俞允文記（以上見嘉慶無錫金匱縣志卷十三園墅）

冠龍山居明尤茂先別墅其堂曰遂初蓋取文簡舊額而長洲文嘉重書之俞允文有記（以上見光緒無錫金匱縣志卷十四古蹟）

遂初堂後裔十四世孫質重構明歸有光爲記（以上見江南通志卷三十一輿地志古蹟常州府）

遂初堂記宋尤文簡公嘗愛孫興公遂初賦而以遂初名其堂崇陵書扁賜之在今無錫九龍山之下（康熙乾隆嘉慶光緒無錫縣志均無今字）公十四世孫質字叔野求其遺址（康熙乾隆嘉慶光緒邑志均作址蹟）而莫知所在自以其意規度於山之陽爲新堂仍以遂初爲扁以書來求余記之（康熙乾隆嘉慶光緒邑志書下均無來字）按興公嘗隱會稽（康熙乾隆嘉慶光緒邑志隱下均有於字）放浪山水有高尙之志故爲此賦其後涉歷世塗違其夙好（嘉慶光緒邑志夙作所）爲桓溫所譏（康熙乾隆嘉慶光緒邑志爲上均有至字）文簡公歷仕三朝（康熙乾隆嘉慶邑志仕作事）受知人主至老而不得去而以遂初爲況若有不相當者昔伊尹傅說呂望之徒起於胥靡耕釣以輔相商周之志終其身無復隱處之思古之志得道行者固如此也惟召公告老而周公留之（康熙乾隆嘉慶光緒邑志告老下均無而字）曰汝明勗偶王在亶乘茲大命惟文王德丕無疆之恤當時君臣之際可知矣後之君子（光緒邑志後字上有其字）非復昔人之遭會而義不容於不仕及其已至貴顯或未必盡其用而勢不能以遽去然其中之所謂介然者終不肯隨世俗而移易雖三公之位萬鍾之祿固其心不能一日安也則其高世遐舉之志宜其時見於言語文字之間而有不能自已者當宋皇祐治平之時歐陽公位登兩府（常郡藝文志宋皇祐作宋祐公下無位字康熙乾隆嘉慶光緒邑志皇祐均作元祐）際遇不爲不隆矣今讀其思潁之詩歸田之錄（乾隆志錄作樂）而知公之不安其位也況南渡之後雖孝宗之英毅光宗之總攬遠不能望盛宋之治而崇陵末年疾病恍惚宮闈戚畹干預朝政時事有不可勝道者矣（康熙志時事作事時）

雖然二公之言已行於朝廷當世之人主不可謂不知之而終不能默默以自安蓋君子之志如此公殁至今四百年而叔野能修復其舊遺構宛然無錫南方士大夫入都孔道過之者登其堂猶或能想見公之儀刑嘉慶光緒志刑作型而讀余之言其亦不能無概於中也已以上見震川先生集卷十五記及常郡八邑藝文志康熙乾隆無錫縣志嘉慶光緒錫金縣志藝文按歸康熙乾隆嘉慶光緒邑志概均作慨光緒志文末有嘉靖甲子多日六字有光字熙甫崑山人學者稱震川先生南京太僕寺丞著有震川集

雲鴻館

葉茂才尤氏雲鴻館記余友尤伯聲君除邛州別駕朝捧檄而夕棄去慮囊歸來將燕之田園無有也人爲君甚不堪而君心融情暢若無饔飧虞者會江二周文盛氏過君乞文覩君燕居之剝陋慨然歎曰古文賢遺臺舊舍後世仰流風者猶欲振其頹敗況親其身於頹敗中而忍見之乎二周者昔與君游好者也能詩善賈方部木貿攜李遂進堅美者二十竿復捐貲召匠爲君易棟梁立垣堵設戶牖迺覆迺塗不改朔而整潔聿新邑士與君交者愧爲遠友所先爭持竹石盆卉以列方丈庭中而圖書几榻鼎硯之質於人者亦相率歸之居在陋巷寂無喧聲足以資君披閱濡毫盼庭亦可怡顏也王君百穀題曰雲鴻館夫鴻備德之羽也或慕稻粱而集野不免凌於小人一旦舒翼雲際君子仰之縱多繳繳安從施乎伯聲屣棄雄郡守固窮之節眞有翱翔千仞之風甚矣王君擬德之當也昔王志恬熙糞巷張融肆情陸舟伯聲識超意遠何至不如古人居即剝陋豈足以動其中哉特以世之爲賈者徒知佞顯而不知尊賢二周能爲文賢繕治燕居豈非賈人中傑出者哉陶元亮名昭千古下當年與周旋者不數人獨顏始安饋錢二萬流譽至今二周捐貲幾是人故比之顏公余與伯聲君三十年切劘道義爲交最深故嘉二周之誼亦深遂援筆以記其事案館故地在尤圖裏邑志載公著述有雲鴻館集即此館案葉茂才字參之無錫人南京工部侍郎又案覩君燕居之覩舊作諸今改

承賢橋　弓河　箭河

冉涇橋爲邵文莊公之居地正嘉間擬疏通之爲里人呂刁郎所尼僅爲暗溝於中鑿源頭活水四字以宣地脈而力有未逮萬歷四十一年尤太學盛明捐銀五百兩樓居二十一楹以承先賢之意架橋於上因名承賢橋高忠憲公所命名也以上見錫山景物略卷九

第三箭河名冉涇久湮塞邵文莊公寶居其上欲濬治爲里人所阻其後太學生尤盛明濬之今通直河以上見康熙無錫縣志卷三水

第三河名冉涇久湮塞邵文莊寶居其上欲濬治爲里人所阻其後太學生尤盛明濬之今通直河以上見古今圖書集成方輿彙編職方典第七百八卷常州府部彙考二常州府山川攷二之十四

三箭河名冉涇西通直河向久湮塞邵文莊公居其上欲濬治不果後太學尤盛明濬之始通直河以上見乾隆無錫縣志卷四水

承賢橋明萬歷間邑人尤盛明建高攀龍記以上見嘉慶錫金縣志卷五橋梁

第三箭河名冉涇向亦湮塞明邵文莊寶居其上欲濬未果其後邑人尤盛明始鑿而通於直河今稱新開河以上見光緒錫金縣志卷三水

箭河有九第三名冉涇亦久塞邵文莊寶居其上欲濬未果邑人尤盛明始鑿而通於直河今稱新開河以上見錫金續識小錄卷一山水

明萬曆間三箭河通建承賢橋立四面豐碑刻邑侯許令典及邑人顧憲成高攀龍劉元珍諸名賢各記文於其上築亭覆之今尚存惟亭頂已圮石柱亦日剝蝕前賢遺蹟亟應修葺勿使湮廢此亦吾鄉賢士大夫之責也以上見錫金續識小錄卷三古蹟按該四而碑亭今已於去年獨資重修併加亭頂煥然一新亭基左右餘地則被近鄰侵削無餘民國內子桐識

顧憲成冉涇箭河碑記錫故有九箭河在冉涇橋者爲第三箭橋曰冉涇誌地也維昔爲文莊公二泉邵先生宅有手書朱子源頭活水四字在焉此水北接蓉湖西連笠澤九龍二泉之秀全匯於此橋之東淸流不改橋之西悉受湮沒常郡八邑藝文志梁溪文鈔湮均作堙文莊公嘗請於當路欲復之爲里人呂刁郎所尼不果乃鑿陰渠暗通弦河一脈用石覆之里人仍居其上會刁郎之屋展轉他鬻近屬之尤南華比部比部故長者其子太學君時純克體德心而光大之慨然捐樓居一十八間常郡藝文志梁溪文鈔樓居均作樓屋平屋三間用以闢新渠而穿故道常郡藝文志梁溪文鈔渠均作衢邑尊同生許侯聞而善之言諸兵尊盧臺蔡公報可遂於已酉冬始工不兩月而河成矣因而橋之同邑高存之名之曰承賢橋謂承文莊公之志也初君手一揭來眎余余喜曰僕不能爲義而好人之爲義覩此可勝踴躍充拓得盡天地變化

是役也邑侯同生許公實主之故莫或有尼太學君之義而卒告成事侯名（光緒志作是則可知者也）
令典海甯人萬曆庚戌夏日邑人高攀龍暨同里許汝達書（以上見承賢橋石碑又高子遺書卷十上康熙乾隆無錫縣志嘉慶光緒錫金縣志梁溪文鈔均作承賢橋記高子遺書批東坡竹言不可知在氣運先生言不可知而可知在人心　按高攀龍字存之無錫人謚忠憲）

劉元珍冉涇里承賢橋記萬曆三十七年己酉太學尤君時純濬復冉涇里之箭河而橋
其上以通往來景逸高先生爲名之曰承賢且記之矣乃復命不佞元珍儷言焉竊惟承
之爲言得前人志緒而承之也夫前人志緒而□□□□□□□□□□□□□□
□□□□□□□□□□□□□□□□□必有承乎則綠野亭池卒歸蕪廢平泉木
石徒勤訓戒求其必承而不可得也□□□□□□□□□□□□□□□□□□
□□□□□□□而平泉□□□□無論矣郎賢如晉公而其季年遣宵小高張公忠
沮喪之日遂不能不托之游觀觴咏以□讒忌公蓋□□□□可承者哉今茲之舉則我
文莊公二泉邵先生以一代儒宗爲可承於前太學君慷慨赴義稱善承於後斯足術也
冉涇爲邑九箭之一按邑志謂□□與九龍九澗相表裏法宜通此形家言勿論獨其地

爲二泉先生祖居先生既光復舊物爲之堂構問所謂冉涇者則其西涇塞若干丈民居
踞之僉謂可價售而通維時邑侯北湖侯公且樂相厥成公□然以□人□便爲□□□
□□□□□道其汧東注而取朱子詩中語題石曰源頭活水其復喬莊簡公問精舍東
有云□□□□□□□□□□□□□□□□□□□□□□□□□□□□□□□
而僉以其涇塞爲一缺陷事荏苒數十年而今太學君乃捐旁舍二十有一楹鑿□□河
俾東流沛然直達河右築橋以□□橋之名承賢也固宜或曰二泉先生之□謝未遑謂
何烏乎承不佞曰否否源頭活水之題意念深矣他日復兵使者謝公東亦曰浚云浚云
固我所願若將有待焉太學君適承之而涇處悉當其尊人比部公所拓旁舍捐所自有
而毋墜先賢志緒固當耳茲舉實賴邑侯同生許公始克濟侯之心固與前政侯公合而
有濟有不濟則時之爲也不佞因是謂卽聖喆不能違時誠及可爲之時奮然振墜舉廢
天下事安往不得濟者而逢時難得人以乘時尤難故有長駕遠馭而蛙步成拘有千載
一時而機緣坐失築舍道旁迄無成畫有由然矣如太學君之一□無前克成勝事吾於

草木蕃不外於是夫所謂是者何也源頭也源頭不識則天地何從而變化草木何從而
蕃文莊公之志亦終於無承而已矣乃語時純曰君知之乎北接蓉湖西連笠澤水脈之
源頭也近沿濂洛遠遡洙泗道脈之源頭也願君努力時純起而謝曰盛不敏何足以勝
之已起而請曰吾將受而鍥諸石（常郡藝文志梁溪文鈔鍥均作刻）樹諸周行俾來者往者人人得就而
覽焉庶幾人人識得源頭也人人識得源頭庶幾人人充拓得盡也人人充拓得盡庶幾
人人得承文莊公之志也天地變化草木蕃洵不外於是也已矣盛不敏何足以勝之余
喜時純之志彌謙而任彌勇也遂爲之授簡其經畫始末詳具時純自撰記事中蔡公名
獻臣同安人許侯名令典海甯人比部名際昌太學生名盛明萬歷庚戌十月望日邑人
顧憲成謹題同邑吳三畏書（以上見承賢橋石碑又常郡八邑藝文志梁溪文鈔均作修復冉涇箭河碑記　按顧憲成字叔時無錫人謚端文）

高攀龍承賢橋題名錫城中有箭河九通者一而已無論形家言凡河渠疏則靈氣鬯如
人身血脈然然而涇塞所從來久（梁溪文鈔而均作則）居民踞之不可問（高子遺書康熙乾隆嘉慶志梁溪文鈔居民均作民居）
惟在冉涇里者計丈百有三十而通者且百有十是爲文莊公邵二泉先生故里先生

亟欲疏之尼於里人不果特爲陰渠石甃之以通於所謂弦河者（梁溪文鈔者作也）蓋先生之寄
趣遠欲二泉震澤之脈（康熙乾隆嘉慶志脈作派光緒志作流井下有派字）沿洄旋匯於吾前（梁溪文鈔洄作洞）以爲快也
先生既沒垂百年（康熙乾隆嘉慶志梁溪文鈔沒均作歿）太學尤君時純居先生里中慨然念曰是先賢之
志也夫吾不可以不承乃捐其樓居二十有一楹鑿爲河河成而橋之請命於予（高子遺書乾隆嘉慶光緒志梁溪文鈔命均作名）
予曰是惟二泉先生之志謂之承賢可矣太學君曰橋之至於河也其
地爲河者若干爲陸者若干具有籍（康熙志作藉）子其志之（嘉慶志梁溪文鈔其均作以）庶可永也（嘉慶光緒志梁溪文鈔永均作久）
予曰噫事其有可知者乎夫以二泉先生之賢也又貴重也曾不能以尋丈之
地得之里人而其志遂尼何也語曰其父析薪其子弗克負荷卽以父兄之命其子弟有
弗承焉（高子遺書康熙乾隆嘉慶光緒志梁溪文鈔承上均有克字）今先生之沒垂百年（嘉慶志梁溪文鈔沒作歿）當年一念渺乎
若逝水之無蹤而君忽承之又何也皆事之不可知者也則由此而之陵谷之變又焉可
知乎雖然其可知者固在也夫以先生之賢也而君承之誰其甘爲不賢者而復涇之果
其甘爲不賢者是人之最賤也世之所謂共惡也（乾隆志共作甚）或擊之矣（光緒志句首有而字）是可知也

世不數數見也雖然太學君不獨乘時能幹濟也夫人之情割一椽而色爲變舍一口而神爲動太學君覼捐所有如棄敝屣不自便而便於一邑誰得以其私撓之其孚信上下而善承先賢豈偶然哉二泉先生以毋自便開其端太學君以不自便竟其業舉事雖殊操心無兩茲橋之名承賢也固宜予故樂爲讚誦因而撫今追昔記其始末以志不朽云賜進士出身奉政大夫南京兵部職方清吏司郎中劉元珍撰河間俞亶儒書（以上見承賢橋石碑）

（按劉元珍字伯先無錫人萬曆二十三年進士授南京禮部主事歷兵部郎中移疾歸光宗卽位起光祿寺少卿未幾卒官）

許令典冉涇河序論事者率曰因之易論今日之事因之亦難今所謂因瀆漫歲月漸淪茀廢已耳求其因舊作新慷慨任事不難損己以益人者百不一覯也梁谿形勝甲吳中負郭不五里外列九龍內澍九箭弓河堤之百川匯焉始亡論三公之謠籍籍人口至於舟楫交橫貿𧶘出入其利於通不利於閼明甚奈何九堙其八而不之問也又何以邵文莊公之賢宅茲冉涇閼止數武欲因而疏之卒抱未竟之志徒留片石於道左也邇年以來鴻冥翩翩于磬落落諸生紛紜陳恢舊之說冉涇其一太學尤生盛明居焉慨然集諸生願捐所居以圖之予方賫秣以北輪蜚趣舉尤生立拆樓居十餘楹夷居爲衢濬衢爲河河涘累石爲堤河右築橋以濟鳩工庀材身親畚插不兩月而役竣梁谿諸君子臨河擊節謂文莊公之坳甲子再周始克竟志於青衿之手厥功楙哉相與紀述詠歌之而名其橋曰承賢志善因也抑又有說焉口生茲土往往服聖賢之教藉山川之靈以自豎冉涇一水關氣運通塞匪細今梁谿之上唱和步趨家詩書而戶禮樂猗與盛矣更爲濬築于以光大前休流鬯地脈則繼文莊先生而起如今日諸君子之儔者詎有艾耶安見承者之非啓而善因者之非善剏耶余不干時拮据梁谿期月而去不宜復聱因革事以是役予所從臾者尤生忝白下乞言言不足重誼不忍拂幸有諸君子之累累贈言在余亦因之以爲序是役也倡帥則備兵蔡公盧臺郡伯杜公象玄署篆別駕吳公默中不佞令典實在下風行矣弗及覯成董役則邑丞楊宸戴任協襄則諸生秦飛卿沈君佐居民邵鐣幷識其姓名於左萬曆庚戌菊月穀旦古杭許令典書於金陵芰槐堂里人袁穉書（以上見承賢橋石碑）

（按許令典字維則海寧人萬曆進士三十六年由上饒縣調任歷淮安知府）

顧憲成承賢橋記略邑故有九箭河在冉涇橋者爲第三箭昔爲文莊邵公宅其水北接蓉湖西連笠澤靈秀匯焉橋之東清流不改橋之西悉受湮沒文莊欲復之爲里人呂刁郎所尼乃鑿陰渠暗通弦河一脈用石覆之有手書朱子源頭活水四字在焉刁郎之屋近屬之尤南華比部其子太學君時純克體德心而光大之慨然捐樓房二十一間用以闢新渠而穿故道始於己酉冬不兩月河成因而橋之高存之名曰承賢謂承文莊之志也余不能爲義而好人之爲義因語時純曰君知之乎北接蓉湖西連笠澤水脈之源頭也近沿濂洛遠遡洙泗道脈之源頭也充拓得盡天地變化草木蕃不外於是君知之乎時純起而謝曰盛不敏何足以勝之已而請曰吾將受而刻諸石樹諸周行俾來者往者就而覽焉庶幾人人識得源頭也（以上見錫山景物略卷九錫山文集卷十二）

高攀龍承賢橋記略邑城中有箭河九通者一而已無論形家言凡河渠疏則靈氣坌如人身血脈然而湮塞所從來久民居踞之不可問惟在冉涇里者計丈百有三十而道者且百有十是爲邵文莊公故里文莊欲疏之尼於里人不果特爲陰渠石甃之以通於所謂弦河者文莊歿百年太學尤君時純居文莊里中慨然念曰是先賢之志也吾不可以不承乃捐其樓居若干楹鑿爲河河成而橋之請名於予予曰謂之承賢可矣太學君曰子其記之庶可永也予曰事其有可知者乎夫以二泉先生之賢曾不能以尋丈之地得之里人語曰其父析薪其子弗克負荷卽以父兄之命其子弟有弗克承焉今先生之歿垂百年當年一念渺乎若逝水之無蹤而君忽承之又何也皆事之不可知者也則由此而之陵谷之變又焉可知乎雖然其可知者固在也夫以先生之賢也而君承之誰其甘爲不賢者而復湮之果其甘爲不賢者是人之最賤也世之所最惡也或擊之矣是可知也是役也邑侯許公同生實主之公名令典海寧人（以上見錫山景物略卷九）

附承賢橋碑亭陞科呈具呈人尤桐爲有主民荒遵章報請升科事竊閱報載叠奉省令清理有主民荒補糧升科近又傳知務於九月四日以前自行報升等因桐有明萬曆時邑先賢顧端文公憲成高忠憲公攀龍劉元珍先生本孺暨邑侯許維則先生令典爲族祖尤時純公盛明所立四面碑一座覆以碑亭坐落本城東南一圖卽第一區中一鎭二

保四甲第十戶間壁緣族祖於萬曆間慨捐其樓居二十有一楹鑿爲河曰新開河以貫通城中之弓弦兩河復架橋於河上曰承賢橋載在無錫金匱縣志卷三第二頁及卷五第十九頁當時大賢顧高劉諸公義之俱爲之立碑碑文分載康熙常州府志卷三十五第十六頁無錫金匱縣志卷三十七第二十八九頁及顧端文集高忠憲集諸書而原碑則樹立在此處顧高劉諸公之文皆爲國之瑰寶按照古物保存條例應責成地方團體或其他適當之人認眞保護除已由桐出貲將亭修理外該處濬河一帶之地本俱係族祖所捐奉准免糧之地歷明及清未之或改桐久宦京華此次歸來方悉已被人領去猶幸孑遺碑亭巋然尚存此項亭址佔地一釐的係有主民荒理合遵章報請升科除已呈縣土地局申報地價奉准公告給證明書外伏乞准予免繳隱糧費即將此地一釐立尤公祠花戶編入東南一圖堅字號册升科承糧實爲公便謹呈

無錫縣縣長汪　計附鈔錄碑文四紙　民國二十四年八月　日

無錫縣政府第四一三號批　具呈人尤桐爲請升科呈悉仰候諭飭區書查明具復再

行核辦此批鈔件存　民國念肆年捌月拾貳日

區書唐燮呈復稿爲遵諭查明具復事切奉鈞諭案據尤桐呈稱有先賢尤時純公遺傳承賢橋下有四面碑一座此項亭址佔地壹釐的係有主民荒理合遵章報請升科除已呈縣土地局申報地價奉准公告給證明書外伏乞准予免繳隱糧費即將此地壹釐立尤公祠花戶編入東南壹圖堅字號册升科承糧等情據此除批示外合行諭仰該區書即便遵照迅即查明是否相符有無別項糾葛僭佔等情奉此書遵即前往實地查明委係糧地相符惟該糧係額外升科清糧時區册內並未列有戶額此糧應在民國貳拾肆年秋勘案內入額升科爲此據實具復伏乞

鈞座鑒核施行實爲德便謹呈　無錫縣縣長汪鈞鑒

西堂故宅

尤侍講侗宅在新造橋有鶴棲堂聖祖仁皇帝御書賜額園曰亦園有揖青亭水哉軒

西堂亦園十景竹枝詞後序姑蘇有十景猶之燕臺金陵瀟湘西湖各占勝地而言若吾廬在姑蘇一隅而所謂亦園者不過十畝之間一邱一壑奚翅泰山之於邱垤河海之於行潦哉今乃侈然以十景自名是適供大方之家胡盧絕倒而已雖然以莊生之齊物則鯤鵬之與尺鷃一也以佛氏之空相則須彌之與芥子一也以野人之闚觀則姑蘇之與小園亦一也舉凡大塊所生四時所至百物所聚萬籟所出莫非造化自然之妙天下有之吾園無不有也則安知姑蘇非大亦園非小乎則安知姑蘇十景非多亦園十景非少乎匪惟有之且爲圖之又從而詩之既以自娛并貽諸君子一笑焉有知我者則醉之以酒戊辰八月艮翁自識時年七十有一　亦園十景竹枝詞　南園春曉　朝聞百舌喚游春柳醉花眠總殢人無數紅裙踏步去燒香爲賽二郎神（東有二郎廟）　草閣涼風　八尺高臺四面空解衣磅礴快哉風侍兒不用歌團扇自有封姨伴醉翁　葑溪秋月　家住城南采葑溪月明夜夜小塘西清歌自不煩絲竹笑煞蘇隄鬬白隄　寒村積雪　千村萬樹白皚皚日未烘乾風舞迴忽聽兒童拍手笑草棚裝出狻猊來　綺陌黃花　菜色驚看布地黃春風習習更吹香東邊吃酒西邊唱三月田家作戲場　水亭菡萏　水哉

亭子俯清流六曲欄干坐兩頭蓮葉蓮花并蓮子只無美女採蓮舟　平疇禾黍　纔看栽秧又刈禾晴時鋤把雨時蓑桔槔盡說田家苦卻喜悠揚打棗歌　西山夕照　西山爽氣朝來好及至斜陽晚更佳縹渺穹窿都一望不須竹杖與芒鞋　層樓煙火　睥睨周遭繞九逵萬家煙火樹參差已拚月夜譙樓鼓那禁霜天曉角吹　滄浪古道　千古滄浪水一涯平常小巷識蘇家（蘇家巷在園左）尋君遺跡南禪寺惟有鐘聲噪暮鴉　西堂水哉軒即事四首　萬感茫茫處臨淵歎水哉古今同槁壤天地獨荒臺遺興移花藥驅愁借酒杯署門謹謝客惟許野鷗來　閒居成小築吾意亦悠然蛙吹菱塘夜鶯啼梅雨天石橋行藥去竹榻枕書眠多少名園記空留花鳥傳　吾不如老圃君其問水濱前溪采蓮曲小徑杖藜人白日陶潛夢西風庾亮塵何當乞妙手蓑笠畫垂綸　更欲尋魚計無如秋水閒不知濠上樂且就竹林閑晞髮隨斜日支頤望遠山浮雲千萬里只有鳥飛還

施閏章題亦園　盛年名早達豈合老江濱聖主嗟才子浮生託醉人狂吟流水曲懶奉屬車塵誰念羊裘客愁來罷釣綸（以上見蘇州府志卷四十六第宅園林二長洲縣按施閏章字尚白號愚山宣城人官至侍讀學士）

惠山遂初泉

惠山之遂初泉在尤祠今萬卷樓之下錫麓書堂之南遂初書院之北

尤祠北泉　尤祠南泉

南北兩泉皆在泉亭街之西尤祠東牆脚之下其由來已久舊俱有石欄圍之

五里湖尤墓石虎

五里湖之廟堂里其居人多姓徐偃王後也正德初有名黃三毛者多膂力能掣奔牛尤墓有石虎以足蹴之陷地以上見康熙無錫縣志卷二十五雜識乾隆無錫縣志卷四十一雜著

尤村

延祥鄉四十二都有尤村　仁宅鄉四十七都亦有尤村以上見元無錫縣志卷一

尤車垛

尤車垛在梅里鄉三十六都以上見元無錫縣志卷一

尤門洞

尤門洞在安陽山以上見明無錫縣志卷十五山川

尤瀆　冷瀆

五了浜南行爲北尤瀆貫冷瀆又南行爲南尤瀆又南達於泰伯瀆以上見康熙無錫縣志卷三水乾隆無錫縣志卷四水

尤瀆即五了浜河身望南行稱北尤瀆脫第五支南興塘貫冷瀆而爲南尤瀆南戒泰伯瀆受之以上見乾隆金匱縣志卷三山川

冷瀆託始羊腰灣東行亦有西冷瀆東冷瀆之稱尤瀆貫之東亭河過之毛道橋河受之見同上

清寧橋河

清寧橋河向南行東轉北戒之尤瀆來合焉以上見乾隆金匱縣志卷三山川

碑碣

袤講聞高義之日久矣得趙憲景明書說足下不容口益起思賢之念恨相去遠未得承

顔接辭乃辱惠誨不勝感慰竊窺藻麗益知所緼袤承乏於此得同王事懼不聞過凡有可以鐫切者勿惜自此片紙往復勿用俗禮乃幸目昏臂疼不能盡復來覞草此一紙爲報殊愧率略也袤頓首以上文簡公手牘石刻在惠山宗祠

尤文簡集久佚其遺藁僅存者不及什之一矣至於手蹟更爲罕遘偶於曾幼卿鳳墅帖得此小牘蓋與其父無玷侍郎者此帖世不多見亟爲重摹以傳之嘉慶辛未春三月望北平翁方綱識以上手牘跋在惠山宗祠

昔米顛顚爲蟲書魚遊金題玉躞而不爲害其好尙之篤出於性眞斌素不善書而於前人手蹟輒愛惜如頭目宋尤文簡公文集存世者不多而字帖尤所罕覩癸酉冬出守毘陵過公後裔滋菴先生於郡齋得觀毁曾無玷侍郎小牘其盧已受益想見古名臣風至筆法遒逸眞胎息於晉大家者雖墨刻僅百有十二字然一斑已足窺全豹可不寶諸嘉慶十九年秋八月歸安卞斌跋見同上

吾鄉尤文簡公詩爲宋四家之冠而遂初堂集久佚不傳西堂太史爲文簡後裔掇拾殘賸爲梁溪遺藁著錄文淵閣中比諸片羽一鱗猶見龍鸞之章采洵足寶貴余在館日檢永樂大典見所載文簡詩文多世所未覩因錄其藁旁搜各書稍增益之存之篋衍未暇編次頃從其裔孫香山拜觀所鐫文簡手札竊喜其能守先澤他日當論次遺集歸之文簡詩文如結綠夜光不可磨滅而佑啓後人孝思不匱尤足欽君子世澤之長也嘉慶甲戌孟春下浣後學孫爾準敬識見同上余於四庫館臣之末將先文簡詩文在永樂大典內一加搜羅深致遺憾今閱孫平叔跋語知平叔先生在館日檢永樂大典見所載文簡詩文多世所未覩因錄其藁旁搜各書稍附益之存之篋衍云云則平叔當日固曾一度抄撮入典且附以他書者誠洋洋乎大觀也惜乎未及論次遂使爲之後人著欲守先澤而未由耳二十五世孫桐識

曾三復字無玷弟三聘並見宋史列傳無玷官終刑部侍郎子宏甫自號鳳墅逸客鳳墅者宏甫所居別業嘗裒輯宋朝名人眞蹟刻寘廬陵鳳山別墅前帖續帖共四十册文簡公書其一也文簡由著作郎出典郡尋改江東提刑無玷嘗知池州樓大防有送無玷寺丞知池州詩池於宋時屬江南東路手牘云承乏於此得同王事當在此時文簡書法淳古粹然學者其後人以摹本勒石寶藏宗祠世守勿替亦可謂賢者矣嘉慶丙子仲夏月

鄉後學秦大光識 見同上

文簡書法世不多覯翁覃谿閣學以手牘摹本 示吉光片羽尤可寶貴夏屬公後人選

上石陷於惠山祠壁嘉慶癸酉孟陬月鄉後學秦瀛識 見同上

右文簡公手札百十有二字翁覃谿前輩得之公後裔重撫上石者不獨手蹟足珍觀札

中云得同王事懼不聞過卽可見公生平虛己受人勤勤砣砣於學問政事之意矣今之

君子其亦取以自鑒哉後學顧皐敬跋 見同上

先文簡公手牘百有六言翁閣學得之曾氏帖中秦少司寇以閣學摹本幷跋見示墨瀋

所遺寶如珙璧爰集宗人摹勒上石陷祠中遂初堂壁後人其世守之二十三世孫楠百

拜謹識二十二世裔孫維熊二十三世裔孫南楹鵬起楠城二十四世裔孫煒敬刊 見同上

文簡公書法高古世不多覯惟曾幼卿鳳墅帖載有文簡與其父無玷侍郎手牘一則云

云是牘大興翁方綱見而重摹之以寄秦侍郎瀛爲刻而勒之惠山祠壁 以上見嘉慶錫金縣志卷四十雜識 光緒錫金縣志卷四十雜識

毘陵東水門記　尤袤撰 咸淳毘陵志志二十九碑碣 州東水門記梁溪尤袤撰

臨海縣重建縣治記　尤袤撰 浙江通志卷二百五十七碑碣三台州府臨海 縣重建縣治記赤城集淳熙六年守尤袤撰

報恩光孝寺僧堂記尤袤撰 浙江通志卷二百五十七碑碣三台州府 報恩光孝寺僧堂記赤城志守尤袤撰

節愛堂記　尤袤記 浙江通志卷二百五十七碑碣三台州府 節愛堂記赤城志淳熙十四年守尤袤記

霞起堂記　尤袤記 浙江通志卷二百五十七碑碣三台州府 霞起堂記赤城志淳熙十三年守尤袤記

玉霄亭記　尤袤記 浙江通志卷二百五十七碑碣三台 州府玉霄亭記赤城志守尤袤記

平清堂記　尤爚撰 明無錫縣志卷三十五碑碣平清堂 記淳祐二年直祕閣邑人尤爚撰

徐偃王廟記　尤棟撰 在無錫五里湖石塘橋畔 明無錫縣志卷三十五碑碣徐偃王 廟記教官題名記退學齋記重修五先生祠記並邑人尤棟撰

教官題名記　尤棟撰 在無錫學宮 明無錫縣志卷三十五碑碣徐偃王廟記 教官題名記退學齋記重修五先生祠記並邑人尤棟撰

退學齋記　尤棟撰 在無錫學宮 錫金考乘卷十四續識退學齋 在儒學元初教授廣薦發建尤棟記並見元志

重修五先生祠記　尤棟撰 在無錫學前 明無錫縣志卷三十五碑碣徐偃王廟記 教官題名記退學齋記重修五先生祠記並邑人尤棟撰

儒學教授題名記　尤良撰 在無錫學宮 明無錫縣志卷三十五碑碣儒學教授題名 記至正七年州人尤良撰 錫金識小錄卷四司收教職考

元教授朱魯卿至正四年任情學田所入以修學宮 老病貧士皆有給諸生立碑以記其事尤良記文

迴溪里社祠記　婁菴公實撰 在東門外

遂初堂記　歸有光撰 在惠山

冉涇簖河碑記　顧憲成撰 在新開河上四面碑亭

承賢橋題名　高攀龍撰 同上

冉涇里承賢橋記　劉元珍撰 同上

冉涇河序　許令典撰 同上

覺林寺文獻公祠堂記　工侍公著撰 在蘇州十三都冶長涇覺林寺卽唐之義安寺也

尤氏世德祠記　嘉靖進士累擢應天巡撫南京戶部尚書定陶曹邦輔子忠撰 在白水蕩

尤氏兩賢祠記　岑城楊繼盛椒山撰 在尤圖

重修兵憲尤公祠記　吳道春撰 在廣東長樂縣

重修文簡公祠及置祭田碑記　嘉慶四年八月 在惠山宗祠頭門之右

修築惠山祖祠碑記　嘉慶丁丑仲秋二十六世孫湖文藻行健二十七世孫成 章祝堯楠梓楹城墉棟恭紀 在惠山宗祠頭門之左

文簡公祠祭田小引　道光辛卯孟春二十七世孫盤識 在惠山宗祠頭門口

道光十年續捐祭田記　在惠山宗祠頭門口

拓建尤文簡公祠記　光華大學教授錢基博撰 在惠山宗祠

添置惠山宗祠西部祠宇記　在惠山宗祠

正誤傳單碑　道光十七年 在惠山宗祠頭門之左

遂初泉古碑　道光時掘地得遂初泉古碑 在西孔山文簡公墓

無錫縣郭給示永保一坏碑　乾隆五十三年四月原任鹽山縣知縣尤耿光稟 在河埒地方博齋公墓

孔山訟案堂諭及丈定廣長積步細數碑　在惠山宗祠遂初堂右壁

無錫縣曾曉諭嚴禁碑　同式二座一在孔山文簡公墓 一在惠山宗祠遂初堂左壁

無錫縣廖出示諭禁碑　光緒二年四月 在吳塘雲耕公墓

宋尤文簡公廬墓處碑　光緒二年巴江廖綸題 在吳塘雲耕公墓

宋禮部尚書文簡尤公墓誌銘 蔣重珍撰 在西孔山 錫金識小錄卷六稽逸引梁溪雜事云少宰鈔尤迴溪詩後跋譖稱門生王百穀見之曰迴溪先生歿時君方入小學安得此稱柏潭曰非弟子也百穀猶未解盱衡而笑柏潭曰君未聞史記乎親受業者爲弟子轉傳於人者爲門生予師呂少保豫所翁親受業於迴溪先生也時佽少芝在坐曰昔蔣一梅爲尤文簡公上足誌文簡公墓稱門生爲人所諂今柏潭於迴溪稱門生是矣又爲百穀所疑天下事多誤大率如此百穀爲之面赤

元處士敬獨先生尤公墓誌銘 採薇山長逸修居士臨安胡克剛撰 在西櫧里

元戶部尚書魏郡尤公墓誌銘 鐵笛道人楊維楨廉夫撰 在西櫧里

明太常寺少卿休齋尤公墓表 翰林學士禮部侍郎上元陳遇中行撰 在章山

御製休齋公祭文 明太祖 在章山

附 碑陰記 中書舍人尤邦正記

元浙東道宣慰使和齋尤君墓表 戶部侍郎長洲高啓季迪撰 在西櫧里

明處士惟一尤君墓誌銘 翰林編修侍讀學士無錫王達達善撰 在尤圖里

明中憲大夫南昌府同知斐菴尤公墓誌銘 門人盛泰撰 在尤圖里

明詔徵孝廉務樸尤公墓誌 少詹事莆田柯潛孟時撰 在尤圖里

明處士菊軒尤公墓誌銘 禮部尚書上元倪謙克讓撰 在尤圖里

明尤君文卿墓碣銘 禮部尚書無錫邵寶國賢撰 在章山西大池游來塢

明承事郎聽泉尤公墓誌 邵寶撰 在尤圖里

明知永年縣致仕尤君墓碣 戶部尚書文淵閣大學士吳縣王鏊濟之撰 在吳縣萬福山

明封徵仕郎居素尤公暨配陸孺人墓誌銘 刑部尚書太倉王世貞元美撰 在章山西大池游來塢

明月潭尤公墓碣銘 封奉政大夫無錫秦瀚叔度撰 在尤圖里

明貞孝先生同山尤公墓誌銘 江西布政使無錫秦梁子成撰 在尤圖里

清翰林院侍講展成尤先生墓誌銘 翰林院檢討秀水朱彝尊錫鬯撰 在吳縣官山鵲子塢

先兄爾欽墓誌銘 弟侗展成撰 在惠山馬鞍塢五枝頭身上子

西神叢語

（清）黄蛟起 撰

《西神叢語》一卷，（清）黄蛟起撰，清道光吴江沈氏世楷堂刊昭代叢書本。

黄蛟起，字孝存，號曉岑，無錫人。清康熙時縣學生，積學能文，爲當時梁溪三子之一。然久困場屋，以秀才終。平生撰有《我聞草》、《嘯閣草》。黄蛟起生當清初，時勝國遺老猶存，得侍几席，飫聞緒論。除肆力於帖括之外，尤留意於鄉先輩之遺聞軼事。黄蛟起所撰是書，所謂網羅放失，摭拾舊聞之作。西神乃惠山别稱，故以西神名無錫也。所記逸事，皆爲人物傳語。首述忠孝，繼以節烈，下則品行、才幹、廉潔、剛正依次而記。其書宗旨在詢諸芻蕘，稗官野乘，亦牧民者所從觀風者也。吴江沈氏編入昭代叢書，以爲有益於世道人心而録之。該書所記，頗出志乘之外，文亦醇雅。其中有謂唐寅三笑故事原型源出無錫城中俞氏，非唯足資談助，亦可爲治小説史者所刺取。叢書所收之稿非全本，已有删節，然今稿本已失傳，僅賴叢書本而存世。又邑人秦國璋嘗影鈔該本，第不知其所據何本。

本書據清道光年間昭代叢書本影印。

（徐志鈞）

西神叢語序

錫山黃君孝存著西神叢語記邑中佚事也首述忠孝繼以節烈忠孝者生人之大節若李伯紀之立朝卓然有經緯則足以定危邦矣尤文簡之廬墓煥然通神明則足以繫世德矣他如顧涇陽示兒有帖高靜遠逐客作聲秦氏女欲收放心全氏婦戒勿妄用良可風哉次又分品行才幹智略古道諸目位置悉當即其附載碑板傳記亦有益于世道人心然則孝存以為一隅之文獻者實則人人宜讀之書其終之以解經者不忘本業也內述吳覲華謂史記貨殖傳不能脫世俗之見旨哉斯言讀書不可無此巨眼辛丑十月金匱沈惠堃序

西神叢語

錫山黃蛟起孝存著

父子忠孝

陳炤字光伯咸淳初元進士歷任兩淮制置司參議元兵攻常州炤以胸山合守母喪郡守姚訔辟為通判或止之炤曰鄉邦淪沒可坐視乎遂墨衰而出協力備禦既而城陷訔死之炤猶調兵巷戰敗歸坐于廳事家人牽馬至階下曰城東北門圍未合可走常熟炤曰去此一步便非死所乃遣子應奮出城以存宗祀日中兵至而死詔贈朝奉大夫直寶章閣下有司廟祀炤世居東門外陳巷橋有田百頃且有質庫會九月十二日生晨應奮入城稱壽悉取質庫衣貨并酒千甕持以犒軍頃之伯顏兵二十萬抵城下炤謂應奮曰事亟矣吾死此汝速歸時文天祥督軍平江應奮慟哭出城奔懇乞援天祥發兵應之及宋亡應奮杜門不出衣冠無改以終其身

一門忠孝節烈

陸士隆字季平洪武中拜監察御史以抗疏胡惟庸

奸狀見殺妻子皆死之劉基作忠孝節三歌

馬世奇字君常號素修謚文忠官至諭德上數召對奏言目前要著在收拾人心須從督撫鎮將約束部伍令兵不虐民民不苦兵始不然賊勢不可支矣崇禎甲申三月十九日京城陷公肅衣冠捧司經局印北向拜曰臣不能報國惟一死以謝陛下二妾朱一姐李玉潤從之先是公有二妹一適華璿一字何材如竝以節聞長子瑜未娶而夭聘鄭氏年纔十八持服出閤拜見舅姑以死自誓人謂忠貞節義萃子馬氏一門

忠臣

漢虞俊字仲卿少以孝友稱哀帝時為御史有風裁繼遷丞相司直王莽秉政召為司徒仰天歎曰吾漢人也願為漢鬼不願事漢賊飲藥而卒光武即位高其節行以朱旛表其墓

南唐陳喬字子喬世居廬陵後徙無錫仕為舍人元宗既失淮甸將授機務于太弟喬排閤入諫元宗引喬入見后及諸子曰此忠臣也他日國家急難汝母

二

子可託之後主即位以喬總章國事開寶中宋師至後主自為降款使授喬喬投款于承霤入曰臣當大政非死無以報國臣死而歸以逆命之罪陛下可保無恙遂入視事堂自經堂吏撤榻瘞之宋太祖改葬之

明高曇字景雲號龍溪由上舍授漳州府判正統己巳鄧茂七搆亂集兵討之曇督軍餉次茶陵遇賊欲掠其芻糧不與被執至琥珀嶺以刃脅之曇厲聲曰逆賊無狀上勞王師下毒黎庶指日梟汝首縣市上敢肆猖狂殺汝父母邪賊怒遂及禍詔贈工部員外郎葬金百兩漳民號慟如喪父母立祠祀之

高攀龍字存之謚忠憲與魏忠賢不合削職歸其黨矯旨逮之拜遺表曰臣雖削籍舊係大臣大臣受辱則辱國故從屈平之遺則君恩未報請俟來生乃自沈園池池在城南水缺巷公在水時冠不沾滴履不染泥左手護心右手傍岸倚南向北如對君然

龔廷祥字佩潛官中書舍人乙酉南郡陷宏光逃避乃具衣冠別文廟登武定橋俯秦淮清水曰此吾之

三

汨羅也今得死所矣遂投其中

大臣

李綱字伯紀政和二年進士累官太常少卿宣和七年金人渝盟邊報狎至朝廷議避敵之計綱上禦戎五策且刺臂血上疏請假太子休號使守宗社收將士心欽宗即位拜兵部侍郎金人渡河徽宗南行宰執請帝出狩定襄綱曰陛下一出宗社危矣道君皇帝以社稷託陛下委而去之可乎太宰白時中謂都城不可守綱曰天下城池安有如都城者且宗廟社

四

稷百官萬民所在去此何之帝以綱為尚書右丞時宰執皆主去計乃以綱為東京留守綱言明皇聞潼關失守即時幸蜀宗廟朝廷毀于賊手今四方之兵不日雲集奈何輕舉以蹈明皇之覆轍乎帝然之會内侍奏中宮已行帝色變降御榻曰朕不能留矣綱伏帝前以死邀之帝曰今為卿留治兵禦寇一以委卿未幾復決意南狩綱趨朝則禁衛擐甲乘輿已駕矣綱急呼曰爾等願死守宗社乎願從幸乎皆曰願死守綱遂入見言大軍父母妻子皆在都城萬一中道散歸陛下孰與為衛北軍已逼倘知乘輿未遠以健馬疾追何以禦之帝乃感悟命輟行綱傳旨令左右曰敢復有言去者斬左右皆呼萬歲綱拜親征行營使以便宜從事敵兵攻城身親督戰斬獲數千人乃退遣使來議和須金五百萬兩銀五千萬兩牛馬萬頭表緞百萬匹尊金為伯割太原中山河間之地以親王宰相為質綱言金人所需金帛竭天下且不足況都城乎三鎮國之屏蔽割之何以立國至于遣質即宰相可往親王必不可往若使辨士姑與之議

五

所以可不可者宿留數日大兵四集彼孤軍深入雖不得所欲亦將速歸此時而與之盟則不敢輕中國而和可久也宰執不聽一如金人言及勤王之師至者日數萬而种師道姚平仲以涇原秦鳳兵俱至綱言金人兵號六萬吾師集城下者已二十餘萬若扼河津絕糧道分兵伏河北諸邑而以重兵臨敵營堅壁勿戰俟其食盡力疲然後以一檄取誓書復三鎮縱其北歸半渡而擊之此必勝之策也帝深以為然約日舉事姚平仲急于要功先期率步騎萬人夜斫

賊營敗逃金人使來詰用兵之故宰相李邦彥曰此李綱所為非朝廷意也遂罷綱太學生陳東等伏闕上書軍民集者數十萬撾壞登聞鼓呼聲震地乃復綱右丞充京城防禦使已而徽宗召見綱言道皇帝仁孝思慕請太上皇早還京師兩宮之疑頓釋後以議事屢不合乃落職及金兵再至高宗召綱為尚書右僕射兼中書侍郎綱陳十事曰國是巡幸赦命僭逆偽命議戰議守政本久任修德翌日班其議于朝推僭逆偽命留中不下綱復言二事乃今日政刑之

六

大者春秋之法人臣無將將則必誅趙盾不討賊書以弒君張邦昌晏然正位號處宮禁及見天下不與始請元祐太后垂簾聽政而議奉迎邦昌之罪非特將與不討賊而已劉盆子以漢宗室為赤眉所立其後以十萬眾降光武但待之以不死邦昌之罪大于盆子不得已而自歸朝廷既不正其罪又尊崇之以示四方誰不解體且偽命臣僚一切置而不問何以勵天下士大夫之節耶時幸相助邦昌甚力綱言邦昌僭逆如此豈可復在朝廷使道路指目曰此亦一天子哉因泣拜曰臣不可與邦昌同列當以笏擊之陛下必欲用邦昌願罷臣帝乃謫邦昌于潭州王時雍而下貶謫有差綱在相位七十七日而罷車駕遂東幸兩河郡縣相繼淪陷凡綱所規畫軍民之政一切廢格金兵益熾而中原盜賊蠭起國事不可為矣後王倫使北與金使偕來以詔諭江南為名綱上疏極言其情有必不可從者五雖與眾論不合而上不以為忤曰大臣當如此

名臣

顧憲成字涇陽謚端文與南樂魏允中崑溟閩中劉庭蘭紉華皆鄉試第一號庚辰三解元又同舉進士相與礪磨忠節切磋道義江陵專政不可阿附好為彈射江陵謂申相國曰貴門生有三元會評隲時事居然袞鉞一世矣

七

尤良字心之洪武初召見問何所願曰臣願天子萬年上曰老生常談良曰臣願陛下求其所以萬年者周以忠厚綿延八百秦以殺戮止及二世上語宋濂曰尤良忠直濂書忠直二字榜其寓舍良以帝語臨

上不敢坐中樞

嘉靖初年江南歲荒時金端敏公爲大司農次年稍熟宜興杭濟寄新米五升併以詩云破杵親舂雪色明殷勤聊獻野人誠極知柱國憂民切爲報江南命復生公卽以詩與米進上上喜捷其詩縣宮中他日與文徵明同召濟卒于途

胡孝字原荊號蓮渠嘉靖乙丑進士爲御史上書侵中貴人中貴人銜之已而言事頗及宮壼中貴人指其有所譏切削籍爲民跨一驢出都門一中貴沃之酒以好罽衫披其背曰毋謂我曹無人卽從君死不難也惜未詳其姓名

八

吳禮字幼文督學庸闇黜其衣衿充松江郡吏郡守熊琳見其下筆精敏才氣橫溢歎曰如此才而阨于下僚何異良驥困鹽車乎使從入覲特疏薦之文皇召試三論立拜比部主事政府撓其獄抗章奏之直聲振于朝當事以文學薦擢儀部郎會大祀上出稍遲其疏抗諫黜均州守爲政嚴明名動三楚

侯少芝字元春萬秝間平滇中洞蠻詔屠之時少芝在垣中與臺中某候補布政某同在坐曰蠻人跳梁應誅一洞幼小何知忍令俱死乎謀合疏保之時臺中某尚在沈思布政某拂然曰朝廷將滅此種何疏爲少芝不得已獨具疏得旨宥其幼小活者數千

籍戮忠臣

周衡字士平號養浩洪武時擢右正言會下詔蠲江南諸郡稅已復徵之衡進諫曰陛下詔蠲租百姓幸甚今復稅之是示天下以不信也帝默然未幾告歸省墓給假六日比還朝已七日帝大怒曰朕失信于天下爾失信于天子遂棄市籍其家使者復命問何所有對曰唯太平廚內書千卷土甕中米三升耳帝悔歎曰虧此老秀才了

九

廷杖諸臣

黃正色字士尚號斗南嘉靖己丑進士爲南臺侍御值章聖太后梓宮祔葬承天職當護送正色廉得京山侯崔元禮部尚書溫仁和宦官鮑忠奉命輔行在道橫甚乃劾其怙寵黷貨諸不法狀世宗將窮治其事諸貴攫反誣正色乘馬揮扇于梓宮前世宗震怒

詔緹騎逮入京會霍文敏力救乃得廷杖謫戍遼東瀋陽衛居遼三十載忠義之氣每見于詩歌隆慶初召復原官升南太僕卿致仕山人鄧儀贈詩云上方借劒竟難成身繫遼陽望帝京東節廿年如漢使思家萬里憶秦城雲横沙磧春無色雪暗天山雁有聲此日蒙恩還故國儘餐丹藥駐長生

張選字舜峯號靜思為户科給事中值仁壽宮災方命鳩工旋即報罷已而大内興工清寧繼役獨遺仁壽疏言陛下事昭聖皇太后未若章聖皇太后之隆

十

宜有以更之以明停役之故以解臣民之惑掌科者見之大懼曰獨不聞皇上試棍乎棍下要折身梗一束柰何自取死乃拉六科同年取疏袖之而去遂寢後以不親祀典抗疏直諫曰臣聞國之大事在祀孝子為能享親語云吾不與祭如不祭傳云神不享非類宗廟之必誠必敬明矣前者孟春特享太廟時享世廟適聖體違和暫遣勳臣攝祭内外臣民皆知陛下出于不得已耳非誠敬之不至也今者孟夏又將祫祭大臣咸謂聖躬必親行禮昨鴻臚寺為禮儀請二十八日升殿奉聖旨是今早乃遇免朝萬一如前故事仍遣勳臣致祭則陛下不得致其如在之誠而異姓之臣血脈不通祖宗在天之靈恐不來享雖陛下孝本天性享親之誠無時不在但不躬行大禮則迹涉怠緩無以彰聖孝端風教也如聖躬平復之初未任趨蹌拜跪亦當明示禮官先期告廟以陳不得已之故陛下亦須靜處齋宮夙夜寅清以通神明之貺俟祖考來格而後即安不可直遣某勳臣致祭而已上覽疏大怒奉旨這廝事主非主好生無禮特享

十一

命官一時權宜皆非無故是否朕偷安忽禮禮部看來時尚書曲意逢迎又奉旨該部既看得明白罪人自無可釋之理如何未復回護他著錦衣衛拿到午門前打八十棍送户部為民選受棍時大呼曰臣死不足惜所惜者朝廷典禮耳上益震怒御文華殿聽報棍棍折者三選謂杖者曰吾罪甘死但恐累明天子有殺諫臣名前掌科曰早知有此骨鯁前疏不強阻矣是晚上不入大内繞殿走御製祭祀記一夜刊成頒賜各衙門選退歸及世宗大漸遺詔復原官進

通政司

父子慈孝

華粹甫以奏銷起解子伯緒概然頂替伯緒子逢年曰父既可代祖我獨不可代父乎乃追至儀真代父赴北解差不容逢年搒死呌號父始得釋及别離之際父又大慟不肯歸以為子死不若身死也後卒邀恩放歸父子完聚如初

一門三孝子二節婦

浦瑾字文玉號桂巖世居前澗宏治中南塘火風急

十二

將及其廬時父怡靜方在殯瑾呼天叩頭血流被地火越其廬而焚左右後舉正德庚辰進士除麗水知縣三月而卒次子應元字德徵號振巖自經以殉處州守黄體上其事而旌之從孫劭字成德號黴齋嘉靖間倭寇至繫其父應虞去劭與弟濬各往求父途遇他倭劭遂前稱父狀貌問安在倭弗應固請倭殺之明日父歸洟辰弟亦歸父乃收劭骨葬之立木主于牀頭出入必呼之曰俾兒知老人無恙也妻顧氏終身守節萬秝間禮部孫承宗為之請旌建祠浦氏有女適華世忠年二十五而寡懷妊五月誓志育孤

一門二孝子三烈婦三貞女

華元鋭太學生與弟元鐸奉其父軫孝卜居控江門外嘉靖乙卯四月倭寇突至急具舟奉父入城未即行寇已入其室元鐸肩父升屋元鋭為賊所執殺諸途元鐸未之知也明日持重貲詣賊營求贖兄并遇害事聞旌其門曰孝友監生陸子才妻元鋭女也時方歸寧見倭寇倉遽登舟寇亦登其舟見氏美姿容欲污焉盡以所攜金珠羅綺賂之不得免適旁有虛

十三

舟紿寇過舟寇喜牽其臂以往既近舷嚙寇手流血乃得入水死女奴三人曰阿滿曰招女曰三英僕婦二人皆徐氏一時從死詔俱旌表之

孝子

秦勵字邦哲號一誠以貢赴京謁選忽心動遽束裝歸歸而父景煇已歿不得視含殮以終天為根廬墓四十年朝夕衣冠拜泣淚滴松根松為之枯白龍山舊無水勵築永思居于墓側有泉湓然自石中流出邵文莊公大書于石曰孝子泉至今大旱不竭許給

諫有詩弔之云山川寂寂水濺濺荅蘇常封孝子泉
四十年前無限恨夕陽影裏咽啼鵑

唐恒字公常年十六喪父推寅哀毀骨立成化十七年七月大雨水裂龍山之麓以出恒父塚適當其衝貧不能遷葬乃以鐵鎖繫項曰不徙墓不去鎖矣及病革親戚將為脫之恒捫鎖淚横下曰何以見先人于地下竟抱鎖死自後水漸殺墓亦不傾正德中巡按御史東郊聞而祭焉

十四

尤袠字延之謚文簡紹興十四年秋延閏僧普明葬親于吳塘山之陽廬墓三年方葬十日其夕燈光蔽湖叱聲震地俄而一舟抵岸山神出迓之舟中神立而叱曰此大地將發福三百年誰敢當者彼人子有何德而畀之速令發去山神俯諾神忽不見公伏墓長號不知所出越夕神復至訊前事山神曰伊父時亨累世積德袠又純孝之子也神曰可當矣好護之公服闋登上第祖孫皆尚書數世金紫弗替

興道鄉民邵可學冬月出販母問歸期約以明日既而事早竣及抵家已二鼓雪且盈尺矣天寒夜深恐驚母起遂露宿門外以踐明日之約

鄒忠倚字于度嘗侍父疾于邑之東亭夜走入城延醫雨足失履不自覺也

堵允錫字仲緘歷官提學副使七歲喪母十一喪父崇禎十年舉進士自陳幼失父母未嘗一日奉養願賜假歸廬墓三年然後就職詔從之墓有枯桐再花人以為孝思所感

邵寶字國賢號二泉謚文莊為戶部侍郎屢請終養五疏方允其憶母詩云手線縫衣欲問寒慈顔時尚

十五

夢中看世間盡道為官好天下無如别母難讀罷家書添髮白編成國事剩心丹孤燈自照磚河夜回首江南路渺漫其乞養未許詩云求歸未許奈親何帝里風光夢裏過三月春寒青草短五湖天遠白雲多客囊衣在縫猶密驛騎書來字欲磨聖主恩深臣分淺百年心事兩蹉跎純孝之情盎然于筆墨間

尤文字文達號務朴事親至孝固辭朝聘母嗜魚日釣溪鮮剔骨以進陳秋林勉為作四圖于祠壁一釣魚圖一烹魚圖一剔骨圖一進魚圖以識其孝

李江居興道鄉素有孝行一日入城訪姻戚款以巨蟹江念母嗜蟹袖之歸薄莫逢翦徑賊見其衣衫藍縷止奪其袖中物而去江踉蹌奔歸次日傳言某處有一人昨宵無病暴卒徧身青黑剖置巨蟹半隻蓋中蟹毒也設使江非念母則殺身路不遇暴則殺母一念感格母子全生孝思之獲報如此

十六

西鄉貧民錢大漢者膂力絶倫傭工孝養聾父負米夜歸山僻遇盜奪其米而去大漢追之盜被毆死得米急奔至一村舍見門半開因投止焉不意即盜家也其家父子二人詢知其情讓榻與寢父入謂子曰所被毆者得非汝弟盍往偵之子即啟門而出大漢竊聞遂負米潛逃父覺之懊恨失言仍卧舊榻少頃子歸操利斧寸斷其父蓋驗實弟屍憤歸圖報不意其為父也天之報施固不爽哉

賣糕陳孝子不知其名邵文莊公為題云今日一糕明日一糕三年不為久廿里不為遥仙人不在楊涇橋靈藥不在胡盧瓢苦哉孝子心一念通神霄

節孝

沈璵字子美居黃藻岸北五歲喪父母李氏紡績教之質鈍學廢又力弱不能耕一日早起入城過洞橋見一大錠初疑為行人所失不敢取審視之有黑泥裹焉遂攜至家洗之隱隱有皇錫節孝四字下有花押似一正字子美藏之九月潭晉聞之勸其娶婦買田以供母乃出銀稱之得六十兩以十金娶婦其餘買田二十五畝由是甘旨無缺後二十餘年母卒盡棄所置田營葬于龍山下

十七

夫婦節義

儲福新安鄉人洪武初被誣謫肄燕山衛籍靖難師起挈母及妻逃去文皇帝即位詔勾戍卒入伍福名在籍中調曲靖衛當詣京師仰天歎曰吾雖戍卒安忍事二主邪痛憤不食死于道中妻范氏年纔二十守節不嫁奉姑韓氏甚謹每念其夫輒走山谷中發聲長號不令其姑聞也貧無以存嘗為人浣衣澗畔忽見有席草叢生因織席以養姑姑殁廬于墓側年八十餘卒自後席草亦不復生矣土人即其廬葺為庵名曰崇孝宏光時贈福指揮使謚貞義范氏贈淑

人謚孝節竝賜祠祀在淨慧寺旁

夫婦忠烈

張文煥字伯闇號樸菴洪武中舉于鄉令儀真以才勇擢白洋鎮巡檢寇至與戰戈折矢盡死之妻邵氏屬十歲兒元保于夫之友姚樞抽刀自殺

節婦

曹代何疾篤顧以其婦錢氏年少為憂氏曰他日相見地下還君白玉夫頷之歿時氏年二十四後八十五忽夢夫索白玉自知將死晨起更衣而蜕

十八

高宗謙字益旃妻鄭氏年十八而寡當周甲時寫一小照幅巾道袍趺坐石上自題云胡來幻形儼丈夫相空諸有未心皈無上名山栽室青松我伴自性如如皓月常滿

周文字岐鳳號蠡湖有文翰能丹青嘗遇道人授祕戲之術遂以不檢為姑蘇武弁所獲所私之青衣示以出路匕命湖海武弁首官緝捕累至妻錢氏日被羈絏三年始釋又三年文忽夜歸妻泣曰今夕不留子則夫婦恩絕矣萬一留子而妊何辭于官且六年清白敗于一旦奈何文然其言相持痛哭而去氏時年二十九家計蕩盡日結網巾為活又四十年卒里人周俊民葬之題其墓曰節婦塚文曳裾侯門不知所終

秦氏大令念橋女也十七歸陽羨湯振商二十而寡有祭夫文云維君之生很恨交并雖稱舊族實迫家貧君負才能日惟國楨如何今日未成一名君父遠宦拒切君心如何今日不待歸臨君母在堂奉侍惟勤如何今

十九

日環哭莫聞君抱幼子阿父自稱如何今日獨去冥冥君有幼女未閲數旬如何今日相對昏昏君之與妾三載恩深如何今日天移地傾君昔好酒妾每進箴如何今日莫舉一尊君昔負氣讀史懷嗔如何今日半枕殘魂嗚呼痛哉夢邪幻邪君胡為而早棄世邪妾何罪以禍延君邪已矣哉君徂兮妾惟死兮誰哀淒淒兮皎月漠漠兮空幃几有書兮君讀牀有劍兮君持書與劍兮俱在惟君逝兮何依君恨吐兮無已時妾心傷兮靡盡期願君靈兮默佑撫孤子兮

承禧倘餘煇兮可照當含笑兮同歸哭君兮奠君自悵兮自悲渺渺兮君魂崗竢兮來思時氏絕粒數日姑曰盍念遺孤甫歲餘遺女方彌月乎于是忍死撫養值家中落貧病交并翁之側室復時加齮齕不堪艱苦備嘗之矣及教子次曾補博士弟子員而病已不起年三十九以不合例未旌又有前後悲歌十章令人不忍卒讀

華節婦某氏有念珠一串族子諱藕之質錢于族人岐宮解庫中節婦訪知之遣人取贖岐宮利其值之

二十

奢也辭以無有俄而雷雨大作自解庫至內室震霆旋繞作聲滿空烟焰迷漫家人對面不相見岐宮大驚送還其珠雷電始息

烈婦

成氏定陶教諭繪女登封訓導九輔之妻也初輔游學靖江氏從焉成化丁未五月江水夜溢家人倉皇升屋氏整衣欲上問爾等衣邪眾言急遽未備氏曰安有男女裸形相向而可與俱生者我當獨留眾號泣以請不應厥明水退坐死榻上倉橋余氏夜火已至寢主婦倉卒求衣不得裸立門內一僕冒火救之婦曰寧死耳豈可裸而與汝偕出遂焚死二人立志正同

錢鉦字留耕號西園嘉靖間

間第四子理之婦鄒氏以治容為倭所獲褫其衣束以帛氏睨倭戟列陌上奮勇騰身覆戟戟鋒洞腹背死鉦痛之自是聘諸孫婦必擇貌寢者

惠氏開化鄉人夫方應宗死遺二幼女矢不再嫁翁奉叔甫屢逼之令錢季庚阿為媒與錢鄉說合氏聞

二十一

之輿歸訴兄貞貞希獲利從中慫慂氏仍回家堅持節操已而卿竟擇吉迎娶氏自經邑令吳公伯成判日方奉之媳惠氏方應宗妻也應宗身死一載惠氏撫其二女懷貞抱潔泣緯淒花矢不二天真巾幗中壁立人物何期方奉耄奴不能培此芝蘭顧欲翁其松柏偏聽次男方甫屢逼改節搆媒成婚惠氏推恐生而受辱遂乃死以成仁烈哉其身雖隕其骨彌馨矣伊兄惠貞具告方甫方奉亦告惠貞兩稱逼節惠貞從前慫慂冀有所獲今妹死而專咎方甫貌也但

方奉乃家長使能保全賢婦之志堅拒匪人之詞則惠氏且恃以無恐何趨死之速乃爾哉應與逼妹之惠貞逼嫂之方甫强欲説合之錢季庚弼强欲婚娶之錢卿依律各杖八十其方奉之田産家業著鄉里親族公同三股均分以惠氏應分之一股半為惠氏安葬立祠半為二女奩具惠氏舊存之物亦歸二女立單存照若方甫霸措不給則逼嫁謀奪之情更覺顯然許親鄰報縣重律處之可也

二十二

陸氏年十五歸尤某居縣治西以蒸餅為業生二男而夫病故其家趣令改嫁不從但曰汝等勿慮吾吾自有去處已而其家與里中某議姻氏即挈二孤託鄰媪曰毋為我好撫兒我去矣問將何往曰吾自有去處遂登樓自經年二十八葬西門外荷花橋之東嚴轂為作歌曰有去處汝莫愁飢寒可忍吾何求但使中心化為石天上地下憑吾游雙雛將不得顧借鄰母力為妾保此孤去後銜明德人言娘子顏如花那能容易投人家不如鄰近就温飽新當勝舊此計原無差汝莫愁有去處尤郎去處即吾家更向誰家尋去處

徐氏吳縣人年十七適諸生鄒侗二年侗卒氏欲從死時方懷娠舅曰爾死是斬吾嗣也閲六月舉子振芳又欲死舅曰俟其長及振芳六齡就塾氏語姑曰今孤得稍長可衍鄒氏烝嘗矣遂投于河錢肅潤作歌并序曰烈婦河者鄒晉年室人投水處也古有貞婦石貞女峽謂之烈婦河固宜歌曰姑蘇女嫁梁溪士結髮二載士先死女也秉節凡六年一朝將身赴流水流水浩浩可若何身其殉矣死靡他此里素號

二十三

讓王里此河應名烈婦河君不見赤帝之女溺東海化為精衛氣百倍君不見虙妃曾從洛水游豐隆乘雲不可求君不見湘君湘夫人沒于湘水為明神君不見吳女瀨千載相聞笑且慨君不見曹娥江濤聲淜湃勢漉瀧君不見雙女潭中雙鯉見為雨為晴出必驗君不見舒姑泉下水悠悠一彈再唱長同流君不見桂林橋畔彩鸞舞妾心如水照萬古水名半由女子傳今之烈婦胡不然湖邊一望多生氣幽貞凜冽飛寒泉桂為棟兮蘭為橑水中之室自天造若有

人兮在中央娟娟孤影何美好烈婦河烈婦河朝看綠波莫白波我為作歌傷心多

孝婦

顧漢臣妻沈氏十七于歸備嫻婦道姑馮氏病劇焚香告天請代夢神賜藥一丸進諸姑覺而異香滿室姑病旋愈漢臣二十五歿氏八十五歿屬纊時子孫環侍命曰儆善人勤讀書毋負我六十年苦節

婢守節

二十四

黄氏貧家女姿娟好幼為大姓殷氏婢殷氏字下有恩孌猝起骨肉間家遂不振夫婦以齟齬死生二女皆已適人獨遺三孤長側室出也母出居于外餘尚乳哺門單無人倀倀失所依女含涕而卵翼之家有老蒼頭二女勗以大義曰吾與若俱僕妾于人今不幸失所天然猶有諸孤在若應其外吾營其内天苟不喪殷氏當見諸孤有成耳二僕感激不忍去有負郭田一廛歲收租以給二孤衣食皆鮮美其自奉則甚麄糲春秋令節必具殽饌祭殷氏亡人翼二孤匍匐拜庭下稍長使就塾師節省服食以資束脩嘗夜有偷兒入室舉火燭之乃故主時他僕也以女少欲犯之女嚙齒罵曰汝居然人類不念故主恩而欲為禽獸行天豈汝容乎笞擊之不少貸且間之別室至旦集族中長老聲其罪痛責而斥逐之二孤既長為娶名家女殷氏賴以復故鄉人至今稱之為賢女子

義婢

二十五

嚴紹賢字與齊號漢客吳縣諸生雅負奇氣乙酉令下薙髮自題壁端云讀聖賢書義不受辱特投王家井中使女生春同殉于此既又書云一井雙投不下只得自縊房中于是儒冠儒服與生春相對經于寢室所生女甫三月以失乳死生春姓張氏當時有人以詩弔之云太史庭前烈女魂而今又見出儒門莫言爨下糟糠薄賽得朱樓畜養恩

賢父

嵇岕字孟求號憩廬子永福成進士手書五戒諭之曰勿妄聯宗勿輕結婚勿竿牘官長勿得罪鄉里勿濫收奴僕

王問字子裕號仲山善丹青官南曹迎其父澤澤不

欲行乃命畫三十扇扇各一詩自朔至晦日持其一以代子之侍于前也

顧涇陽示兒帖云凡為父兄莫不愛其子弟莫不願其讀書進取今府縣試吾始終不欲以汝名聞于主者非恝也非棄汝而不屑也吾自有説耳就義理上看男兒七尺軀頂天立地如何開口向人道個求字孟夫子齊人一章便是此字行狀見之汗顔不可作等閒讀也就命運上看窮通利鈍墮地已定如何增損得些子眼前那個不要做秀才到底有个數在若

二十六

可以勢求可以賄求那不會求的便沒分造化亦炎涼矣就吾分上看本無寸長幸賴祖宗之庇博得一第再仕不效有邱山之罪猶然煖衣飽食安享太平在昔大聖大賢往往厄窮以老甚而流離顛沛不能自存我何人斯不啻過分乃更為汝干進是無厭也就汝分上看但在志向何如若肎刻苦讀書到底工夫透徹科甲亦不難何有一秀才若尤肎尋向上去便可做個人即如吳康齋吳敬齋兩先生只是布衣都成大儒誰不敬慕連科甲亦無用處更何有一秀才汝繹而思之識得此意省多少閒心腸閒氣力閒悲喜便是一生受用不盡記之記之無令吾言為伯魯之簡

許世卿字靜餘館于嘉禾項氏其子已游庠督責之甚嚴項氏不悦遽拂衣歸是秋領鄉薦項氏來送脩七十金不受强納焉曰姑置之有至戚能文屢困童子試適世卿與當道論文因稱譽之遂得獲雋至戚銘其德且念其貧饋以百金辭之再三不得已而受其半曰姑置之平居自奉極薄節省七十金在敝篋

二十七

中室人請以之生息曰姑置之及病革命三子取前金闢之長子闢得至戚所饋金曰此不義之財也次子闢得項氏所送金曰此無功之祿也幼子闢得篋中金曰吾鹽虀素風所留貽之物也除此之外四壁蕭然後長子次子俱不振惟幼子世其業

鄒經畬分關云乙丑歲余髮種種矣以食貧故講授不休兩兒請自爨以贍吾二人因檢敝麓得書二十部扇二十握分予之作詩自解并示兩兒中有兩聯云終歲課兒師是父半生餬口館為家已看對鏡鬢

成雪休說論文眼未花的是青氈氣味

賢母

朱孺人高静遠配也自用一錢必徘徊曰且止及子攀龍讀書需書值欣然曰錢政以易書爾攀龍既舉于鄉孺人家有訟舅氏謂攀龍必直我于令孺人知之曰毋爾處子也奈何以面孔向人攀龍曰固舅氏也孺人笑曰爾以舅氏必直乎果直奚須爾直邪

劉霖恒字晴麓幼時燈下誦所作詩母聞氏聞之淒然曰氣味清淡他日其不富貴乎其言果驗

二十八

秦禾字子實號文橋官永昌守平生不吝施予或為人所負當營葬時二子將取償焉室葛恭人曰若等苟自樹所不足者非財也必若所為豈爾父半生之志乎遂折券還之

張希敏授經里塾一日懷朱櫻數顆以獻其母俞氏氏郤之曰古人懷橘乃稚齡事若丈夫盡孝安用是區區者為

秦氏大令念橋女也子四歲日寫數字教之曰即欲收其放心耳又有與子書云聞吾兒山中刻苦甚喜然須得其方一日之中或習舉業或覽文詞既有專志復有定功則求進乎技不難矣茲方盛夏戒坐濕處少食冷物大抵情所易流必當有以制之此則立身行己靡不如是不特居處飲食為然也

令子

高材字國文號靜成令黃巖尚書黃綰家累巨萬侵奪細民凡令至皆稱門生推所頤指紀綱之僕至令庭輒設便坐獄訟以意為左右一日其僕大帽華衣直入署中言事材曰若何為者褫其衣笞之民大喜

二十九

皆起縣綰諸不法事得數百牘東之送綰自為理盡返所奪民田地綰大窘使已子齎珍寶至無錫餌其公子德珍德珍拒弗見綰之子庭立三日而去居無何有大俠挾美女寓鄰舍私于蒼頭曰吾不惜萬金得吳姬行路難相窘者數矣聞公子賢能以一廛舍我願持千金為壽蒼頭以告德珍叱曰必盜也趣執之其人遯去後蒼頭至黃巖遇綰于途所為大俠者乃其僕也材聞其事歎曰人須自立亦賴有賢子弟不則兩敗矣

秦延默字念橋為湯溪令邑有大豪橫絕閭里以計購繫之值公子重甲自任抵家乃遣使奉千金求解立叱之去白置諸法後延默入湯溪名宦祠重甲復至具地人爭主之曰此不入千金公子

順治庚子江南欠糧一案紳士解至京師咸慮不測時詞林華亦祥因值封翁花甲乃于五月朔設香案易朝服告天曰吾無以祝父壽當誓救諸人于累紲于是立懇大司寇高景江南司郎中楊繼經以例奏請得從寬典又念諸人行囊告匱難作歸計復稱貸千金一朝散給人各六金族人則八金

三十

晚子

侯孟清富而好施年五十八尚未有子忽庭竹生筍數枚時值初秋更號晚竹自計生子當如竹也明年繩武生名曰祖德官至太僕寺丞

養子

火丹赤周思文養子也周氏之先有名湛者通判戎州德裕間舉家為元兵所俘其名泰者隨舅氏之官獲免自以世食宋祿憤狠權姦誤國名三子曰思岳思文思李以景仰忠節思文亦以哈麻火契丹達魯花赤俘其家屬故名養子以示譬元季王師圍無錫張昱率父老往諭莫天祐降思文在行亦泣請曰吾家惟存大人一支此行萬一不諱其如周氏宗祀何兒當代往及天祐降而赤已被其麾下所害思文收葬之

神童

丁松年字壽夫惠遠字懷明與邵文莊公少皆絕穎稱三奇童十餘歲時嘗偕遊洞虛宮嗣龍山房見庭

三十一

中有鵝羣入弄之李道士戲謂欲為籠鵝右軍邪因笑指屏風曰此王學士耐軒壽先師祖文幾三千言向聞三君敏妙能誦十徧背之當烹鵝以餉松年曰一徧足矣即起略觀背之如流不失一字惠遠朗誦二徧訖三四字文莊細讀三徧訖八九字道士甚喜急宰鵝治具出佳釀佐之盡歡而散謂弟子曰邵子深沈寡言行動不苟必大臣也二子質雖敏氣太浮輕佻躁動恐非遠大之器後松年以儒士第一人應舉不第悒鬱而死惠遠至成化癸卯登科仕終京兆

通判惟文莊登第爲宗伯悉如道士言

孫繼臯字以德號相潭萬秝甲戌以第一人及第其幼時有老人于街中曬麴聞其聰敏出一對云直曬兩行麴繼臯即應云低吽一聲糕

唐德亮字采臣號書巢六歲時侍其父贈公與客對奕客命題使奕秋誨二人奕荅曰二人則有之矣誨者爲誰客驚異之

民部王召字子行號南山幼奇穎巡按御史涖學宮聞邑有王神童召入見御史顧聖殿有雙鶴巢命包

三十二

曰烏尾鶴巢中展翅學鶴未成召對曰錦鱗魚浪裏翻身化龍立就御史大喜餉以十緡一日客至見庭中母雞居籠諸雛出入籠隙命作破題曰大德不踰閑小德出入可也客問德字何解曰雞非德禽乎

禮部尚書邵文莊公九歲時塾師王蓬室出句曰低低粉壁畫出萬里江山應聲曰小小池塘浸入一天星斗蓬室曰出語不凡後當大成

馬瑞字爾采幼時好評論人伯父素修戒之曰孺子無復爲此因以子貢方人句令作破題瑞曰聖門知人之學賢者誤用之也素修奬勉之崇禎己卯舉于鄉癸未成進士終其身不涉仕宦

錫山之半有園焉鄒子楊侶琴名曰涉林相傳有王子行者年十二題詩云半畝楊雄宅蒼蒼跡易尋路緣芳草入門掩落花深更以寂寞景對君悟澹心何人可同調邨内有鳴琴

賢婦

諸生陳世俊室全氏性儉世俊爲里塾師赴館時授氏饔錢三百越四十日歸尚未解緡嘗謂世俊曰讀

三十三

書人欲不妄取當從不妄用始

吳恭人學憲鄒愚谷迪光配也學憲未貴時牀只有一被以就試攜出恭人舉帳爲覆不自以爲苦推聞窓外風聲畟畟則曰出者得無寒否

智婦

顧端文公母錢太安人病里媼趨候問有鬼乎笑曰有之曰見何似曰大似汝媼咋舌而退

秦端敏公妻鈕夫人夜值盜謦欬令死士擒之夫人曰亡命利吾貲不得且遯去矣格鬬爲

才婦

嘗從友人處見寒詞一首云小樓人靜玉笙寒一點殘燈作夜闌爲愛焚香消永夕滿庭明月不曾看下但署渠溪女郎不著姓名

秦氏大令念橋女八歲能詩有云松柏春不花寒天葉常碧十七適宜興湯振商三載而寡三十九卒所著有紉蘭集其夫未亡時作取屈子紉蘭之義方其潔也有依桂集其夫既歿後作取夢蟲依桂之義喻其苦也自敍云余也不幸賦命匪辰幼失瞻依撫蓼

三十四

莪而掩涕長吟疢疚詠黃鳥以增悲兼以質病相隨靡有安日桂薪玉粒堆餘皓月照空階男呻女吟每雜哀蛩淒永夜雖見聞其云蓬覺怨尤分已多爰處叢棘之中是興抗慨之作聊以抒其悲感豈曰諳于文詞後有覽者庶幾諒我衷情勿嗤鄙陋云爾四時婉轉歌云花正紅飄零怨晚風數聲春去了淚落月明中歌婉轉婉轉調已悲願爲雙燕子往來不相離其二云風最清殷勤團扇情炎涼那能久念此暗含顰歌婉轉婉轉絕復回願爲絲繫藕斷續不相離其三云天竟秋應悽歲易流蛩聲非獨苦妾意自多愁歌婉轉婉轉清且淒願爲籬下菊榮落不相離其四云雪又飄寒窗鎖寂寥百年消短景一夢過長宵歌婉轉婉轉音欲希願爲冰結水解凍不相離宮怨云君王無復見眉黛老深宮鳳枕香初暖鸞衾怨已濃恩疏讒易入恵淺意難通獨立長廊下含愁對晚風竢玉臺體云那說燈花準空傳夢裏書不知關塞外有夢到君無以上紉蘭集題曇花記云多聞不見性煩苦亦徒爾緯真子笑人我笑緯真子題紅拂記云

三十五

賣鏡與執拂包羞彼此同相投但求偶何意得英雄題玉簪記云既有姻緣舊應須憶故人如何不相識忍得自酬身夜坐云情思昏昏强自持小窗孤月瘦寒枝光浮玉宇淒涼夜影入蓬扉斷絕時對鏡不知還是我撫心猶記未完詩此生宿孽應償徧何事愁鄉尚苦羈清明往暇山云渚寒蘋淺渡頭灣荒含無人獨閉關萬恨侍須同穴盡一靈邀赴便舟還蒼蒼樹鎖臨溪屋噭噭猿啼欲莫山倚從思君歸未忍滿林疏雨自潺湲夢中云短笛聲哀度遠秋月明何處

繫扁舟朦朧夜色迷芳草倚徧欄干十二樓歸家云蘺蒲尊前別意難錐兄掩涕出西關碧天水浸孤帆影回首秋風萬仞山以上依桂集清明賦云于斯時也遊絲空裊野鴂初鳴柳桃朝麗靡蕪夜生輕寒拖暖乍雨回晴艸萋萋兮凝碧泉涓涓兮起萍歎春景兮將莫乃屆節兮清明思君子兮去不歸登高樓兮烟擁平既氣舒而人慘亦心悲以色憂乃駕扁舟載沈載浮清波響淚遠嶺橫愁風颯颯兮揚帆燕翩翩兮款留鷗呼侶兮渚側蘆始苗兮芳洲情悒㦒兮悒

三十六

紆若斯類兮增憂至夫纜維彼岸倭遲原陸步崎嶇而不前思沈迷以躑躅覩草水之向榮惕處幽之誰燭地堆黃兮稱錢樹搖白兮皆幰舊鬼怨兮新鬼哭前山號兮後山續賢達將奈何逝者杳難復于是遵曲徑敓蓬蒿薜蘿縈蛸網縣撫几筵兮塵積鶩貍首兮徒斑頻呼君兮不應髣音容兮依然豈離情兮難罄胡永歲兮靡言魂幽尋兮斷絕涕交積兮潺湲爾乃野蔬既薦清酒思柔愉想生平所嗜是求鎮空庭兮寂寂飄素幔兮悠悠目炯炯兮注念冀君魂兮來遊酌杯中兮莫引陳席土兮還留稚子悲兮失聲左右淒兮氣噎鳴呼妾忍君兮輒復歸君忘妾兮終不來雨濛濛兮既下猿慘慘兮聲哀舟延佇兮癲中諸紛藉兮門棖淚轉咽兮別君徐收涕兮攜孩還孤館以獨棲錢焚焚而照幃形雖存而心死又何殊乎夜臺

三十七

張氏名貞素為其弟墓志曰張存字元理余母弟也余父諱秉恆世居無錫梅村仕為處州龍泉尉余母葉氏艱于得子日夕拜禱見觀音大士現形窗前于是孕而生弟白皙如脂聰明俊秀有才藻年十三為諸生十六應試與溧水齊宏軒德試席相聯至晡時宏軒忽疾作余弟代為完卷弟不成名而宏軒為解首洪武丁卯乃與弟結兄弟交弟之大禍始此矣後宏軒改名泰既登第深感弟恩妻以姑之孫女延之宦所宏軒獲上寵遇日隆奏弟為通事舍人其筆札皆弟代草使燕偕行交游猜忌上下側目及燕兵入金川而宏軒旋誅有讐余弟者謂泰啟諸藩之釁皆余弟謀指斥諸藩之檄皆出弟手捕之入都與其姻

黨百人詔共繫獄鐵帚刷膚銅箸烙骨越旬潰爛死鄰友吳太熙龍江關大使收弟骸骨歸余買地瘞山之西葬焉弟生洪武五年壬子正月望日受禍壬午十月朔日妻袁氏先卒子應龍方七歲嗟嗟弟被逮之日父黨母黨之指以百數莫有一盼之者又安能志弟之墓哉余憂其行湮沒不彰聊敘其實書于屋壁以俟應龍長而覩焉安效寡妻張貞素譔并書

陸氏名文真字靜儀潘屺懷室也性絕慧善丹青每花辰月夕必清泉烹茗爇火焚香撫瑤琴一曲或吹

三十八

洞簫以自娛十九于歸二十四卒當病劇時猶強侍妝臺作楷書數行花鳥一兩筆王朱賓家藏其牡丹薔薇圖楚楚有致旖旎可人粉不多著想見美人手格款云崇禎壬午秋日陸文真寫

進士庚麟勳母顧氏自號避秦人詠十月杏花云上林初報小春回粉淺朱勻帶露開燕子若知花事早梅教征雁渡江來

秦蕙字畹芬富川知縣殉節華鍾女也嫁二載夫歿刻有南樓詩一卷春感云簾外春殘泣杜鵑幾番拈韻不成篇好花開徧何曾看拋擲韶華又一年元宵苦雨云六街燈市廢笙歌寥落其如此夜何縱使來年明月好一番美景已蹉跎

兒孫

嚴一鵬字化卿號雲岑官少司寇育子最晚後有三孫嘗更迭侍語友人曰吾兒孫四人坐則為几行則為杖飢飽寒煖聞為保姆典記為門下掾從遊為幕中賓益自寫家庭樂境也

兒

何龍崖知山東濮州宣孫宜人坐崖艱難日獄中得毋有冤抑乎請湔釋之兒乃墮地

三十九

秦之垣字繼掖號象元生而不啼孫殿元室曹淑人炙其頂始發聲

周天禎食餼于庠有富家以田寄其戶順治辛丑錢糧奏銷累及天禎居間者議償二百金天禎至其家取銀宿焉時未有子夢一韋馱尊者攜一孩欲售于天禎須價二百金辭曰寒士安得辦此韋馱曰汝勿取于人足矣乃覺晨起卻金而歸後得一子名曰韋郎

女

孫柏潭有殤女壙志曰女華為梁溪孫繼皋以德第五女萬秝丁亥正月十二日内子曹安人生女于京師石駙馬街邸舍余諭德時也其年九月持先修撰喪歸女從而南後七年癸巳余即家拜少詹事女又從而北明年甲午安人歸娶婦女從母南丙申女又從母北丁酉余避言謝侍郎吏部歸女先五月從母南盖生十年而往來燕吴者六焉又明年戊戌女遂病毒發齒牙間堅若有物其原得之食積所從來久

四十

然食盖不節肌肉瘦且盡火益張竟死庚子九月八日也年十有四女性嚴潔甫四歲見乳母與人語問之其夫也自此卷被卧絕不近乳母長而言動矩矩然知書自能讀傳記艱難字字吴氏壓子殤今女又殤世多言山林人聞曠㬰有家樂余已亥哭董氏女不再歲復哭女天于余何如邪余實饒宿孽殘蝕其骨肉而撓苦之邪然余攷古志殤女獨韓栁有從皆與貶竄會倉卒道死野瘞今誦其文猶痛余用廢棄女不離帷以死死亦已安矣女凡三兄二姊兩弟余以其死之月二十日葬之先修撰先安人墓西南數百步師家山銘曰去汝父母來傍汝祖暨汝祖妣汝永安此

蔣安人平江令介如女也五歲時適外祖母所有一老媪坐不起安人怒而啼母李孺人問知其故曰汝尚幼奈何責人以禮安人愈啼曰彼正視吾幼耳母笑而以禮諭媪啼乃止後適學憲高世泰

姑媳

秦玉峯妻吴氏素嚴肅子婦其族女也侍姑讌喜蜘

四十一

且自裏衣出螫項刺毒墳赤子婦强忍不敢驚遽以聞長者歡卒讌乃起或廉知之曰新婦豈泥塑木雕邪亦笑而不荅

兄弟

高静成所居一堂一齋齋以舍客其弟校字國明號静逸少愛宴遊静成早起攜書一卷坐齋中諸酒人與弟往來者屨至户静成輒作咯咯聲諸酒人從壁隙窺之皆散去信宿再至亦如之弟悟曰知兄為我矣乃謝絕諸酒人

衛邦青城鄉人與弟國樵五浪山中遇虎伏巖下相去尋丈邦曰吾兄弟不兩全矣吾已有子汝方婚可速去國不應持刀大呼赴之虎奔逸得皆免

顧端文公嘗遘厲幾瀕于危矣一夕夢弟涇凡手捧書一冊視之則金縢也覺而異之頃之復夢涇凡誦聲朗朗聽之即金縢語益異之詰朝以告涇凡不荅其色甚者因再三詰之乃曰弟連夕私禱于上帝願以身代不可願減算益兄雖内人未嘗泄也今既屢見兄夢上帝必矜而許之矣所以喜也俄而端文病

四十二

起越一紀涇凡奄逝適符減算之請

叔姪

里有喪孫栢潭送葬郭外見一彩衣蹴躃道上訊為從子喟然歎曰家之衰也禮先廢矣

夫婦

張士誠之敗也將聚美人珍寶閉關焚之美人有八其中最麗而慧者曰徐姬號瑤臺第一妃乘離鶬訣別時皆一老嫗挾珍奇而遯過泰伯之唐莊日莫欲寄宿鄒氏氏乃寡母嫗告以故母曰吾兒年二十家貧未婚若能為吾兒婦則可相蔽不然當速去嫗為我累姬不得已而諾之即夕匹耦然懷孕已三月矣子長冒鄒姓以母貲起家姬晚刱大宇號曰徐堂

吳達號雪帆赴銀州時有遙别内子詩云關山曉月逐鳴雞瀲灩蓉湖望轉迷老我星霜柳寺鉢累君兒女石田蘆江鴻失侶雲偏凍海鶴飄翎日又西零落梅花殘夢醒淚痕封與太常妻

王建字建極號天用家貧年三十未娶母病甚母之弟朱某來視疾母因乞朱女為婦朱女亦以貧故年

四十三

二十八尚未字也朱既許諾會母病二年卒除服將婚而父又抱沈疴呻吟牀第間建致詞女家不敢成禮父卒廬墓六年久之方合巹建年五十女亦霜髩矣其守禮盡孝如此彼居喪而合婚者可無愧與

妾

楊氏華世禎側室孝廉祖勤之大母也世禎少豪侈壯尚未有子乃棄千金產置媵妾為似續計氏年長矣退任掃除之事不敢薦席世禎一夕大醉誤認他寵幸之遂有娠生椿枝世禎愠甚大豕畜之氏亦屏

棄嫛室備嘗艱苦三十年不得望見顏色然氏安爲固然但勤紡織椿枝既長亦躬耕力作銖積寸累始得娶婦而世禎終不以爲子居其母子于宅北敗屋中未嘗割一絲半鏹也世禎歿竝無他子椿枝挾微貲賈四方家業大起生六子孫曾二十人祖勤成鄉進士餘皆明一經氏壽至百有一歲

四十四

劉旦字東谷授經里中無子家貧不能娶妾衆友劇金助之娶王氏年十九陰德仁慈氏之父猾胥也因女病甚而嫁禍于人既入門旦駭然即日歸之復嫁其女爲軍妻以金償旦旦聞軍人將往遼東連夜持金往其家告胥曰女病甚何忍使之遠行死于道路也又告軍士曰奈何持將死人于萬里外乎出金還之歸女于胥家明日迎醫楊養春視之曰病不至死但不可以日月愈許時養春亦無子旦曰君欲此女否笑曰奈無貲何旦馳歸以原帖授之遂歸于楊飲藥半年而愈又一年旦生子芳聲

倪瓚字元鎮號雲林有妾名輕雲或戲之曰輕雲得無蔽月乎

婢

桓司馬温治江陵城甚麗嘗從江口會賓僚曰能目此城者賞顧凱之應聲曰遙望層城丹樓如霞司馬大喜即贈以二婢

四十五

錦華妻江王司寇家孥也司寇有女歸華叔陽錦華爲媵時尚㛰髮稍長玉質天秀性復聰敏叔陽嬖之叔陽字起龍號元谷甫冠登科第爲儀曹郎父鴻山爲掌院學士恐其子之溺于佳麗也乃謀于司寇嫁于嚴商之富昊者時叔陽在部曹弗聞也錦華哀號欲死會有守者不得間又欲一見叔陽而訣乃謀爲潔身計以俟錦華有侍兒年十六矣姿貌可人遂脫簪穀以飾之自毀其容短裳禿鬢蹴蹴作野媼狀謂商曰子揮囊金而耦我不幸疾在膏肓非旦晚愈者乃出襟中大珠二十顆曰可償子四百金之費復指侍兒曰妮子足佐子歡也自今以往我當屏居服藥或冀有瘳幸無迫我否我疾劇抱恨死也商撫慰不疑持珠擁侍兒去居數日出賈于越凡半載而歸既醉睨錦華匃若欲迫之者錦華循其髮而泣曰我飾

侍兒以事子所以念子者至矣子獨不一念我疾乎言已大慟揮刃自割其面商大驚而止既而叔陽聞去帷之信悵然引疾還甫還遭父喪未幾歿于苦茨年二十九方叔陽抱病時錦華在三百里外弗聞也一日陡焉起坐靚妝媚服笑而呼曰來矣來矣遂閉門自經時萬秝乙亥九月八日即叔陽捐館日也

四十六

俞憲號是堂次子見安偶從舟次見一女郎心悦之覓舟尾其後至吳門知為某富家青衣也因語舟人與其僕曰留此一月待我勿移泊他所徑獨造女郎家見安少年美丰姿故作聾癲狀託言他故求為蒼頭主人見其馴謹又文弱可愛留伴其子讀見安能文為其子代筆子甚喜之數日後為塾師所覺頗向主人稱其才主人將欲于羣婢中擇佳者授之室時吳中大户多以糧役傾家主人深以為憂蘇郡守某是堂之同年也見安潛入巳舟呼僕隨詣守署以年家子進謁力為主人求罷役守允其請翌日訪見安居停答拜主人初不知見郡守無端及門方倉皇失措而見安已出迎道款矣守既別主人揖見安上坐問所欲乃以實告且聞重役已釋驚喜出意外遂飾此青衣為己女厚嫁之近人以其事為唐寅余詢其從孫祖源始得其本末女郎號美娘蓋好事者駕言子畏耳

四十七

媪

劉沛然有老媪墓志銘云先君子之乳母忘其姓有問之者荅曰吾有主人翁吾不知姓人稱之為劉家老媪云善罵人不肎讓人初與其夫操舟于邑之西關已而乳于吾家三年去復操舟時時罵其鄰舟之人夫死獨操舟鄰舟之人曰盍嫁乎媪罵之而破其舟曰吾有主人翁竟舍其舟不繫去見吾母安人安人令司門户是時媪舟放于河人知為媪舟莫敢取越數日媪至向舍舟處大呼鄰舟之人曰吾破汝舟以償汝于是媪專司吾家門户甲申三月忽傳京師之變狼闖在京多作新官是時先君子官中書媪號哭奔告吾母安人切齒罵賊已而先君子不受僞命歸媪喜而拜拜而起曰媪固知主人翁不從賊也其明年舉家將避地于斗山媪曰吾為主人翁司門户

不去舉家九月來歸媼喜曰門戶無恙後忽發狂疾遂卒年七十矣之于西關之外即向所操舟處也銘曰忠以報主而娶之死矣爾于此銘之幽與地厚只

卜姻

太僕施策字勵庵方其生女也盛宜人有隕星之夢既長不欲輕字人時常熟瞿景淳之少子其母殷安人有娠亦夢南斗之旁一星墜下占爲傳說星名以汝說字曰星卿事與施合遂許婚焉後汝說以進士官參議女封恭人

四十八

施龍岡守常郡專意獎拔寒畯嘗識孫柏潭及武進周嵩河鉉柏潭丰姿玉立已游庠鉉貌不揚尚困童子試兩家俱赤貧江陰曹雲亭罵世胄也有三女長適蔣氏其二方擇壻一未有所屬一已屬意于柏潭親族以門戶不稱頗難之或語罵曰何不聞之太守施公邪時太守知柏潭未娶正欲爲之覓一佳偶聞其言大喜一力主持并爲鉉玉成罵兩諾焉遂于黄堂之上出庫中金幣同日爲行納采禮既于歸柏潭以乙酉丙戌聯捷鉉亦辛卯登賢書甲辰成進士

邵文莊公女許聲秦汶將授館汶遘危疾或勸公勿婚公曰我家可再醮乎卒館之疾亦漸愈

擇壻

方媼方昌之妻也昌在日隨夫筥市蓄積百金止生一女及將笄暗設一擇壻法以布爲市來賣者既定價必浮五六文與之卒無一人還者忽一豎挾布至媼多與數文豎一再數曰母誤矣以餘錢還媼他日又至以銀易之且多一錢豎索戥稱之則又曰母誤矣復以餘銀還媼媼佯喜曰少年好心難得難得請

四十九

小飲去豎辭以不能飲媼曰請用果茗去豎又固辭媼故將銀包散置櫃上脫身入內久之始出豎曰果茗不敢當但不爲母守此囊恐他人持去耳媼大喜問居址姓名豎曰姓邵居梨花莊且幸無偶媼遂邀鄰居執柯將女定盟豎豎謝曰家貧不能成禮況有母在靳水爲艱媼曰貧而好義吾豈不能舍子當即贅壻并養其母後出藏金付之往賈荆湘隴蜀間三致千金拓鄰居爲層樓媼安享以終年九十有五

蔣夢鶴澄江馮臚曹雲亭之長壻也雲亭來省女遇

雨暫避義塾見一生踏石上雨足印昂然既而生還仍踐舊迹心異之熟視其器宇并索觀其制舉業益深器重曰此子丰度不凡當為公輔且必正色立朝不可干以私者是誰家郎吾欲字以季女塾師成某曰此孫教授兒名繼皋者也家甚貧公三世柱後齊大非偶毋為人嗤雲亭弗聽曰若輩無足與語往詣繼皋父雪窗欲約為婚姻雪窗固讓不敢諾乃往告郡守始得成其事曹氏聞之舉家駭愕其長女之適蔣氏者富家也恚尤甚詈曰吾家奉鼎貴阿翁奈何

五十

以幼妹子寠人子豈利其素飱粉食乎我終不與為伍賠絮不已而雲亭終無悔心其後繼皋官至少宰蔣氏夫婦始而欺孫之貧不肯與伍終而愧己之賤亦不敢與伍矣

悼亡

倪雲林室蔣氏諱圖明字寂照早歲即不事膏沐游心恬澹既逝雲林題其遺像曰幻形夢境是邪非縹緲風鬟雲霧衣一片松間秋月色夜深惟有鶴來歸又曰梅花夜月耿冰魂江竹秋風灑淚痕天外飛鸞徒見影忍教埋玉在荒村

師生

邵二泉舉南畿受知于李西涯及官戶部郎始得受業其門西涯以衣鉢門生期之嘗作信難一篇見貽至舉歐陽之知子瞻子瞻之服歐陽為比二泉告歸縣一小像于松風閣旬日必一謁之

馬文忠公典試後門下士或以金帛贄見輒峻拒曰進身之初安得以簠簋為禮願他日作第一流人某之受貺多矣

五十一

望湖門外帶鈎橋初造時岸水築塊掘得一金帶鈎故名許相公國賓生其地分娩之夕鄰人見有虹光上騰共驚異之父名鉄字德威本徽人賈于無錫生平好為詩與其中表程林泉汪古沙日夕酬倡已而賈貲漸消尚存千金盡散之貧族交游鉄不能忍人之困而自能忍困當是時僅僅給八口子國七歲令習書兼授算術鄰左有莫曉窗者謂鉄曰是子非握算人吾當授之經三年而經通又授以舉子業朝夕莫家者六七年曉窗夫婦愛之如子凡飲食楮筆皆

曉窗所辦學成鉄始挈之還徽旋舉南畿第一乙丑成進士入詞林所稱許文穆公是也分俸養曉窗二十年既拜相曉窗尚無恙以高授有司有司為治裝強之入都文穆迎之十里外相對泣數行下跽而進食執弟子禮甚恭留丞相邸者百日諸門下祈曉窗請事者咸遜謝弗諾別有期矣文穆盡召所薦士官京師者來會所薦士各有饋曉窗弗納別之日張宴平子門期三公九卿會祖之曉窗角巾布袍周旋杯箸間不為少屈文穆以珍異置行囊悉返之但取百

五十二

金為路費而已文穆留曉窗之子慎餘于京邸命已子進之歸曉窗曰吾兒非乘堅刺齒肥者其勿以富貴逼之也曉窗既歸文穆以其子名入邊功案授參將擁節東歸一病而卒曉窗悼曰我知許君許君不知我居亡何曉窗亦卒蓋年近九旬矣文穆罷相單車來弔哭泣盡哀厚葬之而去前程汪二中表皆絕不有資于文穆亦奇士也

高存之與其壻之師尤澹明曰天下傷生之事非一未聞在于讀書願丈以嚴為主勿恤其他

朋友

倪雲林與周南老張伯雨交最厚初交南老南老禮待特至几燕室礎柱之間皆先洗滌三日然後延坐伯雨來謁舟甫至聞報即使二童子邀于水次及登岸又遣二童迎候及門又命二童子出肅雲林久之始出禮意甚恭伯雨初以其久不出有難色詢知沐浴更衣為敬已設遂與定交

鄭璵字無瑜與曹履垣胡慎三嵇慧廬為酒友與黃心甫顧野臣為詩友與褚禾齋為文友

五十三

孫柏潭與錢襟泉為友襟泉卒以亞卿制朋友服徒行扶櫬哭甚哀周宮詹徵菴終于位為視殮含請卹請謚使童僕供奔走旦夕哭目盡腫為勒狀其長君任子卒經紀襄事如文恪公其太夫人逝又為之勒狀其篤于友誼如此大概生平與人交不為崖異不以名位行能先人無論同官共事無爾我嫌和平樂易美腹良心即兒童走卒皆信之江陰袁某病且死曰吾聞孫公重義歸吾喪者必孫公也然其人未嘗習于公公為之治喪事甚備

賓客

祇陀社社師陳允元家極貧喜作詩詞日模黃庭小楷社去倪氏數十弓日早起掃雲林門者數月門役以告雲林命使招之不即至曰三日後濯洗布袍薰以松皮始可相見雲林款遇極隆遂為蕭閒館上客王耐軒曰雲林好結客富至循置驛而寡凡品其門渾穆多清風無有攜楸局偽提入者回座盡風流醖藉之秀角詩校書評香鬪水而已

品行

五十四

允文簡公試禮部居第一廷擬狀元不肯呈卷于秦檜檜以王佐易之是科不呈檜卷者只有二人公與朱晦菴也

顧涇陽為主政相國張江陵居正有疾舉朝為之祈福欲以邀寵涇陽獨不可同官為署名涇陽聞之馳騎手抹去之當時屹然祇柱者惟魏允中矦少芝及涇陽三人而已

周炳謨字仲覲為禮部侍郎魏忠賢黨許顯純所取士也謁炳謨請身為介紹語未畢勃然色變拂衣入內即日具疏乞歸

邵名世號空齋為福建參政鄭芝龍方跋扈海上文武大吏皆賂遺無算因而挾制之特以百練搢一伽倘帶戲空齋邵之芝龍擯且慚亟碎其帶燬之

邵文莊公督學江西宸濠每請為詩文輒峻卻不與及濠敗有司校勘書札公獨無一字

五十五

元順帝嘗開漾碧池建三浮橋于其上分列九洞洞頂結彩為飛樓擒巨楠為橋質錦綺飾之至正癸巳秋頒龍箋二十翻于江南選才士賦飛樓行樂詞與選者捧箋驚喜泚筆唯恐少後倪雲林獨三辭焉使者曰無意勒名螭龍之鼎乎豈薄李供奉而凌其上邪江南固多才司旗鼓者尚龍毫不濡是江以南無士矣雲林曰白臣也瓚民也安能綴豔詞以媚七貴哉使者高其操曲庇之七貴者龍瑞嬌程一寧戈小娥張阿元祁氏英英凝香兒也

孫柏潭十五歲初應童子試屬當大收江陰令李芳監試見其髫年掉筆一掃曰孺子若以文呈我當置甲等柏潭弗與正色對曰某不欲因人成功名者也

且奥校有明府在公何為者令怒趣伍伯欲杖之柏潭宛轉坐地上仰呼曰某何罪士可殺不可辱吾卷固在終弗與汝時塾師某亦與試力請得釋

才幹

陳綸字季誠知瓊州黎寇反手斬十一人俘千人所獲槊洞寶瓊香藥以億萬計悉散諸被害里民州人立專祠祀之吾邑為立冠英坊

殷序字序賓為四川右布政宣德二年西戎寇茂州城中老弱不及二千人序馳往守之募善泅者賫蠟

五十六

書乞援援至賊退保山巔累石為峒房兵器不能攻命軍上積薪山麓縱火焚之煙焰漲天賊困皆投下詣軍門降計七萬八千餘人嚴諭而遣之

智略

許舍山深多虎童男女晝亦不敢出户宋待制尤叔保從晉江徙居于此命蒼頭拾棟樹子數十斛置大繩腹中埋于山之四圍不四五年棟樹長大如城圍山中人號為棟城相與出貲造四門于四面曉開夜閉虎遂不敢逾城而入

華坦與王新建善方新建之劾劉瑾也謫之龍場驛行矣瑾密使人遮殺之追且至新建急挐舟抵坦令付子投剌坦佯不省還其剌新建殊觖望已而坦潛遣新建故所識奴子操舟湖南觸之若目語心招者新建悟假覓廁登岸而遁竟匿坦所而追者適至舟子告之故跡遂連坦坦曰始若手剌來我反若若所知也今索我乎追者無以難徘徊久之乃罷新建由錢塘入黔中瑾卒莫能害

龔勉字毅所知秀水未至縣六十里泊舟村僻處月

五十七

夜見水草中有沈屍命舟人入水細察之背繫一磨粉石上片戒勿泄亟遣一家姬持米登岸偕磨作粉有少婦出應云吾家磨石不全視之止存下片姬走白乃密訪其家姓名至縣立擒此婦問其夫安在曰置于外纔出門三日訊其鄰如婦言問有誰來往鄰曰有某在立擒之拍案曰汝何得與此婦作姦而殺其夫沈水底乎其人駭服遂各正典刑

秦禾號文橋司維揚關督府議榷小關以分利禾曰此不煩榷吾爭也第大關寬小關自廢矣盍平關稅

不令壅滯于是無一出小關者久之果撤去

華山字仁甫知許州州豪有荷董長史欲請之仁甫即日決其水去荷長史乃止

茹洪字仲宏為壽光丞訊兩人爭帽事令各分其半偵之途直其怒者而罪其喜者

古道

過淇家藏邵文莊公札曰甥書舅母志禮宜肅拜而後舉筆特因膝瘡不能跪起竟省此禮故不敢妄書拜字以欺人也

五十八

孫柏潭家居時有求志銘表傳者必諾其請又不肯假手于人即歲除臘盡每負穫篝燈枯坐徹夜家人苦諫曰人子扶服搏顙誠心而託我愧不稱若生平而忍以歷銜詒地下乎

勤儉

陳以忠字貞甫少工古文詞好擊劒樂施與家坐以貧父殁貸錢于知舊歷五十餘家無應者又遭倭亂室毁于兵乃發憤曰嗟乎豈有丙人陳雲浦哉行視故地有雞柵在收拾餘燼奉母以居身自勤苦不及十年盡復舊業

異敏

陳果字原仲登科後設酒邀社友馮善義後至見席上已列果六盤曰人家列果盤多者不過五既五又添一姓名恰符主原仲曰媽媽唇二羊二羊俱無尾一羊供廿口一羊賀我喜蓋析馮善義三字也

博學

盧鷹發號徽山延祐甲寅為江浙試官經義問忠恕或引天地忠恕以對他試官曰天地豈有忠恕耶乙

五十九

其處鷹發曰此程子說也因閱餘卷黜而復取者數人監試咎某曰非公幾誤事矣

仁慈

呂友梅仲子任永平推官友梅寄之詩云初學刑名莫要深一深便有殺人心鄭庚趙甲從寬恕免得冤魂路上尋

秦涵字季洪為温州推官值倭寇至當事者閉門為自守計郊外之民哀號求入涵歎曰是獨非吾民乎命啟門納之全活者萬計寇既退瑞安不逞之徒乘

機劫奪且樹激變旗以拒官兵分巡袁某命往撫之即肩輿至其巢不隨一兵衆望見皆羅拜曰秦公至得生矣因諭以大義衆悉解散

倪雲林泊舟陽羨聞婉泣聲問之有節婦無以養姑議粥其媳雲林倒篋得四十金召其族長付之囑買田以贍姑倪京兆有帖云錫山倪元鎮貲高而輕視之誼高而輕散之每遇歲節延款姻族中有貧者必捐庚槃以餉謂之膏釜粟王耐軒曰倪雲林在日歲捐鳥米二十斛以充雪凝冰沍之虐故殁世十餘年矣子孫春秋酹享必有羣鳥鳴噪于祠堂樹杪

六十

元末僞吳將莫天祐嘯據安陽山以翠微寺爲行宫性極慘毒草菅人命時有楊高士者假道法勸莫省屠戮所拯救生靈無數天祐敬禮之如師高士名廣字德施世居安陽山下少孤貧依顯應廟道士以居覃夜有老僧寄宿傳以神呪可役使鬼神由是道行高著徙居長腰山之萬竹菴自號長山道人天祐既平土人深感之爲之買田宅娶妻生男年九十八卒

施濟

洪武十三年尤味菜于同溪東莊搆書香堂堂後鑿小池啟土尺餘遇大石乃止夜半啟視見白金二罌明日命工填所啟土至二十年大旱斗米百餘錢乃出一罌衡之計三千兩買米麥給散周十里得免溝壑二十五年又旱再出一罌周濟如故兩次所啟藏金未嘗用一緡食一粒居民德之稱其里曰尤圖

吾邑何棟如華雲從諸公皆有義田顧涇陽母錢淑人以所遺三百餘畝分授涇陽與弟涇凡皆曰請以贍族淑人喜曰此爾父之志也遂立義莊于祠旁歲給宗族後累歲益之至千餘畝

六十一

萬秝戊子己丑大旱孫柏潭與諸素封出粟賑之傾囊不吝自率其家人食蕎麥

德化

張思安字克讓官湖廣僉憲時荊南多虎乃移文黃陵祠忠遂息荊人刻其辭于石以比驅鱷文

顧涇陽可理處州有兄弟訟數年不決者謂之曰汝兩手兩足相爭否兄弟手足也既相爭可相治矣各授之杖謂其兄曰爲吾扑若弟謂其弟曰爲吾扑若

兄兩人叩首請曰曩者官爲折曲直故不服今服矣願自新涇陽喜令兄弟相揖兩人大哭而去

邵文莊公官許州因蝗禱于神蝗遂他徙作詩曰今日蝗蟲來明日蝗蟲去吾爲吾民歡還愁蝗去處

雅量

倪雲林過虞山寓道士山樓道士竊其鎮紙玉師子平頭啟其篋而獲焉雲林曰吾以此給道士交耳道士踧踖惶汗及雲林歸道士捧玉師子裹初平石茶自列引咎乃勉收玉師子卻其列狀酬白粲二十斛

六十二

趙璉字公韞有鬻田者匿其左券將與之搆訟不意遺券道左公韞所畜犬銜之至前匿券者謝不已公韞曰本未嘗有券也

周嘉甲字貞茲嘗從外歸見鄰人竊其衣被欲出慰之曰爾困貧餒第持去我不爾泄也自後雖家人前終不明言竊者姓氏因而與之一難也且爲隱諱二難也人故稱之爲長者

楊觀鵬賜錢典于西關內有人空手突至欲取所質司典者與之爭其人反出詈出楊觀鵬曰此小事何詈爲命檢原質還之其人是夕死于他家蓋因負債多已服毒詐楊不獲移而之他或問子何以能忍曰凡非禮相加其中必有所恃若不能忍禍立至矣

鎮定

崇禎己卯秋趙月潭玉森謁房師朱揚菴適公出寄寓蕭寺日或不給月餘始歸玉森乃言所如不合揚菴勉之曰子亦知鬬風乎士子芸窗獨守猶無風不動也得時則篤猶鴻毛遇順風也若夫所如不合所謂中流遇鬬風潮生岸闊左右盼望毫無津涯進則駭浪掀天退則轉旋無地惟有堅守其柁以待風之自定而已人心亦有舵焉守吾禮致吾義無越想以變節無詭隨以干時疾風知勁草正于此觀定力矣子將乘長風破巨浪當憶余言之有味也

六十三

矜尚

倪元鎮高士也僞吳張士誠之弟士信慕其名辟爲建章文幬中客三以沈痼辭乃遣使持絹侑以異錦寶瓶求爲點染元鎮曰吾生不能爲王門畫師即裂其絹而麾其饋士信啣之一日泛湖忽聞異香縷縷

出自葦中曰此百灌香也歷年彌盛百泛不歇者必異人矣急傍舟近之乃元鎮也士信欲手刃之從遊者力爲勸免命左右重加笞辱楊掠幾死不發一聲既而釋令剌船方持篙而篙墮水士信大笑舍之去或問何以不言曰開口便俗

政聲

盛禺字時望由御史謫令東鹿豪右相戒曰是劾石總兵者以憂去任服除民相率詣闕乞還當時爲之語曰東鹿令錫山盛清如水明如鏡禺再任不復用

六十四

刑法有爭訟者好諭之鄰邑之民皆趨就焉郊外隙地聚而成市號曰清官店

吳聘號玉菴通判廣州美政非一有白鳳來集城東羣鳥萬餘隨之越三日翔去邑人即其地作鳳皇臺以彰治徵

恬退

施漸字子羽爲海鹽縣承歸老蠡川田舍其自述云林逢秋日收香艸門傍寒江市白魚

王問字子裕嘉靖壬辰進士歸里讀書六年然後廷試後擢廣東按察僉事行至桐江徘徊不欲去筮得甘節之卦投劾而歸嘗自言願屏居三十年讀盡天下有用之書譔述以畢志卒如其願

真率

洪武時俞克齋張一梧同拜尚書致政歸同遊惠山值普真入城乃以四十錢與山中人飯其家山中人不知其爲兩尚書也

余禎以籮桶爲業盛時望少與相識及爲副都御史還往訪禎會其祀神因留飯其家無席覆桶而布饌

六十五

焉時望與之飲甚歡至醉而別

耿介

后父逝例不得嗣爵萬秩時李鄭二妃寵冠掖庭兄弟殊赫奕獨后家寂然孫柏潭以爲非國體疏請更襲一世上許可比得請歸永年伯走使數百里以三百金爲壽且云已聞宮中希勿郤柏潭曰吾以國事故耳非阿宮闈代外戚干澤也止拜食榼以明中宮德意重幣則峻郤之

公直

王宗字振之嘗爲富民張江棰楠既而江與强銘搆訟會銘一奴死誣江殺之知宗之仇江也引以爲證多與以金及兩造就訊宗抗慨直呈始末兩人之冤始釋持所餽金請以修三登倉邑令曰是夫也不愧不作善留澤以貽後人者也

廉潔

嚴猷字廷助歷任高安玉山嵊縣每去官橐裝惟有大明律一部古琴一張最後去嵊見役夫擕琴度嶺曰此琴隨我久勞民甚矣遂并棄之

六十六

馬文忠公奉使敕諭山東江西湖廣諸藩賜予甚厚前後皆散辭遇流賊遮道曰聖天子在上汝輩欲何爲賊羅拜而去曰此天使不受藩府一錢者也

陸原仲解盧龍篆歸蕭然縣罄與同年尤懋宗最相契懋宗富而吝原仲偶言久雨薪貴懋宗曰今日無不苦此者原仲曰但用年兄榛松栗子殼便燒熟我一年飲食矣人謂尤陸饒吝原仲曰王儉有言不意李耳韓非同傳

嚴雲岑爲行人時便道歸省蕭然垂橐母夫人脱銀簪一枚質錢沽酒慰勞曰吾兒賢猶是十年前一里塾師也

高忠憲公曰士大夫居間得財之醜不減處室女踰牆之羞流俗滔滔恬不爲怪只是不曾立志欲公子金可托未始輕受一錢片辭九鼎卒不妄說一事

顧應暘字太初累官蒼梧道副使山民浚井有獲馬伏波銅鼓以獻者使置之籌邊樓上

施鼒曽字雝遷號省園知奉化舊例錢糧用里長稱封明加暗扣朘削無算鼒曽曰官府多取一分則國

六十七

課少完一分民力幾何可恣意苛徵爲橐橐計乎乃革除陋規正額外不加絲毫糧米每一石即給一石串不許科派升合合邑歡欣樂輸恐後

精明

胡原荆民有爭訟者必察得其主訟者名置之法曰盡此曹庭空矣

高靜成令黄巖獲盜數人訊之曰爲商也胥奪吾金又誣吾盜鞫出其橐中金與之有爲氣問每人橐中所裝幾何其數皆符曰賊劫人金安知其數乎立釋

之一而還其橐

剛正

周子義爲南司業會張江陵奪情議起九列爭先具疏留之同寮有謂之子子義者子義戟手向堂上曰此堂顔彝倫者何我輩不能醒人狂醉而忍從旁坐其拍浮乎議竟寢

何棟如爲襄陽司李稅監至襄以直指命欲府佐行一跪一揖禮棟如曰此膝一屈不可復伸獨力爭之且誦曰人言中使强自我視之如貪羊遂不復見

六十八

高靜成令黃巖學憲爲武進薛景旂將按台試適臨海分司署傾塌乃盡嚴于倉以供試事景旂至大怒曰何物縣令把我降做倉官唱隸人將捽令靜成直前抗聲曰老大人當念無錫兩字誰隸人敢向前景旂語塞始得解

秦汴號次山端敏公子再起入都嚴嵩命子世蕃具食偵故冢宰子某歲滿應得增秩世蕃不得厚賂僅令以虛銜視四品次山即席誚讓之拂衣而出

陳敏字伯修守台州會郡國立元祐黨人碑敏曰誣司馬公爲姦是誣天下也碎石掛冠而去

華泉字文光爲户部給事中疏言天下之財聚于大臣大臣之財聚于内官一時爭傳其語

嚴雲岑爲御史劾東廠太監張鯨湖廣稅監陳奉諸不法人條列稅監陳增贓私二百餘萬疏參稅監馬堂隱匿臨清稅額一百三十萬乞以其半發河南爲開濬費其半發東兗二郡募夫助役巡方例一年而代雲岑至三年乃得請歸

六十九

高忠憲公初任總憲巡按淮揚崔呈秀爲魏忠賢第一私人贓私鉅萬公糾之曰呈秀舉劾失真貪酷漏網搖山撼嶽之威祇供其鬻化貨攫金之用壟開壟斷之贓且冒居觸奸指佞之官疏上褫呈秀職贓私撫按會勘的實依律遣戍

施省園爲全椒教諭椒邑舊規生監欠糧押學追比一日押到三人户書潘某厚詈不堪省園即于明倫堂責之潘某號召六房羣起退役縣准備文詳革省園先以縣蠹凌辱斯文詳憲比縣詳到時學文已批發將户書枷責示警自後吏胥罔敢蔑視學校

威嚴

兩廣制府洍任例獻人頭魚若樞怯不食儥師驕兵胥狎侮之矣譚十三督兩廣首進此魚遽持雙箸掐其兩目食之曰莫良于眸子即揮去一時威風凜然終其任皆惴惴奉法

峻刻

李紳字公垂鎮江東䆁山寺有放生池僧因以爲利廉察使杲勒詩于池上曰勸汝諸僧好自持不須垂釣引青絲雲山莫厭看經坐便是浮生得道時公垂

七十

見之笑曰僧若有漁器事必當投之鏡湖寺僧有黠而辯者居然造謁問以阿師從何處來曰僧從來處來遂決杖二十而逐之曰任從去處去

不辱

倪峻字克明號靜寄爲都給事中使占城國王欲召見力折之俾郊迎而後入夷人懾服

不欺

秦之垣字維掖管誥敕時同舍郎有欲以蜚語中一同事者之垣曰此冠可掛此心可壞邪事乃寢

自鏡

高忠憲公偶讀薛文清公粹言曰一字不可輕與人一言不可輕許人一笑不可輕假人惕然有當于心自後每事必求無愧三言而後已

蔣元敬號介如爲平江知縣投劾歸後常念往昔食貧銘座右曰只如此已爲過分更何求方是稱心

宿夢鯉號仁寰年八十作塵外老子自嘲一則中有云是非心太辨爾乃伸矜寡而詘豪雄好惡心太直爾乃惴寬博而貌正公夫豈不知天下事白緣而黑

七十一

募方窒而圓通宜所如之寡偶實逢世之末工

曠逸

曹慧泉博學能詩工籀篆及行草性疏宕不羈一日吳門解纜欲掛歸帆舟子曰若論風色可往太倉慧泉曰有何不可遽命回棹拉王百穀詣婁東下榻王鳳洲小祇園作十日飲興盡乃歸

高尚

馬大林自國變後簞冠野服杜門謝罍雖親故罕見一面間或與方外同心生平布素杖屨相從或躑躅

山陬或寄宿僧舍子聲丁丁坐隱終日而已

達識

高靜成令黄巖有顯者奪民山民訟之批云一片青山一片金百年人有萬年心鴻溝未必常為限倏忽浮雲變古今踏徧青山山轉峩問山不語奈山何若無山下纍纍家料得爭山人更多顯者慚而還之

顧凱之有子名綽私財甚豐鄉里多負其債凱之禁之弗能止及守吳郡誘之曰及我在郡為汝督之綽因出諸文券凱之悉焚之

七十二

錢公與性好閒靜老而忘年庭中名花手自栽植友至則茶熟香清譚古今事娓娓不倦題壁曰我有錦帯花應作貴者觀我有金錢花應作富者觀我有羨人花應作少艾觀我有宜男花應作兒孫觀

遠識

馬世名字君聞號柳修嘗謁學使見江南北劣等聚門乞復即入告曰擩才是豪傑心腸擩不才纔是天地心腸學使領之盡許還衿天啟壬戌羽書頻奏高忠憲公詢南還曰此議興則都城搖動忠憲曰廷論恐累上蒙塵耳曰勵軍士清保甲九門推精敏御史稽察奸偽都城尚無恙也大者尤在護聖躬和將相當此之時不難處同好正難其立異者使早融冰炭耳

明鑒

華察字鴻山最鍾愛少子叔陽適園亭落成指石為句曰巧石壘山大石小石石壓石叔陽顧階砌曰亂磚砌地長磚短磚磚湊磚鴻山曰此子當早成名惜欠遠大後弱冠成進士而夭

七十三

邵空齋備兵廣東潮人吳士奇獻防海策空齋曰此將才也因授以一武職士奇練兵戢盜累著功績後為粵東大帥保障全粵

李公垂初赴薦以古風贄呂化光見其憫農詩云春種一粒粟秋成萬顆子四海無閒田農夫猶餓死鋤禾日當午汗滴禾下土誰知盤中飧粒粒皆辛苦化光曰此生必為卿相果如其言

嘉靖時汪汝達鄒懋昭王利賓施陽得華復初秦綸張賓尤瑺會文南禪寺僧道川曰汪鄒王施四公當

高中華秦張尤恐不能也時華秦張尤文名方噪丙午汪鄭笛薦己酉王䜣笛薦又三科而華秦張尤尚浮沈諸生間人謂道川有巨眼有奇術道川曰貧僧但見所中四公沈思致志五義必完未中四公來遲去早有完有缺神不聚氣不凝故決其不如耳人曰此即汝之具眼汝之奇術也

萬秝庚辰孫柏潭充會試同考官取魏允中為首卷顧憲成為二卷張鈺為三卷皆解元也乙酉主浙江鄉試舉馮烶為榜首陶望齡為第二顧可奇為第三皆知名士陶己丑會元殿試及第

七十四

改過

顧允成字涇凡少頗好弄一日忽知過自艾請稟繩墨其兄涇陽怪而問之曰恐傷兩大人心耳涇陽曰此便是做人根子

好學

顧端文公秉燭讀書往往達旦書于壁曰讀得孔書纔是樂縱居顏巷不為貧

外曾祖楊鳳麓諱應文鍵關靜讀書空中止有月粉花一架後聯捷成進士同年邀賞牡丹曰此月粉花何大邪眾皆知其好學別無覬記莫不愧歎

鼎甲兼取書法鄒海嶽嘗居一樓入即閉門一日忘開家人見方踞地學書壬辰果廷對第一

讀書

顧涇陽始從張少弦教之以博曰讀書破萬卷下筆如有神勿拘拘在佔畢中求已從張原洛曰此事只在一處不可向外浪走蓋又教之以約因舉少弦語原洛笑而不答涇陽退而思之曰是矣是矣妙在一破字夫何故讀書至萬卷直是不舍一字謂之破則又不取一字矣不舍一字之謂博不取一字之謂約不舍不取之間有妙在焉非詮解所及也

七十五

鑒古

吴郡陸友仁得古銅印紐青如鋪翠陰潤欲滴其紐一羊純綠隱隱有硃砂斑持示倪元鎮元鎮曰陸定之印友仁即以名其子元鎮字之曰仲安

曹士冕曰焦山瘞鶴銘為書家冠冕前輩慕其筆而不知真逸為何人倪雲林定為陶宏景以朱陽館帖

參校一過然後眾疑釋然

立法

呂元夫為吏部文選司選籍多為黠吏摹洗變易命吏大書至今為令

秦文橋知武康邑故役法疏脫富民多以貨免重累貧弱乃剏為十段鼠尾法徭役稱平

始事

銓司出而復入自顧鶚文始外任入為翰林自張巨若始明代封官自談繼宗始邑中寶庫自張敬昭始

七十六

太湖防兵自萬秝乙未秦燈嘯聚湖中為亂始

著述

今志所列著述一卷遺陋甚多姑舉其一倪靜寄生平八使海國作海篷漫稾稱司海舶者為哪嗟執指南車者為夥長管器用篷索諸物者為押工觀星斗者為亞班公其言海外風俗云暹羅國王戴九龍金冠穿金鞋坐殿五層如塔畜師子多至百十出則跨之織錦花紋鳥獸隆起半分甘胡庶國人皆黑面獨宮女白如玉蚊大如蜂有毒占城人都戴青蘆羯提國以檗染齒如黑漆交趾國犀有龍文者一角百金安息國火珠大如鴨卵高石國青絹光燿人目西洋布最細而輕三四丈重五六兩那瑶國以芡織席有五色者有百花者西羅夷國產火鼠雀火牛羊犬馬等火浣布乃其羽毛所織鳥毳尤貴曾攜火鼠雀各一火雀死火鼠置鐵籠中不以火浴之則病病則燔水于土坑中放鼠出浴歡欣跳躍火息復歸鐵籠乾歸國以獸毛織五色花簟花單花幔等物百年不毀鄯善國取獸毛之最纖者織成衣服名曰鎖幅一衣

七十七

可傳五世顏色如新犍陀國以天鵝毳茸織巾幘名曰瑣蛤蜊伽俳國出白鹽用以浣衣汚垢盡脫安息樹名久則淋脂如松瀝天下名香此為第一中國所用百無一真

格言

吳桂森字叔美讀舊語月到梧桐上風來楊柳邊大丈夫不可無此襟懷海闊從魚躍天空任鳥飛大丈夫不可無此度量振衣千仞岡濯足萬里流大丈夫不可無此氣概珠藏川自媚玉韞山含輝大丈夫不

可無此蘊藉續之曰元酒味方淡大音聲自希大丈夫不可無此見解日月籠中鳥乾坤水上漚大丈夫不可無此達觀秋月揚明煇冬嶺秀孤松大丈夫不可無此風味兩儀常在手萬化不關心大丈夫不可無此作用

劉斅白曰純乎天理即事天之法何以能純乎天理曰從誠意始先君子筠樸公曰人須是心中無一物何以能無一物曰只是無欲何以能無欲曰從克己入

七十八

高繼成好急公輪賦嘗曰草莽中惟此為君臣之義説朝廷一旦下赦令而家無可赦之逋乃良民也

高忠憲公著洗心説中有云行不義殺不辜得天下不為有甚動得我人知囂囂人不知囂囂有甚苦得我非仁不為非禮不行有甚恐得我江漢濯之秋陽暴之有甚污得我鳶戾天魚躍淵有甚局得我又曰人一點恥心被馮道滅盡人一點畏心被王安石滅盡

馬抑修曰法顏之不校當從孟之自反始不校是先賢廣大含宏氣象自反尤後學戰兢惕厲工夫

妙語

倪雲林善畫山水獨不寫人物明太祖曰每見卿山水俱無人何也曰世無人物可畫耳

高忠憲公謫揭陽舟過大姑灘流湍急從高而下其下復亂石縱橫如牙舟別無柁僅以兩槳斡旋之每下一灘舟輒刺入白浪浪裹而復出穿于石罅中初亦不免動色後遂視之如夷乃歎曰以此知險須用習習坎之義大矣

七十九

客問吳覲華曰惠山有僧講經邑人趨之如市東林講學者寥寥何也曰吾門不求福不掠禍人何慕焉客曰然則儒家無禍福乎曰儒以無事為獲福以無疚為免咎世之禍福弗問也

解經

吳覲華曰人不能于聖賢路上開眼雖高才絕學不能脱世俗之見如太史公文雄千古然子貢何品也因夫子賜不受命之語遂作貨殖傳以子貢為首已為可笑且云因子貢多財交遊列國夫子名譽益彰

是何語也總之以俗情輕于弄筆不覺取笑明眼

又曰禮記忿毋求勝分毋求多即易山澤損君子以懲分窒欲之義也分謂本分本分之外一毫不敢求多則欲不待窒而自窒矣以分為與人分物則不可多者畢竟未盡

八十 張伯可曰攻乎異端宋儒指佛老說殊誤孔子時佛法未入中國老子是孔子所從問禮者兩次適周見之何嘗闢之所云異端正指吾儒中差了脈絡者王文成公曰與愚夫愚婦同的是同德與愚夫愚婦異的是異端此語微妙可思

尊賢祠考略

（民國）侯學愈 輯

《尊賢祠考略》六卷，（民國）侯學愈輯，錫山陶氏循德堂校本。

侯學愈（一八六七—一九三四），號戢庵，無錫人。光緒十九年（一八九三）秀才。終身坐館鄉里，門生數百。家富藏書，校勘無錫地方史書多種。有《續梁溪詩鈔》、《錫麓叢譚》、《戢庵隨筆》等。

尊賢祠在惠山二泉庭院之東，至德祠右旁，即原愚公谷舊址之一。自南宋始，惠山即有尊賢祠，初名爲陸子祠，隨着所祀鄉賢人數的增多，名稱有所變换，地點亦多次變動，已莫能考。乾隆十六年（一七五一）由知縣王鎬移建今址，因奉祀多人，故名爲尊賢祠。太平軍陷無錫，祠毁，鞠爲茂草者近五十年。邑人高松濤請於許静山倡議修復，獲顧子文、陸藹如、秦子治、祝筱湘、孫笠舟等資助。併合詞呈請學憲行縣立案。祠於清宣統元年（一九〇九）落成，共有享堂、門廳、亭榭、庖湢等處二十餘楹。由地方官春秋致祭以復祀典。全書共六卷，分列祠址、祀典、祀位、小傳、藝文、叢録等内容。

本書據錫山陶氏循德堂校本影印。

（徐志鈞）

尊賢祠攷畧

張文藻署耑

歲次己巳冬杪排印

尊賢祠考略　一　錫山陶氏循聽堂校本

尊賢祠考略　一　錫山陶氏循聽堂校本

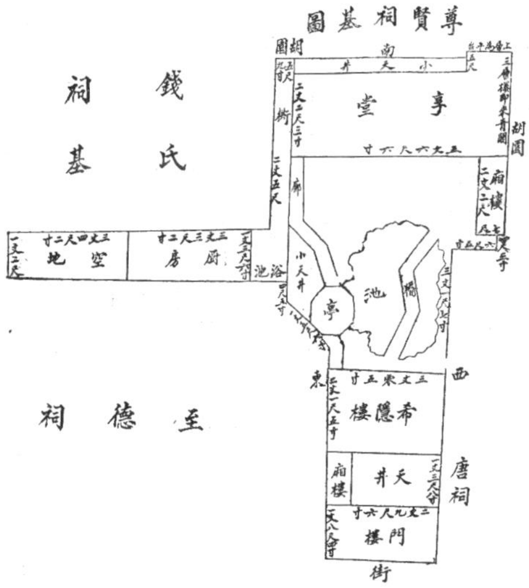

敘

戢畬倈君敦品勵學多識前言往行尤究心邑中文獻掌故凡足闡揚風教廉頑立懦者輒樂爲譔述如續梁溪詩文鈔等數十卷久矣風行一時有功藝苑誠非淺鮮一日者又以所輯惠山尊賢祠考略見示幷囑爲弁言受而讀之若祠址若祀典若祀位若小傳若藝文若叢錄列目凡六蒐采宏富斷制謹嚴名爲畧實已詳備靡遺矣奚取予一言顧嘗思之懿好根於性始而推而準之可以奮起百世之人心者崇典禮隆報饗俾涉其地者仰其人是固然已語不云乎誦詩讀書以論其世抑豈不繫乎紀載哉原夫惠麓之先有陸子祠初以其品泉第二飲水則思其源藉是以留勝蹟耳其後增祀爲三賢爲七賢爲十賢至於十二定名尊賢邵文莊所謂生游歿葬名在天下者陳義何高也至清而增祀漸繁又分定報忠祔位限制稍寬矣其時人文蔚起立功德言爭不朽業過位而切思齊之慕登山而動身後之名子孫崇奉其先人後生報禮於師友苟爲公義之所許因亦有舉而莫廢此所以名山俎豆得與爲榮陵谷容有變遷而廟貌長新且益形式廓也予於辛亥歸田值今祠建復之後每於春秋二仲從鄉人諸君子後肅薦登堂高山仰止穆然想見其人高潔之行孝友之風文通武達之猷爲仗節死義之志操惠於民古之遺愛式於衆鄉之先生異世同堂允宜合祀復爲追懷遺跡溪山系其姓名水泉重其題品留讀書之臺於石塢求清閟之閣於湖濱二泉書院日格曾傳碧山吟社風流

未沫又未嘗不俯仰上下思欲有所著錄爲邦人士觀感之資今讀是編我心實獲因又念及往在定海葺成仁祠祀明監國魯王舟山殉難諸忠烈曾爲審定位次裒集事蹟屬邑紳孫詒謀備錄成册予爲之序刊行後至嚴州過桐江嚴先生祠堂謁宋知睦州軍事范文正公祠讀壁間公所爲先生祠堂記山高水長先生之風千載如昨而公先憂後樂之懷亦可於所遺治蹟見之乃歎昔賢清風亮節隨所在而足以興發人之感仰若此况吾邑斯祠合歷代名賢於一堂又得是編以著其行誼事實其足以興發感仰又當何如哉書此以復於戢畬聊爲餘義之引伸若爲弁言則吾豈敢

歲次己巳仲秋之吉邑人楊志濂筱荔氏謹敘

敘

祀典之興所以勸忠孝褒節義敘彝倫端風化也吾邑惠山泉水清澂林壑幽邃其間多先賢祠宇如吳泰伯李忠定顧端文高忠憲馬文肅諸祠或奉敕給帑興修或地方有司捐廉建築莫不春秋釋奠肅薦明禋爲邦人士觀感之資興起之助然皆專祀一人從未有合歷代名賢於一堂後先濟美俎豆常新馨香勿替者有之自尊賢祠始祠爲明邵文莊所論定以生逝歿葬名在天下者方爲及格觀原祀十二人循名核實允足當之無媿厥後增祀漸繁未必盡合文莊之旨然有舉莫廢古有明訓鄉後進固未敢妄加擬議致失君子忠厚之道也咸豐庚申祠燬於兵宣統初由許丈靜山高翁松濤倡議修復邑士捐貲贊助者數十人迄今廟貌崇閎較前益形式廓於此見忠孝節義之行爲彝倫風化所基世運縱有滄桑斯道長彌宇宙茲祠興廢關乎吾邑人心風俗顧不大哉同學友侯君伯文抱道抗節守正不阿日以表章氣節扶植綱紀爲己任窮年矻矻旣手刊鄉賢遺著十餘種流布藝林學子奉爲楷式又輯成尊賢祠考畧六卷示余受而讀之覺搜采宏富斷制謹嚴於徵文考獻之中寓激濁揚清之意用力可謂勤矣慨自近歲國變以來饗舍瞽宗之典尚復歇寂消沈無人從而過問遑論鄉賢之祀事乎君獨能網羅遺逸攷訂成編更承盧衷善下以義例就加商権幷囑任校讐之役俾得廁名簡末殊深厚幸亟慫恿付之剞劂以廣其傳行見彝倫以正風化以淳感奮激發於不自知挽回世運造就人材將於是乎在則是書之功其霑被詎有涯涘哉若夫攷證故實敘述源流有鄉前輩楊先生之弁言在固無庸更贅一詞也

歲在屠維大荒落辜月上澣邑人陶守恆謹敘

尊賢祠考略總目

尊賢祠考略卷一

環溪詩隱侯學愈編輯

祠址

語云人傑則地靈地以人重由來久矣然時有治亂地有興衰高岸爲谷深谷爲陵地之變即時之變也伊古以來賢人君子生有自來歿而有爲文章氣節歷萬刼而不磨時與地縱有變遷而其人英光浩氣終不與時地同歸剝蝕有心人於此傷今弔古生遐慕寄深慨焉考祠址第一

尊賢祠在惠山二泉亭門外至德祠右旁即明鄒副使迪光愚公谷舊址之一隅也考愚公谷有明正德間邑紳馮夔毀僧居

爲園因其地有龍縫泉故名龍泉精舍夔歿園爲顧起綸墓道既葬而遷乃屬副使自春申澗至繡嶂街前後廣袤數十畝胡文昭祠蔡氏孝友祠張氏貞節祠吳氏至德祠皆其遺址今祠在至德祠右則當日亦在愚公谷中似無疑義初名陸子祠專祀唐逸士桑苧翁陸羽創立當在南宋以前地址在惠山寺内泉亭上年代遼遠莫能確指其處後漸圮吳人王彬重行建復以劉宋湛長史挺唐李文肅公紳配名三賢堂繼復增祀爲七賢爲十賢爲十二賢始定名尊賢改堂爲祠康熙中知縣吳興祚於泉上建雲起樓乃遷祠於樓之右偏若冰洞之東稍北有小樓二楹邑人以吳侯興祚有惠政於民遺愛勿忘奉侯長生祿位於中今其址亦不可攷後知縣徐允言脩德水亭移諸賢

栗主亭內乾隆十六年辛未知縣王鎬以德水亭改建行宮再遷祠於愚公谷廢屋中當未遷時曾置栗主於張公廷樞錫山書院逮後嗣鬻書院於任宦將栗主捆載棄置於白衣廢庵破屋監生周某大動公憤徧爲號召糾合祠裔具儀仗結綵亭迎歸書院華孝廉希閔出而排解割書院三楹因陋就簡壘石引泉改建今祠時事出倉卒無頭門暫假民廬出入讀杜少京司馬尊賢祠大門記有云道光十六年丙申增祀廣文顧笠亭先生其子覲光等既出貲修葺祠宇復贖他姓之屋以資出入於是乎祠始有大門而規制於以粗備焉咸豐十年庚申粤匪肇亂全祠俱毁鞠爲茂草片瓦無存同治初元聖主中興克除大憝越數年惠山諸祠以次恢復或由地方有司公帑重葺或由

裔孫私貲興築獨是祠湮沒於荒煙蔓草中俎豆消沈馨香歇絕無人從而過問如是者垂五十年邑人高翁松濤耆年碩德好蒐采兩邑文獻興辦地方公益事既手刊梁溪詩鈔錫金書目考錫金游庠續錄等書又於白石塢獨訪李相讀書臺議醵貲修復舊跡往來山中過其址而傷之欲圖恢復獨倡無和會出使義國大臣許丈靜山先生期滿受代乞假旋里翁乃請之先生允爲倡議重建而顧君子文季卿陸君藹如秦君子治牧卿祝君筱湘孫君笠舟等協力贊助定議先由發起者慷慨解囊繼再募捐祠裔尅期興築共成盛舉并合詞呈請學憲行縣立案照舊由地方官春秋致祭以復祀典而資觀感奉提學使樊批准經始光緒三十三年丁未冬迄宣統元年己酉夏畢工

孟冬之吉有司恪循舊章開祭士紳耆老衣冠與祭者數十百人極一時之盛是役也初成饗堂五楹即發起者及祠裔捐集之款所築既而逐漸擴充凡饗堂廳事門闕亭榭臺觀以逮庖湢之室計二十餘楹庭中石之頹者起之池之淤者濬之石橋三曲橫亙東西竹亭六角翼蔽南北假山之巔木筆一本高出檐際相傳係前朝故物祠毁猶孑然獨存今重加封植愈益暢茂開時彌望如雪更於其間支鐵幹爲長廊直達前後樓西偏小閣顏曰來青取王半山兩山排闥送青來詩意登閣縱眺錫惠雙峯環拱几席後胡文昭祠添建挹翠樓爲其所障風景頓減壬戌春復經祠董吳君日永王君仲幹籌款翻造三層高出雲表始復舊觀祠舊於別室附報忠神位祀有明以來忠節諸

賢此次仍設神龕於東夾室內亦有舉莫廢之義斯祠興復固由許丈登高而呼力爲提倡然非高翁首先發端大功未易告成且其監督工程徒步往來不避嚴寒酷暑以耄耋之年供奔走之役尤近人所難能至若籌墊款項鉤稽出入手定章程歲修無忒季欽之功尤不可沒總之斯祠建置足爲吾邑高山景行之思其盛衰興廢關係句吳風教甚大至歷年修繕又可考而知明正德七年壬申邵文莊清釐祀典大加葺治嘉靖四十一年壬戌秦從川及兄辰溪先生籌費命僧大典重修清嘉慶四年己未秦都轉鏞又修之洎乎顧覲光之修已四次矣今零落逾五十年規復成於一旦美輪美奐堂構聿新有嚴有翼執事有恪藉非邦人士興廢舉墜求賢若渴烏能頓恢舊制如是

耶祠舊有田二十畝爲文莊捐置洊更兵燹無從追究所望後來經董師文莊遺意將收存餘款續次提出購置田房實產庶經常特別諸費有着卽遇災變無虞驟有散佚則斯祠馨香俎豆永永無極矣

尊賢祠考畧卷一終

祠裔陶守恆校字

尊賢祠考畧卷二

環溪詩隱侯學愈編輯

祀典

鄉賢忠義祀於瞽宗明德惟馨永不朽矣其有彌兩祠缺憾以點綴名山者則尊賢祠尚焉自漢迄淸合五十有二人報忠祠卽附設於內綜明淸兩代四十有九人所謂禮以義起仁人君子不得已之苦衷隆肸蠁於千秋示高山之景行者也考祀典第二

祠舊名陸子專祀唐逸士陸羽宋楊萬里有陸子泉上祠堂歌逮宋季吳人王彬增祀南北朝劉宋司徒右長史湛挺唐尚書右僕射趙郡公謚文肅李紳名三賢載元王仁輔無錫縣志明宣德間廢正統五年巡撫周文襄公忱重行建復仍專祀陸羽天順間知縣李葉縣丞邵性捐資修葺仍進湛李神主於內見餘姚戚瀾所譔賢孝祠記正德間邑人邵文莊公寶增入宋知無錫縣事國子直講焦千之御史裏行錢顗國史院編修秦觀禮部尚書謚文簡尤袤元高士倪瓚明義士張翼中書舍人王紱其吳郡楊循吉碑記文莊並自作贊詠之嘉靖間通政參議秦瀚又增入封武昌知府私謚貞靖秦旭南京禮部尚書謚文莊邵寶並爲之記彭輅亦作詩詠之萬歷二十四年知縣趙應元增置三孝子栗主題其額曰賢孝流芳三孝子者南齊孝子華寶同時薛天生劉懷允也薛劉俱晉陵人南齊建元三年與寶同旌南齊書南史俱有傳王彬既建三賢祠後即寶故居建

三孝祠以祀寶及天生懷允旋改爲寶專祠至是遂祀於此事具談脩惠山古今考清初續入明翰林學士華察中書舍人諡節愍龔廷祥二人康熙間知縣吳興祚又進提學副使鄒迪光通政司參議沈應時載康熙庚午志旋又續進旌表孝子浦劭清知無錫縣事吳興祚按察使副使顧鏞春坊左諭德秦松齡翰林院侍講學士周宏春坊右中允嚴繩孫前後合二十有五人學使尹會一清釐祀典譔贊勒石詳乾隆庚午志厥後栗主日增嘉慶初續經修葺秦都轉鏞實主其事秦侍郎瀛作文記之並增祀漢梁鴻藉光祀典且以時代故以鴻冠諸賢之首另潔一室移貞靖神主獨處其中示不欲與濫邀祀典者爲伍事詳邵吟泉惠山記續編嗣又進明封戶部員外郎安國通政司

參議秦瀚太學生安紹芳文學秦德湛清刑部主事推官侯曦吏部員外郎王澍歲貢生高愈辰州府同知潘果禮部右侍郎贈尚書鄒一桂蘇州府學教授浦起龍吏部右侍郎王會汾旌德教諭鄒愷拔貢生潘瑩齡封侍郎秦鴻鈞淮安教授封巡撫鄒麟書高郵州判王游建德訓導孫開濟舉人潘本郊五河教諭侯昉按察使照磨王霖兵部職方郎中廉志勳滁州訓導顧樹本南澳同知侯之翰等二十有三人遷龔節愍於報忠祠道光二十三年癸卯邑人周有壬以諸賢神主淩亂不堪遂爲攷覈時代更定次序邀同祠裔重爲奉安并著名山祀典錄六卷首圖敍次志攷次列傳次著述次軼事次遺蹟次藝文萃上下千餘年名人逸事羅列靡遺諸賢言行蔚然炳然眉列指掌因事以求其人因文以證其事因事因人以想見其言坊行表儀型百世懦立頑廉先生之用心可謂至矣惜未及付梓遽遭匪亂散佚此實爲斯祠一大遺憾也綜計先後列祀典製主入祠者共四十有八人具詳周佩安錫金考乘惟考乘羅列諸賢姓氏獨遺劉薛二孝子秦侍郎瀛釐定祀典時曾有以劉薛郡人爲言者侍郎以祀之無害於義仍之此次興復祠宇仍以劉薛列華寶之次繼又續進明侍讀學士王達清閩浙總督諡文靖孫爾準淸山西巡撫陶正中己巳秋戊祭日復經紳耆祠裔等公議增祀漢外黃令高彪總凡五十二人蹟蹟蹌蹌可云極盛昔賢崇祀俱有深意後之人既不可妄議增加又不宜輕言裁撤庶兩邑名賢與湖山並壽足以移易風俗維繫人心其收效

當非淺鮮矣

附報忠祠祀典

報忠祠嘉慶志謂在尊賢祠內始自國初顧副使鏞即儲貞義祠添祀數人爲之副使曾讀書新安鄉淨慧寺即附麗寺內按康熙乾隆兩志皆無報忠祠又皆載儲貞義祠在新安鄉新舊志不符且遷入尊賢祠在嘉慶間而祠內之報忠祠反謂始於國初年代亦不符今考嘉慶四年秦侍郎瀛倡議宗副使爲之其後新安鄉人以儲貞義祠諸栗主遷入尊賢至是遂舉有明以來直諫殉節凡未祀於鄉賢忠節與未建專祠者請祀於祠另葺一室奉安之與於斯典者前後凡四十有九人計漢一人御史虞俊明三十有五人曰監察御史李孟善監察御史陸士

隆白洋鎮巡檢張文煥監察御史葛桓徵君錢鏞右正言周衡
禮科給事中許靁監察御史施武監察御史吳肇兵部郎中徐
殉贈指揮謚貞義儲福鶴慶府照磨沈宗贈鎮遠將軍祝秀一
巡按御史倪敬揭陽知縣葛旲贈太常少卿楊淮永平知府曹
懷兵部職方司主事華鑰通政司參議張選吏部員外郎謚節
愍華允誠按察副使謚節愍王孫蘭養利州學正華白滋常熟
訓導過俊民兵部尚書謚文忠堵允錫中書舍人謚節愍龔廷
祥陸川知縣謚節愍施召徵諸生孫源文諸生嚴紹賢布衣華
尙濂參將何日厚守備張以備進士許學諸生顧杲長沙縣丞
秦廷珪諸生華京清十有四人曰贈按察使僉事秦華鍾贈按
察使僉事張令憲贈光祿寺少卿王日杏鳳山知縣吳兆麟平

樂知縣華元超靈璧知縣吳爾鎮贈國子監學錄王步雲贈國
子監助教嵇榮培州判贈知府銜竇承焯詹事府主簿封道員
楊錫麒贈雲騎尉陶蟾桂贈雲騎尉陶文樣民國一人商團會
員榮培德已巳秋戊祭日復經紳耆祠裔等公議增祀漢御史
虞俊以光祀典忠義死節之臣萃於一堂可云極盛矣

安彙古先生考定尊賢祠例言十四則以下各條參觀祀位門

一尊賢祠始祀陸羽名陸子祠舊名不可沒也故首紀陸子明祠之本爲陸子設也

一尊賢舊爲三賢祠即陸子祠增祀湛挺李紳其名相沿已久不可沒故紀三賢

一祠始名尊賢堂邵文莊改三賢爲之增祀焦千之秦觀錢顗尤文簡倪瓚張翼王紱爲十賢堂

一明嘉靖中增祀秦貞靖邵文莊爲十二賢定名尊賢貞靖爲邵子所推重固宜以之配十賢也

一華孝子前明曾入此祠號四賢後以有專祠去之邵子未列此祠亦猶李忠定有專祠而不入此祠孝子不以此祠爲重似不必入此祠也不知何以復入孝子在此祠殊難位置不居首座則乖時代居首座則孝子有兩祠沒却十賢非邵子意也

一劉薛二孝子本非錫人宋元以來有司建華祠以其同傳並祀之舊爲三孝祠後華氏後裔並去之更無因而入尊賢二孝入尊賢又難位置依時代宜在諸賢之上論從祀則既非

鄉賢又非寓賢是又大亂邵子之意今議三孝子別位東龕以存三孝祠舊蹟

一浦孝子襄節愍允合祀典但吾邑孝子如浦者尙有二蔡及俞紹祖嚴朔皆死於孝死於忠何以不祀此不可解忠節如節愍不一其人安見獨宜從祀又不可解今議一忠一孝與三孝共爲一龕

一鴻山學士從其祖沈通政亦從其祖賢令尹不獨吳公今議亦歸孝子龕

一顧鄒二副使秦宮諭嚴中允周編脩侯浦二公並入右龕然皆鄉賢祠中人物也

一十賢並位中龕以遵邵子之論定以仍本祠之舊規而奉孝

貞靖邵文莊附十賢之後

一凡先賢皆入國朝祀典二十五人並祀議不再增

一凡祠廟嘉靖以前皆有司所建或縉紳所建尊賢爲邵子所建縉紳之私祀也向有祭田今由官祭發帑則爲國典矣既爲國典尤不可濫進栗主

一府州縣學各有鄉賢忠義等祠及專祠是皆鄉黨尚賢國家勸賢之意今後有賢可入諸祠不必與二十五賢爭座也

一此祠爲邵文莊故蹟後人當遵守之思其所以尊之之意何在祀之之意何在寓賢若梁鴻（今已增入）文學若王達（今亦續入）浦源張壽莫士安忠義若麻士龍儒行若虞薇山皆未列入則知近年增祀三孝子及諸賢皆非邵子意也後有邵子出必撤歸鄉賢等祠矣

按陸子祠改爲三賢祠不知始於何年華東湖先生增祀孝子乃在明初有四賢祠記見華氏溯源篇由是推之三賢並祀久矣疑不始於明初也明初已爲四賢祠矣天順末仍爲三賢蓋以此祠原爲三賢設也正統間仍爲陸子祠蓋又知仍爲陸子設也今邑志但有尊賢將不知有陸子矣故附識於此

又按邵子祭十賢文書官書謚書姓書號而不書名其書官者七人湛司徒右長史李尚書右僕射秦國史編脩錢御史裏行焦無錫縣令尤禮部尚書王中書舍人皆書其原官而身後加銜不與焉書謚者二人李文肅尤文簡是也書號而

稱先生者二人陸桑苧先生倪雲林先生是也今祠栗主陸公倪公不稱先生李文肅公稱文肅李公尤文簡公稱文簡尤公俱非是今據文莊祭文正之兼取道南祠例槪稱先生書官書名無官書處士有謚法稱公而不書名縣令亦稱公仍其舊不書名陸自號桑苧翁此祠舊稱陸子祠今擬稱桑苧翁陸子

又按今祠二十五賢又續進二賢凡二十七位日進無彊不能容矣此在國初以前文莊之後百年之間未有敢輕議增祀一人者不知近年何人忽於十二賢外增多十五人雖或有合祀典然在此祠未知有合文莊之意否耶

秦小峴先生考定尊賢祀典

按祠內有鄉賢有名宦有流寓如先淮海非流寓而以墓與祠及子孫皆在錫與焉夫鄉賢名宦皆已祀於瞽宗且鄉之賢者不盡祠內數人而名宦亦不獨宋之焦本朝之吳然有舉莫廢祇可一仍其舊惟流寓則斯祠之外無祀及者斷不可廢長史之草堂陸子之泉尚矣而梁伯鸞實爲寓公鼻祖邑中山水多以鴻得名不應獨遺之也（伯鸞雖葬於要離冢畔而邑中古蹟甚多不得以其與惠山無涉而置之也禮以義起吾論自不可易）　今擬增祀以爲諸賢之冠此論當垂之百世而不刊也　三孝子傳皆見南齊書則標以南齊爲是薛劉雖非錫人然既有栗主未便撤之且錫統於常則祀亦無害於義特如尹會一之作贊不按年代而列之末則倒置失倫矣　從川先生之祀未見邑志第先生生平無過失且祠內

大賢固不乏而出於子孫崇奉之私者亦間有之則以先生列入或尙公論之所與也　祀典應愼之於始如文莊初定十賢固爲至愼後人不察從而增祀者不一而足非建祠本意然吾輩爲鄉後進前人旣已祀之吾欲從而進退之不獨見撤者傷其後人之心且非君子忠厚之道苟非大有背於公義則皆仍之所謂有其舉之無廢焉者也後人其諒余心脩尊賢祠存古蹟也不敢謂淸釐祀典然余嘗謂士君子立身自有本末不在祀典之有無吾邑如李忠定邵文莊諸賢縱無祀而其人自在苟非其人即子孫力思崇奉亦終於泯沒而已而不肖者且徒貽人口實也

邵昤泉先生尊賢祠祀典附考

秦侍郎瀛尊賢祠增祀梁鴻議慨增祀之濫乃有激之言其脩祠時另葺一室移奉秦脩敬神主獨處其中不欲與濫邀祀典者爲伍也故嘉慶十八年侍郎脩邑志於湛長史十二賢以下而云祠中栗主日增日多故於乾隆庚午志所載華學士察以下十二人及以後增祀各姓名俱不列入邑志其謹嚴如此今按華學士以下十二人其崇祀於鄉賢名宦忠節等祠者有四人焉而秦志概不錄其名者因文莊建十賢堂祀生游歿葬名在天下者十人非此類也雖賢勿與後人陸續添祀失建祠之本旨也嘉慶間有添祀其祖而即司祠事者濫收捐欵包攬入祠無怪乎侍郎脩志時概不列其名也咸豐己未余至祠中見栗主四十有七他日釐正應分別主位祔位無使增祀者喧賓奪主或庶幾乎不然則是祠也將爲無力建祠及不合祀典難請入祠者之淵藪矣

公呈上提學使

許珏顧景璐高鏢泉陸紹雲秦鳳墀秦謙培顧銘書祝晉爵孫鳳春爲重建尊賢祠落成請賜行縣立案照舊由地方官春秋致祭以復祀典而資觀感事竊治下惠山向有尊賢祠祀漢代至國朝梁鴻等四十八人又祠內附有報忠祠祀前明及國朝殉節李孟善等三十八人節經明巡撫周公忱國朝康熙乾隆間知縣吳公興祚徐公允言王公鎬吳公鉞暨邑中紳士先後四次增建並一再脩葺擴充乾隆年間奉前學憲尹公會一譔贊立石均載明邑志列入祀典由地方官春秋致祭咸豐十年

毀於粵匪迄未建復殊爲缺典治珏自出使義國任滿回京後因禁烟事請假回籍首議建復當蒙現署無錫縣伊前署金匱縣趙首先倡捐旋集邑之紳耆與後裔之有力者各量爲資助治景璐鏢泉紹雲鳳墀謙培銘書晉爵鳳春等經理即於是冬庀材鳩工因捐欵收繳未齊至今始將兩祠饗堂及門造落成又經闔邑紳耆公議擬將已祀東林道南祠明侍讀學士王達已祀鄉賢祠國朝閩浙總督太子太保諡文靖孫爾準二人均品端學粹鄉望尤孚以之增祀尊賢祠又明贈鎭遠將軍京衞指揮同知祝秀一國朝廣西平樂知縣華元超江蘇桃源縣訓導王步雲安徽靈璧知縣吳爾鎭四人均臨難不苟大節懍然以之增祀報忠祠實爲無愧除將收支細數造具徵信册外合

將尊賢報忠兩祠列祀姓名開具清摺并惠山記一册聯銜呈請大宗師鑒核俯賜行縣立案照舊由地方官春秋致祭以復祀典而資觀感實爲德便再治下從前捐資建立東林書院者即於書院內別室設一報功神龕茲師其意此次有捐資百元以上者公議亦於祠內另立神龕准舉其先世有德行者一人製位入祀由後裔及治等春秋致祭以昭激勸而隆報饗合并聲明謹呈謹將尊賢報忠兩祠列祀姓名按代開摺呈請鑒核施行

提學使樊批　來呈閱悉所稱重建尊賢祠請行縣立案照舊由地方官春秋致祭以復祀典而資觀感等情仰錫金兩縣查明向例辦理可也此批錄呈惠山記一册存原呈並摺均抄發

邵文莊奉安十賢祠祭文

惟

正德七年歲次壬申冬十二月　朔越二日　具官邵寶謹以羞醴之薦敢告於劉宋司徒長史湛公唐尚書左僕射趙郡李文肅公唐隱士陸公宋國史編脩秦公宋御史裏行錢公宋無錫縣令焦公宋禮部尚書尤文簡公元逸士倪公國朝義士張公國朝中書舍人王公曰維諸賢於茲山或歿而葬或生而游隱顯異跡後先繼休惟昔有祠寂寥未續今求其人載秩號祝我山既高我泉亦深嗟我懷人如玉如金春采蘋藻秋薦黍稷其始自今惠我無極尚

饗

重建尊賢祠祭文

惟宣統　年歲次　　二八月　朔越　日　江蘇常州府無錫縣知縣　金匱縣知縣　率同僚屬闔邑紳耆祠裔等謹以牲醴庶羞之奠致祭於

梁高士暨

鄉賢諸先生之靈曰惟

高士諸賢孕奇震澤肇跡勾吳啓百世之文明樹萬方之準則列名臣忠節儒林文苑以逮幽人兼湖海英靈之氣溯漢魏六朝唐宋元明以迄昭代耀枌榆俎豆之光凡茲史乘所留遺合華名山而永壽茲當仲春秋式薦明禋烏虖緬吳會英才之集千秋尚切懷思聞鼓鼙將帥之風百世猶將興起以

報忠祠諸先生

報功祠諸先生配尚

饗

尊賢祠考略卷二終

尊賢祠考畧卷三

環溪詩隱侯學愈編輯

祀位

天尊地卑君臣定位位者所以辨上下正名分嚴等威明秩序也况名山俎豆萬古馨香勝地人文千秋血食苟任其凌亂不加釐訂將何以隆肸蠁妥神靈乎爰覆按時代依次編排亦懷古者之所有事也考祀位第三

第一位　漢高士伯鸞梁公鴻

第二位　漢外黄令義方高公彪

第三位　南北朝宋司徒長史茂之湛公挺

第四位　南齊孝子華公寶

第五位　南齊孝子薛公天生

第六位　南齊孝子劉公懷允

第七位　唐逸士鴻漸陸公羽

第八位　唐尚書左僕射公垂李文肅公紳

第九位　宋邑令伯強焦公千之

第十位　宋國史館編脩少游秦公觀

第十一位　宋御史裏行安道錢公顗

第十二位　宋尚書延之尤文簡公袤

第十三位　元高士雲林倪公瓚

第十四位　明義士飛卿張公翼

第十五位　明中書舍人孟端王公紱

第十六位　明學士達善王公達

第十七位　明封武昌府脩敬秦貞靖公旭

第十八位　明尚書國賢邵文莊公寶

第十九位　明封員外民泰安公國

第二十位　明學士鴻山華公察

第二十一位　明孝子成德浦公劭

第二十二位　明封通參從川秦公瀚

第二十三位　明副使彥吉鄒公迪光

第二十四位　明太學懋卿安公紹芳

第二十五位　明通參伯起沈公應時

第二十六位　明文學以雪秦公德湛

第二十七位　清邑侯伯成吳公興祚

第二十八位　清副使孟常顧公鏞

第二十九位　清宮諭留仙秦公松齡

第三十位　清推官衣澹侯公曦

第三十一位　清學士子重周公宏

第三十二位　清宮允秋水嚴公繩孫

第三十三位　清貢士紫超高公愈

第三十四位　清員外良常王公澍

第三十五位　清同知師仲潘公果

第三十六位　清侍郎贈尚書小山鄒公一桂

第三十七位　清巡撫未堂陶公正中

第三十八位　清教授二田浦公起龍
第三十九位　清侍郎蓀服王公會汾
第四十位　清教授藝園鄧公愷
第四十一位　清貢士璜溪潘公望齡
第四十二位　清封侍郎世萊秦公鴻鈞
第四十三位　清教諭封巡撫魯瞻鄒公麟書
第四十四位　清通判景言王公游
第四十五位　清訓導省齋孫公開濟
第四十六位　清舉人嶼伯潘公本郊
第四十七位　清教諭勤補侯公昉
第四十八位　清總督平叔孫文靖公爾準

第四十九位　清鹺尹雨蒼王公霖
第五十位　清郎中雲階廉公志勳
第五十一位　清訓導笠亭顧公樹本
第五十二位　清同知蘭臺侯公之翰

以上五十二賢自漢唐宋元明以逮有清濟濟一堂可云極盛然按之邵文莊生游歿葬名在天下非此類也雖賢勿與之旨盡能合焉否耶後人率循祀典亦曰有舉莫廢而已

附報忠祠祀位

第一位　漢御史仲卿虞公俊
第二位　明御史宗吉李公孟善
第三位　明御史季平陸公士隆
第四位　明巡檢伯闇張公文煥
第五位　明御史仲威葛公桓
第六位　明徵君季文錢公鏞
第七位　明正言士平周公衡
第八位　明給諫至善許公靈
第九位　明御史宗武施公武
第十位　明御史友山吳公肇
第十一位　明郎中子相徐公弼
第十二位　明指揮儲貞義公福
第十三位　明府照原本沈公宗

第十四位　明將軍楚芝祝公秀一
第十五位　明巡按汝敬倪公敬
第十六位　明知縣原大葛公昊
第十七位　明常少東川楊公淮
第十八位　明知府于德曹公懷
第十九位　明主事啓德華公鑰
第二十位　明通參舜舉張公選
第二十一位　明員外鳳超華節愍公允誠
第二十二位　明副使畹仲王節愍公孫蘭
第二十三位　明止學紫梁華公白滋
第二十四位　明訓導尊伯過公俊民

第二十五位　明尚書仲緘堵文忠公允錫
第二十六位　明中書舍人伯興龔節愍公廷祥
第二十七位　明知縣克用施節愍公召徵
第二十八位　明諸生南宮孫公源文
第二十九位　明諸生與揚嚴公紹賢
第三十位　明布衣靜觀華公尙濂
第三十一位　明將軍日厚何公以培
第三十二位　明守戎德全張公以備
第三十三位　明進士習之許公學
第三十四位　明諸生子方顧公杲
第三十五位　明縣丞延喜秦公廷珪

第三十六位　明諸生壯輿華公京
第三十七位　清僉事元發秦公華鍾
第三十八位　清僉事嘉仲張公令憲
第三十九位　清光少丹宸王公日杏
第四十位　清知縣德周吳公兆麟
第四十一位　清知縣鼈峯華公元超
第四十二位　清知縣定甫吳公爾鎮
第四十三位　清訓導贈國子監學錄月莊王公步雲
第四十四位　清州判贈知府俊三竇公承焯
第四十五位　清兵吏目贈國子監助教藥園嵇公榮培
第四十六位　清詹簿封道員荔仙楊公錫麒

第四十七位　清贈雲騎尉秀峯陶公蟾桂
第四十八位　清贈雲騎尉秋樵陶公文槎
第四十九位　民國商團會員九松榮公培德

按安彙占秦小峴兩先生論定謂已入忠義祠者可無入此祠今考李孟善陸士隆張文煥葛桓施武吳肇徐蒟儲福沈宗葛昊曹懷華鑰王孫蘭華白滋堵允錫龔廷祥施召徵過俊民孫源文華尙濂何以培許學嚴紹賢顧杲秦廷珪秦華鍾張令憲王日杏吳兆麟等皆忠義祠中人物不知是何命意

安彙占先生論定尊賢祠祀位

宋初始祀唐賢一人名陸子祠

唐陸羽

明初增祀二賢名三賢祠

劉宋湛挺　唐李紳

明正德五年邵文莊增祀七賢名尊賢堂

宋焦千之　宋秦觀

元倪瓚

明張翼　王紱

明秦旭　邵寶

明嘉靖壬戌又增祀二賢稱尊賢祠

已上十二賢爲本祠原位文莊論定

國朝增祀十三人

晉

華寶　劉懷允　薛天生

按華孝子祠在惠泉左即孝子故宅爲祠唐以來久廢宋王彬復建祠祀孝子及其同傳劉懷允薛天生至治間孝子裔孫琫廣之撤去劉薛二主

按觀此知泉上舊有三賢三孝兩祠不相越孝子有專祠不應復入尊賢劉薛非鄉賢亦非寓賢更無因入尊賢今以三孝爭十賢之座非文莊之意且非三孝子之意蓋以世次則十賢當退避於三孝之下以奉祀則三孝不可奪十賢之位是使三孝十賢之神千秋坐不安席大不敬也有邵子出必撤三孝之主如前例也

明

華察　沈應時　浦劭　鄒迪光

龔廷祥

按右五人忠孝文學允合祀典但攷邑志忠孝如浦如龔之合祀典者尚多秦氏二孝蔡氏二孝皆載國史殉難忠諫之臣不可勝數至於文學之賢前乎華學士鄒學使者有張翥王達（今已增入）莫士安浦源又有徐仲祥之孝虞薦發之理學皆墓在惠山見邵文莊惠山記而文莊不祀何也可知十賢之後未可輕議增祀也

國朝

吳興祚　顧鏞　秦松齡

嚴繩孫　周宏

按吳公當入名宦周編修無大著作無奇節生平醇謹可風入鄉賢可也

又按以上晉三孝明五人國朝五人凡十三人已編入國朝祀典與前十二人共二十五人督學尹公有贊康熙間祠移德水亭亭歸秦氏因入從川吉生二人二人不入祀典乾隆末又入侯衣濟浦二田二人

謹按尊賢堂始建於明邵文莊公十賢爲文莊所論定而秦脩敬公生爲文莊所推重歿而與文莊配十賢宜也十二賢之外皆當請入鄉賢忠義名宦諸祠此論當垂之百世而不易以俟後之君子及賢有司請旨釐定焉今擬重加酌定位次如左

第一位　宋司徒長史湛公

第二位　唐李文肅公

第三位　唐處士陸公

第四位　宋國史編修秦公

第五位　宋御史裹行錢公

第六位　宋無錫縣令焦公

第七位　宋尤文簡公

第八位　元逸士倪公

第九位　明義士張公

第十位　明中書舍人王公

第十一位　明封中憲大夫秦公

第十二位　明邵文莊公

已上十二位居中龕

東楹
第一位　晉孝子華公
第二位　晉孝子劉公
第三位　晉孝子薛公
第四位　明學士華公
第五位　明孝子許公
第六位　明襲節愍公
第七位　國朝尙書前無錫縣尹吳公
以上七位居左龕
西楹
第一位　明愚谷鄒公

第二位　明五知沈公
第三位　國朝副使顧公
第四位　國朝宮諭秦公
第五位　國朝中允嚴公
第六位　國朝絨齊周公
第七位　國朝衣濟侯公
第八位　國朝二田浦公
以上八位居右龕
秦小峴先生論定報忠祠祀位
李御史孟善
陸御史士隆
張巡檢文煥
吳御史肇
徐主事詢
沈照磨宗
葛經歷昊
華郎中鑰
華學正自滋
何參將以培
堵文忠允錫
秦教授廷珪
瀛按吾邑忠義之士其已祀鄉賢忠義祠及有專祠者不

必再入報忠祠今擬將祀典所闕應行補入者列於右斷自有明始漢唐宋諸臣已祀瞽宗者不列
報忠祠原祀諸公及奉旨賜謚者
貞義儲公福
仲威葛公桓
季平陸公士隆
中齋施公武
于德曹公懷
東川楊公淮
舜舉張公選
晼仲王公孫蘭

鳳超華公允誠
克用施公召徵
尊伯過公俊民
子方顧公杲
與揚嚴公紹賢
南宮孫公源文
元發秦公華鍾
嘉仲張公令憲

瀛按以上諸公雖有已祀鄉賢忠義等祠及有專祠者向在祠内俱仍其舊瀛再三參酌而定此議冀可告無罪於前人似於存古蹟之中亦略寓清釐祀典之意云

尊賢祠考略卷三終

祠裔陶守恆校字

尊賢祠考畧卷四

環溪詩隱侯學愈編輯

小傳

古人往矣而古人之嘉言懿行不與之俱往也其昭昭在人耳目者藉史以傳藉志以傳藉其人之碑銘表傳以傳是編篇幅狹隘嘉言懿行不能一一詳也僅以近代邑志爲斷不及則掇拾他書以附益之太史公曰高山仰止景行行止雖不能至然心嚮往之於此有焉考小傳第四

梁　鴻　鴻字伯鸞平陵人肄業太學家貧尙節操博覽無不通不爲章句之學暇輒牧豕上林苑中嘗誤遺火延及他舍鴻

問所損失悉以豕償之其人猶以爲少鴻曰無他財願以身居作因爲執勤鄰家耆老咸責讓主人而稱鴻長者於是始敬異焉勢家慕其高節多欲妻之鴻並絕不娶孟氏有女狀肥醜而黑力舉石臼擇對不嫁年已三十父母問之曰欲得賢如梁伯鸞者鴻聞而聘之及嫁以裝飾入門七日而鴻不答妻跪牀下請曰竊聞夫子高義簡斥數婦妾亦偃蹇數夫矣今而見擇敢請罪鴻曰吾欲裘褐之人可與俱隱者今衣綺縞傅粉墨豈鴻所願哉妻乃更椎髻著布衣操作而前鴻喜曰此眞鴻妻也共入霸林山中後東出關過京師作五噫之歌肅宗聞而非之求鴻不得乃易姓名與妻居齊魯之間有頃去適吳依大家臯伯通居廡下爲人賃舂每歸妻爲具食不敢仰視舉案齊眉伯通

察而異之曰傭能使其妻敬之若此非凡人也乃舍於家鴻潛著書千餘篇及病卒伯通葬之要離冢旁漢書有傳邑志流寓有傳

高彪　彪字義方家本單寒爲諸生游太學有雅才而訥於言常從馬融欲訪大義融疾不獲見迺遺融書譏融傲士融省書慚追還之彪逝而不顧後郡舉孝廉試經第一除郎中校書東觀數奏賦頌因事諷諫靈帝異之第五永爲督軍御史百官會餞長樂觀議郎蔡邕等皆賦詩彪獨作箴以厲邕等甚美其文以爲莫尚也遷外黃令帝勅同僚祖送上東門詔東觀畫彪像以勸學者彪到官有德政上書薦縣人申屠蟠等卒於官漢書有傳邑志文苑有傳

洪挺　挺字茂之官司徒右長史隱惠山築草堂讀書其中與南平王劉鑠友善吏以詩章唱和留刻於石邑志流寓有傳

華寶　寶父豪義熙末戍長安時寶八歲豪臨行謂曰須我還爲汝上頭長安陷豪歿寶年至七十不婚冠或問之輒號慟彌日不忍答也建元三年與同郡薛天生劉懷允並表門閭邑志孝友有傳

薛天生　天生郡人其母罹艱嘗蔬食天生亦蔬食母卒終身不食魚肉以毀卒武陽縣志有傳

劉懷允　懷允幼喪父與弟懷則終身衣不帛絮食不鹽豉建元三年與天生華寶同旌武陽縣志有傳

陸羽　羽字鴻漸竟陵人不知所生或言有僧得之水濱既長以易自占得蹇之漸曰鴻漸於陸其羽可用爲儀乃以陸爲姓名而氏之少日讀書其師苦之甚至亡去匿爲優人太守李齊物賢之授以書貌寢陋口吃而辯好聞人善多所規切與人期雨雪虎狼不避也隱苕溪自稱桑苧翁閉門著書或獨行田野誦詩擊木徘徊不得意慟哭而歸詔拜太子文學不就著茶經三篇鬻茶者陶羽形置煬突間祀爲茶神品惠山泉爲第二人爭傳之邑志流寓有傳

李紳　紳字公垂其先趙郡人父悟任晉陵令遂家邑之梅里紳爲人短小精悍於詩最有名時號短李初擢進士客金陵李錡辟掌書記錡寖不法紳數諫不聽欲去不許會使者召錡錡稱疾不行脅使者爲衆奏天子幸得留錡召紳作疏坐錡前紳

陽怖慄至不能爲字下筆輒塗去盡數紙錡罵曰何敢爾不憚死耶對曰得死爲幸即注以刃令易紙復然或言紳不足用乃囚紳錡死免或欲以聞謝曰本激於義非市名也穆宗召爲右拾遺翰林學士與元白同時號三俊累遷中書舍人敬宗立李逢吉積怨紳結中人王守澄奏言先帝始議立太子杜元穎李紳勸立深王由是貶紳瑞州司馬後敬宗得先帝手緘書箚見裴度元穎紳三疏請立帝爲嗣始感悟悉焚逢吉黨所上謗書徙滁壽二州刺史霍山多虎擷茶者病之紳至虎不爲暴以太子賓客分司東都遷河南尹河南多惡少紳治剛嚴皆望風遁又遷宣武節度使大旱蝗不入境武帝即位詔拜中書侍郎同中書門下平章事進尚書右僕射封趙郡公復出節度淮南卒

贈太尉謚文肅少時嘗讀書惠山白石塢後人稱其地爲李相讀書臺邑志宦望有傳

焦千之　千之字伯強丹徒人爲歐陽文忠門下士嘉祐中舉行誼賜出身爲國子直講熙寧六年知無錫縣事天旱河水盡涸千之設法盡灌輸之宜歲以不歉子孫因留於錫今新安鄉有焦莊皆其遺裔邑志名宦有傳

秦觀　觀字少游高郵人以賢良方正除國史院編脩官紹聖初坐黨籍出判杭州御史劉拯論其增損實錄貶監處州又徙雷州徽宗立復宣德郎放還至籐州出游花光亭爲客道夢中長短句索水欲飲水至笑視而卒江南通志人物有傳

錢顗　顗字安道慶歷六年進士爲寧海軍節度推官守孫沔

以威嚴爲治僚屬奔走聽命顗當官而行無所回撓獨見器重治平末召爲御史裏行王安石行新法宰臣曾公亮依違不言顗疏安石談堯舜以致公輔首財利以爲容悅言行乖戾公亮畏避固寵非是貶監衢州鹽稅將出臺謂同列孫昌齡曰君奴事安石得御史自以爲得計即我視君犬彘之不若也拂衣上馬而去徙秀州家貧母老至丐貸親舊以給朝餔而怡然無謫官之色蘇軾遺以詩有烏府先生鐵作肝之句世因呼鐵肝御史宋史有傳邑志忠節有傳

尤袤　袤字延之少從喻樗汪應辰游得楊龜山之學紹興十八年進士知泰興縣縣城屢毀於寇袤脩築之金人陷揚州泰興以有城得全除將作監簿大宗正缺丞人爭求之陳俊卿曰當與不求者遂除袤虞允文以史事過三館問誰可爲祕書丞者僉以袤對張栻曰眞祕書也亟授之遷著作郎兼太子侍講張說自閤門入西府袤率三館上書諫出知台州會有毀袤者上疑之使人密察民誦之不絕口因錄其東湖四詩歸奏累遷樞密院正兼左諭德旋除太常少卿高宗崩自南渡後恤禮散失事出倉卒每有討論悉付袤斟酌損益當定廟號與禮官定號高宗洪邁請號世祖袤言祖有功宗有德太祖規創大業稱祖太宗混一區夏稱宗禮子爲父屈太上爲徽宗子子爲祖父爲宗失昭穆之序將來祔廟在天之靈必有所不安邁論遂屈臺臣請定喪制袤言釋老之敎矯誣褻瀆請一切禁止進禮部侍郎淳熙十四年有事明堂詔議升配袤議方在几筵不可

配享歷舉郊歲在喪服中有四惟元祐間用呂大防請升配神考去大祥百餘日時祖宗用以日易月之制今陛下既行三年喪高宗雖已祔廟百官猶未吉服請俟喪畢議之詔可上嘗與袤論事久語宰執曰尤袤甚好前此無一人言之何也權中書舍人兼直學士院辭不許時方言內禪上曰旦夕制策甚多非卿孰能爲之光宗即位開講筵袤論官制近年舊法頓壞使披堅執銳者積功累勞僅得一階權勢貴近之臣優游而歷華要姜特立議爲周必大黨遂與祠起知婺州召除給事中昌言曰某老無所補報凡貴近營求礙法制者雖特旨命書不敢奉詔甫數日繳奏者三後除禮部尙書上屢不省重華宮以袤請駕隨出兼侍讀上封事曰給舍臺諫論事不行如陳源奉祠姜特

立召尤爲駭聞方特立得志竊弄威福一旦斥去莫不誦陛下英斷今遽召之譬除蔓草猶懼復生况加封植乎是時上已屬疾國事多舛乞致仕歸八年卒年七十袤既得龜山之傳龜山爲程頤高弟乾道淳熙間忌者方攻程氏學袤在掖垣首言道學者堯舜所以帝禹湯文武所以王周公孔孟所以設教近立此名詆訾士君子士君子欲自見於世一舉足即入其中便無得免此豈盛世所宜有袤死數年韓侂冑擅國禁錮道學士大夫皆受其禍識者服袤爲知言袤容貌端凝晚益嗜學積書至三萬餘卷取孫綽遂初賦以自號光宗書額賜之謚文簡宋史有傳邑志儒林有傳

倪　瓚　瓚字元鎭號雲林居邑梅里之祇陀村世父煥砥節礪行元初嘗辟爲桂陽主簿不就父炳性清約亦隱居樂道瓚所居清閟閣藏書及古鼎彝書畫甚富至正初天下無事忽鬻其產散與親舊人莫喻其意未幾兵起棄家獨乘扁舟往來三泖間張士誠聞而欲禮致之不可其弟士信乞畫又不與士信恚欲辱之嘗從賓客游湖聞異香出葭葦中以爲必瓚也物色漁舟中果得之抶之幾斃終無一言洪武七年始還鄉里卒於其姻鄒維高家瓚名聞外國使者操沈香百觔爲贄求一登清閟不許乃再拜去其畫簡澹世推爲逸品第一與黃公望吳鎭王蒙齊名稱元四大家自署曰懶瓚又號幼霞變姓名曰奚元朗或曰元瑛亦稱荆蠻民淨名居士朱陽館主蕭閑卿而雲林最著瓚雖終於明初而鼎革後所作書畫俱不署年號但書甲

子而已故繫之元以比晉之陶靖節云明史有傳邑志隱逸有傳

張　翼　翼字飛卿號止齋身長七尺頳顏而髯讀書尚氣節雖權貴人言不循理必面折之張士誠陷無錫盜賊之徒首纏絳帕執戈矛巡門嘯呼民恐且暮屠戮翼不爲動徐達破姑蘇遣胡廷瑞率師攻無錫僞吳將莫天祐固守達命使諭降天祐殺之達怒檄廷瑞曰即不下屠其城於是翼與儒士徐續往見天祐曰西吳兵亟矣將軍計安出天祐曰吾受士厚恩誓以死報翼曰將軍固守爲張氏也今張氏已就縛矣又將誰爲乎胡平章舉十萬之師壓境生民之命懸於將軍若翻然改圖則上不失名位而下免數十萬生靈將軍豈有意乎天祐沈思久之擲帽於地曰誠如君言吾不惜屈已以救民顧如失信何翼請往議以報乃縋城見廷瑞廷瑞許之約三日率妻子來降翼歸報天祐自縛詣軍門廷瑞乃入城不戮一人市肆安堵如故錫民德之至今績字伯凝續字仲祥三人既已說降天祐有名於時洪武三年並舉經明行修將召用而續故嘗爲僞官至是竟逃去不知所終翼亦以老辭不赴邑志行義有傳

王　紱　紱字孟端少爲諸生博學工歌詩能書畫寫山水竹石妙絕一時洪武中坐累戍朔州永樂初用薦以善書畫供事文淵閣久之除中書舍人紱未仕時隱居九龍山遂自號九龍山人於書法動以古人自期畫不苟作遊覽之餘酒酣握筆長廊素筆淋漓揮灑有投金幣購寸楮者輒拂袖起勿顧也嘗曰

丈夫要審所處輕者若此重者將何如哉在京師月下聞吹簫聲乘興寫竹石圖且訪其人贈之則估客也客以紅氍毹餽請再寫一枝爲配紱索前畫裂之而還其餽一日退朝黔國公沐晟從後呼其字走及之以畫請紱頷之數年晟復以書來始爲作畫既而曰我畫直遺黔公不可黔公客平仲微者我友也以友故與之俟黔公與求則可耳其介節如此明史有傳邑志文苑有傳

王　達　達字達善號耐軒苦志嚮學究極羣書金華宋濂甚器重之洪武中舉明經爲本縣訓導遷大同府學教授入爲國子助教永樂初擢翰林編修預修太祖實錄進侍讀學士充編纂總裁達有盛名與解縉王偁王璲輩號東南五子及居塞外

所學益邃所著書曰筆疇亦善畫大同府志有傳邑志文苑有傳

秦　旭　旭字景暘號脩敬父季昇有隱德旭亦不仕工於詩晚結廬惠山之麓與李庶陳履陸勉高眞黃祿楊理陳公懋施廉潘緒輩觴詠其中名碧山吟社雖以子夔貴而退然謙約如韋布以德量見重里中有不善者輒相戒不令旭知卒年八十有五友私謚曰貞靖先生邑志隱逸有傳

邵　寶　寶字國賢成化二十年進士授許州知州月朔會諸生於學宮講明義利公私之辨改魏文帝廟祀漢獻帝易獻曰愍從昭烈所謚也巫言龍骨出地中爲禍福寶取骨毀於庭杖巫而遣之躬課農桑推行朱子社倉法入爲戶部員外郎轉郎中擢江西提學副使釋菜周元公祠修白鹿書院學舍以處學者江西俗好陰陽家言父母死或數十年不葬寶著令不葬親者不得與試其俗遂革宸濠每請爲詩文輒峻卻之濠敗有司校勘書札寶獨無一字歷遷浙江右布政使與鎮守太監勘處州銀礦寶曰費多獲少勞民傷財卒奏寢其事正德四年拜右副都御史總督糧運嘗議事至京師會劉瑾惡漕督平江伯陳熊欲論殺之一日刦寶於左順門將逮之尚書張綵曹元自內出謂公第劾平江則事釋矣寶曰平江功臣後督漕未久無大過不知所劾越三日給事中劾熊幷及寶勒致仕去瑾誅起巡撫貴州累進戶部左侍郎命兼左僉都御史處置糧運以母老乞歸乃拜南京禮部尚書以便迎養再疏辭免嘉靖初起前官

復以母老懇辭許之命有司以禮存問比終母喪未幾卒贈太子太保謚文莊寶生三歲而孤事母過至孝甫十歲母病爲文告天願減已算延母壽及終養歸得疾左手不仁猶朝夕侍母側不懈學以洛閩爲宗嘗曰願爲眞士夫不願爲假道學文章典重碑版徧天下博綜羣籍有得則書之簡取程子今日格一物明日格一物之義名曰日格子嘗築二泉書院於惠山之麓世稱二泉先生明史有傳邑志儒林有傳

安　國　國字民泰其先黃姓蘇州懸珠里人洪武中有茂者贅於安因從其姓國性警敏多遠略以貲雄於時贍宗黨惠鄉里乃至備倭寇濬白茅河諸大役國皆有力焉父喪會葬者五千人所居膠山數里無水會歲饑大出粟課民鑿渠日集千夫

自春及夏成巨浸民賴以活石田轉爲沃壤而其圃亦成所謂
西林也邑志行義有傳
華　察　察字子潛號鴻山嘉靖五年進士選庶吉士與吳陸
燦袁袠屠應埈並有才名後爲當軸不喜改戶部主事歷兵部
郎中再入爲翰林修撰預修寶訓實錄進侍讀同考會試皇太
子立詔諭朝鮮賜一品服充使以行尋以劾罷既而起復原官
主應天鄉試拜侍讀學士掌南院事乞歸時方清丈田畝鄉里
藉其力剗去虛糧六千石括諸蠹蝕豪侵漏科者抵之家本素
封園林甲江表而食不三豆室無侍媵文詞清削獨契溟滓與
同邑施漸姚咨善多倡和之作邑志文苑有傳
浦　劭　劭字成德父應虞諸生嘉靖三十三年夏倭寇自常

熟入境掠村落劭與弟濬掖老幼匿僻阻處旬日賊稍退應虞
潛出探之猝遇賊隊之失道者牽去令荷物前行時劭濬並他
往劭適還不見父惶遽望賊隊直前叩其酋道父狀貌請以身
代酋感其誠釋父去而劭不解倭語猶以爲未釋也厲聲請不
已賊怒刃之聲愈厲遂亂斫之死比賊去濬歸急往跡之屍解
爲七洒殮而葬之石室山下應虞爲劭主置之牀頭出入必呼
而告之曰老人無恙萬歷四十三年旌劭妻過亦以苦節旌濬
授經養親每以劭身歿而名不朽爲親慰時亦稱雙孝云邑志
孝友有傳
秦　瀚　瀚字從川邑廩生少有文學以孝稱爲姑後於吳後
復姓往來定省終身無間嘗修復乃祖貞靖公碧山吟社故事

與同邑顧洞陽華補庵諸名流觴詠其中偕從兄辰溪修葺尊
賢堂以崇祀典自爲文勒石祠壁著有從川詩集邑志孝友附
父鏜傳
鄒迪光　迪光字彥吉號愚公萬歷二年進士授工部主事累
官湖廣提學副使擅衡鑒楚士服而歸之以吏議罷送者數千
人生祀之濂溪書院迪光既罷治園亭於惠麓與當世名公卿
文士游讌其中極聲伎觴詠之樂垂三十年有集合三百餘卷
一時聲氣奔輳幾與婁水弇州後先狎主文壇兼工書畫得者
珍之邑志文苑有傳
安紹芳　紹芳字懋卿國子生累試不利棄去一意爲詩古文
詞於所居西林羅置圖書鼎彝每四方名流過從置酒刻燭歌

吹間起至忘日夜亦善畫得黃公望法邑志文苑有傳
沈應時　應時字伯起父病瘖應時爲之舐目伺父寢則篝燈
夜讀萬歷四十一年進士授吉安府推官歸養起復補岳州擢
兵科給事中歷禮兵二科具疏揭三案以年例遷陝西僉事罷
歸崇禎初起通政司參議時邊報旁午京師震動應時上戰守
諸議會督餉使臣十道俱出應時銜命星馳以勞瘁卒於途邑
志宦望有傳
秦德湛　德湛字以雪諸生爲學務躬蹈實踐鼎革後屏居小
樓足跡不履戶庭如是者二十餘年歿後慈溪姜宸英爲之傳
比之漢之管幼安晉之陶淵明云邑志隱逸有傳
吳興祚　興祚字伯成原籍山陰父執忠從世祖入關隸正紅

旗興祚以貢來知無錫時縣田久不清丈糧多飛詭隱匿興祚立清田由票就號丈田因田繪圖給田主爲永業民至今便之縣四百十四圖中六圖最稱煩苦輪役或破家舊有入官田千餘畝興祚令糧長公買爲役費官爲僱募充役害遂息康熙八九年間累遭水旱歲大饑興祚設法賑濟全活者數千人蘇州駐防回旗民洶洶興祚請都統令箭單騎往來彈壓民間市不易肆迨耿逆告變王師南下興祚先期儲備纖毫不以累民一日大水溢塘岸兵適過境不得行興祚於塘兩岸樹竹爲標馬行標中若坦途又標一燈以備宵濟其倉卒應變多類此擢福建按察使尋授巡撫遷兩廣總督興祚蒞無錫十有三年興廢舉墜禮賢愛士揮斥金錢不少吝而囊無一錢之蓄云入祀邑

中名宦祠邑志名宦有傳

顧　鏞　鏞字孟常順治四年進士授戶部主事歷郎中出爲興化知府興化瀕海亂後苦寇盜備弛而役困鏞至稽舊法密植巨木樁於三江汎環之若城復置營舍於楓亭驛要口驛舊仙交割所也籍漁船刷蠹冒盜息役平官至廣東僉事會奏銷案起詿誤歸邑志宦望有傳

秦松齡　松齡字留仙弱冠中順治十二年進士改庶吉士授檢討以逋糧案削籍康熙十八年舉博學鴻詞復原官歷左諭德再典鄉試又以磨勘落職至四十二年南巡始給還原官官京師時大學士滿洲某公欲招致之屬人道意卒不往嘗以薦從軍荊襄督師蔡毓榮請於軍中講學松齡爲陳說忠孝大義介冑之士無不悚聽平生於書無不窺以詩古文名世晚益耽研經訓尤深於詩自毛鄭以下旁及歐蘇呂嚴諸家參以己意補朱傳所未備有毛詩日箋四卷行世別有書經春秋日箋未卒業邑志儒林有傳

侯　曦　曦字朝賓號衣濱順治十五年進士父鼎鉉令黃岡母王未赴留曦侍養曦聞寇警走二千里省父於危城中寇退始歸父歿遺命葬祖塋形家言不利長子曦曰吾遵治命非邀福也父遺田三頃命諸子中得第者與之曦不專受分給其弟從弟卿瑩幼孤多難曦爲殫力保持卿瑩歿又撫養其子邑志孝友有傳

周　宏　宏字子重康熙三年進士第三人授國史院編修仕

至侍講學士應制典册人推作手巳酉主試山西得士稱盛一以先正法程爲則邑志文苑有傳

嚴繩孫　繩孫字蓀友號藕漁康熙十八年以博學鴻詞薦召試取列二等授檢討充日講起居注官遷右中允告歸繩孫性恬靜既膺薦辭不獲就試日賦一詩而出仁皇帝知其名遂以布衣授翰林時與秀水朱彝尊吳江潘耒富平李因篤稱四布衣在館纂修明史及平定三藩方畧出典山西試稱得人其讀書不務涉獵案置一編精熟乃易他書文宗范史詳雅有度詩詞婉約深秀獨標神韻工楷書小畫片紙寸縑爲時所珍邑志文苑有傳

高　愈　愈字紫超諸生攀龍從孫十歲讀攀龍遺書即有志聖

賢之學既長熟復諸儒語錄務躬蹈力行不尚議論謂士求自立當自不忘溝壑始家貧父性豪嗜酒愈委曲承奉之或父就人飲則遣童往候而已屏立道旁俟與主人別則趨而翼以歸以爲常先後居親喪不飲酒食肉不入內寢嘗受知於學使高裔歲科試皆第一時山西姜𣞗主文幕於江南之士獨賞愈與桐城方苞及已卯𣞗來典試苞以第一領鄉薦而愈已不與試𣞗歎息不止巡撫湯斌雅重愈屬邑令致意再三卒不往謁晚年益窮困嘗啜糜七日矣方挈其子登城眺望意充然樂也生平覃精經術爲周禮解凡數十易稿華學泉以春秋相質愈言聖人據事直書而義自見爲辨正諸家之失甚力顧棟高少從受業亦往往宗其說云又嘗著小學纂注卒後四十年學使尹

會一頒行其書邑志儒林有傳

王　澍　澍字篛林號良常金壇人康熙四十五年進士仕至吏部員外郎初由編修改官戶科掌印給事中雍正初元詔六科皆隸都察院得封駁如故尋移銓曹歸悅梁溪山水買屋金匱山房旁自號二泉寓客澍善行楷書兼工篆隸喜成就後學邑之工書者華淞王游皆其弟子也邑志流寓有傳

潘　果　果字師仲雍正元年進士知宜章縣俗健訟而多盜果聽斷明恕擒盜魁置之法境内肅然又禁諸淫祀悉毀其祠宇改造義學及節孝祠三堡屯田久編歸民田册而軍戶輸賦如故請免之擢辰州府永綏同知坐事罷歸杜門讀書教授子弟深於易學並工詩古文邑志宦望有傳

鄒一桂　一桂字元褒號小山雍正五年進士由編修改御史督學貴州乾隆七年遷禮科給事中初衡陽知縣李澎等倚巡撫許容浮收賦額糧道謝濟世發其奸爲容誣劾既覆讞得實奪容職未幾仍命巡撫湖北一桂疏爭謂容不宜復用乃罷遷太常少卿轉大理寺卿奏律載獄具仝圖俱有定式毋許非刑乃今直省新制無論獄囚多寡概令排頭仰臥於脚鐐手梏之中横穿長木鎖徧兩端多緣致斃宜下各督撫嚴禁從之又平反重獄脫死罪多人歷内閣學士禮部侍郎以年老致仕歸再入都視蠻與九老會在籍食俸卒贈尚書予祭葬一桂工畫有名於時邑志宦望有傳

陶正中　正中字未堂雍正元年進士由編修授御史巡察京

畿畿内宗人越屯爲暴正中請以法繩之勢遂戢豪民劉姓殺傭欲汚其婦婦逸訴有司豪錮婦於獄正中按部至廉得其情卒抵豪罪擢廣東糧驛道特賜摺匣并上方劍俾便宜密奏施行量移天津時旱暵迭告而析津爲漳滹沱下流又患水正中建言疏通子牙河開濬淀泊即藉其土築隄捍之使淫水有歸遷直隸按察尋擢山西布政晉巡撫爲政不避權貴不貸豪強以風節自勵左遷淸河道以勞瘁卒官性孝友事親曲意承順孺慕終身戚族有空匱傾囊周卹無少吝居鄉謙謹未嘗以名位驕人出入必徒步遇親故存問殷殷歷久不倦著書十餘種多羽翼經傳有功名教語邑志宦望有傳

浦起龍　起龍字二田雍正八年進士官蘇州府學教授家於

邑之前潤肆力於古於書靡不窺丹黃甲乙積數十年從學質
問經史輒舉某書某卷某頁以告檢之無不合其爲文學唐人
諸雜家所著讀杜心解御選唐宋詩醇多采其語官教授時青
浦王昶嘉定錢大昕王鳴鳳輩方爲諸生並游其門邑志文苑
有傳
王會汾　會汾字蓀服乾隆二年進士改庶吉士歷官吏部右
侍郎終大理寺卿少刻苦下帷雅負文譽雍正十三年舉博學
鴻詞報罷洎入翰林御試翰詹第一不數年洊陟卿貳充明史
綱目副總裁先是總裁周學健纂明綱目前編會汾奏元綱目
終於順帝二十七年今斷自洪武元年宜與至正二十八年兩
行分注於甲子之下入洪武二年始將明祖年號大書不必創

立前編且前編所載已見元綱目請削去上從之又以原纂洪
武一朝之書旁采摭說不合體裁建文以後又多失中乃詳覈
史文重加編輯遇京察舉齊召南自代居官廉潔其歿也門人
梁同書經紀其喪邑志文苑有傳
鄧　愷　愷字藝園乾隆戊午舉人官旌德教諭事繼母以孝
聞亦能詩邑志文苑附華純曾傳
潘望齡　望齡字璜溪拔貢生景山教習陳文恭公宏謀將以
經學薦會丁母憂而止歷主泰州六合書院講席從學稱極盛
迨年逾八秩問業者猶戶外屨常滿焉邑志文苑有傳
秦鴻鈞　鴻鈞字心陶號世萊諸生積學砥行教授四方弟子
多掇科第年未四十即罷舉子試安貧樂道家無宿儲而坐客

常滿後主沂州書院講席造就甚衆邑志耆碩附秦春田傳
鄒麟書　麟書字魯瞻乾隆辛卯舉人故城知縣改江寧教諭
升淮安教授年至八十有六
王　游　游字景言工詩文篆隸少從王虛舟蔣湘帆兩先生
游南河節使高文良公以經學薦於朝官直隸清河知縣南河
同知高郵州判入祀高郵名宦祠告歸年至八十有三舉鄉飲
大賓邑志流寓附王澍傳
孫開濟　開濟字省齋癸卯歲貢官建德訓導內行克敦爲時
表率邑志儒林附祖裘仁傳
潘本郊　本郊字嶼伯乾隆庚子舉人十歲卽能屬文以父老
養親不仕授徒自給講求實學鄉里推重邑志文苑附父望齡

傳
侯　昉　昉字勤補乾隆甲寅舉人官五河教諭脩葺學宮歲
祲勸賑不假手吏胥無濫無漏廉介自矢實惠及民居官務節
儉常以咬得菜根百事可做爲人生立脚第一功夫以勞瘁卒
官入祀五河名宦祠邑志宦望有傳
孫爾準　爾準字平叔嘉慶乙丑進士由編脩出知汀州府寧
化民斂錢拜會大府將治以叛逆爾準訊悉其狀誅其首無株
連遷福建鹽法道累擢布政巡撫安徽平河南窴入邪黨旋授
閩浙總督彰化賊械鬬全臺震動率師剿定之誅其渠脅從解
散保全無算爾準宅心平恕學問淹貫兼善詩詞雖兵事倥偬
誦讀勿輟恂恂如書生所至必咨訪疾苦前後修舉水利成膏

腴數萬頃以勞卒官贈太子太師謚文靖邑志宦望有傳
王　霖　霖字雨蒼國子生官浙江按察使照磨工書法有卓識論事果斷邑有公舉霖爲襄辦多稱其職愜善堂爲霖所創辦舉鄉飲大賓邑志耆碩附兄樾傳
廉志勛　志勛字雲階拔貢生考授七品小京官旋中嘉慶戊寅舉人性端謹處事詳審嘗館大學士英和家甚見器重無一言及私工小楷累遷職方郎中邑志宦望有傳
顧樹本　樹本字立亭廪貢生官滁州訓導
侯之翰　之翰字蘭臺實錄館議敘縣丞署廣東曲江縣累以獲盜功擢知陽春東莞等縣終南澳同知在陽春興書院治水災修城垣在東莞士人作詩頌其清德入祀曲江陽春等縣名宦祠邑志宦望有傳

附報忠祠

虞　俊　俊字仲卿少以孝友稱於鄉黨明春秋公羊左氏傳哀帝時爲御史稍遷丞相司直王莽執政左遷新陂令薄召爲司徒俊欲遁歸遂見迫脅俊仰天歎曰吾漢人也願爲漢鬼不能事兩姓飲藥而卒光武即位高其節行與二龔比爲表塋墓邑志忠節有傳
李孟善　孟善字宗吉洪武中舉明經拜監察御史太祖一日將殺宋濂孟善力諫帝怒謫戍遼東邑志忠節有傳
陸士隆　士隆字季平洪武中舉明經拜監察御史抗疏發胡惟庸姦狀忤旨見殺妻及子皆死之劉基爲作忠孝節三歌邑

志忠節有傳
張文煥　文煥字伯闇通春秋洪武中舉人材除儀眞驛丞以材勇擢白洋鎭巡檢寇至文煥力戰戈折矢盡死之妻邵以十歲孤兒元保託文煥故人姚樞以身殉邑志忠節有傳
葛　桓　桓字仲威洪武中舉明經拜監察御史與李景隆不協靖難兵入死之邑志忠節有傳
錢　鏞　鏞字季文忼爽有大略洪武初以人材徵未受職即上書指斥時政上大怒下於理將殺之子璧在家聞父得罪徒跣走金陵擊登聞鼓訟父冤願以身代衛士箠擊幾斃帝覽疏感動鏞得減死戍蜀邑志忠節有傳
周　衡　衡字士平洪武中舉明經授本府訓導十三年召試江源論稱旨擢右正言帝嘗謫江南田已而復徵之衡忼言不宜失信於天下竟以直言論死士林冤之邑志忠節有傳
許　靈　靈字至善年十八舉洪武十八年進士授禮科給事中美風姿戚畹有欲妻以女者靈不從竟歸越歲入朝數上封事時以操束郡縣吏太急靈上疏言之又劾輔臣不職左遷桂平縣丞卒於官邑志忠節有傳
施　武　武字宗武洪武中舉明經拜監察御史以言事謫渾源州亂嶺關巡檢卒於官邑志忠節有傳
吳　肇　肇字友山洪武中舉經明行修拜監察御史建文嗣位見齊黃倒奪諸藩過亟嘗從容引漢事言李景隆非周亞夫比頗見優納會以父憂歸未幾靖難兵渡江聞京師失守宮中

火北向叩頭慟哭曰臣有老母在未能以身殉也奉母逃山中或言變姓名從亡楚蜀間有人識之於西平侯第正統中禁解歸卜宅於常之孟墅業醫養母及母年九十餘卒遂不復爲醫邑志忠節有傳

徐　殉　殉字子相以方孝儒薦官工部主事進兵部郎中參李景隆軍事密奏景隆兇悖有異志爲景隆所陷戍甘肅成祖即位景隆卒誣殺殉殉妻死無子二妾發功臣家爲奴皆即日自經死其族死者三十餘人邑志忠節附葛桓傳

儲　福　福洪武初隸燕山衛籍好讀書慕顔眞卿文天祥之爲人建文末挈母韓妻范逃去成祖即位詔購戍卒入伍福在籍中調曲靖衛當詣京師乃仰天哭曰吾雖一介卒伍義不爲叛逆屈復挈母妻以行在道中日夜泣不止竟不食死妻范年二十奉姑甚謹每哭其夫輒走山谷中發聲長號不使姑聞貧無以自存一日浣於澗上見旁有蕭草因織蕭以養姑姑死居守墓旁年至八十餘卒卒後蕭草不生士人異之即其所居葺爲庵名曰崇孝崇禎十七年贈福指揮使謚貞義范淑人謚孝節邑志忠節有傳

沈　宗　宗字原本正統九年以貢生任鶴慶府照磨寇發死之邑志忠節有傳

祝秀一　秀一字楚芝代父戍湖廣永樂中積功至懷遠將軍從征蒲東妖賊陣亡卹贈振遠將軍今衣冠墓在惠山河滸載入邑志

倪　敬　敬字汝敬正統十三年進士擢御史景泰初幾輔饑命出視請蠲田租戶部持不可再疏爭竟得請巡按山西奏罷入粟補官令戍將侵餉者悉治之再按福建時議開銀壙敬抗疏引唐德宗爲言事得寢鎮守內臣戴細寶貪橫敬劾罷之而治其黨吏民相慶六年七月以時多災異偕同官杜宥等陳敬天脩德六事謫宜山典史英宗復辟起知祥符縣尋以都督府都事從安遠侯柳溥西征師還卒明史有傳邑志忠節有傳

葛　昊　昊字原大景泰七年以貢授揭陽知縣廉潔有惠政忤監司不得殊擢遷城武衛經歷寇至偕指揮使沈文勦之並死焉邑志忠節有傳

楊　淮　淮字東川正德十二年進士授戶部主事遷郎中始監京倉革胥吏積弊殆盡繼監淮通二倉罷中官茶果之供除國基及額外席草費最後監內庫奄人例有供餽淮悉絕之公勤廉慎爲尚書孫交秦金所重嘉靖初將升興獻王於廟淮與同官繼大臣臺諫之後抗疏執奏其明日伏闕候命未得衆號慟聲徹於內詔執其疏首八人餘固伏不退遂俱送詔獄越三日詔杖於廷淮氣體孱弱當羣伏時或言自逸可免淮曰吾小臣效區區之愚聞禍而逃非初心也既杖病創甚臥床一月而卒子女貧無依秦金爲經紀歸其喪後贈太常少卿明史有傳邑志忠節有傳

曹　懷　懷字于德正德十二年進士選庶吉士改戶科給事中武宗將南狩廷臣伏闕諫者五百十有五人懷與焉詔予杖

凡死者數人而駕卒不出歷吏科兵科嘉靖初詔廷臣集議大禮忤旨下詔獄復杖於廷創甚呻吟中再疏論當事諸臣有五鬼剌天五經掃地之語聞者股慄然竟得不罪奉命稽察甘肅倉儲兵器出守永平調思恩致仕歸邑志忠節有傳

華　鑰　鑰字德啓嘉靖二年進士授戶部主事調職方司伏闕爭大禮與楊淮同被杖不死忤尚書汪鋐去官居母憂以毀卒邑志忠節有傳

張　選　選字舜舉嘉靖八年進士知蕭山縣稱循良擢戶科給事中太廟祫祭帝遣勳臣代行選抗疏諫伏闕候旨帝御文華殿覽疏震怒詔杖八十至三折挺選無委頓意謂杖者曰吾辠甘死但恐累聖天子有殺諫臣名奪職歸世宗大漸遺詔復

原官進通政司參議隆慶中進階朝列大夫邑志忠節有傳

華允誠　允誠字汝立號鳳超天啓二年進士除工部都水司主事告歸崇禎改元起營繕司主事進員外郎明年冬京師戒嚴分守德勝門四十餘日不稍懈帝微行察知之敘功加俸一年改兵部五年六月上言時政三大可惜四大可憂大學士溫體仁吏部尚書閔洪學閣部朋比阿黨陛下勿以神聖之資爲臣下所蔽治法之大爲奸邪所制使名流善類錮於清時士氣人心日趨頑懦如臣言得行即治臣以僭越之罪亦有餘榮奏上帝方褒體仁純忠亮節疑允誠受他人指使責令回奏迺言體仁以洪學爲羽翼臣以義憤所激不受指使益發兩人諸交通狀纍纍數千言凡三奏語益厲帝亦悟兩人同里有私迺奪允誠俸半年而罷洪學職其冬以母老乞終養歸母喪服闋未赴京而都城陷福王立江南起吏部員外郎見時不可爲在官十三日歸允誠初受易於錢一本既得主靜之學於高攀龍攀龍嘗言鳳超整齊嚴肅殆若性成及將赴止水拜遺表外獨有遺允誠書其見重如此周延儒之再召也遣人以京卿啖之拒不應及赴南都馬士英先諂之終不報謝國變後杜門讀易不與世通順治五年以不薙髮被執就訊無一語死江寧市乾隆四十一年追謚節愍明史有傳邑志忠節有傳

王孫蘭　孫蘭字畹仲崇禎四年進士累遷城都知府蜀宗人虐民民相聚將焚內江王第孫蘭撫諭之乃解以父憂歸服闋起官紹興府修荒政遷廣東副使分巡南雄韶州二府連州猺

賊爲亂馳勦三戰皆捷十六年張獻忠大亂湖南湖南郴州宜章與韶接壤孫蘭乞援督撫不應最後以七百人至一宿復調去及賊陷衡州肆屠戮韶所轄樂昌乳源仁化連竄既空連州守將據城叛而賊所設僞官傳檄將至孫蘭仰天歎曰失封疆當死賊陷城又當死吾盍先死乎遂自縊後賊竟不至朝廷憫其忠予賜卹乾隆四十一年追謚節愍邑志忠節有傳

華白滋　白滋字紫梁官養利州學正崇禎六年交趾入寇具衣冠死明倫堂妻姜氏殺其三歲兒從死邑志忠節有傳

過俊民　俊民字尊伯歲貢生授常熟訓導再補臨安會兵潰邑吏皆望風遁民遂倚俊民爲守八月上丁俊民方攝祭文廟兵猝至被執不屈縊死功臣山乾隆十一年入祀臨安忠義祠

邑志忠節有傳

堵允錫　允錫字仲緘崇禎十年進士歷官長沙知府山賊掠安化寧鄉允錫率鄉兵勦滅之又殺醴陵賊魁遂以知兵名十六年八月賊陷長沙允錫朝覲還賊已退明年六月福王命爲湖廣參政分守武昌漢陽黄州左良玉稱兵總督何騰蛟奔長沙令攝湖北巡撫事駐常德唐王立拜右副都御史實授巡撫李自成死衆擁其兄子錦爲王奉自成妻高氏及高氏弟一功領衆三十萬至澧州言乞降遠近大震獨允錫議撫之入其營開誠慰諭犒其軍皆踴躍羅拜乃即軍中宴之導以大義數千言明日高氏出拜謂錦曰堵公天人也汝不可負別部田見秀劉汝魁等亦來歸唐王因加允錫兵部右侍郎兼右僉都御史

總制其軍手書獎勞授錦御營前部左軍一功右軍賜錦名赤心一功名必正賞賚有差號其營忠貞封高氏貞義夫人允錫欲結赤心等倚以自強已而袁宗第劉體仁諸營先歸騰蛟者亦引與赤心合衆益盛允錫以芻糧難繼令散處江北明年正月騰蛟期諸軍盡會岳州赤心先至餘逗留不進永明王立進允錫兵部尚書總制如故順治四年永明王令赤心等攻荆州月餘大清兵援荆州赤心等大敗走入蜀衆饑乃散入施州衛聲言就食湖南時王在武岡劉承允懼爲赤心所并計非允錫不能禦請加東閣大學士封光化伯賜劍便宜行事允錫疏請給空敕鑄印頒賜秦中舉兵者八月大清兵破武岡及寶慶常德辰沅允錫走永順土司尋赴貴陽抵遵義乞師於皮熊王祥又入施州詣忠貞營會楚宗人朱容藩僞稱監國天下兵馬副元帥居夔州御史錢邦芑傳檄討之五年正月允錫乃見容藩責以大義遂散其黨未幾金聲桓李成棟叛以江西廣東附永明王於是馬進忠王進才曹志建李赤心高必正等乘間取常德以下諸州縣允錫疑進忠有異志令赤心必正守進忠所取常德進忠盡焚廬舍去赤心等亦棄空城而東所至守將皆燒營棄城走湖南已復州縣盡爲墟允錫乃率赤心等入湘潭與騰蛟會騰蛟令允錫向江南而自率進忠等向長沙六年正月騰蛟被執允錫與胡一靑守衡州戰敗走桂陽初赤心等入廣西龍虎關守將曹志建惡其淫掠或説志建允錫將召忠貞營圖志建志建夜發兵圍允錫允錫及其子逃入富川猺洞志建

索之急猺潛送允錫於監軍僉事何圖復抵梧州會王遣人安輯忠貞營至梧而赤心等已走賓横二州乃與允錫謁王於肇慶時馬吉翔及李元應袁彭年專柄各樹黨允錫欲與吉翔激赤心等東來除元應又移書瞿式耜言王有密勅令共圖之元應黨丁時魁金保論允錫喪師失地乃令移駐梧州允錫行至潯州憤恨發病卒王贈潯國公諡文忠考允錫世家宜興生長武進徙居無錫以錫籍登第後歸宜興詳見年譜明史有傳邑志忠節有傳

龔廷祥　廷祥字伯興馬世奇弟子崇禎十六年進士出劉理順之門順治二年大清兵下江南廷祥時官中書舍人在金陵慨然曰吾不可以負吾師因手書寄其子曰此時惟捐軀以明

志而已但思一見吾母不可得肝腸寸裂遂具衣冠自投秦淮河人咸聚觀廷祥恐救已躍出水面手搖者三而歿乾隆四十一年追謚節愍邑志忠節有傳

施召徵　召徵字克用崇禎十六年進士授陸川知縣勤於吏治卓有賢聲山寇作亂被執不屈死乾隆四十一年追謚節愍邑志忠節有傳

孫源文　源文字南宮繼臯幼子諸生有至性善飲酒好讀書其學經史百家無不畢覽軀幹短小服古衣冠慷慨語天下事或古今成敗莫不窮其源流崇禎十七年聞京師陷帝死社稷源文行坐悲泣無間晨夕及秋賦聞雁詩曰少小江南住不聞鳴雁哀今宵清枕淚知爾舊京來未幾咯血聲瘖淚盡而絕乾

隆四十一年入祀忠義祠邑志忠節有傳

嚴紹賢　紹賢原名萱字與揚一鵬兒子諸生素倜儻不事齷齪細行順治二年薙髮令下紹賢大書屋壁曰守義全歸遂自經於寢室婢張生春亦自縊一女尙幼絕乳死乾隆四十一年入祀忠義祠邑志忠節有傳

華尙濂　尙濂字靜觀允誠兒孫順治初允誠以不薙髮被執尙濂年十九婚甫彌月衰衣請從行偕允誠傳送江寗既至諸將帥雜坐訊之允誠瞑目坐地無一語尙濂植立不跪令薙髮堅不從與允誠同死江寗市邑志忠節有傳

何以培　以培字曰厚少負氣節講習擊刺戰陣之法福王時以良家子從軍命爲參將不得志棄官歸未幾南都破以培屏居湖濱縣其祖棟如像於室佩所遺故劍家有名馬中夜或聞嘶嘷聲拔劍起舞慷慨泣下不自勝是時江南皆下邑人先歸附者欲除異己以自効以以培名聞知府某命其人致之有僧三山者故棟如家將詗知之夜半走告邀與俱亡以培歎曰吾世受國恩焉用逃死天明檄至持檄者即以培戚也從容留飲談笑如平生請少須其人難之以培笑曰何以培奇男子豈懼死者哉遂偕至郡知府陳衛卒露刃以培白衣冠束帶入軀長八尺餘豐頤白晳儀觀甚偉知府異之爲好語曰速降不失富貴以培曰吾世臣無降理曰不降且不得生曰願即死再問答如前知府目左右喩意或引以培耳語厲聲叱曰斫即斫耳何效兒女子爲解衣就縛神色不少變遂斬於市以培既死妻黃

欲以身殉家人言以培尸首未獲盍緩之黃乃竭貲購以培首以培以六月殉節至十月而首始獲面如生黃爲櫛髮拭血啟棺納之尸亦不腐見者皆驚異之黃手爲縫紉如全尸狀因練衣素食又二十六年始歿黃安遠知縣廣女邑志忠節有傳

張以備　以備字德全福王時爲守備謝歸大清兵南下或薦於主帥召之欲與官以備先諷妻自盡往見主帥主帥勸之不屈遂見殺邑志忠節附何以培傳

許學　學字習之崇禎十六年進士未授官即遘國難學悲憤求死入密室將自經其母老矣救之謂曰許氏數世惟汝一人且汝死吾何依學乃止後以不薙髮被執詣大吏被髮覆面而入大吏曰此病狂人命扶出遂得免黃冠野服屏居敎授以

養母毋死以毀卒邑志忠節有傳

顧杲　杲字子方憲成從孫諸生詩文卓犖善草書好擊劍使酒負奇氣崇禎之季閹黨阮大鋮僑寓南京覬以邊材名用杲與吳應箕左國材沈士柱黃宗羲楊廷樞輩一百四十餘人作留都防亂揭討之所謂復社諸賢也未幾福王立馬阮柄國將盡殺諸人會國亡得免暨大清兵徇江南杲盡散家財糾鄉里敢死士千人將援江陰誓師進發行至砂山鄉人以爲盜也圍攻之及審其誤然已創重不可救乃呼酒數升而歿子黜庶蒸皆死乾隆四十一年入祀忠義祠邑志忠節有傳

秦廷珪　廷珪字延喜歲貢生福王時除長沙縣丞江南亡唐王稱號福州督師何騰蛟檄令署善化縣事順治四年長沙破

湖湘悉平廷珪以其二女屏居關山冲赴水死僕鄒義爲衣冠殯之邑志忠節有傳

華京　京字壯輿吳縣籍諸生從吳江進士吳易起兵於長白蕩兵敗先驅妻子入水格殺數人後卒繼至手與搏戰力竭赴水死邑志忠節有傳

秦華鍾　華鍾字元發順治四年歲貢授富川知縣屬有兵事三年乃涖其土撫叛歸俘民漸復業無何滇寇大至被執賊勸之降鍾大罵尋自縊守者覺而救之乃挾以行方渡江伺閒投江死贈按察使僉事予祭葬官其子沚爲戶部主事邑志忠節有傳

張令憲　令憲字嘉仲順治四年歲貢授香山知縣滇寇破香山令憲及子丹翰皆見殺贈按察使僉事予祭葬錄其孫進爲浮梁知縣邑志忠節有傳

王日杏　日杏字丹宸雲錦孫乾隆十八年舉人由內閣中書軍機處行走歷戶部郎中出知銅仁府罷職仍授中書隨大學士溫福赴雲南會有金川之役以功擢刑部主事三十八年六月兵潰木果木身殉焉贈光祿寺少卿入祀昭忠祠邑志忠節有傳

吳兆麟　兆麟字德洲副貢生知鳳山縣會海盜蔡牽船竄入海口兆麟亟募義勇防禦內地有盜乘機聚衆攻掠兆麟率義勇擊退之戮其首賊以徇追捕至淡水溪中賊伏地中火藥猝發死之予祭葬入祀昭忠祠邑志忠節有傳

華元超　元超字安之號鼇峯道光二十九年拔貢生咸豐七年以向武州判署平樂知縣境偪於寇元超至即議戰守具請大府於城東羅漢嶺扼險爲備未十日而游匪張龍祥率衆分犯上下二關攻西南門元超卓旗登城手爇礮擊賊賊環攻益急守弁皆逃賊自羅漢嶺布雲梯攻入元超力竭被執賊壯其貌欲降之元超怒罵不屈剖腹剜心以死年三十七其戚薛文元於叢屍中識其履乃夜收之翼元超妻子踰城出邑志忠節有傳

吳爾鎮　爾鎮字定甫兆麟從孫官宿遷主簿在河工久以勤慎稱同治中擢靈璧知縣未赴任奉檄查勘睢河酷暑步行蘆葦間中渴卒得優卹邑志忠節附兆麟傳

王步雲　步雲字月莊少時父命入市肆習賈樸讜爲人笑乃發憤讀書中嘉慶二十三年舉人官桃源縣訓導咸豐十年正月捻匪猝至步雲分守東城子試用訓導士斌及文生張弼堂楊逢春等率勇禦賊賊麕至弼堂逢春皆戰死士斌傷步雲見事急命妻張士斌妻鄒女孫宏生招弟增弟佩貞婢巧如投泮池已乃朝服端坐明倫堂賊至突起批賊頰賊怒斷其十指復以靴尖趯賊賊跣之斫足指俱盡步雲罵益厲士斌至請以身代不得竟截舌碎顱死時年已七十二士斌亦投泮池死贈國子監學錄贈士斌亦如之邑志忠節有傳

嵇榮培　榮培字藥園大學士曾筠曾孫性慷爽流寓揚州以詩養母家貧以兵馬司吏目謁選非其志也咸豐三年粵匪圍

揚州或勸之出曰曲禮有云大夫死衆士死制余士人也可毋死乎城陷衣冠立門外賊見愕然榮培厲聲斥之遂遇害母秦及妻女皆自經死鄉人私謚貞孝先生其友侯楨爲作貞孝先生傳邑志忠節有傳

龔承焯　承焯字俊三歲貢生就職州判勇於任事嘗於恆善堂增設保墓遞解船又集灑掃會爲學宮歲脩費邑有大役若水旱議振脩圩岸葺橋梁一切倚辦鄒壯節倡革現年總甲廣書院膏火承焯皆力贊之咸豐十年粵匪下竄邑城戒嚴襄辦團練城陷罵賊不屈死卹贈知府銜給雲騎尉世職入祀昭忠祠邑志行義有傳

楊錫麒　錫麒字荔仙郡廩生以捐賑敘詹事府主簿銜績學砥行以遠大自期時粵匪下竄邑城失守錫麒先期徙北鄉之張涇橋四鄉團練並起涇里推前戶部侍郎顧皋弟奭爲主錫麒輔之屢挫賊鋒於芙蓉山麓一日賊悉銳來復讐錫麒率團丁與還身受重創同人或死或逸憤而投水以殉繼妻顧次子龍生女平保從殉先是賊氛甚惡錫麒以長子志濂囑其嫂嵇使遠避曰鄉團力薄遇大敵必潰設余闔家殉國是子幸留一綫死志固早決矣卹贈雲騎尉世職以志濂官浙江候補道加二品頂戴封資政大夫

陶文槎　文槎字秋樵國子生分省候選縣丞性孝友工書畫居邑之北鄉堠山鄧巷咸豐庚申匪陷邑城文槎在鄉襄辦團練捍衛鄉里屢挫賊鋒後賊麕至文槎率團禦之衆寡不敵遂

以身殉卹贈雲騎尉世職

陶蟾桂　蟾桂字秀峯國子生咸豐庚申避亂北鄉後辛巷罵賊不屈殉節卹贈雲騎尉世職

榮九松　九松字培德商團會員辛亥秋附民軍攻上海製造局受創死入祀惠山忠烈祠

尊賢祠考略卷四終

祠裔陶守恆校字

尊賢祠考畧卷五　環溪詩隱侯學愈編輯

藝文

言以紀事而人傳焉若歌詩若記敘碑銘頌贊皆古之所謂立言者也語曰不知言無以知人斯言亮哉輯宋以來詩文總若干首不拘體例依據時代而編次之藉以寄攷古之幽情云爾考藝文第五

陸子祠　王禹偁

甃石封苔百尺深試泉嘗味少知音惟餘半夜泉中月留得先生一片心

陸子泉上祠堂歌　楊萬里

陸子吃茶不吃肉先生飲泉不飲酒饑寒祗忍七十年萬歲千秋名不朽惠泉遂名陸子泉泉與陸子名俱傳一瓣心香炷遺像幾多衲子拜茶仙麒麟畫閣冷似鐵凌煙冠劍消如雪惠山成塵惠泉竭陸子祠堂始應歇山下泉中一輪月

陸子祠放歌　陶振

百尺老龍臥山足口吐清泉聲簇簇山靈守護幾千載存此方圓兩丸玉滴來一勺漱甘芳洗盡凡心悅塵目嗟嗟世無桑苧翁茶經水品誰能讀捫蘿試與謁靈祠惟見蒼苔鎖頹屋人亡物在是耶非長嘯一聲山水綠

惠山十賢堂成有作　邵寶

萬古名泉地諸賢合有堂雲龕藏舊影水鑑發新光國史千鈞筆鄉評一瓣香煩僧語游客到此肅冠裳

十賢堂用唐人韻　邵寶

千年祠宇此重開獨爲諸賢酹一杯潤石不隨龍化去嶺雲還與鶴歸來春風谷遠嚶嚶鳥夜雨庭深點點苔聽罷雅歌賓客醉共教童子汲泉回

其二　邵寶

九峯迴處石泉幽逝者應知感舊游萬里風煙吾白首千年林壑此清流松筠無恙時方晚黍稷惟馨歲有秋却憶匡廬歌嘯地幾回春草鹿呦呦

輓秦脩敬封君　邵寶

冢落湖山晚伊人謝草堂子遲封尚早身隱道彌光杖老曾於

國祠賢合在鄉未能從弔客東望意何長

尊賢堂　李攀龍

長史祠堂海一隅諸君精爽夜常俱懸知震澤珠來往莫問東峯錫有無前輩風流開俎豆南朝伏臘見枌楡何人不羨秦公子血食賢哉二大夫

秦從川先生脩尊賢祠成詩以紀之　彭輅

採此南山蕨酌彼清澗流流澄蕨復肥將以奠前修無錫稱壯邑諸賢盡琳球處者表巖壑出者襄皇猷文采懸照灼儀型日已遒懿哉銀臺君葺墜勤冥搜舊宮拓新製煌煌來道周不有伊人揚其誰覩前休懷古兼諏今我欲往從游秋水浩瀰望蒹葭滿江洲

十賢贊　　　　邵寶

宋司徒長史湛公缺

唐尚書左僕射李文肅公缺

唐處士桑苧陸公

品泉論茶託焉以逸九逵有儀千峯無跡我作醒城彼爲醉鄉公神不死水流泱泱

宋國史編修秦公

文麗思深豪氣横逸流轉南荒孰非我適雄哉眉山眼中何人九原已矣藤谷餘春

宋御史裏行錢公

君入臣邪以利爲義一唱百和論歟獨異出臺數語聞者膽寒

人亦有言御史鐵肝

宋無錫縣令焦公

師有嚴規令有惠政歷選前人公德爲盛湖波悠悠可濟亢陽公功在民於戲不忘

宋禮部尚書尤文簡公

公師玉泉玉泉曷師龜山道南適維其時遂初有堂藏書萬卷我欲弔之室邇人遠

元逸士倪公

壯心山林晚節江湖空閣無人意寓畫圖中華腥膻賢者避世慕容峰前墓有餘地

明義士張公

義激素心一言回逆數萬生靈登於既溺孰不效順公獨奮先千載墓碑史筆如椽

明中書舍人王公

博雅介特翰墨以游吏隱金門晚歸林邱不招不麾其人如玉山居寂寥遺此松竹

賢孝祠記　　　　戚瀾

君子施政於天下垂教於後世無非欲人賢與孝也賢以重名教孝以勵風俗名教不淪風俗不偷則政成於天下教垂於後世豈小補云乎哉無錫爲江南巨邑風俗醇厚尤崇名教邑有山曰惠山山之麓有三賢三孝二祠三賢者湛茂之李公垂陸鴻漸也湛爲長史有聲南朝李爲相國嘗讀書山中陸爲隱士

品泉爲天下第二人皆稱爲賢三孝者薛天生劉懷允華寶也薛以母喪茶食未免喪而死終身不食魚肉劉十歲遭父喪不衣絮帛不食鹽豉華以父一言終身不冠娶齊建元間咸旌其門以名教所重風俗所繫故邦人祀之祠廢於宣德正統間巡撫周公忱命建祠祀陸以其品泉也天順己卯大尹豐城李公葉二尹餘姚邵君性相繼來涖邑政訪前賢遺跡致仕教諭湛君善告以二祠之詳乃相與慨然曰賢與孝同一稱也何湛李薛劉之不與焉遂割俸增建以復舊觀進湛李粟主於陸祠以申尊賢之義復薛劉於華祠以爲錫類之勸邵君與余有舊好馳書徵文紀其事余維道在天地亘萬古而不墜其或顯或晦皆由人之行不行耳蓋賢孝是道也君子推是道以及於錫民

而民心其心感其化景前人之賢跡前人之孝使道晦而復顯澤流而益遠名教豈小補哉風俗豈小補哉於是乎記

尊賢堂碑銘　楊循吉

賢者將以規物必祀以勸禮也矧乎名山謚舉何代無人先詳後畧君子病諸此惠祠所以益三爲十而勿容已者有以也夫蓋常爲邑五錫爲大錫之山百惠爲秀秀而邇郭實多考槃是故俎豆之設厥有盛典曰宋司徒長史湛唐尚書左僕射李及桑苧陸翁此三君者咸以高蹤貢於山泉其南面列食有年矣自是而降蔑焉無聞豈哲人之生獨嗇於後毋亦缺而未脩也於是今戶部侍郎邵公國賢往歲築室山中既率同志疏瀹湲廟忠定乃以餘力撤故屋之敝陋按往牒而稽攷又得表表宜

祀者七人在宋曰邑令焦國史秦宗伯尤御史裏行錢在元曰雲林子倪在國朝曰義士張中書王合前後爲十賢廣厥堂構肖像其中議以歲之二仲集合邑縉紳行事而推其一人爲獻凡所躋升皆邑之名鉅游處是山與其葬焉者也不然雖賢勿列禮固有相沿者歟工始於正德庚午春越明年落成凡風俗之厚薄視乎教化教化之行不仝恃乎政惟賢是賴表章崇祀即其機也緊此諸賢或奮庸帝載既公既卿或盤桓澗阿亦隱亦文以惠牧義勇互舉間出莫不同萃一堂師我錫士是雖邦邑之志非公其孰能興之猗歟盛哉敢刻茲銘其詞曰

坎坎擊鼓新堂之下我祀我歌思古賢者俎豆既崇金石是寫陟降有儀以聲大雅厥賢維何伊錫衣冠異代同流隱顯俱完道不一足咸貢林巒廟貌爰陳爍此衆觀昔也攸祀三爵孔寂今也亦祀十像斯覿有泉如冰下繞庭墄言釀旨酒載酌啓冪靈風洋洋神降春秋孰司登獻鄉拔其尤邵公作之龜筮協謀懋我邦人無忽前脩

尊賢堂題壁記　秦瀚

惠山尊賢堂實我鄉先達文莊邵公所倡邑諸縉紳拓三賢祠而重建焉者也事具吳郡楊禮部所譔碑銘公歿而堂日就圮瀚既規復先貞靖公碧山吟社以其餘力欲脩葺是祠會有所阻勿果乃嘉靖壬戌之秋再登斯堂則榱題隳落垣壁傾敗不治將無堂矣於是請命於伯兄辰溪先生先生亦表同意樂爲之助遂計葺繕之費給住僧大典督諸工役擇日從事凡兩越

月而工告竣雖不能復文莊之舊而妥諸賢之靈庶幾其有所矣於是徧告邑紳以十月初二癸丑日相與奉安栗主於堂中因書其興脩歲月於堂之壁

乾隆戊辰欽奉明詔釐定祀典無錫惠山尊賢祠二十五名賢每春秋祭祀頒給牲帛祭銀著爲令時余視學東吳祀事孔明例有專責已巳過惠山謁祠題贊以志景懷其詞曰　尹會一

聖皇御宇明禋禮陟古蹟巖扃名賢廟食欽釐祀典徧給牲帛俎豆前楹堂階載葺峨峨九峯湛宇明瑟泠泠二泉陸經品隲南齊孝子華坡弈葉晚唐哲輔李帷居業宋令焦公沃溉通漁臺諫錢公肝腸似鐵淮海文章繼蘇珥筆遂初理學來朱接席

元季高士淸閟孤潔明初義士生靈全活曰王舍人竹罏烹雪曰秦封翁碧山吟月曰文莊邵石臺點易曰嘉遯華城築捍賊曰奇孝浦國史芳烈曰愚公鄒楚材彙吉曰通政沈汲黯遺直曰中翰龔彭咸紹則翳我皇朝棠蔭首列緬彼吳公弦歌啓績學使則顧廓氛功積宮諭則秦箋詩義的鼎甲有周漢家萬石鴻詞有嚴秋水一色永錫爾類惟劉與薛同傳祔祀殊疆合轍猗歟羣公顯允備德儒術才名豐功偉節高山仰止先民在昔體國表賢學臣效職

重脩尊賢祠記略　　安吉

尊賢祠者明贈太子太保南京禮部尙書邵文莊公之所作也其祀宋司徒長史湛公挺唐尙書左僕射李文肅公紳唐處士

桑苧翁陸羽宋無錫邑令焦公千之宋國史編脩秦公觀宋禮部尙書尤文簡公袤宋御史裏行錢公顗元處士倪雲林先生瓚明義士飛卿張公翼明中書舍人王公紱其堂爲尊賢堂其地在惠山二泉上舊爲陸子祠又爲三賢祠文莊始改今名其尊賢之例曰祀宋以來生游歿葬名在天下者十人非此類也雖賢勿與又曰尊賢之堂以義起禮君子之公論也其事在正德五年其文見文莊惠山記其祭田二十畝文莊既撰祭文又各爲贊又敘諸賢出處游寓之蹟文莊之於十人蓋三致意焉嗚呼十賢之於文莊其行各不同矣其曠百世而相感何哉蓋自漢魏以來士風日下相如楊雄以文章爲阿世之具王戎王衍以淸談爲沽名之方馮道以賣國爲長樂安石以聚斂爲經術皆至天下大亂而守正不阿之士反罹黨錮之禍而十賢生當末世追大雅於尹吉之風勵廉貞於伯夷之行安顔巷之樂事居狂士之暮春或效比干之忠或追子產之惠或排難解紛爲展禽之犒師以全父母之邦皆可起頑立懦革薄尙敦此三代以上之人也非文莊不能論定非十賢孰能當文莊之論定哉嘉靖壬戌秦氏重脩此祠增祀文莊及秦脩敬公亦生游歿葬名在天下者也文莊居惠山有君子堂點易臺秦脩敬公有碧山吟社與湛長史之歷山草堂李相讀書臺陸子之二泉尤文簡公之遂初書堂秦淮海墓張止齋墓同爲惠山不朽古蹟而碧山十老爲文莊之所推重其地其人並載文莊所著惠山記中邑縉紳與四方賢大夫之游於斯者皆有所興起焉東林

諸君子文莊開之也亦十賢之風開之也則此片席之地其所關於吾邑之風教者豈不大哉豈特文采風流一二韻事留於泉聲松風之間錫山詩學文藻而已哉或曰寓賢如梁鴻鄕賢如李忠定何以不與曰文莊既祀忠定於尙德書院矣梁鴻不葬無錫且此祠以諸賢游於惠山者也又多寓賢也若鄕賢則有鄕賢祠在然則十二賢之外殆不可益一人矣後之增祀者不知有當於邵子尊賢之意否耶嘉慶丁巳淮海先生之裔都轉公震鈞重修此祠因敬記顚末如此

重脩尊賢祠幷增祀梁鴻議　　秦瀛

尊賢祠者舊在惠山之二泉亭上始爲陸子祠又爲三賢祠蓋湛長史挺李丞相紳陸桑苧羽三人也明正德七年文莊邵公

寶增祀無錫令焦千之御史錢顗先淮海先生觀尤文简袤倪處士瓚張義士龔中書舍人王紱爲十賢堂堂成爲文以祭以爲諸賢於惠山或生而遊或歿而葬非是雖賢勿與也嘉靖末又增祀先貞靖先生旭及邵文莊公而惠山故有三孝祠者祀南齊華寶薛天生劉懷允亦并移祀焉爰易今名曰尊賢自後以次漸增多倍於昔即今祠內學士華察以下十二人是也嘉慶丁巳瀛過斯祠寢就圮謀新之會有官事不獲已未從父都轉公以書來乃鳩斯祠後裔之同志者三數人捐金庀材而都轉公在籍實督其成工既蕆瀛議進梁伯鸞鴻以補祀典之缺議者曰子之修斯祠也重祀典也方文莊建十賢堂自劉宋以來落落此十數人義固有取也後人不能通知其義乃踵而增

焉非文莊志也如以祀者爲皆賢歟則邑之賢哲與夫賢令之吏斯土者自有學宮之俎豆在盡入之則瀆不盡入之則漏於義兩無當也瀛應之曰唯唯雖然君子之於人也善善即從長惠山之有斯祠善善之義也前之人既已祀之而吾從而進退之微獨見撤者恐傷其後人之心且非君子忠厚之道也夫祀典之設其始未嘗不致其詳愼及其既弊則出於子孫崇奉之私者有之士君子立身自有本末苟非其人雖列於祀典而不能無議其後此即人心之同然而三代之所以直道而行也有其舉之莫敢或廢是非大肓背於公議因而仍之可也議者又曰三孝子之祀也華固邑人而薛劉則郡人也祀之何居瀛又應之曰唯唯無錫統於常郡者也薛劉兩孝子又與華並旌則祀之無害乎義也議者又曰子於斯祠既概仍其舊矣而獨進梁伯鸞何也且伯鸞史但紀其適吳而其居無錫無確證文莊遺之而子進之亦有說乎瀛應之曰唯唯伯鸞之適吳也梅李之鄉舊屬勾吳無錫非吳地耶鴻山雖皇山之譌而山有鴻井梁溪又舊傳以伯鸞隱居而名禮以義起則祀之可也鄉賢名宦皆有瞽宗之祀惟流寓缺焉今進伯鸞與湛陸並祀宜亦無戾乎文莊之意者也僉曰然遂具書之勒之祠壁祠今距二泉亭百武許非陸子祠之舊且非十賢堂之舊矣而區區補葺並爲是議庶後人毋更妄有增入以貽有道者之譏焉

附報忠祠記

秦瀛

雍正初年詔建忠義祠於學宮無錫之入祠者三人嵇永仁秦

華鍾張令憲皆康熙朝先後殉閩粵之難者也惠山尊賢祠左別有報忠祠者創自顧副使鏞即儲貞義福祠增入數賢祀之乾隆丙申我高宗純皇帝褒錄勝朝殉難諸臣吾邑自華吏部允誠而下凡得八人賜謚入祠有差甚盛典也嘉慶己未從父都轉公與余議修尊賢祠而及斯祠余曰祠之所及者儲貞義以下葛桓施武陸士隆曹懷楊淮張選華允誠龔廷祥孫源文秦華鍾張令憲凡十二人今勝朝殉難諸臣錄內已祀者三人華允誠龔廷祥孫源文未祀者六人王孫蘭施召徵過俊民顧杲嚴紹賢允誠從孫尙濂皆不可不與於斯典者也抑吾邑忠義之士自漢虞俊以來多列於瞽宗之祀而有明一代以直諫及殉節著者如前數人而外尙不乏賢鄉賢祠及忠節祠皆缺

爲其曷可無祀爰議進李孟善張文煥吳肇徐𢿱沈宗葛吳華鑰華白滋堵允錫何以培許學秦廷珪又得十二人其既列於瞽宗之祀及有專祠者勿與也懼其贅也其列於瞽宗而先已並列於斯祠者仍之何也不敢撤也議既定遂請於督學使者嘉善錢公樾檄縣舉行并爲記之

尊賢祠大門記　杜紹祁

惠山之有尊賢祠也其初在二泉之上後移於若冰洞東後復移於德水亭最後移於至德祠之左即今祠也自康熙中至乾隆辛未數十年間凡四易其地今則又歷八十餘年矣鄉先生之崇祀於斯者日久漸衆其後嗣之賢者往往葺而新之祠宇至今不至頹廢顧其地狹隘止祠屋三楹奉諸賢栗主而其前

屋則爲他姓之業春秋祀事非假道於他姓則不可出入蓋前此之屢遷其處皆官爲經理權一時之宜未暇爲久遠計也道光丙申增祀廣文顧立亭先生其子覲光等既脩葺其祠宇復出錢若干緡即購他姓之屋以爲祠之大門於是乎祠始有門可以出入而規模畧備可以垂久遠而不廢矣爰筆而記之

重建惠山尊賢祠記　許　玨

尊賢祠舊在二泉亭上其始爲陸子祠祀唐陸處士羽建自北宋時後增祀劉宋湛長史挺唐李丞相紳爲三賢祠明正德五年邵文莊公寶撤祠屋更新之增祀宋以來焦公千之等七人爲十賢堂謂諸賢於茲山生游歿葬名在天下非此雖賢勿與嘉靖四十一年邑人增祀秦貞靖先生旭與文莊公合十二人改稱尊賢此尊賢之名所由昉也逮國朝自康熙迄乾隆年間先後增祀者又得十五人則與文莊建十賢堂初意似不符矣嘉慶四年秦侍郎瀛重修作記戒後人毋得妄有增入以貽有道者之譏然迄於道咸增祀者復得二十一人今又增二人合之共五十八人康熙間移祠於若冰洞東後復移於德水亭最後移於至德祠右即今祠也咸豐庚申遭粵匪之亂燬於兵燹鞠爲茂草四十餘年光緒丙午余自海外歸丁未季春乞假旋里與諸同人低徊山泉之勝追想當時文獻高君松濤指謂余曰此尊賢祠故址亟待脩復君盍議重建爲邑里倡余敬諾顧君季欽及座中諸君從而贊成之於是重建之議決顧集欵無多鳩工不易時則顧君子文陸君藹如秦君子治牧卿僉謂不如

仿東林書院報功祠之例凡捐貲之人得祀其先世之賢者於別室則羣情必翕應既而衆意僉同欵乃漸集方舉工之初凡有不給悉由季欽籌墊經始丁未之冬迄己酉夏畢工凡爲饗堂廳事門闕樓閣亭榭臺觀以逮庖湢之室計共二十餘楹凡用銀圓六千六百有奇其監督鉤稽胥由高君松濤一人任之自城至祠徒步往來無虛日勞亦至矣其籌畫一切祝君小湘爲多是年仲冬有司恪遵舊章致祭官紳與祀者數百人蹌濟如儀復睹嚮時之盛焉辛亥仲春余自粵中歸季欽屬余爲文記之時方有事入都勞役未暇是秋東南亂作風塵澒洞旋返里門季欽復申前請余因感念文莊往日崇祀之本旨並述今茲重建之緣起如右嗚呼造物不言無爲而成化方邑人初祀

陸子時特以其功在泉耳不必爲其賢也詎知千載而後邑之賢者且因其祠而日附益之苟非其人雖貴至卿相不得入其門焉即其人賢矣猶懼以濫貽譏恐或戾於昔賢之志此亦足見邑士大夫之風尚矣邑志尊賢祠左有報忠祠今祠址不可攷別營一室以奉諸忠節神位自明李御史孟善迄本朝知縣吳公兆麟凡三十有八人今增四人嗣又續進四人合之共四十有六人列饗堂右楹君子世治則立身行道時危則致命遂志其賢一也夫世運有廢興而君臣之義不容變易觀於今日邪說橫流紀綱掃地歲寒知松柏之後凋則報志之義固宜與尊賢並垂天壤矣堂之右別室爲報功祠所以志斯祠之興復皆諸賢裔之力禮以義起且欲俾後之人永保享祀於勿替云

重建尊賢祠記

楊模

往讀變雅離騷之作未嘗不歎自古賢人志士纏綿家國以憂深慮遠之思發爲文章播之詩歌而草木吐其芬華湖山增其葱鬱人文之熾昌影響於地理者爲尤永也吾邑惠山舊有尊賢祠在二泉之右創始宋代祀唐高士陸羽嗣改三賢又爲十賢以次推擴復進東漢高士梁鴻迄於國朝都四十八人祠內附設報忠祠奉明御史李孟善以下三十八人並列祀典有司春秋致祭咸豐庚申寇亂燬焉邑人士乃不勝望古寄遠之懷諄諄謀興復之歲丁未許靜山星使始倡議鳩工重建並合詞請於學使及兩邑侯增祀明學士王達閩浙總督孫文靖公合之凡五十八人歲奉明禋式符曩典竊維我邑踞湖山秀美之區土脈磅礴物產所蔚騰俊民碩彥高明之家之所翔泳故史冊志乘及他私家紀述類多高節卓行出爲名臣處則爲隱君子蒸而爲霖澍而爲霞未嘗不迥軼塵表道咸之季文字極敝人才稍衰歇矣今者海水羣飛四方多故邑之人士行者蹙蹙靡騁居者亦寥落寡歡求如昔年伸眉高步服疇食稅復太平山林之盛蹟豈可得哉然而諸君子猶能超世遐覽從容斥貲規復舊觀舉工二稔門廡庭堂燦焉森列復於其左建小樓一區兩山蒼靄集我肘腋何其寬閒娛樂也歟是役也顧丈子文陸君譪如秦君牧卿高君松濤祝君小湘實與余女弟之夫顧君季欽綜持其事今春模將北行季欽諸子置酒招邀以落其成酒半季欽舉觴言曰願有述爰誌其顛末以諗後之人

重建尊賢祠記

陶世鳳

惠山舊有尊賢祠祀唐高士陸羽自明迄今先後增祀東漢高士梁鴻等四十八人祠內附立報忠祠祀明御史李孟善以下三十八人有司春秋致祭咸豐庚申匪亂燬焉光緒丁未吾師許先生出使義國期滿歸里倡議建復商之於顧君季欽暨高君松濤顧君子文陸君譪如秦君子治牧卿共表同意籌集捐款越三年己酉夏工竣於尊賢祠增祀明學士王達國朝總督孫爾準合之凡五十八人於報忠祠增祀明將軍祝秀一國朝知縣華元超訓導王步雲知縣吳爾鎮嗣又續進四人合之凡四十有六人季欽既屬吾師爲文記之顧猶有不及詳者則以命世鳳補敘之祠之沿革俱載邑志及錫山景物略惠山記續編

錫金攷乘可稽而知惟茲者建復之議始第發於數人之心理其次第經營締造以迄於成有不容不詳述以告後之人者方丁未冬先建後造饗堂三楹東邊平屋一間西邊樓房上下各一間廂樓兩小間當因捐項無多公議於饗堂東龕別立報忠祠援昔年鄒壯節重修東林書院之例凡捐鉅貲者得奉其先世之賢者入報功祠由是並起孝思以成斯宇戊申夏建門造樓房上下各三楹已酉夏又建中造樓房上下各三楹東廂樓一小間是年夏於中後造之間東邊建六角亭一座亭之南北廻廊一道中堆湖石並原有之池疏通之池上建三曲石橋又於後造東邊添築長衖並浴室辛亥春又改建廚房於浴室東邊隙地建披屋三間柴屋二架周圍築牆及看祠人住所又於西邊支鐵幹爲廊露臺以通前後樓是役也共用銀圓六千六百有奇當捐款不足時均由季欽籌墊今除用去之數外尚賸七百餘圓存股實之處生息以備歲修等用計自草創至完工時閱四載且地址甚小苟非季欽及同志諸君潔已任事籌劃精詳曷克有此規模而高君松濤監督工程不避寒暑勤勞尤著祝君小湘亦力爲贊助世鳳由都門歸里與季欽諸君子游覽故山登樓話舊憑欄遠眺風景不殊而滄桑世變倏焉改易敘茲顛末不勝治亂興亡之感矣

尊賢祠姓氏文牘彙錄序　　顧銘書

惠山重建尊賢祠落成業於辛亥仲秋刷印徵信錄嗣後每歲春秋二祭收支各項並歲脩雜用及續收捐款存放生息之處

亦均開列四柱清單張貼祠中更逐次彙錄底簿以備查核計與徵信錄餘款共龍銀壹千圓分存和豐生源兩堆棧現在雖可勉支似宜購置田房等實產方能持久查尊賢報忠列祀諸賢邑志大都有傳無者不過數人至重建始末亦經許靜山星使陶丹翼兵部楊範甫徵君先後作文詳記惟報功祠諸公事實尚付缺如茲先將諸賢姓名列於文牘之後用聚珍版印行以示表章而免湮沒并將重建以前應存之件附錄於後俾資稽攷云

尊賢祠考畧卷五終　　祠裔陶守恆校字

尊賢祠考畧卷六

環溪詩隱侯學愈編輯

叢錄

祀典之興所以教忠勸孝故在邑爲一邑之光在家爲一家之榮後之脩志乘者無不於此致詳致慎激揚風俗鼓勵人心固自有在披覽私家紀載古籍流傳其散見附麗關於崇德報功者依據時代搜錄之亦徵引文獻之一助也考叢錄第六

元無錫縣志

三賢祠在惠山寺內泉亭上三賢爲晉長史湛茂之唐相李紳桑苧翁陸羽也

明宏治無錫縣志

三賢祠在慧山寺泉亭上三賢爲南北朝劉宋長史湛茂之唐丞相李紳桑苧翁陸羽也國朝正統五年巡撫兵部侍郎周忱重建

康熙無錫縣志

尊賢祠在惠山二泉亭上初祀陸處士桑苧翁羽後益以華孝子寶湛長史挺李丞相紳爲四賢祠天順中以華有專祠去之名三賢祠正德中邵文莊寶撤新之益以宋無錫令焦千之國史編脩秦觀尚書文簡公尤袤御史裏行錢顗明高士倪瓚義士張翼中書舍人王紱共十人嘉靖末增封武昌守秦旭文莊公邵寶易名尊賢勒之祀典國朝續入明翰林學士華察中書舍人龔廷祥其孝子薛天生劉懷允不知何年從三孝祠遷入及知縣吳興祚建雲起樓乃遷祠於泉之右偏若冰洞之東又進明提學副使鄒迪光通政使參議沈應時先後合十有八人祠圮知縣徐允言修德水亭新諸栗主奉祀其中稍北小樓即興祚長生祠也

乾隆無錫縣志

尊賢祠在惠山即愚公谷廢址改建今奉部文給祭初有三賢三孝二祠宋末吳人王彬建明正德時邵文莊寶始易今名而三孝亦并祀歲遠徙葺增進日多今所列位劉長史湛挺南齊孝子華寶唐宰相李紳桑苧翁陸羽宋邑令焦千之御史裏行錢顗國史編修秦觀尚書尤袤明高士倪瓚義士張翼舍人王

紱封武昌守秦旭尚書邵寶翰林學士華察孝子浦劭提學副使鄒迪光通政參議沈應時中書舍人龔廷祥國朝陞總制縣令吳興祚提學副使顧鏞翰林編脩秦松齡周宏嚴繩孫又南齊孝子薛天生劉懷允係郡人與華寶同旌

嘉慶錫金縣志

尊賢祠舊爲陸子祠祀唐陸羽在二泉亭上繼增華寶湛挺李紳爲四賢祠明天順末以寶別建專祠去之爲三賢祠正德中邵文莊寶增祀焦千之錢顗秦觀尤袤倪瓚張翼王紱改稱十賢堂寶嘗言非生而游歿而葬雖賢勿與寶歿又增祀秦旭及寶爲十二賢易名尊賢康熙中知縣吳興祚即泉上建雲起樓乃遷於泉之右偏若冰洞之東後知縣徐允言脩德水亭奉諸

主其中有司春秋致祭乾隆十六年德水亭改入行宮始建今祠祠中栗主以次日增遂倍於昔而孝子薛天生劉懷允及華寶又不知何年遷入嘉慶四年邑人秦瀛以祠宇就圮重加葺治並議首祀梁鴻作文勒石見藝文

附報忠祠

報忠祠在尊賢祠內始自國初邑人顧鏞即儲貞義祠增祀數人爲之乾隆中知縣吳鉞定祀儲福陸士隆葛桓施武楊淮曹懷張選王孫蘭孫源文秦華鍾張令憲十一人有司春秋致祭嘉慶四年邑人秦瀛議脩尊賢祠幷脩是祠凡有明一代無錫之直諫及殉節者請於學使皆祀焉有文紀事見藝文

光緒錫金縣志

尊賢祠在惠山二泉亭門外先是二泉亭之上有陸子祠祀唐陸羽繼增祀華寶湛挺李紳爲四賢祠明天順末以華有專祠減爲三賢正德中邑人邵寶增祀焦千之錢顗秦觀尤袤倪瓚張翼王紱改稱十賢堂寶歿又增祀秦旭及寶爲十二賢定今稱康熙間知縣吳興祚即泉上建雲起樓乃遷祠於泉右若冰洞之東後知縣徐允言脩德水亭奉諸主其中列之祀典乾隆隆十六年德水亭改入行宮始徙建今地祠中栗主以次漸增多倍於昔嘉慶四年邑人秦瀛重脩幷增祀梁鴻作文勒石見藝文咸豐十年燬

附報忠祠

報忠祠在尊賢祠內始自國初邑人顧鏞即儲貞義祠增祀數人爲之乾隆間知縣吳鉞定祀儲福陸士隆葛桓施武楊淮曹懷張選華允誠龔廷祥孫源文秦華鍾張令憲凡十二人列之祀典（舊志作十一人有王孫蘭無華允誠龔廷祥今從秦瀛報忠祠記改正）嘉慶四年邑人秦瀛重脩幷請於學使增祀有明一代無錫之以直諫及殉節著者有記見藝文咸豐十年燬

錫金識小錄

尊賢祠在二泉上後因改建皇亭遷祠於德水亭後又遷於張公廷樞錫山書院即愚公谷一隅地也後秦氏鬻書院於任宦將栗主捆載置於白衣廢庵破屋有監生周某者忿而糾各家後裔具儀仗結綵亭迎栗主仍歸書院時華孝廉希閔出任調停割書院地建屋三楹壘石引泉規模粗具是爲今祠（邑志諱此故記其略）

始爲陸子祠後爲三賢祠邵文莊公進七人爲十賢十賢以外今多以倍茲不具錄（十賢皆有贊見惠山記）

始祀三賢　湛　挺　李　紳　陸　羽

繼進七賢　焦千之　秦　觀　尤　袤　錢　顗

倪　瓚　張　翼　王　紱

按尊賢祠取其文采風流於山水有關係而人品足以風世者不然雖賢勿列十人以外文莊尚矣脩敬亦庶幾焉其餘則吾不知之矣

按談文學修惠山古今考是時已易名尊賢祀文莊修敬合十二人矣云邇時有賂棍徒具呈業已增入竟爲公論不容而罷復有因而效尤者適學師襄陽呂公鳴陽將北上會試

餽以厚賻呂公固拒不納行後司訓舒城姚公謨署學事復厚遺姚姚公亦固拒不納事遂寢時於祀典介介不阿如此今世無執持公論者而於尊賢一祠尤視爲無關輕重宜無故闌入者之多也噫

惠山記正編

尊賢堂在泉上舊祀陸處士羽後增華孝子寶湛長史挺李丞相紳爲四賢祠明天順末以華孝子有專祠去之正統五年因浚泉改建今堂增祀宋以來生游歿葬名在天下者十人非此類也雖賢勿與有田二十畝供春秋祭費

惠山記續編

尊賢祠在至德祠旁享堂右曰報忠祠祠舊祀陸羽在泉上後增祀爲四賢又改三賢邵文莊改建爲十賢堂後又增祀秦旭邵文莊爲十二賢國朝康熙中知縣吳興祚改建雲起樓乃遷祠於若冰洞右後知縣徐允言又遷祠於德水亭乾隆辛未知縣王鎬以德水亭改爲行宮再遷主於愚公谷廢屋中是爲今祠嘉慶四年秦侍郎瀛脩尊賢祠增祀梁鴻又議以無錫有明以來直諫及殉節者請於學使錢公樾爲報忠祠崇祀者三十人

惠山記附考報忠祠

秦侍郎報忠祠記以有明一代直諫及殉節諸賢中凡未祀於鄉賢忠孝等祠與未建專祠者請祀於報忠祠其列於瞽宗而先已並列於斯祠者勿撤所祀者三十人然其所輯邑志忠節

傳中尚有錢鏞周衡許靈倪敬張以備華京及國朝王日杏吳兆麟八人未與於祀而共議進之李孟善張文煥吳肇徐鞠沈宗蔦吳華綸華白滋堵允錫何以培許學秦廷珪等十二人皆已祀於忠孝祠者與其議款適相矛盾此必暮年筆墨紛繁其開單備查之已祀未祀各姓名適兩單互易而譌故已祀者重複而未祀者仍缺也忠節傳中錢鏞以下八人他日仍宜補祀以符原議

又考新安鄉人撤儲貞義祠各粟主移置尊賢祠仍以儲福居首而諸賢袝余按此非儲貞義原祠無分主袝也當依忠孝祠位次李孟善居首而儲福位次在徐鞠之下

錫山景物略

黌宮俎豆煌煌如也舉非其人先賢羅倫寧抱木主歸不忍其祖父與匪人爲伍西湖五賢祠欲益一人入夜位必倒地風流非蘇白忠孝非伍子胥岳武穆于忠肅山川吐之矣尊賢祠本陸子祠國朝益以湛挺李紳名三賢祠後又增入華孝子名四賢天順末華有特祠去之仍名三賢正統間又專祀陸羽至正德中邵文莊公撤而新之釐正祀典續入宋焦邑侯千之秦國史觀尤文簡公袤錢御史裏行顗元倪處士瓚明張義士翼王中祕紱合湛李陸爲十賢嘉靖壬戌邑人秦瀚重修又入邵文莊寶秦脩敬旭改稱尊賢濟濟十二人人無有訾其後者祠前有曲水亦一山之勝

尊賢祠考畧卷六終　　祠裔陶守恆校字

附報功祠位次

左龕

宗臯祝先生珽　小軒畢先生曰達
信齋張先生印坦　養泉廖先生綸
星軺湯先生曜　峻齋伊先生立勳
嶼秋趙先生謹琪　玉堂張先生東恆
春臺安先生汝諧　漱藝華先生瑞清
景林顧先生廷標　新圃顧先生映辰
企莊陸先生際泰　少山徐先生對揚
爾嘉翁先生經方　星湖許先生德烜
菊初祝先生亮寅　墨亭華先生存吉

南陽鮑先生毓川　麟書吳先生玉振
蓉莊畢先生溱　作舟顧先生濟
筠平林先生蕃　少筠林先生祖述
逸芬秦先生祖永　菊畦徐先生徵
介山高先生炳祺　文濬祝先生燮堂
若洲張先生步瀛　蓮村余先生治
靜山許先生玨　翰香孫先生爾械
晴樓孫先生德壎　珍山楊先生鼎錤
景堂吳先生殿鐘　仲雅孫先生昌烈
臨篴楊先生以廻　杏亭王先生惟田
仲剛秦先生浩然　謹甫李先生志勤

芝香周先生士瀛　凌洲楊先生宗瀛
慶庭翁先生錫福　心齋唐先生誠培
望溪王先生灝　照南秦先生煥堯
炳章陸先生賡元　子卿祝先生壬昌
蕙卿謝先生顯成　引南陸先生士霖
牧卿秦先生謙培　小湘祝先生晉爵
幹臣顧先生維賢　蓉坡單先生毓德
佩卿翁先生瑞階　有三翁先生達尊
玉山祝先生培森　謁如陸先生紹雲
鴻齋方先生宗福　俊甫吳先生鎧
逸村陶先生廷奎　蓉齋王先生耀焜

梅森王先生廷爵　潔庵丁先生承祥
琢齋丁先生嘉祥　秀山陶先生挺桂
竹霖毛先生汝英　炳昌楊先生承烈
理堂陶先生燮　笠舟孫先生鳳春
靜齋丁先生文泰　襄七張先生翰瀛
煥文謝先生慰堂　履卿唐先生俊培
繩武陶先生世烈　熙泰榮先生文治
錫鏞嚴先生景龍　頌安敖先生廷銓
子文顧先生景璐　仲延孫先生守銘
望卿陶先生焜　晴川榮先生匯東
羽蘅唐先生鴻鎮　績夫陶先生成奎

以上八十四人

右龕

子勤侯先生楨　松濤高先生鑅泉
步雲袁先生光照　亮卿王先生涵儒
玉洲蔣先生文耀　懋勳夏先生厚膺
紹堂劉先生泳　晉蕃孫先生道均
蓉溪華先生廷鰍　澤之薛先生鈁
朗甫華先生組耀　學詩薛先生佩蒼
麟伯孫先生鍾祥　春帆嚴先生錦標
永甫薛先生福榮　錫慶王先生嘉培
紀常張先生汝勳　燕堂華先生恩培

朗周鮑先生釗　序東孫先生金鑅
念根張先生宗藝　子京孫先生周釗
文渭浦先生大經　秋颿丁先生明奎
月卿華先生拱辰　梅村莊先生恆春
應和薛先生永銘　季欽顧先生銘書
茂苑廉先生兆鏞　藹士尤先生秉鈞
子平夏先生在華　子敬吳先生燾
逸卿陳先生文淇　蘭皋趙先生榮椿
錫侯陶先生鳳圻　子雲徐先生文淵
渭川翁先生楚寶　慰堂陸先生振聲
子泉穆先生宗灝　子厚楊先生以忠

松軒陳先生寶仲　南軒錢先生春澳
仲文唐先生溥　應高孫先生英翰
叶笙陳先生大鏞　星橋侯先生壽鏡
念橋張先生樹南　介屏李先生鎔藩
湘澄李先生錦濤　宗泉張先生樹滋
幹臣張先生廷勳　雲汀張先生樹穀
蓉坡張先生樹譽　叔嘉顧先生典書
少卿華先生其鈞　梅坡張先生芳烈
伯璉徐先生克勤　子建錢先生德基

以上五十八人

左右兩龕合共一百四十二人（以入祠先後爲序）

附刊誤表

祠裔陶守恆校字

尊賢祠諸賢事迹録

（清）周有壬 撰

《尊賢祠諸賢事迹録》六卷（今存一二三卷），（清）周有壬撰，稿本。

周有壬，字佩安，無錫人。周有壬生活在清嘉慶至咸豐年間，以國子生遊幕數十年。期間見有關於無錫之掌故史料無不悉心抄録。著有《梁溪文鈔》、《勾吴金石録》等。其中一部分僅以手稿存世，此《事迹録》六卷即是其中之一。在稿本流傳過程中，侯學愈即據此編成《尊賢祠考略》。細考兩書，大同小異，然此書乃有關尊賢祠資料之淵藪，非是淺鮮。本書内容如下：卷一祠祀始末、祠圖、牌位次序、官祭儀節；卷二列傳；卷三著述、軼事、遺迹；卷四、卷五、卷六皆爲藝文，已佚。

本書據手稿本前三卷影印。

（徐志鈞）

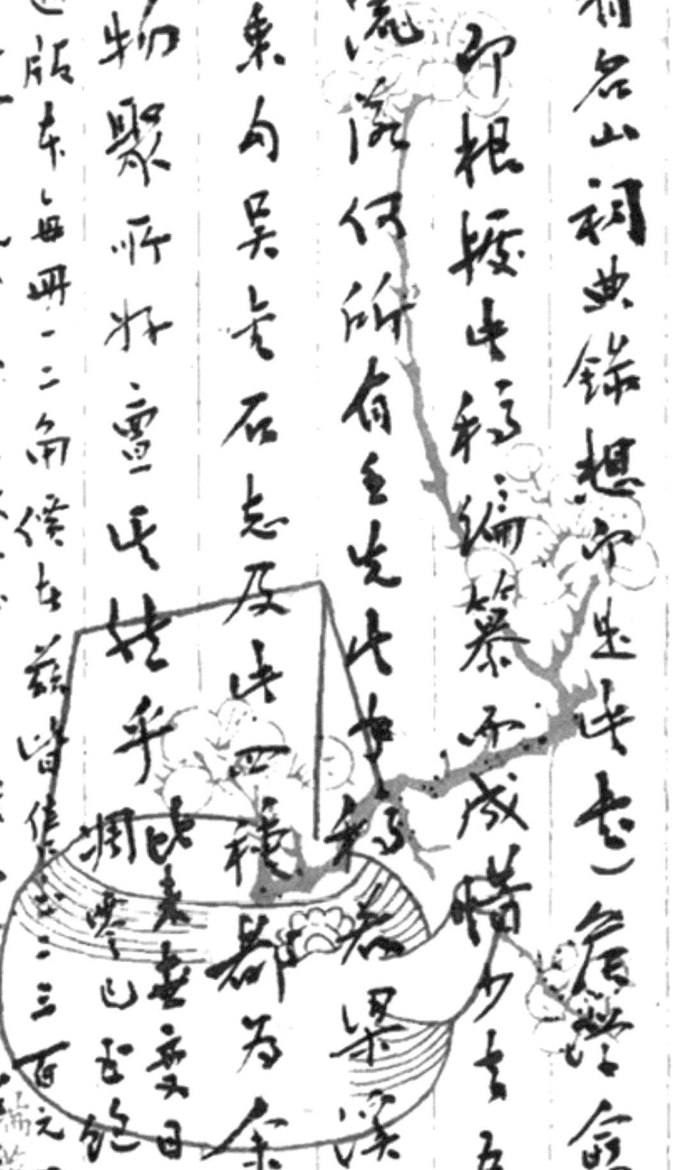

尊賢祠諸賢事績録為周有壬中稿本一周有壬侍
先生義有名山祠典録擬寄生先生）詹鋐愈為賢
祠者四印根據先稿編纂而成增多五六冊
卷不知流落何所有壬先生手稿名梁溪文鈔
錄先考東南吳會石忠及先生之稿都為余家收
續收得物聚所抄靈氏姓手澗書畫日坐長七
已然紀和之上
苗之普通版本每冊一二角僅在蘇州僅值三百元一冊物力
之艱難乃見而未見於今愈收愈少矣瞭望昔年蓮峯之畫
如在天上端筆書之感慨係之甲申歲春日書於河上
草堂

尊賢祠諸賢事蹟錄目錄

尊賢祠諸賢事蹟錄卷一

勾吳周有壬佩安

祠祀始末

尊賢祠本陸子祠祀唐逸士陸羽舊在二泉亭上陸羽品惠山泉爲第二泉之名由是以著後人因即泉上以祀之宋楊萬里有題六一泉上祠堂詩初建當在南宋以前宋末廢吳人王彬脩復之增祀劉宋湛長史挺唐李文肅公紳更名三賢明宣德間廢正統五年巡撫周忱重建仍耑祀陸羽天順間知縣李巽縣丞邵性捐俸脩葺仍進湛李爲三賢正德間邵文莊公增入宋焦邑侯千之錢御史裏行顗秦國史觀尚書尤文簡公袤元倪高士瓚明張義士翼王舍人紱合三賢爲十賢堂嘉靖間邑人秦瀚增入秦修敬先生旭邵文莊公寶更名尊賢萬歷二十四年知縣趙應元增祀晉孝子華寶劉宋孝子薛天生南齊孝子劉懷允題其顏曰賢孝流芳天生懷允俱晉陵人南齊建元三年與華寶同旌南齊書南史三人俱合傳初王彬既葺三賢祠復即寶故居建三孝祠祀寶及天生懷允三人後改爲華孝子專祠至是遂並祀於此事具談修惠山古今考

國初績入明華學士蔡龔節愍公廷祥康熙初知縣
吳興祚建雲起樓遷祠于若冰洞東又進明鄒副使
迪光沈通叅應時尋圮知縣徐永言修德水亭新諸
木主奉祀其中又進明孝子浦劭
國朝知縣吳興祚副使顧鑛宮諭秦松齡翰林學士
周宏宮允嚴繩孫前後二十五人學使尹會一清釐
祀典撰贊立石乾隆十六年
聖駕南巡德水亭改入
行宮遂於二泉門外觀泉坊右營建今祠復於享堂左
偏築室三楹為報忠祠以祀有明一代吾邑之以直
知潘果侍郎贈尚書鄒一桂教授浦起龍大理寺卿
王會汾教諭鄒愷貢生潘望齡封侍郎秦鴻鈞教授
鄒麟書通判王游訓導孫開濟舉人潘本郊教諭侯
昉兵部郎中康志勲訓導顧樹本南澳同知侯之翰
今祠中牌位前後合四十八人上祠堂先生喫茶不
宋楊萬里題陸子泉
喫肉先生飲泉不飲酒饑寒祇忍七十年萬歲千秋
名不朽惠泉遂名陸子泉泉與陸子名俱傳一辯佛

香炷遺像幾多衲子拜茶仙麒麟畫閣冷似鐵凌烟
冠劍消如雪惠山成塵惠泉竭陸子祠堂始應歇山
下泉中一輪月　明陶振陸子祠詩百尺老能卧山
足口吐清泉聲簇簇山靈守護燕千載存此方員雨
池玉渴來一勻漱甘芳洗盡凡心悅塵目嗟嗟世無
桑芋翁茶廷水品誰甜續捫蘿試與謁雲祠惟見蒼
苔纖顏屋人亡物在是耶非長嘯一聲烟水綠　耶
贊十賢堂成有作萬古名泉地諸賢今有堂雲龕潇
舊影水鹽發清光國史千鈞筆鄉評一辯香頃僧語
游客到此為冠賞　又十賢祠用唐人韻千年祠宇
比重閑獨南諸賢酹一杯澗石不道龍化去薪雲還
典鶴歸來春風谷遠嚶嚶鳥夜雨庭深黙黙苔聽罷

歷皎皓鬼鐘聲杳謁隨流泉磚礴往來著貞石昭回
山谷凌蒼烟根翹歲久錯荊棟輝煌載綴瓊瑤嵩
秦梁前題祠閣山麓舊鼻野堂構重新遠紹光共仰
高風齋泰華復聆清響激流泉昭回古道懸紅日掩
映遺容駐紫烟為薦青蘋歌短調漫勞珠玉爍盈嵩
彭略秦從川先生肴尊賢祠詩以記之採比南山
藏酌彼清潤流流澄蕨復肥將以奠前肴無錫猗壯
邑諸賢盡琳球處昔表巖穴出首襄皇獻文米懸賍
灼儀型日已遭懿哉銀臺君葺墜勤莫搜蒋宮招新
製煌煌來道周不有伊人揚其誰覯前休

雅歌賓客醉共教童子汲泉回　又用唐人韻九峯
迴處石泉幽逝者應知感舊遊萬里風烟吾白首千
年林壑此清流松窮無恙時方晚泰稷惟馨崇有秋
却憶匡廬歌肅地幾回春草鹿呦呦　李攀龍尊賢
堂詩長史祠堂海一隔諸君精爽夜常俱懸知震澤
珠来往莫間東峯錫有無前輦最流開俎豆南朝伏
纓見枌榆何人不羨泰公子血食賢哉二大夫　談
悵前題輦漢近明尊高賢炳盡拔萃無後光松濤喧

邵寶奉安十賢祠祭文維正德七年歲次壬申十二
月某朔越二日某甲子具官某謹以羞醴之奠敢告
十劉宋司徒長史湛公挺唐尚書左僕射趙郡李文
肅公紳唐隱士陸公羽宋國史編修泰公潤宋御史
東行鉞公顏宋無錫縣令焦公千之宋禮部尚書尤
文商公袞元逸士倪公瓚國朝義士張公冀國朝中
書舍人王公紱曰維諸賢于茲山武没而莫哉生而
遊顯晦異迹後先繼休惟旨有祠叙寥未績今來矣
人歆秩號祝我山既高哉泉亦深嗟我懷人如王如
金春采蘩蘋秋薦黍稷其裕自今惠我無極尚饗

楊循吉十賢祠碑銘賢者狩以軌拗必祀以勸豐也
刻乎名山懿舉河代興人先詳後署君子病諸此惠
祠所以益三為十而弗谷已者有以也夫蓋常之邑
五錫為大錫之山百惠為秀秀而邇郭晉多考郡是
故俎豆之設廠有舊典曰宋司徒長史湛唐尚壽左
僕將李及系學翁陸此三君者咸以高蹤章於山泉
其南而列食有年矣自是以降茂焉無聞豈哲人之
生獨書於後乎哉無亦缺而弗脩也於是今户部侍
郎邵國賢往歲築室山中既率同志疏潺湲朝忠定
乃以餘力相與撤故屋之敝陋按往牒而稽考又得
表表宜祀者七人焉陸宋曰無錫令焦國史編修泰
禮部尚書謚文簡尤御史裏行錢在元曰異林于倪
在國朝曰義士張中書舍人王合前後為十賢廣欽
堂構肖像其議以歲之二仲合羣游紳行判而推
其一人為獻凡所齋升皆昔之名鉅縉處是山與其
葬焉者不然雖賢弗列禮固有相治者歟工始于正
德庾千春起明年落成凡風俗之孚必以化化有黙
行視政為速則惟賢是賴表章崇祀其櫟也翳此諸
賢哉裔庸帝載既公既媺哉盤桓澗阿亦隱亦文以
至惠牧義勇互舉聞出莫不同萃一堂師我錫士是

雖邵衆之志非公其孰能興之倚嶼盛哉敢刻茲銘
其詞曰坎坎肇鼓新堂之下我祀我歌思古賢者俎
豆是崇金石是寫陈降有儀以聲大雅愛賢維何伊
錫衣冠吳代同流隱顯具完道不一足式貢林繼廟
貌爰陳爍此家觀肯也攸祀三彝孔叔今也亦祀十
像斯靚有泉如水下遠庭壇言釀酒旨載酌昭幕靈
風洋洋神降春秋孰司獻登鄉拔其尤邵公作之窮
英協謀懋哉邦人無忽前脩　奉瀚尊賢堂記忠山

尊賢堂貫我鄉先達文莊邵公倡邑諸縉紳拓三賢
祠而重建焉者事見吳郡楊禮部碑銘公殁而堂日
就祀瀚竊有意於脩復間有所阻弗果乃嘉請壬成
之秋再登斯堂則樣題隨落垣壁預敗不葺將無堂
矣於是請命于伯兄辰溪先生先生亦樂焉之助遂
計其葺治之費給佳僧大典所督諸工役擇目從事
越月而功告完雖不能復文俾之濬而尊賢矣歲庶
棠其有所矣倫告邑之縉紳莊以十月初二日癸丑相
典奉安木主於堂中復書脩葺歲月於堂之堂
國朝學使尹會一尊賢祠贊
聖皇御守明裡禮陟古蹟嚴尚名賢廟食
欽螢典祀編給牲帛俎豆前模堂階翦肯岩、哉、九峯

湛宇明琵泠泠二泉陸經品雋南齋孝子華坡奕棐
曉唐哲軸李惟居業宋令焦公沃既通洫臺誄鍈公
肝賜似鐵淮海文章繼蘇珥筆遂初理學來朱接席
元季高士清閟孤潔明初義士生靈全活曰王舍人
竹爐烹雪曰秦封公碧山吟月曰文莊邵石臺縣易
曰嘉適華藥城捍賊曰奇孝浦國史芳烈曰愚公部
楚材彙吉曰通政沈沒顯遺直曰中蕭龔彭咸遺則
醫我
皇朝棠陰首列絢彼吳公絃歌啟續副使則顧鄺氣
功積宮諭則秦編詩義的鼎甲有周漢家萬石鴻詞
有嚴秋水一邑永錫爾類維劉與薛同衛祈祠殊疆
合巘猗與鄉公額名備德儒術才名豐功亮節高山
仰止先民在昔禮國表賢學臣効職秦薦重倚尊
賢祠增祀梁淵講尊賢祠者儔在惠山之一泉亭上
始為陸子祠又為三賢祠蓋湛長史挺李丞相紳陸
桑學羽三人也明正德七年文莊邵公寶增祀無錫
令焦千之御史錢顏先淮海先生觀光文蘭袁處士
倪瓚義士張龔中書舍人至紱為十賢堂堂成為文
以祭以為諸賢於惠山或歿而葬或生而遊非是雖
賢芾與也嘉靖未又增祀先貞清先生旭及文莊公

而忠山故有三孝祠首祀南齋華寶薛天生劉崇乞
亦弁移祀焉爰易令名已尊賢祠自後以次遞增多
倍於昔即今祠内學士華祭以下凡十二人是也嘉
慶丁已瀛過斯祠沒就圮謀新之會有官事不獲已
未從父都轉公以書來乃鵠斯祠後裔之同志者三
數人捐余庇材而都轉公在籍贊暫其成工既藏瀛
議進梁伯靈鴻以補祀典之闕[illegible]者曰子之脩斯祠
也重祀典方文莊建十賢堂自劉宋以來落落此
十敎人善固有取也後人不能通知其義而踵而增
馬非文莊志也如以祀者為皆賢與則邑之賢哲與
夫賢令之吏斯土者自有學宮之祖豆在盡入之則
清不盡入之則漏于義兩無當山瀛應之曰惟惟雖
然君子之於人也善善則從長惠山之自斯祠善善
之義也前之人既已祀之而吾從而進退之微獨見
撤者恐湯其後人之心且非君子忠厚之道也夫祀
典之設其始未嘗不致其詳懷而及其既亦則出於
子孫崇奉之私者有之士君子立身自有本末苟非
其人雖列于祀典而不能無議其後此邵人心之同
然而三代之所以直道而行者也有其舉之莫或廢
是非大有背於公議因而仍之可也議者又曰三孝

子之祀也華固邑人而劉薛則郡人也祀之何居瀛
又應之曰唯唯無錫統乎常郡者也劉薛兩孝子又
與華並旌則祀之無害乎義也議者又曰子於斯祠
既槩仍其舊矣而獨進梁伯鸞何也伯鸞史但紀其
適吳而其居無錫無確諡文莊遺之而子進之亦有
說乎瀛應之曰唯唯伯鸞之適吳也梅李之鄉舊稱
句吳無錫非吳地耶鴻山雖皇山之謁而山有梁鴻
井梁溪又儔傳以伯鸞隱居而名禮以義起則祀之
可也鄉賢名庭皆有普宗祀祀惟流萬鉄焉令進伯
孌與湛陸並祀宜亦無庚乎文莊之意者也僉曰然
遂具書之勒祠璧祠今距二泉亭百歩許非埜子祠
之舊且非十賢棠之舊矣而區區補葺並為是議庶
後人毋更妄有增入以貽有道者之議焉周有壬
與鄉鍾泉觀察書歸鍾泉先生閣下昨奉光儀快傾衷
緒承亦大著攜歸拜讀識見高遠議論閔通清釐豫
省祀典一作尤見經濟學問真可謂不為無益之文
矣貴本家評為滿屋蔽錢一錢穿去若綱在綱有條
不秦誠哉是言敬佩敢佩座中所論尊賢祠諸賢位
次尊意定為正配祔三等安設且有本諸文莊所定
十賢總不失為正辨將來先德進祠同列於祔之諭

在閣下賓因其中不免濫觴說為稍示區別議極公
正部見為分等安設諸有不便前在高齋未鑒欲言
令特以諸賢進往緣起併如何不便之處謹為鍾泉
先生一一述之尊賢祠舊名陸子祠祀唐逸士陸羽
宋楊萬里有陸子泉上祠堂歌林德陽惠山寺詩有
荒祠懷陸羽之句創建當在南宋以前宋末吳人王
彬增祀劉宋湛長史挺唐李文肅公紳名三賢祠明
初又增華孝子寶名四賢天順間華有特祠去之仍
名三賢正德間邵文莊公增入宋焦邑侯千之錢御
史襄行顏泰國史觀尚書尤文簡公袁元倪高士瓚
明張義士龔王舍人紱合三賢為十賢改名尊賢嘉
靖間邑人秦瀚增入封武昌知府秦旭尚書謚文莊
邵寶自明萬歷時至
國朝康熙年間止又增有晉孝子華寶劉宋孝子薛
天生南齋孝子劉懷允天生懷允俱晉陵人建元三
年與華寶同旌南齋書南史俱與華寶合傳至彬既
葺三賢祠復即寶故居建三孝祠祀寶及天生懷允
三人後改為華孝子壽祠至是遂並祀於此又明華
學士祭酒孝子劭鄉副使迪光沈通恭應時龔節愍
公廷祥

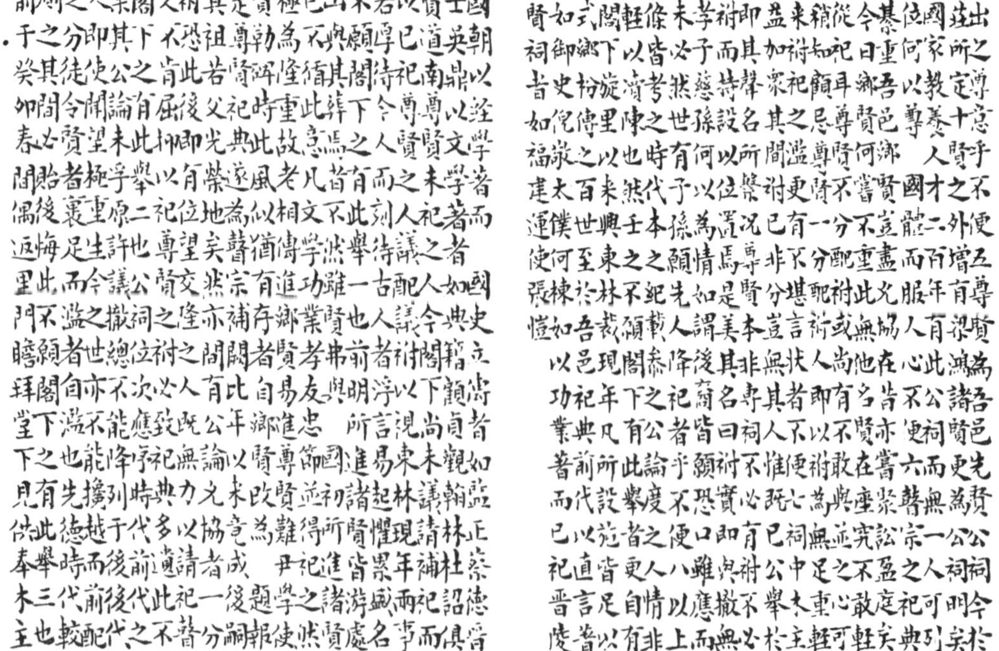

代次亭錯亂頽倒因爲查考時代重爲更定與潘月山王心谷竇俊三諸君恭詣祠堂行禮奉安又考郡城建有晉陵先賢祠前明歐陽郡伯與東林諸賢董定立次祀吳延陵季子以下至明萬歷時止六十餘人規制相同從前改建今祠立爲三閒長龕或卽仿照其制故僅更定年代仍以一字長排當時曾亦祔有隔龕爲三之議中閒供奉文莊以上諸賢左閒供奉嘉靖以下至
國朝雍正以上諸賢右閒供奉乾隆以下諸賢但以酌分時代爲辭不立正配祔名目月山諸君以不便更易舊章而止此外或仿照綠賢之式于正間設立一龕多分晉級以時代最前之先賢供奉最上一曆其餘以次遝降畧爲變通以示匾別如此增祀先德庶可安妥神靈未審尚意如何也壬賦性慈直不合時宜重承盼睞優加深恐有以數別先賢之名加之閣下臆見所及敢獻芻蕘不覺言之過激尚冀繫涵刓以狂言見詳辛甚辛甚祠中宋御史褒行錢顗解座以褻行作爲名許已飭匠另製木主擇日酌邀祠裔數人恭詣祠堂更正奉安併以奉閒

原建二泉亭上祠圖

案談脩惠山古今攷九龍山全圖尊賢祠在二泉亭上之左偏今悉照古今攷繪之

初從若氷洞東祠圖

康熙十六年知縣吳興祚於泉上建雲起樓因遷
尊賢祠于若氷洞之東案若氷洞在泉亭南今洞
東有軒數楹恭懸
宣宗成皇帝
御賜兩江總督陶澍印心石屋扁額處當即其地

再從德水亭中之圖

觀泉坊右令祠之圖

牌位次序

漢

高士梁鴻

晉

孝子華寶

劉宋

孝子薛天生

司徒右長史湛茂之

南齊

孝子劉懷允

唐

尚書左僕射謚文肅李紳

逸士陸羽

宋

無錫令焦千之

贈龍圖閣學士國史編脩秦觀

御史裏行錢顗

禮部尚書謚文簡尤袤

元

逸士倪瓚

明

義士張巽
中書舍人王紱
封武昌知府私謚貞靖先生秦旭
禮部尚書謚文莊邵寶
翰林學士華察
封通政使叅議秦瀚
徵士封户部員外郎安國
孝子浦劭
提學副使鄒迪光
太學生安紹芳
通政使叅議沈應時
庠彦秦德湛

國朝

兩廣總督前無錫令吴興祚
廣東按察副使顧鏞
推官侯曦
宮諭秦松齡
翰林學士周宏
宮允嚴繩孫

歲貢生高愈
吏部員外郎王尌
永順同知潘果
贈禮部尚書禮部侍郎鄒一桂
蘇州教授浦起龍
大理寺卿王會汾
旌德教諭鄧愷
拔貢生景山教習潘望齡
封兵部侍郎秦鴻鈞
封河南道淮安教授鄒麟書
揚糧通判王游
建德訓導孫開濟
舉人潘本郊
五河教諭侯昉
浙江按察使照磨王霖
兵部郎中廉志勳
滁州訓導顧樹本
南澳同知侯之翰

縣志各書紀載附

元王仁輔無錫志

三賢祠在惠山寺內泉亭上三賢為宋長史湛茂之唐相李紳桑苧翁陸羽也

明宏治志

三賢祠在惠山寺泉亭上三賢為宋長史湛茂之唐相李紳桑苧翁陸羽也國朝正統五年巡撫侍郎周忱重建

萬歷志

尊賢祠在慧山泉上舊祀陸處士羽後增華孝子湛長史李丞相為四賢祠天順末以華有壽祠去之嵗久祠敝正德中邵尚書寶倡率同志撤而新之益以宋無錫令焦千之國史編脩秦觀尚書文簡公尤袤御史裏行錢顗元高士倪瓚國朝義士張翼中書舍人王紱共十人榜曰十賢嘉靖四十一年邑人秦瀚增入秦旭邵寶春秋致祭易今名

國朝嚴繩孫無錫縣志

尊賢祠在惠山二泉亭之上初祀陸處士桑苧翁羽後益以華孝子寶湛長史挺李丞相紳為四賢祠天順中以華有壽祠去之名三賢正德中邵文莊寶撤新之益以宋無錫令焦千之國史編脩秦觀尚書文簡公尤袤御史裏行錢顗明高士雲林生倪瓚義士張翼中書舍人王紱共十人嘉靖末又增封武昌守秦旭文莊公邵寶易名尊賢勤之祀典

國朝續入明翰林學士華察中書舍人龔廷祥其孝子薛天生劉懷允不知何年從三孝祠遷入及知縣吳興祚建雲起樓乃遷祠於泉之右偏當若冰洞之東又進明提學副使鄒廸光通政使叅議沈應時先後合十有八人祠圮知縣徐永言脩德水亭新諸木主奉祀其中稍北小樓即興祚長生祠也

乾隆庚午志

尊賢祠在惠山即愚公谷廢址改建今奉部文給祭初有三賢三孝二祠宋末吳人王彬建明正德時邵文莊寶益三賢為十賢三孝不列焉嘉靖末增祀秦旭邵寶始易名尊賢而三孝亦并祀嵗滋徙葺增進日多今所列位劉宋長史湛挺南齊孝子華寶唐宰相李紳桑苧翁陸羽宋邑令焦千之御史裏行錢顗國史編脩秦觀尚書尤袤明高士倪瓚義士張翼舍人王紱封武昌守秦旭尚書邵寶翰林學士華察孝子浦邵提學副使鄒迪光通政

參議沈應時中書舍人龔廷祥

國朝陞總制縣令吳興祚提學副使顧鏞翰林秦松齡周宏嚴繩孫又南齊孝子薛天生劉懷允係郡人與華同旌

秦瀛無錫金匱縣志

尊賢祠舊名陸子祠祀唐陸羽在二泉亭之上繼增湛挺華寶李紳為四賢祠天順末以華寶別建祠去之為三賢正德中邵文莊寶增祀焦千之錢顗秦觀尤袞倪瓚張翼王紱改稱十賢寶嘗言非生而游歿而葬雖賢弗與寶歿又增祀秦旭及寶為十二賢易名尊賢祠康熙中知縣吳興祚即泉上建雲起樓因遷祠于泉之右偏若冰洞之東後知縣徐永言脩德水亭奉諸主其中有司春秋致祭乾隆十六年德水亭改入

行宮始建今祠祠中栗主以次日增遂倍於昔而孝子薛天生劉懷允及華寶又不知何年遷入嘉慶四年邑人秦瀛以祠宇就圮重加葺治並議首祀梁鴻作文勒石

惠山古今考

惠山有三賢祠在二泉亭上有三孝祠在二泉坊下三賢祠勝國時聾昌王公仁輔所編錫山志載焉三孝祠我朝景泰間鄉先輩馮公善續編錫山志載焉宏治間吳公鳳翔李公舜明重脩縣志三賢祠無增損三孝祠則改為華孝子祠嗣後三賢祠漸增而為十有餘人改名曰尊賢祠邇年來至有賂棍徒具呈業已增入竟為公論所不容而罷復有因而效尤者適學師襄陽呂鳳梧公鳴陽將北上會試餽以厚賄呂公固拒不納呂公行後值司訓舒城姚少岡公鎮署學事復將厚遺姚公亦固拒不納而事遂寢夫賢美稱也得祀尊賢祠盛舉也此而可以幸得孰不可以幸得乎呂姚二公不為利眩誠士林高品哉至孝子祠獨載華公而不載薛劉二公余重為世道慨焉偶遊漪瀾堂步至左夾室有立石在焉舉目視之乃餘姚戚翰林瀾撰賢孝祠記也立石在天順辛巳而吳李縣志脩於宏治甲寅乃遺而不載此其故不可知余因備錄以補邑乘之缺記曰君子施政於天下垂教於後世無非欲人賢與孝也賢以重名教孝以勵風俗名教不淪風俗不偷則政施於天下教垂於

後世豈無所補哉無錫爲江南巨邑風俗淳厚尤重名教邑有山曰惠山山之麓有三賢三孝二祠三賢湛茂之李公垂陸澒漸湛爲長史有聲南朝李爲相國嘗讀書山中陸爲隱士品泉爲天下第二人皆以賢稱三孝薛天生劉懷允華寶薛以母遭喪菜食未免喪而死終身不食魚肉劉十歲遭父喪不衣絮帛不食鹽菜華奉父一言終身不冠娶齋建元間咸旌其門以名教所重風俗所繫故邦人祀之祠廢於宣德正統間巡撫周公忱命建祠祀陸以其品泉也知縣顔肅重建孝子祠祀華重孝也天順己卯大尹豐城李君葉二尹餘姚邵君性相繼來莅邑政訪前賢遺跡致仕教諭馮善告以二祠之詳乃相與慨然曰賢與孝同一稱也何湛李薛劉之不與焉遂刻像增建以備其觀進湛李於陸祠以申尊賢之義復薛劉於華祠以爲錫類之勸邵君與余有舊好馳書徵文記其事惟道在天地間亘萬古而不墜其或顯或晦皆由人之行不行耳蓋賢孝是道也二君子推是道以及於錫民而民心其心感其化景前人之賢跡前人之孝使道晦而復顯澤流而益遠名教豈小補哉風俗豈小補哉於是乎記夫自是天順辛巳迄今百有餘歲三賢祠益至十許人吾錫稱多賢哉顧三孝祠竟去薛劉二公而專祀華公蓋華氏之族繁而昌薛劉二族已式微不可考胡三孝之有幸有不幸若此其頓殊耶余覽是記將另建薛劉二孝祠以不泯先賢令名惜乎衰落之秋不能獨舉而望之同志吏鮮其人惟以爲義不終自咎而已倘復得天順甲寅故事能無望於賢大尹如豐城李公葉者起而爲錫類之勸乎

三孝祠自華公寶專祀而後若薛公天生劉公懷允不與俎豆者亦既有年矣余嘗有志爲劉薛建二孝子祠而苦於力有未能前已具載辛邑侯新會趙公重脩泉亭見三賢三孝碑記於漪瀾堂左遂置三木主鐫三孝子姓氏進列於尊賢祠中堂題其顔曰賢孝流芳奚啻百年既隆之典復於一旦所爲錫類之勸者亦大矣

錫山景物畧

黌宫俎豆煌煌如也舉非其人先賢羅倫寧抱木主歸不忍其祖父與匪人伍西湖五賢祠欲益一人入夜位必倒地風流非蘇白忠孝非伍子胥岳武穆于忠肅山川吐之矣尊賢祠本陸子祠國初益以湛挺

李紳名三賢祠後又增入華孝子名四賢天順末華
育特祠去之又名三賢正統間又專祀陸羽至正德
中邵文莊公撤而新之釐正祀典續入宋焦邑侯千
之秦國史觀尤文簡公袤錢御史裏行顗元倪處士
瓚明張義士翼王中秘紱合湛李陸為十賢嘉靖壬
戌邑人秦瀚重脩又入邵文莊公寶秦脩敬公旭改
尊賢濟濟十二人人無有訾其後者祠前有曲水亦
一山之勝

錫金識小録

尊賢祠昔在泉上後因改建
皇亭還祠于德水亭後又遷於張公書院即愚公谷一
隅地也後秦氏虆書院于任宦將木主捆載置於白
衣殿庵破屋有監生周某甚包糾各家後裔具儀仗
結綵亭迎木主還書院華孝廉希閔調停割書院地
建屋三楹壘石引水規模粗具是為今祠

官祭儀節

歲春秋釋奠禮畢致祭各祠先期司祭祠裔赴
學支領祭品銀兩是日清晨祠丁啟祠門拂拭
神案執事人入陳羊一豕一籩四豆四鑪一鐙
二陳祝文於案左陳爵一爵三帛一香盤一於
案右引贊二人引主祭官入詣案前立禮生自
右奉香盤主祭官三上香訖禮生自右授帛主
祭官受帛拱舉仍授禮生獻於案上禮生挈壺
酌酒實爵自右跪授爵主祭官受爵拱舉仍授
禮生興獻於正中讀祝者取祝文跪案左讀祝
辭曰維某年月日常州府無錫縣知縣某金匱
縣知縣某等致祭于
伯鸞梁公
孝子華公
茂之湛公
天生蔣公
懷允劉公
文肅李公
桑苧陸公
伯強焦公

安道錢公
淮海秦公
文簡尤公
雲林倪公
止齋張公
孟端王公
脩敬秦公
文莊邵公
鴻山華公
從川秦公
成德浦公
桂坡安公
懋卿安公
愚谷鄒公
五知沈公
以雪秦公
留村吳公
勉齋顧公
衣潛侯公
對巖秦公

緘齋周公
藕漁嚴公
虛舟王公
貰超高公
讓村潘公
小山鄒公
二田浦公
晉川王公
存齋潘公
執劉鄭公
素園王公
世兼秦公
嶼柏潘公
此山鄒公
省齋孫公
雨蒼王公
勤補侯公
雲階庶公
蘭臺侯公
立亭顧公之靈曰維

先生百世之師儒術才名豐功亮節顯晦殊途其揆則一俎豆前楔明禋秩秩靈風洋洋羣賢來格尚饗讀畢興以祝文覆於案主祭官跪三叩興執事者以祝帛送燎引贊引主祭官出

尊賢祠諸賢事蹟錄卷二

句吳周有壬佩安

列傳

漢

梁鴻

梁鴻字伯鸞扶風平陵人家貧而尚節介（受業太學）博覽無不通學畢乃牧豕上林苑中誤火延及他舍鴻乃尋訪燒者問所去失悉以豕償之其主猶以為少鴻曰無它財願以身居作因為執勤不懈朝夕鄰家耆老見鴻非恒人乃共責讓主人而稱鴻長者於是始敬異焉悉還其豕鴻不受而去鄉里勢家慕其高節多欲女之鴻並絕不娶同縣孟氏有女力舉石臼擇對不嫁父母問其故女曰欲得賢如梁伯鸞者鴻聞而聘之及嫁裝飾入門七日而鴻不答妻跪而請罪鴻曰吾欲裘褐之人可與俱隱者爾今衣綺縞傅粉墨豈所願哉妻曰以觀夫子之志耳妾自有隱居之服乃更為椎髻著布衣操作而前鴻大喜曰此真梁鴻妻也字之曰德曜名孟光共入霸陵山中以耕織為業賦詩彈琴以自娛仰慕前世高士而為四皓以來二十四人作頌東出關過京師作五噫之歌肅宗聞而非之

求鴻不得乃易姓運期名燿字侯光與妻子居齊魯之間有頃又適吳依大家皐伯通居廡下為人賃舂每歸妻為具食不敢於鴻前仰視舉案齊眉伯通察而異之曰彼傭能使其妻敬之如此非凡人也乃舍之於家鴻潛閉著書十餘篇疾且困告主人曰昔延陵季子葬於嬴博之間不歸鄉里慎勿令我子持喪歸去及卒伯通等為求葬地於要離冢傍曰要離烈士伯鸞清高可令相近葬畢妻子歸扶風（本後漢書傳）

晉

華寶

華寶無錫人父豪義熙末戍長安寶年八歲臨別謂寶曰須我還當為汝上頭長安陷豪歿寶年至七十不婚冠或問之者輒號慟彌日不忍答也（南齊書）

劉宋

湛挺

湛挺字茂之仕宋為司徒右長史隱惠山築草堂讀書其中與南平王劉鑠友善更以詩章倡和留刻於石（本咸淳郡志合泰翟厚錫山遺響邵寶奉安十賢祠告文）

薛天生

薛天生晉陵人母遣鬻菜食天生亦菜食母未免喪喪而死天生終身不食魚肉與弟有恩義齊建元三年與華寶（詔表門）閭（本南齊書合泰咸淳郡志）

南齊

劉懷允

劉懷允（咸淳志允作胤）晉陵人與弟懷則年十歲遭父喪不絮帛不食鹽菜建元三年詔表門閭（本南齊書合泰咸淳郡志）

唐

李紳

李紳字公垂中書令敬元之曾孫世宦南方為人短小精悍於詩最有名時號短李墓母有烏銜芝墜精車初擢進士客金陵李錡辟掌書記錡寖不法紳數諫不入欲去不許會使者召錡稱疾留後王澹為具行錡怒教士臠食之即脅使者為衆奏天子幸得留錡召紳作疏紳陽怖栗至不能為字下筆輒塗去錡曰何敢爾不憚死耶對曰生未嘗見金革今得死為幸注以刃令易紙復然或言許縱能軍中書紳不足用召縱至操書如所欲即囚紳錡誅乃免或欲以聞謝曰本激於義非市名也穆宗召為右拾遺翰林學士與李德裕元稹同時號三俊累擢中書舍人敬宗立李逢吉積怨紳結中人王守澄奏言先帝始議立

太子而杜元穎李紳勸立深王由是貶紳瑞州司馬後天子於禁中得先帝手緘書一笥見裴度元穎紳三疏請立帝為嗣始感悟悉焚逢吉黨所上謗書尋徙滁壽二州刺史霍山多虎擷茶者病之紳至盡去之虎不為暴以太子賓客分司東都遷河南尹河南多惡少危帽散衣擊大毬尸官道車馬不敢前紳治剛嚴皆望風遁去遷宣武節度使大旱蝗不入境武宗即位召拜中書侍郎同中書門下平章事進尚書右僕射門下侍郎封趙郡公居位四年以足緩不任事朝謁辭位以檢校右僕射平章事復節度淮南卒贈太尉謚文肅 新唐書本傳

陸羽

陸羽字鴻漸一名疾字季疵竟陵人不知所生或言有僧得之水濱既長以易自筮得蹇之漸曰鴻漸於陸其羽可用為儀乃以陸為氏名而字之口吃而辯好聞人善多規切與人期雨雪虎狼不避也隱苕溪自稱桑苧翁闔門著書或行野中誦詩擊木裴回不得意或慟哭而歸詔拜太子文學不就職羽嗜茶著茶經三篇 新唐書本傳

宋

焦千之

焦千之字伯强殿中丞歐陽文忠公門下士也有名於時熙寧六年來宰是邑值旱河竭役民自小渲車湖水入運河人皆獲其利東坡先生過邑與之遊甚厚 元王仁輔無錫志

秦觀

秦觀字少游揚州高郵人少豪俊慷慨溢於文詞蘇軾以為有屈宋才介其詩於王安石安石亦謂清新似鮑謝軾勉以應舉為親養始登第授定海主簿後改蔡州教授元祐初軾以賢良方正薦於朝除太學博士校正秘書省書籍遷正字兼國史院編脩官紹聖初坐黨籍出判杭州御史劉拯論其增損實錄貶監處州酒稅使者承風望指候伺過失既而無所得則以謁告寫佛書為罪削秩徙郴州繼編管橫州又徙雷州徽宗立復宣德郎放還至藤州出游華光寺為客道夢中長短句索水欲飲水至笑視而卒先自作輓詞其語哀甚讀者悲傷之有文集四十卷觀長於議論文麗思深及卒軾聞之歎曰少游不幸死道路哀哉世豈復有斯人乎弟覿覯皆工文 宋史本傳

錢顗

錢顗字安道慶歷六年進士爲寧海軍節度推官守孫沔以威嚴爲治僚屬奔走聽命顗嘗官而行無所回撓獨見器重治平末召爲御史裏行王安石行新法宰臣曾公亮依違不言顗疏安石設堯舜以致公輔首財利以爲容悦言行乖戾公亮畏避固寵非是貶監衢州鹽稅將出臺謂同列孫昌齡曰君奴事安石得御史自以爲得計即我視君犬彘之不若也拂衣上馬而去後徙秀州家貧母老至丐貸親舊以給朝餔而怡然無謫官之色蘇軾遺以詩有烏府先生鐵作肝之句世因呼鐵肝御史宋史

尤袤

尤袤字延之紹興十八年進士爲泰興令進將作監大宗正闕丞人爭求之陳俊卿曰當與不求者乃除袤歷秘書丞著作郎兼太子侍讀累進樞密院正除太常少卿會高宗崩自南渡後恤禮散失事出倉卒上下罔措每有討論悉付之袤袤定號高宗洪邁請號世祖袤奏太上爲徽宗子子爲祖父爲宗失昭穆之序漢光長沙武以長沙王後布衣崛起不與哀平相繼故其稱猶可無嫌太上以子繼父將來祔廟在徽宗下而顧稱祖恐在天之靈有所不安邁議遂屈進禮部~~遷後進禮部~~侍郎同修國史淳熙十四年將有事於明堂詔議升配袤奏方在几筵不可配帝歷舉郊歲在喪服中者四唯元祐明堂用呂大防請升配神考時去大祥不遠且祖宗悉用以日易月故升侑無嫌今陛下行三年喪高宗雖已祔廟百官猶未吉服不宜近違紹興遠法元祐從之孝宗嘗語宰執曰尤袤甚好前此無一人言之何也權中書舍人兼直學士院力辭不許時內禪議已定上諭袤曰旦夕制册甚多故處卿以文字之職袤乃拜命一時內禪制册人服其雅正焉光宗即位以講筵論官制爲言者所中與祠起歷煥章閣待制除給事中昌言曰老矣無所補報凡貴近營求內除小礙法制者雖特旨令書請有去而已必不奉詔於是所論駁甚多除禮部尚書上屢不省重華宮袤前後極諫駕亦隨出中外歡呼兼侍讀病卒袤少從喻樗汪應辰游樗學於楊時而時程頤高弟也方乾道淳祐間程氏之學稍振忌者目爲道學而攻之袤在掖垣首言夫道學者堯舜所以帝禹湯文武所以王周孔所以設教近立此名詆訾士君子士君子欲自見於世一舉足且入其中使無得免此豈盛世之所宜有袤死數年禁錮道學士

大夫皆受其禍識者服袁之知言袁嘗取孫綽遂初賦以自號光宗書扁賜之有遂初小稿六十卷内外制三十卷謚文簡（宋史本傳）

元

倪瓚

倪瓚字元鎮無錫人也家雄於貲工詩善書畫四方名士日至其門所居有閣曰清閟幽迥絶塵藏書數千卷皆手自勘定古鼎法書名琴奇畫陳列左右四時卉木縈繞其外高木修篁蔚然深秀故自號雲林居士時與客觴詠其中爲人有潔癖盥濯不離手俗客造廬比去必洗滌其處求縑素者踵至瓚亦時應之至正初海内無事忽散其貲給親故人咸怪之未幾兵興富家悉被禍瓚扁舟箬笠往來震澤三泖間獨不罹患張士誠累欲鈎致之逃漁舟以免其弟士信以幣乞畫瓚又斥去士信恚他日從賓客遊湖上聞異香出葭葦間疑爲瓚也物色漁舟中果得之抶幾斃終無一言及吴平瓚年老矣黄冠野服混迹編氓洪武七年卒年七十四（明史本傳）

明

張翼

張翼字飛卿身長七尺面如頳玉鬚髯奮張見者莫不改容倜儻有氣節耆學不倦爲詩須臾成章而未嘗存槁國初莫天祐據無錫太傅徐魏公遣豫章侯胡公帥師圍無錫令曰即不下可屠其城翼與徐吉仲祥輩說天祐出降并請於平章胡美勿僇降人全活數十萬人咸德之（萬曆志行義傳合明史翼子壽傳）

明史張壽傳父翼嘗勸張士誠將莫天祐降復請於平章胡美勿僇降人城中人得完

王紱

王紱字孟端無錫人博學工詩歌能書寫山木竹石妙絶一時永樂初用薦以善書供事文淵閣久之除中書舍人紱未仕時與吴人韓奕爲友隱居九龍山遂自號九龍山人於書法動以古人自期畫不苟作游覽之頃酒酣握筆長廊素壁淋漓霑灑有投金幣購片楮者輒拂袖起或閉門不納雖豪貴人勿顧也在京師月下聞吹簫聲乘興寫石竹圖明旦訪其人贈之則估客也客以紅氍毹餽請再寫一枝爲配紱索前畫裂之還其餽一日退朝黔國公沐晟從後呼其字紱不應同列語之曰此黔國公也紱曰我非不聞之是必與我索畫耳晟走及之果以畫請紱頷之

而已踰數年歲復以書來紱始爲作畫既而曰我畫貞遺黔公不可黔公容平仲微者我友也以友故與之俟黔公與求則可耳其高介絕俗如此（明

秦旭

秦旭字景暘父成趣翁季昇有隱德旭亦不仕工於詩晚結廬惠山之麓與邑中耆宿爲諸會名曰碧山吟社會凡十人衣冠俊偉望若神仙詩卷圖畫流傳海内旭雖以子夔貴而退然謙約如韋布莊重寡言舉止有度里中有不善者輒相戒勿令旭知卒年八十五友人私謚曰貞靖先生（秦瀛無錫金匱縣志隱逸傳）

邵寶

邵寶字國賢無錫人年十九學於江浦莊泉成化二十年舉進士授許州知州月朔會諸生於學官講明義利公私之辨正穎考叔祠墓改魏文帝廟以祠漢愍帝不稱獻而稱愍從昭烈所謚也巫言龍骨出地中爲禍福寶取骨毁於庭杖巫而遣之躬課農桑仿朱子社倉立積散法行計口澆田法以備凶荒弘治七年入爲户部員外郎歷郎中遷江西提學副使釋菜周元公祠修白鹿書院學舍處學者其教以致知力行爲本江西俗好陰陽家言有數十年不葬父母者寶下令士不葬親者不得與試於是相率舉葬以千計寧王宸濠索詩文峻却之後宸濠敗有司校勘獨無寶跡遷浙江按察使再遷右布政使與鎮守太監勘處州銀礦寶曰費多獲少勞民傷財慮生他變卒奏寢其事進湖廣布政使正德四年擢右副都御史總督漕運劉瑾擅政寶至京絕不與通瑾怒漕帥平江伯陳熊欲使寶劾之遣校尉數輩要寶左順門危言恐之曰行速汝張綵曹元自内出語寶曰君第劾平江無後患矣寶曰平江功臣後督漕未久無大過不知所劾二人默然出越三日給事中劾熊併及寶勒致仕去瑾誅起巡撫貴州尋遷户部右侍郎進左侍郎命兼左僉都御史處置糧運及會勘通州城濠歸奏稱旨尋疏請終養歸御史唐鳳儀葉忠請用之留都便養乃拜南京禮部尚書再疏辭免世宗即位起前官復以母老懇辭許之命有司以禮存問久之卒贈太子太保謚文莊寶三歲而孤事母過氏至孝甫十歲母疾爲文告天願減己算定母年及終養歸得疾左手不仁猶朝夕侍親側不懈學以洛閩爲的嘗曰吾願爲真士大夫不願爲假道學舉南畿受知於李東陽爲詩文典重和雅以東陽爲宗至於原

本經術粹然一出於正則其所自得也博綜群籍有得則書之簡取程子今日格一物明日格一物之義名之曰日格子所著學史簡端二録巡撫吳廷舉上於朝外定性書說漕政舉要諸集若干卷學者稱二泉先生明史

華察

華察字子潛嘉靖五年進士選庶吉士與唐順之陸粲袁袠屠應埈輩並有才名當軸不喜出為户部主事歷兵部郎中再入為翰林修撰預修寶訓實録進侍讀同考會試皇太子立詔諭朝鮮賜一品服充使以行長識遠度名鎮屬國尋以剡罷既而起原官主江南鄉試拜侍讀學士掌南院事遂乞歸割産助役清丈田畝剗去虚糧六千石括未科田一十六萬有奇為桑梓患及殁鄉人建祠祀之本嚴繩孫無錫縣志合參明史王慎中傳

龔勉華鴻山先生祠堂記

明史王慎中傳四方名士唐順之陳束李開先趙時春任瀚熊過屠應埈華察陸銓江以達曾汴輩咸在部曹慎中與之講習學大進察字子潛無錫人應埈同年進士累官侍講學士掌南京翰林院

浦劭

浦劭字成德父應虞諸生嘉靖三十三年夏倭自常熟入境掠村落劭與弟濬扶老幼匿僻阻處旬日賊稍退應虞潛出探視猝遇賊隊之失道者牽去令荷物前行時劭濬並先他往劭適還不見父惶遽望賊隊直前叩其酋道父狀貌請以身代酋感其誠使釋父去而劭不解倭語猶以為未釋也厲聲請不已賊怒刃之聲愈厲遂亂斫之死比賊去濬甫歸急往跡之屍解為七廼斂而葬之石室山下萬歷四十三年旌節秦瀛無錫金匱縣志

明史孝義傳無錫人浦邵賊縛其父真將殺之邵以首迎刃而死父得免

秦瀚

秦瀚字從川旭曾孫有孝行幼爲姑後於吳往来定省終身無間以子梁貴封通政使參議秦志孝友附傳

安國

安國字民泰性警敏多遠略以貲雄於時瞻宗黨恵鄉里乃至備倭寇濬白茅河諸大役國皆有力焉父喪會葬者五千人所居膠山數里無水會歲饑大出粟課夫鑿渠自春及夏成巨浸民賴以活石田轉為沃壤而其圃亦成所謂西林也又於後岡植桂數百

本因自號桂坡，涉獵經史，能言古今治亂之故。喜刊播書籍，校讎精善，錫山安氏刊本，藏書家咸貴重之。以子如山貴，封户部員外郎。節新舊邑志合秦孫星衍平津館藏書記

鄒迪光

鄒迪光字彥吉，萬曆二年進士，授工部主事，累官湖廣提學副使，擅衡鑒，楚士愛而歸之。以吏議罷，送者數千人，生祀之濂溪書院。迪光罷時年才及強，憤悒不自得，乃治園亭於惠山之麓，名曰愚公谷，與當世公卿名士觴詠其中，文采風流，獨絕一時，聲氣奔走，幾與王世貞輩後先狎主文壇。著有鬱儀樓、調象庵、石語齋、始青閣諸集，合三百餘卷。秦節新舊邑志

安紹芳

安紹芳字懋卿，為太學生。鄉試以同舍生事被黜，久之得白，入北雍試不利，乃棄去，專為詩歌古文。紹芳本名家子，所居膠山西林，廣池十畝，帶以華蒲，蔚然深靚，出橋飛樓，逶迤夭矯，雜置圖書彝鼎其中，每諸名士過從，置酒刻燭，歌吹間起，至忘日夜，嘗自為西林篆，王世貞輩為之記。紹芳善畫，得黄公望法。嚴繩孫無錫縣志

沈應時

沈應時字伯起，父病瞽，應時為之舐膜，俟父寢則篝燈夜讀。擢萬曆四十一年進士，授吉安府推官，歸養補岳州。擢兵科給事中，歷禮户二科，抗論三案，有聲於時。以年例遷陝西僉事，罷歸。崇禎初起家，添註通政。時邊報旁午，京師震動，應時上戰守諸議，會督餉使臣十道俱出，應時銜命歷八府三州，星馳任事，卒於京口。節嚴志

秦德湛

秦德湛字以雪，諸生，為學務躬蹈實踐，以主敬為宗。鼎革後屏居小樓，足跡不履户庭二十餘年，其殁也關中李容為表其墓。節道光續志合秦秦瀛己未詞科錄續志德湛傳載有延請李容為子弟講學之語余案李二曲先生講學吾邑事在康熙初年志傳敘於鼎革之前因節之

國朝

吴興祚

吴興祚字伯成，原籍山陰，父執忠從入關，隸正紅旗，遂為漢軍正紅旗人。興祚以貢生先為沂州牧，左遷無錫知縣。時縣田久不清，丈糧多飛詭隱匿，興祚立清田由票，就號丈田，因田繪圖，給田主為永業，民至今用之。縣四百十四圖中六圖最稱煩苦，輪役者恒破家，舊有入官田千餘畝，興祚令糧長公買為役費

官爲僱募充役害遂息康熙八九年間累遭水旱民大饑興祚設法賑濟全活無算耿逆之亂　王師過境先期籌備纖毫不以累民超擢福建按察使累官兩廣總督興祚在錫十有四年興廢舉墜禮賢愛士政績不可枚舉其間以内召而欲去者一以洋犯罣誤者一以丁外艱而欲去者二邑民遮道攀轅輿馬至不得行甚有罷市詣省乞留者朝廷從厥請令代者他調民心愛戴婦孺一體而蒙
聖旨破格准留至於再四尤爲亘古未有云合本邑志縣書鼎臣送邑侯吳公擢八閩臬憲序

顧鏞

顧鏞字常孟順治四年進士授户部主事歷郎中出守興化興化邊海亂後多盜備弛而役困鏞至稽舊法簽植巨木椿於三江汎環之若城復置營舍於楓亭驛要口以資巡察又籍漁船刷驀冒盜息役平境以大寧官至廣東學使

秦松齡

秦松齡江南無錫人順治乙未進士改庶吉士授國史院檢討罷歸康熙己未由内閣學士項景襄李天馥湖廣總督蔡毓榮薦試博學鴻詞科列一等授檢討充　日講起居注官典江西鄉試官至左春坊左諭德所著有毛詩日箋六卷蒼峴山人詩集五卷微雲詞一卷蒼峴山人文集六卷松齡官庶常時
世祖章皇帝召試詠鶴詩有高鳴常向月善舞不迎人之句
指示閣臣曰此人必有品置第一及擢諭德歸里二十餘年專肆力於毛詩做黄氏日鈔之例取歐蘇王李程呂輔嚴諸家以及明郝敬何楷近時顧炎武之言互相參校而以己意斷之不專主小序亦不專主集傳凡有疑義乃爲疏解亦不盡解全書故曰日箋云國史文苑傳

侯曦

侯曦字朝賓鼎鉉子順治十五年進士鼎鉉令黄岡會有寇警曦走二千里省父於危城中寇退始歸父歿遺命葬祖塋形家言不利長子曦曰吾遵治命非邀福也父有田三頃令諸子中得第者與之曦不專受分給其弟從弟卿瑩幼孤多難曦爲殫力保持卿瑩歿又撫其子子麟然並有孝行鄉秦志

周宏

周宏字子重康熙甲辰進士廷試第三人授編修學

問淹博文辭爾雅應制典冊悉當
上意
御試河源考大閱賦尤見稱
旨已而主試山西先是制舉改用策論是科始復八股
宏披沙揀金一以先正法繩爲則榜發三晉翕然向
風歷侍讀侍講擢侍講學士告歸居家敦孝友尚廉
讓杜門讀書不騖聲譽人無賢愚共推爲長者四十
四年
聖駕南巡
行宮有宏書扇
上稱賞會宏接
駕宥
旨查取履歷將起用宏自陳衰邁不能再赴
闕廷有負
上知惟
聖明矜憐
上許之旋卒（本大清一統志江南通志華希閔乾隆庚午志並宏自定年譜合編）

嚴繩孫

嚴繩孫無錫人布衣明司寇一鵬孫康熙己未由刑
部主事俞陳琛薦試博學鴻詞科列二等授檢討辛
酉典山西鄉試尋遷中允請假歸著有秋水集詩八
卷文七卷詞二卷繩孫十歲能作徑尺大字以詩古
文詞擅名登歲應試日因目疾僅賦一詩已不錄
聖祖特命授檢討蓋異數也與修明史纂隱逸傳子泓
曾亦善畫工詩（國史文苑傳）

高愈

高愈無錫人明高攀龍之兄孫也十歲讀攀龍遺書
即有向學之志既壯補諸生日誦遺經及先儒語錄
謹言行嚴取舍之辨嘗曰士求自立須自不忘溝壑
始晚年窮困餒粥七日矣挈其子登城眺望充然樂
也儀封張伯行巡撫江蘇延愈主東林書院講會愈
以疾辭平居體安氣和有忿爭者至愈前輒悔愧鄉
人素好以道學相誚譏獨於愈僉曰君子也顧棟高
嘗從愈遊說經娓娓忘倦年七十八卒（國史儒林傳）

王澍

王澍字若林金壇人康熙五十一年進士由翰林擢
戶科給事中晉掌給事
世廟初元詔六科仍隸都察院澍以科臣實掌封駮秩
卑任重若隸臺丞將朝政不由駮正科臣失其職所
關匪細偕同官崔致遠康五瑞力爭之語侵憲長尋

改吏部員外郎告假歸悅梁溪山水之勝買屋金匱山房自號二泉寓客以老謝工書法求者踵至應之不倦喜成就後學謝來而邑之工書者蔚起矣著述甚富有禹貢譜淳化閣帖考正竹雲題跋虛舟題跋諸書盛行於世合金匱縣志華希閔無錫縣志

潘果

潘果字師仲雍正元年進士授湖南宜章令宜章地近粵徼苗猺雜處向稱盜藪又悍而健訟果首訪盜窩擒真之法境內肅然聽斷明察而歸於平恕訟風亦息邑多淫祀悉毀其祠宇改造義學及節孝祠三堡屯田久歸民田冊而軍戶輸賦如故請免之以廉能擢辰州府永順同知坐事罷歸杜門讀書深於易學並工詩古文道光續志

鄒一桂

鄒一桂字元褒雍正七年進士改庶吉士授編修典試廣西擢雲南道監察御史督學貴州洊升內閣學士充乾隆壬申會試副考官晉禮部侍郎仍調補內閣學士官臺省時奏官媒私養婦女局姦吞騙請加嚴禁刑部案犯雜監滋弊請分禁繫奏
旨交議未上之件科道不應攙越瀆陳請加申飭監獄囚犯卧用長木橫穿腳鐐手鉡鎖逼多斃請飭禁止官學政時奏樂舞生不應學臣錄取請照例歸由州縣官會同教官選補科案增補廩不應科冊解部日即停請改於下屆行文歲考日停止均得
旨允行又奏許容已罷巡撫不宜復署
上嘉納之乾隆二十三年疏乞致仕允之
賜詩寵行二十六年進京恭祝
皇太后萬壽奉
旨預九老會
聖駕南巡
賜畫禪頤壽額三十六年進京恭祝
萬壽仍預九老會加禮部侍郎銜在籍食俸
命於春和就水程南歸三十七年啓程道卒贈尚書予祭葬如例一桂工繪事所作山水花鳥恭邀
御題者先後百數十首著有小山詩鈔小山畫譜欽國史本傳御製詩集敬謹合纂

浦起龍

浦起龍字二田雍正八年進士官蘇州府教授起龍居邑之前㵎肆力於古於書靡不窺丹黃甲乙積數十年從學者質問經史輒舉某書某卷某頁以告檢之

無弗合其為文學唐人諸雜家所著讀杜心解
欽定唐宋詩醇多採其語官教授時青浦王昶嘉定錢
大昕王鳴盛輩方為諸生並遊其門泰志

王會汾

王會汾字蓀服乾隆二年進士選庶吉士授編修
御試翰詹第一超補翰林侍讀學士晉少詹事擢內閣
學士兼禮部侍郎典試浙江充明史綱目副總裁官
先是總裁周學健奏纂明綱目前紀二卷會汾甫至
局即奏元綱目終于順帝二十七年丁未今所纂斷
自洪武元年戊申始此編年之舊例也朱子綱目序
注云凡正統之年歲下大書非正統者兩行分注晉
隋唐創業之初並用分注今案戊申閏七月以前天
下未一統宜遵此例將至正二十八年洪武元年兩
行分注於甲子之下入洪武二年後始得將明祖年
號大書此乃古今之通義無可疑者固不必別生端
緒創立前編且前編所載事蹟已盡見元綱目中複
書無謂臣愚竊謂前紀二卷必不可留應請削去
上從之會汾又以原纂洪武一朝之書中多旁摭稗說
事蹟繁猥不合體裁建文以後亦多失中詳覈史文
援引紫陽綱目條例重加編纂書成
溫旨褒敘補兵部右侍郎京察屆期會汾循例自陳並
薦齊召南自代奉
旨照舊供職尋改大理寺卿母老告養起復仍補大理
寺卿在五阿哥師傅上行走旋卒會汾以文學被
高宗純皇帝特達之知一年之間由編修擢至侍郎
朝廷有大著作多出其手
賜宴聯句諸盛典必邀
特旨派列時推館閣名臣居官恪守廉潔歿後門人梁
同書為之經紀其喪始得歸櫬云欽遵御製詩集合恭會汾家藏奏稿

鄧愷

鄧愷字齊嵋乾隆三年副貢生性淳至事繼母以孝
聞任旌德教諭捐俸倡修學宮乾隆三十年邑大疫
且疫愷具醫藥棺殮傾貲以濟着有縮秀閣詩鈔又
集韻藻為約編學者便之道光續志

潘望齡

潘望齡字璜溪乾隆三十年拔貢生景山教習學使
梁文定推為江左第一人陳文恭將以經學薦會丁
母憂止少為沈歸愚王巳山所器重既與王鳴盛錢
大昕王昶交文譽益廣歷主泰州六合講席從學甚

衆登科第者四十餘人年踰八十問業猶滿戶外人推宿儒（本道光續志稿）

王游

王游字景言國子生河工効用歷官揚糧通判乾隆三十六年秋黃水盛漲淮浦危甚游力請開王營減壩以資宣洩從之轉險為安喜臨摹書法端楷如其人卒年八十三（道光續志）

秦鴻鈞

秦鴻鈞字世業弱冠為諸生績學砥行嘗遊京師困而歸教授四方弟子多掇科第而鴻鈞年未四十已罷舉子試性坦易安貧樂道家無宿儲座客常滿子為刑部侍郎瀛（秦志秦春田附傳）

鄒麟書

鄒麟書字魯瞻乾隆三十六年舉人壯歲文譽籍甚都下推為名師尚書邢清安出其門任故城知縣有政聲後改江寧教諭由故城之江寧值歲歉道殣相望麟書隨予葬埋在江寧幾二十載多所造就陞淮安教授歸年八十餘卒

潘本郊

潘本郊字嶼柏（望齡子）乾隆五十三年舉人以父老不仕授徒自給閉門著述講求實學著有鄉黨考說二卷一枝巢古文四卷（本道光續志潘望齡附傳藝文著述合稿）

侯昉

侯昉字勤補乾隆五十九年舉人任五河教諭修葺學宮歲祲奉委查賑心力交盡卒於官祀名宦（道光續志）

康志勳

康志勳字雲階嘉慶十八年拔貢生廷試分兵部學習旋舉戊寅鄉試性端慎文案必再三核諸大僚倚如左右手累遷職方司郎中嘗館英相國家器重甚至志勳無一言及私人服其狷介書工小楷學趙文敏得其神韻（道光續志）

尊賢祠諸賢事蹟録卷三

句吴周有壬佩安

著述

漢

處士梁鴻集三卷梁鴻撰見隋書經籍志

劉宋

歷山唱和詩湛挺撰見邑志

唐

追昔游詩三卷李紳撰見唐書藝文志

欽定四庫全書提要追昔游集三卷唐李紳撰是集述其早年閱歷凡一百一首新唐書本傳頗採用之其詩皆音節嘽緩不能與同時諸人角勝然春容恬雅其格究在晚唐上

批答一卷李紳撰見唐書藝文志

元禎制集二卷李紳撰見崇文總目鄭樵通志

元禎制集註李紳撰見崇文總目

茶經三篇陸羽撰見唐書藝文志

欽定四庫全書提要茶經三卷唐陸羽撰古來稱善茶者以羽為首言茶之書亦以是書為首凡分十類曰一之源二之具三之造四之器五之煮六之飲七之事八之出九之畧十之圖其曰具皆採製之用其曰器皆烹試之用故二者異部其曰圖者即上九事而圖之名雖十類實則九也

顧渚山記陸羽撰見宋史藝文志

君臣契三卷

源解三十卷

江表四姓譜十卷

南北人物志十卷

吴興歷官記三卷

潮州刺史記一卷

占夢三卷　已上並陸羽撰見費袞梁溪漫志

宋

淮海集四十卷秦觀撰見宋史藝文志

欽定四庫全書提要淮海集四十卷後集六卷長短句三卷宋秦觀撰敖陶孫評觀詩如時女步春終傷婉弱吕本中童蒙訓則謂其過嶺以後詩高古嚴重自成一家蓋早標新穎晚洗浮華自古文人往往如是其寘論神鋒儁利亦少年作也

淮海詞一卷秦觀撰宋史藝文志作詩餘一卷

欽定四庫全書提要淮海詞一卷宋秦觀撰觀詩謂之

小石詞格少遜於蘇黄詞則情韻無勝在蘇黄之
上

精騎集

法帖通解　二書並秦觀撰有自序見年譜

遂初小稾六十卷

内外制三十卷　二書並尤袤撰見宋史本傳

遂初堂書目一卷尤袤撰魏了翁跋

樂溪集五十卷尤袤撰一作梁溪集案梁溪為李忠定公集名尤文簡致政歸築室梁溪之西題曰樂溪居曰梁溪者疑是樂與梁字形相似之誤

周禮辨義

老子音訓　二書並尤袤撰見邑志

梁溪遺稿一卷尤袤撰有刊本

欽定四庫全書提要梁溪遺稿一卷宋尤袤撰尤楊范陸稱南宋四家而楊范陸三集皆存尤獨散佚此本為康熙中尤侗所搜輯百分僅存其一然片羽一鱗猶見龍鸞之章采

元

清閟閣集十二卷倪瓚撰見錢大昕補元史藝文志

欽定四庫全集提要清閟閣集十二卷元倪瓚撰瓚畫居逸品詩文亦適然寄意而神思散朗氣韻自高其集刻本互有詳畧此本為康熙癸巳曹培廉所編凡詩八卷文二卷又外紀二卷上卷為遺事之類下卷為品題詩話之語

明

王紱詩集五卷王紱撰見明史藝文志

欽定四庫全書提要王舍人詩集明王紱撰紱工於畫妙絶一時其詩雖結體稍弱然神思清曠蕭散自如氣韻天然拔俗論者方以倪瓚亦幾幾乎近之

修敬先生集秦旭撰見邑志

容春堂全集六十一卷邵寶撰

欽定四庫全書提要容春堂全集二十卷後集十四卷續集十八卷别集九卷明邵寶撰明史儒林傳稱其學以洛閩為的嘗曰願為真士大夫不願為假道學其文以李東陽為宗而原本經術粹然一出於正今觀所作氣象較東陽為狹而文格簡嚴詩境恬澹實皆不失其師傳

簡端録十二卷邵寶撰

欽定四庫全要提要簡端録十二卷明邵寶撰説五經者十卷説四書者二卷皆其誦讀有得題之簡端

之語其門人王宗元鈔合成帙寶有經術說經非
專門而持論篤實在明人爲不汩於異說

左觿一卷

學史十三卷

許州志三卷

漕政録十八卷　四書並邵寶撰見明史藝文志

惠山記三卷邵寶撰

大儒奏議六卷邵寶編　二書並見
欽定四庫全書提要

科甲録邵寶撰見萬曆無錫縣志

定性書說邵寶撰見明史本傳

巖居稿八卷華察撰見明史藝文志

知退軒集

碧山堂集

翰苑留院皇華諸稿　三書並華察撰見邑志

碧山吟社志十卷

從川詩集

巖栖集　三書並秦瀚撰見邑志

游吟小稾安國撰見邑志

鬱儀樓集

調象菴集

石語齋集

天倪齋集

始青閣集

愚公谷集　已上並鄒迪光撰見邑志

西林全集安紹芳撰鄒迪光序

白榆閣集安紹芳撰見邑志

國朝

毛詩日箋八卷

蒼峴山人詩集五卷

微雲詞一卷　已上並秦松齡撰見　國史本傳

蒼峴山人文集六卷

明史擬稿四卷　二書並秦松齡撰見邑志

淨綠居詩文集

通書廣義

敦本堂集　三書並周宏撰見　大清一統志本傳

周絨齋學士年譜周宏譔秦松齡序

明史隱逸傳

秋水集二十卷　二書並嚴繩孫撰見　國史本傳

無錫縣志四十二卷嚴繩孫撰

瀛臺侍直詩嚴繩孫撰高士奇序
西神脞説嚴繩孫撰見昭代叢書題跋例言
藕漁筆記嚴繩孫撰見秦瀛已未詞科録
周禮集解二十四卷
小學纂注六卷　二書並高愈撰見　國史本傳
老子道德經解
薛胡羅三先生要語　二書並高愈撰見邑志
淳化秘閣法帖考正十二卷王澍撰
欽定四庫全書提要淳化秘閣法帖考正十二卷
國朝王澍撰是書兼取米芾黄伯思顧從義三家辨證閣帖之意以史傳證訛誤以筆跡辨依託而行款標目以及釋文之類亦一一考核仍依原目為十卷其末二卷一為古今法帖考溯閣帖之源流一則自述其筆法也
竹雲題跋四卷王澍撰
欽定四庫全書題要竹雲題跋四卷
國朝王澍撰皆其臨摹古帖之題跋裒合成編考辨援引多有依據非徒論筆跡也
虛舟文集王澍撰見邑志
禹貢譜三卷王澍撰志傳稱澍著述甚富是書最為精覈
虛舟題跋王澍撰有刊本行世
小山畫譜二卷
欽定四庫全書提要小山畫譜二卷
國朝鄒一桂撰專論畫花草之法上卷列八法四知八法皆採前人要語四知則一桂獨得也次為各花分別次為配色之法下卷則古人畫説附膠礬紙絹諸器而終以洋菊譜蓋一桂嘗畫此花蒙
皇上賜題故別為一譜以誌榮也
鄒宗伯自定年譜二卷
小山詩鈔　二書並鄒一桂撰見邑志
史通通釋二十卷浦起龍撰
欽定四庫全書提要史通通釋二十卷
國朝浦起龍撰是書箋釋詳明於史通註中為善本惟好臆改舊文是其一失疑經惑古諸篇不加糾正反助頹瀾尤文人好異之習也
無錫縣志四十二卷浦起龍撰
古文眉詮八十卷
不是集十二卷　二書並浦起龍撰見邑志
讀杜心解二十四卷浦起龍撰有刊本行世

靜寄東軒稿浦起龍撰見續志

樂阜山堂稿王會汾撰杜詔序

也軒筆記二卷秦鴻鈞撰見已未詞科録並邑志

禮記纂要輯註潘望齡撰見續志

韻府約編鄧愷編有刊本行世

綰秀閣詩鈔鄧愷撰見續志

鄉黨考說二卷

一枝巢古文四卷　二書並潘本郊撰見續志

軼事

世說新語梁伯鸞少孤嘗獨止不與人同食比舍先炊已呼伯鸞及熱釜炊伯鸞曰童子鴻不因人熱者滅竈更燃之

全唐詩話李文肅初以古風求知於呂温其憫農詩云春種一粒粟秋收萬顆子四海無閒田農夫猶餓死鋤禾日當午汗滴禾下土誰知盤中飧粒粒皆辛苦温見之曰此人必為卿相果如其言

張又新煎茶水記李季卿刺湖州至維揚逢陸處士鴻漸李素熟陸名有傾蓋之懽因過揚子驛李曰

陸君善於茶蓋天下聞名矣況揚子南零水又殊絕命軍士挈瓶深詣南零俄水至陸曰非南零者傾之至半陸遽曰自此南零者矣使大駭曰某自南零齎至岸舟蕩覆半挹以岸水增之處士神鑒那敢隱焉李與賓從皆大駭愕因問歷處之水陸曰楚水第一晉水最下因命筆口授而次第之

宋單鍔吳中水利書鍔竊觀無錫縣城內運河之南偏有小橋縣橋而南下有小瀆瀆有小堰曰單將軍堰自橋至梁溪其瀆不越百步堰雖有亦不渡船筏熙寧八年大旱運河皆涸不通舟楫是時鍔

自武林過無錫見將軍堰既不渡船筏而開是瀆者古人豈無意乎因語與邑宰焦千之曰今運河不通舟楫竊覩將軍堰接運河去梁溪無百步之遠古人置此堰瀆蓋欲取梁溪之水以灌運河耳千之始則以鍔言爲狂終則然之遂率民車四十二管車梁溪之水以灌運河五日河水通流

淮海先生年譜元豐二年已未先生年三十一將如越省大父承議公及叔父定於會稽會蘇公自徐州徙知湖州遂與偕行過無錫遊惠山和唐人韻三首蘇公及參寥子同賦

東坡志林少游近日草書便有東晋風味作詩增奇麗乃知此人不可使閒遂兼百技矣技進而道不進則不可少游乃技道兩進也

烏臺詩案載東坡供狀一熙寧六年軾任杭州通判因本路運司差往潤州句當公事經過秀州錢顗字安道在秀州監酒稅曾作臺官始於秀州與之相見得顗詩一首送茶與軾軾復一詩謝之

續清言尤袤潛心理蘊所著梁溪集長短句尤工其詠落梅瑞鷓鴣云清溪西畔小橋東落月紛紛水映空五夜客愁花片裏一年春事角聲中歌殘玉樹人何在舞破山香曲未終却憶孤山醉歸路馬嘶香雪襯東風

秦瀛無錫金匱縣志文簡公書法高古世不多覯惟曾幼卿鳳墅帖載有文簡與其父無玷侍郎手牘一則云袞講聞高義之日久矣得趙憲景明書說足下不容口益起思賢之念恨相去遠未得承顏接辭乃辱惠誨不勝感慰竊窺藻麗益知所緼袞承乏於此得同王事懼不聞過凡有可以鐫切者勿惜自此片紙往復勿用俗禮乃幸目昏臂疼不能盡復來貺草此一紙爲報殊愧率畧也袞頓首

諫及殉節者著龔節愍公木主遂從祀焉以後尊賢祠解位日增陸續進有漢高士梁鴻明封戶部員外郎安國封通奉秦瀚太學生安紹芳文學秦德湛國朝推官侯曦吏部員外郎王澍貢生高愈辰州同

王進友石先生詩集序云孟端善於繪事長江遠山叢篁怪石隨意所適無不妙絕

珊瑚網文徵明曰友石先生人品極高不爲藝事所

役雖片紙尺練苟非其人不可得也

妙貫堂餘鈔許州有曹操廟在受禪臺中每夜輒聞金戈鐵馬聲土人奉祀甚謹邵國賢知許州革其祀聲如故乃改祀漢愍帝於上旁列孔融彌衡操靈遂滅

諫及殉節著者龔鄭愍公木主遂徙祀焉以後尊賢祠附位日增陸續進有漢高士梁鴻明封户部員外郎安國封通叅秦瀚太學生安紹芳文學秦德湛國朝推官侯曦吏部員外郎王澍貢生高愈辰州同

是牘大興翁方綱見而重摹之以寄秦侍郎瀛為刻而勒之惠山祠壁

雲林遺事元鎮為張士誠所辱扶之幾斃終無一言人有詰之云瓚曰開口便俗

張端倪雲林先生墓表元鎮友張伯雨後伯雨至其家會鬻田產得錢千緡瓚念伯雨老不再至推與不留一緡

愕然翹曰爾以為頗與爾手計在脫父姑與之以待捕也捕者在門矣時有兩家奴沒而隨之以往具得諸盜姓名棲止而歸語其主盜者不踰時即得之

懶真草堂集邵彥吉使君畫稱一代名手此卷作溪山平遠之勢白水翠巖互相映發人物蕭散往往有山澤間意披之者何異入山陰道中邢吳中國繪家競傳石田衡山衣鉢此卷獨出入輞川伯虎而窈窕幽深更在筆墨蹊徑之外非胸中具一邱壑者未易及此也炎蒸中對此毛骨凜然乃知劉褒畫北風圖見者覺寒畫雲漢圖見者覺熱畫之元微能移人意非虛語也

邵濟啟禎野乘邵學憲傳公督學湖廣七越月周十五郡二州試事丹鉛甲乙不假他手其試案出前拔一等有縣止一二人者有縣至數十人者甚或一等竟無其人者凡列前茅必連取科第楚人至今稱人倫冰鑒云蓋數百年來得士之盛未有如公者也歸而營菟裘於西神之麓暇則飲酒賦詩游戲丹青名流勝友户外屨滿又性好施予助學田建祖祠設義學創橋梁歲施棺掩骼給絮發粟

以千百計其辛也家庭搆難子孫式微幾不克殯賴門人石公萬程來守毘陵始克襄事然則公作人之食報亦概見矣

八旗通志吳興祚漢軍正紅旗人任山西大寧縣再任江南無錫縣累陞至福建巡撫以功給世職拜他喇布勒哈番兼一等拖沙喇哈番陞兩廣總督

池北偶談無錫秦留仙從軍荆州雨泊仙桃鎮中夜聞琴聲甚清越跡之乃一老書生也破舊數椽風貌樸野秦遂賦憶秦娥詞贈之

江南通志周宏字子重無錫人康熙甲辰進士第三人授編脩官至侍講學士有才學居家敦孝友尚廉讓杜門讀書不鶩聲譽人無賢愚共推為長者

乾隆庚午志周宏傳宏家世孝謹通籍四十餘年乞假奉親之日居多人比之萬石君家

蘭村筆乘嚴藕漁中允以布衣入詞館年六十一授牒將歸

敕録所撰詞以進蓋異數也嘗侍讌

乾清宮依漢元封柏梁臺故事

上親賦昇平嘉讌詩首倡麗日風和被萬方之句中允同九十人繼和

御製序文勒諸石

畫徵録嚴繩孫字蓀友自號勾吳嚴四舉鴻詞科以布衣授檢討遷中允善書法工繪事山水人物花木蟲魚靡所不能尤好畫鳳歸田後營藕蕩漁人杜門不出有堂曰雨青草堂亭曰佚亭布以藁石小梅方竹逍遥宴坐以為常著有秋水集

金壇縣志王澍傳澍幼禀異姿家貧無師刻自鑽研弱冠食餼選貢潛心理境默識手鈔晚年所訂諸書皆其未第時所纂輯者也為人天真爛然不急名位人與之交如坐春風而忠義性生學識深邃其道總歸自得粹然為學者宗年七十二卒

虛舟題跋雍正五年五月朔余與同里蔣拙存衛華州王十千有年其弟寅生履始武林王青渠潭同遊惠山酌泉煮茶已小憇聽松菴見壁間所張書畫俗惡不可耐盡為裂碎拉扱摧燒之以唐六如幽居燕坐圖付山僧石泉松泉俾與王孟端竹罏卷世守勿替拙存語余君為補畫吾當為補書遂大書心經一卷付之

畫徵續録錢香樹司寇偕鄒小山宗伯同遊盤山時杏花盛放司寇出藏紙索寫盤山杏花圖宗伯即

於花下點染屋宇垣墉山嵐花氣一一入妙人皆知其花草之工而不知其山水之兼長也

陳繼儒晚香堂集安紹芳字茂卿居無錫之膠山之有滌硯亭因自號硯亭居士字臨晉媼碑而摹大癡嬾瓚方窗蔚竹别具一種清笑是中八法不易姑以自寫其瀟灑出韻而已

遺蹟

梁鴻井在鴻山東嶺初鴻適吳史不言其嘗留無錫故向為山本名皇其音轉而為鴻未必以伯鸞之故而名然遺井具在斯可為據史之所無何必非蹟之所有耶嚴繩孫無錫縣志

鐵山寺在鴻山東麓相傳為梁鴻故宅梅里志

鸞遊洞在皇山絶頂南下數武廣丈許左右旁通或以為因伯鸞而名梅里志

皇山在無錫縣東五十里又名東皇山以泰伯葬山之西而名後梁鴻居此改稱鴻山吳地志

華陂在惠山晉華寶所築元王仁輔無錫志

華孝子故居在第二泉側今為僧廬明宏治志

湛長史草堂在縣西七里今慧山寺址是文選有劉鑠過草堂詩十三代孫貴賦詩云祖德今發揚還同書史冊蓋謂史逸其傳也宋咸淳毘陵志

普利院在州西慧山宋湛長史故宅也梁大同間入於僧創招提號法雲禪院元志

惠山寺舊名歷山草堂為宋司徒右長史茂之湛挺故宅與南平王劉鑠往來酬和載郎侍御丹草堂記楊升庵千里面設稱其用韻最古嗣後即地建

寺至十三世孫湛資尚有别惠山書堂諸咏記稱山下胄裔猶有一二十族今竟泯泯無傳矣特書之重始基也王永積錫山景物畧

李相書堂在慧山寺唐李公垂紳肄業於此居松竹中泉極甘爽有詩云上家山家山依舊好昔知松檜長今來容鬢老又云故山一别光陰改秋露寒蟬歲月多咸淳毘陵志

李相書堂在慧山小徑縈紆有堂三楹中繪唐相李紳像紳未遇時嘗讀書是山堂即紳讀書之所元志

李丞相讀書臺余於萬歷己亥冬仲度前後左右丈尺鐫之石碣竪於臺謂人縱愚不肖獨不可以義而動乎詎意倚勢之徒知嗜利不知名義脱不償其直彼虎踞邪謀終未息也余業已捐貲爲恢復計顧舉自一人嫌於私成於諸君子則爲公乃捐價十之三因遍告同志親友若孫少宰柏潭公繼皋施冏卿勵菴公策貫觀察宏菴公應壁顧文選涇陽公憲成顧儀制涇凡公允成高大行景逸公攀龍余瑁安司封希范共捐十之七從倚勢者取贖庶幾李公遺澤與惠山並存永毋泐矣談脩惠山古今考

陸子泉在慧山寺南無石穴源出若氷洞陸羽品天下水以廬山谷簾泉爲第一此居次會昌中刺史張中丞築室十餘楹護其所皇甫冉歌云寺有泉兮泉在山鏘金鳴玉長潺潺李紳許渾王武陵皮日休皆有詩蘇文忠謁錢道人烹小龍團詩云獨攜天上小團月來試人間第二泉今泉側題咏殆徧不能悉載咸淳毘陵志

秦龍學墓在慧山其長子湛倅常日遷塋後產紫藤一本圍盈尺纏錯古松狀如偃蓋或以爲醉臥古藤詞讖云咸淳毘陵志

錫麓書堂在錫山下宋文簡公尤袤讀書之處奇花異卉咸植於前春月邑人率往遊焉元志

遂初書院在惠山尤文簡公袤讀書處明萬歷志

尤文簡公藏書之富素甲天下於溪西置萬卷樓於秦皇塢置錫麓書堂於讀書臺左又置遂初書院舊名依山亭至文簡改今額原扁係崇陵御筆名遂初者文簡嘗愛孫興公遂初賦借以自況也後燬於火錫山景物畧

尤文簡公致仕歸尚未築遂初堂居東帶河大第數十步即出西關渡梁溪造圃溪上沿溪左種梅右

種海棠各數十樹後有高岡眺望最得湖山勝槩題曰樂溪因以為號内有萬卷樓暢閣朱亭二友齋来朱者與考亭講道之所後人重之因圖其像於壁二友陳同父楊誠齋也 錫山景物畧

清閟閣製如方塔僅三層耳高比明州之望海方廣倍之啟窗四眺遥巒遠浦悉在睫前而雲霞變幻彈指萬狀窗外巉巖怪石皆太湖靈壁之奇碧梧高柳蔥籠烟翠凉陰滿苔風枝摇曳閣左有二三古藤蜿蜒盤曲恍如　入户白扉有王學士彝題句云藤掛樓臺扶客上鳥啼窗牖與人來所列多三代彝器古琴一張比時製短半尺漢以前物也二王真跡六七卷其餘法書名畫以百數大半皆宣和秘物其什器如井欄藥臼食櫃水槽鐺釜盆盎長几圓案皆出名斤奇斧 西神叢語

倪瓚世居祇陀里多喬林爰之建堂名雲林故號雲林也堂前植碧梧四周列奇石東設古玉器西設古鼎尊罍法書名畫位置井井堂後建清閟閣朱陽蕭閒等館清閟閣尤勝瓚有潔癖閣前梧石日令人洗拭秋風墜葉令童子以針綴杖頭挑出之不受點污客非楊鐵崖張伯雨輩不得入偶有夷人過邑聞風求見以沉香百觔為贄瓚託辭他往不得入凡三至乃密令童子啟雲林堂登焉歎賞久之告其家人曰清閟閣得一目否家人答曰即主翁在恐不可得何况他出夷人謝曰足矣乃投香望閣再拜而去 錫山景物畧

九龍山人故居明王舍人紱築紱居山下自號九龍山人其址歲久湮沒邵文莊寳即其地改為尚德書院 秦瀛無錫金匱縣志

竹罏在聽松菴規制精密上圓下方類道家乾坤壺王紱為繪圖賦詩一時多名人繼作及罏壞更製而紱圖亦亡至
國朝顧典籍貞觀得於京師納蘭成德所携以歸乾隆間
高宗南巡幸惠山俱有詩疊卷中韻四十四年冬知縣邱漣携卷至署重裝燬於火事聞
御筆親仿九龍山人意為補首圖
命皇六子弘旿等分畫二三四圖又取
内府所藏王紱溪山漁隱圖償之與諸臣賦詩記事
甲辰再
幸五疊前韻

命大學士梁國治書辛未以後
御製詩於卷中允為亘古佳話云節秦志

聽松菴有廬山景畫辟王中書孟端所圖黄少保淮題詩其上有力者屢欲移之而壁用竹土竟莫能動成化庚子燬於火三士圖亦王中書畫中書與性海及潘克誠松庵行樂之像曰三士者中書自謂儒士性海開士克誠醫士圖凡三各藏其一今各失去王中書又畫觀音像及書金剛經共一卷今不知何在竹茶鑪孟端與僧性海及潘克誠在聽松菴適湖州竹工至以古制命為之一時名人俱有題咏惠山古今考

碧山吟社明景泰末邑諸長者共為觴咏之會其地闢於秦修敬旭會凡十人李綱菴庶年八十六旭少一歲陳遯菴履八十三陸竹石勉少履一歲高梅菴直七十九黄杏軒禄七十三楊聽玉理少禄一歲陳玉溪懋六十九施博野庸六十一惟潘玉林緒未六十最少諸君重其人援以入焉時際昇平人皆大雅時則有陳秋林勉歸自工部盛氷壑容歸自御臺旭子中齋夔歸自江藩聞一至會不在恒數於是巡撫王端毅公恕聞而求造焉沈啓南固為之圖以傳其事人如洛下蹟擬西園其地則惠山之陽二泉之南門署碧山堂名十老又有濯纓之亭涵碧之池芙蓉之徑古木之坡今其詩卷具在而遺構已墟十老後六十年旭曾孫瀚修復之因與顧憲副可久王僉事問華學士察王侍御瑛賦詩其中風流再嗣自是未有能興之者嚴繩孫志

二泉書院在惠山寺右明邵文莊寶築又名尚德書院祀李忠定綱中有海天亭超然堂堂後為二泉精舍亦名泉齋齋之後為點易臺高數尺中圓石一象太極二隋石象兩儀四隋石象四象築以八角象八卦臺成有泉出石辟為滴露泉臺左為雨知亭刻李東陽像於石稍西有望闕巖凡十五景今並廢後人即書院地建祠祀寶秦志

城南東林書院在泰伯瀆北保安寺後明成化間邵文莊寶以東林舊地化為僧區嘗聚徒講學於此寶門人華雲即其地建書院王守仁記節秦志

尚書第在冉涇橋西為邵文莊公故宅公增葺之今十二景立巨屏泥金作仲尼居曾子侍像曰曾侍堂堂右庋藏書萬卷李文正公書額曰容春精舍

堂後朝夕於斯喬太宰白巖篆額曰燕居亭旁搆一齋祀祖存一公小像文正公作銘曰存一齋南爲嘉樹亭齋前以石子壘八卦像曰八角臺臺西置九畹每畹滋蘭九本曰蘭畹曾侍堂右鑿小池種荷曰思濂沼池上架石梁曰光霽橋旁植竹曰靜深徑堂前有石二取其形似一曰圭一曰冕又有石一如屏來自西蜀種蒲其上曰雪浪菖蒲石公歿門人即第肖像祀之 節錫山景物略

碧山吟社志三卷余母舅從川秦翁輯於嘉靖乙卯先是吟社爲豪右所據邑諸縉紳以大義折之而吟社始復迺即其地建紹脩堂於中順天司訓文三橋公彭書扁舊屋三楹前有雙柚改題流馨亭文太史衡山公徵明書扁堂後就龍縫泉爲石池建軒池上題曰濯纓亦文太史書扁十老亭廢已久復建於紹修堂後左方扁亦文太史書右有杞杞樹數株建屋三楹題曰晚翠軒軒後特然高峻處石磴轉折須拾級以登劉吟臺二大字於石閫人程雪樓篆古撚鬚亭亦已廢久即其址建屋三楹二廈仍名撚鬚志序則浦宮贊后巖公應麒及浙江馬侍御三才沈副郎友儒吳門劉開府鐵所撰碧山吟社門額亦文太史隸古 惠山古今考

嘉遯園在鵞湖華學士察所居隆亭第後又有東西二園 秦志

學士橋明華察建 新舊邑志

金粟嶺在東亭明學士華察所築 梅里志

西林在膠山南贈員外郎安國園也嘉靖中歲旱民饑國發粟千鍾計口就食即計口程功日役千人緣山鑿池不數月池成廣數百畝深數丈溉田種魚兼收菱芡荷芰之利中留二墩題曰金焦分勝已復繞隄藝樹因山蓋亭再傳至紹芳益加丹艧日興名流觴詠其間瑩而別之爲三十二景景各有詩弇州王世貞復約其景中之尤勝者得二十凡麗於山事者五麗於水事者十有二兼所麗者三曰蘭巖嵺之縱橫巖也大國之香滋焉曰風弦障高坪直上接於嵺下瞰諸水長松冠之風至則調調刁刁鳴也因適谷降嵺而凹却入水深嘉處也曰晨光塢以左小缺得嵎夷候獨早曰纖纖泉最冽而甘是山事也曰鏡潭纖纖之所滙也皎而澄可以燭須麋曰島嶼水中大洲葦蒐鷖屬至而族焉曰上島嶼之右別洲也曰中洲嶼之輔洲也

曰蕭閣卜於嶼長松匝之曰空香閣卜於島竹木蘙之曰景榭緣潭而立得月則水中樓閣皆可類而有也一葦渡以渡島嶼名夕霽亭以晞髮於類陽名素波亭渡口綰也息磯可憩而息醉石可藉而醉皆得之水故曰水事也虛籟堂以遲賓者也椒庭廣除也爽臺踞椒庭而聳梧竹承之是不盡山水而山水之致襲焉故曰兼所麗也梅里志

愚公谷即海内所傳鄒園是也在惠山寺黄公澗前古稱聽泉山房又名龍泉精舍内有龍縫泉洪武間僧淨月居之正德中馮僉事夔毁菴爲園因號龍泉居士僉事殁屬顧半刺起綸改爲壽藏名曰玉鹿元邱既塋遷於南林始屬鄒副使迪光邊幅日廣自黄公澗至秀嶂街可數十畮亭臺樓閣花木竹石絡繹奔會前後兩門後曰愚公谷前曰揭車塢繼改九龍山下人家景物畧

寄暢園志

（民國）秦國璋 編

《寄暢園志》七卷，（民國）秦國璋編，民國五年（一九一六）抄本。

秦國璋（一八六五—一九二三），字特臣，號滌塵，無錫人。光緒九年（一八八三）秀才，廪貢生，曾任浙江璉市巡檢。國璋好學不倦，但一生困於場屋。有生之年歷三十載收集抄録了大量鄉邦文獻。始建於明正德、嘉靖間的秦氏寄暢園在清咸豐十年（一八六〇）因太平軍與清軍惠山之戰而『全園盡毁……攬爲廢墟』。後雖經初步整修，數十年後『視斯園摧敗零落，亦徒付諸浩歎而已』。國璋因之遍考往籍，掇拾舊文，彙集當時編者所能見到的文獻資料，編爲《寄暢園志》七卷，依次爲：勝概、榮遇、祖祠、先德、藝文（上下）、軼聞。其中榮遇、祖祠、先德三卷，記述了清帝南巡臨幸園中的掌故及嘉樹堂後改爲雙孝祠的經過，則園志又兼祠志。故此《志》從彙集文獻、記録舊貌而言，具有相當價值。它是寄暢園歷史上第一部園志，但僅以抄本形式在無錫秦氏家族小範圍内流傳。

本書據民國五年（一九一六）抄本影印。

（沙無垢）

序

由來盛極必衰乃天地自然之理無可逃也惟由盛而衰如推下水之舟甚易甚易若既衰之後而欲復即於盛則其難非止挽逆水之舟也吾家寄暢園當有清之初其泉石之秀麗林木之幽邃樓閣亭榭之完美結搆之繚曲借天然之山與泉以為點綴固不愧為名園之選中間最勝處曰知魚檻以西泠之泠泉亭為藍本泠泉亭對面有飛來峰此則九龍峰飛來僅一拳龍峰則雄厚泠泉亭下有澗泉此則分二泉之伏流匯而為池勢尤闊大故夫取徑雖有來歷實則出於藍而尤勝於藍也其妙處全在對岸湖石高疊樹林陰翳俾園外之山攬入園內當

無錫縣圖書館鈔藏

時布置實具巧思雖遇炎天熱客到此亦覺清陰襲人不揺扇而自涼矣是以園負重名此處於全園尤負重名也當聖祖高宗兩朝疊此次南巡凡過吾錫皆駐蹕於此所題詩篇聯額先後疊沛輝映泉石而吾家於此時蓄道德能文章之士皆先後迎鑾躬遇隆禮與睿藻相唱和固不獨九老為然也南曲之盛由崑而蘇由蘇而錫實萃於吾家斯時既有名園復有雅樂其享用為何如然非碩德名儒如先宮諭輩亦不足以相稱自此以後文才輩出其尤著者如文恭公司寇公皆名滿天下與斯園並傳者也粵匪之亂全園盡燬草花凋零臺榭盡變為瓦礫之場所存惟喬木湖石流泉之類錯雜於荒煙蔓草間攬

為廢墟如淩虛閣之巍然尚存者勢亦亟亟可危予三十年前曾偕族兄來卿措貲修葺淩虛閣重建知魚檻並約後有餘力則相繼為之乃未及十年而來兄先故予亦蹉跎以迄於今更不暇復顧今則閣已全圮檻雖存而枯槁無色其不即於頹者蓋幾希矣予則壯也猶不如人今且老而無狀其視斯園摧敗零落亦徒付諸浩歎而已嗟乎有人而後有園苟無其人雖家中固有之物猶不能有矧斯園之興復非一手一足之細故乎特臣吾弟作寄暢園志分勝概禁遇祖祠先德藝文軼聞六目都為七卷雖云述舊而採輯無遺類次明爽具有一番苦心譬如富家雖就衰微而子若孫猶能即以前之所有掇拾零星開

無錫縣圖書館鈔藏

具簿籍為先人留一記念以示來茲其有功於先人為何如乎若聽其散佚則以前之文獻譬如雁過長空又誰復知有前日之盛者嗟乎自宮諭公輩兄弟四人溢為二十四房二十四房之至於今人數不可謂不衆矣其有如吾弟之守先待後有體有用者有幾人乎園亭之毀棄不足惜人物之衰微以至於此良可慨也不知自此以後更歷數十年或百餘年吾家復有若何景象能勿惕然懼乎噫斯園之盛衰與吾家相終始欲視吾家之盛衰視斯園可矣此吾所以序是書而不禁三歎也丙辰三月族兄寶瓚

寄暢園志目

無錫縣圖書館鈔藏

寄暢園志卷一

無錫秦國璋滌塵輯

勝概

園在惠山寺之左舊為南隱漚寓二僧舍明正德間太保端敏公得之併而為園名鳳谷行窩一轉而屬方伯虹洲公再轉而屬中丞舜峰公改名寄暢遞傳至封君海翁公大加修治由是秦園之名滿天下余生也晚雖未獲覩斯園之盛然亭臺池石遺址俱存攷諸舊聞猶可得其彷彿也志勝概

清響齋　王穉登云闢其户東向署曰寄暢折而北為扉曰清響扉之内皆篔簹也

舜峰公清響齋詩云繞屋皆篔簹高齋自幽敞時和寒泉鳴泠泠滴清響按公有寄暢園二十詠今分列各景之下

錦匯漪　王穉登云下為大陂可十畝青雀之舫蜻蛉之舸載酒捕魚往來柳煙桃雨間爛若錦繢故名錦匯漪惠泉支流所注也笠亭族伯云錦匯陂寛十畝中有七石如浮水面過此而上為雲霞鬱盤處右有一洞洞旁潤水琮琤悉按五音不減臨安水樂此水匯第二泉自華坡穿金蓮池由牆外來紆迴百折獻巧呈技於一園園故為天下最

舜峰公錦匯漪詩云灼灼夭桃花連漪互相向水底爛朱霞林端日初上

無錫縣圖書館鈔藏

清籞　王穉登云長廊映竹臨池踰數百武曰清籞
舜峰公清籞詩云竹光冷到地幔卷湘雲綠隔塢清風來聲
聲戛寒玉
知魚檻　王穉登云籞盡處為梁屋其上中稍高曰知魚檻
舜峰公知魚檻詩云檻外秋水足策策復堂堂馬知我非魚
此樂思蒙莊
小峴公知魚檻晚坐詩云窗映山色深松間漏殘照遥知碧
澗外萬壑藏窈窱小憩亭上陰空水相晃耀流泉激遠聽高
岑入幽眺孤鶴唳苔殘寒禽戀蘿蔦薄暝無遊人巖谷益清
峭冥心悟物理適志觀道妙馬知我非魚臨淵罷垂釣

無錫縣圖書館鈔藏

章簡雨後知魚檻玩月詩云松頂響飛瀑晚寒生畫屏簾痕
黏蘚碧鬢影墮煙青月碎鶴搖竹雨香魚閣萍倚闌人不見
遥聽玉瓏玲
楊掄芙蓉湖櫂歌云最愛千章古木稠借來山色望中收秦園
妙處知魚檻一筆倪迂畫裏秋
孫爾準寄暢園知魚檻作調寄臨江仙云淺夏陰濃花落去
交枝門徑初成畫橋倒影鏡中行一池淨渌山色染來深
木落記曾窺翳翠而今換了園屏茶煙香細愜清吟日斜欲
去禽語似留人
嘉樹堂　麟慶云入門即知魚檻壘石為沼沿沼過橋為嘉樹
堂
舜峰公嘉樹堂詩云嘉木園清流草堂置其上周遭林樾深
倒影池中漾
嚴繩孫集寄暢園嘉樹堂詩云與子期何所名園水一涯晚
煙山閣遠秋色稻畦斜散策候泉脉移尊當露華可知招隱
地閑徧小山花
又集嘉樹堂分韻詩云每緣勝地得韶華照眼軒窗逐水斜
宿雨乍迷依渚鶴晚風紅墮入欄花尊開故社分榆火客散
平橋趁柳衙不用更尋興廢蹟曲池高樹幾人家
顧湄嘉樹堂詩云空堂臨鏡檻古樹感蕭辰遠籟忽疑雨跡

無錫縣圖書館鈔藏

陰迥絕塵牆圍山半面水湧塔全身靜得幽真趣高懷見幾
人
山池塔影
吴偉業山池塔影詩云黛色常疑雨溪堂正早秋亂山來衆
響倒影漾中流似有一帆至何因半塔留眼前通妙理斜日
在峰頭
宛轉橋
吴偉業宛轉橋詩云斜月挂銀河虹橋樂事多花歌當曲檻
石礙折層波客子沈吟去佳人窈窕過玉簫知此意宛轉采
蓮歌

鬱盤廊　王穉登云循橋而西復為廊長倍清籞古藤壽木蔭
之曰鬱盤
霞蔚齋　王穉登云廊接書齋齋所向清曠白雲青靄乍隱乍
出齋故題霞蔚也
先月榭　王穉登云廊東向得月最早顏其中楹為月先榭
舜峰公先月榭詩云斜陽墮西嶺芳榭先得月流連翫清景
忘言坐永夕
凌虛閣　王穉登云其東南重屋三層浮出林杪名凌虛閣華
淑云入門更有高閣作干霄勢望河塘遊人歷歷可數
舜峰公凌虛閣詩云飛甍聳碧虛臨下如無地九閣若可捫

無錫縣圖書館鈔藏

從此顱上帝
卧雲堂　王穉登云閣之南循牆行入門石梁跨澗而登曰卧
雲堂華淑云卧雲堂前後層軒可容數十席堂前奇樹一為
粤東名種攜歸寸莛耳今已合抱小峴公云卧雲堂四面皆
竹
舜峰公卧雲堂詩云白雲已出岫復此還山谷幽人卧其間
常抱白雲宿
天香閣　華淑云旁置小閣三楹牓曰天香桂枝叢叢皆高出
閣上
王永積寄暢園詩云百年佳麗獨靈長更愛深秋納晚凉幾
度主人延醉客正逢山桂散天香　園主公安每過桂香恒布席於天香小閣
鄰梵閣　王穉登云右通小樓樓下池一泓即惠山寺門阿耨
水其前古木森沈登之可數寺中遊人曰鄰梵
舜峰公鄰梵閣詩云高閣鄰招提天花落如雨時聞鐘磬聲
維摩此中住
箕踞室　王穉登云西北長松栽栽數樹離立箕踞室面之
含貞齋　王穉登云傍為含貞齋階下一松亭亭孤映既容貞
白卧聽又堪淵明獨撫
舜峰公含貞齋詩云盤桓撫孤松千載懷淵明歲寒挺高節
吾自含吾貞

無錫縣圖書館鈔藏

鶴巢　王穉登云出含貞地坡陀壘石而上為高棟曰鶴巢
鶴步灘　小峴公懷寄暢園詩灘轉雲移鶴自注云園中臨水
處為鶴步灘
舜峰公鶴步灘詩云獨鶴前山歸從容涉淺渚望遠樹一鳴
臨流刷毛羽
棲玄堂　王穉登云閣東有門入曰棲玄堂堂前層石為臺種
牡丹數十本華淑云棲玄堂庭際空曠桂叢鬱鬱成林折而
右度長廊坐修橋桃花片片逐溪流紅膩香殘尤為絶勝
舜峰公棲玄堂詩云獨抱違時韞幽棲歲月深太玄猶未草
我異子雲心

爽臺　王穉登云出堂之東地隆然如邱可羅數十胡床抵雲嘯月高視塵壒之外曰爽臺

舜峰公爽臺詩云曉起盼青蒼天空絶塵坱排闥兩山開軒窗致高爽

惠井支泉　王穉登云臺下泉自石隙瀉沼中聲淙淙中琴瑟

吴偉業惠井支泉詩云石斷源何處涓涓樹底生遇風流乍急入夜響尤清枕可穿雲聽茶頻帶月烹只因愁水遞到此暫逃名

懸淙亭　王穉登云拾級而上亭翼然峭蒨青葱間者為懸淙

懸淙澗　王穉登云引懸淙之流甃為曲澗茂林在上清泉在下奇峰秀石含霧出雲於焉修禊於焉浮杯使蘭亭不能獨勝

無錫縣圖書館鈔藏

舜峰公懸淙澗詩云淙淙乳泉落碉邊石林幽尋聲窮其源杖履多三休

飛泉　王穉登云曲澗水奔赴錦匯曰飛泉

舜峰公飛泉詩云雨溢忽飛泉泉流注深谷我欲往從之褰裳濯吾足

涵碧亭　王穉登云飛泉之滸由梁卧波面如螮蝀雌蜺以趨涵碧亭亭在水中央也

舜峰公涵碧亭詩云中流繋孤艇危亭四無壁微風水上來衣與寒潭碧

環翠樓　王穉登云涵碧之東樓巋然蔭清樾中曰環翠華淑云環翠選地最佳空場漫引疊石成坡横斜上下荒荒落落山中林木古茂惟此與生飛臺各不相下登樓置身萬綠中雪滿山中月明林下無非佳境

舜峰公環翠樓詩云登樓屐幽步俯見林壑美落日憑闌干當窗四山翠

清川華薄

舜峰公清川華薄詩云映水列軒窗林巒森在矚塘坳聚落花溪流出茅屋

大石山房　在今雙孝祠之右光緒間重建

無錫縣圖書館鈔藏

舜峰公大石山房詩云寒崖桂蒼藤一石塞雲棟夜半月明中天風吹欲動

丹邱小隱　先文恭公恭和御製介如峰圖詩嘉名肇錫今何如凡陋不數丹邱圖自注云明張復有丹邱小隱圖先臣燿園中二十詠之一

舜峰公丹邱小隱詩云小隱人間世神仙安可求吾將鍊大藥即此是丹邱

蒼雪亭　華淑云蒼雪亭以梅勝花落時飛瓊屑玉飄拂牆外有餘香其内石徑欹斜小池清映落落虬松亦數百年物亭

臨寺門大道可借選佛場作遊戲禪曲而進為齋者二則如入空山古境不復知人間塵囂為何地矣

梅亭　麟慶云尋山經紆折而上極高處為梅亭

宸翰堂　麟慶云沿山右轉為宸翰堂

御書碑亭　見寄暢園祖祠公議

水雲佳趣軒　高宗御製詩注云園中十二景之一

介如峰　麟慶云惠山秦園乾隆間屢邀睿賞一峰卓立夲號美人賜名介如

高宗御製介如峰詩序云寄暢園中一峰亭亭獨立舊名美人石以其弗稱因易之而系以詩云一峰卓立殊昂藏恰有古檜森其旁視之頗具丈夫氣誰歟號以巾幗行設云妙喻方子美徒觀更匪倚竹倚亭亭戍削則不無姍姍閭易非所擬率與易名曰介如長言不足因成圖正言辨物得朅覽惠麓與溪永靜娛

無錫縣圖書館鈔藏

先文恭公恭和御製介如峰圖詩原韻云靈根擢秀山園藏藤蘿交翠高柯旁忽邀天顧動天語卓爾特立超輩行九龍掩映林巒美聳峙中庭絕倚倚宸章更寫幽人貞煙姿霧態非所擬嘉名肇錫今何如凡陋不數丹邱圖（明張復有丹邱小隱圖先臣燿園中二十詠之一）巖扉寶墨珍拱璧詎止水增清娛

寄暢園志卷二

無錫秦國璋滌塵輯

榮遇

九龍二泉擅吾邑山水之勝而寄暢園尤善取山水之勝以為勝故名冠惠麓諸園上以是康乾兩朝臨幸惠山必駐蹕焉宸翰留題輝映泉石非獨吾族之榮亦一邑之光也志榮遇

聖祖仁皇帝御賜匾聯

山色溪光

松風水月

明月松間照

清泉石上流

無錫縣圖書館鈔藏

高宗純皇帝御製詩

寄暢園辛未

輕棹沿尋曲水灣秦園寄暢暫偷閒無多臺榭喬柯古不盡煙霞飛瀑潺近族九人年六百耆英高會勝香山松風水月垂宸藻昔日卷阿想像間（秦氏子姓迎駕者二十餘人孝然年九十實然年八十七敬然年八十五榮然年七十壽然年六十六芝田年七十六端熙年六十一莘田年六十東田年六十二九人六百餘歲又皆近族故五六及之）

附錄

恭和御製寄暢園詩元韻　秦孝然

乘春龍舸艤溪灣問俗欣看萬家間嵐氣林端連鞺鞳泉聲澗外戛淙潺至人真契觀於水仁者崇懷樂在山擊壤小臣今九十置身如傍五雲間　秦實然

六龍新駐九龍灣暫蒞園亭一晌閒巖洞拂雲林氣溼石梁飛瀑澗聲潺春深渥澤連芳甸天霽和風滿碧山何幸銜茅邀睿藻矢歌疑在上林間　秦敬然

鳳舸來流下碧灣春深綺甸萬幾閒祥風滿路催花發靈雨千巖夾澗潺五瀉穿林孤嶼水謂黄埠墩九龍當面一房山雲蒸霞蔚瞻宸翰照耀常懸日月間　秦榮然

無錫縣圖書館鈔藏

三呼萬歲碧雲灣玉輦平看十畝閒花近御爐香細細泉供硯水雨潺潺竹陰繞壑疑無徑嵐氣當窗忽見山喜覲龍顏瞻聖藻奎光直射斗牛間　秦壽然

芳塘一徑綠楊灣細雨東風白鳥閒山色入門青宛轉溪光縈澗玉琤潺虹眠曲水煙中櫂鶴語深林屋後山白首書生天咫尺翠華今在翠微間　秦瑞熙

素業空懸水一灣朝來天霽白雲閒欣看輦路隨山轉況有泉聲帶雨潺波及臣家恩似海恭逢聖母壽如山皇太后六旬萬壽紫宸瀜徧丹毫露翹首金莖霄漢間　秦芝田

楊柳陰移碧玉灣和風扇物睿情閒盤雲塔影當窗掛穿澗泉聲落鏡潺竹塢編成藏鶴徑林亭缺處見龍山架梁別起天章閣常在層巒疊巘間　秦東田

鳳幄親臨碧水灣知仁心契白雲閒灘移鶴步跳珠細磴瀉龍泉戛玉潺千葉名花看浣沼三茆靈蹟見遥山雨神峰下瞻天近瑶草香生輦路間

無錫縣圖書館鈔藏

蓮蕩湖近惠山灣白石清泉古徑閒度磴正逢篁影密入門已覺澗聲潺汀淡抹煙中水螺岫濃添雨後山和暢惠風林壑滿爐香吹出紫雲間　秦華田

再題寄暢園

細雨餘山滴翠春暮卉争芳寒薜盤雲徑披松渡石梁鳴湍空塵意列岫澹煙光更許傳佳話遮留詩債償秦孝然年九十乞詩故書賜之

遊寄暢園題句丁丑

煙溪又復泛梁鴻路側名園曲折通新景林嵐六塵表昔遊歲

月寸心中清泉白石自仙境玉竹冰梅總化工小憩便當移蹕
去一聲定磬下花宮

附錄

恭和御製遊寄暢園題句原韻　秦蕙田

秦臺渥澤慶龐鴻曲水波平一櫂通恵麓恩承三徑裏奎
文光燦百年中池魚靈躍游知樂溪鳥歡迎語亦工爭仰御
毫親染翰彩箋捧出紫微宮

寄暢園疊舊作韻

雙河舟溯慧溪灣雅意秦園林壑閒月鏡光含窗瀲瀲雲紳聲
落澗潺潺清幽已擅毘陵境規寓曾教萬壽山一沼一亭皆曲
肖喬柯終覺勝其間

無錫縣圖書館鈔藏

寄暢園雜詠

水雲佳趣罨簷楹軒名園中十二景之一過雨林嵐滿目清也識舟行紆
十里奈他泉石繫崇情

遠峰近巘滴新螺清曠名園一再過異世一家能守業猶傳鳳
谷昔行窩

九人六百有餘歲前度曾因佳話傳碩果今惟四好在了知壽
者相非堅

松篁深處小逍遥紫綻藤花綴幾條今日錫山姑且置閒〻塔
影見高標

泛梁溪遊寄暢園即目得句壬午

溪泛梁鴻破曉氛嘉園蹟勝久名聞愛他書史傳家學況有煙
霞護聖文園內恭奉皇祖賜書及額聯瀟灑聊尋三徑曲就瞻耶禁萬民紛
問予寄暢緣何事情以為田此所勤

寄暢園再疊舊韻

畫舫櫂教艤水灣秦園寄暢暫偷閒徑從古樹陰中度泉向奇
峰罅處潺隨喜禪心依佛寺已有芳意動春山過牆便是青蓮
宇可得敲吟忘此閒

雨中遊慧山寄暢園

春雨雨人意慧山山色佳輕舟溯源進別墅與清皆古木森全
體時花香到荄問予安寄暢觀麥實欣懷

無錫縣圖書館鈔藏

寄暢園三疊舊韻乙酉

流引慧泉水一灣石橋過處敞軒閒樹遮洞以千年計瀑出峽
分數道潺趣為永哉暢非俗樂惟仁者寄於山養痾旋里人何
在撫景愀然是此間園為秦氏別業去秋尚書秦蕙田以病請假南旋尋即在途不起回溯地是人非為增感者久之

遊寄暢園疊舊作韻

勝地寧當目送鴻屢來熟路自知通一橋橫駕琉璃上數宇迴
懸琬琰中景到春前畫不若境惟塵表句難工書堂小憩傳清
蹕欲趁佳辰禮梵宮

遊寄暢園再疊丁丑舊作韻庚子

江表初看山勢鴻埠墩西放一舟通秦園蕭寺相鄰近水閣雲窗小憩中視昔由今興堪託松聲泉韻畫慚工放斯早已成八景愧是卑稱大禹宮

遊寄暢園三疊丁丑舊作韻甲辰

那能此地目飛鴻境古而幽與理通山色泉聲清賞外昔年今日默思中問他王顧畫曾擅便是杜倪句豈工促就詩休論巧拙右廂去禮梵王宮

高宗純皇帝御賜匾聯

玉戛金摐

無錫縣圖書館鈔藏

竹淨梅芬

清泉白石自仙境

玉竹冰梅總化工

附錄

寄暢園紀恩詩辛未　秦孝然

衰朽何從拜紫宸載蒙眷顧玉音頻皇情悅豫詩瀟灑佳話爭傳齒頰新

老親夢裏解恩光（予受恩後夢老親特示空光二字）欲報春暉轉自傷御製引年親染翰愧人提說姓名香

聖駕幸山園沐恩恭紀六首　秦寶然

九龍山色護祥煙兩世承恩五十年聖祖仁皇帝臨幸山園（臣寶然嘗隨臣父松齡迎蹕園門之右）今日翠華臨幸處萬花飛舞聖人前

草木增輝大地春閒階披拂露華新好扶兄杖攜羣從九老人中第二人

卧雲堂畔彩雲高五色瑤箋染御毫中使昨宵親捧出更頒文綺賁蓬蒿

衰庸何敢齒耆英暫慚愧香山白傅情帝許高年聯近族寶恩堂上拜恩榮（臣寶然家廳事匾額）

小築園亭僅蓋茅千年喬木接層霄煙雲筆墨塵清覽誰道書生也賜貂（臣堂弟臣瑞熙治園亭躬執洒掃之役進獻畫冊蒙賜豐貂）

無錫縣圖書館鈔藏

寄暢園紀恩詩　秦華田

空巖一塔聳嶙峋天語殷勤尚下詢（臣寶然等恭詣靈巖行宮謝恩蒙詳問臣等姓名）寄語京華猶子道高深何以答埃塵（胞姪臣蕙田時官刑部侍郎）

瑞靄祥煙擁至尊平疇綠野正春溫恭承清問從容對臣等秦園子若孫（聖駕初臨臣等恭迎至洛社蒙問何人謹對秦園子孫）

鷁頭遙指九龍隈簇簇旌旗萬乘來禮佛觀泉且小憩鑾輿先已幸池臺（龍舟泊岸先幸寄暢園）

闔門匍伏仰堯天杖者頻蒙問幾年溫語更教開摺進草茅名達聖人前（駕至閱臣等年名隨命繕摺呈覽）

一邱一壑賞清真頃刻揮毫若有神小幅疏行先賜示爐香

染得墨痕新駕進園少頃即賜詩一章宣示臣等
鏗鏘金石落塵寰知是乘春睿思閒僥倖微臣名厠末親承
天語勝香山御製詩有近族九人年六百耆英高會勝香山句臣華田名在九人之末
翩然鳳舸下吴閶緣緞遥頒自上方二十四人齊拜舞全家
又共被恩光駕至蘇州頒賜内緞共四十端分賚臣等
乘輿回日正春深一帶長堤映柳陰父老提攜羣子姓馬頭
泥首謝君恩回鑾日臣等於新安地方恭謝恩賜
太平共沐天朝澤帝澤臣家沐更多敬效華封陳下悃宫門
鵠立進賡歌臣等九人恭和御製繕册以進蒙恩收覽
石闌橋畔小亭東位置天然愜聖衷又降鑾輿中道入山花

無錫縣圖書館鈔藏

亦自舞春風回鑾再幸寄暢園
五言四韻爛龍箋九十龐眉拜賜專佳話許傳傳立徧非常
顔色自天邊駕再幸園亭特賜九十老人臣孝然五律詩有吏許傳佳話之句
天心悦豫近臣知鳳藻遥頒五色絲長使林泉垂不朽仲冬
采玉樹崇碑御製幸寄暢園詩於仲冬頒到
湖湘下吏本書生一片葵心向日傾欲為家門傳盛事敢將
瓦缶代鐘鳴

和石經伯父寄暢園紀恩詩　秦　旬

簇簇旌旗降北辰五雲深處沐恩頻攀轅父老傳佳話奕世
清門帝澤新

童顔白髮覲龍光矍鑠何須老自傷彩爛天章承寵錫謝恩
歸去墨痕香

恭和家大人寄暢園紀恩詩　秦鶴田

敬捧慈親覲玉宸耆英天賜沐恩頻家聲奕葉流芳遠此日
山園御墨新

恭和家大人寄暢園紀恩詩　秦　鳳

六龍南駐接楓宸山墅重遊灑翰頻九十親承天子問尚方
賜賚受恩新

聖駕幸寄暢園紀恩詩四首丁丑　秦蕙田

西神山下古煙嵐小築忻邀駐玉驂龐耇扶攜迎輦下殊恩

無錫縣圖書館鈔藏

特許列朝參臣叔父生員臣壽然蒙恩賜翰林院編修臣兄知縣臣芝田蒙恩給還原品
昔年鳳谷舊行窩不盡煙霞足處多頭白老人呈和什直將
園墅當卷阿
嘉樹堂鄰孝子祠冰梅玉竹總相宜宸毫染徧煙霞裏揮灑
名泉作硯池
五色天章拜手瞻芝花瑶葉拂霜縑介如一片玲瓏石偏受
金壺雨露霑

庚子三月聖駕幸寄暢園臣父春田年八十五率同臣
鴻鈞遮獻如意蒙恩各賞緞二疋述恩記事敬賦一律　秦鴻鈞

曙色曈曈麗碧虛園林勝處即蓬瀛冠裳再世叨恩澤臣弟震鈞以守城微勞特陞知州臣子瀛以召試賜中書草木三春被寵榮北極輝光聯太乙南疆游豫暢由庚小臣何幸天顏近葵藿難傾向日誠

乾隆甲辰聖駕南巡駐蹕寄暢園恩賜綵緞荷包恭紀

秦禮鉷

蓬壁迎清蹕微臣荷厚恩綵囊迎日曜黼錦煦春溫作佩同銀袋成章邁繡純賞逾花蕈比製並綠荷論守口心常凜文身服倍尊久宜光黼黻詎合貢邱樊拜貺榮申錫垂銘示子孫俚詞彰帝簡珍重貯家園

無錫縣圖書館鈔藏

寄暢園志卷三

無錫秦國璋滌塵輯

祖祠

吾族以孝友著稱自明以來子孫繩繩簪纓弗替無非食孝德之報以名山之俎豆奉孝子之烝嘗使為子孫者於登山臨水之餘不忘尊祖敬宗之意此前人教孝之微旨也志祖祠

寄暢園祖祠公議

立議單道然孝然敬然始然等議得惠山寄暢園一區為吾六世祖舜峰公營構憩息之地四傳至吾祖海翁公歸併改築嗣經聖祖仁皇帝鑾輿七幸宸翰頻頒對巖公漆園公卧雲公吴川公敬謹供奉增葺修飾歟無廢弛海翁公後分為四房完糧修理因事權不能歸一以致牆屋傾頹樹石戕損吾祖三百餘年基業弗克保守故於乾隆八年曾公同立議共推五輯弟綜理整頓俟有就緒原議供奉御書並立家祠今兩年以來五輯弟敬葺御書碑亭并修砌樹石搭蓋屋宇業已漸有規模惟是園亭究屬遊觀之地必須建立家祠始可永垂不朽且吾宗自河上分支以來皆以詔旌孝子公純德留貽用能保世滋大雖經祔祭淮海先生尚未建有專祠鉅典終闕今幸以六世相傳之業五輯弟獨立力鼎新厥功甚偉若以正屋尊奉御書將嘉

無錫縣圖書館鈔藏

堂供奉兩孝子神位以舜峰公海翁公對巖公漆園公卧雲公
吴川公配改建專祠則雙孝家風于焉丕振而舜峰海翁兩公
營搆歸併之業可以不墜在五輯弟鼎新之烈尤有關係嗣後
一切基地官糧房屋牆垣山池花木均歸五輯弟一人掌管修
理各房子姓均宜凜尊君敬祖之心矢衣德紹聞之志守身守
業犀相勸勉保護弗替毋許攙越如有遊宕無忌損傷祠中一
草一木者以不孝論所有祠規議款開列於後

一議建雙孝祠原係海翁公一分子孫尊祖敬宗之心嗣後春
秋兩祭俱本房子孫敬謹輪值不得怠玩

一議本房各捐田十畝共成四十畝以為春秋兩祭之用但祠
内牆垣屋宇須按年修葺必立有經費方可久遠祭田租入
所餘無多凡我子姓有情願捐出田租保守先祠者多多益
善

無錫縣圖書館鈔藏

一議春秋官祭謹備三牲五鼎三筵陪祭子孫除城内始祖祠
家祭外每房輪議三人詣祠行禮不得紛雜享餕以四桌為
率務須少長有禮衣冠整肅毋得喧譁笑語跛倚將事

一議專祠原係園亭改建地基寬闊屋宇延廣修葺之費頗為
浩繁今雖五輯弟出費三千餘金照舊營搆但歷年滋久苦
修費不貲難以責成一人永遠承值日後倘有孝弟子孫力
堪承當付託者聽掌管之人推擇交替

一議祠宇地臨孔道倘有承應聽掌管之人支值而各房亦宜
協力同心毋失當年四位先人一體關切之誼

一議修廢舉墜改立祠宇均係敬念先德昭示後人凡我子姓
入祠瞻仰當思孝友貽謀顯揚垂緒奕葉保守三廢三復以
迄於今創始維艱守成不易從此益敦倫紀整家規以繼祖
德日後本房子孫實能孝友顯揚克光前烈者公舉入祠配
享以慰後賢

乾隆十一年月日立合同議單南沙 芝田 朝釪
石經 惠疇 元釗
涑子 春田 士錦

無錫縣圖書館鈔藏

學伊 瑶田 泰初
元獻 恩田 鎬
萊士 周田 銓
希敬 卿田
人鑑 余田
五輯 藍田
二田
天田
鵬程
琬

錦鱗
圭田
時
兆雷
玉田
鶴田
在田
鳳
雨田
南田

無錫縣圖書館鈔藏

力田
餘田
莘田
荷田
昆田
東田
甸
雲翼
雲衢
雲萬

孫田
執筆蕙田

按此為建立雙孝祠原議其時經費無多嗣經介菴公捐孝園田二百畝為春秋祭享及修葺山園之費而園祠賴以不墜後又祔祀太清公蕃訒菴耐圃味經介菴蓉莊雲漪峽山諸公以符克光前烈入祠配享之初議綿延至咸豐十年被燬同治二年邑城克復而園祠之存者僅破屋數椽老樹數株而已族人以全園工鉅無力恢復乃先葺祠宇復春秋二祭之舊并重建知魚檻大石山房為遊憩之所其祭祀諸費仍恃孝園田所入歸介菴公後人承值焉此雙孝祠廢興之

無錫縣圖書館鈔藏

大略也

祝文

維某年月日裔孫某某等謹具牲醴敢昭告于

明詔旌孝子加授冠帶養恬府君

明詔旌孝子加授冠帶務本府君之靈曰翳惟我祖雙孝流芳炳垂明史綽楔旌揚人倫規範錫類綿長惟茲仲春秋雨霜露零穰水源木本怵惕是將雲礽休祐俎豆馨香靈爽式憑來格來嘗暨

明授嘉議大夫湖廣巡撫都察院右副都御史舜峰府君

明太學生鄉飲大賓太清府君

明太學生公著府君
清贈光禄大夫經筵講官刑部尚書兼理樂部大臣加三級鄉飲大賓海翁府君
清授奉政大夫博學鴻詞左春坊左諭德鄉飲大賓誥贈光禄大夫經筵講官刑部尚書兼理樂部大臣加三級崇祀鄉賢對巖府君
清授修職郎原任蒙城縣儒學訓導晉贈中憲大夫候選知府鄉飲大賓漆園府君
清封儒林郎翰林院庶吉士加一級鄉飲大賓卧雲府君
清授文林郎廣東吴川縣知縣晉贈中議大夫兩廣都轉鹽運使司鹽運使亦仙府君
清贈中議大夫兩浙江南都轉鹽運使司鹽運使晉贈榮禄大夫兵部左侍郎加三級訒菴府君
清封中憲大夫候選知府耐圃府君
清封光禄大夫經筵講官太子太保刑部尚書兼理樂部大臣加三級謚文恭味經府君
清授中憲大夫候選知府介菴府君
清授中議大夫兩浙江南都轉鹽運使司鹽運使山東濟東泰武林道三品銜晉階資政大夫崇祀鄉賢蓉莊府君
清授修職郎江蘇通州儒學訓導晉贈奉直大夫直隸祁州知州雲漪府君
清授承德郎湖北候補州同知晉封文林郎雲南師宗縣知縣累贈朝議大夫峽山府君

配尚

饗

祭儀

序立　參神　主祭以下皆跪　叩首　叩首　叩首　興
主祭詣香案前跪　獻帛　初上香　亞上香　三上香　初獻爵　亞獻爵　三獻爵　讀祝　叩首　叩首　叩首　興
執事進湯飯　暫退　復位　主祭以下皆跪　叩首　叩首　叩首　興　撤饌辭神　執事捧祝帛恭送燎所　望燎
復位　禮畢

無錫縣圖書館鈔藏
無錫縣圖書館鈔藏

寄暢園志卷四

無錫秦國璋滌塵輯

先德

園於惠麓者衆矣而寄暢園獨傳非僅邱壑之美也亦以吾先人之有是園者或以勳業著稱或以德行見重有足為山川生色者而園乃因人以傳詩曰高山仰止景行行止雖不能至心嚮往之矣志先德

養恬公

諱旦字永孚父貞靖公患心痛公與弟務本公爭刺血於胸和酒以進病竟愈母殷恭人膝傷潰以舌舐之亦愈兄中齋公仕於朝公與弟家居侍養四十餘年不怠憲宗旌其門曰雙孝宏治初賜冠帶卒年八十八崇祀忠孝祠配饗淮海祖祠乾隆十一年建雙孝專祠御賜孝友傳家額

無錫縣圖書館鈔藏

務本公

諱爽字仲孚與兄永孚同輿孝行為雙孝工詩畫卒年七十八著滌煩亭稿

端敏公

諱金字國聲號鳳山弘治六年進士初由戶部郎中遷河南參政旋由山東布政使巡撫湖廣破流賊於梁擒盜賀璋覆於江討猺夆於郴桂平叛苗於香爐峰諸王府侵據山場湖蕩皆奏還官入為戶部侍郎世宗時勘皇莊額外侵佔者歸其主而盡撤管莊人進南京禮部尚書公上書有政不可一日不在朝廷權不可一日移於左右等語就改兵部名為戶部尚書致仕復起改南京兵部引年乞歸築鳳谷行窩於惠麓為投老之所公為人樂易居官一以廉正自持歷三朝始終一節有古大臣風卒年七十八贈少保謚端敏所著鳳山詩集凡十卷事載明史本傳崇祀鄉賢祠河南封邱縣生祠配饗淮海祖祠

虹洲公

諱梁字子成所居金匱山一日虹氣屬天因自號虹洲嘉靖丁未進士初除南昌推官有盜平十二者負險出剽劫公察尉某與盜通以危言詰之尉股栗搏顙請命乃曰爾能離其黨而以酋來為貸爾命尉如言縛至磔於市拜吏科給事中京師築外城被命董役劾罷宮奸工事進通政使參議南太僕少卿歷鴻臚寺卿右通政時嚴世蕃以工事久器之使謂曰公一歲再遷亦知所自乎謬對曰不知也將無以久次耶出為浙江參議山東副使尋攝學政會鄉試期近閱五月而歷十一郡時中式者九十有五而公所首拔士居五十六遷江西右布政使致政歸好自遊適所居多佳山水選要創墅曲承其勝時攜朋侶賦詩有香山吟社之風卒年六十四崇祀南昌名宦祠著紹修堂集

無錫縣圖書館鈔藏

舜峰公

諱燿字道明隆慶辛未進士選庶吉士歷兵刑吏三科給事中公會試出張居正門居正枋國頗操切諸官僚獨才公公於時政多所陳奏居正反戒之曰持論何過峻耶公對曰當言則言耳進太常少卿移光祿卿擢僉都御史巡撫南贛岑岡賊李佩者李文彪遺孽王守仁城浰時所未平也盤結三世矣公入境甫三日出不意傾其巢南雄妖僧圓朗以白蓮符誘衆翕聚閩粵慶山岡公設計殪其渠而散解其黨先後事聞皆賜金進級公歙然不居摹守仁抑抑堂石刻懸廳事拔士之秀者餼於濂溪祠而勤課之晉撫全楚楚大旱疫撫輯盡致活數十萬人居

無錫縣圖書館鈔藏

無何忌者以江陵故相波及因解職公既罷歸治園於惠山之麓園舊名鳳谷行窩公易其名曰寄暢日夕徜徉其中年六十一卒著天垣疏稿全楚奏議四藩奏議寄暢園詩集崇祀鄉賢祠配饗雙孝祠

太清公

諱埈字懋純太學生舉鄉飲賓性醇謹言動不苟貴游子弟皆敬憚之為德於鄉尤孜孜不倦卒年八十一配饗雙孝祠

公蕃公

諱仲錫太學生少工制舉業以病棄去性蕭灑每誦少陵力食免內愧之句以為士君子立志當如是好法書名畫不惜餅金懸購嘗作古體閨怨詩百首為詞章家傳誦公旋匿之其平生韜晦皆類此既歿馬文肅銘其墓配饗雙孝祠

海翁公

諱德藻字以新恩貢生父歿時祖父母俱存祖父母歿偕伯父公安公泣血居廬如喪父母子松齡以族姑詭寄逋糧落職或請自申雪公命勿辨曰孀姑子幼辨之恐株連窮達有命不如安之公篤德並尊諸子通顯孫曾繁昌後分二十四支仁廟南巡幸寄暢園公婆娑迎謁溫旨存問鄉里榮之卒年八十五以子松齡贈庶吉士以曾孫蕙田貤贈刑部尚書配饗雙孝祠

對巖公

諱松齡字留仙別號蒼峴山人順治乙未進士改庶常授檢討以逋糧案罣誤削籍康熙十八年舉博學鴻詞復原官歷左諭德纂修明史再典鄉試又以磨勘落職通籍六十年立朝僅九

無錫縣圖書館鈔藏

載餘率家居讀書之日為多官京師時大學士某公欲招致公屬人道意卒不往嘗以薦從軍荆襄蔡征西毓榮請於軍中講學公為陳説忠孝大義介冑之士無不悚聽其學在變化氣質收斂切實平生於書無所不窺講學則交睢州湯文正詩則交新城王尚書古文辭則交長洲汪鈍翁慈谿姜西溟而尤邃於詩著毛詩日箋蒼峴山人詩文集卒年七十八崇祀鄉賢祠配饗雙孝祠以孫蕙田贈刑部尚書

漆園公

諱松期字邛仙以貢授蒙城縣訓導不就改翰林院孔目舉鄉飲大賓公家居養親內行淳至負才識不及施用閭施之鄉里臨事難惑以非邑有公事公恒戶之急難排解或以此叢謗弗悔也配饗雙孝祠

卧雲公

諱松喬字晁仙增監生以子靖然封庶吉士舉鄉飲大賓公生長世家而修慎若寒素性樂善有叩必應天真爛然雖童豎亦愛而親之羣呼曰三老佛子卒年八十二配饗雙孝祠

石經公

諱孝然號慕廬貢生耆年碩德壽至九十六乾隆十六年翠華南幸駐蹕寄暢園公率兄弟子姪年六十以上者九人於園門迎駕御製詩有近族九人年六百耆英高會勝香山之句公等皆恭和進呈御覽及回鑾復幸山園有專賜公五律詩云更許傳佳話遮留詩債償尤極榮遇九人者首公次諱賓然敬然榮然壽然瑞熙芝田東田華田也

吳川公

諱松如字亦仙官廣東吳川縣知縣粵自軍興民散餉急而逋益積公議新集不任滯徵條上利害請蠲之大拂時指罷官歸後十年乃如所請民立祠祀之事具廣東通志崇祀吳川名宦

無錫縣圖書館鈔藏

祠配饗雙孝祠

訒菴公

諱賓然字涑子增貢生御製詩九老中第二人南沙公弟出後叔氏雍正初南沙公以事繫獄罰鍰數萬公矢以身共之臺憲不可固請臺憲曰若胡為於此株不及孥若且出嗣對曰出嗣者分同生者身不株者國恩不移者天性兄存與存兄亡與亡耳聲淚交迸盈庭動色稱歎出私錢代償罰鍰家以貧困公才高識洽人有疑難多以就質急義問不內顧羸絀年八十九卒閭黨聞之皆哭泣失聲

真齋公

諱敬然字學伊邑諸生御製詩九老中第三人檢身持家咸有矩度教子弟尤嚴鄉里以為模楷

希敏公

諱榮然號素村太學生原名榮乾隆辛未迎鑾御改今名御製詩九老中第四人也卒年七十六

蓉溪公

諱壽然字人鑑邑諸生乾隆辛未迎蹕寄暢園欽賜翰林院編修御製詩九老中第五人也卒年七十六

耐圃公

諱瑞熙字五輯貢生工畫不多作多藏古人書畫精於鑒別家

無錫縣圖書館鈔藏

有寄暢園前經聖祖六巡駐蹕閱三十年臺榭就圮公承先志獨力新之乾隆十六年高宗南巡公迎鑾進畫冊蒙賜貂皮特頒孝友傳家額御製詩九老中第六人也卒年六十六配饗雙孝祠

寄園公

諱芝田字耕青康熙乙酉舉人官直隸無極縣知縣因公罣誤罷歸乾隆辛未迎蹕寄暢園御製詩九老中第七人丁丑聖駕南巡復還原職卒年八十三

約齋公

諱東田字暘谷邑諸生性謹慤家庭雍穆課子極嚴年七十餘卒以子鏻鑛貴御製詩九老中第八人也

待軒公

諱莘田字耕樂雍正癸丑進士官湖南益陽縣知縣調保靖有善政民立生祠祀之終養後補福建武平令以老乞歸御製詩九老中第九人也卒年六十六

文恭公

諱蕙田字樹峰號味經乾隆丙辰進士殿試第三人累官太子太保刑部尚書公少承家學以經術篤行為江陰楊文定所知父南沙公以藩邸事久繫獄公既通籍伏闕陳情乞以身贖父罪蒙恩得釋公領西曹最久遇事沈毅果斷退則閉戶著書輯

無錫縣圖書館鈔藏

五禮通考二百六十二卷卒謚文恭崇祀鄉賢祠配饗淮海雙孝兩祠

介菴公

諱兆雷字豫吉耐園公子待宗黨有恩誼於近支尤篤置常稔田二百畝為雙孝祠春秋祭享及修葺山園之費歿後遂配饗焉

蓉莊公

諱震鈞字酉山隆乾三十二年官臨清州判逾年壽張逆匪王倫反公適權州事預為戒備而賊已至攖城固守凡十七日賊每以大礮擊城危如累卵矢盡糧絕城竟全擢臨清州知州累遷浙江都轉鹽運使以病歸復出為濟東泰武臨道卒於官方賊攻臨清有婦女千人羅拜城下乞入副將葉信持不可公曰是吾百姓忍棄之耶竟納之居家孝友好施與創立義莊以贍族又修累世祖墓善舉甚多崇祀鄉賢祠配饗雙孝祠著景行錄臨清守城日記

雲漪公

諱智鉄字萬周以廩貢官蘇州府學訓導監理紫陽書院時院長錢辛楣大昕為東南鉅儒公率諸生講說經義相得甚歡再官通州訓導善為詩與洪稚存亮吉趙味辛懷玉相唱酬著黄梅精舍詩鈔以子承霈贈邳州知州配饗雙孝祠

無錫縣圖書館鈔藏

峽山公

諱江字大川蓉莊公長子太學生四庫館議敘分發湖北候補州同知董理義莊人咸以長者目之配饗雙孝祠

小峴公

諱瀛字凌滄晚號遂菴乾隆甲午舉人丙申東巡獻賦名試一等賜内閣中書仕至刑部右侍郎性耿直而仁恕勇於任事官浙江觀察時最有政聲及擢司寇屢有平反雖定讞察其誣必白之獄無冤者其詩古文皆力追古人而能有所自得少為齊次風杭堇浦所知捷京兆出竇東皋先生之門與王惕甫魯山木以文字相質論桐城姚姬傳尤為契合焉年七十九卒著有己未詞科錄小峴山人詩文集配饗淮海祠

無錫縣圖書館鈔藏

寄暢園志卷五

無錫秦國璋滌塵輯

藝文上

得右軍一序而蘭亭以傳自來名勝之區每託翰墨以不朽此山經地志所以必載藝文也寄暢園荒廢久矣而詩若文之流播於世者迄今讀之猶若置身畫圖中然則園雖廢而不廢也志藝文

築鳳谷行窩成　秦金

名山投老住卜築有行窩曲磵盤幽石長松罥碧蘿峰高看鳥度徑僻少人過清夢泉聲裏何緣聽玉珂

和施農曹登鳳谷行窩振衣亭　秦梁

松磴搖空影秋風日夜來晝閒頻掃葉寒近怕登臺我欲林泉卧君將風雅開蕭疎明月下應倩謫仙陪

鳳谷次少岳韻　又

鳳谷投閒後龍皋覽勝時孤峰當杖策流水淨襟期寺暝鐘初度林深鳥競棲暫淹詞客駕樽酒得相追

夢洲攜酌山莊用前韻　又

鳳谷幽棲地攜觴及早秋到門雙鶴迓坐石片雲留徑竹陰長合潭花影自幽況君羊仲侶乘興擬重遊

七月五日偶至鳳谷山莊　又

無錫縣圖書館鈔藏

朝來畏煩暑鳳谷恣幽尋紅盡愁蓮老青鋪任草侵高吟蟬隱
葉閒舞鶴棲林獨酌無同調松風澄素襟

園居　秦燿

曲澗抱飛樓林深翠若流浮雲憐宦跡逸興寄滄洲夏日舒長
簟秋風緝敝裘端居忘應接獨坐每科頭

卜築依蘭若銜杯憩桂叢憂讒甘去國處世慕飛鴻過雨池光
淨徑霜樹影空倚欄渾不寐靜聽水淙淙

涼颸開令序清巘徹秋陽撫景懷同調登樓數舉觴松凝三徑
翠桂散一林香竟日欣遊陟都忘名利場

山園即事次董太史王山人韻　又

青山日已暮暝色一林分松檜澄秋月樓臺拂岫雲泉聲當户
落鶴唳隔潭聞戀賞歡無極招攜還共君

小築依山徑幽棲絶市囂崇臺松作棟深壑石為橋酒映峰霞
灩琴從澗曲調凌虛一以眺煙樹望中遥

寄暢園　秦焜

涼入湖天秋正清園林卜築慶初成樓臺勝地連花色竹樹晴
天助鳥聲澗水閒飛寒掛石峰巒奇踞秀當檻晚來歸去疏鐘
斷溪上煙舠渡月明

寄暢園　茅坤

初尋迦葉地併過仲長園花露午猶泫蘿煙秋可捫不須金谷
麗疑入武陵源迷路那從問山翁疑解言

江南佳麗地幻石與瑚梁獨愛茲園勝偏多野趣長洞花迷日
月巖樹雜隋唐寄語陶元亮無憐三徑荒

席擁尚書履林分帝梵家軒楹半袛樹笙吹入空花縮帶煙蘿
影雲衣水木華歸從虎溪路三笑出飛霞

採藥逢鵝蕋穿林生女蘿雲霞曳冠蓋水竹傍巖阿客過花偏
落興來鳥自歌猶言曲池上已可狎煙波

寄暢園　王世貞

日氣初高霧色降青山羃歷映船窗故人且繫青絲笮邀我同
傾白玉缸分得甘泉名第二教成新妓字無雙歸來鼓吹應須
緩莫使花門吠小尨

寄暢園　王世懋

卜築誰令勝地尋錦屏清景落樽前垣扉借緑時時竹石沼分
甘處處泉欲雨花枝當客醉半晴山色耐人憐亦知邱壑原吾
分記取乘春更酒船

寄暢園　施策

入徑蕭蕭萬竹叢迴廊宛轉逼禪宮巖間翠靄當樓合池上清
流隔澗通桂發天香侵席畔花明秋色滿庭中栖玄處處供幽
賞暝入煙蘿興未窮

寄暢園　王穉登

無錫縣圖書館鈔藏
無錫縣圖書館鈔藏

十畝清池在澗濱泉聲淲淲石粼粼山當錫去仍名錫松豈秦封卻姓秦牆隔白雲鄰古寺樓藏綠樹見遊人崎嶇世路何須問且卧巖阿作隱淪

寄暢園　屠隆

一返長林狎鹿麋翛然心與逸民齊溪邊碧柳藏新艇石上青苔蝕舊題絃入清秋銀甲冷歌殘子夜玉河低風流千載端明後綵筆連蜷落紫蜺

寄暢園　俞安期

亭館高低置橋梁屈曲懸庭移驅海石階繞出山泉扶杖行多卧攜杯坐屢遷醉鄉封足老何慕汶陽田

無錫縣圖書館鈔藏

寄暢園　高攀龍

春風靄然至今我思山中選勝入名園幽情浩無窮迴廊南北繞阿閣東西通曲池瀉清泉高閣面崇峰閒閒修竹裏寂寂桃花叢依依和煙柳譾譾含風松不以茂對意安見造化工微吟展孤興小酌發清容憒然四體放澹爾萬象空不知賞心者誰與此時同

寄暢園　安希范

穿垣通綠野拓境亘清岑宛轉縈花徑參差嘉樹林曲房容晏息高閣快登臨杖履平生闊茲園得賞心

寄暢園　安紹芳

修竹帶朱闌穿籬幾轡盤鑿扉通流瀣種石漱潺湲鶴舞迎人醉鶯啼佐客歡怪來香不斷芳樹盡旃檀

煙霞人境遠鮮色曲房侵小鳥穿花密游魚戲藻深泉飛寒聲碧松落曉窗陰世慮都無染翻令厭足音

春暮新霽偕友人步入惠山憩秦氏園亭　鄒迪光

初陽革故陰同人攜心賞縱轡陟原隰谷風薦五兩韋裾襲芳郁伐木遞遐響林葉漸蒙密巖葩盡升長鉤雲屢迴複名園出莽蒼旋童從穉入復偕麕檀往巖氣乍掃除石樓發清爽矚遠無近寄臨深有餘想仁智樂在斯意適忘歸鞅

寄暢園　又

無錫縣圖書館鈔藏

堤迴曲枕水室密巧藏山紫閣青蔥色朱欄綠蘚斑路因妨竹從門為護花關咫尺琳宮在袈裟入日往還

刻檻從苔印修廊帶竹懸不風聲木舞未暖百花燃啼鳥當調曲流泉代鼓絃烹葵饒客賞長滿石廚煙

寄暢園　王純一

傑閣層巖貯景寬探奇蘿磴轡千盤靜將鶴唳調泉響遙憶山容雜樹看簌簌花朝春欲暝陰陰竹氣晝生寒不須酒數依金谷小社新詩若轉丸

寄暢園　華淑

古木陰森繞徑長宥然雲水結空涼橫斜散落皆成致不受人

閒脂粉香

寄暢園讌集放歌　　余懷

梁溪日暖官柳綠幾片流雲曳船玉寒城霜重壓香橙幽澗泠泠瀉修竹長塘老樹倚泉亭朝朝暮暮龍山青主人好客傾家釀客子入門心杳冥赤闌碧浪無空閒疊嶂層巒擬衡霍放眼橫塘步障寬回看野寺江天豁忽聞瀑布聲潺潺嶙峋石筍凝煙鬟一夜飛濤動哀壑崢嶸落木堆空山虛堂密室宜轟飲千尺巖花挂宮錦張融屋淺但垂綸到公石大惟高枕螭頭畫鷁從東來翠幰金盤排紫苔如澠之酒任百罰淋漓跌蕩如奔雷華亭唳鶴翔秋水小隊秦宮坐花底吹簫擫管拍紅牙細曲清歌遏雲起悠揚宛轉風前度曲終不用周郎顧陽春絕調誰為傳吳郡徐生按宮譜卻憶香山池上篇折腰菱與石湖蓮島亭合奏霓裳序賭墅頻揮蜀國絃淮海風流足千古河陽移種花千畝座間賓客盡應劉獨我凌波向南浦九月秋深黃葉多沙棠舵轉回帆鼓為君歌為君舞別後相思亂煙樹餘音裊裊送行舟江上峰青不知處

無錫縣圖書館鈔藏

飲秦留仙山園　　尤侗

無邊春色至結束在名園楊柳方垂戶桃花亦近源亭臺隨地設裙屐逐人喧豈識幽居意攤書獨閉門

主人雖避俗客至喜開樽餔啜皆精妙文章共討論坐花春晚晚岸幘月黃昏車馬長安陌誰憐芳草繁

夜投惠山宿秦園　　施閏章

客到孤城入暮煙卻貪清境促移船落湖漁火散欲盡松寺暝鐘時一傳澗繞春申蒼徑滑園當龍岫碧雲偏攜鐺就水休辭夜頭白初過第二泉

與從姪留仙赤仙小憩寄暢園　　秦泉芳

群從期何所終朝緬翠微雨餘松鼠過花落水禽飛讀易啜清茗（赤仙方讀易）題詩吟落暉溪山幽興在吾已澹忘歸

社集寄暢園喜雨限韻　　秦松齡

千村同慰望五月得甘霖靈灑皇天澤憂勞聖主心時（不雨）鑾輔飛花隨澗落垂竹到池深不辨雲歸處微鐘出暮岑

無錫縣圖書館鈔藏

約同金陵俞廣霞楚黃杜茶村從叔樂天先生遊寄暢園即送廣霞茶村別　　又

古屋薜蘿陰斜陽隱暮岑先公留賞地我輩共登臨千里碧雲合九峰黃葉深悤悤分手別秋思復侵尋

新秋寄暢園侍家大人偕伯兄作　　秦松期

蒼翠寒空碧波光入畫欄鳥鳴山自靜人語閣初寒杖履親顏喜園林子舍安百年欣聚首昆季並承歡

寄暢園　　劉體仁

石流溜鳴泉曲懸崖嘉樹高謝公山屐熟北海酒人豪歌細香

停樹宵涼月在袍名區宜數過小艇莫言勞

寒食夜飲寄暢園留別吳明府　徐乾學

名園當令節密坐必深更酒碧濃於染歌清囀似鶯新詩吟夜館織月落春城歲歲逢寒

惠山遊秦巖對太史寄暢園　邵長衡

聞道秦園勝偶然成獨遊入門幽篠合穿磴落花留斷塔山池浸晴巒樹杪浮泉聲清絕處溉溉石根流

嘉樹層軒外風潭百尺渟倒浮連檻碧遠漾一峰青吹浪魚兒出鈎簾鳥語聽濠梁幽興極理釣近前汀

無錫縣圖書館鈔藏

山斷九龍骨池分陸羽泉撲簾蒼翠逼罅石洑流涓邱壑原胸次高深得自然頗疑文叔記不及此山川

鬆漆烏皮几湘簾白玉牀櫺窗占位置閒靚頗相當樹老斜侵閣花欹曲避牆重來知厭高枕足常羊

亦知難久住惜別為林泉便欲買山隱那知此地偏鶴鳴花嶼月人語石林煙幾兩平生屐臨風一悵然

秦洛生太史招遊寄暢園　翁照

水邊小憩弄清流竹冷沙寒宛似秋一片雁聲何處落彈琴人在夕陽樓

秦園　袁枚

為高必有因為園必有籍美哉秦家園竟把惠山借入門先見水得樹便忘夏縱橫兩石橋屹作天河跨紆轉三徑曲琮琤泉響瀉溼衣嵐翠飛打頭松子下得意在邱壑忘言到亭榭我來四十年品題殊未暇底事忽留詩再遊心再化

錫山寄暢園題壁　吳鴻

久了煙霞債一回叩門人到白雲隈任他流水出林去借得青山入徑來處士居園千畝竹女兒鞍印半弓苔記從何遜題詩後冷落欄前綠萼梅

園廊不厭曲千回溪色嵐光聚一隈芳草讓人尋路出夕陽扶客下樓來橫橋斷續欹垂柳瘦石參差繡古苔不負者番遊興好歸時還折嶺頭梅

無錫縣圖書館鈔藏

遊寄暢園二首　湯世昌

惠麓最佳處行窩舊有名徑穿雲篠合灘接石梁橫屈曲泉流壑周遭翠入楹廿年塵土夢到此一為清

日落憩嘉樹堂名微風生綠漪疑看摩詰畫如讀韋公詩露冷調琴地雲移養鶴池尚書歸未得初服遂何時大司寇味經前輩擬以病乞假尚未果

遊寄暢園時聞秦味經先生以病乞假　人

遊屐隨孤鶴閒尋別墅偏路緣花嶼入人向石牀眠明月簷前樹飛流澗上泉猶聞大司寇頭白未歸田

冒雨獨遊秦氏寄暢園　蔣士銓

笠屐衡泥覓靜便溪雲林雨涓濕涓池開十畝名泉會石併羣山遠翠連滿塢秋香掩圖畫雨朝喬木占幽偏主人卅載明光裏騎鶴歸來空黯然時味經先生柩始還里

遊寄暢園　錢大昕

名園結搆自然佳真是青山綠水涯奇石介如廉士操清泉鏗爾古音諧濃陰半畝松杉在樂事三春花鳥諧萬歲亭前瞻聖藻輞川别墅詎能儕

坐寄暢園聽楊令貽吹簫　顧斗光

萬木森初夏清陰昭令顏水從山曲折人與石潺湲楊善琵琶有自製潺湲引細雨不時洒斜陽一角殷不知誰是客赤壁蕩舟還

無錫縣圖書館鈔藏

晚憩寄暢園　鮑汀

秋風集名園池光澹將夕迴風蕩微瀾萬影緫寒碧疏林帶歸禽嵐光散虛白澄觀妙忘言石溜鳴㶁㶁

晚坐寄暢園　秦瀛

衆壑斂斜照竹風含夕清華池蕩微瀾波光澹吾情林疏賸空枝歸雲在簷楹牆角茶花紅嫣然媚寒英以玆悟物化萬彙殊枯榮幽懷無與説山禽向我鳴

山園晚興　又

青山秋欲暝園林穿窈篠流連池上酌寂寞煙中釣竹風流夕梵松月墮微照吾意寢坐忘識此無言妙

山園曉起　又

曉日澹秋夢秋風喧户庭苔階蝸篆字松徑鶴梳翎雲倒潭痕碧霜涵石氣青嗒然據梧坐蒙叟已忘形

雨坐寄暢園　又

高閣樹皆響山空多雨聲入松寒翠滴隔竹暗泉生石冷調沙鶴池香洗藥鐺彈棋坐永夕鄰院暮鐘清

懷寄暢園　又

山色名園在泉流曲塢通時來倚磵石還復坐松風灘轉雲移鶴園中臨水處為鶴步灘梁横山映紅一從前歲别回首暮煙中

無錫縣圖書館鈔藏

山園即興　又

林壑興不極九峰當我楹山雲浮閣起磵水上階平不覺塵想滅自然清籟生當年閉門處白髮著書成先宫諭毛詩日箋成於園中

由竹爐山房貯第二泉至寄暢園煮茗作　又

攜得山中月一瓢茶經品第問前朝石苔牀冷披雲卧松火爐烹帶葉燒層阜逶迤高作障明流宛轉曲通橋須知鳳谷歸来後老輩遺風未寂寥

寄暢園　秦玉海

直似名山護園林閱歲年松間穿片月石上聽鳴泉雨霽千重畫雲疏一抹煙探幽花鳥外習靜好安禪

山徑藤蘿入雲林寂處通梅芬棲野鶴竹韻夾長虹移屐衣沾

翠攜尊花映紅窺園心不滓如在玉壺中

遊秦氏寄暢園　石蘊玉

綠水紅橋小榭深叢生桂樹碧成陰我來欲入維摩室天雨新花地布金

螺粉牆平被荔蘿臨溪略約自橫波山重水複無窮處留得雲林畫意多

門外秋山翠蜿蜒故家喬木自蒼煙先皇御墨巍然在夜應有榮光夜燭天

百尺迴廊窈窕通松宜明月竹宜風幽棲大似逍遙谷巢許夔龍在此中

曉過秦園　陳文述

十年夢秦園相思不可見今番打槳來流盼及春晏碧檻澄清波衆峰疊葱蒨綠陰夾水流中有落花片青山如美人曉妝盛容鬋絕世窈窕姿肯向鏡中見人影度寒橋和風澹如扇微聞幽磵泉石腹珍珠濺躡足踏蒼苔側帽花枝罥花叢亂數蝶柳陰掠雙燕牆外九龍山空翠落庭院深松隱白雲自向青山戀

上巳日過秦園和呂幼心先生韻　李兆洛

最好張建築葺殊秦園門外即通衢憑闌聊可知魚樂登嶺無煩辟虎符曲匝回巒山似笑幽深林樾鳥相呼碧溪吟社從前事應補耆英修禊圖明詩人於此結社邵二泉記沈石田圖之

無錫縣圖書館鈔藏

寄暢園與李丈濱篁秦丈建侯小集　王芝林

名園清絕處半是漫遊人四面真山色千年老樹身詩仙思短李地主說髯秦每一登臨望興懷意匠新

寄暢園　孫慧良

霞彩撲眉宇碧山當戶中池圓開一鏡橋直駕長虹瀑瀉千巖雨松搖萬壑風只今宸翰在太息畫圖工

寄暢園　秦賡彤

鳳谷舊行窩園扉罥女蘿嵐光吞日小樹影落池多臺榭今已矣禽魚樂若何天然有真趣遊憩恍盤阿

寄暢園　張乃勳

零磚頹瓦感重經選勝空登木末亭右上苔衣留鶴迹壁間蔓草走龍形朝昏水氣黏煙綠秋老山容著雨青自惜殘花開寂寞折來頻覺醉魂馨

春日寄暢園作　秦寶璣

蒼涼大似鶴歸辰頹瓦零煙一愴神暗凋莫尋琴筑韻枯柯猶借蔦蘿春平時耆舊鬚眉古劫後山林面目真他日誅茅吾倘遂此生常作守園人

攜柑何處聽黃鸝無復迴瀾倚水低亭榭昔曾呼鳳谷風雷今尚護璇題林容灑白初經雨山色濃青盡蘸溪一樹鴉桃遮不住夕陽紅過壞牆西

無錫縣圖書館鈔藏

寄暢園志卷六

無錫秦國璋滌塵輯

藝文下

寄暢園二十詠序

秦燿

吾邑九龍二泉秀甲江左唐宋以來名流品題不一余家園在其下理荒薙穢搆列二十景總名之曰寄暢或登高舒嘯或臨流賦詩境内詞人過者歌詠相屬念王右丞輞川有集李贊皇平泉有詩要之各寓爾懷非曰自侈其盛嗟余宦途奔走斯幸息機對景放言庶幾有因余言而知余之志者云

寄暢園記

王穉登

寄暢園者梁溪秦中丞舜峰公别墅也在慧山之麓環慧山而園者若棋布然莫不以泉勝得泉之多少與取泉之工拙園由此定甲乙秦公之園得泉多而取泉又工故其勝遂出諸園上園之舊名曰鳳谷行窩蓋創自其先端敏公一轉而屬方伯再轉而屬中丞公皆端敏之裔也中丞公既罷楚開府歸日夕徜徉於此而經營位置羅山谷於胸中猶馬新息聚米然而後畚鍤斧斤陶冶丹堊之役畢舉凡幾易伏臘而後成闢其戶北向署曰寄暢寄暢者用王内史詩園所由名云折而西為扉曰清響孟襄陽詩竹露滴清響扉之内皆篔簹也下為大陂可十畝青雀之軸蜻蛉之舸載酒搞魚往來柳煙桃雨間爛若繡繢故名

無錫縣圖書館鈔藏

錦匯漪慧泉支流所注也長廊映竹臨池踰數百武曰清籞籞盡處為梁屋其上中稍高曰知魚檻漆園司馬書中語循橋而南復為廊長倍清籞古藤壽木蔭之云蠻盤廊接書齋齋所向清曠白雲青靄乍隱乍出齋故題霞蔚也廊東向得月最早顏其中楹為先月榭其東南重屋三層浮出林杪名淩虛閣水瞰畫欒陸覽絲輿舞裙歌扇娛耳駘目無不盡納檻中閣之南循牆行入門石梁跨澗而登曰卧雲堂東山高枕蒼生望為霖雨者乎右通小樓樓下池一泓即慧山寺門阿耨水其前古木森沈登之可數寺中遊人曰鄰梵鄰梵西北長松莪莪數樹離立箕踞室面之王中允絶句詩也傍為含貞齋階下一松亭亭孤映既容貞白卧聽又堪淵明獨撫松根片石瓏瓏可當贊皇園中醒酒物主人每來盤桓於此出含貞地坡陀壘石而上為高棟曰鶴巢亦王中允詩語閣東有門入曰栖玄堂堂前屬石為臺種牡丹數十本花時中丞公燕余於此紅紫爛然如金谷何必錦繡步障哉堂後石壁倚牆立牆外有張祐題詩處茫然千古滄耶桑耶漫不可考矣出堂之北地隆然如邱可羅數十牀披雲嘯月高視塵埃之外曰爽臺臺下泉自石隙瀉沼中聲淙淙中琴瑟臨以屋曰小憩拾級而上亭翼然峭蒨青葱間者為懸淙引懸淙之流甃為曲澗茂林在上清泉在下奇峰秀石含霧出雲於焉修禊於焉浮杯使蘭亭不能獨勝曲澗水奔赴錦

無錫縣圖書館鈔藏

匯曰飛泉若山峽春流盤渦飛沫而後汪然渟然矣而疊石為洞水繞之栽桃數十株悠然有武陵間想飛泉之滸曲梁卧波面如蝀蜷雌霓以趨涵碧亭亭在水中央也涵碧之西樓巋然隱清樾中曰環翠登此則園之高臺曲池長廊複室美石嘉樹徑迷花亭醉月者靡不呈祥獻秀洩秘露奇歷歷在目而園之勝畢矣大要茲園之勝在背山臨流如仲長公理所云故其最在泉其次石次竹木花葯果蔬又次堂榭樓臺池籞而淙而潤而水而匯則得泉之多而工於為泉者耶匯山泉昌出乎山乃兼之矣夫園之麗茲山者不知凡幾家歷幾世更幾姓如昔平泉金谷之比不翅傳舍逆旅若耳且也主人振纓馳轂勤勞王事終其身不一窺按圖問監奴此某亭此某堂此某樓閣池臺耶青鋪不圯朱扉不生苔蒼琅根無恙可下葳蕤之鑠乎無使遊者闌出入撲吾樹頭梨棗折砌上花捕池中魴鯉也更幾十年然後歸歸而龍鍾以老濟勝無具不能出五步之內矣此不邯鄲華胥之夢且幻歟秦之先自五先生迄今詩書軒冕相蟬聯由端敏而方伯而中丞園之主雖三易矣然不易秦也秦不易即主不易耳中丞為讒人所螫中歲解官園成日涉其中婆娑泉石嘯傲煙霞棄軒冕卧松雲趣園丁抱甕童子治棋局酒槍而已其得於園者不已侈乎客乃謂方今東師雖罷朝政如秋茶也者以中丞公之雄才大略又富於春秋不登三事九列

無錫縣圖書館鈔藏

徒令雲卧一邱疏泉甃石消其胸中塊壘即縣官奚賴焉余謝客曰子言在用世非寄暢之旨也姑置勿論

秦大中丞寄暢園記

屠隆

梁溪秦舜峰公中丞解楚鎮歸治園惠山之麓名曰寄暢古木輪囷離奇計數百十章長松偃蓋作虯龍攫舞勢有泉從惠山淙淙瀄瀄注為清渠日夜流不涸小水澄泓分為細澗並涓潔可愛大池一望浩淼上為飛梁蜿蜒曲折朱闌畫楯下映綠波緣隄行草樹蒙茸間至水盡山窮處謂無復通道忽折而別開一徑景物儼然園中位置大都巍然奇拔者為峰巒窅然深靚者為巖洞翳然蒽蒨者為林樾鬱然蒼莽者為田野森然秀媚者為花竹軒然華敞者為堂皇翼然竦峙者為臺榭杖屨所之無乎不具總之都雅不俗曲折有致非胸有邱壑趣合幽人者不能辨若數百年古木上參層霄下蔭數畝雖有神力不能猝致茲園之勝得之天者什七成之人者什三蓋中丞具經濟才未究大用小用之而為園宜其勝哉雖然衛尉金谷轉盼而化為荒煙贊皇平泉剎那而鞠為茂草成住壞空即世界亦不能逃劫運何況茲園中丞公名之曰寄暢園蘧廬視之矣至若履道之於香山迂叟之於獨樂當年如寄更千古而如新則亦以人重耳中丞以園為寄茲園又以中丞而留安知所為寄者非即所為不朽者哉

無錫縣圖書館鈔藏

寄暢園詠序　　車大任

天地間凡列於吾前者，其何一之非寄哉！即吾人涉世，方其遘會乘時，紆青拖紫，而轉盼已為陳迹，是寄也，非真也。及其考槃掛冠，煙霞嘯傲，而理亂付之罔聞，是真也，非寄也。由達者觀之，則皆謂之寄也，亦奚不宜？吾師秦公開府吾楚，遄賦歸來，善承先志，為日涉以自怡，命之曰寄暢，有味乎其言矣。公初掌吏垣，草疏萬餘言，鑿〔鑿〕乎經濟之談也。繼而建牙於虔，改鎮於楚，諸所激揚興革，靡非宣主德恤民隱，而趨炎附勢，有恥不為。茲者高卧晉陵，即其令先公端敏所遺舊址，大為經營，而日與賓朋獻酬於其間。且古木岑樓，花鳥泉石，備極工巧。屠長卿謂其得慧泉為最多，可以甲吳會，而長有於秦氏也。信然哉！信然哉！由斯以談，公能先天下而憂，自當後天下而樂，況以其先世之家園相繼而守之，即可據以為真，昌云其寄也？此殆不然。夫人生亦大矣，古人猶謂之寄，下此又無論矣。世固有善仕不能善息，又有膏肓隱約，頓忘世道者，是皆一隅之〔見〕不足以收天地之大全者耳。惟君子遊不繫之途，夢幻六合，而一切目之為寄，是故中有員機，外無轍迹，無論出處先後，而無不逍遥身世之表，庶幾乎宇宙在手，萬化生身。吾師固其人哉！師自壯歲入朝，歇歷中外，而富貴一毫不以芥蔕於其心。今茲返初服矣，雖掃軌絶容，而時事關心，春秋又甚富也。且東山安石，洛社司馬，深繫夫四海蒼生之望，四海皆以其出處卜安危，公固今之安石、司馬哉！而遽能恝然斯世乎？行且睹安車蒲輪之詔賁相望於錫山之濱，茲園信不得久留公矣，則雖謂之寄也，非真也，亦奚不宜？

寄暢園記略　　王永積

山川風月本無常主，二百餘年不更二姓，子孫世守，莫有秦園若者。園在惠山寺左，右鳳谷行窩也。為僧房二：一曰南隱，一曰漚寓。元僧天然、明僧衛瑨分居之。古木喬松，合園者以數百計。後有案墩，周文襄行部至寺，以左缺青龍，聚土石補之。正德中，秦端敏公併而為園。越六十年，一轉屬方伯，再轉屬中丞，大費剪裁，更名寄暢，雖幽香美妙，不敵秦園，而蒼涼廓落，不以一亭一榭為奇，高深之致，殆欲過之。今析而為四，子孫世守，莫有秦園若者。

寄暢園聞歌記　　余懷

吳門徐生君見，以度曲名聞四方，與余善，著《南曲譜》，索余序。余為之序，有曰：南曲蓋始於崑山魏良輔云。良輔初習北音，絀於北人王友山，退而縷心南曲，足迹不下樓者十年。當是時，南曲率平直無意致，良輔轉喉押調，度為新聲。疾徐高下，清濁之數，一依本宮。取字齒唇間，跌換巧掇，恒以深邈助其悽悷。吳中老曲師如袁髯、尤駝者，皆瞠乎自以為不及也。良輔之言曰：學曲者，移宮換羽，此孰後事也。初戒襍，毋務多，迎頭拍字，徹板隨腔，

無錫縣圖書館鈔藏
無錫縣圖書館鈔藏

毋或後先之長宜圓勁短宜遒然毋剽五音依於四藝毋或矯也毋豔又曰開口難出字難過腔難高不難低難有腔不難無腔難又曰歌難閣難此不傳之秘也良輔盡洩之而同時婁東人張小泉海虞人張夢山競相附和惟梁谿潘荆南獨精其技至今雲礽不絕於梁谿矣合曲不用簫管而吳人則有張梅谷善吹洞簫以簫從曲毘林人則有謝林泉工擫管以管從曲皆與良輔遊而梁谿人陳夢萱顧渭濱呂起渭輩並以管簫擅名蓋度曲之工始於玉峯盛於梁谿者殆百年矣此道不絕如線而徐生蹶起吳門寒魏赤幟易漢幟恨良輔不見徐生不恨徐生不見良輔也徐生年六十餘而喉若雛鶯靜女松間石上按

無錫縣圖書館鈔藏

拍一歌縹緲遲回吐納瀏亮飛鳥遏音游魚出聽文人騷客為之惝怳為之神傷妙哉伎至此乎一日徐生語余曰吾老矣恐不能復作少年狡獪事得吾之傳者乃在梁谿今太史留仙秦公之尊人以新公所蓄歌者六七人是也君倘遊九龍二泉間不可不見此人聞此曲余心識之久矣庚戌九月道經梁谿適穎州劉考功公勇擁大舫西門外留余方舟同遊惠山而吳明府伯成秦憲使補念顧孝廉脩遠及其子文學天石朱公子子保劉處士震脩皆在席太史留仙則挾歌者六七人乘畫舫抱樂器凌波而至會於寄暢之園於時天際隆冬木葉微脫循長廊而觀止水崎峭壁而聽響泉而六七人者衣青紵衣躡五絲履恂恂如書生綽約如處子列坐文石或彈或吹須臾歌喉乍囀纍纍如貫珠行雲不流萬籟俱寂余乃狂叫曰徐生徐生豈欺我哉六七人者各歛袖低眉傾其座客至於笙笛三絃十翻簫鼓則授之李生李生亦吳人是夕分韻賦詩三更乃罷酒次日復宴集憲使家六七人亦偕來各奏伎余作歌貽之俾知徐生之不謬良輔之道終盛於梁谿而留仙父子風流跌宕照映九龍二泉間者與山俱高與山俱清也是為記

遊慧山秦園記

邵長蘅

慧山諸園可遊者五六而秦園以勝聞余自吳閶歸艤舟山麓呼一僮循扉入時宿雨初霽落英委磴新禽弄聲龍山爽氣撲

無錫縣圖書館鈔藏

人眉睫間蒼翠欲滴泉𣿅𣿅石罅中鳴聲乍咽乍舒咽者幽然舒者淙然墜于池潦然瀰然池廣袤可百尺虹橋蜿蜒塔影動搖儵魚跳波軒閣以十數不為敞麗而整潔靚深竹榻湘簾石屏縣几之設在在不乏余嘗謂探山水之勝者必梯巉巖經幽壑嗜奇者快焉而或病其勞去而休乎園林辰足見平池小邱魚鳥親人而乏巖壑高深之趣茲游遂兼得之意甚適獨哦五言詩六首暮色蒼然忽忽猶不欲別蓋丁巳二月十七日也

錫山秦氏寄暢園記

黃與堅

戊申五月顧吏部松交招余集家園坐未畢顧余而言曰余無以為園若梁溪秦氏園非所能及也園有古木數百株若仰若

覆堂樹之側昂然聳特而蒼翠蓊鬱者皆幾百年物也引慧山之水匯為池破為澗晝夜潺潺然滌洄淈漓於檐楹之下者歷寒暑不竭也噫此豈人力也哉余聞之蹶然而歎然余之不至梁溪也十有餘年意以為斯園也或松交譽之過甚未必其果如是也七月便道梁溪少憩焉始游於所謂寄暢園者即而觀之信然復歎曰噫斯園之至於今而益著也難矣哉昔鄒愚谷先生為園於慧山也以山之山為其山山之水為其水重樓複榭叢臺曲館彌亘於九龍山之足猝而舉之莫既其勝也不三世而割裂剖析屬於他姓其僅者存則又傾圮頹壞悉蕩為寒煙蔓草不可復識矣獨是秦氏園者創自端敏公由中丞迄今數世無少廢今復得對巖太史緝而新之如是其可觀也夫盛衰成壞物理之常宜無足恃者而得人以守之則若有其可信焉人之所以貴於有賢子孫也子孫而賢矣雖世之重於園非如園之可必者且能悉致之而何有於園哉園不足道也

無錫縣圖書館鈔藏

惠山秦園記　姜宸英

天地之大昔人等之蘧廬至於宮室之麗亭臺之勝直以為寓目而已視其轉易成毀興廢之不常特瞬息間耳而傳之一姓以至數百年之久此自古未有也余少時讀吾鄉屠儀部惠山秦園記謂其中古木之上干層霄下蔭數畝者幾數百十章有泉從惠山寺而左淙淙瀧瀧注為清渠日夜流不涸中壘石條為細澗分流並涓潔可愛園固秦有也然自端敏公迄中丞公之更新時計將百年屠公已歎為難得今去其為記者度又可八九十年而古木清泉蒼翠無改當時所謂清籞鄰梵鶴巢栖玄堂爽臺飛泉環翠樓諸勝雖不必盡存要之有撤而更新無蕪而不治也予時與客遊其上或指示予山寺故為宋湛長史宅其南麓唐李丞相紳讀書樓旁去數武為宋尤文簡公遂初堂故址不獨其宇室無存而其子孫亦零落殆盡矣若愚公谷者一時勝絕吳中今亦將廢而為荒墟夫物之有成有毀此消息之常何足深論惟縉紳有道之士能持身正直創業以世其家而子孫之賢者能修德以光大前烈此百世不忘者也今以一園之有無為秦氏重輕者固不足以知此而因此知秦之世有令德將徘徊瞻眺之餘必有感慕而興起者莊子曰舊國舊都望之暢然不然彼獨不能以忘情乎哉園今為太史對巖公有太史日侍養園中讀書承歡甕飧必潔其父子兄弟棠熙熙終日也以此思秦之世德所從來矣

無錫縣圖書館鈔藏

寄暢園記畧　南巡盛典

寄暢園在惠山寺之左初本僧寮曰南隱曰漚寓明正德中尚書秦金得之闢為園名鳳谷行窩子孫次第增葺易名寄暢環以清流蔭以嘉木遂成勝地堂曰宸翰曰卧雲曰嘉樹閣曰天香曰凌虛水次為知魚檻一峰卓立其中仰蒙睿賞賜名曰介如峯石之微並邀榮遇遭逢之幸蓋不偶云

跋寄暢園法帖　秦震鈞

震鈞既恭摹御賜三希堂法帖廿卷謹敬泐石奉揚皇庥復檢舊藏臣始祖秦觀書及名人墨蹟得若干種凡自宋而元而明為三冊越我朝文教誕敷天章倬漢賢士大夫率皆各自名家燦若慶雲糺縵光天之下則書學於斯為極盛矣而震鈞所見者隘媿未足與藝林百一上自國初以迄今茲得三冊合宋元以來之書彙成六冊刻諸石謹附賜帖橅本之後以供家塾楷模並公當世同好云嘉慶六年四月望日臣秦震鈞謹識

寄暢園記略　邵涵初

寄暢園在慧山寺左明秦端敏金以漚寓僧舍改為之名鳳谷行窩多喬松古木後倚一墩周文襄公以寺闕青龍命聚土築成者端敏没後行窩屬秦布政梁再轉而屬秦中丞燿易名寄暢燹遷陵谷大改舊觀四傳而封庶吉士秦德藻又改築之雲間有張連者善疊石作層巒幽壑技重天下德藻延致之屬從子鉽俾畢其能事園成而邱壑盡變廳事之外若知魚檻之屬皆易制而仍其名又引二泉之流曲注條分聲如戛玉全園之景皆面山臨水九峰屏嶂如延入園中令遊者忘歸也園左建祠祀孝子秦永孚旦仲孚爽故屢易園志主必屬秦姓孝子之流澤長矣康熙甲子聖祖仁皇帝南巡始幸茲園以後己巳戊寅癸未乙酉丁亥疊邀龍馭高宗純皇帝繩武疊臨後先比盛

無錫縣圖書館鈔藏

天章炳煥寵溢林泉慧山今古諸名園惟寄暢園遭逢極盛

跋重臨寄暢園圖　秦祖永

余家舊藏石谷子寄暢園十六景小冊散失有年矣近於族中得一臨本雖為庸手所作而邱壑位置仍是石谷體製爰為擬之庶存廬山真面云爾咸豐丙辰春三月

無錫縣圖書館鈔藏

寄暢園志卷七

無錫秦國璋滌塵輯

軼聞

前賢遊賞之地，後人輒樂舉其逸事以為美談。矧寄暢園疊邀鑾輿臨幸，又為吾先人與四海名流觴詠之所，一時佳話流傳，皆足為山中故實，撮而錄之，亦數典者所不廢也。志軼聞。

舜峰秦公歸自楚藩屏跡，公府築別墅於惠山之麓，署曰寄暢。雅得泉石池臺之勝，然歲不數遊。或名流嘉客命駕艤舟，時一出郭載酒追陪，舒笑竟日而已，未嘗醉月迷花，如昔人秉燭夜遊，惟恐不及也者。王穉登《故中丞秦舜峰公傳》

車駕巡江南，幸寄暢園者凡四。海翁先生率子姓伏謁道左，上親問年齒，注視久之。己卯夏，復即園中御書二額以賜，遭遇之隆，士大夫所罕覯也。張玉書《海翁秦先生墓誌》

莆田余澹心懷有《寄暢園讌歌》云：華亭唳鶴翔秋水，小隊秦宮坐花底。吹簫擫管拍紅牙，細曲清歌遏雲起。又云：淮海風流足千古，河陽移種花千畝。座間賓客盡應劉，獨我淩波向南浦。蓋是時秦封公海翁家富園亭，徵歌選伎，而對巖宮諭早歲以翰林罷歸，招集勝流名山讌集。澹心以遺民得預佳會，故見之詩歌者如是。明季蘇崑生，工南曲，滄桑後流寓無錫，宮諭嘗宴吳祭酒於園中，崑生在座，贈之以詩，有「曾事征南幕，開關賸一身」之句。《無錫金匱縣志》

秦對巖宮諭家有園在惠山之麓，擅林泉之勝。罷官後鍵戶讀書，與故人遺老唱和其中，與漁洋為同年友，善賞織詩一編，題曰《寄院集》。顧棟高《感舊集》

康熙己巳二月初二日，上至無錫，駐蹕黃婆墩，時已暮，墩上懸燈數百盞，下映河水，甚可觀。次早上至秦家園，觀惠山泉，予同京江隨至秦園。時梅花盛放，登天香樓，看殊爛漫，有大山茶一株，高二丈，亦作花朱殷千朵，與梅相映。園中有樟樹大十圍，上問留仙曰：汝家老樟樹無恙否？又問此樹幾何年，對曰：此園在臣家二百年，在前原有此樹，不知其年也。園中多林木，清池居中，縱橫可八九丈，堂閣亭榭環之，疊假山為谿谷，水從谿谷入池。時折玉蝶梅大枝貯瓶中，予從主人索梅插瓶，時駕已回，主人因以此一枝為贈。張英《南巡扈從紀略》

陳其年先生未遇時，屢遊無錫，有《重遊惠山寄暢園懷先宮諭詞》云：從軍年少，巴陵客、三載金貂晝戟。蓋是時先宮諭方應蔡大將軍毓榮之聘，從軍荊襄云。秦瀛《己未詞科錄》

姜西溟先生與先宮諭論金石交，主余家最久，詩篇唱和無虛日，而先生又尤以古文名。先宮諭為作《湛園未定藁序》，先生亦為先宮諭作《寄暢園記》。同上王文簡送秦留仙太史歸梁溪詩云我鼓湘靈瑟君彈昭氏琴房櫳激流徵太息感知音古塞鴻聲遠離堂燭淚深臨觴忽不語爲爾一沈吟太史答云擊筑心更苦聽君彈玉琴君言久不御爲爾發清音高館夜將半他鄉春欲深忽思歸舊隱對酒一沈吟太史歸後讀書寄暢園與一時名士極文酒倡酬之樂尤西堂侍讀詩所謂主人雖避俗客至喜開樽餔啜皆精妙文章共討論者也姜湛園編修作秦園記謂去屠儀部作記時度又八九十年而木清泉蒼翠無改文簡送太史詩在康熙辛亥去今又一百四十餘年甲第蟬聯名賢輩出與泉交輝使屠姜二公見之當如何也周春己未詞科錄注

無錫縣圖書館鈔藏

寄暢園創自先端敏公至先中丞公擴而大之迨先王父海翁公疏泉疊石並加丹雘園林之勝遂甲於部邑康熙甲子冬先伯父對巖公罷職未得旋里上閱視河工巡幸蘇州回鑾過蓉湖觀泉幸寄暢園吾父代先王父接駕上垂問家世并問父吾名及出身遂一奏對畢上又問秦松齡莫不就是爾一家麼奏云是臣胞兄時上諸大臣憩卧雲堂見簷前樟樹交枝翳空顧問這樹幾何年矣吾父奏云有百二十年上問緣何曉得又奏臣祖臣燿前朝備員湖廣移植庭中已百二十年天顏甚霽顧隨從大臣笑話移時閱五載己巳上再幸園吾父隨先伯父接駕又十載己卯上南巡回鑾奉皇太后幸園先伯父前途迎駕上溫旨慰撫外問你兄弟怎麼不來伯父奏云臣兄弟隨臣父德藻在園門外伺候閱四載癸未先王父已辭世上巡幸蘇州先伯父蒙恩給還原品回鑾幸園伯父同吾父兩叔父接駕有旨宣進上問子姪中有學問好者可舉一人進內辦事吾父奏云臣姪兜道然去得上頷之即命隨駕至京師嗣後乙酉丁亥上南巡又兩次幸園吾父俱隨先伯父接駕兩賜克食微末小臣得邀天語垂問並蒙賜予真異遇焉秦始然漆園公行述

先伯父對巖公隨征湖廣吾父率伯兄道然讀書山園與同卧起飲食寒暖體恤備至而訓誨不少寬假同上

秦公漆園家有寄暢園在惠山之麓公奉太公疏泉疊石極園

無錫縣圖書館鈔藏

林之勝逮伯兄罷職歸里季弟亦仙亦解組吳川時兄弟皆六十餘太公年逾大耋每春秋佳日隨杖履偕二三賓從徜徉泉石間皆龐眉皓髮望若列仙汪份漆園秦公傳

寄暢園有樟樹枝葉皆香大可數抱數百年物也聖祖六幸秦園嘗撫玩不置回鑾後嘗傳問此樹無恙否查初白慎行詩曰合抱淩雲勢不孤名材得並豫章無平安上報天顏喜此樹江南只一株聖祖晏駕樟樹遂枯亦一奇也黃印酌泉錄

寄暢園自雍正初年沒官乾隆初歸秦氏然傾廢已甚今天子南巡所開列臨幸地獨注秦園給銀千兩爲修理費秦氏富者惟五輯辭不敢受獨加葺治亭臺軒榭悉復舊觀同上

乾隆辛未聖駕南巡幸無錫秦文恭公家寄暢園秦氏子姓迎
鑾者孝然年九十實然年八十七敬然年八十五榮然年七十
壽然年六十九芝田年七十六瑞熙年六十一華田年六十東
田年六十二九人得六百餘歲皆近房也漢碑云國有澤民多
世壽信夫陳康祺郎潛二筆

乾隆丁丑高宗純皇帝南巡叔父蓉莊公恭錄御製賜寄暢園
及前人詩文彙為一冊以進蒙文綺之賜秦瀛蓉莊公墓誌銘

乾隆二十三年從祖候補知府介菴公以耐圃府君仰荷高宗
純皇帝予祀雙孝祠并親灑宸翰書孝友傳家四字以賜公既
建綽楔旋詣闕陳謝天語垂詢溫霽有加此蓋伏遇鑾輅時巡
屢幸惠山之寄暢園公承先志恪慎將事天子以是知公當能
舉公姓氏特頒御臨蘇軾沖卿帖重刻淳化閣帖數種琳瑯照
耀輝映山谷真千古得之殊遇也寄暢園者先中丞公別業也
歲久弗治耐圃府君鳩而新之以迓車駕之臨其左即雙孝祠
以祀明孝子諱永孚仲孚配享諸先公者也耐圃府君既奉特
旨入祠公乃割產二百畝為奉祀田而以其贏葺治園亭永永
無廢秦瀛介菴公墓誌銘

嘉慶己巳九月既望詣顧氏從母家春谷外兄招遊慧山品第
二泉茶罷入寺請觀竹爐寺僧言奉官禁乃止遂過寄暢園逞
望翠靄陰森干霄映日園中古木幾千章且距園里許香風襲

無錫縣圖書館鈔藏

人蓋天香堂前桂花正放也入門即知魚檻壘石為沼其從水
寺而左淙淙瀧瀧注為清渠沿沼過橋為嘉樹堂尋山徑紆折
而上極高處為梅亭沿山右轉為宸翰堂天香閣卧雲堂而介
如石又在其南叢桂留人清芬馥郁乃折一枝并採得骨牌草
其草葉背有黃點突起數如牌式二十一色俱備且聞能療疾
他處所無因攜歸舟中麟慶鴻雪因緣圖記

真山如假山者秀據余所見辰溪臨江諸山頗有之假山如真
山者奇庶幾錫山秦園乎秦園臨水石灘灌木高蔭莓蘚鱗綴
真是天鏟豈落人工包汝楫南中紀聞

無錫張塘橋華協權者與好事人設乩盤於家其降鸞者曰仲
山王問仲山故明進士錫之閭人也衆因與酬答出語蹇澀詩
亦不甚韻每召輒至時華方構一樓請仙題其扁仙曰無錫秦
園有扁曰聊逍遙兮容與此可用乎衆疑此語出屈子而必曰
秦園不似仲山語也一日者與衆客問方讙忽書吾欲去矣
問何之曰錢汝霖家見招赴席乩遂寂然錢汝霖者亦里中人
故居去張塘橋不二三里衆因怪而偵之則是日以病故禱神
也明日仙復至華因問昨飲錢家乎曰然盛饌乎曰頗佳衆嘲
之曰錢乃禱神非請仙也所請者城隍土地之屬豈有高人王
仲山而往赴席乎仙語塞乃曰吾非王仲山乃山東李百年耳
問百年何人曰吾於康熙年間在此販棉花死不得歸魂附張

無錫縣圖書館鈔藏

塘橋菴菴有無主魂與我共十三人皆無罪孽無羈束里中之禱者皆吾輩享之華曰所禱城隍諸神俱有主名若既無名何得參與其間曰城隍諸神豈輕向人家飲食所禱者都是虛設故吾輩得而享焉華曰無名冒食天帝知之恐加罪奈何曰天上豈知有禱乎是皆愚民習俗之所為即鬼祟索食間或有之究無關於生死也況我非索之而彼自設之而我享之何忤於天帝即君家茶酒亦非我索之也曰既如此子何必託名於王仲山耶曰君家簷頭神執符來請彼不敢上請真仙所請者皆我輩也十三人中惟吾稍識幾字故聊以應命使直書姓名曰李百年君等胥尊奉我乎我見此處人家扁額多仲山王問書知為名人故託其名來耳問聊逍遥兮容與六字何出曰吾但於秦家園見之不知所出道聽塗說見笑大方矣袁枚新齊諧

無錫縣圖書館鈔藏

惠山寄暢園舊有先淮海公石刻像在水閣後每春日秦氏子姓設祭一次今廢于粵逆之亂猶記先司寇撰聯命先大夫省吾公書之謹錄于左云魂招南海骨葬西神地信美兮吾土手栢洛翁肩隨坡老世豈復有斯人秦賡彤先德述聞

跋

余輯寄暢園志既成復得舊圖於南巡盛典竭數日之力摹而冠諸卷首將付諸手民以廣其傳嗟乎余豈好為是無益之事哉亦以吾祖宗名蹟就湮聊寄其慨慕焉耳不意是書甫成而吾族人遂有修葺寄暢園之議一倡百和踴躍輸貲吾知不數年間必能規模粗備漸復舊觀他日歷覽名勝可執是書以相印證天下事固有不相謀而適相值者雖一書之成亦若動於機而不自知焉則余之為是書也果不為無益矣因喜而書其後丙辰冬月國璋自識

無錫縣圖書館鈔藏

寄暢園考

（民國）秦毓鈞 撰

《寄暢園考》不分卷，（民國）秦毓鈞著，民國二十年（一九三一）抄本。

秦毓鈞（一八七三—一九四二），字祖同，號平甫，無錫人。清光緒二十八年（一九〇二）留學日本宏文學院。回國後任上海《申報》、《時報》主筆。回鄉後曾任《錫報》總編、無錫縣立圖書館館長等職。曾輯印《錫山秦氏文鈔》等。寄暢園在清咸豐十年毁於戰火，雖經光緒間及民國初數次整修，但『全園佳處什得二三，意猶未已，而力殊未逮』。爲此秦毓鈞『稽之典籍，訪之故老』，就其族叔秦國璋《寄暢園志》而推衍闡述，著《寄暢園考》。凡考文五篇：《寄暢園五百年來變遷考》、《康乾兩朝幸園供張考》、《乾隆丙寅改建祖祠與議諸人考》、《乾隆辛未南巡九老考》、《九老獻詩選本互異考》。由於秦毓鈞篤古嗜學，潛心掌故，尤稔秦氏文獻，故所作考文『貫穿群書，出以己所獨見』，對寄暢園歷史變遷及原委，保留了若干有價值的資料。

本書據民國二十年（一九三一）抄本影印。

（沙無垢）

錫山秦氏寄暢園考序

吾錫秦氏寄暢園創始明時 端敏公迄今歷四百餘年

於錫爲最古其間曾一轉於 虹洲公再轉於 壽峯公而

卒未嘗易姓非特擅地勢[illegible]周廣美泉石而[illegible] 清康乾

兩朝歷次南巡臨幸駐蹕宸翰輝煌子姓[illegible]昌一時繁

盛矣[illegible]之光巖壑色志園墅允宜冠首咸同洪楊之

亂據[illegible]亭榭[illegible]毀於兵燹積壞十年久就荒蕪清光緒間

曾以祠祭所餘出沈石新九曲橋改長樑復葺知魚檻構大石山

房而其餘什[illegible]八九仍多敗草[illegible]木[illegible]垣[illegible]西南一角牆內外地且

失于他姓不可復得辛亥[illegible]縣革[illegible]迄[illegible]改[illegible]

無錫[illegible]書館[illegible]藏

存者皆怪石奇樹俯仰今昔感慨殊[illegible]福章初園相[illegible]園有山[illegible]

入[illegible]供灑掃免寢圮剝[illegible]主園事銳意有爲既

周垣後長廊又指建清響齋涵碧亭並約族人共復古含

貞齋遺蹟於是全園僅廢什得二三矣猶未已而力[illegible]未逮[illegible]

[illegible]

[illegible]

[illegible]之[illegible]秀[illegible]園各有[illegible]隨依而[illegible]

園[illegible]爲世所重而濱山之勝[illegible]故在壯觀非昔[illegible]韻猶存

歷[illegible]不園[illegible]不失爲最古[illegible]之[illegible]則未可以其久[illegible]

而少之也平甫[illegible]念古者[illegible]心孝故而於秦氏尤[illegible]既輯

無錫[illegible]書館[illegible]藏

宗譜編錫山秦氏文鈔校刊秦氏三府君詩集茲復成錫山秦

氏寄暢園考輯園凡五篇分緣析類之典籍詩文故老[illegible]

祖庭遺訓[illegible]雅[illegible]撰之寄暢園志而[illegible]之廢興因革陳述

昭然匯爲一家[illegible]所在世明[illegible]邑中志乘所宜採記而識[illegible]

其[illegible]世降才衰保殘守闕之士且不可多得寄暢園林之

存廢一姓之[illegible]爲是[illegible]其盛衰[illegible]也哉癸酉冬月瑞玠謹序

隨考其盛衰及其[illegible]忽[illegible]三[illegible]載[illegible]

上而[illegible]七八十年以內[illegible]間又[illegible]陳迹不有[illegible]後[illegible]有徵由

[illegible]猶有[illegible]稀[illegible]有記者以補其所不及

予[illegible]也癸酉冬月瑞玠謹序

[illegible]館[illegible]藏

寄暢園考序

寄暢園考一卷，族兄平甫所述撰也。全書述寄暢園五百年間興廢因革遞嬗之迹，旁證曲引，委悉煩密，文都五萬字。篇目爲寄暢園五百年來興廢考、康熙乾隆兩朝幸園供張考、乾隆西賓改建祖祠興訟訊人考、乾隆辛未南巡九老考、九老獻詩送帝之異考。平甫爲人淵懿深沉，于梁秦文獻垂有年矣。仁存自海外歸，從董理園事，時思興復舊觀，於園中一齋一亭一池一阿，尤其何者爲舊時之舊基，何者爲晚近之時之改建，何者爲乾隆南巡時殘址，求遺跡時多缺正。辛未秋，平甫以全書出示，屬爲之序。仁存披讀而歎曰：有是哉！此乃秦氏子姓所不可不讀之書也。惟仁存早歲出游，於吾家文獻夙少研求，烏足推明平甫意趣。竊嘗論之：積古之事，自古爲難，蓋時世之遷移，置之興廢，名位之更易，記載之詳略，莫不息息相關。苟非廣搜舊聞，博稽群籍，復加以精心考訂，不能厚於故實而足資取徵也。平甫嘗窮群書，出以己所獨見，宜深思乎後之神會意喻，有非他積古之士所得而擬者也。可寶愛[illegible]，僅有裨於吾秦一家之文獻已哉。辛未冬日仁存序

寄暢園考目次

澂麐族叔作寄暢園志徵引繁富搜採美備臨歿以副本貽余余惟園之屬於吾秦五百年矣其間興廢因革遞嬗之迹故老傳聞書缺有間異說滋多有不得不為吾家子姓疏通以證明者姑就所知析其同異輯考以附於後錄目如左

寄暢園五百年來變遷考

康乾兩朝幸園供張考

乾隆丙寅改建祖祠與議諸人考

乾隆辛未南巡九老考

九老獻詩選本互異考

民國二十年八月　毓鈞編次

無錫梁溪圖書館抄藏

寄暢園五百年來變遷攷

先祖訓導公曰吾家寄暢園始名鳳谷行窩端敏公闢南隱漚寓二僧舍者為之

毓鈞案邵文莊惠山記云石街白石塢北曰南隱房山門內左曰漚寓房王永積雪錫山景物略云園在惠山寺左古鳳谷行窩也為僧舍二一曰南隱一曰漚寓古木喬松合圍者以數百計後有棠墩周文襄行部至寺以左缺青龍聚土石補之正德中秦端敏公闢而為園此其最初也是時園中所有者山色泉聲而外曰曲礀曰長松公詩有曰峰高看鳥度徑僻少人過荒涼廓落可以想見其見於歌詠者為顧參議可適秦太保鳳山公分賦鬻架亭歌

鬻架亭　顧詩所分賦者

午橋野堂　見顧詩

一鑑軒　顧詩有一鑑昭兮晃朗句後從川公賦古華山墅二首有一鑑軒題咏即此也

後屬於虹洲公

毓鈞案王永積記一轉屬方伯者以此虹洲公之父為通參府君有從川集詩中云園景者極多廣池上篇序云庚申之夏葺園池於惠山之麓記歲月也考其地有泉有池有竹千竿有繁古木青蔭盤旋勿謂土狹勿謂地偏有堂有室有橋有船有閣煥若有亭翼然菜畦花徑曲澗平川殆即此也又有山成四首似築假山時事而假山和

無錫梁溪圖書館抄藏

寄暢園
全圖

答方泉見贈亦此事也又名古華山墅公題詩二首有一鑑軒白蓮池諸
目又有山莊鑿池口占即白蓮池歟而虹洲公與施農曹唱酬亦有登鳳
谷行窩振衣亭之作當時亭台池榭有名可記者
一鑑軒　古華山墅二首之一顧參議集鳳山公園分韻詩亦有一鑑昭
兮晃朗其古華山墅當為鳳谷行窩無疑
白蓮池　古華山墅二首之一公廣池上篇有云紫菱白蓮似以白蓮
名池亦園中所有者
振衣亭　虹洲公邗塘公曾詠及之
以上為舜峯公前故實考園史者所不可不知也當時又有小洞重
階諸廢蹟唐張祜題慧山寺詩曾述及之前明萬曆間廢入鳳

谷行窩見談修慧山古今攷
至舜峯公而理荒薙穢搆列二十景顏曰寄暢寄暢者取王內史寄暢
山水陰詩句意也
繇鉤葉園至舜峯公而大備公有二十景景名一詩而王穉登寄暢園記
華淑寄暢園記略亦備言之見王永積錫山景物略
嘉樹堂　舜峯公二十景之一堂址未詳非今地也石谷子有圖臨本尚存
清響齋　舜峯公二十景之一亦見王穉登記石谷子有圖臨本尚存
蓋從園門入北折第一景也王記作折西西小誤園踞山而東與惠山寺
同一方向自記文誤為闢其戶北向西此齋亦誤為折而西矣
錦匯漪　舜峯公二十景之一亦見王穉登記石谷子有圖臨本尚

存後吳偉業有山池塔影一詩似即指此康熙時錫山龍光塔新修倒
影池中故有山池塔影之目
清籞　舜峯公二十景之一亦見王穉登記石谷子有圖臨本尚存
知魚檻　舜峯公二十景之一亦見王穉登記石谷子有圖臨本尚存此
為舜峯公之知魚檻與海翁公特小異耶涵初惠山記所謂若知魚檻之
屬易制而仍其名即指此也
清川華薄　舜峯公二十景之一石谷子有圖臨本尚存
涵碧亭　舜峯公二十景之一亦見王穉登記並詳華淑記畧
懸淙澗　舜峯公二十景之一亦見王穉登記拾級而上有亭翼然
似即在其上者

臥雲堂　舜峯公二十景之一亦見王穉登記並詳華淑記畧
鄰梵閣　舜峯公二十景之一亦見王穉登記
大石山房　舜峯公二十景之一地址未詳
丹邱小隱　舜峯公二十景之一地址未詳
環翠樓　舜峯公二十景之一亦見王穉登記
先月榭　舜峯公二十景之一亦見王穉登記
鶴步灘　舜峯公二十景之一王穉登記有鶴巢無鶴步灘
含真齋　舜峯公二十景之一亦見王穉登記石谷子有圖臨本尚存
爽臺　舜峯公二十景之一亦見王穉登記
飛泉　舜峯公二十景之一亦見王穉登記後吳偉業有琹并支

泉詩似即指此
凌虛閣　舜峯公二十景之一亦見王穉登記並詳華淑記畧
栖玄堂　舜峯公二十景之一亦見王穉登記並詳華淑記畧
宛轉橋　吳偉業有宛轉橋詩未詳何地王記有曰鑿畫池爲梁則此
梁當在清籞之北又曰循橋而南則舊曰知魚檻左右似更有橋南字不
知何指又曰飛泉之滸曲梁卧波而如蝃蝀雌霓以盤涵碧亭橋云宛
轉庶幾近之然此橋不達於池東者海翁公改築後已不存矣考吳辛
於康熙十年辛亥石谷子尚及訂交而行輩差後廣玩王圖益知吳詩
所詠爲聖舜峯公之規制矣
石梁　王穉登記及之在卧雲堂之前海翁公仍之今廢

鬱盤廊　王穉登記及之未詳何地
霞蔚齋　王穉登記及之未詳何地然記云廊接書齋下文繼之
云廊東向得月最早爲先月榭似榭與廊爲一地者然但上文又云循
橋而南後爲廊是又不可考矣舜峯公詠榭而不及廊不知何故據
吳工弟云王記之霞蔚鬱盤廊即舜峯公題詠之清川華薄殆
彼此詳畧互見歟未知孰是
箕踞室　王穉登記及之殆介於鄰梵閣含真齋間
鶴巢　王穉登記及之殆在含真齋北
鑒潦亭　王穉登記及之在栖玄堂之北地近爽臺
天香閣　華淑記畧及之在卧雲堂之旁

蒼雪亭　華淑記畧及之亭臨寺門大道以梅勝由而進爲齋者二未詳
右舜峯公時之寄暢園可考者止此王穉登曰茲園之勝在背山臨流
其最在泉次石次竹木花藥果蔬又次堂榭樓亭池籞而淙而澗而水
而涯則得泉之多而工於取泉者也王永積曰雖幽香美妙不敵鄒
園而蒼涼廓落不以一亭一榭爲奇高深勝之致殆欲過之
公移析而爲二一與太清公太宰公執業由後門從凌虛閣入卧雲堂及鄰梵
樓抵書房蒼雪亭止并佛堂一帶一與太鴻公太涵公執業由正門自長
廊至霞蔚鬱盤自此出便門抵環翠樓及栖玄堂而止
然鈞業此就南北二部以劃分者南半部爲太清太宰二公承分亦曰内
園從凌虛閣前閣門出入即今之天真照相館出入處也跨澗而西

曰卧雲堂前後層層軒可容數十席旁置小閣三楹榜曰天香桂
枝叢叢皆出閣上花時主人往往宴客於此有蒼雪亭以梅勝花落
橫斜飛瓊層盾玉飄拂牆外其内石徑敧斜小池清映落落亂松亦
數百年物亭臨寺門大道可惜選佛場作遊戲禪由而進爲齋者
二則入空山古院不復知人間塵豔爲何地矣北半部爲太鴻太涵二
公承分由正門長廊以達便門短牆界其間亦曰外園而所謂栖玄堂
環翠樓者雖俱入假山境内蓋昔之知魚檻非當門者長廊臨池
左折而北過清籞爲知魚檻自此而西循池而南復爲廊則東向矣廊
接書齋顏其中楹曰先月榭最南則便門樓玄堂環翠樓適
在其南虞龍隆記云緣堤行草樹蒙茸閒至水盡山窮處謂無

復通道忽折而別闢一徑景物儼然者殆即此也王記曰槃曰梁曰橋
實即堤也過堤缺處梁以通之隨地命名而園則無之栖玄堂適對正
門庭際空曠桂聚叢叢成林折而右度長廊坐修橋桃花片片逐
溪流大池一望浩淼上為飛梁蜿蜒曲折朱欄畫楯下映綠波池中央
結一小亭偏多野趣環碧樓聳峙西北空故漫引叠石成波橫斜上下
荒荒落落登樓置身萬綠中雪滿山中月明林下無非佳景當日
記載所可考者如此

三傳而併於海翁公疏泉叠石園林益勝

鯨鈞案海翁公特雲間有張漣者善叠石作層巒幽壑技重天下乃
延致之連傳其法於從子鉽俾來錫畢其能事園成而邱壑盡變
當時所謂清籞齋梵鶴巢樓玄堂爽臺飛泉環翠樓雖不必盡
存要之有撤而更新無蕪而不治也此見於姜西溟記者廳事之外若
如魚檻之屬皆易制而仍其名此見於邵涵初記者建築假山共三座
右邊第一座曰梅亭山第二座卓立於中由澗東至內園門外為止第
三座則由梅亭前沿大沼至鶴步灘盡處移知魚檻稍南當入門處俯
臨大沼沼北中綴七石如浮卵曰七星橋過此而上為雲霞磐盤處右
有一洞洞旁澗水琮琤洪纖高下悉協五音不減臨安水樂盡此水從第
二泉伏流穿金蓮池由牆外紆迴曲折以達於沼入園後為石所激從
高而下或直或曲或大或小以獻巧呈奇於斯園者曰八音澗當特規
制備載南巡盛典而鴻雪因緣圖又加詳焉

無錫縣圖書館鈔藏

寄暢園五百年來變遷攷

南巡盛典　堂曰宸翰曰臥雲曰嘉樹閣曰天香曰凌虛水次為知魚檻
一峰卓立其中仰邀睿賞賜名曰介如峰石之微並邀榮遇

鴻雪因緣圖記　入門即知魚檻沿沼過橋為嘉樹堂尋山徑紆折而
上極高處為梅亭沿山右轉為宸翰堂天香閣臥雲堂而介如石又
在其南

其家集所載則以道光二十六年調查樹冊為最詳冊內敘述諸處茲
錄如左

御書山色溪光　匾即臥雲堂今廢對介如峰為園中正屋背山臨
水在天香閣之前而宸翰堂又在其後自懸御書題額而舊額盡
撤矣

旌孝祠嘉樹堂　在錦滙漪之北當園西北隅今廢所謂御書之
松風水月匾即懸於其處

右邊祠堂間壁　乾隆十一年公議以嘉樹堂供奉兩孝子神位然文恭
公紀恩詩嘉樹堂鄰孝子祠則似未嘗以堂為祠今擬此冊殆供奉於
嘉樹堂之右一間而堂懸御匾以待六龍之蒞止歟是蓋不可考矣

淮海公碑像前　舊題在水閣後疑為今之大石山房然非舜峯公
前之大石山房也此洪楊後變更舊蹟之一

御書碑廳　匾即宸翰堂乾隆八年後所改亦曰御書碑亭此為園
之正屋當園西南隅最後處為舜峯公時含真齋故址

御題介如碑前　當臥雲堂之前

無錫縣圖書館鈔藏

天香閣　介於宸翰堂臥雲堂間闢南北向為叢桂留人處
廊下　在臥雲堂之側吳鴻詩云園廊不厭曲千回溪色湖光聚一
隈疑即指此
板橋下　有地曰小山頭疑即九獅圖也地指園廊自此而達於內園門
者出門即外園矣山澗縱橫袁枚詩云紆轉山徑曲琮琤泉響瀉
即此
小竹園內　疑即舜峯公時清響齋故址地接水閣
御書竹淨梅芬　疑即園中之靠山房屋道光議單謂漸形頹廢
當議保守長策似即指此
石橋　七石綴浮水面亦名七星橋此在池之北者若凌虛閣南則

無錫縣圖書館鈔藏

自有橋為舜峯公舊制民初撤去為洪楊後變更古蹟之一袁枚詩
縱橫兩石橋屹作天河跨疑即指此兩橋而託詠者
河亭　疑即知魚檻自此而北以達石橋自此而南以達凌虛閣皆在
池之東者
梅亭　假山最高處築亭其上此為假山第一座也自是而南沿澗東
行為第二座至內園門而止蓋南為第三座沿池至鶴步灘而止小
硯先生詩園中流水處為鶴步灘即此
凌虛閣　此尚為舜峯公古蹟重屋三層浮出林杪兵燹以後尚存
民國初始圮改建西式三層大樓旋燬於齊盧之難今建市房三
間為洪楊後變更古蹟之一

水雲佳趣軒　未詳見高宗御製詩為園中十二景之一考周有壬錫
金考乘高宗御題惠山園八景詩序云江南諸名勝惟惠山秦園最
古我皇祖賜題曰寄暢辛未春南巡愛其幽致攜圖以歸肖其意
於萬壽山一亭一徑足諧奇趣得景凡八各繫以詩見御製詩集園
為秦氏世業三百年來久稱名勝今邀九重肖意仿築不可謂之江南
第一名墅哉
孝友傳家坊　介菴公墓誌乾隆二十三年公以耐圃府君子祀雙孝
祠并親灑宸翰書孝友傳家四字以賜既建綽楔旋詣闕陳謝殆
即指此
護園從屋　見道光間議單擬稿自園門右首至錢武肅王正共若

無錫縣圖書館鈔藏

干間今僅至孝友傳家坊而止民國初年即凌虛閣舊址改建洋房
備價歸還屋基三間而已
朝房從屋　見道光間議單擬稿園門對面共若干間
咸豐十年乃盡燬於髮寇迨同治二年十二月清兵克復邑城祠園之
幸存者僅屋三間老樹數株而已慨懷先澤曷禁泫然
絲鈞華邵吟泉慧山記續編云庚申之變惟寄暢園全行被毀臺
榭之勝一變而為蔓草荒烟數十年來議及修復亦枝枝節節
而為之光緒癸未先叔來卿族叔郅農有志興復措貲修葺凌虛
閣重建知魚檻並約後有餘力相繼為之乃未及十年而先叔謝世
賴叔孤掌難鳴全園遂無恢復之一日僅逢伯叔族祖以值祭餘款

興建大石山房（平屋三楹稍中）而已自民國初年凌虛閣圮族中集款改建三層西式大樓一座並歸還牆外舊時餘屋數間以通出入先後由秋如潤之兩叔經理就大池東西分建花棚茅亭以資點綴不幸適（遭）乙丑齊盧之亂西式大樓復燬於火近由真工族弟管理組織董事會以春秋二祭餘款量力修理池東一帶（並）分建清響齋涵碧亭綴以長廊與大石山房相連屬池北環翠樓瓦材鳩工正擬興復餘為財力所阻如卧雲堂宸翰堂天香閣壽（燕）尚未盡復舊觀云

寄暢園五百年來變遷攷

無錫縣圖書館鈔藏

康乾南巡幸園供張考

康熙六巡江南過錫詣惠山必幸寄暢園其時辦供張者前三次則涵翁公生存子姪任之後三次則對岩公兄弟繼志述事敬謹備辦

漆園公行狀　寄暢園創自先端敏公至先中丞擴而大之迨先王父疏泉疊石並加丹雘園林之勝遂甲於郡邑甲子冬先伯父罷職未得旋里皇上閱視河工巡幸蘇州回鑾過蓉湖觀泉幸寄暢園吾父代先王父接駕蒙皇上垂問家世並吾父名及出身遂一一奏對畢皇上又問秦松齡莫不就是爾一家麼奏云是臣親哥哥特皇上及諸大臣憩卧雲堂見簷前樟樹交枝翳空顧問這樹幾何年了臣父奏云有百二十年上又問緣何曉得又奏臣祖燿前朝備員湖廣巡撫移植庭中已百二十年天顏甚霽顧隨扈大臣笑語移時閱五載己巳皇上再幸園吾父隨先伯父接駕又十載己卯皇上南巡回鑾皇太后幸園先伯父前途迎駕皇上遣旨慰撫外問你兄弟怎麼不來伯父奏云臣兄弟隨臣父德藻在園門外伺候閱四載癸未先王父已辭世皇上巡幸蘇州先伯父蒙恩給還原品回鑾幸園伯父同吾父兩叔父接駕有旨宣進皇上親問子姪中有學問好者可舉一人進來辦事吾父奏云臣姪兆道然去得上頷之即命隨駕至京嗣後乙酉丁亥皇上南巡又兩次幸園吾父俱隨先伯父接駕兩賜克食敝末小臣得邀天語垂問兼蒙賜予真異遇焉　錄錫業行狀為公長子丹山公始然所作先中丞指舜峯公先王父謂涵翁公先伯父則對岩公兩叔父即卧雲巽川兩公

康乾隆南巡幸園供張考

無錫縣圖書館鈔藏

乾隆六次幸園園其時由廿二房主辦而各房量力協助案經乾隆十一年南沙公等議定有田祠宇地臨孔道倘有承應藝掌管之人支植而各房亦宜協力同心毋失當年四位先人一體關切之誼前三次由耐園介菴兩公支值外而樸齋公量力助之

樸齋公行狀　高宗純皇帝南巡江浙於辛未丁丑壬午三次幸吾家寄暢園府君與諸伯叔父掃除接駕蒙賜緞疋克食尤異數也

乾隆乙酉第四次南巡

介菴公墓誌銘　寄暢園者先中丞別墅也歲久勿治耐園府君葺而新之以迓車駕之臨公承先志恪慎將事天子以是知公能舉公姓氏累叨恩渥錫子駢蕃特頒御臨蘇軾沖卿帖重刻淳化閣帖數種琳瑯照耀輝映山谷　鈞案耐園公於辛未接駕後名列九老丙子即辛迨二十二年丁丑純廟南巡詢知其詳命以耐園公祔祀孝祠并親灑宸翰特書孝友傳家四字以賜公既建綽楔旋復詣闕陳謝天語垂詢溫霽有加至是復辦大差供張以乾隆四十五年正月九日卒是辛未南巡為耐園公主辦而丁丑壬午乙酉則公所恪恭將事者也

乾隆庚子第五次南巡介菴公新卒而支值園差公裔外協力同心則先果亭公也

家集無明文但故老相傳先果亭公以供應園差侈靡獲禍而汪篤阮工部述丹麓府君之言謂吾族有出家資以辦官政者則動工條例目殆即此歟

乾隆甲辰第六次南巡家集無明文但傳會嘉公禮鉄以迎蹕蒙恩賜綵緞荷包恭紀一律而已

康乾隆南巡幸園供張考

無錫縣圖書館鈔藏

乾隆丙寅改建祖祠與議諸人考

南沙公時年八十有九　石經公時年八十有五　涑子公時年七十有三　學伊公時年八十　元獻公時年七十有七　茉士公時年七十　希敏公時年六十有四　人鑑公時年六十有一　五輯公時年五十有六　此以齒為序者

芝田字寄園南沙公子年七十二　惠晴字耕畹南沙公子年五十八　春田字溪隱訒菴公子年五十二　瑆田字耕白茉士公子年四十六　恩田字耕隱茉士公子年四十四　周田字耕澧後渠公子年五十九　卿田字耕祿人鑑公子年三十九　余田譜名杏田字耕魯人鑑公子年三十　蕙田字樹澧香山公嗣子年四十四　右老長房對巖公後裔

藍田字耕璧元獻公子年六十　二田字耕交元獻公子年五十六　天田字耕渼元獻公子年五十三　鵬程字耕疇元獻公子年五十一　琬字耕祁二南公子年四十六　錦鱗字耕𩀱二南公子年四十二　圭田字耕朵三緘公子年四十九　疇字耕方四知公子年四十四　兆雷字蘇書五輯公子年二十五　右老二房涑園公後裔

乾隆丙寅改建祖祠與議諸人考

無錫縣圖書館鈔藏

玉田字耕烟石經公子年六十七　鶴田字耕九石經公子年六十六　在田字耕雲石經公子年六十五　鳳字耕若石徑公子年六十　雨田字澍霖石經公子年五十二　南田字漢陽石經公子年五十一　力田字耕仁藥師公子年五十六　餘田字耕留藥師公子年二十八　莘田字耕樂中子公子年五十三　荷田字耕素中子公子年四十八　右老三房息仙公後裔

昆田字文畬學伊公子年六十　東田字暘谷學伊公子年五十七　甸字中畋儉齋公子年五十六　雲翼字稼士儉齋公子年四十八　雲衢字天門儉齋公子年三十九　雲萬字桂九學圃公子年三十二　蓀田字耕曾希敏公子年三十六　右老四房亦仙公後裔

朝釪字怙齋亦仙公長曾孫學圃公孫元臣公子　元釗字長也亦仙公曾孫儉齋公孫鼻榆公子　士錞字尚美涑園公曾孫二南公孫耕穫公子　泰初譜名朝鑑萃亭公曾孫鳳翼子希敏公孫　鎬未詳　銓未詳　以上二公按之今譜似皆不合查金字行之列名於議約者必其文已前卒而始得列議士字行中之前卒者有耕紅公所田子名宏鐘此豈其初名而後乃改名歟無可得而詳矣

寄暢園為吾海翁公一分子孫所獨有固已然觀議約列名諸

人明園房於長二三四諸房此亦考故實者所不可知也鋐
鈞附識

乾隆丙寅改建祖祠與議諸人考　無錫縣圖書館鈔藏

乾隆辛未南巡九老考

寄暢園九老膾炙人口且當日年齡序次俱經御製詩註欽定按之譜乘似有不盡合者孜黄卭酌泉錄辛未二月十九日御舟至無錫駐蹕北營盤二十日早晨上易小舟至惠山先幸秦園秦氏於園門跪接者二十四人九十者一八十外者二六十外者四上在園進膳御製七律一章令隨駕汪由敦持稿至園門使秦氏諸人和竟無應者然按之詩鈔則煌煌九老和章俱在且石經公孝然詠菴公賓然待軒公葦田俱各有紀恩詩之作而中馭公甸耕九公鶴田耕若公鳳於石经公紀恩詩各有和章殆駕幸蘇州時詠菴公等詣靈巖謝恩繕冊以進而當時所謂近族九人年六百者

乾隆辛未南巡九老考　無錫縣圖書館鈔藏

慕廬公孝然 年九十譜合一字石經 邑庠生　詠菴公賓然 年八十七譜合一字涑子 增貢生
真齋公敬然 年八十七譜合 邑庠生　素村公榮然 年七十譜合一字希敏 太學生
若溪公壽然 年六十六譜合 邑庠生　耐園公瑞熙 年六十譜作六十一字五輯 附貢生
寄園公芝田 年七十六譜合 舉人知縣　待軒公葦田 年六十譜作五十七一字耕棠 進士知縣
約齋公東田 年六十二譜作六十三 邑庠生
考當日未與於九老列者吾宗者尚有八人菉士公祖然生康熙丁巳年七十五
耕烟公玉田生康熙庚申年七十二 耕九公鶴田生康熙辛酉年七十一 耕若公鳳生康熙丁卯年六十五
文龕公昆田生康熙丁卯年六十五 耕交公二田生康熙辛未年六十一 耕仁公力田生康熙辛未年六十一
中馭公甸生康熙辛未年六十一 俱年六十以上菉士公等七人皆太學生以未列於
膠庠故不得與中馭公以進士遠宦賓州未及迎鑾素村公以太學

生而得與於耆英列者殆以詹子峯亭公膺翼之封得扶九杖絜犀
從而廁列九人歟
其後素村公以是年卒壽七年十訒菴公以癸酉壽八十九石經公以甲戌壽
九十三真齋耐圃二公以丙子歲壽九十歲壽六十六迨乾隆丁丑二次南巡其
時九老存者四人
蓉溪公壽燾　年七十二又五年丙子卒壽七十七
寄園公芝田　年八十二踰年卒壽八十三
待軒公莘田　年六十四又二年卒壽六十六
約齋公東田　年六十八又五年卒壽七十三
御製詩有碩果惟餘四好在之句於是蓉溪公奉旨賞給翰林院
編修寄園公奉旨開復原官而待軒約齋二公不與焉此亦吾家
一故實也

無錫縣圖書館鈔藏

九老獻詩選本互異考
寄暢園九老自奉御製詩後各有和章呈進並紀恩詩之作復和先生
秦氏詩鈔燦焉備列顧響泉前輩梁溪詩鈔僅石經公訒菴公真
齋公希敏公蓉溪公耐圃公六人而本互異顧鈔輯於乾隆之季而復
和先生選本則為道光特似當以梁溪詩鈔為正復和先生之輯家集
也經鄒蓉坨王人月刪訂今尚藏有當日手刪之本後之讀者可即二本
以互較其同異顧選僅及六老餘鈎所論列亦以六老之詩為斷寄園
待軒約齋三公從略
石經公和作　乘春龍舸艤溪灣閭俗欣看萬象間草木懷
恩知發育烟霞落紙想淙潺百年祖武三江澤一片慈雲萬
歲山擊壤小臣今九十瞻天身在日星間此梁溪詩鈔也而秦氏
詩鈔則易之曰乘春龍舸艤溪灣閭俗欣看萬象間嵐氣林
端連霰雪泉聲澗外激淙潺至人真契觀於水仁者崇懷樂
在山擊壤小臣今九十置身如傍五雲間
涑子公和作　省方今到九龍灣暫駐郎園一憩閒鶯囀芳林
歌緩緩水流花徑石潺潺春深沛澤連甘雨天霽和光滿碧
山草莽微臣邀睿藻一時忭舞五雲間此梁溪詩鈔也而秦氏
詩鈔則易之曰六龍新駐九龍灣暫蒞園亭一晌閒巖洞拂雲
林氣濕石梁飛瀑澗聲潺春深渥澤連芳甸天霽和風滿碧
山何幸衡茅邀睿藻失歌疑在上林間

無錫縣圖書館鈔藏

涑子公紀恩詩六首　深恩再造鶺鴒原淚血沾濡二十年今日東南春似海萬花齊放忽瞻天其一草茅泉壤被恩榮數世深仁浹死生吟到九人年六百濡毫欲和字難成其二祥雲塞路轉和風花外鶯聲柳外鐘山色溪光常似昔奎章彩翠九龍峯其三不盡煙霞浩浩春一絲一粟總皇仁迎鑾父老齊聲頌聖世推恩首壽民其四寄暢園邊春日長二泉亭下春風香只憐碧社荒蕪後無復當年十老堂其五泉邊故物惟詩卷聖藻新題舊竹爐祇候風流塵下拜滿山松翠護臺輿其六此梁溪詩鈔也而秦氏詩鈔則易之曰九龍山色護祥煙兩世承恩五十年今日翠華臨幸處萬花飛舞聖人前其一阜木增輝大地春閶闔披拂露華新好扶兄杖攜群從九老人中弟二人其二卧雲堂畔彩雲高五色瑤箋染御毫中使昨宵親捧出更須文綺賁蓬蒿其三衰庸何敢齒耆英鬢愧香山白傅情帝許高年聯近族寶恩堂上拜恩榮其四小築園亭僅蓋茅千年喬木接層霄煙雲華墨塵清覽誰道書生也賜貂其五靈巖一塔聳嶙峋天語殷勤尚下詢寄語京華猶子其六道高深何以答埃塵

真齋公和作　春氣乘流下碧灣六龍遥駐萬機閒祥風滿路催花發靈雨千巖夾澗潺曾是先皇留賞地無多古木漸遮山雲蒸霞蔚瞻宸翰喜起層巒疊嶂間此梁溪詩鈔也秦氏詩鈔則易之云鳳舸乘流下碧灣春深綺甸萬幾閒祥風滿路催花發靈雨千巖夾澗潺五澮穿林孤嶼水九龍當面一房山雲蒸霞蔚瞻宸翰照耀常懸日月間

希敏公和作　三呼萬歲拜前灣玉輦平看十畝間花近御爐香細細泉供硯水雨潺潺讓稱泰伯初開地慧豈江南第一山得覩龍光瞻聖藻滿身清露翠微間此梁溪詩鈔也秦氏詩鈔則易之曰三呼萬歲碧雲灣玉輦平看十畝間花近御爐香細細泉供硯水雨潺潺竹陰繞壑疑無徑嵐氣當窗忽見山喜覩龍顏瞻聖藻奎光直射斗牛間

蓉溪公和作　水煖烟寒柳一灣白蘋風細綠雲間雨絲如髮霑衣濕樹杪飛泉落鏡潺北望翠華依日月東來紫氣滿湖山架巖欲起天章閣廣廈何時得萬間此梁溪詩鈔也秦氏詩鈔則易之曰芳塘一徑綠楊灣細雨東風白鳥閒山色入門青宛轉溪光縈澗玉琤潺虹腰曲水煙中權鶴語深林屋後山白首書生天咫尺翠華今在翠微間

耐圃公和作　素業空懸水一灣朝來天霽白雲閒自從輦路經秋蹕惟有泉聲帶雨潺波及臣家恩似海恭逢聖母壽如山奎章摩藻垂千古翹首金莖霄漢間此梁溪詩鈔也秦氏詩鈔則易之云素業空懸水一灣朝來天霽白雲間欣看輦路隨山轉况有泉聲帶雨潺波及臣家恩似海恭逢聖母壽如山紫宸灑編丹毫露翹首金莖霄漢間

無錫縣圖書館鈔藏
九老獻詩選本互異考
無錫縣圖書館鈔藏

語有之曰詩言志歌永言比而觀之亦當爭得朱三林矣俊見懷
園景行攸資矣

九老獻詩選本五吳考

無錫縣圖書館鈔藏

寄暢園考跋　秦毓鎏

汉之平甫作寄暢園考既脫稿出以相示命讀之不禁
發生有慚蓋知兒時古之学水先哲後之心為冬可
及他者也向之天下物大而天地小而微菌莫不
有成有毀有生有滅非時之久遠有不得不然者園
之為物僅供游觀經營臺榭胥資人工耗財多
而實用寡建之匪易保之維艱故近世僅及
其身遠無出數百祀者若元明之間無錫
園林稠布黄人詩之出郭樓臺四五里排人
不少見也若中此可以概見此生清初多已泯
焉无存惟寄暢園自端敏而迄今而中丞
而光祿迄今四百餘年而未易姓以此例彼不
可為不久其間年歷改作動向因家法禮無
亡斯園雖小所繫實大余生也晚不及見
其時盛況幼時從父老游園第見蔓草荒烟
頹垣敗瓦細細其間往增慨嘆啟居讀王百
穀所為記姜西溟秦祖賡亭送之詩以所繪
園樓之遺址又難符合懷疑莫釋數十年
於茲今平甫一一為之考訂證詳其時代富
其位置瞽其名稱俾異日為復舊者有所依據

無錫縣圖書館鈔藏

手慎勿毋復出矣釋其有功于斯園不亦偉乎兄長余六歲讀書一目數行多識博聞超軼儕輩少年即有高材生中年以後乃為紀其五十後返里閉戶著書尤留心于吾秦氏文獻輯宗乘纂家集完先人之遺志於將墜之緒其已成書者若干卷凡二十有年不厭不倦以視世之不務實好夸詐肆之言者博一己之盛名而昧實補于國人者其賢不肖相去何如有古之學者為己今之學者為人吾兄所為庶幾為己之學而知所務於今之人也　壬申九月毓鎏跋

無錫縣圖書館珍藏

寄暢園考跋　　秦潘

寄暢園之屬吾秦氏自明有迄今已四百數十年矣其間易主者屢迨清乾隆間改建祖祠始克沿襲至今永為吾秦姓所保有然中經紅羊之亂全園建築毀滅殆盡輝煌樓閣一変而為蔓草荊榛晚清之季族中老輩曾加修葺然第撤除瓦礫略加整理終難恢復舊觀也族叔平甫於斯園之興廢沿革考據有素博採羣籍摭拾舊聞輯成寄暢園五百年來變遷考一卷康乾兩朝幸園供張考一卷乾隆丙寅改建祖祠與議諸人考一卷乾隆辛未南巡九老考一卷九老獻詩選本互異考一卷詳徵博引條析縷分洵堪為吾錫一邑掌故之考秉豈僅有關於秦氏一家之文獻而已哉潘猶憶髫齡時隨祖父晚卿公祭僕孝祠入園游覽猶知魚檻登凌虛閣舉目四矚山河城市歷歷在目維爾時閣中蛛網塵封塗漆剝落然猶高聳雲霄屹然為全園勝概十餘年後原址摧毀翻造西式層樓出論為市肆然未及數稔又遭兵燹悉毀盡成灰燼綜計年歲不過數十春秋耳

無錫縣圖書館珍藏

其變遷之速已如此況歷經數百年之悠久乎

余竊有慨夫斯園古蹟之不可重復而辛甫叔

之矻矻孜孜著書立言之爲不可及也不揣譾陋

謹跋數語以誌感焉癸酉閏五月潘謙跋

無錫縣圖書館鈔藏

惠山竹爐圖咏

（清）吳鉞 編輯

《惠山竹爐圖咏》，清吴鉞編輯，乾隆二十七年刻本。

吴鉞，無錫縣知縣。明洪武年間僧性海重建惠山寺，在惠山種茶，又在寺旁建聽松庵。明洪武二十八年（一三九五）湖州竹工爲性海製作了竹茶爐。當時王紱曾在聽松庵養病，與性海友善，爲他畫了《聽松庵竹爐圖》，這是一幅山水畫，描繪的是在惠山之下聽松庵内，高人韻士瀹茶清談。畫上有大片水面，這也是當時惠山的真實情况。當時地處惠山北坡的聽松庵正面對浩森的芙蓉湖，湖水直達惠山脚下。該畫及竹爐遂爲惠山寺之勝迹。而後江南及宦遊此地之名公巨卿、騷人墨客、高官顯宦都在畫後題詩；再後來繼續有人爲之作畫，有履齋、吴珵、張宗蒼共成四圖，所繪皆是聽松庵。歷朝文人題咏者，達六十七人，共有文十三篇，詩九十二首。從此，《惠山竹爐圖咏》名揚京師，遂爲天下勝迹。乾隆二十七年時皇帝已經三度南巡，每次到惠山必定觀賞竹爐，品茗二泉水所泡之茶，對《竹爐圖咏》更是賞玩無已。甚至帶在船中繼續觀賞，從杭州回鑾經過無錫時再交還惠山寺。乾隆每次觀賞都要加以題咏。當時的無錫縣知縣吴鉞把有關竹爐圖咏的畫、文、詩刊刻成書，即是本書。本書刊刻後没有多少年，竹爐圖咏畫卷及名人題跋毁於火災。《竹爐圖咏》爲我們留下了該畫卷的寶貴資料。

本書據乾隆二十七年原刻本影印。

（徐志鈞）

駐蹕惠山詩乾隆辛未

惠山寺

寄暢園中眺翠螺入雲撫樹濕多羅了知到處佛無住信是名山僧占多暗竇明亭相掩暎天花潤草自婆娑闍黎公案休拈舊十六春秋一刹那

乾隆辛未春惠山寺作御筆

二泉亭

石甃淙雲乳何從問来脉摩挲幾千載蕩瀁含光澤澄澈不受塵豈褋溪毛碧鴻漸真識味高風緬疇昔

乾隆辛未春御題

寄暢園

輕棹沿尋曲水灣秦園寄暢暫偷閒無多臺榭喬柯古不盡煙霞飛瀑潺近族九人年六百耆英高會勝香山松風水月垂

宸藻昝日卷阿想像間

乾隆辛未仲春寄暢園題御筆

賜秦孝然

雨餘山翠滴春暮卉爭芳搴薜盤雲逕披松踱石梁鳴湍空塵意列岫滃煙光更許倩佳話遮留詩債償

秦孝然年九十乞詩輙書是以賜之御筆

黄埠墩．

兩水迴環抱一洲不通車馬只通舟到來俯視原無地攀陟遥吟各有樓含雨濕雲偏似重隔湖煙嶼望如浮惠山翠色迎眉睫慢憶雩衣作勝遊

駐蹕惠山詩 乾隆丁丑

惠山寺

九隴重尋惠山寺梁溪遐憶大同年可知色

相非常住惟有林泉鎮自然所喜青春方入畫底勞白足試參禪聽松庵靜竹爐潔便與烹雲池吸圓

乾隆丁丑春二月御筆

漪瀾堂

一泓清照鏡光新耐可含風漾細綸印滿半輪千古月入龍鳳影數竿筠題名乍爾懷蘇軾肄業還應憶李紳笑我匆匆乘騎去豈云瀟洒箇中人

乾隆丁丑暮春御筆

若氷洞

向余捫石欄遥企雲中脉今來探乳穴牝湫注靈澤春繪萬物昌月印千秋碧得源趣益佳擒藻聊補昔

乾隆丁丑春御筆

寄暢園題若氷洞

冰洞不可測發源惠麓東精藍據左側德水
揚宗風鑿為方圓池雖二實相通方劣圓者
甘其理殊難窮池上漪瀾堂舊蹟傳坡翁境
也心則泰高風想像中
丁丑春二月御筆

寄暢園疊舊作韻

雙河舟溯慧溪灣雅愛秦園林壑閒月鏡光
涵窓潋潋雲紳聲落澗潺潺清幽已擅毘陵

境規寫曾教萬壽山一沿一亭皆曲肖古柯
終覺勝其間
寄暢園疊舊作韻 乾隆丁丑春二月御筆

寄暢園介如峯

一峯卓立殊昂藏恰有古檜森其旁視之頗
具丈夫氣誰與號以巾幗行設云妙喻方子
美徒觀更匪脩竹倚亭亭戌削則不無姍姍
閒易非所擬率與易名曰介如長言不足因

成圖正言辨物得竭攬惠麓梁溪永靜娛
寄暢園中一峯介然獨立舊名美人石以
其弗稱因易之曰介如峯而系以詩且為
之圖即書其上丁丑二月御筆

駐蹕惠山詩乾隆壬午

第二泉

惠泉惠麓東冰洞噴乳竇江南稱第二盛名
實能副流為方圓池一例石欄甃圓甘而方

劣此理殊難究對泉三間屋樸斲稱雅搆竹
爐就近烹空諸六根囿想像肥遯人流枕而
石漱乃宜此叢阿寧知外物誘亭臺今頗多
綴景如錯繡信美樂不存去去廑績懋
壬午仲春月中澣御題

二泉亭

一脉流来疏兩池圓甘方劣志傳奇人情圓
喜方斯惡泉自淙淙自不知

壬午仲春戲題御筆

漪瀾堂

四圍清泚繞書堂檐梠光飜漾鏡光乍可觀瀾知有術因之點筆遂成章春陰瓊島雖數典氷洞松菴詎易方緬溯東坡題額意崇情泉石託偏長

壬午春日御題

若氷洞

石甃方圜引側注攀躋更上小雲巒討源直到真源處氷洞飜花萬古寒

壬午春日御題

寄暢園

畫舫權教艤玉灣秦園寄暢暫偷閒徑從古對陰中度泉向奇峯罅處潺隨喜禪心依佛寺已看芳意動春山過墻便是青蓮宇可得敲吟忘此間

壬午仲春寄暢園再疊舊韵御筆

泛梁溪遊寄暢園

溪泛梁鴻破曉氛秦園蹟勝久名聞愛他書史傳家學況有煙霞護

聖文瀟洒聊尋三徑曲就瞻那禁萬民紛問予寄暢緣何事情以為田此所勤

壬午仲春泛梁溪遊寄暢園即自得句御筆

雨中遊惠山寄暢園

春雨雨人意惠山山色佳輕舟溯源進別墅與清皆古木濕全體時花香到荄問予安寄暢觀麥實欣懷

雨中遊惠山寄暢園壬午暮春中浣御筆

恭和

御製第二泉原韻

山泉何自來涓滴伏岩竇衆水遂香冽

中泠此其副萬斛淴井井汲綆畱石甃
水旱無盈虧淪淪孰探究翼翼漪瀾堂
老坡小結構舊貫聊爾仍嵐光悉可囿
西南有氷洞噴瀑自激漱步武稍崇岡
崖徑若勸誘山靈鮮覯
光雲霞媚綺繡峩峩石壁立莫罄功德懋
知州借補無錫縣知縣臣吳鉞

駐蹕惠山詩　八

恭和
御題登惠山寺作元韻并序
乾隆十六年春
皇上巡幸三吳偶憇惠泉臣僧成瑩跪迎
聖駕
天語垂詢臣僧宗門支派臣僧回奏雍正十
三年曾奉
世宗憲皇帝恩旨與名覺生寺叅禪瞻仰
佛天敷揚義諦
皇上霽顔嘉歎
御題登惠山寺詩
親紀臣僧叅禪舊事扵竹爐圖卷臣僧枯朽
之質何能窺測傳燈乃荷
睿藻留連光垂草木臣僧何幸獲此
隆遇敬依
御韻勉和兩章用誌慶忭之忱云爾

一

氷洞連蜷結石螺六時課誦但波羅欣逢問俗

鑾斿至重憶傳衣鷲嶺多七寶光中瞻日月四天下際舞娑婆品泉瀹茗留

高詠寶樹圖成拔汗那

净域當年振法螺大千穩住爍迦羅一鲜

北極天光遠但愛南中佛寺多

二

翠輦卿雲歌縵縵紫衣春晝影娑娑拈花莫印如来偈愧學聲聞等跋那

惠山寺臣僧成瑩

第一圖

御題竹爐圖詠

纔酌中泠第一泉，惠山聊復事烹煎。品題頓置休慙昔，歌詠𩡋薌亦賴前。開士幽居如虎跑，舍人文筆擬龍眠。裝池更喜商邱犖，法寶僧庵慎弃全。

田田山下出名泉，火候筠爐文武煎。成佛湯嗤靈運後，題詩多過玉川前。試携學士來明汲，高謝山僧守晏眠。我願靈源常勿幕，飲教

病渴盡安全

乾隆御題用卷中原韻

惠山泉名重天下，而聽松庵竹爐為明初高僧性海所製，一時名流傳詠甚盛。中間失去，好事者倣為之，已而復得其倣。其復得見諸題詠，聯為横卷者四。我朝巡撫宗犖為之裝池，識以官印，俾寺僧世藏之。自是而竹爐與第二泉並千古矣。乾隆辛未春二月南巡過

錫山念惠泉為東南名勝
皇祖聖祖仁皇帝數臨其地有品泉二字
賜額爰命舟瞻仰坐山房煨爐酌泉啜茗小
憩並用前人原韻成二律題王紱畫卷仍歸
寺僧永垂世寶而紀其緣起如此
布惠行時擬漏泉未蘇元氣我心煎老扶幼
挈雖如昔室飽家温究遜前長吏朂哉其善
體山僧饒爾鎮高眠閒庵小試筠爐火消渴

安能澤被全
第一吾曾品玉泉箴編毄每就泉煎到斯那
淂忘數典於此何妨偶討前從諗茶存誰解
喫宗蒼圖補竟長眠了知一切有為法泡影
空花若久全
丁丑南巡疊前韻再題御筆
三試惠山陸子泉吾知味以未曾煎不妨煮
鼎欣因暇那便吟詩罷和前麗日和風方蕩

漾輕羮嫩草已芊眠吴中春色真佳矣可淂
吴民温飽全
依然冰洞下流泉誰解三篇如法煎爐篆裊
飛秖對杪餠笙響荅磬房前范陽見説風生
腋彭澤那關醉欲眠我自心殷飢溺者讓他
清福享教全
壬午仲春南巡再疊舊韻題卷中御筆
為仰

奎章重品泉汲泉来就竹爐煎輕濤正發龍團
細活火曾聽蟹眼前瘦竹淨依苔磴合
古梅横倚石根眠不教更讓中泠水風
雅中含至味全
玆山空腹乳流泉瓦銚筠爐試一煎雅
製尚傳洪武日上供不數政和前松成
鱗甲如龍攫花藉坡陀任鶴眠
聖蹟長垂

宸藻繼千秋勝賞一時全

臣　汪由敦恭和

陸羽曾評第二泉竹爐舊取雪芽煎畫
圖自得南宗正詩律分參北宋前煮月
歸瓶常共飲聽松入夢不成眠一從
睿藻親題後元氣包含四序全

名山駐
蹕試名泉活水相宜活火煎珍惜罷存開士

舊紛披卷置
聖人前浮浮雲透青簾入謖謖濤驚白鶴眠
天語欲蘇天下渴一言道味自天全

臣　沈德潛恭和

半生契濶惠林泉猶記山齋手自煎數
片清風生腋下一旗春雨鬭花前寂憐
月色聞宵曲不用碁聲醒晝眠四百年
来舊圖畫錦囊什襲尚完全

竹裏琴聲聽石泉石泉宜稱竹爐煎清
詩舊賞名吳下活火新烹到
御前鐺響若来山雨驟煙霏欲共白雲眠何
須採藥勤丹竈體製乾坤識性全

臣　鄒一桂恭和

敬觀
御題竹爐圖詠恭和

法乳涓涓逗石泉泉邊清供取茶煎香

通
御氣鬱旃外味在吳中虎阜前古德竹爐存
十笏春熙人柳恰三眠乘時行令畱題
處惠被蒼生樂利全

知州借補無錫縣知縣臣吳鉞

敬觀
御題竹爐圖詠恭和

愷澤同春湧法泉

時巡重汲石泉煎久依江眼名天下正摘茶
星在雨前霞護好山紅爛熳風披偃草
綠芊眠竹爐補畫留餘事亦使祇林本
行全

金匱縣知縣臣韓錫胙

為愛天漿不老泉鏤筠别製一鑪煎火
通竅孔千年後灰冷壺情百歲前畫永
煙橫招鶴舞夜深茶罷伴僧眠

翠華幸處蒙恩咏雨露枯枝罷寶全

臣于恒平恭和

竹爐圖詠元集

已亥之春予過無錫遊惠山入聽松庵
觀竹鑪酌第二泉煮茶嘗賦詩紀其事
今刑部侍郎盛公無錫人也謂爐出於
王舍人孟端制古而雅乃倣而為之且
自銘其上其姪虞字舜臣者性尤好古
来省其伯父不遠數千里携以與俱予
獲觀焉因取前詩次韻賞之

聽松庵裡試名泉舊物曾將活火煎載
讀銘文何更古偶觀規制宛如前細筠
信爾呈工巧暗浪從渠攪醉眠絕勝田
家盛酒具百年長共子孫全

附錄前詩

與客來嘗第二泉山僧休怪急相煎結
庵正在松風裡裹茗還從穀雨前玉盌
酒香揮且去石床苔厚醒猶眠席間重

對筠爐火古杓爭看更瓦全
舜臣以余嘗愛賞既歸江南特製其一
見贈規制益精輒復次韻爲謝
晚汲荒園泠潞泉入廚不付爨奴煎重
編細竹形如許小試新茶味莫前製出
秋亭舜臣號承雅意詩聯寒榻罷高眠更
聞瓦杓兼精妙乞與齋居欲兩全
長洲吳寬錄

惠山聽松庵有王舍人孟端竹茶爐既
亡而復得秦太守廷韶嘗求余詩後余
過惠山庵僧曰出此爐吟賞竟日葢十
年餘矣觀吳同寅原博及盛舜臣倡和
卷慨然興懷輒繼聲其後得二章云
新茶曾試惠山泉拂拭筠爐手自煎擬
置水符千里外忽驚詩案十年前野僧
暫挽孤帆住詞客遥分半榻眠回首舊

遊如昨日山中清樂羨君全
細結湘雲煮石泉虛心寧復畏相煎巧
形自出今人上清供曾當古佛前可配
瓦盆芻玉注絶勝金鼎護砂眠長安詩
社如相續得似軒轅句渾全
新安程敏政
宿火長温甕有泉不妨寒夜客來煎名
佳合附茶經後制古元居竹譜前司馬

酒鑪須却避玉川吟榻稱幽眠金爐寶
鼎多銷歇眼底憐渠獨久全
錢唐倪岳
吾鄉王友石先生詩畫珍於朝野嘗居
惠山聽松庵與僧真性海製竹爐煮茶
倡詩傳誦迄今吾姪虞奇其製而倣爲
之請予銘其上成化癸丣來省京邸出
爐煮茗清我塵思適吳匏菴先生見而

賦詩示及余遂續貂三首虞卞續之併書以紀勝云

唐相何勞遞惠泉，携来隨處可茶煎。三湘漫捲瓷餅裏，一竅初分太極前。吟苦詩瓢和月飲，夢醒書榻帶雲眠。何當再讀盧仙賦，千古清風道味全。

一片龍團一勺泉，石分新火趂爐煎。緑雲擘破先春後，玉杵敲殘午夜前。仙液嘗来欲飛越，寒濤聽處不成眠。這回喚醒閬風月，可卜歸田樂事全。

我愛鄉山入品泉，持歸禪榻和雲煎。湘皐捲雪来窓外，蒙頂驚雷落檻前。澆破詩愁初淂句，洗清塵思竟忘眠。人間肉食紛如雨，争識吾家此味全。

氷壑道人顒

芤碗清風竹下泉，汲泉仍付竹爐煎。夜

瓶春氣輕煙裹，嶰谷荆溪舊榻前。殺雨未乹湘女泣，火珠深攤籜龍眠。盧仝故業王猷宅，憑仗山人為保全。

餘姚謝遷

竹為清物，取而為罏。爐惟汲惠泉煮茗，所謂太清而不俗也。况昉自王舍人清士，置之聽松庵，處之又淂至清之地。舜臣倣其製為二，一獻其諸父氷壑翁，一以奉匏庵先生海月菴中。此見舜臣志趣不凡，又能處是物得地，而匏菴題之，又題諸名公和之，又和，洋洋乎使士林喜聞而樂觀之，其名遂顯，豈止聽松菴而已哉！盖將變士風，去豪奢，就清素，使知名教中自有樂事，又豈但竹爐視之而已哉！敬題卷尾，歸舜臣藏之，併錄次韵二首於後。

惠山人愛惠山泉截竹為爐瀹茗煎老
阮高懷仍李後阿咸巧思在王前秋風
亭上心偏苦海月庵中喜不眠我亦頗
知滋味者舫齋須此趣方全
幾年林下煮名泉携向詞垣試一煎古
朴肯容銅鼎迹雅宜應置筆床前席間
有物供吟料橋上無人復醉眠（海月庵前有醉眠橋）
頓使士林傳盛事儒家風味此中全

陳湖陳璹識

題秋亭纂史新製竹爐詩卷後并奉懷
其一父氷壑都憲先生及雪溪居士用
匏菴韵
秋懷亭上澹於泉不受塵凡刼火煎家
學想從良治後幻身疑出永師前（爐出國初惠山詩僧真性海所製王舍人葦但賦咏之耳今或以為舍人手物蓋誤也）
寒氷絕壑真難仰白雪深溪任醉眠莫
羨蓬萊是仙處一家清節幾人全（都憲謝事歸有司題其里曰全節坊）

弘治庚戌春二月既望郡人碣東陸簡
廡伯書於都城寓邸之物華軒

竹爐新詠引

無錫盛舜臣氏奇而好古慕其鄉聞人
倪雲林所為畫輒效之攻其秋亭圖一
幅遂以自標則其他可知也用是予遊

錫獨與之契最深見其所製竹茶爐而
愛之因諗曰是必有如端友齋為學士
大夫所奇賞者舜臣并呈是卷皆極一
時有聲於詩家者所作也大要竒古為
詩家共癖爐為火床昔之煮茶者嘗以
竹稱而不得其遺規若舜臣者亦慕其
鄉聞人王中舍所製做之而攻其技者
也中舍以詩畫名一時而舜臣總之輿

則夫諸詩家之作豈為無從也哉嵇鍛阮屐咼攸取義而彼遒之而世傳之存乎其人焉耳矧錫以泉顯緣茶淂第近古佳士惟茶是珍而竹之取重於世宜無古今賢否之間者也夫人珍是物與味必重其所藉而飾之者則夫舜臣之製是以暨諸詩家之作又豈為無從也哉予奇而好古與諸詩家共癖而又不能詩也嘗其爐所煮讀諸作不能無槩於衷乃為之引若詩之所自起倡於吾院長匏菴吴吏侍公而和於其伯父冰壑都憲公次第可攷無俟予言而舜臣所以見重於大方家者亦不為無從也

弘治丁巳歲長至日翰林脩撰華亭錢福試焦葉研

明洪武朝高僧性海住惠山之聽松菴常命工編竹為茶爐體製精雅王學士達善朱少卿逢吉王舍人孟端各有詩文紀其事而舍人復為之圖洵佳話也永樂中性海示寂爐亦淪失其徒韶石復以道行繼師席藏弆諸公翰墨惟謹成化中邑人秦太守廷韶撰訪爐疏付韶石弟子戒宏於城中楊氏求淂之仍貯庵内一時以詩文賛美者甚夥邑人盛舜臣復倣製二爐攜至京師一獻其伯氷壑侍郎一奉吴匏菴宗伯題詠並富卷軸比牛腰矣　國初有竊舍人圖及李文正篆書題字鬻肈下者旋為邑人顧舍人梁汾購淂曾出以示余康熙壬申秋余移節吴閶道經泉上亂竹爐煮茗慨然念高僧往哲之風流從寺僧収拾斷紙殘墨並求梁汾所藏王李遺

跡裝池為四卷付寺僧永寶之計文十三篇詩九十二首名賢高逸見卷中者六十有七人麗官如余得附姓名以不朽亦何幸也丁丑六月七日滄浪寓公

商邱宋犖題

為愛清流訪惠泉聽松菴裡竹爐煎無多澄水源從遠且喜名僧製自前陸羽當年留勝賞盧仝此日鮮高眠畫圖重

見延津合應有山靈守護全

雍正戊申中秋後十有二日舟次晉陵登惠山之東峰憩聽松蘭若見所製竹爐極奇古把玩移時住僧復出王舍人畫圖相示前輩名賢題詠甚夥余不揣固陋聊步韵以誌美云耳

漢陽張坦麟題

第二圖

御題竹爐圖詠

寄暢園中眺翠螺。入雲撫對漏多羅。了知到處佛無住。信是名山僧占多。暗竇明亭相掩映。天花澗草自婆娑。闍黎公案重拈舊。十六春秋一刹那。

春日登惠山寺住寺僧有雍正十三年在覺生寺叅禪者因併紀之書竹爐第二卷中留茲山佳話乾隆辛未春二月御題

丁丑重登惠山寺疊前韻并書

峯峯晴色濯新螺。紺宇珠宮借巘羅。希有秘珍永寶四。率成佳話實堪多。春泉石罅淙聲細。新竹風前弄影娑。文字禪雖非本分。要因淨業悅陀那。

鹿宛虔瞻佛髻螺。裝嚴七寶實騈羅。若於本分云相應。祇是無言已覺多。水去梁溪惟澹澹。艸生祇窟鎮娑娑。松菴偶試禪家茗。湯擬

周王詠有那
壬午仲春惠山寺疊舊作韻畫卷中無可
續題處因書引首前　御筆
一徑沿緣上碧螺濕雲彌谷布兜羅恰
乘雨勢新泉壯善助山容老對多長史
樓臺成寐靜耆英林壑樂婆娑亭前歷
歷
宸遊處長仰
天光頌有那
臣汪由敦恭和
坐入齋堂九疊螺此間曾雨曼陀羅已
知淨域與塵遠況是名泉供客多茶具
挈瓶常保守詩篇束筍漫摩娑楚弓楚
得傳佳話四百年華等剎那
臣沈德潛恭和
敬觀

御題春日登惠山寺作恭和
選勝何須振法螺花香一似雨陀羅相
傳佛寺南中遍聊試名泉吳地多月鏡
風琹憑點綴藤鳩竹馬共婆娑
九重未舉時巡典秋穫春耕我則那
知州借補無錫縣知縣臣吳鉞
山態雲容結碧螺巉嵯古刹翠微羅六
龍
輦下新恩澤三寶禪中老衲多水漱和風流
湛潔花薰麗日影婆娑金鏊玉鐸祥光
疊永慶乾坤福不那
臣于恒平恭和

竹爐圖詠亨集

竹爐記

性海禪師卓錫於惠山之陽山之泉甘美聞天下日汲泉試茗以自怡有竹工進曰師嗜茗飲請以竹為茗具可乎寳爐云鑪形不可狀圓方下上法坤乾之覆載也周實以土火炎弗熾爛虹光之貫穴也織紋外飾蒼然玉潤鋪湘雲而

翦淇水也視其中空無所有冶鐵如柵者横其半勺清泠於罌拾墮樵而烹之松風細鳴儼與竹君晤語信奇玩也禪師走書東吴介予友石菴師以記請夫物之難齊甚矣尊罍以酒鼎鼐以烹此益適於國家之用尤可貴者若斸鼎以石製爐以竹亦奚足稱豔於詩人之口哉雖然尊罍鼎鼐世移物古見者有感

慨無窮之悲竹爐石鼎品高質素玩者有清絶無窮之趣貴賤弗論也且竹無地無之淩霜傲雪延漫於荒蹊空谷之間不奈伐而為筥箕筐篚之屬過者弗睨也今工製為爐焉汲泉試茗為高人逸士之供置之几格播諸詩詠比貴重於尊罍鼎鼐無足怪矣初禪師未學也材豈異於人人及脩持刻勵道隆德峻

迥出塵表為江左禪林之選亦竹爐之謂也是為記歲乙亥秋仲既望日

織翠環壚代瓦陶香烹山茗或溪毛鷓
啼湘浦聽春雨龍起鼎湖翻夜濤文武
火然心轉動炎涼時異節還高松根有
客聯詩就掃葉歸燒莫憚勞

僕以省畊過惠山訪韶石禪師於松軒師出此卷求題遂口占五十六字

識者勿誚嫫母乃所幸云
芝山老樵朱逢吉謹題

誰把箕簹細剪裁織成茶具亦幽哉火然初訝溪煙合湯沸忽疑湘雨來料得虛心寧戀土從教勁節久存灰賓筵托此供清玩不羨豪門白玉罍

牧雲子惪瑀

竹罏清詠序

夫物不自貴因人而貴名不自彰因志而彰遠公栽蓮此細事也而蓮社之名遂傳於永代詎非遠公之道足以動後世蒼生之念耶支遁好鶴細玩也而鶴舟之名遂著於無窮詎非支遁之德足以歆後世黎獻之心耶使遠公為常人則種蓮而已尔何能動於人哉使支遁為庸士則好鶴而已尔何能感於人哉

然則物不自貴因美而貴名不自彰因志而彰信矣性海禪師結廬二泉之上清淨自怡澹泊自甘裁凌秋之僩竹製煮雪之茶罏遠追桑苧之風近茸香山之社因事顯理必欲續慧命以傳鐙託物寓真無非引羣賢而入道清風一榻掃開萬劫之塵埃紫笋三甌滌盡平生之肺腑論其事業誠不讓於遠公勘彼規模實無慚於支遁名於永世其勢灼然道播諸方此心廣矣不然何諸公入詠而成章獲一時趨風而向德故為短引式弁群言

里友耐軒王達合十

竹罏絶勝煮茶鐺新剪淇園玉一莖圓鳳乍驚風籟起箨龍應喜浪花生潤分翠色和煙織香掬金芽貯火烹留向禪

房清作供梅梢吟轉月三更

謝常

不教周鼎與齊名别剪湘筠細織成冶氏詎能知款識山人端要事煎烹白灰撥火虹光見青玉鐫紋翠浪縈寒夜儻逢佳客至定應聯句壓彌明

釋坦菴守道

僧舘高閒事事幽竹編茶具瀹清流氣蒸陽羨三春雨聲帶湘江兩岸秋玉臼夜敲蒼雪冷翠甌晴引碧雲稠禪翁託此重開社若箇知心是趙州

王芾

老衲眈清事裁筠製茗鑪鳳團千古潔兎魄一輪孤春磵分苔色秋濤落座隅烹煎成雅會歴歴寫成圖

萍闇 廣益

湘竹編成勝冶成紫芝詩裏見佳名炭明尚訝飾金影湯沸還疑戛玉聲澗底屢烹塵可敵徑中一啜思俱清吴興紫笋今為伴好約松梅結素盟

姑蘇陸質

迥疑寶鼎飾琅玕陸羽知時定喜看净碧舊經靈鳳宿初紅方試火龍蟠客来湯沸雲蒸濕灰撥窓明雪壓寒幾椀中宵閑獨坐自無愁結有平安

釋至寶

霜筠織就煮茶鑪便覺清風起座隅濤洶秋聲翻雪乳煙蒸春雨滌雲腴餅笙尚作龍吟細汗簡猶疑鳥跡殊擬「」不須参玉版頤分一滴洗塵污

錦樹山人錢仲益

剪得三湘影數竿製成茶具事清歡笙

竿韻發銅瓶古鸞鳳聲沉石鼎寒雪煮
夜窓臨竹几泉分春院對蒲團感師幾
度相留處香逐清風拂鼻端

顧協

織具時閒紫筍馨此君祇合置禪扃心
灰未死還瞻緑刼火方然異殺青煙引
翠陰秋繞榻水喧清籟夜翻瓶上人好
就平安日徧刻茶經當勒銘

右次蒙菴先生韻　梁用行

竹爐新置小窓西煮雪烹茶也自宜渭
水波濤翻湧處湘江風雨到来時留連
木葉山中火勾引梅花席上詩燒殺歲
寒心不改通身青汗下淋漓

惠山亭上老僧伽斫竹編鑪意自嘉淇
雨沸殘燒落葉湘煙吹起捲飛花山人
借煮雲　藥學士求烹雪水茶聞道萬

松禪榻畔清風長日動袈裟

翦裁蒼雪出淇園菌蠢龍頭製作偏紫
笋香浮陽羨雨玉笙聲沸惠山泉肯藏
太乙燒丹火不落天隨釣雪船只好巖
花苔石上煮茶供給趙州禪

余讀茶爐詩有懷錫山諸老製作令
人歆羨不覺清興飛連回滴梅梢露
磨龍香劑蘸紫霜毫寫詩三首寄呈

聽松軒主叟一笑且求諸公教正云
潯陽陶振醉裏書於雪灘梅竹邊之
西小軒時洪武歲丁丑二月廿有四
日也

剉竹為鑪製作堅金芽雪乳任烹煎沸
湯白雨翻淇水籠火青琅聚楚煙吟際
每留詩客會定餘頓悟衲僧禪山房淂
爾供清啜不負巖頭第二泉

怡菴

鼎制新煩織翠筠冶金陶埴未須論湘
紋蹙浪湯初沸翠節凝煙火倍溫篆隸
無文銘歲月圓方有象表乾坤一甌茶
罷歸禪定風在松梢月在軒

雲間錢驥

湘竹編爐石作鐺禪房待客不勝清細
斟玉液和雲煮新擷金芽帶露烹白雪
浮花甌面潤清風拂座腋邊生他年同
試惠山水飛錫丹霞訪赤城

中吳　如律

火箄蟠屈化龍材煮茗禪房日幾迴鳳
髓瀹醒淇綠夢烏薪然作汗青菑不隨
冷煖移貞操已報平安度劫灰一夜秋
聲聞沸鼎清風還是此君來

卞孟符

截玉編爐置茗鐺試泉長向石邊烹燒
煙未信湘雲起煮雪俄看楚水生鳳髓
凝香疑曉色蟹湯沸響似秋聲何由林
下然松火一啜先令肺腑清

沈中

傚顰賦竹爐詩

一罏周繞護琅玕圓上方中量自寬水
火相煎僧事少槍旗無擾睡魔安暖紅
炙汗枯霜節沸白澆花逗月團留共梅
牕清啜罷雪樓誰道酒杯寒

右竹茶爐詩為惠山住持祖公韶石
禪師賦祖乃前惠山真公性海之高
足弟子也真往以空學有聲叢林間
當時緇衣之衆仰尚其德遂合詞進
陞虎邱聞其講道雨花臺上庶幾有
聚石點頭氣象不勝多利益方便爲

今旣化去祖亦踐席惠山復能振起
宗風遠近嚮慕而徒侶雲集第二泉
幸不落寞方將蕙源揚流湔汙潤朽
成其深遠於不已矣竹茶爐爲眞公
舊物詩卷尤眞所愛宜韶石之不忘
其師需其有述益善繼其志者然耳
吁弟子之於師物非所愛也以師之
所愛在此回物以致其愛則不可舍

物而他求也予是以旣賦之詩并書
識其後永樂七年歲次己丑月正元
日吳興莫士安識

綠玉裁成偃月形偏宜煮雪向巖扃
心未許如灰冷古色爭看似汗青偶免
樵柯供土銼尚疑清籟和陶瓶達人曾
擬同天地上有秋虫爲篆銘

韓奕

製作精深亦可觀日供高士試龍團輕
分淇雨苔猶綠細剪湘雲粉未乾紫笋
滿甌吟骨健清風一榻鬢絲寒叕來坐
畫梅花月正是凌秋第幾竿

耐軒王達

第二之泉泉上亭道人茶具竹爐成龜
蒙散跡尚從事鴻漸作經宜著名火升
龍氣若丹鼎瓶合鳳聲如玉笙西園老

客動高興急裹月團來會盟

西園郏庚老

少年離垢住名山派衍眞公伯仲間泉
與竹爐增勝槩裹茶來試扣松關

龔泰

□□遥渡大江東白業精□□苦空萬
壑煙霞今有□□□□力闡宗風

吳潛

此卷久脱落正德丁丑春予以菴僧重
装之時助貲者泰伯鄉氏督工從事者
初泉楊正甫也収卷僧名惠登而能諷
詠之者曰圓金曰方益越明年戊寅三
月十日二泉山人寶書於容春精舍

憶甲戌小春有事於吴淞道經梁溪登
九龍眺震澤已而坐寄暢園耳牆外松
風與泉聲互荅泠然結天際想今年至
毘陵晤湯堂中丞舟次承出此卷見示
於毒熱中頓覺心地眼境清涼無礙夫
竹爐特一微物耳經諸前輩品題便成
佳事數百年後復有漫堂中丞為之纂
集藏弆遂為山中最勝因緣而余既曽
親履其地又獲展是卷恍置身湖山畨
畫中覺水石煙雲猶繚繞左右也昔
康熙丁丑初秋瀋陽范承勳眉山氏題

於金陵使署之清暇堂
清溪曲抱煙中寺秋雨軒開見題字竹
爐製自僧真公四百年來重遺器琅玕
色染湘波深翡翠香流雲葉膩火候常
教文武調象形直使陰陽倫上人鄭重
誇向儂卷如束筍披重重詩篇書筆一
一工就中七十餘鉅公九龍山人作圖
始螭蟠小印尤猩紅淋漓幀首蝌斗篆
廼是相國西涯翁獅子林與清閟閣此
地詞人矜述作其間彝鼎閒最多一瞥
雲煙難似昨恒河沙數只刹那人間小
刼嗟如何禪房清供長在眼豈有神物
勞護呵我来對此重太息片時不惜千
摩挲惠山泉水流清泚綆汲寒香煩佛
子魚眼蟹眼勿細論譲譲風生到吾耳
不須真汞燒丹砂不須大藥煎黄芽松

毛拾淂緩騰熖瀹甌自點山中茶
使舟過惠山石泉上人出竹爐見示
為作歌書於卷尾時乾隆十有五年
秋九月之廿又七日漫士裘曰修
黄埠墩前偶泊舟泉甞第二快兹遊竹
爐況有高僧蹟今古才人八卷收
乾隆十五年十月抄為石泉上人書
于湖陶鏞

第三圖

御題竹爐圖詠

惠山氿泉天下聞，陸羽品後伯仲分。中泠江眼固應讓，其餘有冽誰能群。高僧竹爐添韻事，隱使裴公慙後塵。莊嚴金碧禮月栢，三間茗室清而文。梅華天竺間紅白，濛濛沐雨含奇芬。平方木几一無有，但有竹爐妥帖陳。筬編簝緻擬周簠，體製古朴規虞敦。玉乳寒渫早汲綆，明松乾烈旋傳薪。武火已過文火繼，蟹眼初泛魚眼紛。盧仝七椀慢習習，趙州三甌休云云。政和入貢勞致遠，衛公置遞嫌逞權。巡蹕偶然作清供，聽松庵圖真蹟存。名流傳詠四百載，墨華硃彩猶鮮新。山僧藏弆奉世寶，視比衣鉢猶堪珍。視比衣鉢猶堪珍，後進君子先野人。

乾隆辛未春二月廿日，南巡登惠山，至聽松庵汲惠泉烹竹爐，因成長歌書竹爐第

三卷援筆灑然有清風兩腋之致

御筆并紀

法雲初地悦聲聞有學無學誰為分調御丈夫獨出類天上天下莫與羣天龍現泉供澡浴淨洗萬劫空根塵苓香石髓鎮福地離垢入淨傳經文我與如来窕相識辦香頂禮栴檀芬相好豈有今昔異俛仰亦不稱跡陳苾芻却慣舉公案未忘者箇情猶敎聽松軒分明埶路松枝落地堪為薪竹鼎燃火戒過烈淨物受染不受紛須臾頤諸沸可瀹乃悟速不如遲云王泉山房頗倣效以彼近恒此遠榷乃今此主彼更客有為如幻真誰存入畫九龍山亘古當春第二泉淙新漪瀾舊堂懸

睿藻千秋

聖蹟傳奇珍千秋

聖蹟傳奇珍繼述曷哉予一人

丁丑南巡重至惠泉疊舊作韻并書卷中

御筆

有耳誰能免厥聞要當於聞清濁分泉之響在聞清矣惠泉之清更莫羣縈林絡石所弗免色塵雖泯餘空塵古德叔為淘洗法土罏護竹堅而文松枝取携那費力燃火弗炆煙生芬菴外老松莞爾笑誰為新者誰為陳如此好山不試茗更當何處佳期敦名流詩畫卷在案山僧寶弆擬傳薪圓池溶溶用不竭餅罍罍恥仕議紛火候既臻衆響奏聽泉有耳休更云聞中入流忘所染大士方便為巧榷綠杯小啜便當去闢間舊仕居朕存長歌險韻一再疊春花春鳥從頭新觀民課吏吾正務禪房靜賞寧宜珍禪房靜賞寧宜珍溪邊待久迎鑾心

壬午仲春南巡復坐山房再疊長歌韻圖

中素地無餘就引首舊紙書之 御筆
從来一見勝百聞勝趣豈以今古分山
泉得名溯鴻漸甲乙雖判皆空羣坡翁
過此數留詠肺腑氷玉絶點塵後来性
公敦雅尚製爐以竹參質文泉味香洌
詩味永沁人齒頰餘清芬鑪傳以人亦
以地此詩此畫非空陳裁筠范土易易
耳曷以重若珠槩歎煨鑪想見啜茗致

餅笙不藉松枝薪坐令好事強標置煙
雲滿眼尤紛紛山靈呵護四百載得失
聚散何足云延津劍合識官印保守欲
藉開府權寧知
清蹕此臨駐披圖汲泉喜爐存就鑪煮泉龔
高唱泉流飛湧詩境新
濡毫一一寫横卷至寶豈獨山房珍至寶豈
獨山房珍韋哉附名卷中人　恭和

御製長歌元韻奉
命即書卷末　　臣汪由敦
中泠名泉夙飽聞江心探取波流分泉在江心月夜起沫以銅瓶沉下汲之然已襍入江水幾分矣不如慧山
人共汲虎邱泉第三以下難同羣其性甘
美復激澈千秋不着一點塵煮茶風鑪
編以竹高僧手製傳清文九龍山人作
畫卷筆墨長帶幽蘭芬後人題詠徧彝

客觴觴卷軸縱横陳生徒珍擬三代物
鼎鼒尊卣罍盤敦叶煮之法用文武火
不須山客樵蒸薪初疑松風瀉謖謖枻
見魚眼堆紛紛耽茶詩人句清洌王濛
水厄何復云我
皇省方遂經此澤敷庶物持化權叶緇流烹
泉作清供茶具詩畫依然存
天章揮灑麗日月終古常見光彌新百千年

後傳韻事小物直與圖球琢小物直與
圖球琢後來誰是賡歌人
臣沈德潛恭和
九龍名山昔所聞兩峯崒嵂龍角分有
菴枕松著老衲幅巾高士曾招羣編篾
為爐供茶具後來好事隨芳塵下方上
圓水火濟辯奉堅緻寄有文太常典籍
各更製馱載都下傳孤芳記茲顛末彙

長卷題詩往往皆宿陳彝尊朱氏更嗜
古方之盉鬲及鬳敦洌泉汲取受升許
松枝小折炊作薪不知人世有軒冕肯
令俗物來糾紛篁墩西涯有同癖集中
散見皆稱云時平
巡幸博咨訪闡幽攬勝握大權焦山之鼎甘
露石掎摭長爰古意存即今活火茶正
熟貢芽一試頭綱新歌成竹韻戛寒玉

山僧奉之奕世珍復展橫卷重拂拭盂
端許作烹茶人
右乾隆十六年奉　勅恭和
竹爐古式輦下聞新舊異製中微分密
編細擘肌理湊往往超出都籃群珠還
合浦有宿分香泉一洗京華塵當年蘭
若曾小憩題載
天筆光奎文重來復訪尋韻事取爐烹茗傳

餘芬徵生蟹眼候火便長廊松逕紆勾
陳
睿情眷舊寄高致即此已欽古處敦軼足老
驥伏峻坂清材孤桐炊勞薪乾坤淋氣
半幽寄月眼不識徒紛紛風流顯晦有
時命安知不異古所云扶輪大雅示激
勸輕重隨手方稱權從來名刹多巖壑
孰者散去孰者存此爐幸遇

今日賞泉流山翠同鮮新石皷有時春作
白靈物撝護為 國珎歌成點頭有餘
羨羨彼當年展卷題詩人謂王紱吴寛諸人
右乾隆二十二年奉 勅恭和
臣錢陳羣敬書時
乾隆二十三年八月之吉

惠山敬觀
御題竹爐卷長歌恭和

乳泉地脉誰聽聞滃然雙井方圓分圓
者不食方用汲盈尺之區漁其群初起
眼界均色界徐從舌根辨舌塵餅绠往
来日萬斛不增不減波羅文幽人題次
中泠後以之瀹茗尤清芬茗政古多好
事侶編筠作鼎非因陳上圓下方老衲
創三甌七椀閒情數南能衣鉢歸泯滅
此物寧足同傳薪失兮得兮定神護左

圖右詩觀者約四百餘年若有待欲問
其故誰能云
鸞旂省方行慶惠頻周閭井施化權泉亭小
憩閱清供茶爐畫卷依然存揮洒
天章冊三疊河聲岳色回回新霞氣燭天光
暎日名山至寶懸球珍名山至寶懸球
珎韵事何幸此邦人
知州借補無錫縣知縣臣吴鉞

聽松菴敬觀
御題竹爐卷長歌恭和
錫山惠泉世所聞評衡澗谷幽人分江
南客棹頻来去但見青山青莫群補官
金匱錫分邑爽氣日送明窓塵秋水一
方隱梵宇霞光兩度輝天文趁循勝地
聽
聖藻慈雲法雨曇花芬山僧捧出金玉匣異

寶直在几案陳就中竹爐茶具樸古德禪供聊自敦名流歌詠紀梗槩畫成三軸如傳薪

清蹕流連石泉靜謂此頗可除煩紛爰命畫士補其一如天之有四時云天下佳泉聚吳會中泠虎阜斯中權湛恩潤物名乃稱茶經枯槁烏足存

鑾輅三臨歲在午卿雲復旦歌彌新敬宣德意語人士光華寧獨名山珍光華寧獨名山珍一遊一豫無飢人

金匱縣知縣臣韓錫胙

竹爐圖詠利集

聽松庵訪求竹茶鑪疏

伏以織竹為爐自是山房舊物燒松煮雪久為衲子珍藏移來消洒數竿秋製就玲瓏一團玉不鎔不琢非石非金觧煮山中第二泉慣烹天上小團月可愛清奇手段相傳澹泊家風冰雪清姿豈受緇塵點污歲寒貞節何妨刼火焚燒巳分党將軍之擯弃曾遭蘇内翰之賞憐蘿屋無人伴我同行木上座蘭閨專寵笑他無語竹夫人鐺鳴尤帶鷓鴣聲汗滴尚疑湘女淚正擬生涯永託豈堪塵障未除提携竟落於豪門消滅畧同於幻泡閑我山中風月添渠席上詩情大士悲哀諸天煩惱恭惟某人貲雄今代善種前生煮鳳烹麟自有千金翠釜

櫛風沐雨何消一個筠爐恐羞帳底金縷衣難侶篋中碧玉碗伏冀早發慈悲惠然肯賜豈但空門有幸實為我佛增光報恍愧乏乎璚瑤𢦦禮冀資於冥福恭陳短語俯聽慈宣謹疏

復竹茶爐詩卷序

物之成敗得失莫不有時若聽松菴茶爐亦其一驗洪武間性海真上人道行

為時輩推重嘗編竹為爐體製甚精僅圍尺地許天地動靜陰陽槖籥之妙歷歷可觀侍讀學士王公達善少卿朱公逢吉中書王公孟端文字與上人往来其間至則汲惠泉烹春茗累夕後返山亦曰此增重人才嘉會之一初如此既而上人物故諸公亦凋謝竹爐遂為好事者得茶煙竒莫於殘霞之頃至此極

矣成化丙申冬秦公廷韶以武昌守如京師道經故里公邱壑之趣洒洒不與俗吏俱一日偕金陵郁景章先生宿庵中菴之主僧戒宏出學士諸公竹爐所詠太守誦之撫髯歎曰山中壯觀莫此若也物去卷留豈衣鉢之遺意乎乃呼筆墨為疏以求之太守公天下之心亦於此可見未幾楊孟敬慨肰出之不少

滯其亦賢矣老眼摩挲瞿然感歎帶春蘚之斑含湘雨之潤猶昨日也非元氣呵護克爾哉太守為文記其實復作近體率諸公和而成卷山之光輝於是增焉人才嘉會之一初又如此雖然竹爐一微物耳出處若關乎大節蓋不盛於他人而獨盛於學士賡吟之秋不復於曩時而必復於太守歸遊之日太守之

緣殆與之夙契而神明有以相之歟古
所謂身之前後不能無疑他日尚當携
詩老宿菴中汲泉瀹茗聽松雨而吟白
雪不謂殘霞之頃寂寞無人也人才嘉
會之一初又當在於斯詩若干首
成化丙申臘月既望奉議大夫致仕劉
弘超遠序　竹石老人書
憶自山中別老禪松關寂寞已多年寒

驚春雨懷鴻漸夢落秋風泣麗娟忽逐
檐頭歸舊隱梲烹魚眼叙新緣玉堂學
士遺編在羸得時人一樣傳
弘又和
方外曾叅玉版禪草玄亭上住多年山
房有意覩靈徹金屋何心伴麗娟詩卷
畫圖新趣味熏爐茗碗舊因緣湘筠骨
格依然好留與真公弟子傳

聽松菴竹茶爐真公手製也淪落人
間已五十年餘尋訪不可得邇兒孌
自湖湘歸假櫚庵中目覩諸鄉老所
詠慨然有收復之念乃述疏語俾公
徒孫宏上人訪求於城中好事之家
乃得於秋林楊公所封泥編竹宛然
若新發硎者上人懽喜以手加額曰
不圖今日復覩先師之手澤也山中

風月從此不孤矣孌忘其固陋僭作
復茶爐記并詩社中諸公不鄙倚歌
和之余亦勉次一律裒潢成卷亦一
勝事也上人當置之山房汲泉煮茗
薦之祠下以慰真公在天之靈俾知
後人能光復舊物云脩敬秦旭識
竹爐還復聽松禪老眼摩挲認往年潤
帶茶煙香細細冷含羅雨翠娟娟已醒

萬劫塵中夢重結三生石上緣五馬使
君題品後一燈相伴永流傳

高直

憶隨蘇晉學逃禪往事傷心莫問年到
處凝塵甘落寞幾番烹雪伴嬋娟黃金
用世徒高價清物還山續舊緣不有武
昌秦太守香名埋沒竟誰傳

直再次

煮茶留客喜談禪編竹為爐記昔年一
去人間成杳杳重來塵外淨娟娟文園
司馬曾消渴雪水陶公擬結緣淮海先
生為題詠價增十倍永流傳

陳澤

復向山中伴老禪沉淪莫問幾何年湘
筠拂拭仍無恙趙璧歸来尚自娟風月
已清今夕夢林泉應結再生緣畫圖詩

卷長為侶留作空門百世傳

張泰

湘竹爐頭細問禪出山何事更何年渴
心幾度生塵夢舊態常時守淨娟刺史
能留存物意老僧還結煮茶緣題詩再
續中書筆千古清風一樣傳

成性

一團清氣許從禪流落風塵幾十年陽

羨不烹春杳杳湘江有夢冷娟娟玉堂
內翰曾為伴白髮高僧又結緣莫怪老
夫多致囑要將衣缽永同傳

雪菴属昇

乘舟無事檢黃庭寫罷烏絲思不羣取
汲惠山龍窟水山僧齋唱藥師經
嘉靖辛酉初秋舟次錫山身體違和
命取第二泉煮陽羨虎邱茶并觀竹

爐不勝神思復常非好而樂不與言
也　新安吴野道人羅南斗書

竹爐元供定中禪久落紅塵復此年雪
乳湯烹香細細湘紋重拂翠娟娟遠公
衣鉢還為侶老守文章最有緣猶愛風
流王内翰舊題佳句至今傳

陸勉

浮生已付祖師禪 張宛邱 一墮西岩又隔
年 許渾 幾疊翠微深杳杳 張伯雨 半鈎涼
月夜娟娟 王中 久知世路皆虚幻 張翥
終了無生一大緣 蘇東坡 寄語山靈勤守
護 朱晦菴 清風留與後人傳 吴全節

陳賓集古

謝却湘靈伴老禪山房棲迹已多年烹
茶只合依鴻漸薰麝何堪附李娟流落
似知前日誤重来如結再生緣世間萬

物誰無主獻璧懷金莫浪傳

煑茗曾叅玉版禪迢迢相失幾經年客
来寒夜愁岑寂風度竦林憶净娟白璧
本非秦氏物青氊只結晉人緣從今莫
著華陰土留伴茶經世世傳

陳賓

清風只合近孤禪華屋徒留五十年竹
格總如前度好瓷甌那得舊時娟鬒絲
吟榻全真趣松火清流斷俗緣物理往
還雖不定芳名須藉後人傳

倪祚

聽松庵復竹茶爐記

爐以竹為之崇儉素也於山房為宜合
爐之具其數有六為瓶之似彌明石鼎
者一為茗碗者四皆陶罷也方而為茶
格者一截斑竹管為之乃洪武間惠山

聽松菴真公舊物爐之制負上而方下
織竹為郛築土為質土甚堅密爪之鏗
肰作金石聲而其中歉焉以虛類謙有
德者鎔錢為柵横截上下以節宣氣候
制度絶巧相傳以為真公手跡余獨疑
此非良工師不能為鄉先達中書舍人
王公嘗有詩咏之學士耐軒王公復作
引弁其首以是爐之名益傳於人人永

樂中真公示寂爐亦淪落人間獨諸公
翰墨粲然尚存落落與松雲蘿月為伍
成化丙申冬余歸自鄂渚暇日假宿庵
中真公嗣孫曰戒宏者出以示余曰誦
王舍人所作氣蒸陽羨三春雨聲帶湘
江兩岸秋之句嘆其佳絶且惜其空言
無徵圖欲復之乃曰釋氏教述疏語一
通畀戒宏使遍訪焉已而果得於城中

右旋爐尚無恙特茗碗失去不存或疑
爐細物也復不復不足為世輕重殊不
知物不自顯必因人而後顯使爐不經
諸名公品題雖復之累百何補況諸公
之作亦將藉是以傳爐可泯諸公之言
可縱之使泯乎爐之亡不知其的於何
年姑記其槩収鑪者故詩人楊孟賢復
而歸之者其仲孟敬云是歲嘉平月望

日邑人秦夔識

烹茶只合伴枯禪誤落人間五十年華
屋夢醒塵冉冉湘江寬冷月娟娟歸来
白壁元無玷老去青山最有緣從此遠
公須愛惜願同衣鉢永相傳

夔又題

序竹茶爐遺事

洪武壬午春友石公以病目寓慧山之

聽松菴目愈圖廬山於秋濤軒壁其友
潘克誠氏往觀之於是有竹工自湖州
至主菴僧性海與二子者以古制命為
茶爐友石有詩詠之一時諸名公繼作
成卷永樂初性海之虎邱留以為克誠
別蓋在潘氏者六十餘年成化間楊謨
孟贒見而愛之撫玩不已潘之孫某者
慨然曰此豈珍於昌黎之畫而吾獨不

能歸好者哉乃以畀孟賢孟賢卒之三
年中齋秦公以知府報政還自武昌遂
為僧撰跡語白諸孟贒之兄孟敬取而
歸焉吾聞諸吾母姨之夫東畊翁云正
德戊寅三月望後四日二泉山人寶書
於容春精舍

甲申元夕之日惠山金益二僧以余久
不到山中也訪冉涇草堂詩以荅之用

唐人韻

上方稀聽擊魚聲僧入城中遍刺名老
去有心非石轉春来何事不山行北枝
梅似南枝白今雨泉如舊雨清為問竹
爐無恙否好煎佳茗待先生

二泉在松風閣為月西書正月廿四
日也

竹爐歡喜復歸禪一别山房五十年聲

繞羊腸還簌簌夢回湘月共娟娟松堂
宿火無塵刼石檻清泉有淨緣莫怪真
公招不返已將詩卷萬人傳

予欲見此卷寤寐非一日矣頃過松
菴月西上人出示請題遂次韻如右
前輩風致或可想像也嘉靖庚寅夏
四月既望鳳山秦金書

碧社相鄰寺裡禪手編溪竹已多年堅

貞未可隨狂絮憑據□□愛麗娟衣鉢
偶肰無地着盃茗從山更相緣楚脩且
說生公法莫道寒爐未解傳

王其勤

竹爐圖詠利集　十四

第四圖

御題竹爐圖詠
又溯梁溪問惠泉春光到比客舟先竹爐小
試仍松下龍井新携㠯雨前此日真成四美
具當年湯說八禪詮補圖直繼諸賢躅便道
同堂豈不然
御筆又題
補圖曾寫惠山泉輝暎王吴合後先孰謂斯
人亦長逝空嗟絶藝此當前花香鳥語春如
繪流水行雲靜裏詮洗滌塵根泯能所偷閒

題句亦欣然
丁丑春二月重至惠山展閲張宗蒼補圖
卷再疊前韻題之御筆
夙契清機在惠泉寺僧作疏㪅聞先竹爐且
喜還山久畫卷重看補闕前綠竹紅梅猶假
色行雲流水是真詮呼之欲出宗蒼儼對此
怡肰湯悯然
壬午仲春南巡再疊前韻書卷中御筆

惠山聽松菴敬觀

御題竹爐圖四卷恭述

九龍蜿蜿震澤澌腹滿湖波噀雲乳品
茶始自桑苧翁挈瓶日覘飛泉縷寺僧
達者號曰真山人孟端共游慶汲綆親
煎倣李生塼爐石銚嫣呰窳山中刱意
新研發手剖蒼筤工織組厥形甗眼類
編籭四角韡龍相支拄就中實泥通火
道上圓入規下應矩錢栅風穿歊炭明
銅鐺煙羃鯨濤鼓不須藥臼儷繩床況
有墨妙輝廊廡後来接踵張吳輩松膠
潑汁同媚嫵其間離合有回緣按圖
記差可覘合浦還珠秦武昌山門留帶
宋宣撫佳詠能生兩腋風長恨未被六
丁取當時老衲亦偶然韻事詞人競稱
許析為四卷僅存三其一無處落榛莽

茲物何心達

九閶島瘦郊寒未足數去年
鳳舸泊梁溪瀹泉為截圓玉恭就爐候湯魚
蟹紉展卷題字龍鸞舞天花亂落入丈
室百靈撝呵等岣嶁爰
命宗蒼補作圖娟妙果繼前人武淋漓
宸翰照溪𣶒重同琬琰珍千古 小臣水厄頗
不廉夢結銅官與顧渚南来乍酌中泠
甘蓬窗日檢君謨譜遵塗曉訪聽松菴
捫爐讀句過亭午名家空復七十餘
御筆永為壇坫主從茲不用更作竹爐還
山
帝判與安能重起唐六如也應咋舌自慙沮
哦詩舌本殊清涼夕陽啞軋歸柔櫓

乾隆壬申歲四月 臣李因培

君不見李相手裁兩溫對濃陰消落歸

何處又不見雲林清閟富彝鼎滅沒俄
隨煙草冷豈如聽松之庵竹茶爐歷四
百載全形模誰歟巧剪湘筠裹上規下
方安置妥兇口仰頓清泠泉離腹虛藏
文武火都籃茶具乃有斯惜不令桑苧
見之一時名流盛篇詠寶玩奚啻連城
姿況邀
睿賞摩挲久

宸藻留題事非偶為語山僧謹護持莫輕飲
客缸面酒
乾隆壬申六月　臣王鎬
敬觀

御題命張宗蒼補圖作恭和
性海曾棲陸羽泉略同江眼住焦先茶
爐編竹自方外法寶傳衣歸佛前山迸
六飛逢藻鑑畫完四美靜言詮儒臣但解

天章倬若領真機更豁然
知州借補無錫縣知縣臣吳鉞

竹爐圖詠貞集

復竹茶爐記

出錫城西里許惠山稍折北菴曰聽松洪武初詩僧真性海嘗織竹為爐高不盈尺圓上方下類今學仙家流稱乾坤之象者規製絶精巧可玩邑先達耐軒王學士諸名家率賦詩賞之真公沒爐淪落於城中右族亦已兩易主成化丙申冬武昌太守秦廷韶間淂歸過菴中誦諸先達詩嘆曰物各有主茲爐固惠泉之物也而他人何有慨然許為物色歸之復為詩飭其徒俾世守焉和者自京師諸名碩下淂数十家竹爐之名不獨傳一方而遂以聞天下爐之所遇亦奇矣哉夫惠泉之名由陸鴻漸一言而著後世置鑪之意實欲匹泉之為用也

廢棄之餘孰謂遇如武昌者淂以行其名哉鴻漸嗜茶飾及爐鼎至範銅為之當不如竹之不凡但竹力朽弱難久存存者若倪元鎮茶具今尚為蘊萬壽寺僧所収存矣而寂寂爾無所稱腓竹鑪之遇不遇何居然爐居惠泉之上是所處淂其地也前遇耐軒後遇武昌所遇得其人也岐陽石鼓孔鋅之遺經假所處與遇非邪後之存者幾希物固有然者矣而況於人之所以圖其存者乎吾固於爐有感矣武昌學行政事皦皦重當世而博雅好古乃其餘云

成化丁酉歲春閏二月晦翰林侍講平原陸簡記

和復竹茶爐詩

渭川風骨瘦於禪爨下相逢厄閏年僊

客未須防變幻酪奴長許伴嬋娟已看
石鼎成奇遇欲負詩瓢結此緣寂寞天
隨湖海上釣槎安得並流傳
碧山曾與助談禪兩腋清風日似年荼
淪團龍品奇絕煙籠歸鶴影便娟敢將
直道醫庸俗已分灰心斷劫緣獨謝昌
黎文字好畫圖千載事猶傳
鮮脱曰叅玉版禪不隨丹竈學長年社

無香火寂陶令市有風塵浣李娟鑒賞
已非前度客歸來真是後生緣誰將陸
羽遺經續勝事於今更可傳
靈梲隨處可栖禪寒暑驚心又百年黛
約濤聲春洶湧鼎涵山色暮聯娟行逢
惡客人何毀舍向名泉事有緣珍重山
門留滞客高風消得後来傳
虛心曾侍覺林禪花下清談媿少年不

願為罌黨二美且須乘月踏三娟僧疑
山廟由来聖人子樵青未了緣絶似柯
亭哀颯久餘生猶附蔡邕傳
長身今破野狐禪衛武知非向耄年鶴
返令威成倏忽鏡還元穎尚清娟夜堂
一盌浇孤悶曉殿殘燈照宿緣画外月
明梅正發小山詩句却堪傳
竟墮空山一味禪狂游誰復永熙年松

間夜聽風聲細籠裏春焙月影娟夢斷
紅塵歸舊隱淚消青骨悔前緣□欲
就菴中宿尤恐蓬萊是浪傳
高標林下適宜禪改物誰曾與卜年鼎
俎呈身無少貶琅玕披腹有餘娟乾坤
象出儒家巧水火交成幻境緣從此平
安日須報範金何必獨能傳
蒼顏非俗亦非禪投老空山憶往年葉

埽夕陽三逕遠瓢分秋月一痕娟。蠏纓
自信名難假。蕉鹿誰知夢可緣。偃蹇平
生餘萬卷。枯腸還待滌来傳。
湘水雲深作浪禪。獨醒今是乞骸年。菴
中騰在蒼髯短。雲外泉流玉乳娟。結願
寧無舊香火。相煎真有惡因緣。君侯分
得寒灰芋。功業何時與世傳。
簡三辱武昌復竹爐之作亦嘗三用

韻酬答之凡得十首外諸家和者又
數十首武昌彙次成卷畀簡一言記
顛末簡既僭述所聞於武昌者為記
之遂以鄙言附於後然此不過一時
戲於押韻而已觀者無以詩求之也
簡又識
此君忘却趙州禪。半世来歸似隔年。泉
上故人應絕倒。眼中奇節尚連娟。不妨

遣日分僧供。有幸逢辰離俗緣。活火自
今知未滅。聯詩留伴一燈傳。
物故誰参性海禪。摩挲故物數歸年。久
爭水火疑蒼朽。乍脫風塵喜净娟。老宿
漸忘新世味。美人重結舊經緣。鄂州太
守真能事。好比蘇公玉帶傳。
不隨蓮社愛逃禪。對客煎茶記往年。歲
晚松風猶瑟瑟。夜寒梅月故娟娟。弓亡

已分歸無定。劍合由来宿有緣。入手未
應憐去住。漢家汾鼎亦誰傳。
新安程敏政
松窓瀹茗助談禪。猶記山僧手製年。廿
作楚囚嗟泪浸。誰期漢使贖嬋娟。歸蹤
不染浮塵汙。淨社重尋隔世緣。郜鼎魯
弓今孰在。漫憑筆札為流傳。
海虞李傑

秋濤萬壑坐依禪。笑指茶爐說往年。去日煙泉長寂寞。歸来人月共嬋娟。山靈自合持僧寶。仙具那能混世緣。千載真公遺事在。却因文字與流傳。

三山許天錫

此君元自愛逃禪。禪榻相依幾許年。甘瀹清泉供唄梵。誤投塵俗伴嬋娟。倪迂仙具更新主。秦觀高情續舊緣。對此不須增感慨。楚珩趙璧是誰傳。

是日席上所和稿在公署記不能全想像足成必有異同尚祈訂正東海

居士張弼

殺青編後日參禪。煮茗供僧度歲年。流落未應成寂滅。吹噓無奈混嬋娟。喜逢天上重遊客。為結山中未了緣。名重玉堂諸史筆。從今都下亦相傳。

泰和李穆

無心到處只安禪。何物頻勞問百年。淂失未能忘楚越。畫圖終是惜嬋娟。從来湘女江邊恨。暫結真僧石上緣。周鼎商盤千載上。秖今淪落與誰傳。

桃溪謝鐸

梵王宮裏伴枯禪。閱歷從来幾百年。渭曲帶煙春不散。曹溪貯水月同娟。誰家拾得渾無恙。故主重歸夙有緣。珍重賢侯題品後。名稱千古為渠傳。

吳江汝訥

幾欲題書問老禪。失來應是問牛年。絕憐吳楚成拋擲。試汲湘江瀹淨娟。郢下忽来新製作。空門未了舊因緣。性公應有蘇公帶。千載清風合並傳。

向来懷土竟離禪。一住人間七十年。茗

碗詩瓢情脉脉。松風水月夢娟娟。風塵
須洞誰曾識。湖海歸来信有緣。珍重武
昌秦太守大篇珠玉為渠傳。
東華夢醒又依禪。感慨憑誰質往年。白
社舊遊俱寂寞。黃陵春恨泣嬋娟。蓬萊
想像知何處。檀越分明悟夙緣。弓在楚
人何淂失。却勞詩句萬人傳。
超凡又赴覺林禪。喜及張滂罷税年。睡

起清風生兩腋。望看明月動聯娟。草堂
從此增顏色。華屋他生少分緣。閒道建
溪春信早。月團三百倩誰傳。
此君只合對臞禪。淪沒重經甲子年。滄
海夜濤醒獨夢。秋風林屋伴三娟。渴思
已慰清羸病。超脫全消俗世緣。若遣彌
明當日見。未應石鼎淂詩傳。
白髮跏趺默照禪。不知流落是何年。窮

陰有復占應驗。清節難汚介且娟。自負
乾坤遺小像。却於泉石著深緣。湖州紫
筍潭州鐵。我欲巳風次第傳。
不用頻參五味禪。僧家清供亦窮年。玉
泉雲乳馳芳約。白社秋蓮愧靜娟。樸素
且堅將利用。去來無定是隨緣。風霜標
格元無恙。欲起湖州老可傳。
憶從參侍小乘禪。夢遠湖湘又百年。黄

葉燃秋聲颯爽。翠濤飛雪舞田娟。文章
搜索三千卷。水火煎磨十二緣。莫詫相
如還趙璧。山中清事更堪傳。
山中雅製只宜禪。飄泊何知厄九年。江
漢有懷紆偃蹇。風塵無地著便娟。淵明
淨社今持戒。陸羽遺經舊托緣。陰默定
勞神物護。商彝周鼎未能傳。
厭随流俗再歸禪。不見青松化石年。千

刧寒灰成幻化三湘遺族尚連娟蘇蘭
薪桂林間約風壑雲泉物外緣為語曺
溪諸弟子珍藏好伴法燈傳

東曺隱者邵珪

此君曾了大乘禪流落人間已百年榾
柮煙銷春寂寂木犀香冷月娟娟老僧
元會三生意太守終酬萬刧緣尺璧歸
来真舊物相如高誼至今傳

松陵吳珵

聽松磨松煙看竹煮竹爐雖違植物性
巧與造化俱韓稱浮屠多技能此爐水
火登上乘舍人鑒賞太守復傳訛乃為
他人憑憶我遊不記遭醉釀恐受茶爐
嘲今朝清風淂一吸願向轆轤供曉汲
緬前賢欲賡歌

華亭後學錢福贊

曾向林泉伴老禪聽松瀹茗自年年遠
公身後成淪落陶穀情高愛浄娟暫賞
未厭豪客興重来還結惠山緣品題況
是諸名筆留淂清聲與世傳

山海蕭顯次韻

多情常自愛逃禪塵刧今逢解脫年價
重玉堂并粉署生憎華屋共嬋娟休論
一物原無定自信三生却有緣從此諸
天湯訶護千秋留伴佛燈傳

真性由来不離禪空門歸去又經年常
懷楚水兼湘月厭伴吳姬與趙娟物外
風塵無舊夢山中泉石有新緣春来光
照瀛洲筆淂似彌明石鼎傳

生平只供文字禪歸来松屋度餘年貞
姿寧受俗塵汚舊態尚含湘水娟舒州
短杓本非侶温石小鐺知有緣況復仙

郎歌白雪高風留與士林傳
塵容脫却喜歸禪況復諸公為表年白
雪數篇詞袞袞麦光三尺淨娟娟烹茶
陶穀應同調解帶蘇公擬結緣陸羽泉
頭惠山下清風千古漫流傳
竹爐之復余既為詩具諸別卷頃来
京師偶與考功郎中鄉友陳公誦之
辱不鄙首賜和章既而朝之縉紳若

翰林侍講同郡陸公新安程公夏官
副郎華亭張公輩輩之皆相繼賜和
旬日間凡淂詩餘四十首亦富矣哉
何物竹爐遭此奇遇余以諸公之意
不可虛辱乗次成卷既求侍講陸公
雄文記之不揣復用韻勉製四律一
以賀此鑪之遭一以荅諸公勤懇之
意南歸有日併付聽松主僧收藏用

傳為山中它日故事云時
成化丁酉歲春二月吉邑人秦夔書
於金臺寓館

往在京師同年繆文子太史屢為余言
聽松菴竹爐圖詠卷為錫山勝觀以未
淂見為恨今年四月余請假南還獲觀
於汪氏舊雨書堂為卷有四圖畫三名
賢六十有七文十三詩九十有二諷詠

周環如不欲盡於時同觀者同里蔣湘
颿衡丹陽湯南箴鏐仁和湯良耜學基
舊雨主人歙汪青渠潭青渠云聞尚有
唐六如畫卷暨文祝諸先臣題詠在吳
門收藏家他日當細意訪淂之歸還聽
松庵亦一段勝事也雍正四年四月廿
有四日良常王澍書後

竹爐佳製曰九龍山人詩畫而傳又得

名人唱和遂以不朽丙午夏同吾鄉先生
王厓舟暢觀於山中時余有拙存堂臨
古帖廿八卷闌元明人書意欲携孟端
詩臨入帖内及開卷又錯意與亦闌誌
此情懷俟他日卜鄰山中當更藉以娱
老也𤇍潭老布衣蔣衡

雍正五年三月十日同厓舟湘帆雲川
青渠觀於鍊石閣太倉問紅漁老泉

是歲六月四日錢塘緘菴陳學士恂唐
渭師兆熊汪青渠潭金壇王厓舟澍蔣
拙存衡山僧松泉同觀於雨秋軒松泉
磨墨青渠按卷虛舟執筆

雍正五年八月廿又四日寶應喬崇修
觀

竹爐圖詠余耳其名𡙡矣曩在京師雖
為厓舟先生言之實未見也今年秋九

月至錫山過聽松菴索觀此卷未如所
請遂悵然而歸連日苦寒擁被僵卧岑
寂特甚忽有山僧叩門出示此卷飽玩
竟日宿願頓償聊誌數語以慶吾遭
乾隆庚申冬至後十日繆曰藻

一棹清流入慧山縱觀性海趙州禪竹
爐新詠傳詩畫四卷常存第二泉
乾隆丁卯九月廿七日高斌題

竹爐圖詠貞集　十七

潤州之焦山古剎有周鼎焉明中葉為
勢要取去久之勢要敗尚義者仍謀歸
之比於魯之寶玉大弓彼三代法物固
然其無足怪竹爐微者耳且其物不為
貪夫奸人所利而自明初高僧留貽迄
今已四百年其間去来顯晦亦復不一
經一番裝飾而傳述之者愈盛嘻亦異
矣夫以一器之微萃一代名人之心思
筆舌以揚詡之其取精也已多猶未也
極其盛至於邀
九重之矜賞金聲玉振日光月輝視諸文人
學士其榮寵又當何如
天章所煥百靈呵護六丁且當退避雖謂錫
山之竹爐重於焦山之周鼎亦宜

歙州程鋈

竹爐圖詠後跋　一

竹爐圖詩前人序之詳矣
聖天子三幸惠泉揮灑
宸翰霞爛雲飛鉞用廓填法摹勒上石裝潢
兩冊恭陳於竹爐山房曾邀
御鑒至書充為山僧世寶汲古家無從摩挲
鉞省耕憩山寺與山僧成瑩商榷擬壽
諸石而需費不貲謹奉
御題元亨利貞四卷列為四冊付之棃棗首
録
天章以冠篇首其古今名賢依原卷款識以
次相附智水仁山開卷如晤而惠山畫
在目前矣臨畫者秦文錦書簡者吳心
榮校字者錢紹成各具精心例得附名
知州攝無錫縣事全椒吳鉞恭跋時
乾隆壬午閏五之吉

惠泉記畧

惠泉在惠山第一峰下唐陸羽品居第二右有若氷洞舊志皆言泉源所出然洞斜去十三丈有奇高三丈餘水甚混濁而不甘美因洞前之蓄水加以人工作瀑布出惠泉之右由漪瀾堂明溝左轉入方池實不與惠泉通詢之土人大旱時洞前之泉乾涸而惠泉如常宋聶厚載記云他泉脈淺發於山表斯泉源深出於山骨故能積霖不溢久旱不竭惠泉伏涌潛洩畧無形聲池二同覆一亭圓為上池方為中池隔尺許有石板孔穴相通撓之則俱動而中池之味不逮上池者蓋上池之水肩挑盎汲攪動無虛日中池窄小取水皆在上池四面石板之上未免積垢不去池不潔而流

過之水亦不無染污是以圓甘而方劣也又惠泉有暗溝直通漪瀾堂自龍吻下方池轉惠山寺佛殿前金蓮池出龍嘴入大河而泉之流於是乎遠傍惠泉居者皆云泉底有蟹眼泛溢鉞躬親綆汲計時不過五六刻需夫三十名測水之多寡亦只三百餘石而池底見矣池底上碧沙平沃較凡井為潔惟右角有泉汩汩流出形勢甚急半晌而泉復舊觀其諸所謂泛溢之蟹眼歟抑探而上之另有源頭也康熙二十三年

聖祖酌而嘗之二十八年復臨泉上

御書品泉二字

今上三次南廵往返臨幸烹泉煮茗疊邀

品藻焉

無錫縣知縣吳鉞

紀聽松庵竹爐始末

（清）鄒炳泰 纂

《紀聽松庵竹爐始末》不分卷，（清）鄒炳泰纂，藝海珠塵叢書本。

鄒炳泰，字仲文，號曉屏，無錫人。乾隆三十七年（一七七二）選翰林院庶吉士，授編修。後爲吏部尚書。著有《午風堂叢談》、《午風堂集》。無錫惠山聽松庵爲惠山勝觀。《惠山聽松庵竹爐圖咏》共四圖。第一圖王紱爲性海和尚所繪，第二圖履齊所繪，第三圖成化年間吴珵所繪，第四圖爲清代張宗蒼所繪。圖後明代文人題詩唱和之作很多。乾隆帝遊惠山時不但觀賞畫卷，還在圖上題辭，允爲藝林佳話。乾隆四十年，該圖卷由無錫知縣邱連取入縣衙，準備重新裝裱。結果由於官衙失火而焚毁。名山勝迹，了無一存。乾隆帝知道後，爲重現惠山勝迹，親自動筆繪了第一圖，命令皇六子補第二圖，貝勒弘旿補第三圖，侍郎董誥補第四圖。圖前冠以御制詩，每卷圖後補録明人序疏及詩作，並御書『頓還舊觀』四字於卷首。今惠山雨秋堂匾『頓還舊觀』即據此而製。堂上石刻竹爐山房圖，即本於乾隆所繪。重繪的圖卷賜予惠山寺收藏，還把内府所藏之王紱所繪《溪山漁隱圖》賜給惠山寺一併收藏。作者在乾隆五十八年遊覽聽松庵、雨秋堂，得見有關竹爐的明人詩作。該書詳采與竹爐有關之詩及人事，編而成書，亦爲竹爐掌故之一種。

本書據清乾隆時藝海珠塵本影印。

（徐志鈞）

藝海珠塵　　　子部雜考類

南滙　吳　省蘭　泉之輯

仁和　張　巽　惺哉校

紀聽松菴竹鑪始末

鄒炳泰纂 炳泰字仲文號曉屏江蘇無錫人乾隆壬辰進士選翰林院庶吉士授編修今官吏部尚書有午風堂叢談並集

吾鄉聽松菴竹鑪圖詠卷有四爲惠山勝觀第一圖九龍山人爲眞輩海上人與第二圖履齋寫第三圖成化丁酉冬吳珵寫第四圖小臣張宗蒼奉　敕恭畫蓋自圖成而人倡和盈卷

聖駕臨幸惠山　宸藻親題垂耀泉石允爲藝林佳話乾隆己亥是卷爲邑令邱漣取入官廨不戒於火名山鉅蹟了無一存大吏奏入

皇上於幾暇親灑大筆爲作第一圖復命　皇六子補第二圖貝勒弘旿補第三圖侍郎董誥補第四圖

御製詩章冠於卷首於每卷圖後補錄明人序疏詩什俾其原次以還舊觀又出　内府所藏王紱溪山漁隱長卷卽　賜俾山僧一併藏弆山閣仍留孟端勝蹟甚盛事也癸丑仲春坐聽松菴雨秋堂因得見諸前哲遺文舊詠風流韻事經數百載而美益彰其傳之久更足信矣山堂淸寂聊記竹鑪得失之由並名賢題詠之跡於左第一卷吳原博題云己亥之春予過無錫遊惠山入聽松菴觀竹鑪前第二泉煮茶嘗賦詩紀其事今刑部侍郎盛公無錫人也謂鑪出於王舍人孟端制古而雅乃倣而爲之且自銘其上其姪虞字舜臣者性尤好古來省其伯父不遠數千里攜以與俱予獲觀焉因取前詩次韻賞之聽松菴裏試名泉舊物曾將活火煎載讀銘文何更古偶觀規制宛如前細將信爾呈工巧瑲淚從渠攬醉眠絕勝田家盛酒具百年長共子孫全附錄前詩與客來嘗第二泉山僧休怪急相煎結菴正在松

風裏裹茗還從穀雨前玉盌酒香揮且去石牀苔厚醒猶眠斯時重對鈞鑪火古杓爭看更氏全舜臣以余嘗愛賞既歸江南特製其一見贈規制益精輒復次韻爲謝曉汲龍園冷澗泉入廚不付爨奴煎重編細竹形如許小試新茶味莫前製出秋亭舜臣號承雅意詩聯寒榻罷高眠更聞杓瓦飛精妙乞與齋居欲兩全[illegible]覓錄程質敏題云惠山聽松菴有王舍人孟端竹茶鑪旣亡而復得秦太守廷韶嘗求余詩後余過惠山菴僧因出此鑪吟賞竟日蓋十餘年矣觀吳同寅原博及盛舜臣倡和卷慨然興懷輒繼聲其後得二章云新茶曾試

惠山泉拂拭筠鑪手自煎擬置水符千里外忽驚詩案十年前野僧暫挽孤帆住詞客遥分半榻眠回首舊遊如昨日山中清樂羨君全細結湘筠煮石泉虛心寧復畏相煎巧形自出今人上清供曾當古佛前可配瓦盆緻玉注絕勝金鼎護砂眠長安詩社如相續得似軒轅何淮全新安程敏政倪文毅題云宿火長溫爨有泉不妨寒夜客來煎名佳合附茶經後制古元居竹譜前司寫酒鑪須御避玉川吟榻稱幽眠金鑪寶鼎多銷歇眼底憐渠獨久全錢唐倪岳盛冰壑題云吾鄉王友石先生詩畫珍於朝野嘗居惠山聽松菴與僧真性海製竹

鑪煮茶倡詩傳誦迄今吾姪虞奇其製而倣爲之請余銘其上成化癸卯來省京邸出鑪煮茗清我塵思適吳匏菴先生見而賦詩示及余遂續貂三首虞亦續之併書以紀勝云唐相何勞遞惠泉攜來隨處可茶煎三湘漫捲甆瓶裏一竅初分太極前吟苦詩瓢和月飲夢醒書榻帶雲眠何當再讀盧仙賦千古清風道味全一片龍團一勺泉石分新穴趁鑪煎綠雲擘破先春後玉杵敲殘午夜前仙液嘗來欲飛越寒濤聽處不成眠道回嗅醒閒風月可卜歸田樂事全我舜鄉山人品泉持歸禪榻和雲煎湘臯捲雪來牕外蒙頂驚雷落檻前澆破

詩愁初得句洗清塵思竟忘眠人間肉食紛如雨爭識吾家此味全冰壑道人駙謝文正題云茗椀清風竹下泉汲泉仍付竹鑪煎夜瓶春甕輕煙裏嶰谷荊溪舊榻前穀雨未乾湘女泣火珠深擁龍眠盧仝故業王猷宅遐使山人爲保全餘姚謝遷又陳湖陳璚郡人碭東陸簡廉伯詩錄華亭錢福竹鑪新詠引無錫盛舜臣氏奇而好古慕其鄉聞人倪雲林所爲蓮軒效之收其秋亭圖一幅遂以自標則其他可知也用是予遊錫獨與之契最深見其所製竹茶鑪而愛之因諗曰是必有如端友齋爲學士大夫所奇賞者舜臣並呈是卷皆極一

時有聲於詩家者所作也大要奇古爲詩家共癖鑪爲火狀昔之煮茶者嘗以竹稱而不得其遺規若舜臣者亦慕其鄉聞人王中舍所製倣之而攻其技者也中舍以詩畫名一時而舜臣繼之典則夫諸詩家之作豈爲無從也哉嵇鍛阮屐髙攸取義而彼適之而世傳之存乎其人焉耳夫錫以泉顯緣茶得第近古佳士惟茶是珍而竹之取重於世宜無古今賢否之間者也夫人珍是物與味必重其所藉而飾之者則夫舜臣之製是以聚諸詩家之作又豈爲無從也哉予奇而好古與諸詩家共癖而又不能詩也嘗其鑪所煮讀諸作不能無概

於衷乃爲之引若詩之所自起倡於吾院長匏庵吳吏侍公而和於其伯父冰壑都憲公次第可考無俟予言而舜臣所以見重於大方家者亦不爲無從也第二卷竹鑪記云性海禪師卓錫於惠山之陽山之泉甘美聞天下日汲泉試茗以自怡有竹工進曰師嗜茗請以竹爲茗具可乎實鑪云鑪形不可狀圓方上下法乾坤之覆載也周實以土火炎弗燬爛虹光之貫穴也纖紋外飾蒼然玉潤鋪湘雲而翦淇水也視其中空無所有冶鐵如柵者橫其半勺清冷於器拾墮樵而烹之松風細鳴儼與竹君晤語信奇玩也禪師走書東吳介予友石

庵師以記請夫物之難齊甚矣尊彝以酒鼎鼐以烹此器適於國家之用尤可貴者若斷鼎以石製鑪以竹亦奚足齒稱於詩人之口哉雖然尊彝鼎鼐世移物古見者有感慨無窮之悲竹鑪石鼎品高質素玩者有清絕無窮之趣貴賤弗論也且竹無地無之凌霜傲雪延蔓於荒蹊空谷之間不幸伐而爲筥箕筐篚之屬過者弗睨也今工製爲鑪焉汲泉煮茗爲高人逸士之供置諸几格播諸詩詠比貴重於尊彝鼎鼐無足怪矣初禪師未學也材豈異於人人及修持刻勵道隆德峻迥出塵表爲[illegible]左禪林之選亦竹鑪之謂也是爲記乙亥秋仲

既望日朱芝山題云織翠環墟代瓦陶香烹山茗試溪毛鶻喃湘浦聽春雨龍起鼎湖翻夜濤文武火然心轉勁炎涼時異節還高松根有客聯詩就掃葉歸燒艾櫸夢侯以石耕過惠山訪超石禪師於松軒出此卷求題之[illegible]五十六字識者勿誚嫫母再[illegible]云芝山老樵朱[illegible]又牧雲子惠璃詩卷[illegible]竹鑪清詠序夫物不自貴因人而貴名不自彰[illegible]而彰遠公栽蓮此細事也而蓮社之名遂傳於永代詎非遠公之道足以動後世蒼生之念耶支遁好鶴細玩也而鶴舟之名遂傳於無窮詎非支遁之德足以歆後世黎獻之心耶使遠

公爲常人則種蓮而已亦何能動於人哉使支遁爲庸士則好鶴而已何能感於人哉然則物不自貴因美而貴名不自彰因人而彰信矣性海禪師結廬二泉之上清淨自怡澹泊自艾裁淩秋之磵竹製賓雪之茶鑪遠追桑苧之風近葺香山之社因事顯理必欲續慧命以傳鐙託物寓眞無非引羣賢而入道清風一榻掃開萬刧之塵埃紫筍三甌滌盡平生之肺腑論其事業誠不讓於遠公勵厥規模寶無慚於支道名於永世其勢灼然道播諸方此心廣矣不然何諸公八詠而成章獲一時邊風而向德故爲短引式弁羣言里友耐軒王達合

十又謝常釋坦菴守道詩錄末王孟端題云僧館高閒事事幽竹編茶具瀹清流氣蒸陽羨三春雨聲帶湘江兩岸秋玉臼夜敲蒼雪冷翠甌晴引碧雲稠禪翁託此重開社若個知心是趙州王肯又萍閣廣益姑蘇陸質釋至寶錦樹山人錢仲益顧協梁用行潯陽陶振怡菴曇聞錢驥中吳邵律卞孟符沈中吳興莫士安韓奕詩錄末王耐軒題云製作精深亦可觀日供高士試龍團輕分淇雨苔猶綠細翦湘雲粉未乾紫筍滿甌吟骨健清風一榻鬢絲寒燄來坐盡梅花月正是淩秋第幾竿耐軒王達又西園郁庚老龔泰吳潛詩錄末邵文莊跋此卷久

藝海珠塵　聽松菴竹鑪始末　七

廢於正德丁丑春予以菴僧東裝之將助貧乘泰伯鄉督上敬事者初泉楊正甫也收卷僧名惠名登而能諷詠之所目圖金曰方益越明年戊寅三月十日二泉山人高書於容春精舍第三卷秦廷韶聽松菴訪求竹茶鑪疏錄末劉超遺復竹茶鑪詩卷序物之成敗得失莫不有時若聽松菴茶鑪亦其一驗淇武間性海眞上人道行爲時輩推重嘗編竹爲鑪體製巧精僅圍尺地許天地動靜陰陽橐籥之妙歷歷可觀侍讀學士王公達善少卿朱公逢吉中書王公孟端文字與上人往來其間至則汲惠泉煮春茗累夕後返山亦因此增重人才嘉

會之一初如此既而上人物故諸公亦凋謝竹鑪遂爲好事者得茶煙寂寞於殘霞之頃至此極矣成化丙申冬秦公廷韶以武昌守如京師道經故里公邸壑之趣灑灑不與俗吏俱一日階金陵郁景容先生宿菴中菴之主僧戒宏出學士諸公竹鑪所詠太守誦之掀髯歎曰山中壯觀莫此若也物去卷留豈衣鉢之遺意乎乃呼筆墨爲疏以求之太守公天下之心亦於此可見矣幾楊孟敬慨然出之不少滯其亦賢矣老眼摩挲矍然感歎帶春蘚之斑含湘雨之潤猶昨日也非元氣呵護克爾哉太守爲文記其實復作近體率諸公和而成卷

藝海珠塵　聽松菴竹鑪始末　八

山之光輝於是增焉人才嘉會之一初又如[illegible]雖然竹鑪一微物耳出處若關乎大節蓋不發於他人而獨盛於學士賡吟之秋不復於曩時而必復於太守歸遊之日太守之緣若與之夙契而神明有以相之歟古所謂身之前後不能無疑他日尚當膺詩老宿菴中汲泉瀹茗聽松雨而吟白雪不謂殘霞之頃寂莫無人也人才嘉會之一初又當在於斯詩若干首成化丙申臘月既望奉議大夫致仕劉宏超遠序竹石老人書憶自山中別老禪松關寂莫已多年寒驚春雨懷鴻漸夢落秋風泣麗娟忽遂猶頭歸舊隱旋烹魚眼敘新緣王達學士

遺編在[illegible][illegible]時人一樣傳宏又和又秦旭高直直再次
陳澤張泰成性雪菴厲昇新安吳野道人羅南斗睦勉
陳寬集古又二首倪雅詩未錄秦廷韶聽松菴復竹茶爐
記爐以竹爲之崇儉素也於山房爲宜合爐之具其數
有六爲瓶之似彌明石鼎者一爲茗椀者四皆陶器也
方而爲茶格者一截斑竹管爲之乃洪武間惠山聽松
菴眞公舊物爐之制圓上而方下織竹爲郛築土爲質
土甚堅密爪之鏗然作金石聲而其中歉然以虛類讓
有德者銘鐵爲柵横截上下以節宣氣候制度絶巧相
傳以爲眞公手跡余獨疑此非良工師不能爲鄕先達

中書舍人王公嘗有詩詠之學士耐軒王公復作引并
其首以是爐之名益傳於人人永樂中眞公示寂爐亦
淪落人間獨諸公翰墨粲然尚存落落與松雲蘿月爲
伍成化丙申冬余歸自鄂渚暇宿菴中眞公嗣孫曰永
宏者出以示余因誦王舍人所作氣燕傷羨三春雨驛
满湘江兩岸秋之句歎其佳絶且惜其空言無徵圖欲
復之乃因釋氏教述疏語一通畀戒宏俾徧訪焉已而
果得於城中右族爐尚無恙特茗椀失去不存或疑爐
細物也復不復不足爲世輕重殊不知物不自顯必因
人而後顯使爐不經諸名公品題雖復之果何補況

諸公之作亦將藉是以傳爐可泯諸公之言可廢之從
泯乎爐之亡不知其的於何年始記其概收鐵者故詩
人楊孟賢復而歸之者其仲孟儆云是歲孟春月望日
邑人秦夔識京茶具合作若[illegible]落人間五十年華屋
夢醒塵冉冉湘江魂冷月娟娟歸來白壁元無玷老去
青山最有緣從此遠公須愛惜願同衣鉢永相傳夔又
題邵文莊公序竹茶爐遺事洪武壬午春友石公以病
目寓惠山之聽松菴日愈圖廬山於秋壽軒壁其友潘
克誠氏往觀之於是有竹工自湖州至主菴僧性海與
二三十者以古制命爲茶爐友石有詩詠之一時諸名公

繼作成卷永樂初性海之虎邱留以爲克誠別蓋在潘
氏者六十餘年成化間楊孟賢見而愛之撫玩不已
潘之孫某者慨然曰此豈珍於昌黎之畫而吾獨不能
歸好者哉乃以畀孟賢孟賢卒之三年中齋秦公以知
府報政還自武昌遂爲僧撰疏語白諸孟賢之兄孟敬
取而歸焉吾聞諸母城之天東耕翁云正德戊寅三月
望後四日二泉山人寶書於容春精舍甲申元夕之日
惠山金谿二僧以余久不到山中也筋冉逕草堂詩以
答之用唐人韻上方稀聽擊魚聲僧入城中遞刺名老
去有心非石轉春來何事不出行北枝梅似南枝白今

雨泉如舊雨清爲問竹鑪無恙否好煎佳茗待先生二泉在松風閣爲月西書正月廿四日也又鳳山秦金王其勤詩（未錄）第四卷陸廉伯復竹茶鑪記云出錫城西里許惠山稍折北菴曰聽松洪武初詩僧眞性海嘗織竹爲鑪高不盈尺圓上方下類今學僧家流稱乾坤之象者規制絕精巧可玩邑先達耐軒王學士諸名家率賦詩賞之眞公沒鑪淪落於城中右族亦已兩易主成化丙申冬武昌太守秦廷韶溯得歸過菴中誦諸先達詩歎曰物各有主茲鑪固惠泉之物也而他人何有慨然許爲物色歸之復爲詩傷其徒俾世守焉和者自京師

藝海珠塵　聽松菴竹鑪始末　十一

諸名碩下得數十家竹鑪之名不獨傳一方而遂以聞天下鑪之所遇亦奇矣哉夫惠泉之名由陸鴻漸一言而著後世置鑪之意實欲匹泉之爲用也廢棄之餘孰謂遇如武昌者得以衍其名哉鴻漸嗜茶飾及鑪鼎至範銅爲之當不如竹之不凡但竹力朽弱難久存存者若倪元鎮茶具今尚爲蘇萬壽寺僧所收存矣而寂寂爾無所稱賦竹鑪之遇不遇何居然鑪居惠泉之上是所處得其地也前遇耐軒後遇武昌所遇得其人也岐陽石鼓孔壁之遺經假所處與遇非耶存者幾希物固有然者矣而況於人之所以圖其存者乎吾固於圖有感矣武昌學行政事皦皦重當世而博雅好古乃其餘云成化丁酉歲春閏二月晦翰林侍講平原陸簡記和復竹茶鑪詩十疊不備錄如茶瀹龍團品奇絕煙籠歸鶴影嬋娟葉掃夕陽三徑遠瓢分秋月一痕娟菴中臘在蒼髯短雲外泉流玉乳娟皆佳句也又新安程敏政海虞李傑三山許天錫東海張弼泰和李穆桃溪謝鐸吳江汝訥東曹隱者邵珪松陵吳珵華亭錢福山海蕭顯秦夔詩（未錄）王虛舟跋在京師同年繆文子太史屢爲余言聽松菴竹鑪圖詠卷爲錫山勝觀以未得見爲恨今年四月余請假南還獲觀於汪舊雨書堂爲卷有

藝海珠塵　聽松菴竹鑪始末　十二

四圖畫三十賢八十七文十三詩九十有二諷詠周環如不欲盡於時同觀者同里蔣湘颿衡丹陽湯南箴鏐仁和湯民耕□觀舊雨主人欽汪書渠云聞尚有唐六如畫卷暨文徵仲先生題詠在吳門收藏家他日當細意訪得之歸還聽松菴亦一段勝事也雍正四年四月廿有四日艮生七游書後（居易錄竹鑪後亡失康熙甲子顧舍人梁汾於京師成容若侍衛齋中得之攜以歸）王述庵侍郎於乾隆庚子扈　蹕至惠山見茶鑪燬之顧晴沙觀察時家居仿其式製一以贈太倉王蓬心宸爲圖作詩紀之

惠山聽松庵竹爐志

（民國）顧賡良 輯

《惠山聽松庵竹爐志》不分卷，（民國）顧賡良輯，民國二十一年（一九三二）活字本。

顧賡良，字康伯，『梁溪七子』秦敦世的外甥，無錫人，生平待考。惠山聽松庵竹爐，由惠山寺高僧普真（字性海）倡製於明洪武間，係燒煮二泉水用以沏茶的竹編風爐，大畫家王紱爲之繪圖賦詩。遺韻流布四百餘載，至清乾隆南巡時，駐蹕惠山寺竹爐山房，又演竹爐煮茶故事，迭起高潮。《惠山聽松庵竹爐志》是顧賡良『園居多暇，獨搜緝竹爐之詩文爲一編，褒然竹爐志也』。所輯有關聽松庵、竹茶爐内容，録自邑志、《錫金考乘》、《惠山記》、《錫山景物略》等。其後爲《竹爐圖咏補輯》，録上自明初、下迄清末之文凡四、詩十四首。該書還録有圖三幀，前有秦敦世所撰之《序》。具有一定資料價值。

本書據民國二十一年（一九三二）活字本影印。

（沙無垢）

慧山聽松菴竹爐志

秦仁存題

九龍山人王紱為真性海上人製

抱秀風清

序

物不能自傳也必以人而傳人不能自傳也必有所托而傳三代金石甲骨簡策之文字圖形尙象之刻畫皆有所托而傳者也後世孳乳日繁始區而別之曰文詩爲有韻之文曰書曰畫三家遂爲文學之大宗有一於此即可不朽吾邑聽松庵之竹爐一細物耳自王孟端舍人爲圖詠以張之竹爐乃以此名天下明清兩朝之賢士大夫以詩文相雄視者燦然若明珠大貝極文采風流之盛而天章稠疊幾欲以山房之雅玩爲天府之球圖至是而竹爐之名益高絕千古顧天道忌盈爐圖並毀高宗御筆補圖且出內府所藏孟端溪山漁隱圖以償之與諸臣賦詩題其上不惜以帝王之尊同騷人墨客較一日之勝想見雍容太平之樂不可謂非山林之盛事也咸豐庚申之變御筆圖及漁隱卷皆失而復得先從祖都轉公曾爲文以記之歸之黃埠墩僧舍乃不久而漁隱卷爲裴伯謙所有伯謙故善先四兄以是卷爲一邑之掌故慨然留兄處者殆十年後乃索還或以爲德不卒譏之非也竊謂孟端之畫超凡入聖爲天下之瓌寶當與天下共寶之乃欲以一邑私之陋矣

嗚呼滄桑屢易文物全非歸老山林求所謂聽松之流風餘韻已渺不可得輒爲不怡顧甥康伯閬居多暇獨搜緝竹爐之詩文爲一編褎然竹爐志也每一展卷如置身成宏康乾之世莊嚴典重宛在目前圖卷雖亡有竹爐志以匯萃之則亡者可不亡人與物之不能無所托而傳之也有如是哉壬申春正秦敦世序

惠山聽松菴竹罏志

無錫顧賡良集錄

明洪武間高僧普眞於繡嶺亭故址建聽松菴 邑志

惠山寺大行門內爲彌陀殿後改爲竹爐山房貯竹茶爐及竹爐圖詩卷 邑志

秋聲小閣在大悲殿左峭壁巉巖鑿坎結小閣綴柏倚空如鳥巢猿穴游人緣躡而登最稱奇勝王問塡以土石遂失舊觀久廢 邑志

竹爐在聽松庵明洪武間湖州竹工爲僧性海編竹爲爐規制精密高不盈尺上圓下方類道家乾坤壼王紱爲繪圖賦詩時多題詠永樂間爐歸潘克誠後屬楊謨成化丙申秦夔爲僧撰疏募而復之以貯秋聲小閣盛顒之從子虞嘗倣其制爲之至淸初舊爐既燬盛制又壞而紱圖亦亡顧貞觀更製二爐攜其一至京師而得紱圖於納蘭成德所復歸於菴乾隆間淸高宗南巡有詩疊韻卷中賜竹爐山房額命張宗蒼補寫一圖舊圖凡四而失其一也己亥冬知縣邱漣取卷至署重裝燬於火事聞御筆親仿紱畫爲補首圖命

皇六子及弘旰董誥分畫二三四圖補錄前人題詠又出內府所藏王紱溪山漁隱圖卷償之與諸臣賦詩紀事甲辰春再幸五疊前韻命大學士梁國治書辛未以後御製詩於卷中及更咸豐十年之亂爐卷皆失同治初秦緗業始得御筆圖華翼綸又出所藏王紱翠竹卷並付黃埠墩藏焉而秦恩延亦旋得漁隱卷乃併歸之 邑志

竹爐舊在聽松菴明洪武間僧性海命湖州竹工爲之制古而雅王紱爲繪圖賦詩諸名人相繼題詠篇什甚富永樂初性海之虎邱爐遂留藏潘克誠家成化間潘之孫某又以贈楊孟賢孟賢歿之三年秦中齋夔自武昌報政還求訪舊物白諸孟賢之兄孟敬俾還菴中一時海內名流俱爲詩文贊美先是盛冰壑容之姪舜臣雅慕茲爐仿製爲二攜至都中一呈冰壑一贈吳文定公菴下名公鉅卿題詠益夥後亦付之菴僧于是仿爐諸篇與製爐復爐諸作合而爲一焉歲久爐壞菴亦廢卷遂淪失淸初有以此卷鬻于京師者遂爲滿洲成容若所得邑人顧貞觀與容若善乞以歸是時圖已有四貞觀乃更製二爐併歸寺中貯之大同殿右彌陀殿巡撫商邱宋公裝爲四卷識以官印純廟南巡至惠山

試爐酌泉賦詩帋韻並賜竹爐山房額時四圖又失其一特命張宗蒼補之聖製回鑾命工仿製別建竹爐山房于玉泉山以貯之知縣邱漣取卷至署重裝燬于火事聞御筆親仿九龍山人意爲補竹爐首圖命皇六子弘旿等分作二三四圖補錄前人題詠于其後又取內府所藏王紱溪山漁隱圖償之甲辰春再幸惠山命大學士梁國治書辛未以後御製詩于卷中永爲名山世寶云　謹案惠山竹爐久已著名海內茲復恭邀睿鑒益爲泉石增榮志載未能全備敬遵御製詩集並無錫知縣吳鉞編刻之竹爐圖詠各記序合參邑志所載叙其緣起如此 周有壬錫金考乘

竹茶爐孟端與性海一日偕潘克誠在聽松菴適湖州竹工至遂以古制命爲之一時名人俱有題詠永樂初性海赴虎邱住持以贈克誠藏六十餘年成化間楊謨孟賢得之丙申秦夔撰疏取諸楊氏歸焉有復爐唱和卷與舊卷并傳焉 惠山記

聽松菴在惠山桃花塢下雙松房之左菴之勝蹟最多繡嶺亭故址一也雙古松二也石床三也松風閣四也王中祕孟端畫壁五也竹茶爐六也千金紫趾亭七也繡嶺亭係宋

光祿滕中元故物入國朝僧普眞即其地植松萬株創精舍改顏聽松僧宗泐隸入門爲松關齊中翰希原書左右爲凝雲軒傍爲松風閣最後爲聽松精舍內雙古松大圍二人小一人邵文莊公歌之石牀舊在大雄殿正德中始移置二松下上刊聽松二字若爲茲菴而設後又有秋濤軒王中祕病目借寓靜攝目愈圖廬山景于軒之左壁王少保進賦長歌題右壁又畫觀音大士像書金剛諸經人稱三絕松閣下又畫三人行樂像三人者僧性海與王中祕潘克誠也自中祕目愈後有竹工從湖州至爰造爐式使編竹爲之高不盈尺圓上方下類仙家乾坤壺築土爲質密叩之作金石聲而其中坎焉以虛鎔鐵爲柵橫絕上下規制精絕一時題詠名作如林永樂初性海住持虎邱此爐歸潘克誠家垂六十年成化間巨室楊謨愛之爐又歸楊殁秦方伯廷韶自武昌報政還里代性海嗣孫戒宏草疏往索之爐復還山中方伯侈爲盛事流傳京師題咏又多合前詩裝成二軸幷原爐貯秋聲小閣昔人于一物之微矜重若此後菴僧不戒晝壁既燬於火菴亦旋遭回祿自邵文莊公建千金紫趾亭遂割菴基之半葬太夫人過氏後即改爲論塋而菴始屬盧衙矣 錫山景物略

聽松菴在桃花塢下即宋滕光祿繡嶺亭故址洪武七年普眞既爲退居乃於菴左右種松萬株風聲清遠故名聽松中有四軒曰雲深軒曰秋濤軒曰濬泊軒曰指南軒最幽邃王中書孟端寓焉成化十五年建松風閣 惠山記

竹爐圖詠補輯

秦仁存題

竹爐圖詠補輯

無錫顧賡良集錄

文

竹爐詩卷散失志感小引　　秦焱文成

成化丙申高祖方伯中齋公撰疏募復竹爐藏之松風閣命僧戒弘守之後松風閣廢戒弘裔徒遷居二泉書院講堂仍守竹爐及竹爐詩卷守僧沒講堂垂廢予葺而新之付僧文悉管業示冀存先業耳奈講堂之廢終不可回然余更有惜於爐與卷也白於縣大夫豐時李公爐得存於慧山寺而詩卷俱質於有力者之家名公詞翰半爲其竊去無全璧矣嗟乎高祖能復舊蹟於久失之後余不能存講堂于未失之前有愧於前人多矣

竹爐新詠記　　顧貞觀

惠山竹茶爐者明初聽松菴僧性海所製王舍人孟端諸公各爲詩文圖讚以記之歲久爐亡至成化間秦太守廷韶購得復還僧舍李文正邵文莊諸公題詠尤衆而爐已漸壞

盛侍郎冰壑命猶子舜臣仿彿爲之前唱後和遂成大軸邇年吳中丞伯成初令吾邑見之爲加裝潢凡二卷獨王舍人贈性海畫及李文正篆竹爐新詠四字失去覽者以爲遺憾于是舜臣所爲爐亦壞其舊者乃不復存惟一圖在耳甲子秋余即先端文公山祠搆積書巖於芙蓉亭遺址之側爲堂三楹累石疏泉頗得幽居之樂因憶山中故事遂仿舊制作兩爐爐成賦近體一章邑人聞者競賡原韻會余入京師携其一以行擬乞題于輦下文章之士一日坐成侍中容若通志堂出書畫共賞得一卷則王李風流依然合璧而吳文定謝文正諸公贈冰壑先生詩記附焉余因乞此卷歸置巖居即顏其堂曰新詠容若欣然許爲余書之夫一爐耳其遺蹟之離合顯晦蓋有不偶然者亟顧得同時賦詠以記其異且余亦何幸步前哲之後塵爲九峯二泉增此勝事哉更百年後此爐此卷存與否莫可定或未必無好事如余者耳康熙乙丑春分後二日梁溪顧貞觀書于燕臺旅次

惠山聽松菴再復竹爐記　　秦道然

道然字維生號南沙康熙己丑進士授編修充日講起居注官丁酉江西鄉試副考官改禮科給事中掌登聞院事雍正初絓藩邸事在獄十四年以子蕙田通籍後陳情得釋壽九十著有泉南山人詩文集明儒語要困知私記邑志儒林有傳

竹爐者山中煮泉之器耳乃編竹築土而成非有怪異瑰麗可愛重也而工書者圖之能詩者賦之既失矣必求復之斯亦奇矣及再失而再復也距其始製時已四百年而完好如故則益奇矣當明洪武初性海眞禪師始製此爐邑中之與師善者有王舍人紱王學士達善朱少卿逢吉競爲書文圖畫以張之一時風雅之士爭傳竹爐之名盛有篇章聯成卷軸矣永樂間禪師沒而爐亦亡至成化丙申先方伯中齋先生吟賞卷中詩句而惜爐之不存也乃作疏引募之果得於邑中巨室是時先隱君貞靖先生方主碧山吟社乃偕社中諸老共爲歌詩流傳京師遂有文恪王公文定吳公及先太保端敏公與一時名卿巨人交相唱和篇章益富長沙李文正公題其卷曰竹爐新詠於是竹爐之名幾與第二泉並馳海內至明末而爐復失莫有訪求之者康熙丁丑商丘宋太宰犖撫吳取竹爐詩卷徧觀之芟其蕪雜存其人與詩文之足傳者裝成四軸俾山僧世守之而終惜爐之

不可復得爲山中缺事雍正壬子冬有松泉上人者眞公之後遇此爐於農家知爲山中故物詢所由來乃其人從祖始爲菴僧後返初服遂攜竹爐及茶具去今茶具已失而爐尚無恙上人遂乞之而歸走告王史部盧舟求其作記書石以垂不朽盧舟以此爐之初復也中齋先生倡爲疏引貞靖先生倡爲詩文使竹爐之名大振則竹爐之存亡雖山中之故實亦秦氏之佳話也作記當屬某上人以盧舟意來告余瞿然而謝曰某不敏其人其文何足附諸名賢後爲竹爐重請辭上人曰昔人有言誦前人之清芬公能無意乎余無以答乃敬誦先隱君句曰湘筠骨格依然好留與眞公弟子傳又誦先方伯句曰從此遠公須愛惜願同衣鉢永相傳以此應上人之請可乎上人合十而謝曰謹受教

王紱溪山漁隱圖卷復歸僧舍記　　秦緗業

前明洪武間惠山聽松菴僧性海嘗編竹成爐以煮茗王紱爲之繪圖賦詩後爐壞更製而紱圖亦亡迨康熙年內閣典籍顧貞觀得於納蘭成德所復歸諸菴及高中純皇帝南巡數幸菴中賜以竹爐山房額乾隆四十四年冬無錫知縣邱漣携卷至署重裝燬於火事

閎御筆補圖竹爐仍仿王紱筆意並取內府所藏紱畫溪山漁隱圖償之與諸臣賦詩紀事題其上即是卷也自後庵僧每出竹爐及畫卷誇示游客薄海皆知傳爲盛事咸豐十年粵寇遘亂錫城淪陷竹爐山房既毀諸卷亦散失同治三年臣緗業得御筆圖於上海時縣城雖復聽松庵一片瓦礫基址僅存未遑興構越明年即就惠山寺故地建淮湘照忠祠而竹爐山房遂不可復問矣然天章宸翰終未敢私藏諸家會黃埠墩僧舍落成因付住持臣華翼綸復出其所藏王紱畫竹卷以補其闕而漁隱卷不知流落何所不無餘憾焉又數載臣族弟恩延始見是卷於洞庭山人家以重價贖之歸亦不敢私爲己有也擬併歸黃埠墩僧舍俾臣記之噫煙雲過眼書畫之常一經易主莫可踪跡而古人筆墨自有眞氣流行恐非後世所能撫仿況是卷前追吳鎮後啓沈周尤稱絕筆乃既失而復得之不可謂非幸事至聽松庵自有唐迄本朝興廢不一無難復舊今顧并其基地而亡之千餘年古跡一旦蕩焉泯焉殆亦有數存乎其間耶雖收藏得所易地皆然然終非先皇帝巡幸賜圖之意安得有賢有司及地方好事者復搆斯庵復製斯爐庶幾頓還舊觀乎卷首有御題頓還舊觀四字

詩

二泉寺退歸聽松菴和王學士見寄　普眞性海

泉上歸來已一年萬松陰裏屋三椽坐磯白日渾無事買斷淸風不費錢猿墮山崖尋菓樹鶴穿林徑避茶烟王猷識我平生意時寄新詩一兩篇

詠竹茶爐次匏翁　邵寶

雨過春山滿汲泉舊僧爐在好烹煎緇塵性絕甄陶外烈火心降汗竹前白雪翻時羣蟹沫碧雲蒸處一龍眠調元固有商家鼎不出山林道已全

盛舜臣新製竹茶爐和韻　李東陽

石罅曾分蟲蟲泉裹茶添火試同煎形模豈必隨人後鑒賞何因置我前秋共林僧燒葉坐夜留山客聽松眠王家舊物今雖在竹缺砂奔恐未全

來月樓試竹茶爐和韻　王表邦正

樓在空中月在濠茗爐小試欲生濤火兼文武功非易香瀉漪瀾品亦高六椀通靈容我共一尊低唱任渠豪乘風便爲蒼生念何日顚崖命可逃

倣王舍人製竹爐成漫題二絕　華應象心白

竹爐佳製遺僧舍千古高閑老孟端此日渭川無勝具幽人漫自煉泥團窗上梅花影自橫枝頭倦雀寂無聲颼颼蟹眼如催句颺出茶烟伴白雲

復竹茶爐和顧梁汾　秦保寅石農

高閒淸製尚依然試茗蕭齋一榻前秋水澗深朝聽雨落花風過午生烟縹囊珍重三千首僧院銷沉二百年不是彥先能好事幾回遺韻委流泉

重製竹爐告成志喜　顧貞觀

竹爐淸韻忽依然位置仍宜水石邊書訊有僧來穀雨鬢絲如鶴伴茶烟家山夢去忘爲客故國詩成感紀年冷煖此君須自覺無勞更試醒心泉

和顧梁汾竹爐新詠原韻　納蘭成德

爐成卷得事天然乞與幽居置坐邊恰映芙蓉亭下月重披斑竹嶺頭烟畫如董巨眞高

士詩在成宏極盛年相約過君同展看淡交終始似山泉

前題　梁佩蘭

見說山居思渺然簾櫳清影竹罏邊一春茶事添香雪滿地松風上綠烟長似茂陵忘客病絕無寒食禁新年菴中更有高僧約放鶴歸來聽夜泉

顧梁汾舍人自製竹爐攜至都下客爭賦之余卽用原韻爲詩二首　吳雯

竹爐活火夜猶然夢繞吳淞水石邊塞上風塵逢舊製江南楡柳憶新烟山移明月空猿鶴洞改桃花幾歲年認取廬山眞面目天涯隨處谷廉泉

高館閒過華燭然濤聲小沸菊花前空憐紫塞冰霜候可有藍田暖玉烟紅雪徵歌違此日青樽賭茗訂他年藤蘿休蔓王官谷待酌鴦鬟頂上泉

觀新頒竹爐圖恭和御製原韻　顧敬恂 斐瞻

薜蘿深處啓瑤圖一日傳觀遍萬夫泉石分明眞態見烟霞變幻墨痕無竹房日麗揮龍翰松逕雲深護鶴雛勝蹟任教人共賞不須呵禁列金吾

胸懷邱壑寫新圖未許樵人笑士夫稚興欲超桑苧上風流得似輞川無彤庭落紙雙花管靑瑣銜書五色雛絕勝泥金摹紫岳何勞封禪問夷吾

再復竹爐詩　秦道然

四百年前老衲子編竹爲爐煮泉水吟詩作畫盡名流點綴林泉助清美斯人云亡爐亦失翰墨凄凉久藏庋吾宗方伯中齋公愛賞詩篇吟不已歎息爐亡作募文果得珠還合浦裡是時碧山盛吟社公吾祖貞靖執牛耳十老清詞追古人好事流傳到京邸勝國方當全盛日廊廟公卿富文采區區竹爐何重輕短句長篇葉宮徵倡者吳門王與吳重以長沙文正李從茲卷軸比牛腰細物幾幾並簪篸世事推遷不可常爐再亡來百年矣山僧松泉好文翰方袍不異冠巾士密訪窮搜亦有年一旦得之眞失喜奉持珍重告吾儕願將翰墨繼前軌先人清芬吾可誦朊弱才疎吾知恥詩有城南杜少陵書有寓公王內史合并二妙勒貞珉爐共山泉同不毀

竹爐聯句 并序　朱彝尊

錫山聽松菴僧人性海製竹爐王舍人過而愛之爲作山水横幅并題以詩歲久爐壞盛太常因而更製流傳都下羣公多爲吟詠圖既失詩猶散見於西涯篁墩諸老集中梁汾典籍仿其遺式製罏恒歎息舊圖不可復得及來京師忽見之容若侍衛所容若遂以贈焉未幾容若逝矣丙寅之秋梁汾携爐及卷過余海波寺寓適西溟靑士愷似三子亦至坐靑藤下燒爐試武𡵓茶相與聯句成四十韻明年梁汾將歸用書於册以示好事之君子

西神峯連延龍角汎泉歎 愷似 桑苧次水經第較中泠遜 西溟 山僧寡營役谷飲遂夙願 竹坨 跏趺長松根風來耳垂鬢 青士 都籃選茶具一一細莎頓 梁汾 舍彼陶冶工截竹等辮拳 愷 附以紅泥團其修僅扶寸 西 坎上離於中下乃利用巽 竹 微颼颼入活火焰焰青 青 初聆檜雨喧漸見魚眼睔 梁 紫筍舒萌尖午點湯色嫩 愷 王郎穿竹過愛接支許論 西 解帶盤石間素瓷迭相勸 竹 欣然愜所遇伸紙隨染渲 青 濛濛巖亭瀑歷歷水田畈 梁

短短茅覆屋茸茸荻抽 愷 橋𢾾乃有路門闢或無楗 西 林壑雖未深埃壒頗已遠 竹 流傳盛新詠羣雅足彝憲 青 或爲篆籀隷若盃高敦鬳 梁 或爲眞行草若繇靖羲獻 愷 穆如清風作舉一可當萬 西 嗚呼百年來精廬窟鼪貒 竹 曩時所珍物零落委荊蔓 青 吾家罏塘側想茲恒繾綣 梁 形模授巧匠高下仿遺楥 愷 所惜七尺圖慮爲塵土坌 西 開篋逢故人輟贈得右劵 竹 羊脂鏤蹬玉獸錦束腰綣 青 譬諸延平津劍合始無恨 梁 俄警鄰笛悲永歎壑舟遁 愷 蕭條黃公壚歌哭與俗溷 西 是物覩者希五都絕市販 竹 今年吳船來載自潞沙堰 青 徙置青藤陰旅話破幽悶 梁 質比連勺輕形嗤石鼎純 愷 小勺分宮時頭綱試甌建 西 忽憶秋水生乘此風力健 竹 逝將挂席歸偶耕師下潠 青 毋令牀空兼使夜鶴怨 梁

惠山聽松菴當明洪武間高僧性海手製竹茶罏王舍人孟端繪圖且爲賦詩名流相繼續和幾遍海內而爐之存沒不常頃靈源上人於斗門張氏訪得之識竹爛煸土色如漆丐雲川先生廣爲徵詩余雖未識靈源然知其工詩善畫竊喜性公宗風

未墜也因貽以長句　王會芬

曉光溟溟小雨慳落花委砌紅斑斑盧堂坐見時節駛矯首一望空雲山山中清淨古佛子六時趺坐忘嗔喜身是眞公幾葉孫鶴翎脫葩無泥滓憶昔眞公杖錫來赤霄鸞鳳紛裴回一莖弱草插崖厂千龕古佛離苺苔非惟道器瑩天表兼復錘爐觀天巧活火爐中雪浪翻空山葉落禪宮曉詞翰當年誰擅場舍人畫好詩亦好爾時遊戲聊復爾頗怪諸君鑱相嬲篔簹摧折劙藤悲混沌書眉殊草草靈師卓絕道門秀法海澄瀾自繚繞山堂舊物今始歸色黓神腴未枯槁半樓居士文章伯還許靈源參講席欣然爲賦竹爐詩老勢欲飛巖竇圻見說精藍雨花處嶺猿溪鳥同香積紗幮夜誦撥爐紅斑管朝哦翦春碧我生胡爲倦煩促塵坌無由吐肝膈爲憶靈師文字禪夢裡晴嵐青欲滴何當攜屐果幽期瀧瀧山泉入翠微枕簟瓜茶相對好更從杜老賦新詩

辟疆園詩文彙鈔

（民國）楊志濂 編

《辟疆園詩文彙鈔》不分卷，（民國）楊志濂編，民國鉛印本。

楊志濂（一八五二—一九三四），字筱荔，號評蓮，晚號希逸，無錫人。同治秀才，光緒舉人。曾任湖州、嚴州、寧波等知府。民國後又任官於外省。有《翠寒居文嘲》。

顧伯康，顧憲成後裔。民國十六年（一九二七）在無錫城中建有園林，爲仰慕遠祖顧辟疆所建辟疆園而建，故亦名『辟疆園』。在顧伯康夫婦六十壽辰之時，由楊志濂據這次祝壽的詩文和關於辟疆園的詩文編成該書。內容分爲三個部分：辟疆園的詩文，辟疆園復製竹爐的詩文，六十祝壽之文、詩、聯。值得注意的是詩文的作者，本書所收竹爐的詩文中，作者有楊志濂、秦岐農、竇鎮、楊味雲、俞復、華文川、陶起鳳、范廷銓、侯學愈。這些都是當時無錫的社會名流。壽文、壽詩、壽聯的作者，還有唐文治、裴可桴、秦敦世、費樹蔚、葉恭綽、陳公博、繆斌、秦仁存、秦毓鎏、王蘊章、曾克耑，表明了顧伯康當時的社會交往。辟疆園今天已不復存在，然而這部詩文鈔保留了有關的文字材料和照片、繪圖。該書保留了民國時期無錫上層人物的生活片斷，也保留了城市園林及文化的寶貴資料。

本書據民國鉛印本影印。

（徐志鈞）

辟疆園詩文彙鈔目錄

辟疆園主顧康伯先生玉照

許國鳳敬題

杖鄉之年華髮英姿祝公難老
呂喬紹涇陽遺緒而不第爲計
然猗頓之師
癸酉春日

暨陽章鍾祚謹題
同邑許國鳳拜書

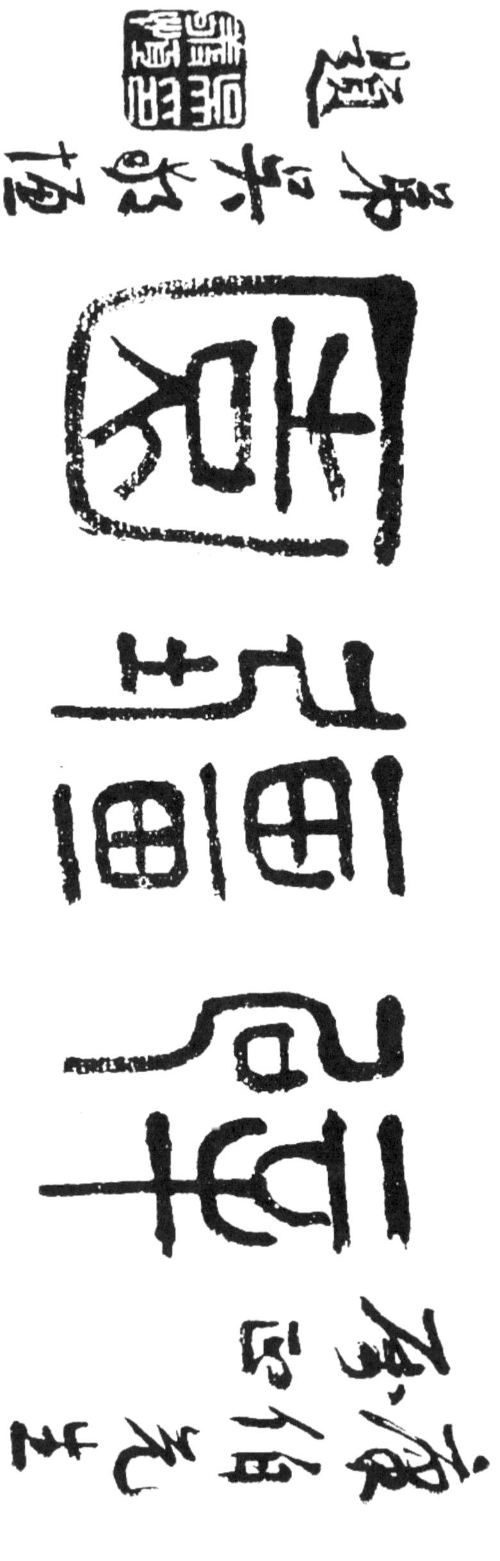

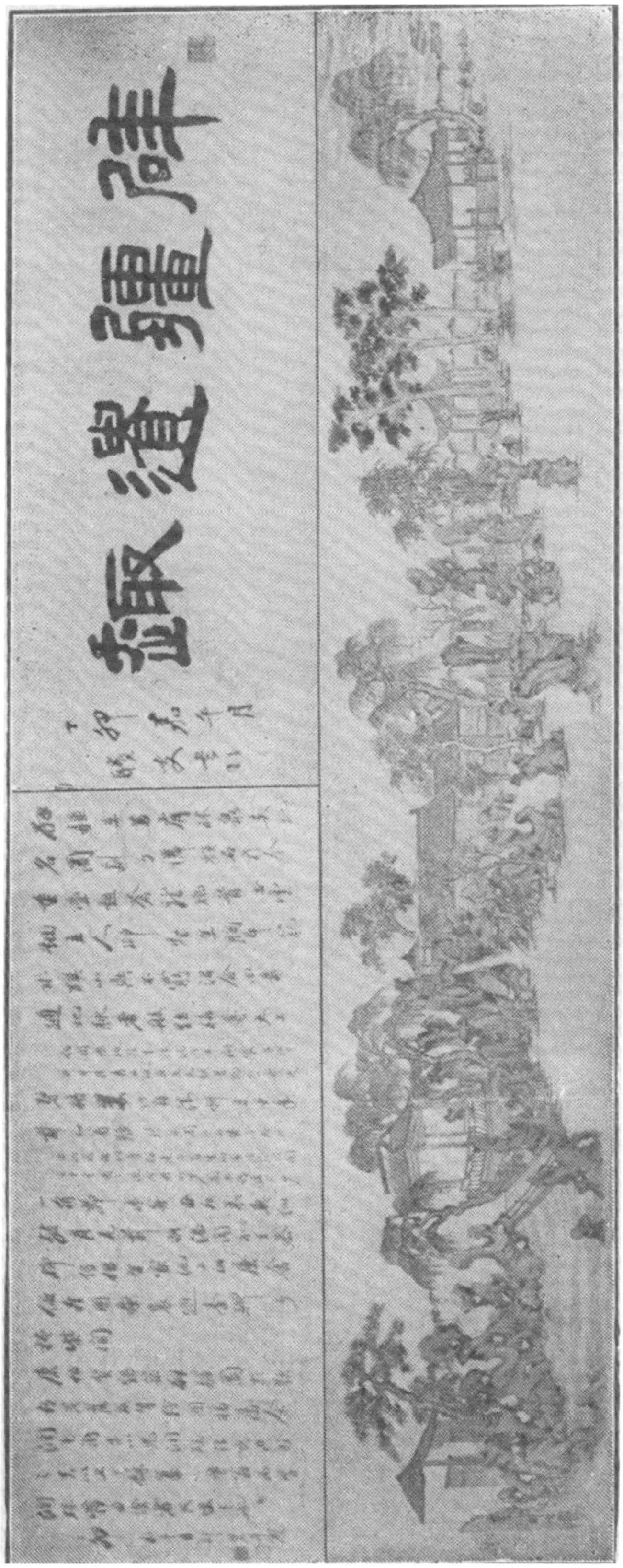
辟疆遺詠

辟疆園景（一）
清友山房
辟疆小築
流馨亭

辟疆園景（二）
碧梧軒
古梧桐樹

辟疆園景（三）
問漁洞
歸雲洞

辟疆園景（四）
三曲石樑
藕香榭

辟疆園詩文彙鈔序

名園落成高會斯舉到門賓客曾無凡鳥之題投轄主人雅負元龍之譽亦既無言不韻奏笙磬之同音有景皆佳入丹青而並壽矣雖然流觴曲水文讌特盛於一時分詠輞川篇什罕傳於來葉良以隨風珠玉未教一綫穿成落帋雲烟不免經時磨滅斯亦翰墨之遺憾也曷以薈萃而永寶之在昔同人有集留韻事於水繪之園卽今印影傳眞得新製於珂羅之版先民有作來軫堪循一日者康伯先生過訪敝廬授之長簡謂是一邱一壑不過苟合苟完卽辟疆之名殊慙於忝襲而張老之發乃善於頌揚或圖寫林泉蒼古得荊關之筆或記載故實精到如韓柳之文以及賦擅子山子安之工詩兼大雅小雅之選凡茲傑構惠我無疆欲附千秋願書萬本予曰善乃爲以次排比綴言簡耑俾付手民用餉同好回憶襟裾之雅集險韻曾拈愧非屈宋之牙官駢文強作戊辰春仲楊志濂敬序

顧辟疆園序　江衡

吾友顧君康伯以涇陽之嫡裔紹辟疆之宗風葺治園亭樸素古雅秦君郊農首爲作圖幷題額其間廳事台榭池館橋樑花木泉石之勝與夫壤地修廣工成年月俱詳于唐君蔚芝章君硯芳所爲記其浚井得宋元明甆又經侯君保三爲之鑒別作長歌以記之一時耆宿名流題詠殆遍朋觴雅集至再至三固已大張其盛矣乃又問序于余余惟天下事物破壞易建設難雖曰興廢有定時必有人毅然身任始能振墜而起衰以一園之小築得偶試其經綸循是以推有實心實力於我國者當如何經營締造覺嚮所視爲腐敗不惜摧陷毀棄者今爲之整理而更新之蔚成天下大觀吾知天降膏露地出醴泉山出器車河出馬圖有什伯千萬于茲之掘地得名泉穿井出寶物者屆時圖繪昇平鴻文鉅製又必有什伯千萬于茲之題詠殆遍者不尤顧君所樂覩乎因感時而爲之序如此

序二　朱文熊

昔讀亭林先生集見其自述世係爲出于吳肅侯雝之後又於蘇州有其先人野王之祠爲廬植子孫私以植之木主厠焉先生移書詰責卒復其舊未嘗不歎江左耆舊貽澤之長而賢士之繩其祖武者雖極之年代之遠湮而有不忘也繼又思之先生以名世之挺生抗心希古卒以國變家難之嬰至流厲終身而有不得一返家園之憾吾知其于關中卜居之日未嘗不南望家山瞻焉出涕如柳子厚所謂不得親奉先人之祭掃者于野王之祠宜有惘心焉獨其鹿城少時游釣之鄉與顧野王讀書之堆相望于數十百里之間而所輯旨學五書與玉篇今古相輝映非所謂繩其祖武而曠世之精神固有訢合于無間者乎夫以耆舊之多賢子孫與大雅之可以繼起今乃得吾顧君康伯康伯之營構辟疆園也其祖述先志與亭林先生之用心同而其事則稍殊焉蓋亭林先生之于先業也志其勤劬之迹作今康伯之於先業也志其閒曠之性情志先人之勤劬者於其風瀟雨晦殫心述作之地必致其水源木本之思故野王之祠在蘇州而亭林先生未嘗移之於鹿城志先人之閒曠者於其絺風繪月性情寄託之地更不必泥夫魚筌兔跡之跡故辟疆之園亦在蘇州而康伯不妨繼之於錫邑此其同焉而異者也且夫亭林先生周游天

下于野王之祀雖不常身親而其精神則無不訢合者宜其成就之卓卓如此也今康伯優游怡養日涉於此園以成趣與夫令嗣五常彈琴風詠於其中於詩書之好則兼及道經釋典於文史之誤更旁通字書韻語將見心游於六合業託于千秋於閒曠之適而更不忘勤劬之矢近則追洞陽涇陽之心學遠則紹彦先長康之宗風世變不知時亂不聞謂爲元亮栗里之居可也卽謂爲表聖王官之谷亦可也此又其異焉而同者也尤有足述者亭林先生雅好金石故于讀書之暇輒搜搽剔薛載之後車今康伯於是園之築穿池鑿井而得夫趙宋以前之磁器不少是天又明明以汲古得修綆者屬之我康伯父子也康伯其毋以偶然視之僅作爲是園之點綴也可乎至若亭榭之位置竹木之蓊翳與夫淸泉怪石之相環抱凡見於前人之吟詠者康伯無不目謍心構于其中則他人述之備矣茲不復贅云

序三

吳日永

丁卯春顧康伯先生建辟疆園於其故廬之旁舉凡亭臺樹閣泉石橋池岡阜曲徑松竹卉茶無不秩然有序斐然成章今歲壬申冬十月其文郎以辟疆園紀略見示並徵文於余余自愧無文曷敢率爾操觚惟慕賢喬梓古道高誼與夫斯園之幽雅絕倫不能無辭蓋闢園林非具高志蓄道德胸懷淡泊者不克有濟若吾邑榮氏之梅園楊氏之黿渚王氏之蠡園一經點綴蔚然可觀今主人志高而行卓席豐而履厚超然高舉其所以築斯園者爲遯世無悶乎方是園之基始也鑿池得泉泉甘而冽同惠泉伯仲是名泉也掘泉而古瓷見龍泉成紋古氣盎然是寶物也名泉寶物同時發現其爲吉祥善事可知此園之將聞名於世也必矣莊子曰虛室生白吉祥止止然則天錫斯園於主人有由來矣夫君以亭林裔胄涇陽嫡派累行積德感召瑞物誠當之而無愧怍矣主人復謙冲爲懷景賢若渴題其園名曰辟疆不忍先德顧長康遺跡之淹沒邈然有以追踪高風示後人以不忘祖德其貽謀之遠又何如乎是以文壇耆碩樂爲序記描寫一時之盛嘉賓羣彦復之以潤古今之詩鴻藻紛披滿目琳瑯主人彙而成集視若拱璧蓋非此集無以傳斯園非斯園又曷能遺素抱紹彼名園於今耶則此集也與斯園也固相得而益彰而彼園也與斯園也尤相映而成輝而康伯先生居斯園攬此集當煙霏霞斂風和日麗之時其灑然有出世之慨乎飄然而登仙主人之樂不亦快哉況園主慧眼特高匠心獨具就茂林翠竹之壤製竹爐以瀹茗復以竹爐一置貫華圖以供樂其先德梁汾先生不特恢復竹爐故實其古道高風閒情逸致千古當傳爲佳話高人雅儒有不聞風而欣慕者乎且夫當月白風淸之夜百花怒放之秋良朋雅集舉杯觀瀑臨斯園者觸景生情因物興感對此竹爐淸泉古瓷新茗古色古香異趣無窮主人之樂客得而共之主人之樂無盡客之樂亦無盡惟其無盡方爲至樂則斯園也樂與人共豈不重令人慨慕無已也乎

顧辟疆園記　　唐文治

余隨先大夫卜隱於錫邑西溪已十七載於茲習聞鄉父老追述勝蹟感喟滄桑輒低徊而不能置往歲顧君康伯出貲新構顧辟疆園紀略並諸耆老題詠世澤宗風久而弗替豈僅碧山吟社嗣音而已哉夷攷晉書王獻之傳獻之少負盛名高邁不羈嘗經吳郡造辟疆園肩輿徑入不通謁遊覽畢旁若無人辟疆以挾貴傲主人數之又中吳紀聞載吳中舊傳池館林泉之勝惟辟疆園爲第一見於題詠者若李太白陸羽陸龜蒙皮日休及近世張伯玉豔說者非一人乃知辟疆園之勝由來舊矣康伯紹承先志構葺屋宇一邱一壑靡不殫心於丁卯冬而落成之園中有土山三有池二有泉七因地設施者有聽事三楹便坐二楹亭四軒一榭一而以五老峰四洞三橋錯雜而引勝之四泉池因四智井而得名匯蠡池亦露三智井泉脉皆發於惠山二泉而灌於井其曰小平泉曰辟疆泉曰雲液泉曰小中冷此皆附屬於四泉池者也曰朝陽泉曰涵碧泉曰匯川泉此皆附屬於匯蠡池者也所可異者浚四智井時掘得龍泉古磁皿及韓瓶瓦罐等都數十事蓋千百

年之古物發之於一旦而適歸於好古家物之顯晦非偶然也其聽事則顏曰辟疆小築其便座則顏曰清友山房其軒曰碧梧其榭曰藕香其亭曰徯月曰流馨此外又有方亭茅亭洞曰鶴賓曰石玲曰歸雲曰問漁橋曰步鶴曰三曲石梁而梧桐枇杷石榴綠蕚梅與夫桂蘭芍藥諸名卉翁翳葱蘢奇葩怒放大可人意說者謂康伯之爲是園聊以娛樂而已余以爲廢者興之舊者新之大之風俗人心小之鄉邦文獻息息有相通之義古來名勝地得名流觴詠其間縱談軼事舊聞何莫非則古稱先之助爰思東林壇坫高子水居及夫秦氏名園感念於後之人者則又何如度必有起而新之者余作此記益犁然高望而不能已已也

記二　　章鍾祚

昔顧辟疆以名園甲吳中事載晉書世說唐人詩多詠歌之予戚友顧子康伯梁溪風雅士也承涇陽先生家學性僻靜隱廛肆醋嗜山水花木彝器書畫慕乃祖辟疆之爲人而因以剔廢基築精舍疏泉鑿石種竹養花爲娛老課孫計而韻事之輳合者亦緣是一顯其奇焉園址在邑城歡喜巷面陽背陰雖近市絕遠塵囂園故多智井主人命工治之得泉四中藏龍泉古瓷韓瓶翠盌種種皆趙宋以前物主人喜甚徵詩吟詠殆徧因就池成假月形而名之曰四泉架石池上名其橋曰步鶴構亭高聳曰徯月下有泉曰小平泉橋東積土成山矗立石筍有洞曰鶴賓又有洞曰問漁石玲歸雲下有泉曰辟疆曰雲液稍西爲藕香榭芙蕖掩暎落日紅酣爲消夏佳勝地下有泉曰小中冷此皆附麗於四泉池者也東則壘石爲五老峰狀如引笏下爲匯蠡池亦有三智井正南居中者曰朝陽泉編西者曰涵碧泉慧川泉上架三曲橋梁俯狎鯈魚化機洋溢悠然作濠濮間想此又附麗於匯蠡池者也再東爲碧梧軒古桐三株敝日干霄先秋落葉則太公幹臣先生所手植也北則爲流馨亭正中爲聽事軒敞向陽冬宜納日有秦郊叟所題辟疆小築在焉宅南有土山三一迤東一迤西升高遐矚惠麓九龍錫山孤塔歷歷在目遠山外太湖萬頃風颿煙艦出沒隱現時露牆缺南鄰垂柳毿毿然郊叟將全園屋舍景色繪之儼然一幅米家圖也主人於五老峰前編槿籬絡籐架雜蒔梅蘭桃竹菊圃菜畦花木雅稱偷然得庚

子山陶元亮之樂趣云園修廣三十弓萬象皆備落成於丁卯之十月邑中名流賀者畢至爾所以名之者僉曰仍辟疆之名宜予因之有感焉大凡天地間臺館之興廢寶物之顯晦人羣之聚散往往皆不可知者也乃有時謂不可知而廢者忽興晦者忽顯散者忽聚抑若有數存其間焉則又安知今日之興者顯者聚者不一瞬而又轉爲不可知之數耶吾甚願顧氏子若孫體祖宗經營締造之艱而世世永守之也主人曰善請爲我記之因系以銘曰

顧祖長康始居讓鄉三絕稱長辟疆清流氣陵子猷文酒優游渺渺雲礽爰逮耳孫菟裘是營約之閣閣椓之橐橐量度土木將作有言闢地及泉泉脉通天寶藏雲興光光韓缾玉盌茂陵有池有阜有山有水君子攸止安妥竹木附庸松菊比王官谷不門豪奢不侈聲歌傚申蟠屠五子白眉實繁孫枝世永保之

記三　　黃慈壽

丁卯九秋梁溪顧康伯君辟疆園落成分函徵詩並招雅集余因道遠僅賦短章遙賀顧

君好我凡得各文壇詩詞記序輒付郵筒清華典麗之辭博大崇宏之論繽紛滿目美不勝收其中唐章兩先生撰記尤如摩詰之詩使讀者彷彿身履其境極觀止之樂焉劉甥筱薌爲顧君坦腹昨復執顧君書來索園記顧念園中景物唐章兩記言之詳矣未涉其地者誠不能復贅一言而又不欲重違雅意因思顧君襲先世遺業方逾服官之年梁孟齊眉子孫振振今又得此園林逍遥豫悦此陸地上神仙也自來享遐福者必有厚德顧君得此定非無因爰以平生行誼就詢筱薌筱薌於是作而言曰小子在顧氏壻鄉粗悉大略外舅平日恪守宋賢盛名清德當務儉素不得汰侈之語自律以戒其家人居恆飲饌不求精美男女被服不競華麗爲邦人士所稱道先世舊有祭田由族中輪值供春秋祭掃之用外舅擬俟輪值之歲撥增田畝釐訂規則以盈餘贍族中孤寡並補助婚嫁之無力者喪葬之不足者小子平日所見所聞者如此余曰是即顧君克享麻美之所由來矣方今世風壞席豐履厚之家往往暴殄物產糜費資財窮奢極侈以自奉一身而不知愛惜顧君獨能於舉世波靡之會屹然以儉約飭躬清德雅量洵乎超人一等傳曰儉德

之共也共之云者猶言凡有好德之人如克恭克讓克勤克愼諸懿行莫不由此而生由此而成顧君能儉其德賅矣若夫增置祭田並廣先志是周官大司徒孝友睦婣任卹之類也是范文正創立義莊之遺制也顧君異日果能充其平生儉德本節以制度之意實踐其言而竟其行義漿仁粟惠普周親行見宋祖式憑人天歡喜寖昌寖熾光大門閭斯園也且將由苟合苟完美日益擴充駕梁溪古昔諸名園而上與綠野平泉比盛矣目前數畝之宮特嚆天耳顧君勉乎哉因濡筆而爲之記

辟疆園古瓷（一）

宋韓瓶及龍泉古瓷

辟疆園古瓷（二）

宋元明龍泉瓷及柴窰

古瓷歌 有序 侯鴻鑑

顧君康伯闢新宅於歡喜巷治園林之勝鑿池得井深三丈餘均有瓷器若干件窟藏於中惜年久爲土石所壓碎者十之五六臨時爲鋤畚所碎者十之二其完全者十不得一二矣分其類一曰宋龍泉磁一曰元磁一曰明磁間有清初仿元製者花紋則有人物花卉雲龍圖案畫等背備焉其最佳者則豆青色無花紋者兩盤數椀及黑質白花內作三鳳形之四椀並豆青色無花之爐式盌一件韓瓶四件綠油磁碎片等爲最足珍貴余承顧君之招夜宴於辟疆園翌日復往觀碎磁之片且爲之分類以資考證因作長歌一首

自來古物各有主顯晦無定固如是儘使沉沉千百年一朝發現歎觀止主人好古富搜羅悉心考證時摩挲大好園林新建築鑿池得井古磁多質古式奇光彩煥豆花青色堪珍玩主人邀客遊園亭共同欣賞然犀看半是龍泉北宋窰次亦元明倣古燒座中之客欣傳視夜光照耀燈光搖我獨詳觀花顏色鳳紋特質宋磁黑碗底清書文字奇清初特

製金元式爲想兵戎蹂躪空料因避亂儲其中應知地主滄桑變沈埋井底石玲瓏一朝重覩人間世破殘碎片亦珍製周章兩氏遞虎頭辟疆二字名園繼今日賓筵佳句題秦楊范蔣秦岐農先生繪園圖題辟疆小築堂額並賦詩楊味雲表兄范寅伯妹丈及蔣遇春內兄皆有題詠大名齊我亦拈毫附篇末尺圖永保綿梁溪

辟疆園賦 以名瓷餉客豆花青爲韻并序 侯鴻鑑

顧君康伯建新居於歡喜巷秦郊農先生題其堂額曰辟疆小築亭台泉石布置咸宜掘地引泉得井中古瓷器數十件碎片斗親友聞之羣往觀賞顧君宴客且徵題咏楊味雲表兄有名瓷餉客豆花青句余既咏七古一首意猶未盡復成律賦一篇即以味雲表兄名句爲韻惟詞賦久荒愧無佳處尚祈

大雅教正并博顧君一粲

林泉十畝風月長生雲棲小築水繪同情維時代之遞嬗多人事之變更驚看匝地干戈何處堪爲安樂土莫問滿天烽火此間姑尋詩酒盟安排筆陣硯池吟社繼碧山之雅收拾茶爐茗碗貫華齊高閣之名原夫辟疆園者虎頭家世燕子歌詞吳中勝擅南國名馳溯晋唐之逸事擴明清之悲思菴訪如皋譽著影梅憶語書繙先哲名留笠舫遺詩雖非曲水流觴名園集蘭亭之序却效代人作表隨園記柳子之瓷乃顧君之建斯園也父蔭是承祖芬堪仰叢棘乍闢初基三弓端賚百匠溯周章之舊瓦礫未除肯堂構之新園亭

始瓶巷名歡喜高鄰欣秋菊之堪餐水近樓台蘇子詠晚瓜之可餉其以辟疆名園也賾叟新題故園舊迹泉既得名堂又留額四圍點綴砌豔花紅六角空明軒分梧碧池塘清淺漁問津而水匯川洞窣幽深鶴延賓而雲流液此地有無邊風月特來徯月之人世間多不測風雲靜待歸雲之客抑知掘地引泉臨深得甃盆盎紛陳泥磚低覆幾多陶缶之珍猶是宋明之舊哥官建定古瓷均足寶藏罏椀瓶罇碎片亦堪永壽細認龍泉宋製欣看古色蒼痕惜無玫瓣柴窰珍換明珠紅豆夫以瓷器之足珍也即如哀玉爛比錦霞碧紋有耀元篆無瑕黑宋名瓷三鳳猶留彩影粉窰素質一欝亦見光華開筵而佳賓傳觀銀燭高燒以飲酒待月而清談欣賞竹爐合借以烹茶論翠奪千峯越器猶傳秘色考杯遺中散湘窰猶泛輕花是故嘯詠泉石陶冶性靈賦征宋玉器列韓瓶五老峰前俯觀涵碧四泉亭畔合試中泠倘教花笑春風飛羽快酬金谷若使竹延晚爽納涼盍坐茅亭四時之景物生新正大好旋冰剜月百歲之光陰易邁且樂觀捩翠融青

辟疆園詩文彙鈔

詩

楊志濂

君家舊有辟疆園新築幽居世澤存休慨流風湮碧社且招近局引金尊秋花蛩語叢籬角古皿龍泉出井習更羨嘉蔬薦菘筍自儕學圃聖門樊

徑開望益數三三佳趣初成日涉堪石上山亭如隼集澗邊泉穴有魚探西神朝爽供舒歗南極星光照盍簪顛米迂倪咸在座寫將詩意畫圖參

瞶叟秦岐農

辟疆在昔有林泉吳地名園劇可憐頑石於今重疊起蒼龍矯首吐雲烟

主人邱壑在胸中範水模山興不窮沼合四泉通地脉者般結構奪天工（偶因鑿沼挖去浮泥中間乃露出四井井中復藏龍泉磁盞瓦罐等物不知當時何用亦一奇也）

碧梧翠竹自清妍三十年前已着鞭（園中梧桐數株猶是乃翁生前所手植用之適合）一角茅亭幾曲水朱魚細數落花前

略添閣外王恭柳偶借習家池上山屋舍儼然圖畫裡避秦聊可掩柴關

賓 鏞

新築名園號辟疆優游清福顧長康亭台池沼多佳趣賞菊邀余共舉觴

鳥聲花影弄晴天怪石清泉滿目前歡喜巷中存祖澤消遥眞是小神仙

江 衡

近日添丁報竹孫螽斯衍慶喜盈門客來莫不吟詩賀總是羨君福祉繁

性靜情俱逸天空境爲開胸中有邱壑眼底即樓臺世莫問秦漢春惟迎柳梅超然游物表何處着塵埃

楊壽枬

家世風流祖德馨羨君新闢好園亭簾前山色和煙落檻外泉聲帶雨聽古硯傳孫蕉葉白（君新得兩孫）名瓷餉客豆花青（疏池得龍泉古瓷十餘件）碧梧軒畔秋如水日日焚香讀道經

楊 楫

風流猶似永和年觴咏幽情勝管絃岫障窗雲疏壘石水穿檻月曲通泉時聞啼鳥聲三兩愛看奇葩色萬千更有名瓷供客賞井花新浣土痕鮮

俞 復

名園自昔傳吳郡隤廢而今已不聞別樹規模孫子手榜題無改繼先芬

疏泉鑿井闢荒萊竟有名瓷出刼灰寶物千年應有托封埋留待主人來

秦瑞介

一角林亭結搆殊子山風雅紹前模小園當讀蘭成賦別墅如披輞水圖想見襟懷具邱壑眞堪咫尺列蓬壺誅茅隨地成名勝生色無須傍五湖

閒來看竹句題蕉城市山林足避囂故事行窩循鳳谷幽居隔岸指虹橋菟裘歸老慙無計蔣徑從游倘見招地小梅園差勝處携節日涉路非遥

章鍾祚

菊花天氣近新霜（成語用）雅集名園到辟疆小築吟窩詡獨灋重新門第紹涇陽爲迎壽客

先開徑難得耆英共舉觴一水一山親手創莫云癡絶顧長康

昨夜添丁報竹孫小同喜溢鄭公門阿翁新闢王官谷賤子頻來獨樂園天爲黃花貞晚節客從白社駐高軒任他羹沸蜩螗甚子且醍醐醉玉尊

費樹蔚

江左君家澤最長涇陽兩世讀書堂（端文梁汾）一邱一壑尋常事難得園中著長（上聲）康（其一）

賓友名園酬宴時何來傖子竹間嬉請君預戒應門走恐是山陰王獻之（其二）

碧山吟社風流歇共學山居絃誦荒門外滄桑知幾許儘拋心力冷句當（其三）

吳趨亦有桃花塢水竹三分具體微欲叩園扉供麗眺風光流轉莫相違（其四）

華文川

歡喜歡喜辟疆爲園泉石引勝麟鳳祥蹲（園築于歡喜橋之歡喜巷中室前有石二曰麟曰鳳先生所手成也）

有菊滿徑有酒盈樽嘉賓式燕過賦高軒（賞菊設筵嘉賓盈座）

紅梅結子綠竹生孫椒聊之實條遠且蕃（添孫之喜予作梅竹一幅贈之作）

筵開湯餅福萃一門斯干晉頌澤裕後昆

蔣士松

城南有巷名歡喜絕少塵囂不近市園林大好新築成主人風雅知名士晚菊方開十月天辭君小集快開筵几上羅陳俱古品坐中談笑多高年庭前景物看幽勝小榭方亭通曲徑池魚戲水鳥穿林石洞登高最助興此園應用辟疆名遠接清芬心共傾有田可耕書可讀閉門涉日傲公卿羨君未老享清福階下孫枝又添竹年年相約好花時扶杖客來可不速

陶起鳳

在昔名園號辟疆人來吳郡感滄桑于今又見林泉勝佳日春秋好詠觴湖山依舊竹爐新畢竟長康是解人疊石鑿池林壑美不知世上有風塵

曹銓

辟疆食舊德雅構賦新詩花塢養雲處石渠印月時納楹藏善本濬井出名瓷城市山林

氣斯園獨得之

朱文熊

吳中耆舊推顧陸婉孌書堂隆夸屋入洛三俊一鳳騫彥先貽世林泉福一時儒雅跨江東名園纔築拓三弓揮羽渡頭留舊德讀書堆外著高風典午池台問何處人耶園耶此獨著相違百里虎頭居應共五宗雁齒序迢遙千載有賢孫異地何妨名舊園陶愛柳深偏近宅李吟竹暗好開軒名流幾輩珍筵賞希馮亭湖望蒼茫詩龍堪評陸羽經紛然怪石還相向竹蓀添報接蒼冥菊蕊留將泛綠醽當日習家池館盛有誰百世繼芳型君家遠出渼皐後飯龍彫胡營山皐導水鑿池近太湖千秋祖德仍堂構謝鯤邱壑畫傳神妙絕長康自置身拓地不妨連舊宅買山仍自學前人我來蓉水已歷載咫尺剡流懶訪戴愛子曾偕瞿圃游名賢追詠龜蒙慨即今海內苦風塵冒子傷將世澤陳獨有平泉堪繼業評量花木樂天眞

王鏡蓉

君家乃在九峯之下二泉之陽與夫五湖遶郭流湯湯回想當日名園號辟疆世澤未湮宗風重揚虎頭有孫姓氏彰優游泉石樂倘佯一亭一榭手瓶造奇花異樹供平章嗟嗟兵火彌年歲搔手問天胡此醉干戈何地着平泉四海烽烟喬木在君獨消遙自在身菟裘築就集嘉賓徧征題咏留陳迹作得閑人要十分白社青崖舊居址門閭再廓標題新妝點谿山入圖畫好留此軸付兒孫朝吟詩百篇暮傾酒一樽開軒面場圃得霜菊蕊紛有子皆袴寶氏桂有孫克紹涇陽芬著族幾家傳舊業一偏兀兀自朝昏飲君酒看君菊此即當年之退谷魚躍於淵識化機龍文出井知寶籙拜手爲君萬年祝

鄧梣

小築園林號辟疆聽松問竹細評量跡泉茗椀柴窰古課僕桑麻釀秫香桐陰綠天綿舊德藥欄紅粉絢文章從今醉月堪娛老時局何須問短長

范廷銓

鄒子愚公谷邱壑陵夷翳草木秦氏寄暢園水木明瑟近市廛辟疆園林世無匹名重吳

中稱第一（中吳記聞推此園爲吳中第一）勝游久紀唐人詩（唐李白陸羽皮日休等皆有游園詩）韻事爭傳晉世說（晉王獻之不通謁主人肩輿直入園中）梁溪後裔顧長康名園綠水繼前芳曾遊蔣子一梅閣（閣爲邑人蔣重珍讀書處在雪浪山）試築廉家萬柳堂（萬柳堂爲廉希憲別墅今邑人廉南湖亦築小萬柳堂）歡喜巷中數畝地庾信小園師其意妙畫輞川別墅圖廣徵洛下名園記碧梧庭院綠莎廳居然城市有山林停琴待月觀魚檻柱笏看山放鶴亭三山二水塵囂外（園有五土山二曲池）平泉花木心胸快藕香水榭夏生寒梧碧雲軒秋入書（范文正公守饒州常往僧寺碧雲軒）誰家智井廢前朝瓷皿淘出龍泉窰（園中智井淘出古瓷皿器甚多）沈沙玉盌土花古汲井銀瓶劫火燒辟疆小築聚星拱鶴步橋環鶴賓洞四井池邊泉水清五老峯頭雲氣擁主人手創好園庭花晨月夕招良朋留賓旨酒第杯碧餉客名瓷玉案靑三分流水二分竹闢酒評花人如玉新篁高出及肩墻老樹深藏容膝屋淵明歸隱守柴關讀書閉戶即深山心如止水同懷葛目笑中原戰觸蠻我欲買鄰思卜宅琴尊常預西園席爭名攘利熱中人誰識桃源近咫尺

侯學愈

我讀晉世說吳中富邱壑第一顧辟疆名園繞水木當年王獻之狂態堪捧腹（晉書王獻之傳聞顧辟疆有名園逕入遊指揮好惡旁若無人）後世紀游詩佳句傳皮陸（辟疆見于題詩者如皮日休陸羽龜並有佳什爲世傳誦）流風久消歇
餘韻渺誰續吾邑虹橋灣一水當門綠有明天啓間遷徙居聚族賢裔虎頭癡詒謀善式
穀歡喜古巷中拓地三弓足城市有山林舊額營小築疏池更疊石蒔花兼種竹碧梧軒
榭敞徯月亭台矗五老一峯尊四洞三橋錯水脉通惠泉峯巒像錫麓題識自紛如羅舉
不嫌縟雲液小中冷問漁間步鶴朝陽涵碧流石玲歸雲宿春光來枝頭秋色滿籬角一
架卲平瓜三徑陶潛菊主人風雅宗高懷寄遐矚日涉自成趣林泉互商榷佳日開瓊筵
煮酒招近局沈醉快飛觴狂吟歌歔漉追踪寄暢園嗣響愚公谷最奇濬智井名瓷紛發
覆色青逾豆花質白比寒玉龍泉北宋燒鳳文清初琢古製鬱爛班光彩照人目賓客爭
傳觀考訂搜秘錄想見窖藏時不知幾正朔一朝忽發現沈霾得洗濯顯晦原有時欣賞
嘆眼福瞶叟淮海孫嗜畫老彌篤白描仿龍眠神品迴超俗興酣一揮洒烟雲繞尺幅圖
成付裝池牙籤併玉軸邀我題俚詞禿管枯腸索珠玉已滿前續貂慚且恧中原方鼎沸
紛紛戰蠻觸苦乏乾淨土數椽結茆屋君今得桃源移家避秦酷我來思卜鄰坐石觀飛
瀑濁世幸長辭奇書日縱讀君其許我否閉戶共尋樂

侯學愈

其二

小築園林古辟疆疏泉疊石費平章碧梧軒敞臨深沼徯月亭高繚曲廊蔬圃四時賞雋
味菊畦九日送寒香主人不讓盧鴻美開徑延賓快舉觴

侯　毅

不省人間幾海桑先生高臥夢羲皇名園自具山林趣重見江東顧辟疆

黃慈壽

榴花明處荷瑤章倩我吟詩翰墨香自愧衰翁太疏懶勞君秋水遠相望
九龍山下築菟裘池館林亭景物幽舊號辟疆名自古宗風遙接晉清流
香飄丹桂好秋時吟客紛紛仗履移十二闌扞扶偏處定知酬唱有新詩
老來百事漸頹唐祇有清游興未忘明歲芙蓉湖畔路萬梅花裡一徜徉

其二

菊酒香連湯餅筵花繁似錦暮秋天一樽遙想陶元亮山色悠然到眼前
看花曳杖集林亭耆舊紛來聚德星細數年齡雙八百預占福壽到寧馨
聞說雲林筆不枯亭台處處手爲摹從今吟碧山莊後又見名園入畫圖
酒如淮水玉如坻座上新篇珠玉詞我媿筆花開欲脫衍波辜負遠相貽

其三

郵筒借作寄詩囊又見新詞金玉相庾鮑吟篇同俊逸荊關畫本費評量
碧梧翠竹人先澤圃菜園蔬處士香聞道井泉開四眼聖安山下憶吾鄉（吾鄉西湖聖安山下有四眼井亭）

調寄金縷曲

張文藻

好續名園記喜吳中辟疆舊構移來梓里疊石疏泉勞意匠合讓虎頭後裔供月夕花晨
游憩洞號鶴賓橋鶴步縱城居繞有山林氣堪日涉自成趣　吾鄉勝境今無幾溯當年
行窩愚谷流風誰繼難得主人綿世澤頓使舊觀𢹂起更助我摩挲古意智井名瓷傳趙

宋龍泉窰五顏紛霞綺儘吟眺畫圖裏

孔憲功

吾愛顧長康名園署辟疆山林半城市人世幾滄桑風撼松濤壯烟籠藕榭香井泉通惠
脉雅集試旂槍

章錫名

辟疆小築額園名祖業重新氣象宏徯月亭心花欲語歸雲洞口水多情碧梧三面宜春
夏翠竹千竿課雨晴隨地經營成樂趣羨君風雅入詩評
世變難尋安樂窩辟疆正可避兵戈問漁堪作桃源記步鶴疑從梅嶺過（園中有問漁洞步鶴橋）縱
酒雄談傾北海卜居歸隱效東坡碧山吟社同傳詠錦句聯翩續釣歌

章錫奎

我遊寄暢園秦家樹石凌高軒我游千菁樂池台榆柳延新綠梁溪風景殊清妍豈第公
園豁人目近聞顧生闢亭池雅羨辟疆遂小築榜爲秦君瞶叟書山谷筆仗輝庭除更爲

繪圖播韵事頻揮毫翰意灑如名園端賴名流墨輝煌金紫增特色廳前疏鑿四泉池池旁石洞陰雲寒上有高阜撐茆亭遙矚龍峯勢欹側軒前碧樹三兩枝先人手植餘高梧三十餘載沐雨露夏時濃陰枝葉敷又有五老峯巔石翠竹環繞幽人宅槿籬籐棚點綴佳徑行試認門前額額爲宏農楊子題太守手筆留鴻泥斯園斯圖足千古應與碧山手眷聲名齊明時吟社巨石古兩山之間曾步武烱庵李氏弁羣賢十老唫情孰與伍顧家倣晋意興豪個中勝友相招邀征求題識徧吳越應有驚句傾辭曹

謝治盦

三載溫柔老㺯鄉（清季外舅錢俊甫先生教授吳中鎔及內子均隨宦焉）吳中壇坫感蒼涼如何一櫂梁溪月翻聽名園說辟疆

家聲本是虎頭癡邱壑胸中萬疊奇三絶高文淮海畫（指章師滌記秦邦憲圖）卧遊今我已神移

金戈鐵馬勢縱橫太息中原孰避兵池合四泉峯五老縱饒塊壘也應平

林泉池館喜平章王謝風流一例狂他日過門如巡入勞君爲我置胡牀

蔣汝坊

名園一角屬名流想見衣冠晋代留隔檻山光青入座當窗樹色綠藏樓商量手筆開圖書省識胸襟具壑邱古物爲君洩奇氣玉瓶金劍各千秋

楊公善

嗚呼昔者吳門有顧氏辟疆園號首屈指名勝載入一統志古今題詠寫滿紙一千七百年來吾遺趾無限滄桑感塵世令人嗟嘆徘徊不能置茲聞梁溪有新園其名仍以辟疆字因名問主人又曰顧家子慨慕老宗風堂構承先志邱壑在胸中經營隨意試高山流水賞知音此地爲佳容小住珍藏媲擬毛汲古鼎彝書畫性酷嗜課孫家學富東林拓園非徒娛暮齒習禮儀有聽事埽亭軒經史治課餘坐石又聽泉聯步橋樑訪鶴趾槿籬籐架藕香榭蔬圃菘畦花間蒔凡此園林諸點綴應有盡有各稱是計地不過三十弓萬象含容不易致登高遙矚太湖浩淼出沒隱現風飄駛涵虛萬傾烟波逝九龍盤旋壯氣勢中有高高孤塔兀然峙風景殊不凡可以歎觀止遇合許天緣奇珍顯工始竟於胥井中

疏鑿得泉四寶藏如雲興好一段艷史陶瓷瓶罐皿盌外龍泉赫赫最耀視鑒別皆在趙宋前恰合主人好古思歡喜巷裏大歡喜徵題傾動四方至時值丁卯歲十月園宇落成聚賓主適值主人攬揆辰迭相酬唱都名士髯鬅子山元亮輩翛然世外樂趣旨畫圖潤色岐農手三絶雲礽來有自回首吳中舊手澤大好林泉今如此一興一廢事在人後之來者永昭示世無凈土釋家語聲色貨利殊可恥苟合苟完又苟美公子荆室爲嚆矢慎莫忘懷締造艱子孫永保拭目俟

許頌慈

廣陵（如皋本漢廣陵郡故亦稱廣陵）冒公子築園稱辟疆園名以人紀水繪名別詳明季諸逸老撫時感滄桑高隱不求仕蹤跡遍四方得此東道主相與傾壺觴其先有顧氏命名同冒襄五馬渡江後卜宅居金閶池館盛吳下四時花木芳種竹千萬个占象爲蒼筤誰人最愛此子敬王家郎到門未投刺出入違禮防主人加呵斥莫禁狂客狂或云子猷事乃其兄弟行參考諸記載兩存亦不妨獨論武陵族裔嗣寖熾昌分支泰伯里所處號讓鄉沿至有明

代東林首涇陽裔孫曰康伯博雅能文章酷有山水癖隱身惠麓旁蘇臺訪舊蹟繪圖袖裏藏歸來大建造別開綠野堂闢地歡喜巷天然應嘉祥樓臺接霄漢翼以東西廂登高恣遠眺禹跡何芒芒太湖四萬頃水勢來汪洋九龍辨山脈蜿蜒成連岡五老峰拱立彷彿廬名匡得泉從胥井鑿池亘橋梁芙蕖色紅白構榭榜藕香碧梧軒宏敞未秋早迎涼春風一噓拂桃李盈門牆歲寒中三友嚴冬耐冰霜並設陳列所四壁皆琳瑯搜羅古彝器上溯漢與唐米家蓄書畫價值逾尋常以孫紹遠祖晉代遺澤長先後合符節相得乃益彰緊彼冒公子偏作東施妝效顰實可哂千載增慚惶何若武陵氏遷地尤爲良繩武是其志題額經磋商賦詩述先德數典永勿忘傳之累百世三徑豈就荒嘉客來不速邱壑供徜徉共樂非獨樂異口同聲揚是宜善頌禱如趙之與張

陳桐岡

依舊名園號辟疆幾番風雨幾滄桑偶來首郡先聞顧未許肩輿不禮王小築經營耽館舍化機洋溢滿濠梁此中絶少塵囂氣畢竟他鄉勝故鄉

觴詠流連性率眞石泉宜夏烏宜春案多趙宋而前物座有羲皇以上人調水烹茶拋舊夢編籬種菊得閒身米家一幅精圖在永寶芳傳不染塵

吳錫麟

名園自昔冠江東勝概猶留想像中此日林泉闢新景繼將晉代舊高風

風流家世話長康慧觔烟雲胸次藏一壑一邱費裝點棕鞋藤杖主人忙

武陵人住武陵溪山色空濛檻外迷一幅畫圖新點染商量顛米更迂倪

世事滄桑廢復興溼陽舊澤足相承他年若續東林史翠岊龍泉價更增

嚴蓬仙

辟疆園又一番新名顧吳門有舊循堂構肯承永錫類林泉卜築自成春梁溪佳話資詩料智井奇逢發秘珍知是溼陽流澤遠天緣湊合豈無因

長康三絕慶雲礽爲有新園詩便徵勝地卅弓留畫稿源泉九里繞香塍烽烟相顧心常悸風月偶談感不勝蘭桂清芳好培植以言世守貴持恒

辟疆園詩文彙鈔　詩　九

徐豐燾

徘徊矑眺辟疆園花木亭泉今尚存萬古名流推晉代百年勝蹟訪吳門壺觴小憩忘賓主堂構重新賴子孫世局滄桑多感慨此間借作武陵源

蔣　潛

胸中有邱壑無事不超脫兄此武陵源高人新築屋小小一園林別有新天地今之輞川圖古之華陽里無樹不精神有花自開落宜夏亦宜春彷彿四宜閣近市不厭俗心胸常開拓昂頭天地間俯仰自知足

郁霆武

名園巧妙奪天工池樹林泉面面通重建樓臺承世澤舊栽桃李仰高風碧芙湖畔流光綠徯月亭邊夕照紅興替滄桑君莫感地靈人傑古今同

陳敬濂

辟疆名園著江東環繞池臺位置工愧我身非王子敬肩輿直欲造園中

羅胸丘壑出天然結構經營仗後賢試向九龍山畔望避秦合住此林泉

吳理棠

碧社重開觴詠場梁溪門第舊溼陽江山儘付浮雲換池館偏多韻事忙翠竹庭前標勁節黃花籬畔傲秋霜羨君晉代宗風繼小築名園號辟疆

楊仲聯

閒傍城隅闢廢基高公水石盛公陂斜編豆架蒼藤繞高覆桐蔭舊澤遺山向智家池上借柳從陶令宅邊移更疏智井名泉汎流入芳塘漾碧漪

錢誦三

今古名園一辟疆武陵遺澤正綿長胸中邱壑翻新樣畫裏亭臺依舊裝仿宋詩書紅豆草避秦烽火碧山莊何年著屐惠山道重訪幽人顧長康

晉代名園重梁溪別墅承詩吟紅豆集亭步白雲層暮靄湖光吸朝霞山色凝林泉此嘯傲君屣共依憑

辟疆園詩文彙鈔　詩　十

楊後嵩

顧先生康伯性高潔嗜林泉而胸有智珠新建辟彊園於錫邑歡喜巷舉凡一泉一石一花一木以及亭臺之構造靡不因地佈景點綴咸宜大有增之太密減之太疏之慨斯園落成之始騷人墨客爭以詩詞慶祝之兼爲園主人壽咸囑嵩爲文以彰之第嵩在公于役垂二十年不事此道者久矣當此珠玉在前焉敢率爾效顰致貽續貂之誚奈屢辭不獲祇得勉成古風一章以報命狐裘羔袖不免汗顏

吳中名勝在昔傳人事代謝少相延獨有蓉湖彈丸地辟疆名不滅當年自古新陳相遞嬗幾見靈跡不變遷君不見滕王閣上風流歇蘭亭雅集話前賢幸際名園落成後風物長新四時妍非關地靈獨鍾是是乃人傑使之然不信但看斯園主匠心獨運在機先斬荊闢莽三弓地樓台亭樹與林泉井井有條毫不紊風景依稀小洞天擬以阿房嫌富麗方之西子庶幾焉峯名五老泉中冷花如織錦藕如船世以西湖媲西子可知地必賴人傳大矣哉康伯辟彊兩不朽蜚聲吳會著先鞭

錢復三

舊家詩禮承先澤（禮）易代園林付後賢胸有智囊恢眼福（智）手輪仁粟種心田（仁）

百年高義懷孤竹（義）一色清風媲輞川堪笑營營塵俗子牀頭猶自積金錢

王蔭之

龍山千巖萬壑蠡湖畫舫漁歌莫謂山高水遠此中名士偏多

騷壇千古佳話辟疆舊院堪遊飛來敢云烏鳥風流又見虎頭

辟疆園園聯

宗舜年

泾陽爲江左高門蠶室田居吉耦齊年多晚福　辟疆溯吳中故事疏池疊石名園綜古屬君家

秦敦世

娛老書成竹爐志　耦耕圖繪桃花源

竇鎮

花木滿園芬芳繞室　亭臺如畫池石周環

孫鳳春

碧山入來明月作畫　金尊酒滿奇花初胎

秦岐農

平地即爲山賴有淵泉通曲沼　成林須閲歲且看籬菊傲秋霜

其二

斷碧分山居然有煙雲氣　就池通沼何妨作濠濮觀

秦敦世

伍（五）老峯前對酒舉杯邀明月　四泉池上杖藜徐步轉斜陽

其二

剩欲開懷納巖壑　相與此地吟江湖

其三

鑿井得濠濮　還我舊山林

楊壽枏

池館蕭然閒題蕉葉臨書譜　林亭幽絕細嚼梅花讀道經

秦晉華

一壑初專歡喜卷　三弓重拓辟疆園

楊建綸

邱壑在胸中有疊石疏泉是天然畫意　園林居城市願携琴載酒作人外清遊

其二

流水自然成澗壑　春風無日不山家

其三

爲山直割雲頭石　鑿沼頻偷地底泉

其四

圖書共朝夕　花木遞春秋　費樹蔚

無端洒思供吟筆　即卷波瀾入小詩

銀管題詩紛滿帙　赤泥印洒新開緘　譚延闓

放鶴去尋三島客　任人來看四時花　閻錫山

秋末晚菘春早韭　南垞修竹北池蓮　孔祥熙

泉石繞三徑　圖書擁百城　王鏡銓

畫棟倚雲昭大壯　華堂映日煥中孚　孫翰英

辟疆園復製竹壚詩文

許國鳳題

辟　疆　園

復　製　竹　爐　圖

辟疆園

聽松亭　徯月亭

辟疆園復製竹爐詩文

辟疆園復製竹爐記

楊志濂

吾邑惠山聽松菴竹爐之名天下也以僧性海之製而名歟以王孟端之圖而名歟抑更以一代烈文之主翠華臨幸翰寶紛披愛護珍藏視若球圖彝鼎而名歟然二三百年間過眼雲煙倏焉俱杳矣而竹爐之名仍在則以爐名於泉而泉固以第二名於天下者也夫伊古以來一無依傍而欲擅天下之名雖挾常王之力有所不能而惟善因者能之今辟疆園主人可謂善因者已辟疆園之名不創自主人而未成園之前則一平地耳主人鑿地得泉而成池就所出土累石而爲山隨山高下池曲折爲亭榭台館於原有林木外添植松竹花藥之屬才一二年蔚然成園矣尤可喜者泉得自智井其味甘洌無異惠泉昔李德裕在中書用水遞以取惠山泉有僧阻之爲於京都一眼井通惠山泉脈試之果然今山泉數里而近地脈之通益可徵信主人日涉成趣逸興横生乃疊石壁於土山之巔吸水而上爲瀑布蜿蜒下注於山之陽承以螭吻流入池沼有聲淙淙與松濤相荅和

顔其山巔之亭曰聽松復取竹之成材者仿性海遺製編篾爲二爐一峙貫華閣一置園池前亭中即以竹爐二字額之春秋佳日文酒之醼引坐亭榭汲泉注罌拾松子熾竹爐煮本園所種茶列前所得自井中之龍泉瓷以餉客仰觀飛瀑俯瞰清流不啻置身九峯二泉間也客曰是不可以無記主人舉以屬余余曰天地無心而成化四時不言而成序亦惟因其故而已故者已然之迹自古聖賢豪傑間物成務恆必由之主人因吳中顧氏舊有之名以成園因引水而得通脈惠山之泉因泉而編竹爲爐因竹爐爲聽松菴僧舊製而以是兩名其亭吾知他日必有繼孟端爲之圖且引起海内諸名流之題詠以踵美明清之韻事者則因之爲用顧不重哉文章本天成余亦何待他求哉爰濡筆而爲之記

記二

辟疆園主

歲在丁卯余築辟疆園於歡喜巷疊石爲山鑿池引水又建亭台榭閣頗得幽居之樂鑿池時偶得七智井遂疏濬之均通泉脈復得龍泉古瓷韓瓶數十事酌水嘗之清洌甘滑與惠山二泉無異斯園離惠山祇數里耳泉脈灌輸理固宜然嘗誦李太白竹暗辟疆園句迺遍種修竹篔簹滿園土山之麓植茶茶花可以悅目山陰種松松濤可以悅耳惟松與茶兼資啜茗之用余童時習聞外祖莅風秦公與堂曾外祖濬如公縱談竹爐故事甚詳並覩御筆圖卷忻慕久之惜竹爐已燬不得復見耳今竹爐山房復建於昭忠祠側貫華閣亦由楊味雲姑丈興復之蓋邑中名勝將次第興復其未復者第竹爐耳適余園中叢篁日茂乃追溯竹爐故事遂截園竹仿製兩爐又於土山之巔疊石爲石壁吸水灌山頂爲瀑布下有沼屈曲瀉入山麓宛如九曲清流至山之陽有螭吻流入圓池池前構亭顔曰竹爐以貯新製之爐山巔構亭顔曰聽松置設几席爲良朋雅集觀瀑之所於是汲清泉拾松實採新茗燃竹爐列龍泉瓷以餉客閒情逸致庶幾追踪先哲之遺徽惟御筆圖卷不知流落何所頗擬訪求前圖摹臨一卷追錄前賢題詠置於秋聲閣上以資游客之賞鑑焉更擬分置一爐於貫華閣付忍草菴僧儲藏每逢上巳修禊重九登高名流畢集之會乃以此爐烹泉酌茗繼盛舜臣顧粱汾諸老之後他日或且以竹爐聯句媲美竹垞爲九峯二泉增此韻事不亦幸乎或疑吾將以辟疆竹爐傳名於後此則好名者所爲豈隱居遯世之旨哉

辟疆園復製竹爐詩

楊壽枬

康伯製竹爐二以其一贈忍草菴置貫華閣中以續山房韻事作詩和之

一簾花雨茶煙綠簾外松風鳴謖謖何人手擘青琅玕自瀹龍團煮寒玉舍人遺蹟不可求幽篁翠冷空山秋却向草菴續韻事風流更有顧虎頭故園荒徑烟蘿老蒼雲滿塢無人掃待燒紅葉試清泉從子山中拾瑤草

吳濤

自種新茶自濬泉自裁園竹火鑪編名山景物高人趣收入君家事事全
風雅傳薪前事師梁汾遺派溯分支一爐別置貫華閣佳話續賡彈指詞

侯鴻鑑

吾邑惠山聽松庵舊有竹爐爲僧性海所製王孟端有圖清帝南游時翰墨流芳一時稱盛迄今竹爐山房之名猶存而爐與圖早隨刼火已渺不可得矣同學兄顧君

康伯既闢辟疆園於歡喜巷亭台池榭點綴日新掘地得古井又得龍泉古瓷器若干件濬泉種竹越兩年餘截竹爲筒製爐烹茶仿古式成二爐一置園中一置貫華閣風雅繼前賢囑同人賦詩誌盛云

聽松舊韻溯吾鄉三百年來孰繼將性海竹爐隨刼火孟端圖卷渺滄桑忻聞佳製仿前哲資賞名園貯辟疆矧汲茗泉同試味貫華題詠共評量
慨予久渴惠山泉幸傍園林韻事聯春雨千竿籠翠影秋聲一閣裊茶烟龍瓷合借清流滌松子還將活火煎爲羡虎頭閒逸致也拈禿管寄吟篇

胡樸安

今昔名園屬顧家巷居歡喜少喧嘩竹爐規復林泉趣明月清風對品茶
新築亭台故實多幽情思古費鈎摩精心點綴東林景觴詠風流繼永和

朱文熊

君本虎頭係取字亦相因因之爲用大莊生擬天鈞箕裘出弓冶規矱遵先民卓哉齊物論成毀互相循彼即此所因古今成一純孝子明此理軀殼留精神達士悟此理朽腐轉寄新妙哉君所見莊列同會閔既築辟疆園祖德陳晉人復以竹爲爐前賢希清塵兩者各善因孝賢萃一身我憶二年前飲君團圞室其時園初築篔簹已峷嵂抉石復引泉古甃陳皐裔嘗嗤陸士衡先世陳爵秩何如彥先賢子孫希隱逸今復讀名篇竹爐繼前哲想見瀹茗時拄頰風生腋羊曇有名墅謝傅宜淹跡何期遠寄箋謂宜有此什我今識君意世澆仍先澤山僧有名製鄉邑企芳躅悠悠世外心兩因俱超絕

侯學愈

康伯表弟劬學嗜古既築辟疆園偏徵名流題咏余亦忝附驥尾近復伐園竹仿明僧性海遺製成竹爐二一置於惠麓貫華閣一存於園中聽松亭洵可謂風雅好事者矣一日枉駕過余手楊筱荔世丈所撰復製竹爐記并味雲表阮題句見示諈諉加墨重違其意爲述竹爐興廢源流率賦長歌即希郢政

竹爐題詠懷先哲文采風流盡人傑誰歟䢼始締造成明僧性海傳手筆當年卓錫聽松

庵自擘篔簹施巧術上圓下方象乾坤空中有竅煙焰徹耐軒學士首吟賞逢吉少卿踵論說孟端舍人寫作圖一時珍異無與匹其間淪喪幾何年名流翰墨暫消歇武昌太守好事者敦促山僧羅放失珠還合浦會有期劍返延津豈無日後來仿製盛舜臣遠遺冰糱賚鑑別卷端題跋滿琳瑯高逸名賢難具述聚散由來本無定一夕疏防遭篡竊國初風雅顧梁芬捐金收贖還舊物商邱中丞鑒定之重付裝池彌殘缺翠華屢幸西神山賦詩紀事輝巖穴天語褒嘉聲價增英光寶氣長不滅特勅僧寮善守藏絕類瞿曇託衣鉢韻事流傳五百春無人繼起紹先烈辟疆園主虎頭癡疏鑿林泉盛建設手劗園竹織成爐規制如前無少越一存高閣一茅亭賓朋裙屐賞風月毋煩再到九峯間恍疑如入二泉宅拾取松枝煮鳳團酌以古瓷龍泉質追踪勝國性上人易代聲名猶未沫好延妙手補丹青揮灑烟雲差髣髴閑情雅欲希往古逸致永堪式俗末名園從此增勝槩足使游人慰飢渴我來把玩歎觀止辱承雅命難藏拙源流敘述作長謌與爐永永垂無極

黃慈壽

竹爐雅製注名泉蟹眼魚眼百沸煎吾鄉盧泡無此味第一祗讓中冷前
辟疆顧子慕風雅截竹仿造形模全酌罷試登九龍頂枕石漱流放足眠

顧祖誥

天下聞名第二泉聽松品茗竹爐煎相傳性海高僧製獨證心源盛老賢幾度滄桑賚鑑別數行題跋寫詩篇搜羅還我千秋筆收贖何人七世先顧氏宗風作與述王公遺墨爰生憐茅亭高閣詩雙絕寶貴珍藏億萬年

吳中勝地辟疆名顧氏園林費品評自昔蘇臺留韻事於今錫社訂詩盟竹爐復製茶煙活瓷器紛陳荳色清江左風流懷耆宿梁汾遺跡感頻更二泉甘冽分餘潤尺幅雲烟寄此生車馬盈門無俗客幽居深巷樂昇平

予七世祖梁汾公諱貞觀由丙午南元攷授內閣國史院典籍今城中連元街石杜下即內史第舊址也雅善詩詞歌曲與相國公子納蘭成德爲八拜知己曾於惠山忍草庵貫華閣下建築一彈指堂所著彈指詞一卷有調寄金縷曲兩闋系贈友人

吳蹇出塞之作古調獨彈尤爲當世士夫所傳誦重修端文涇陽公祖祠時添築積書岩於祠旁並於饗堂後疏通泉脈疊石爲池闢一竹園則有高樓一角平屋數楹屈曲蜿蜒以通幽處結構雖小與聽松庵僅隔一牆即竹爐山房亦近在咫尺想見當年名流耆宿日涉成趣仿性海之製披孟端之圖煮茗汲泉唱予和汝由今思之輒爲神往茲於辟疆園落成後其主人康伯宗兄復製竹爐一時擅通才負盛名者有記有詩有歌有賦固已珠玉揮毫琳瑯成帙矣吾知踵王舍人之後繪成新圖大可引起海內高人名士之題詠爲九峯二泉生色不少益見我先祖手澤如新俾與商彝周鼎而並壽也予半世宦遊三生翰墨悵風徽之已杳忻繼起之有人前次高張盛宴非有約而不來茲以舊事重提藉賦詩以自獻六十七齡眇翁宗末祖誥謹題并跋

范熙

因舊名園署辟疆二泉通脈繼流芳竹爐仿製好師古茶葉自栽倍覺香松菊常存三徑路林花掩映四圍牆誰知城市囂塵處獨闢溪山伴日長

辟疆園復製竹爐詞

調寄釵頭鳳

孔憲功

爐煙起幽篁裡瀟湘妃子眞知己新茶經小中冷泉聲浙瀝彷彿鳴琴聽聽聽
巷歡喜智井底千年寶物重磨洗豆花靑古瓷瓶果然試驗舌本流馨靈靈靈

辟疆園壽言

許國鳳題

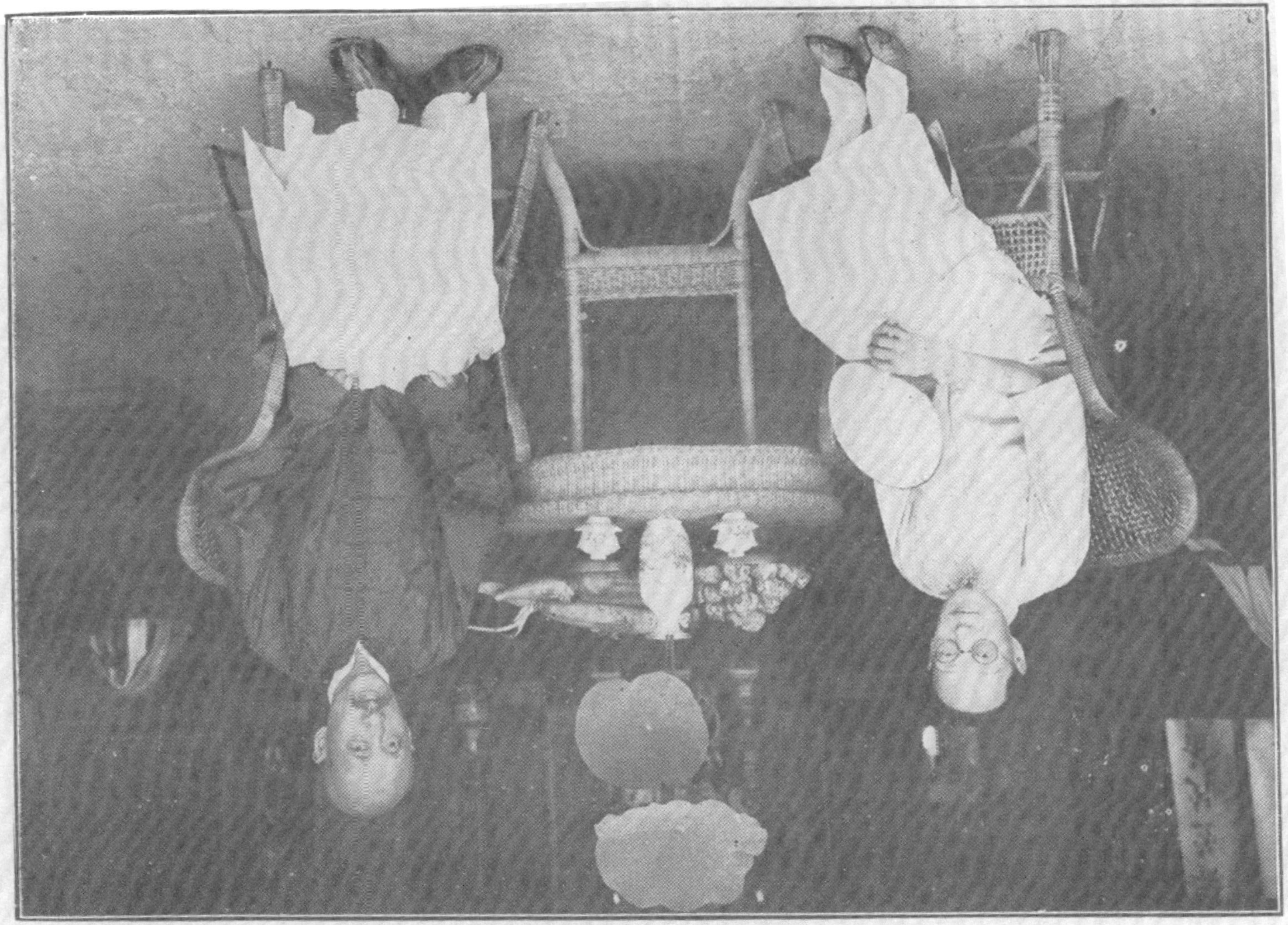

康伯大婸伉儷 六秩雙慶

福壽齊眉

秦敦世書祝

辟疆園壽言

辟疆園春宴記

秦敦世

庚午秋歸自舊京就養海上時一歸里則宿於顧甥康伯齋中以吾離鄉久輒相將作九峯五瀉之游自榮氏首啓山林蠡園黿渚次第興築而黿渚之雄踞獨山平吞萬頃使人有深山大澤之思相與低徊久之而不能去晚則聯床話舊以爲樂而飲食服御之料量周密則甥婦實躬親之且督率其女佐理之昕夕祇候噢咻寒煖過於吾家焉偶作聯額彌甥輩則研墨伸紙左右趨承惟恐不及興酣落筆字乃大佳凡所以適吾意者無不至吾無間然矣當綱紀陵夷之日而康伯夫婦於事長之禮乃能本身作則一門以内藹然肅然五男子皆恂恂厚重絕無新秦子弟之習女不剪髮新婦則蓄髮而兩見其整齊書一使橫決世界之潮流不能越雷池之一步固知甥婦治家之嚴且以知吾姊氏之家教歷久而不衰雖數百年詩禮之家庭未必有此風規也吾姊氏未嘗學問而囧識孤懷不爲祿利所惑欲以詩書之澤光大其門戶先後延孫仰泉李豫巖兩先生教其二子敬禮備盡兩先生固一鄉之祭酒也出其所學而授之康伯之敦行勵學得於師教者爲多而母教其根本也吾平時視康伯祇知其謹飭耳及觀其與弟析產不以一毫自私知其爲皦然不欺之君子而旌廬之典既極其榮銘幽之文又垂不朽則又知其爲顯揚其親之孝子竊歎吾姊氏有子如此其亦可以無憾矣先世故業商康伯以父病不得已而廢學代之鼎革後吾邑以新計然崛起者頗不乏人而自顧無爭雄海外之才滄桑金革損失殊鉅慨然思收召魂魄爲無懷葛天之民此辟疆園所由築也往歲在京讀辟疆園之題詠輒爲神往歸而視之則拓地僅數弓而廳軒亭榭花木池石參錯其間略備園之結構而已頗自笑爲作者所紿而康伯方於土山之巔吸水爲瀑布屈曲入山麓宛然九曲清流也復截園竹仿製竹爐汲泉烹茗又宛然竹爐山房之韻事也黃髮垂髫怡然自樂則儼然世外之桃源也康伯以得於母者教其子昔之璠環瑜珥今且蜚聲於交通實業矣吾姊氏所望光大其門戶者爲不虛而吾壽姊之文所謂啬於子而豐於孫者爲不謬今毓曾兄弟又乞吾文爲父母六十之慶吾頗有感於故家遺俗之猶存不惜援筆而書之以致其無窮之愉快題曰辟疆園春宴記蓋記實也

文 唐文治

粵維民國二十年重光協洽之歲吉月良辰忻逢
康伯顧先生暨
德配高夫人懸弧設帨之期於時春釀既熟和風斯扇瑞靄絪縕吉祥止止其喆嗣毓曾毓燧毓方毓澄毓慶諸昆季將具醴醪酹酒以甘之集鄉鄰僚友以釃之　先生曰毓曾等來前吾語汝方今寰宇初平戈鋋乍息值黎庶來蘇之會正政治統一之時而閭閻凋敝物力維艱雖長空之鶴唳不聞而四野之鴻嗷待戢矧夫陝豫關隴齊魯各行省烽燧之餘瘡痍滿目念我同胞不遑寧處邦人君子將泛舟輸粟解食推衣以濟無告之氓而宏博施之願詎忍載歌胥樂效世俗之所爲耶於是毓曾等來請於余曰頌壽之典于古有徵惟吾父吾母之積善懿行當賴鴻文以顯揚矧毓曾毓燧受業先生之門吾父與先生相契至諗敢請錫以鉅著用祝千春毓曾等擬諏吉日恭率家人勸進一觴僅供菽水之歡無事賓筵之設其可乎余聞之肅然而起敬曰盛矣哉　先生之心仁人之心也毓曾等所請先意承志之道也昔徐幹中論有言有仁德之壽有聲聞之壽今　先生暨
夫人曼齡遐福引翼齊眉實由仁德而達于聲聞者也余雖不敏敢效三祝之忱以作九如之頌謹按顧氏系出醴陵後分支崑山旋遷無錫惟時亭林先生以大儒應運而生當世推爲儒林宗派崑山錫山兩支並峙而居錫邑者當乾嘉之際由貨殖起家富甲隣縣　先生之曾祖父孳孳爲善闇然日章當水旱洊饑輒施鉅資以濟貧乏每值歲杪偵察寒畯之家無旨蓄御冬者潛將緡錢置門閾上叩其扉亟趨避人樂於得錢而不知爲誰所施也故其蔭德下逮　先生之祖若父皆能仰體遺訓樂善不倦　先生父又好黃老學守靜致虛澹泊明志　先生母秦太夫人爲茝風先生次女秦氏家傳孝友累弈簪纓茝風先生爲名孝廉主持邑政又耽金石考據之學而　先生舅氏姚臣岐臣湘臣諸先生文章書畫頗著盛名　先生深得渭陽家風恂恂儒雅不染塵俗嘗曰昔徐健庵相國昆弟爲我族祖亭林公甥文學經濟冠絕清初夫徐氏之發軔由其先德之設計焚樓拯救婦女數千人以全名節吾誠不敢望其高行然爲秦氏甥沐外家之教深願仿亭林公

犂田度地之策聊以振我家聲焉余聞其言讚嘆不置夫中國自海禁宏開輪舶麕集遂成商戰之場有識者遠矚高瞻非提倡實業無以握其樞紐敝邑婁江瘠地也余服官農工商部時屬蔣君伯言等創設太倉濟泰紗廠嘉惠貧黎蔣君等博訪周諮諗知　先生品重才長得管子輕重之衡裕端木億中之策爰敦請　先生爲主任　先生慨然就職挈領提綱興利除弊百工翕然悅服成績卓著上聞於部優加褒奬一時以爲榮而吾錫之經營工業者亦復高掌遠蹠景附雲從蓋風聲之遠樹誠所謂莫爲之前雖美弗彰者也庚申之秋太倉湖川鹿湖雙鳳新豐等鄉氾濫於水稻禾淹萎民生蕩析離居牛衣對泣幾有鄭俠流民圖之慨余乃與旅滬同鄉呼籲籌捐設義賑會　先生聞之惻然隱痛慨解仁囊廣指困之惠推挾纊之恩於是由冬賑繼以春賑實賴　先生襄助之力焉甲子季冬齊軍搆難鷹攫鴟張四出侵掠滬甯路線會當其衝而太湖惠麓之區塹壕固壘槍炮震空時則積雪沒脛寒風怒號原野蕭條百里而遙危城嚴閉旬日以外吾邑附郭之肆悉被刼奪以去埽地赤立不可收拾而　先生疇設之市廛亦罹其厄　先生曰噫此吾之責也吾可以克己而不可以負人也於是殫心整理對內對外壹以誠信相孚凡存欵之戶有立待舉火與關係教育基金者首自出資清償其餘小戶奇零亦靡不原璧歸趙義以處事仁以存心有如此者聿溯　先生平日於地方公益皆樂爲贊助有子有言君子務本本立道生蓋天性之肫誠實根於內行之純篤其事親孝其友于悌其處世接物飲人以和嘗慕亭林先生在陝西華陰餌沙菀蒺藜以代肉食故自奉儉約不敢稍慕紛華又嘗揭亭林先生之教曰士以器識爲先必先有經天緯地之才而後可以登山臨水有濟世安民之略而後可以考古論今並以楹聯博學於文行己有恥八字奉爲家訓焉性尤恬淡不充詘於富貴榮利比年於本邑城中歡喜巷葺治園林疊石疏泉蒔花種竹爲娛老課孫之所命名曰辟疆恢復先世顧辟疆園舊觀每當春秋佳日集二三耆老一觴一詠暢叙幽情識者以爲魏晉之間客義皇以上人雖洛陽耆英社無以過茲近又仿製竹爐供藏聽松亭內繪爲圖卷遠紹梁汾公之遺蹟遍徵名人題詠詩曰考槃在澗碩人之寬其風雅之操益令人脩然神往已　高夫人生長名門幼而淑順爲直甫先

生次媛年十三失恃及笄時已能提携兩弟教育而煦嫗之年二十一來歸　先生侍奉重闈克孝克敬秉承意旨婉娩聽從自以冢婦齊家當循內則之訓率介婦以資倡導棗脩榛栗柔滑旨甘與夫出入扶持燠寒疾苦所以佐子職之娛侍者罔弗周至是以諸姑妯娌惟　夫人是則是傚迄無間言況酒白米紅鹽躬親料量竹頭木屑珍惜錙銖而於隣里鄉黨之貧乏無告者輒能慷慨捐輸以周其急蓋其仁德之廣敷與　先生之心有不謀而合者　先生之教其子也曰憂危可以立業逸豫足以亡身當敦品以立基勤學以致用而　夫人之教其子若婦也則以近日新學浡興閨門之內不知綱常名教爲何事是宜遵守禮經以孝弟忠信禮義廉恥爲要道於是一庭和順雍雍然秩秩然莫不藉椿萱之鴻蔭發蘭玉之瓊華毓曾等昆季皆畢業於國內各大學飛英聲騰茂實或殫精路政或經綸工廠或筦榷商司金友玉昆後先濟美雖薛家三鳳荀氏八龍無多讓焉又況詠絮多才嫻詩悅禮含飴啓秀繞膝隨肩天倫之樂可謂至矣而余所晋祝于　先生與屬望于毓曾諸賢者則又在種德之弗替積善之流光書曰吉人爲善惟日不足又曰作善降之百祥茲者盱衡世變惓念民依嗟杼柚之屢空憫窮黎之艱食即如山東曲阜聖賢教化之邦殘破之餘待賑孔亟深望有仁德聲聞如　先生者拯諸水火之中登諸衽席之上體天地好生之心培子姓無疆之福行見他日者躋期頤之壽神明不衰造行義之門熾昌有象余雖譾陋更當爲　先生與　夫人操券以期之濡筆以俟之焉

文二　楊志濂

蓋聞河淮皆有伏流故行地也遠金玉貴能潤物故歷世也長其在於人秉天地之大德者心多仁得湖海之奇氣者致常遠守詩書之遺教者其性情厚傳孝友之家風者其子孫賢緜是致嘉祥綏福祚有不天加歲月見壽寓之宏開春滿桑榆衍德門之蕃祉者哉茲於吾友

康伯仁兄先生顧隱君徵之矣　君系出醴陵遷從崑邑讀日知之著錄旁紹宗傳分墨妙於文遊蔚成宅相溯先業則起家貨殖談軼事者尙艷陶朱徵餘慶則作善高曾好行德而陰扶寒素固已裕貽謀之有穀留後蔭於植槐況復積功累仁由祖及考如周家之忠厚受孔子之戒規硯一石而可傳書五車而留讀　君承碩德長人之緒有賢師益友之資早角嶄於觽辰亦胸羅夫象甲顧以士林風靡商戰潮殷發計然言財之書理吾舊學譯歐羅富國之策師彼新知動杼軸而藉機輪擴紡織而宏衣被振婁江之實業爲吾邑之先聲在人方詩舞袖之長而　君遽守藏刀之善豈不以求金得穴吾效已收抱璞全天斯言可味於是有辟疆之小築慕棲隱之高風花藥翳如水石清絕種松未老喜有濤之可聽煮茗留賓偶得泉而信美倣性海竹爐之製補孟端溪山之圖佳日題襟臨風授簡余嘗有作誌其雅尙焉昔歲庚申吳區秋歉亦越甲子齊軍內閧澤聽嗷鴻流離疇集市驚有虎侵掠突加　君粟可輸秦汎舟續待延之命璧仍歸趙質庫償已失之貲斯誠見義而勇爲不惜益人而損己大端犖犖其仁肫肫他善尙多從可概見然不求之本原之地無以窺其性始之天　君明發有懷夔夔雞寢友于篤誼懇懇鴒原今即東晳笙希補由庚而猶堪垂裕季江被冷敎猶子而都已成名此則識梓在乎觀喬韓穆之門庭由來雍肅韡萼同能芘葛王謝之子弟所以多賢也頃者吹琯春回撾鐘晝永刻玉遊鄉

人之杖數珠添海屋之籌於時　君春秋正六十配　高夫人則六旬晋二介眉春酒稱兕於堂繞膝斑衣騰驩於室洵天倫之樂事亦鄉邑之休祥也先是令子孟周昆仲造余有請爲壽徵言愧非馬鄭之淹通竊附羊求之氣誼遂因乾始而識坤成翟氏荷鉏宜偕元亮之隱孟光舉案益見伯鸞之賢授子以韋六官早卜門材大起閑女以班七誡不專庭絮淸才至於賦麥粥以濟四悍分棗脩而均三鄙尤合助施之心理同徵陰德於耳鳴是知福祿純嘏受于天聲聞行仁皆可壽今日者梅開萬樹著放翁自在之身芝采九莖來王母曾遊之島　君與　夫人方齊肩而載東園之酒順耳而聽南陔之詩余雖不文亦將勉效雕蟲上侑康爵待古稀再祝而耄而耋而期頤歌天保三章如岡如陵如川至是爲序

文三　朱文熊

蓋聞江左名流起赤烏而盛典午吳中望族始平原而大瑯邪其間笙磬同音簫勺庶類陵賀轢周超謝軼華於詩書之氣而無不潤以山林於禮樂之場而無不舒以蕭散蓋自

彥先樹芳軌於前野王騰茂聲於後肅侯遠孫則蕃於鹿邑愷之遺胄則大於龍山莫不儲培顯融擔當風月積之厚者源自長養之深者德彌劭是以朱明之季崑峯留片玉之貞民元以來晉陵表雙星之瑞此吾友

康伯先生偕其　德配高夫人於六十懸弧之辰其喆嗣毓曾昆季謀所以爲舉觴之侑而有徵序於文熊之舉也夫太邱潛德非二方莫能言逸少真傳惟五之得各授以寓公耳熟之能詳祇鱗里口碑之是道則過庭之際自多詩禮之精言承懽之餘必有隱微之獨著請陳述德之辭爲我周行之示毓曾之言曰吾父以醴陵名孫宅虎頭之舊壤爲亭湖遺派著羊舌之允宗業承華膴世値彫劬遂乃棄儒而賈惠工於商爲馬援封殖之謀習計倪奇贏之術慕陶朱散財之仁懷弦高犒師之智時也邊境饑荒嚴城扃閉汎舟輸粟由吳越而達晉秦指囷饋糗由車笠而推袍澤申息之北門不啓焚馮煖之劵而不驚澗常之東鄙靡奪謝田單之車而亦濟斯不足見吾父之仁以濟物而智以全宗乎文熊曰是誠然矣請言其本毓燧之言曰吾父以英妙之年膺鉅艱之任奉母訓以師賢友儁挾弟眠如仲海季江楹書發黃老之微言家業振程卓之遺策遂乃竹兜傳儉調熊咽柳氏之丸荆斧無傷翔鸞栖田家之樹太傅榻羊曇之別墅流連於純孝之名甥猶子儕馬良之俊儔襲蹈於友于之令則斯又不足見吾父之孝以事親而友以睦弟乎文熊曰是又然矣請言其大毓曾毓燧又合辭代箠季言曰吾父以甲子之年値庚辛之運市有虎而咸驚闢無雞而不度時則校尉摸金領軍乞米旣呼庚呼癸之頻聞亦發屋發邱之踵報而吾父則義槩不撓信心自著凡齊紈越綺之珍隋珠楚金之寶相如鸕鶿之裘鄂君翡翠之被無不返秦廷之璧合晉鄙之符遂使閭閻蒙挾纊之恩垂棘則咸償晉値鄉里沐煦枯之惠及瓜則無慼齊期斯又不足見吾父之義重須彌歷水火風雷之刼而不動而信孚社會責珠玉皮幣之報而各償者乎文熊曰是皆然矣惟我來遲十年之見面於

隱君有一日之知心誠以廬陵與軾轍相親則所以知蘇洵者必大濂溪與純正相契則所以知程珦者益深非文熊之敢附前賢實　隱君之自符名德也蓋人惟有幕天席地之心而後可語於賑窮恤患亦惟有登山臨水之志而後可語於施惠推恩是以虞舜

阜財先譜南薰之奏周文行政早詠靈囿之篇性天不濟則何能浹於人倫榮利未忘則詎足謹於衆望今　隱君則辟疆紹園竹爐踵製於其中也陳祖德則披玉篇之文讀日知之錄企高風則迎子猷之看竹紹景怡之燃松廣孝思則率子女進彫胡之飯以奉母者爲奉身之尊焉沛仁恩則於郡國研利病之書以立己者達立人之旨焉而且天爲星材地不愛寶疊石爲坳大樽貯漫郎之酒鑿池汲綆古瓷行荀家之厨而　高夫人更撒環種德珩楡追梁孟之風饁餉留賓林園涉陶翟之趣代籌成北郭之名偕隱全老萊之志佐鄧庭分藝之勞五桂終殊於五柳迫漢宮含飴之樂分硯自勝於分田是眞可爲搢紳雅範而翟茀鴻儀者矣毓曾昆季咸曰休哉遂乃敘次成文爲我　隱君與　夫人舉觴之侑云爾

文四　　章鍾祚

梁溪山水清嘉人物醇粹其大隱隱廛市往往有陶朱計然之風而型方訓俗則又與漢陳仲弓王彥方萬石君相彷彿若我

親家康伯顧先生固當世敦品力行之君子也　先生系出武陵東吳望族明名臣顧文康公後有由崑山遷錫者嗣是遂分崑錫兩支　先生蓋崑系也少爲儒爲賈長而與物無競爲遯世无悶之君子一一守亭林公家學以孝弟忠信爲依歸今昭陽作噩之歲先生年六十矣令子毓曾昆季相與踵門請爲文以侑康爵余曰壽人以文非古也昔歸太僕方侍郎屢非之而俗卒不革然余與　尊公兒女姻也烏可無一言獻爾試述所以壽爾親者毋溢詞毓曾曰唯唯昔乾嘉之際我高曾以貨殖起家富甲一邑一切陰行盛德之事故老猶或傳之我王父席豐履厚清靜寡營澹於牟利吾父生當大難初夷從名師攻舉業得外家秦氏之濡染學有成矣而以經紀家政廢吾父操奇計贏億則屢中然薄駔儈親儒雅清明在躬志氣如神宜壽者一自泰東西以商戰爭雄人每趨鶩投機事業吾父謂中華以農立國舍布帛菽粟饔飧給求即無以競勝故於太倉經理濟泰紗廠運以精思孚以信用權衡輕重合乎管子九府之法而成效大著受商部之褒嘉退歸錫邑整理質庫屯積貯以便民樂爲公益好慈善以周急凡此皆以仁存心之昭著者宜壽

者二我王母秦太夫人翟紱名門世循禮法高年温凊需人吾父母雞鳴夙興漏下未寐獨盡子婦之職毋少缺其孝親爲何如者宜壽者三吾父之誨毓曾輩也曰昔亭林公先器識而後文藝又言士不通今不足致用小子其知之否故使毓曾昆弟肄業各大學而以親師取友爲汲汲今雖分司路政實業或厠身政界皆吾父種其因而小子等收其果也宜壽者四吳中顧氏舊有辟疆園晋唐以來滄桑幾變不知淪於何姓吾父就錫城歡喜巷闢别墅一區搆泉鑿池蒔花種竹植菊成徑疊石爲山桐韻松濤互相奮和復仿製性海竹爐煎茶餉客遠紹梁汾之遺徽而造物之巧於點綴者又發見柴窰宋瓷青盌諸珍吾父涉園成趣自足怡神養性其樂陶陶宜壽者五凡此五福舉康彊逢吉之原耄耋期頤之券吾母高夫人幼習女箴長嫻内則自爲冢婦化起刑于而奉重闈以敬鞠五子以慈處娣姒以和御臧獲以肅諸女守家規不剪髢新婦非蓄髪不廟見其閫範有足式者鄰里戚族之有煢獨矜寡者則又厚以恕施而儉以約己今六袠有加矣而精神彊固歷久不衰識者卜爲上壽之徵云毓曾之言如此所以壽其親者摯矣毓曾吾館甥也其人醇而謹其言碻而覈吾故序而頌之頌曰

龍山峨峨有顧其宅笠一生隱君實維康伯康伯雅人賈有士行如玉温醇涉川忠信孝乎維孝因心則友公藝同居厥世有九辟疆之園境絶塵喧儵魚適性名花悦魂君於其中休息遊玩仰觀俯察日居其半矯矯五龍森森四桂文子文孫綵衣長跪癸酉之吉元月穀旦鴻案稱觥鶴籌添算台星斗曜婺女輝豪薦紳交祝車塞虹橋有酒如澠有肉如陵我介眉壽月恒日升

文五

無錫山水明秀甲於東南城西九龍之麓太湖之濱園林相望若榮氏之梅園王氏之蠡園楊氏之黿渚其間亭台花木之勝極鉅麗閎曠之觀四方來遊者爭艶稱之蓋以其主人經營實業又能分其餘力點綴湖山其胸襟豁達有邈然不可及者而城中顧氏辟疆園則　康伯顧先生之所爲也其園拓地僅數弓初未足與鉅麗閎曠之梅園蠡園黿渚相埒而競其勝然栽花種竹疊石疏泉獨於市廛熙攘間别開煙雲邱壑之境蓋猶有大隱之風焉　先生亦以貨殖起家其治此園也將於其中養志悦性娱老課孫則其幽情逸韻固尤非以溪山登眺之勝供人遊賞者所可比擬嘗讀邑之騷人墨客所題辟疆園圖卷未嘗不想見其爲人及窺其園而得測其高遠曠達之旨於是益歎無錫人物粹美而多古風豈山水靈秀之氣有藴而屬之耶今歲元月値　先生暨　德配　高夫人六十華誕其哲嗣毓曾昆季將作萊彩之舞某等飫聞　先生之賢行與　夫人之淑德烏可無一言以爲壽　先生早歲從名師習舉子業學有成乃從事實業棄儒就賈嘗經理太倉濟泰紗廠精心擘畫成效大著榮膺商部褒奬里閈交稱之復於錫邑創辦質庫以調劑社會經濟平生急公好義舉凡地方公益如拯災恤孤寡無不盡其力鄉黨有急無不應邑人多戴而德之蓋其先世多以樂善好施爲懷　先生能繼其先人之遺志而弗替性尤恬淡自奉儉約不慕紛華常守亭林先生家學一以孝弟忠信爲依歸誠敦品勵行之君子人也而　夫人系出名門敦詩説禮相夫教子助成大業其賢也尤足稱道夫存心仁慈而持躬謹慎者壽之徵也　先生與　夫人之得壽於理固其宜矣而以天下人子之心推之毓曾昆季各以壯盛之年學成致用先後濟美今見其父母之壽健若此得不謂天之厚之乎抑又有進者仁慈如　先生夫婦以其道教其子成大器他日顯親揚名必更猶逾於今而顧氏辟疆園之名亦將從此而日著或有過於鉅麗閎曠之梅園蠡園黿渚者固又將因　先生夫婦之爲人而卜之幷爲某等所深願也今先屬此一觴以爲頌禱不亦可乎

陳傳德　楊克謙　周爾愷　吳德馨　王　禮　蕭子材仝拜祝　臧祜拜撰

壽詩

楊志濂

癡絕虎頭癡時哉雉集時辟疆新建築隱谷舊襟期堂映春星帶橋連玉虹垂引泉平地出疊石好山移喬木先成蔭奇花漸有姿名瓷供客餉汲井得軍持我昔叨文讌君今晉壽祺陶朱頻致富梁孟漫歌噫五鳳高翔藻三珠秀挺枝比肩隨舞綵繞膝樂含飴芝餌珍肴核梅芬冽酒卮枌鄉鳩杖進蘭路鹿車遲莞曲雲璈合崧辰華祝宜木公開口笑金母共期頤周甲祥初紀由庚雅補詩擇言來侑爵拜手頌菴釐

唐文治

辟疆園詠武公詩箓竹猗猗勝衛淇疊石爲樽宜釀酒鑿池得硯好行厨五常鳳子經堪執四玉龍孫硯可貽梁孟高風今未墜神仙福慧搢紳儀

前歲曾披魯頌箋者番星又煥雙躔歐周交誼差堪擬洵响風規自可傳况是孤山梅竹侶更兼彭澤柳吟篇竹爐泉味燃松餉賓桂堂前萊舞鮮

華文川

古有靈椿八千爲春背樹萱草上壽無垠懸弧之日設帨之辰萊舞粲粲麟趾振振辟疆頤養白頭相親眉齊週甲百福駢臻

蔣士松辛未元旦

花甲筵開正早春齊眉梁孟敬如賓親朋祝嘏俱稱羡福壽雙全有幾人

其二

君家德澤留貽遠舞綵兒孫看最多更有名園花木好長生妙訣養天和

癸酉元旦

楊志溥辛未元旦

六秩喜開觴迎春日正長梅花爭獻瑞萊綵舞成行舉案歡偕老窺園愛辟疆虹橋詩載道積善有餘慶

其二

居近長橋傍彩虹清溪碧玉接黌宮門多通德三吳望座竝名賢兩晉風弧帨共懸花甲茂經綸莘仰斗山隆輝騰寶婺聯南極願祝雙星百歲同

別有園林樂歲華平泉樹石式淸嘉劉樊自是神仙侶梁孟眞推高士家介壽巵香浮伯葉迎年詩好詠梅花盈庭更喜羅珠玉五桂甡甡福祿遐

癸酉元旦

其二

重掄花甲從今始高會耆英集衆賢一語千秋傳韻事竹爐春茗試新煎

向陽門第春長在積善人家慶有餘信是名園芳訊早百花香染老萊裙

鶴筭長繞三珠樹五鳳齊飛入翰林怪底盈庭藹多士賢關聖域日相循

多君懿德稱鄉里愧我無文拙頌揚一曲雲璈傾四座也隨仙樂侑霞觴

侯鴻鑑辛未元旦

風雪瀰漫客京口書傳桃宴啓華筵虎頭遙想龍門歲（宋安恭五十八歲爲龍門丞）鴛侶欣扶柘杖年（留青集老婦舞拓杖注六十詩）蘭桂一堂春日暖梧桐三載白雲綿（蘇東坡知定州時年五十八別子由詩庭下梧桐樹三年三見汝又有憶弟看白雲句）辟疆園裡吟情暢四壁琳瑯祝嘏箋

其二

癸酉元旦

兩年前壽辟疆園設帨曾經進一言今日懸弧逢令旦鄉觴滄醴陵源

我既偕君爲世好新吟晉祝不嫌多料知春漲虹橋碧宋甓明蕊暈酒波

侯學愈辛未元旦

少年才調本翩翩同學當時讓祖鞭慚愧夷門空伏櫪壯心辜負策籌邊

壯歲羡君工計學反躬利物兩存仁信孚交際篤持己敦品勵行自有眞

勤慎家風裕後人庭前蘭桂舞萊辰竹爐此日歡賓客克紹遺徽造物珍

一天風雪京江返環誦唐楊介壽篇呵凍拈毫頌梁孟八年後獻古稀編

門對虹橋水一灣高風梁孟足追攀齡周花甲看偕隱福備林壬喜破顏園啓辟疆春酒綠堂開燕譽綵衣班我來敬獻岡陵頌願逐階前玉筍班

癸酉元旦

其二

手築名園號辟疆春秋勝日任徜徉常開文酒娛賓讌自得神仙卻老方喜溢謝庭看舞綵眉齊梁案快飛觴華堂即是蟠桃會南極星聯寶婺光

費樹蔚

桑田留命此何時焉用瓊琚玉佩辭若仿君家先哲例（亭林先生有六十辭祝書）肯如流俗衆人爲兵聲欲撼山河動春氣潛從草木滋想望太平猶有待願留明德到期頤

章鍾祚

亭林家學冠三吳金母木公世所無五子鳳雛紆錦帶雙星牛女耀蓉湖辟疆賢裔娛花石乞墅名甥製竹鑪兒婦孫曾齊舞綵一門上壽合歡圖

甲子平頭六十年齊眉夫婦地行仙與妻偕隱陶元亮訓子傳經班孟堅范蠡輕裝逃富槩稽康鍜竈養生篇朱陳我媿稱姻婭爲賦新詩侑綺筵

李瀚

醴崑衍派居錫允臧岷興乾嘉既熾既昌克竺前烈惟　君迪光經師人師孫李擁香率履不愆敦行勵學術兼計然經營商榷億中妙籌裕於端木挈領提綱商工翕服推惠指囷爲富而仁惻然義賑由冬迨春仁者必壽嘉樂天申齊眉引翼鹿車玢璘騰茂蜚英舞萊晙菽詠綮多丈文含飴式穀五鳳齊鶱八龍雙祝令德餅蕃君子遐福

陶起鳳

胸襟不染塵風雅自無倫泉石優游客園林嘯傲人仁焚馮煖券義指魯公囷今日逢雙壽華堂綵舞新介壽値良辰開筵百福臻齊眉雙慶日繞膝一堂春設帨尊慈竹懸弧祝大椿辟疆園廠處松鶴見精神

孫揆均

逶迤一脉亭林後道自玉峯佳處來小巷新居卜歡喜辟疆舊額費疑猜虹橋老屋詩鄰近虎將宗風畫本開梁孟齊眉周甲籙五男俱是不凡才

許國鳳

受天之祜（庚扶頤）　揫斂吉祥（華山廟）
福祿茂止（郭輔）　俾爾熾昌（校官）
延慶長久（樊毅）　令名顯揚（孔宙）

奉爵稱壽（史晨）　德合先疆（封龍山）

其二

虎頭家世百年新小築園林悅性眞積石種松猶未老得泉煮茗每留賓齊眉喜舉鴻光按繞膝爭誇蘭玉珍樺燭兩行筵四座同斟旨酒祝長春

朱文熊

早知程珦與蘇洵愧我周歐未足論昔日名園斟美酒者番壽字祝長春蒓鱸張翰無須憶梅鶴林逋倍可親軾轍文章純正學更教梁孟接芳塵

曠逸箕裘韻事傳辟疆園裏竹爐煙燃松客至懷前彥看竹人來話昔賢亂裏銘恩添挾纊靜中涉趣聽鳴泉評量風月追陶翟王氏五之舞綵翩

黃慈壽（辛未元月）

萬戶千門新歲時雙星同慶酒盈卮春燈綵勝上元月照徹華堂樂介眉雲箋遠貢使頻頻幾度拈毫語巳陳郢曲重吟還自審好將耄壽祝千春

秦毓瓏

君子偕老鴻案相莊亭林世澤源遠流長龍孫驥子既熾且昌名園偕隱扶杖相將竹爐門菊泉石平章辟疆春宴嘉賓藺堂階前蘭玉上壽捧觴杖朝杖國福壽康强

秦仁存

穆穆顧君系出醴陵棄儒而賈事業蒸蒸孝親友弟人所難能仁以濟物輩歌百朋辟疆小築隱德可稱齊眉花甲福祿歲增兒孫繞膝萊彩歡騰瓊觴晉祝日升月恆

范熙

封翁矍鑠壽而康最愛林泉水一方繞膝桂蘭都挺秀齊眉梁孟喜相莊北堂萱草頻年盛南極星輝伴日長花甲筵開頌五福俚詞恭獻侑稱觴

王鏡寰

繼築辟疆遠俗喧避秦宛若住桃源東皋嘯和高賢宅北海籌添顧舊園積德培成佳子弟含飴定卜弄曾元吟壇客到懷遺軸共祝大椿與壽萱

九龍蒼翠二泉澄清虎頭世胄門第峥嵘明秀湖山毓鍾人瑞遠紹亭林行高拔萃星輝南極宴設西池芝蘭繞膝梁孟齊眉上溯遺徽名園初闢署曰辟疆仍依舊額神仙眷屬林下優遊椿萱並茂花甲同周福祿鴛鴦兒孫麟鳳松柏長春岡陵晉頌

黃豹光

亭林家世溯崑山秀毓虹橋水一灣五鳳齊飛春日暖九龍耀彩舞衣斑經師攻錯令名著實業振興獎狀頒樂善好施應獲報籌添海屋笑開顔

木公金母共稱觴花甲初周歲月長粱孟高風莊玉案陶朱餘蔭惠珂鄉筵開菊徑追彭澤茶煮竹爐隱辟疆繞膝桂蘭齊上壽一門孝友喜洋洋

孫肇圻

春色滿虹橋結廬在咫尺主人頗風雅躋堂謝俗客新築辟疆園疏泉復疊石煮茶製竹爐古嗜亦成癖吟侶投贈多觴詠無虛夕茲屆杖鄉年金樽傾玉液内助有賢聲閨門賚矜式五桂吐奇芬叢蘭見殊色天倫樂事全期頤洵頃刻拜手進卮言同祝壽无極

穆湘玥

粱溪之水清且漣人物何代無名賢辟疆主人尤卓犖大隱平生隱市廛高掌遠蹠誰或似仁聲義問遐邇傳亭林遺澤世篤守浮雲富貴心灑然齊眉德曜夙偕隱撒環種福同心堅謝家玉樹蔚棵棟瑤環瑜珥森庭前疏泉疊石情性適蒔花種竹歲月遷以之言壽壽無極鶴籌添算自年年

吳賡颺 未元月

粱溪溪水深且清代有高人偕隱名椿樹庭前含蔭茂萱花堂北向春榮簪纓久繫鄉閭望紈綺何矜世俗情晚歲消閒參佛學齊眉介福作歌賡

欣逢花甲一週時天上雙星俊彩馳五桂齊芳傳子舍三槐卓蔭附孫枝好斟西母千春酒合詠南山萬壽詩轉瞬十年古稀慶綵衣羣舞老萊兒

蔡文鑫

吾友顧君九龍鍾秀系出崑山名賢之胄恂恂儒雅不染塵俗致力商場高瞻遠矚提倡實業嘉惠窶貧廣籌贈賑以蘇太民仁以存心義以處事歷久不衰百祿是萃猗歟夫人女箴幼習化起刑于治家和輯粱孟濟美戚族稱揚木公金母花甲奉觴驥子龍孫萊衣繞膝晉祝九如癸酉元吉

顧寶琛

派接亭林耀有光九如天保詠熾昌辟疆饒得琴書趣實業爭傳姓氏香守信儘堪近世法習勤悉寓古人方春秋佳日齊眉樂鳩杖相扶進一觴

五子翱翔學業深蘭枝擷秀更成林卿雲瑞靄延年籙愛日詩歌太古音東閣開樽招舊侶南山介壽發長吟竹爐重製繪圖卷風雅流傳寫素心

蔡培

湖山點綴是耶非嘉耦齊年見道機鳳歷交辰增茀祿鶴籌周甲賞芬菲拈毫恰得同心句稱體欣披連理衣康爵親斟甘旨奉兒孫繞膝語依依

稽滌生

萊綵春風坐舞筵九龍山色闘鮮妍雙修福慧無雙品一片冰心在二泉共仰仁慈賚内助不求聞達得天全辟疆園裡花常好甲子還推絳縣年

張軼歐

平生夙仰崑山顧閭里欣看繼德人大集流亡活饘粥更傳衣被見經綸園林投老春常在蘭玉承歡樂自新一曲雲璈娛愛日願提杯酒祝申辰

嚴壽民

霓裳唱徹大羅天壽域春秋紀八千堂上椿萱增茂蔭庭前簪笏暢華筵枝榮蘭桂方無艾澤及枌榆計萬全正是瑤池桃熟候臺萊晉祝譜新篇

丁彥章

德門眷屬擬神仙伉儷平頭六十年疊石疏泉工點綴名園佳日數流連

家住江南別有春迎年同作太平民開樽忙煞躋堂客耄耋期頤介壽頻

言念君子令聞令望于林之下載錫之光人亦有言使君壽考爲此春酒君子偕老我歌
且謠以祝黃耈稱彼兕觥酌以大斗令妻壽母受天百祿宜爾子孫並受其福

秦權

其二

名閥醴陵世澤長錫山來自崑山陽多財善賈紹先德積厚流光卜後昌
美矣亭湖能踵武居然梁案竟相莊辟疆偕老同周甲桂子蘭孫晋壽觴

陸煐

辟疆園裡日月長福基於德壽而康介眉共慶梁鴻案獻彩且晋紫霞觴
先生眞是福慧全文章經濟又神仙選幽小築閒居好日涉多應勝少年
蘭階五桂挺英姿雲衢騰驤效驅馳當此國運阽危日正賴偉略共匡時

秦金鑑

系出亭林溯大家辟疆偕隱洵堪誇六旬椿樹凌霄漢一朶萱花閱歲華子舍欣看舞萊
綵孫枝挺秀茁蘭芽獻詩聊祝南山壽筆底愧無江令花

施昌弟

優游晚福地行仙新築名園俗慮蠲勵志早徵金石固承歡今喜子孫賢籌添鶴算春常
滿慶溢虹橋澤永綿此日羣僊齊祝嘏一樽合上九如篇

龔穀成

南弧寳婺兩輝煌舉室騰歡介壽忙頌晋林千徵福祿齡周花甲祝康强滄桑世變風雲
幻海屋春融日月長鴻案相莊傳佳話延年椒酒快稱觴

楊克謙

眉壽敵宏宇長虹第一橋劉樊超世俗荀薛盡天驕家國陰陽繫詩書禮樂昭琅璈仙侶
集叶韵響簫韶

人間榮爵祿孝弟最堪欽別墅攟先德歸林持素心農工師管仲經濟紹亭林同志仁慈
願襟懷抱璞深

鴻案相莊敬若賓一家和氣藹如春料量煙水成高隱搆築名園作主人四壁圖書森古
色百年歲月得閒身梅花香裡排瓊宴琴瑟和鳴福祿臻

吳德馨

揮霍雄資廣善緣女牛光采動星躔鄉人共仰慈雲被實業還開風氣先陳實兒曹皆國
器劉剛伉儷並神仙華堂此日春如錦舉室雍容樂大年

蕭子材

雙星並曜慶嘉祥綺閣筵開列酒漿天賜蟠桃盛玉盌人斟仙醴泛霞觴盈庭蘭玉班衣
舞繞膝兒孫喜氣揚預祝稀齡賡盛宴辟疆春滿壽無量

姚滌新

亭林雅望古今傳先澤清芬世系延勤儉起家由白手糟糠相敬並華顛有爲共贊梁鴻
美內助羣誇德耀賢園啓辟疆簪紱滿梅花香裡敞瓊筵
處世從來率性眞汪洋雅度自堪親齊眉不老逢周甲繞膝承歡屆令辰諸子蜚聲聯五
桂衆仙競奏詠千春稀齡耄耋能操劵再製新詩慶百旬

潘忠甲

欃槍淨掃際昌期正值雙星並耀時奏到大羅天上曲壽人樂府譜新詞
琳瑯翰墨奪天工歌詠怡情守素衷杖履優游娛晚境辟疆園裡醉春風
椒花柏酒喜稱觴春駐蓬壺景正長萊綵紅氍齊上壽五枝丹桂吐芬芳
浮雲富貴養天眞頌獻南山日月新從此鶴籌頻益算蒼松翠柏歲寒身

其二

醴陵家世蔭喬松道學淵源海內宗旁紹渭陽分墨妙風聲遠樹靈秀鍾
忍看監門圖流亡指困挾纊借箸忙稱觴酒化楊枝露多少哀鴻祝壽康
小築園亭隱煙蘿花竹蕭疏風月多莫道仙家邱壑小草堂一角是行窩
𥼶谷陽回格地春木公金母慶良辰年高周甲欣清健膝繞萊衣盡達人
矯矯五龍並翶翔晝錦堂開愛日長詩酒定多瑤島伴神仙共晋九霞觴

霓裳秘曲傳新譜花月春風正舊年絳蠟雙龍輝晝錦玉鳩扶出地行僊
森森玉樹鳳毛脩良冶工傳集白裘酒進屠蘇風送暖萊衣綵戲舞千秋
天爵從來裔德尊人生難得自康寧唱隨一志懷饑溺福善應知服上齡
小築林亭歡喜巷百年堂構辟疆園笄珈冠佩賡偕老樹永靈椿草茂萱

江祁岷

嘉樹門庭脈一支遺芬景慕虎頭癡清風明月詩殊品翠竹碧梧競秀姿篤學子輿承母教貨財端木是師資遐齡屈指重新甲春酒梅花正及時
大椿濃蔭庇瑤墀諼草先承雨露滋馬氏五常培梓樹王家四玉毓蓀枝九州多變翻新局兩世深交託舊知上壽載賡嵩嶽頌生花無筆寫妙詞

王汝崇

亭林望族久流傳鴻案齊眉敞綺筵種竹蒔花娛晚景疏泉疊石繼先賢權衡實業著成績慷慨義囊結善緣蘭桂芬芳皆挺秀愧無佳句寫詩箋

錢松嵒

杖履雙雙百福全誰人不道地行仙園林手拓多生意嘏祝何須海屋筵
煙霞嘯傲樂天眞更倩異葩爲駐春松竹常青奇石壽此中合住大年人

吳日永

華堂慶祝雙花甲壽翁王母笑顏開綵舞庭前承歡樂賓朋齊赴瓊筵來
積德延年古語遵前生種得今世因五龍傳業家聲振福壽連綿日日新
亭林世澤曜崑岡一脉眞傳到洞陽家教淵源洵有自浮風難越雷池疆
棄讀從商日月盛神農百草壽衆人金融質庫兼儲業濟民緩急事事仁
夫唱婦隨樹遠模兒孫繼美宏前程萬民衣被蒼生暖濟泰紡織德業興
齊盧搆兵城殃及淫雨連朝水災侵解衣推仁黎蒙惠壽星王母身先人
追隱高踪築辟疆梁鴻故居煥然新滿庭桃李春色濃後起有人益羨君
今年花甲開筵盛再越十度古稀春康強矍鑠期頤兆竹爐新茗座上尊

邱奎光

辟疆春宴集名流六秩筵開敞晝樓繞膝兕觥同晉爵齊眉鴻案喜添籌遐齡花甲歌駘背純嘏林壬錫虎頭五瀉九峯山水好鹿車共挽壽千秋

趙硈

葱蘢玉樹辟疆園上有松喬綠映門海屋籌添花甲滿林泉茗語竹爐溫溪山棲隱新園詠書圖留遺好子孫家世醴陵人共仰宗風遠紹虎頭尊

楊銘林

弧帨同懸樂唱隨錦堂設宴案齊眉一庭蘭桂花枝秀四壁琳瑯竹帛垂司馬高文傳貨殖范蠡短棹足生涯累仁積善家餘慶壽富康甯歲月彌
巷稱歡喜堪高隱園號辟疆豈偶然塵世功名皆草芥林泉樂趣即神仙光風霽月聲譽重玉樹瓊枝鄉里賢更羨齊眉鳩杖健同周花甲正新年

龔淋行

臺萊君子祀昌期四度春風疊韻詩弧采星明連婺采北枝梅放又南枝頻餐丹液瑤池讌更式斑衣戲舞儀樂奏維笙除協律蘭陔鶴譜唱蘇詞
孝友傳家邑有光耆英會合啓華堂辟疆園好昭先德集祜所深滿秀芳曼壽臚驩開慶祉兩儀呈象詠壺觴新𥻆松菊延齡酒共侑葩經天保章

陸仁壽

壽盃春日泛桃觴花甲齊眉有合望大好兒孫徵鵲起累仁積德福穰穰

華晉吉

見說名園號辟疆亭台水石足徜徉此中原有神仙侶偕老齊眉歲月長
修禊由來厥後昌階前蘭桂吐奇芳天開壽宇梅花好喜溢門楣醉一觴

王實恨

華堂今日綺筵開梁孟同歌百歲來羅立桐枝皆秀立排來珠樹盡英才捧觴競獻長生酒添算齊呈不老杯仁者由來多上壽蟠桃盛會好追陪

歲次上章大淵獻月建臨卯康伯大琊五十初度寫壽石奉贈并題七絕一首　秦郅農 癸亥元月

南嶽曾傳第一峯攜來祝壽壽無窮即今五十從頭數百歲光陰指顧中

康伯先生六秩雙慶　趙　湯 癸酉元月

煌煌東林學有源春風送暖辟疆園同居公藝敦三世濟美高辛挺八元
養志林泉翔野鶴齊眉伉儷偶文鴛錦堂馥郁春如海天保詩歌晋一樽

詞

調寄金縷曲　王鏡蓉

把盞爲君壽喜虎頭齊眉偕老福從天授和氣門庭新眷屬難弟難兄競秀又佳婦佳兒進酒更值年豐粱價賤快連番瑞雪梅開候辛盤頌薦春後　辟疆園事馳聲久拓三弓經營點綴宗風依舊羨煞全家無俗韻爐畔寒消九九最難得白頭相伴佇看孫曾同舞綵料小名不記笑頷首汾陽樂幾人有

調寄壽星明　王鏡寰

晝錦堂開煥彩爭輝雙星耀明正椿庭雪霽萱幃日麗蘭陔春暖梅閣香迎鴻案流芬鹿車偕隱頤養林泉遺世情芳園闢署辟疆舊額克振家聲瓊筵祝嘏飛觥約滿座賓朋椒酒傾羨兒如元季才多俊秀仙逢劉阮籙受長生渤海高風武陵德澤積善施仁推至誠損庵奏有五常繼起共著英名

調醉春風　龔穀成

屋近虹橋老芝蘭芬四表齊麇林下隱鄉園好好別業詩情臨門櫂影幽人莞笑甲第金張造英賢荀薛照委佗君子比山河妙妙南國春長聯枝紅豆九如天保

頌

林錫榮

自古大德之人必得其壽此理之一定不易者　康伯先生系出醴陵支分崑邑承累代詩禮之教敦品力行存先聖胞與之懷好施樂善辟疆既築疊石疏泉煎茶餉客遠紹梁汾其德配　高夫人生長名門克盡婦職温恭慈惠夙著賢聲今者　哲嗣毓曾等都已畢業于各大學或殫精路政或從事實業或服務政界騰茂飛英門庭鼎盛癸酉歲恭逢　康伯先生暨德配　高夫人花甲齊眉之慶識者咸謂其致壽之由即其累世積善之徵也錫榮引領德門情殷晉祝爰作俚詞以爲之頌曰

名儒之後代生耆英辟疆既築養性怡情歲星在酉甲子重更齊眉偕老樂奏雙聲晧萊衣之舞綵兮喜南極與婺宿齊明願頌獻夫九如兮好斟椒酒展百福之圖呈

壽聯

甲牒駢韡椿萱茂蔭　辛盤集福蘭玉臚歡　唐文治

其二

壽宇雙芝醻酥香酒　名園五桂璀璨娛萊　楊壽枏

孝友傳家人推光慶里　林泉階隱我愛辟疆園　裘可桴

仿古成名性海爐壽同永　擇地偕老辟疆園樂無央　秦敦世

舉案笙歌周甲宴　辟疆觴詠五辛盤　宗舜年

家慶冠三吳木公金母同眉壽　門材齊八顧驥子龍孫繞膝多　費樹蔚

五桂雙松圖成小築　十州三島歸祝長春　鄭洪年

惠麓嘯謌有賢儷　崑山經濟紹宗風　葉恭綽

其二

萬戶春風爲子壽　半窗松雪論天倪

麟子鳳雛宜家受福　紫芝朱草獲壽保年　陳公博

南極輝玉樹　北堂瑞金萱　曾克耑

承家日知錄　娛老辟疆園　蔡子平

有子皆賢一門競爽　舉觴爲壽百歲無疆　張軼歐

詩譜南山敦隆西序　樽開北海綵舞東階　楊楫 辛未元月

五鳳齊飛椿萱同茂　九龍並壽梅柳迎新　章鍾祚

鴻案相莊夫婦同携延壽杖　鹿門偕隱兒孫預晉古稀觴

其二

娛老溪山亭林近闢王官谷　稀齡歲月龐公偕隱辟疆園

王蘊章

花甲雙周壽梁孟　林壬五福祝兒孫　朱文熊

康伯先生前曾招飲名園並遺瓷品原意久未答兹值其六旬雙壽既爲文祝之意猶未盡復擬此聯以見　先生之優游頤養皆自孝思中來而園中景物不復及也

我非看竹來游只怪他亥山名園拓地量弓如何忘却箕裘志

君好爇松延客豈乞自安石別墅鑿池得盌應更增長杯棬思　顧祖詰

康伯宗台先生暨德配高氏嫂夫人花甲雙慶維念誼屬同宗交逾三世十年舊雨忍聽中道驪歌晚歲歸田快遇合歡讌會用撰聯句謹抒祝忱

慕隱市高風夫婦齊眉歡騰六秩　紹辟疆宗派子孫接踵頌進九如　秦毓鎏

偕隱林泉堪娛老　宣勤黨國有佳兒

近聖人居綵戲萊衣絢龍鳳　是壽者相眉齊花甲祝椿萱　秦仁存

夫婦慶齊眉梁孟於今傳美德　賓朋同拜手顧高自昔本通家　莊燁光

家世紹亭林一代玉峯遷隱史　水居溯高子雙扶籐杖辟疆園　秦銘直

華胄接亭林喜看甲籙齊眉偕老辟疆斟大斗

璐階森玉樹都是丁年養志承歡趨座祝長春　鄧福溶

溫公初入耆英日　德曜依然操作年　王芙橋

王宗浩

繞膝有驥兒路政工商賈虎荀龍皆大器

齊眉添鶴算康甯福壽歌鸞舞鳳祝長春　秦金鑑

白傳正六旬尤欣賢婦齊眉與郭外九龍並壽

燕山有五子更喜文孫繞膝看階前三鳳同飛

其二

花甲喜初周香滿椿庭好舉兕觥同上壽

靈辰前一日芳斟椒酒尤欣鴻案祝齊眉　陶起鳳

知水仁山名園偕老　木公金母壽域同登　秦權

甲籙同周笑我一氈將老大　辟疆偕隱羨君陸地作神仙

衛　彬

伉儷交歡鴻案相莊春不老　賓朋畢集兕觥迭進壽無疆

吳日永

辟疆晉爵麟鳳歡舞　鴻案相莊福祺永長

繆　斌

山水怡情鹿門望重　鳳凰娛目鴻案齊眉

趙沅生

梁孟高風百齡偕老　金張舊第五桂齊芬

高汝琳辛未年作

椿茂萱榮筵開六秩　桂芬蘭郁綵舞一堂

張名振

東閣開樽簪纓集慶　南陔馨膳敂佩齊年

周爾愷

六秩慶開筵羨梁案齊眉偕隱杯（林）園成菊徑
千春祝純嘏看萊衣繞膝承歡華屋獻桃觴

無錫公園圖記

（民國）曹景範 撰

《無錫公園圖記》不分卷，（民國）曹景範撰，民國十一年（一九二二）鉛印本。

曹景範，字心侠，無錫人，生平待考。創建於清光緒三十一年（一九〇五）的錫金公花園（民國後易名無錫公園）是無錫乃至國內由市民創辦的最早的城市公園。至一九二二年，已頗具規模，辟有二十四景。當時邑中名流準備出版畫册，仿明文徵明繪蘇州拙政園體例，擬由王雲軒繪公園全圖，吴觀岱等分繪二十四景圖；曹景範撰圖説，『每景各綴數語。其有關掌故者，咸采自邑志暨各家記載』。二十四景目次爲：繡衣拜石，多壽春禊、芳堤柳浪、草堂話舊、松崖挹翠、櫻叢鳥語、藥檻敲棋、桃林披錦、清風鬥茶、方塘引魚、涵碧佇月、瓊樹朝霞、白水試泉、蘭簃聽琴、西社觀荷、藤蔭逭暑、碧雲挈榼、花塢看雲、天繪秋容、楓徑斜陽、小苑天香、東籬品菊、杉亭咏雪、石崦問梅。這些景點涵蓋二十世紀二十年代公花園全貌，故《圖記》具有相當資料價值。

本書據民國十一年（一九二二）鉛印本影印。

（沙無垢）

無錫圖書館

無錫公園圖記序

吾錫自光復門開闢後。工廠林立。馬路交通。烟火萬家。甚囂塵上。政學工商諸界終日擾攘其中。苟無游散之場以資休息。此亦吾邑之憾事也。則公園尚焉。園之創始。在遜清光緒季年。倡議於三等學校諸君子。初尙局於洞虛宮一隅。不數年間。凡盛氏之後樂園。秦氏之池上草堂。僧寺之寶華堂。道院之白水山房。等皆以次歸入園中。於是疏泉成沼。疊石爲山。廊榭周遭。亭臺翬畫。更搜羅四方嘉木異卉。珍禽奇獸。以分佈其間。自是公園爲城市之山林矣。

時際春夏之交。雜花生樹。碧草鋪茵。桃柳爭妍。棠梨含笑。每至夕陽西下。士女聯袂偕來。或竹逕尋芳。或荷塘逭暑。鬢影衣香。游人如織。迨至秋冬之際。則林楓絢彩。岩桂飄香。籬菊傲霜。嶺梅霏雪。別有高人韻士。風景流連。當闌簃月上。茶墅風清。更於此置酒敲詩。彈琴讀畫。此公園四時之勝概也。雖然有名園而無繪事以寫其眞。無文字以彰其美。恐不足以信今而傳後。今幸得邑中諸君子。摛文操翰。各盡所長。或仿王摩詰輞川而爲之圖。或仿文待詔拙政園圖而更爲之說。於是吾錫公園與名流翰墨相得益

彰。足以信今而傳後矣。同人有泥余作弁言者。乃不辭譾陋而爲之序。

民國十一年壬戌中秋月　范廷銓衡伯甫作於萬樹梨花館

本編內容預告

題簽　裘公岐

封面　吳稚暉

序　裘可桴　范衡伯

公園創始記　俞適廬

公園全圖　王雲軒

二十四景分圖　吳觀岱　秦岐臣　顧衡泉　曹次庵　胡汀鷺　諸健秋

分圖記　曹景范

題詠　廉南湖　孫寒崖　丁芸軒　孫靜厂　華西周　鄧叔厂　嚴曜卿　王西神　華藝珊

附攝影二十四圖

引

公園景色。四時不同。詩情畫意。兼而有之。今由吳丈觀岱等。分繪二十四圖。家君并命仿明代文待詔拙政園圖記體例。每景各綴數語。其有關掌故者。咸采自邑志。暨各家記載。然倉卒操觚。間有未盡善處。儻荷大雅鴻達。匡正其謬。則幸甚矣。民國十一年夏日。曹心俠識於秋隼館。

目次

無錫公園圖記

曹景范著

●繡衣拜石

入園門數武。有石兀立。頗具嶽嶽之姿。藤蘿冒覆。奇峭不可名狀。石罅鐫繡衣峯三字。書勢如黃山谷。蓋邑先達俞氏是堂之手蹟也。考是堂名憲。於明嘉靖中。以廉訪致仕。乃於城南築讀書獨行二園。恣其嘯傲。此石即爲彼園中故物。園久廢。石沒於荒煙蔓草間者。殆數百年。迄公園建築。迺遷入焉。

●多壽春禊

遜清庚戌之春。邑中華先生海初。適值六十生辰。爰偕同庚華先生子隨。吳先生俊夫。移其稱觴之貲。得金六百。益以朋儕襄助。迺建斯樓。顏曰多壽。誌弗諼也。時際春莫。邑人士輒訪蘭亭故事。於樓中修禊。佐以觴詠。藉暢雅懷。說者謂有晉人之遺風云。

●芳隄柳浪

園左長隄如帶。俯臨方塘。垂柳數十株。緣隄環植。春風駘蕩。柳線初勻。搖曳生姿。疊成翠浪。攜雙柑斗酒。聽黃鸝者。輙徘徊其下不能去云。隄有小亭。綠陰如幕。距亭數武。循石級而下。斜穿小洞。遂達方塘之澨。淺草平鋪。奇石矗峙。又別開一境矣。

●草堂話舊

後樂園既廢。尤魯王業二子。皆嘗得之。逮清初爲秦吉生先生浙所有。遂築池上草堂于方塘之北。黃氏與堅爲文記之。存常郡藝文志中。可覆桉也。今復由秦氏歸諸公園。重建斯堂。仍顏舊額。惟故址已稍易矣。堂在曲沼東。軒牕洞敞。欄檻周遭。偶值花晨月夕。新雨舊雨。於焉遊憩。瀹茗話舊。每不勝滄桑之感。丁丈芸軒製有楹帖云。可以息。可以遊。商略廿年。眞始願不及此。何處池。何處堂。蒼茫四顧。起古人而問之。亦紀實也。

●松崖挹翠

芳隄盡處。突起危崖。嶙峋上聳。疑踞雲根。崖巔虬松離立。忽瀉翠濤。遊人攀登絕頂者。大有振衣千仞之概。東瞰方塘。垂柳低迷。綠波無際。西望九峯。濃靑如黛。隱約於晴嵐煙靄間。公園得此奇境。髣髴披王摩詰輞川圖矣。

●櫻叢鳥語

櫻花爲海東嘉種。由日人松田氏。購數十本。遍植園之西北隅。暮春花發。遠望如銀雲出岫。奇艷莫匹。時則枝頭好鳥。嚶聲上下。啁啾相和。亦如人之留連美景。樂此不疲焉。

藥檻敲棋

碧雲深處迤西。爲芍藥檻。聚玉盤盂金帶圍等數種。叢栽其間。當芟尾春歸。暖豔晴香。使人愛玩不置。亦有尋謝太傅賭墅之樂者。時於此間得少佳趣。一枰相對。子聲琤然。所謂勝固可喜。敗亦可喜。蓋超然於物之外也。

桃林披錦

出天繪亭北。望雲霞雕色。燦若錦城。則碧桃吐艷時也。桃之花有紅有白。樹僅十餘株。已蔚然成林。於時拂面東風。薰人欲醉。穠華含笑。媚茲好春。遊客至此。幾疑置身武陵源中矣。

清風門茶

邑志載明盛顒氏築後樂園於洞盧宮畔。擅亭臺池沼之勝。中有清風茶墅。爲子弟羣從門茾處。今公園東偏。即其故址。構小榭三椽。仍以舊額名之。墅臨曲沼。通以畫廊。樹色侵簾。花香襲几。品茶者咸於此選勝焉。家君製有柱銘云。規後樂園舊觀。塘開一鑑。墅拓三弓。小榭風清。還門茾。訪洞盧宮遺跡。綠綺人來。紫璈仙杳。曲廊月上。好尋詩。下聯蓋擷元王梧溪洞盧宮玩月詩意也。

方塘引魚

志稱白水蕩一名方塘。明正德間盛先生冰壑嘗作方塘書院於此。塘可五畝。爲公園最勝處。春水方生。明漪如鏡。遊魚數十百尾。錦鱗隱現。逐隊於白苹碧藻間。若投以餅餌。魚亦忘機。與人相親。小立治春橋畔。寓目觀之。何異蒙莊濠濮之樂邪。

涵碧佇月

跨曲沼有二橋。南爲涵碧。北爲枕漪。蓋瑞蓮室主高氏。及雲蔭堂主孫氏所建者也。涼秋三五之夕。長天雲淨。皓魄當空。涵碧橋邊。得地最勝。士女之玩賞者。衣香鬢影。來往如梭。大好良宵。儘人銷受。明月清風。固不用一錢買耳。

無錫公園圖記　十一

瓊樹朝霞

案揚州府志云。瓊花在后土祠。爲唐人所植。葉柔而澤。花作淡黃色。清馥異常。宋時祠改爲蕃釐觀。瓊花尚存。至元代枯死。道士目瑤臺聚八仙補栽其地云云。今公園之瓊花。來自邗溝。殆卽聚八仙之一種歟。然花時自遠觀之。琪葩堆素。碧葉舖青。宛若朝霞之升天半。而文壇藝苑之流。欲爲花寫照者。方濡毫調粉於其下也。

無錫公園圖記　十二

白水試泉

志稱洞虛宮後有白水山房。羽流之修眞處也。中有白水泉。味甘而冽。惜未經陸子品隲。厥名弗著耳。紅羊之刼。山房鞠爲茂草。其地遂劃歸公園。斯泉一經濬治。依然澄澈。有品水癖者。常抱甕取汲。於是竹爐松火。小試龍團。詎減第二泉邊風趣耶•

無錫公園圖記　十三

蘭簃聽琴

過涵碧橋。緣方塘而東。有精舍三楹。蓋夏君伯周昆季。承父遺命所築者。華丈藝珊。取南陔采蘭之誼。題曰蘭簃。誌孝思也。蘭簃之右爲天韵社。社長吳丈畹卿。目善琴稱。當風清月白之夕。理絃拂軫。古調獨彈。繚繞餘音。時於花間飛度。小坐蘭簃中聽之。使人翛然意遠焉。

無錫公園圖記　十四

西社觀荷

西社在清風茶墅之左。一水閣也。前襟曲沼。旁帶圓池。淺碧一泓。遍栽菡萏。花時紅裳翠蓋。與紈扇輕衫相掩映。清風徐來。芬芳四溢。倚欄靜對。不覺滌盡塵氛。所惜者。池小不足回旋。未能打槳花間。聽一曲采蓮歌耳。回憶清光緒中。侯先生病驥。於城西創師範講社。一時人才輩出。逮庚申之秋。始建此社。藉紀陳蹟云。

藤陰逭暑

園之西面有白藤數架。枝葉糾蔓。疑張翠幄。夏日着花。彌望如雪。嘯侶命儔。舖席於綠陰深處。幽賞未已。暑氣全消。誦赤日行天午不知之句。更於何所覓淸涼境耶。

碧雲挈榼

園之西北有荒圃一方。由藝蘭室主楊丈录生購歸公園。爰建一亭。名曰碧雲深處。蓋因亭之四周。林木陰翳。雲光離合。一碧無際故也。春風拂檻。花氣撲人。乳鶯初囀。如炙新簧。客有挈榼林間。延賞芳景者。飛琖傳觴。興復不淺。倘玉山頹倒。醉臥芳茵。夕照酡顏。又相映成趣矣。

花塢看雲

歸雲塢位於公園之西南。本屬僧寮後圃。民國初年。始得購歸。塢之四圍。累旨湖石。奇葩異卉。雜蒔周阿。上有千孫樹。拔地干霄。枝柯茂密。覆蔭可一畝許。蓋數百年古木矣。當輕煙未散。飛雨欲來之際。樹顛常有雲氣往還。氤氳蓊鬱。如幢如蓋。洵大觀也。

無錫公園圖記　十九

●天繪秋容

寶華堂在崇安寺後禪室也。燬於兵燹。地廣十餘畝。泰半劃入公園。其間建一亭。家君以天繪二字顔之。繞亭遍蒔秋花。五色相間。絢爛奪目。時則金風送爽。玉露含滋。麗景天然。有匪繪事所能盡者。脫令徐熙輩復生。恐亦握管躊躇矣。

無錫公園圖記　二十

●楓逕斜陽

秋氣蕭索。百卉漸凋。惟楓葉經霜。獨呈爛熳之色。斜陽將墮。返照林於一徑。西風丹黄點染。前人詩中有畫。畫中有詩。倘遇此境。或未能盡其佳妙爾。

無錫公園圖記　二十一

●小苑天香

玉宇高寒。秋風蕭颯。小苑新涼。平添佳景。忽焉天香四流。襲人裾袖。正曲阿叢桂初放時矣。或效淮南招隱者。不數平泉莊裏。與居士參木樨禪也。

無錫公園圖記　二十二

●東籬品鞠

菊之趣逸。故香遠而益清。菊之品高。故色澹而彌潔。自來隱遯之士。往往寄情於此花。步之東。編槿爲籬。選異菊數百種培植其間。新霜初隕。雁訊驚寒。三徑黄花。含苞欲放。置酒弦琴於焉欣賞。淵明有知。當引爲同調也。

無錫縣圖書館

●杉亭詠雪

周覽公園。惟西北隅最幽僻。杉林夾道。歷歲寒不凋。小阜隆起如蟠螭。一茅亭嵌樹隙。人坐其中。衣袂皆碧。時則窮陰殺節。物候沍寒。天公玉戲。頓成瑤瑤世界。有效蘇長公詠雪作白戰禁體者。憑欄覔句。不覺撚斷吟髭也。

無錫公園圖記　二十三

●石嶮問梅

松崖之陰。是爲石嶮。適障寒香洞之南。植紅白梅數十株。疎影横斜。別開清曠之境。春光未轉。芳汛先傳。正不必向鄧尉山中。試探消息已。林間翹首。遊覽師範紀此校名紀念塲。亦爲園中之點綴品云。

無錫公園圖記　二十四

無錫縣圖書館藏

方城均田志

（明）安如山 輯

《方城均田志》不分卷，（明）安如山輯，明嘉靖十七年（一五三八）刻本，一册，孤本。

安如山，字子静，號膠峰，無錫人。安如山爲安國長子，明嘉靖八年（一五二九）進士，官河南裕州知府。裕州古稱方城。時户部通令全國丈量土地，安如山執行丈量事宜，一年後完成其事，一掃歷年積弊。擢南京户部江西司員外郎，官至四川按察司僉事。安如山於事後把有關文件、經過輯爲一書，名《方城均田志》。

安如山於嘉靖十年（一五三一）任河南裕州知府時，户部下令全國丈量土地，目的是重新認定土地所有人的土地數量和納税份額，明確一個地方的總税額和納税人。因爲這時離明初定土地、定税額已有一百五十年以上。在這麽多年中經過各種社會變動，土地買賣、賦税的交納與土地的實際持有發生很大矛盾。如有的農民早已失去土地，然而官府依然把他定爲納税人。有的人占有大量土地，但所交之税很少。無地有税的農民只能逃亡，社會矛盾已相當嚴重。『頻年構訟，官不能理。貧者甚至鬻兒賣女以完無因之税。流離而轉死者，職此相繼也』。安如山『於是悉心經理，年餘而地以審，税以均，版籍以明』。《方城均田志》即是丈地的全紀録。全書目録爲：均田志引、本州總圖、始告城隍、告示條件、始諭官耆、行移條件、圖説凡五、徵糧開除正安事、終報城隍、終諭鄉民、均田碑記、附録。書中除記録丈量的具體措施外，附載不少原始文本，例如土地和納税憑證，具有重要文物價值。而這些原始的文本能流傳到今天是十分稀少的。所以是寶貴的歷史資料。

本書據無錫市圖書館藏孤本明嘉靖刻本影印。

（徐志鈞）

方城均田志序

無錫安侯治裕之明年上奉部檄下拯民艱大均裕州之田有得先聖王遺意焉夫先王疆理天下物土而辯其等差非較錐刀於民也所以銷戢姦萌而寍壹區宇也夏后三壤之則周官十二壤之辯以阜人民以令貢賦以比追胥以制祿食以作軍旅要皆於是焉稽之是故事有定制而人無搖心鴻和弘敷而頌聲洽作何者其賦役多寡輕重一出于地而不易也自井田一變而阡陌再變而限田三變而均田均田之變則悲限田之難捄阡陌之亂而儆井田之遺與斯亦生民之本務而經國之弘致乎

皇祖開基丈量畫一而裕之故壤莽為蓬藋未盡艾也當時司國計者漫泒糧額雖於地力人功亦參相得而守土之臣不能推衍而行之歲月日深封略日闢囂訟繁興姦宄滋有或兼并之族而賦甚輕有貧弱之家而不免重役以至於破散流離而不知其所往其賦存而其人亡者往往而是也均田之不可以已也如是但狃於常者變之則駴便於私者奪之則

爭黨眾勢厚則杆格而難勝謀工計深則詭秘而不可察是故固則常襲焉畏則難阻焉隘則嫌忌焉疎則陋遺焉不襲不阻不忌不遺非明哲之牧才畧之長莫或承之均田之不可以易也如是以故部檄所至多寑格不行或令下叢非遂怗怗然中止獨安侯于裕毅然請行方其始也人莫不議其難暨其終也忻忻然永攸賴于世世故曰非常之原黎民懼焉及臻厥成天下晏然也侯之功隆乎躋矣裕士民思侯之功而志其顛末以告于余將昭茲而詒來也余閱之覘土經野酌盈濟虛迺誓諸神以薦信也迺徇諸衆以協衷也迺簡諸耆以嚴事也迺杜諸譌以明率也卒報以昭休也終論以遠勸也列諸圖說以稽實也繫諸碑記以考成也是故觀計畫之悉則見其度地之審觀區號之聯則見其裁規之簡觀賦入之等則見其歛財之均觀戶帖之給則見其慮后之周觀蕃殖於是乎啟供億於是乎裕輯睦於是乎始敦龎於是乎隆則又見其成人之固夫度地審則神運而不遁裁規簡則勢一而不擾歛財均則制衷而不爭慮后周則法定而不淆成人固則澤暨而不匱神運之謂明勢一之謂

斷制衷之謂公法定之謂略澤暨之謂惠此一役也而五美顯焉蓋其天資廉節忠誠鬱于中而大發于外動皆中於機會而足表於當世故于時主其上者則有大參劉公璋憲副傅公鑰之貞度紀功承其下者則有州貳陳梧岡鳳州秀呂儒官琦之分猷勷力要亦侯之廉節忠誠默有以動之也特並次于茲以見侯之德行在人利澤在民樹實流聲在天下后世茲叙也胡足以旣盛美而頌休烈哉

嘉靖戊戌夏四月望莆侍生陳富春頓首拜書于汝南方城小齋

方城均田志 三

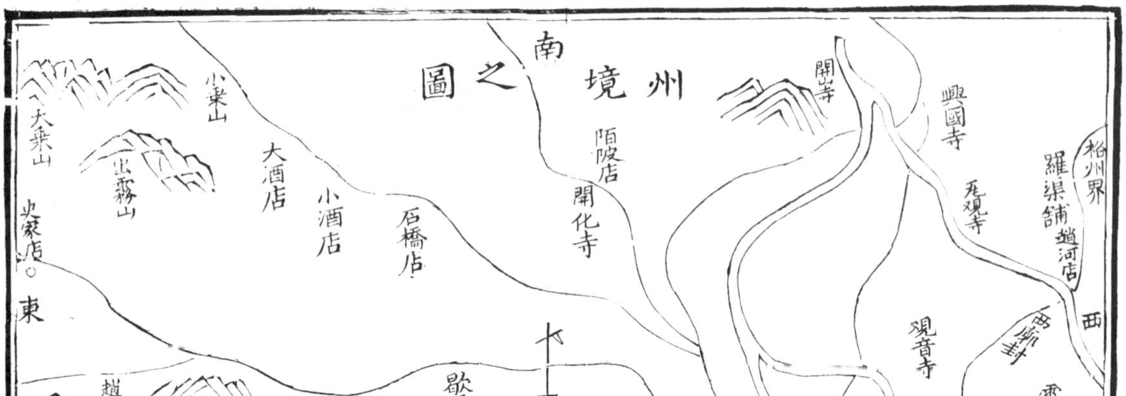

方城均田志目錄

方城均田志引

裕州同知陳鳳刊
裕州學正陳富春校正
冠帶生員吕琦編輯

志成於壤則之後垂遠也而行移公文不盡録年月者以所請所示非一日去繁也經始告成俟感有告神諭衆之文今録於志之首尾者見俟之此舉竭精誠以質神明仗公義以激衆志故明有以獲民之力幽有以獲神之助用能成始而成終也若夫告示條約直起於嘉靖十一年十月前此弗録者以申諭即前事也然是役之終有板籍以額其數有石刻以紀其績此復志者何從父老之請也父老之意以板籍詳於地粮而未兼其行事石刻兼其行事而未詳其曲折且板籍藏於庫不若梓之徧於人人石刻傾於久不若梓之傳於世世斯志既行田賦之等級彰矣施設之始終著矣良法美績之流播傳且遠矣則夫專利之豪右不得以逞其志貪賄之里書弗容以肆其奸歲月雖深

弊端難再將來他郡之良吏志於均田者按此志
而取則焉則我侯之澤又將溥於天下矣奚止裕
哉
三月丙子琦謹識

始告城隍文
具官裕州知州安如山躬率委官人等謹以牲醴
致祭于裕州城隍之神廼告曰我
明統一海宇畫土分疆則壤成賦百七十年于茲矣
惟裕在
國初灌莽叢林渺焉山水之窟比時主計者漫泒額
糧罔有定則年復一年弊端日滋茲者
聖天子注意元元倒行查勘某以菲材承乏茲土仰
體上意俯軫民艱用是靡恤怨讟敬卜某月某日

從事惟神司命一方淑慝攸鑒其委官人等有奉
公守法能用我命者神其佑之俾若子孫尚亦有
餘慶中間有徇私作弊不用吾命者神其鑒之罔
俾有佚罰尚 饗
始曉諭委官等文
裕州知州安 為均糧事照得當職猥以菲材謬
膺
上命來蒞茲土靜探治本深以糧役不均爲憂茲奉
明文文勘用是罔恤怨讟毅然身任其區處事宜

已經條列榜諭通知茲卜某月某日從事汝等丈
算官者俱係選取篤實良民各須矢心遵守共成
大事若奉公守法能用我命匪徨汝身廸吉汝之
子孫寔亦永有餘慶中間若有徇私作弊不用吾
命者匪值神弗汝庇余亦有顯罰弗汝貸

告示條件

南陽府裕州為丈地均粮以安貧民以足
國稅事承奉本府帖文備奉
欽差撫民兼分守汝南道河南等處承宣布政使司
右叅政劉劄付蒙
巡按河南監察御史王批據本道呈前事備奉已
經出給告示曉諭及選委土官公直人等逐一丈
勘具有號紙囬繳在州查得前項丈過地區中間
秉公用心者固有差錯不明者甚多俱欠停當難
憑均派造報再行曉諭為此合行出給告示令後
土官公直人等遵照開款事宜并分定號區眼同
各該區頭務秉至公沿坵履畝逐區丈勘停當填
註號紙明白具數繳報以憑本職親行覈實造冊
轉送敢有仍前徇情受囑作弊覆勘得出或被告
發定將委官公直區頭各痛責枷號問擬枉法重
罪决不輕貸須至告示者

計開

一丈地均粮一事乃州民子孫萬年世業關

係非小各號委官公直人等凡丈量折筭
務須正身督同區頭書手火夫人役秉公
幹辦停當並不許仍前將不知事體弟男
子姪頂替搪塞妨悮大事
一擇本州中心去處畫大十字以領號分號
以領區分區以領地其大十字先已委官
丈定仰各號委官人等查照派定天地玄
黃字號分投前去依十字壇區則挨區大
去每繩長三百六十步先以繩取其直次

以竹竿稱量以取的數每區四角各高築
大土堆上置牌橛明開其號其區其邊仍
要順繩每數步築一小土堆以便覈勘四
面方正每區務足五頃四十畝之數
一步弓以官鈔尺為準丈繩竹竿本州俱已
較勘停當火印為記委官人等務須遵守
如有徇情別用私置丈繩竹竿抵換查出
重治
一丈地人役凡遇城池河渠及庄宅所在則

繫繩於所由之區約至城根以樁木入土
亦以繩繫之從傍順去至城角亦以樁入
土亦以繩繫之約外面傍過之尺寸即腹
內難過之尺寸可以得數入區矣庄宅倣
此或遇河水所在如東岸定樁繫之以繩
渡過西岸亦以樁繫繩約丈凡遇高崗將
繩首架起約丈並不許仍前躲閃城池河
渠庄宅將區尖斜致有虧折
一凡丈完一區即於區內查地多知事者立

為區頭着落具結逐一報本區管業花户
若仍前將地少窮民報充區頭本州據號
紙查出定將原報人役枷號如有奸頑之
徒倚強調躲故使貧民應區頭者許貧民
赴州呈告以憑綁拿重治
一區頭報地務查見管業人户的實如區內
地先係某里某甲張三祖地今賣與某里
其甲李四管業即報在李四名下如原係
王府者即報王府原係軍衛者即報軍衛

若係王府軍衛并隣境州縣人民置買本州民户者仍要報王府軍衛隣縣某人買到本州某里某甲某人地若干畝

一區頭結狀上須要填寫明白若地係户頭張三者止開一户張三係某里某甲某籍某樣地若干畝若係張三户内者須開一户張三户内張某係某里某甲某籍某樣地若干畝

一委官公直填註號紙并飛票與結狀大約相同

一開除不許冒濫一曰城池公舘舖舍二曰山河三曰古刹寺院四曰大官路五曰不行犁石子荒坡地並準開除其民間庄宅及田間小路並不在開除之數

一飛票長八寸濶六分照式填寫粘貼號紙上結狀不用飛票

一筭地人雖據區頭結狀折筭開除仍須親自沿坵履畝查對明白方許填寫號紙飛票上若只據結狀希圖了事本為熟地而詐為沙地本係民地而詐為王府或軍衛者本無城郭官路山河所占而開占者混行折筭開除查出定行一體枷號重治

一查得本州地除平熟地外只有平石子岡坡岡石子山坡山石子等地並照地土厚薄從實開報以憑議處其雖係石子地或附郭或地勢平坦石子鮮少及牧牛平草塲並不在折筭之數

一區内地土丈量停當足五頃四十畝之數著圖多巾間萬一有多十數畝或少十數畝者明開多少之數附於號紙之上以憑查處

一查得去歲號紙中間全不齊整有號紙有户而無飛票者有止開户頭不開户内人名者有止開户内花名不開户頭者有開里不開甲者有開甲不開里者有止開户名不開某里某甲者有止開户名里甲籍

貫脫落地畝數目者若仍前不行用心查
出定行枷號重治
一折地委官公直人等各刋私記小印一箇
就將每飛票下面鈐記半在票尾半在號
紙上以便查考
一幇户地土亦須開某里某甲户頭某人幇
户某人地若干女户亦照此開
一未入籍置買地土明開未入籍某人地若
干

一逃户地土明開某里某甲某人逃地若干
畝見今某里某甲某人承種如有朦朧冒
作已業者查出定行依律問罪
一平日寄居詭户揑荒之弊甚多今次俱要
報出見管業真正花名若仍舊影射定行
追究如將自己田地報在寄籍名下事發
即斷與寄籍之人報在所幇大户名下事
發即斷與所幇太户之人如冒揑詭名者
事發入官依律問罪

一本州林朳柴山出礦石山儘多但係山勢
陡峻難入區内仰各管業人户盡行自出
投首内開某里某甲某人柴山若干石礦
山若干畝四至某處近某字號某區若今
不行先報事發定行入官若不係柴山出
石礦山冒作荒山者山上所出俱行入官
如官司不知旁人有能首出者即與投首
之人管業
一有等奸頑之徒慣一串同區頭將他人田

地冒報自己名下希圖日後告爭小民不
知憑伊愚弄最為可惡若再仍前弊區頭
定行枷號痛責委官公直人等一體查問
一折地人仍將領去小區用作自己手記内
細開本區算過地數務與結狀號紙相同
一委官公直區頭書手俱係揀選平日知恥
誠實人役若有狥私受財或將頃畝埋沒
或將號拙扯及須索酒食查出并告發計
贓問擬重罪不饒

嘉靖十一年十月初三日示衆通知

行移條件

南陽府裕州爲丈地均粮以安貧民以足

國稅事承奉本府帖文備奉

河南等處承宣布政使司劉劄付抄蒙

欽差巡撫河南等處地方都察院右副都御史徐案

驗准戶部咨該本部題河南清吏司案呈奉本部

送戶科抄出河南懷慶府奏准本府知府王得明

關嘉靖九年三月

欽差巡撫河南等處地方都察院右副都御史徐批

據河內等縣民張仲等各連名狀告前事蒙批仰

府查勘民情事體應否丈地均粮議審定奪繳蒙

此續蒙

巡按河南監察御史胡批據河內等縣民張仲等

亦告前事蒙批仰府從長議擬通呈會奪批詞繳

蒙本府稟蒙

巡按河南監察御史胡面諭會稿會同

欽差巡撫河南等處地方都察院右副都御史徐

欽差巡按河南監察御史沈各議前事等因備行司

府州縣查照本部先今題奉
欽依内事理通行所属一體遵依施行奉此遵依外
隨據本州坊郭等保民董文舉劉鞏等連名具狀
赴
欽差撫民兼分守汝南道河南等處承宣布政使司
右參政劉處告為無影粮草苦累包陪逼竄良民
乞上比例丈量地土均稅粮撫民安生事蒙批仰
州查明議報毋得徧徇詞繳蒙此行間續奉
欽差撫民兼分守汝南道河南等處承宣布政使司

右參政劉　付蒙
巡按河南監察御史王　批據本道呈蒙
本院批據汝寧府汝陽縣申示為前事仰各州縣
掌印官備處丈竿繩尺等項逐一停當領號分區
沿坵丈量均攤稅粮明白造冊施行嘉靖十一年
七月初九日備行本州知州安親督土官公直人
等將本州地土均丈明白具由申蒙
欽差撫民兼分守汝南道河南等處承宣布政使司
右參政劉　批給票執照尤為均田精密要法仰如

擬即發及查照造冊上緊完報申繳又批原行委
官之說恐各州縣官有不可托者必須委勘今該
州掌印官年餘經理幾番勘實甚是停當何須委
官以滋煩擾仰照原定等則造冊通報申繳又蒙
欽差河南按察司專管汝南分巡兼理信陽兵備副
使傅　批參詳前項丈派一節於民深為有益由票
依擬行仍俟合干上司衙門定奪此繳又蒙
欽差巡撫河南等處地方都察院右副都御史吳　批
平坡崗坡山坡三等地土俱攤派停當依擬其粟

子易米乃各户冊内祖遺額稅難以槩攤一州仰
仍於各户名下照株徵納繳又蒙
巡按河南監察御史葉　亦批分定地粮既已停當
仰州查照施行蒙此遵依造報間又為
請因撫臣條陳地方事宜畢
賜議處以舒民患事承奉本府帖文備奉
欽差撫民兼分守汝南等處承宣布政使司右參政
劉　付准本司咨抄蒙
欽差巡撫河南等處地方都察院右副都御史吳案

驗准戶部咨前事內開清查丈量事在一里止里一里在一縣止理一縣不得推移別縣變亂版籍一體遵照施行奉此遵依又行本州知州安關備由具申

欽差巡撫河南等處地方都察院右副都御史吳處照詳蒙批近准戶部咨節該題奉

聖旨近年各地方田土多有賦稅不均遺累小民若有被人告發的還要與他清查丈量均派但不許因而擾害欽此欽遵通行外仰州查照新丈勘過

地粮分別等第派徵繳又蒙

巡按監察御史葉批據本州亦申前事蒙批糧隨地出該州地粮既均查照派徵不必畏避以致重困小民繳　見碑記

中心臺圖

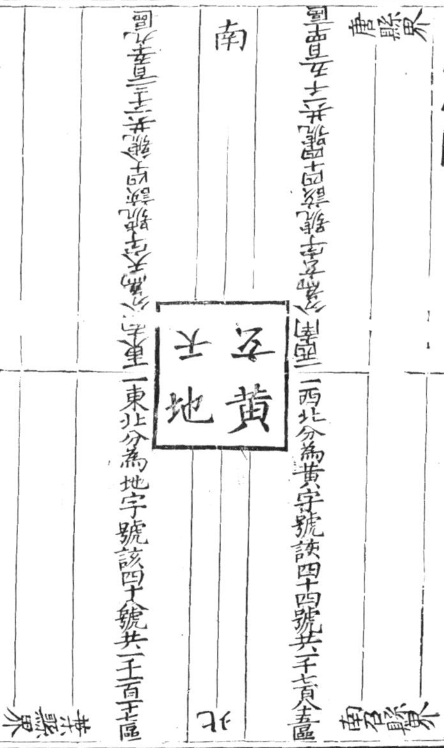

中心臺圖說

右中心臺居裕土之中心故名作臺之始遣官四員踏筭州境東西相距南北相去里數既明四面合步取中於此適城東十五里歇馬店三條崗之脊地勢最高因而築臺尤便觀望臺廣一丈二尺高丈餘中豎黃旗旗面大書臺名即臺中心畫為十字豎一畫北抵葉縣界青山分水嶺南抵唐縣界郝家寨河水橫一畫東至舞陽縣界香烟寺西溝西至南陽縣界試刀山口畫之東南隅為天字號東北隅為地字號

西南隅爲玄字號西北隅爲黄字號所以統夫區焉其定號也自臺循横畫而東每三百六十步竪一竿第一竿南面則書天字第一號北面則書地字第一號第一號第二竿南面則書天字第二號北面則書地字第二號號號相繼至界而止得號若干循横畫而西以至于界序玄黄之號得若干竪竿書面其法亦同于東也其定區也自臺循竪畫而南每三百六十步立一竿第一竿東面則書天字第一號第一區西面則書玄字第一號第一區第二竿東面則書天

字第一號第二區西面則書玄字第一號第二區區相續極于南界得區若干循竪畫而北極于北界經理地黄字第一號之區得若干立竿書面其法不異于南也然號列區分之後我侯乃躬詣臺下指授方略令四號委官各率執事人役照號分布于臺之四面聽號題鳴各從其事引繩者繹如唱尺者琅然計步植標沿區築壘倏忽之間雲移星布迤邐而遠鄉民老少遥觀者如堵靡不嘆曰盛哉是役未之見也號定區成之後行折地法亦自臺始然則臺也者

其福民之基也夫

丈地委官某人　公直某人　筭地委官某人　書手某人

某字某號第幾區	
一户某人某里某甲　某樣地若干 一户某人某里某甲某戶人某樣地若干	總數地知州安
一户係某縣某里某甲買到本州某里某甲某人某樣地若干 王府州軍衛照此式	實在　平熟地　平石子地　崗坡地　崗石子地　山坡地　岩子地 開除　山河　城池公舘鋪舍　古剣寺院　大官路　不行犁石子荒坡地

號紙圖說

右號紙每一區一張如式造定折地委官各照本號計數領去先令區頭將區內花名各催正身候委官到眼同丈量區數足五頃四十畝是為正數如少或多即於號紙少字多字下書少多若干乃評其四等地色既定令各户親寫飛票粘於號紙各户填註地畝之上圖書合鈐以辨真偽外置空白簿一扇逐一謄訖簿則委官自收號紙文與區頭赴州田繳繳完一號則次第定為一本面書某號號紙若干張數入櫃封鎖候諸號俱完然後行揭票事方各區頭繳票時或三五里或數十里或百里四門日進絡繹不絕莫不忻忻然有喜色未有苦其勞而出怨言者何哉蓋吾州自昔有有地無粮者有粮無地者有地多粮少者有地少粮多者頻年搆訟官不能理貧者甚至鬻兒賣女以完無田之稅流離而轉死者職此相繼也此地一均風弊盡剷民脫於累而幸蒙其福如之何而不喜耶傳曰悅以使民民忘其勞諒哉

方城均田志

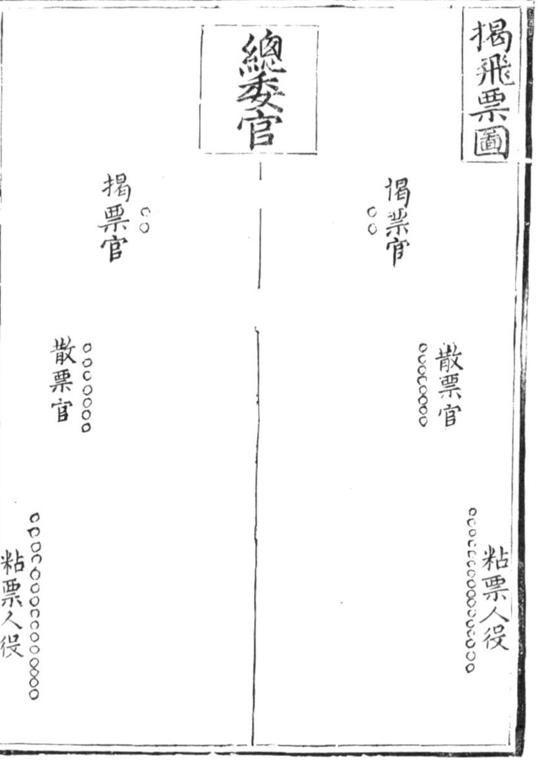

揭飛票圖說

右揭飛票在府舘前堂提調中壘高座兩楹東西為天地玄黃四號揭票官位簷下兩班序立送票官二十員堦下兩班序立坊郭等三十二里識字人各展空白簿於几專聽粘票門外各里里書伺候對校執事既定揭票官即揭飛票在手高唱某里某甲某人飛票幾張送票官領之高執直下交與該里識字人看守粘訖方回入班次票則次一員領交如前官不得重疊交領班不得彼此攙越或里甲少差姓名不授即喚在外本里里書進對明白即出畫之粘過若干數目晚則筴明收用封鎖畢方許各散早晚二飯里長由中門送入隨出不許親相授受次日平明即入規矩如初夫以提調親臨立法嚴密如此弊固無由作矣然而唱票者相續如貫珠送票者往来如轉圜粘票者祇畏如捧盈於羣號羣區之中而收於各里各户之內翕然就緒無纖毫爽我侯思慮之精區畫之妙至此哉

攢造圖

攢造圖說

右攢造在本州東西馬厰下出三十二里冊於庫積每里定官一員以掌其事俾與筭者書者日對磨之總筭官復筭以覈其實總委監臨以防其弊而後冊定焉平坡為一等徵粮四合八勺崗坡平石子為二等徵粮三合二勺三等徵粮二合者崗石子山坡也四等徵粮一合者山石子陡坡也而柴山林扒荒山等地俱同河路等不徵者遵舊規以餘利遺之民也冊造四本者巡撫司府本州各存其一以備參討乎

後也是後以賦則均以役則平以訟獄則息吾民乂安長治之規其在兹乎

南陽府裕州為丈地均粮事
計開
一戶某人係某里某甲
本戶共地若干
共粮若干
夏粮若干　秋粮若干
平熟地若干
夏粮若干　秋粮若干
平石子崗坡地若干
夏粮若干　秋粮若干
崗石子地山坡地若干
夏粮若干　秋粮若干
岩子地山陡坡地若干
夏粮若干　秋粮若干
右票仰某人收執准此
年月　日
票

糧票圖說

右糧票據成冊而為之每戶給與一張欲其世守而永為照也方丈地之後我侯恐民有愚暗者為巧者蔽懦弱者為強者屈而寡婦孤兒為不仁者害或本身地少而增多或地薄而報厚貽將来無窮之患故於號紙盡收之後遲遲不筭仍出告示至再至三令地虧者投告閭或告者輒遣的當土官前去勘明田報時候仍親詣其區復勘方與改正刑其不公者繼此筭造閭又令各鄉總甲領結狀交錯到區詢諸各戶於各名下親註虧字是字又遣舞陽縣縣丞王會葉縣縣丞趙爵於註虧者分行査勘將行叮嚀曉諭勉其盡心詞嚴意切二丞感服罔不如命覆勘的實然後定冊而立票焉給票之日各戶小民以次立候於儀門外按里唱名照戶給散民既得票咸舉手加額呼天稱幸若獲更生然蓋慶其脫累於今而追傷其受累於昔故若是耳侯其憂民之遠感民之深矣乎

右圖説凡伍本州儒官呂琦即事謹書蓋紀實也故於荒鄙有所不暇愧焉覽者勿以詞廢意可也

計開徵粮地

一平坡地一萬六千八百七十六頃二十三畝六分八厘七毫每畝徵粮四合八勺共粮八千一百石五斗九升三合六勺九抄七作六圭

一崗坡平石子地二千二百七十五頃二十三畝五分九厘二毫每畝徵粮三合二勺六抄四作五圭共粮七百四十二石七斗二升五合九抄七作九圭

一崗石子地山坡地一千七百三十四頃六十五

畝四分九厘一毫每畝徵粮二合共粮三百四十六石九斗三升九勺二抄二作

一山石子地山陡坡地七百九十二頃三十九畝二分四厘二毫五絲每畝徵粮一合共粮七十九石二斗三升九合二勺四抄二作五圭

計開除各色地

一林扒四十八頃五十二畝五分三厘　一河扒三十五畝六厘　一柴山坡七百八十一頃九十七畝五分三厘六毫　一公館鋪舍古剎寺觀

城池二十頃六十一畝三分九厘三毫三絲　一修城占過居民房基并新立衙門兌換官地不堪徵派子粒二頃一畝五分　一免城内房基粮六頃四畝一分五厘　見碑記

終報城隍文

其年其月其日均粮事訖具官裕州知州安如山
躬率官人等謹用牲醴報成事于
裕州城隍之神曰某等奉例丈勘地粮自始事以
至訖功雨暘時若官民効勤地以區分粮因地定
貧富相安公私各足凡此皆仰賴威靈默佑用克
成功惟民其世世受
神之貺

終曉諭鄉民文

裕州知州安　為曉諭事即今地粮已均徵納在
邇凡我貧民汝無德我天下原無無地之粮凡我富
民汝無讐我天下豈有無粮之地因地起粮因粮辦
差古今之公誼也自今以後貧富相安公私俱足用
杜爭端永延樂利故諭

方城均田碑記

賜進士出身文林郎翰林院編修武進唐順之撰文
賜同進士出身徵功郎行人司行人江陵李遂書丹
署裕州儒學學正事舉人潛江劉勲篆額

裕州於春秋隸楚蓋楚屈完對齊桓公之言曰方城
為城今方城山在裕州境山旁有楚壁壘存焉云地
故阻險然四衝西脅武關東扶江淮北綰河洛南隙
宛鄧四方輻輳其民平居則奔走送往逆來諸費轇
轕百出天下有難則往往首先受兵野多陂陀磽确

土雜砂石不純可田種以故俗罕土著苦窳寡畜藏
輕剽數徙無錫安侯来牧裕既爬剔宿蠹拊循疲瘵
與裕人更始先是主計之臣議括天下田檄至裕安
侯矍然曰此吾治裕首務也且夫平瘠沃清錢穀息
爭端在此舉矣未幾檄復下止之安侯曰人苟利矣
吾專焉可也亟請於大參劉公憲副傅公各是之於
是經土畫野則耆艾董其役縱橫廣袤則量人展其
能方弓勾股則筭人竭其思跡阡驗畛則區長與其
事因區制畝因畝準稅區為綱畝為目綱以麗目則

無漏畝畝為母稅為子母以權子則無逋稅墳衍原隰膏腴之田一而當一平石崗田二而當一崗石山田三而當一山石陡坡四而當一陂池林麓廨宇鋪舍廛市之稅例有蠲除田隘稅則從增稅溢田則從減咨詢徧故人無遁情版籍明故上有定徵疆土別故下有定輸計田凡若干計稅凡若干侯規畫精密動中肯綮此其大凡也史氏曰孟軻有言仁政必自經界始自衛鞅首禍壞井田開阡陌以迄於今其間經國之臣憂時之士曷嘗不言經界董仲舒師冊有

限民名田議李翺有平賦書元稹有均田圖然卒莫能行何也蓋亦難焉守令歲月更改各懷一切無慮經久一難也語曰天降雨澤農夫悅而行旅怨豪強兼并率不以均田為便謗讟朋興多口可畏二難也守令不能履畝而較之則必寄於吏胥則有上下其手者矣豪右售賕得為蔽匿貧弱抑勒無以自明名曰均田實滋一弊孔也此三難也夫安侯可不謂明察深慮者哉安侯初舉事時裕人亦多訕訕者曰將無擾我安侯不為動既訖事逦人人樂業矣民可與樂成難與圖始顧不信哉安侯名如山己丑進士其為裕多善政茲不書重均田也

時

嘉靖癸巳冬十有一月吉日

附録

一本州原有各陂堰子粒官地一百一十九頃三十七畝六分七釐七毫七絲除陞任知州郝修理城池變賣過官地五十八頃八十三畝一釐七毫六絲及未賣過官地六十頃四十四畝六分六釐一毫比時奉例一槩攤糧今開

當道查復子粒將粮酒派槩州以愚計之子粒或可復也原粮不可酒派也何也一洒派之間則里書巧於那移愚民拙於書筭弊從生矣不若仍存官地之粮每歲只於子粒内扣筭庶並行不悖矣惟

高見者裁之

一本州丈地時餘下官地十頃若干畝又有首出漏地二頃若干畝比時有重票人戶某人等共六頃若千畝未經開除擬將前項餘地人戶填補外又剩地再作餘粮每歲徵入預備等倉作正支銷不才補任

方欲議處而

新命甫臨不遑事事矣今冊籍具在該房以俟後之

君子修之

一本州原額徵粮官民田地夏秋共計一千二百九十二頃零今均過實在地二萬一千二百頃零蓋裕地雖多而土實瘠粮雖輕而役實重觀斯志者悉之

方城均田志終

方城均田志後序

嘉靖辛卯歲我
膠峰安先生知裕州時
朝廷有丈地均粮事例裕民援例得請于上司檄下
先生以為安民大計實在於是悉心經理年餘而
地以畝稅以均版籍以定既而先生丁外艱歸迨
丁酉冬服闋適裕缺守仍得補舊任到州未幾尋
擢南京戶部江西司員外郎將行父老念均稅善
政民將百世賴之恐日久弊生請刊條額用質永

久先生然之乃令儒官呂琦論次原行諸文移并
地畝粮數圖樣碑記勒為一帙命之曰方城均田
志將以鋟梓屬問仁序諸末問仁自惟愚陋何足
以承之顧先生德政著於均稅一事嘗竊慕而願
學焉固有不容默者夫裕之稅不均久矣其山林
開墾溝壑衝嚙田有羸縮而粮無增者姑勿論貧
民貨產隱稅求售里書饕飧飛走多方歲月既深敝端
莫覈用是地之與稅有無多寡不相值者無戶無之剗
地衝後重一遇徵派民率哀號無所干控大抵利

歸於豪右而累及於貧弱若是者民已付之無可
奈何舊矣先生一舉而正之則壤定賦較若畫一
積年宿弊釐於一掃是豈適會而幸成哉良由其
公勤明威有以濟之也丈地之始誓諸神明逮其
終事人莫敢干以私可謂公矣肇謀而日不暇食
躬閱而山谷必詣可謂勤矣指授方略動中肯綮
禁防巧偽不遺錙銖可謂明矣布令嚴施法果富驕
而豪猾者罔不竦息率令可謂威矣公以為楨勤
以勵之明以照之威以攝之宜乎功集弊絕民受

其賜而感悅無疆也聞他郡丈地之後訟獄紛紛
迄今猶有未定者豈其民之悖哉毋亦處之有未
當耳愚故以此深服先生之德政卓偉難及且因
以知公勤明威四者廢其一而欲濟大事斷乎其
不可也繄愚猶有慕焉均稅之明年河南大蝗先
生冒暑郊行督民逐捕是歲吾州蝗不為害既又
下令鄉民搜掘遺種限日輸官較其多寡而賞罰
加焉蝗種以盡來歲大熟旁郡之蝗亦不入境豈
非一念憂恤之誠實有所感通歟此亦先生異政

可匹古人者故併及之以示不忘

嘉靖戊戌三月既望治下門人樊問仁頓首謹識

師竹廬隨筆

（清）竇鎮撰

《師竹廬隨筆》二卷，（清）竇鎮撰，民國八年刻本。

竇鎮（一八四七—一九二八），字叔英，號拙翁，又號九峰淡士，無錫人。清同治七年（一八六八）秀才，增貢生，曾任江浦縣教諭，回鄉後長期設塾授徒。工詩善文，著作甚富。有《錫金續識小録》、《師竹廬聯話》、《小緑天庵文稿》等。

《師竹廬隨筆》乃仿舊時筆記而作，作者旨在敦本善俗，篤雅安和，故筆記内容一事一題，以短文述之。所記事範圍遍及大江南北，亦有無錫之遺文。多爲作者平生所聞，隨手記録。由於作者生活於社會底層，見聞不廣，所録多民間軼事。卷二之末有作者之長篇自述，從出生之日記起，所記生平皆與無錫社會情狀密切相關。歷述太平軍占據無錫及克復經過，還有清末的無錫社會的狀況，爲不可多得的地方史料。作者因不得志於場屋，終其一生生活在故鄉無錫。自述部分有一萬五千字，其内容可補地方史之不足。自述乃該書最有價值之部分。

本書據民國八年（一九一九）刻本影印。

（徐志鈞）

九峯渼士著

師竹廬隨筆

次庚曾銓署耑

己未孟秋月校印

序

自諸臯夷堅有作而搜神志怪之書接踵而起日標新而領異指不勝屈謂與世道人心有益乎則夫詭詼靡曼之詞雖曲終奏雅其爲諷儆也幾何矣謂與世道人心無益乎則夫微顯婉辨之旨雖事涉不經其爲彰癉也較然矣是知載筆以言而取裁以義其義而爲矜奇炫博也者言必夸誕而華縟其義而爲敦本善俗也者言必篤雅而安和今觀竇君叔英所著師竹廬隨筆而益信矣叔英幼遭亂離長而篤學顧不得志於名場僅以師儒之官小試其用洎乎垂老又丁國變慨身世之不偶傷風教之日漓思有以默挽之者爰溯曩聞隨筆著錄釐爲上下兩卷既成徵序於余余

與叔英患難同厄親戚相連觀其言篤雅安和而無夸誕華縟之習即知其爲敦本善俗而非矜奇炫博之爲以視干寶搜神齊諧志怪固無其新異乎而彰善癉惡諷一儆百要其指歸於是乎在則庶幾上繼諸臯夷堅成一家言其有益於世道人心誠非淺鮮也已戊午夏仲希逸老人楊志濂識

師竹廬隨筆目一

師竹廬隨筆卷上

錫山耕叟實鎮輯

才德兼優

江浦劉巖字大山號無垢原名枝桂幼從其父貫酒極敏慧妙於音律善繪事尤喜弈以善奕名里中左某與較弗勝奇其才因切責之曰奈何耗精力於此而不以讀書爲也大山聞而發赤若無所容已而歎曰余無書奈何左某即以己書貽之大山退而發憤晝夜不倦父禁之則竊油匿牀下候人靜復篝燈默誦或未卽成誦則自跪以強記夏夜畏蚊嚙置燈帷幃中以讀而幃頂燬處成墨

弱冠遊庠康熙丙寅貢入太學以爭伏闕上書列名事直聲震中外相國張公素存歎曰有才如此竟以布褐老乎勸以易名應試大山於是更今名後登進士入詞館聲名益熾生平治經於毛詩春秋家言致功最深在翰林時與修朱子全書康熙字典而內行尤篤聞繼母病馳三千里歸親滌溺器驗差劇與諸弟相友愛無間言嘗作既我樂齋二堂以見意

雪夜跪庭

崔文杰諸生性至孝十歲喪母痛哭不欲生勺飲不入口者四日其父強之食始進溢米及長家益貧與妻夏咽粗糲而多方乞貸市鮮肥以奉父每食必侍側食盡則喜否則退而自咎父性嚴急嘗雪夜自外歸索羹湯進少遲令文杰夫婦跪庭中詰旦鄰叟見

而評爲呼之起文杰曰不奉父命不敢起也

孝子

許侍生鵬遠字帖瞻金匱人其先有名孝賢者親歿廬墓二十八年明萬曆時詔旌孝子鵬遠幼喪父事母周以孝聞雖有室家畢不得壹志奉母遂終身不娶授徒得館穀悉以供母不敢一日離起居飲食惟恐失母歡嘗赴文社覰日景西移即亟歸母亦以日景測之知其必返母老失明手足病痺鵬遠扶掖左右母忘其爲疾也咸豐十年四月寇陷邑城鵬遠奉母避居太湖濱之南津母命曰諸子無歸處聚則殲焉散則或有存者故惟鵬遠留侍母賊至縱火鵬遠登樓負母出奔不得前同焚死後覓其屍骸骨灰黑猶負母不釋手云

吞髮

淮安府山陽縣有名諸生楊才瑰字賦臣甲申鼎革後父病爲仇家所誣以不薙髮被逮才瑰涕泣從行伺父寢翦其髮而吞之父得不坐人之得腹疾夢神人投以方服之而愈人以爲孝感所致後中康熙三十年進士擢兵部武選司主事疏通選法一時稱便以疾乞歸年七十七卒

義屠

福州曹石倉先生辭官歸里閒行街巷見一陋屋柴門不正柱上署桃符云問如何過日但即此是天詢之乃屠者徐五家也從入廳事有二聯一云仗義半從屠狗輩負心多是讀書人一云金欲兩千酬漂母鞭須六百撻平王先生爲之悚然徘徊間徐五已回與語甚契洽因定交甲申之變徐五攜隻雞斗酒徑造先生廬見先生驚曰吾辦此奉祭耳何尚在也先生遂拜而就義爲後數日溪中有浮屍著素衣冠識者謂即徐五相傳徐五更有一聯云鼠因糧絕潛蹤去犬爲家貧放膽眠殊有感慨

綵橋

明洪武中彭友信以貢至京遇帝微行口占虹霓詩二句云誰把青紅線兩條和雲和雨繫天腰命友信續之友信應聲曰玉皇昨夜鑾輿出萬里長空駕綵橋明日召入朝授北平布政司使

啟棺認母

陳標陳澤子澤妾李氏生標甫五歲爲澤所遣改適於浙標既長欲尋求以父老不果父亡詣浙之昌化迎母已歿十餘年矣徧訪遺冢啟棺刺血驗合負以歸葬遠近咸稱其孝

孝友堂

胡君恒事繼母孝嘗課異母弟君實讀有過當施夏楚君實嚙傷兄鼻母怒首邑宰宰欲以法治兄泣謂弟誤傷其鼻求免罪弟亦涕泣自悔宰笑而釋之因額其堂曰孝友

修甘州城

明季災異特甚張方伯修甘州城得小棺五百餘具約長二尺餘

啟祖內斂小人男女老少不同而皆紗帽紅袍鳳冠霞帔其少婦皆美麗動人去衣視之體皆瑩白可愛

泥像垂淚

宋和州士人有杜默者累舉不成名性英儻不羈一日過烏江乘醉謁項王廟炷香拜訖徑升偶座据神頸拊其首而慟大聲語曰英雄如大王而不得天下文章如杜默而進取不得官語畢又大慟淚如迸泉廟祝慮其獲罪強扶下掖之出猶回首嗟歎不能自釋祝秉燭檢視神像亦垂淚未已

吉語

明太祖與徐達聞行至烏江欲買舟覘江南虛實值歲除呼舟人

無應者有夫婦老人艤一小舟欣然納之曰天晚矣明早當渡進雞酒具黍爲食及晨發舟老叟舉棹口中打號曰聖天子六龍相助大將軍八面威風高皇聞此吉語與中山躡足相慶登極後訪得之無子官其姪並封其舟而朱之故江中渡船謂之滿江紅

還金獲福

劉遵之少孤力擔負以養母因疾就醫金陵醫言此症難治歸路拾遺金三百金簪一枚俟其人至還之疾旋愈有夏某者年逾五十無子貢於上元之邁皋橋途中得遺金數百諸而還其人後繼室徐氏生一子極聰慧計其生辰即昔年還金之日也

詩讖

購貲字楚亭上元人性豪宕好吹簫工畫梅善詩詞行草篆刻各極其妙足跡徧江浙筆墨不肯作勢官要求不得也嘗有求純集翠羽山樵外集瀟湘館詞客乍浦與嘉興沈筠黃金臺善有碧蘿村唱和集晚年晨起日必作草書一幅一日夢中所吟云落葉參差綠滿塘侵晨羅袂怯新涼荷花衰謝垂楊老誰與憑欄送夕陽未幾卒蓋詩讖也時年七十女鸞亦能詩工書蘭

治蛟

江之北有名北城圩者於光緒九年夏草田中忽湧起土堆五高者盈丈低者數尺形若邱壟鄉眾往視正駭異間有人自稱劉統領營中幕友左姓謂人夏久雨蛟將發矣急以穢物厭勝之更用

竹籤百貫插下患可已鄉人如法施治後不爲患比訪營中並無其人其以萬眾生靈不應罹此災劫天特遣是人以救之與

母節子孝

侯永檜江浦西鄉人少孤母周苦節永檜事母先意承志得母懽心母病目醫藥調護無間晨昏十餘載弗愈母謂瞽由命定兒安事強與天爭永檜聞之益戚也日晨起汲井泉水與口以舌舐去目中翳障踰月復明鄉里侈談其事咸謂有節母始有孝子云

霸王顯靈

一士遊烏江項王廟瞻像吁嗟惜其不得秦鹿命殞青鋒因題詩於廟云楚水淋淋漢水波楚山河屬漢山河范增有意空彈鋏項

羽無謀竟從戈子弟八千垓下散佳人一曲帳中歌今來欲問前朝事遍莫將軍訶得麼詩成大風揚沙飄瓦江濤洶湧慄慄然有暗嗚叱咤之餘威士人曰項將軍英爽其未泯與何遽怒也復吟一絕以慰之曰巍巍廟貌峙江濱大將端爲血食神尊爵不須懷舊恨漢家今已屬他人由是風平浪息天晶日皦如故有商人張宏九者販布蕪湖路過烏江天起暴風舟衝石上破矣水灌舟中舟人泣呼項王求救忽有銀光如匹布斜塞船底水竟停湧而人得登岸矣早視之艙底已穿有大白魚以身橫塞穿處故水竟不復入舟人舉船搖觸則洋洋然去矣自此香火倍盛於昔時

仙人舊館

南昌滕王閣大門有一扁云仙人舊館福州李春園太守所題姚鐵松中丞初蒞任見之極稱賞嘗向太守乞此扁改題己名太守不可乃語太守曰如不見讓須爲我別撰一聯倘不佳仍須改題也太守於次日即呈我輩復登臨目極湖山千里而外奇文共欣賞人在水天一色之中聯句上聯用韓昌黎記語下聯用王子安序語中丞大加擊節遂寢前說至今太守之扁中丞之聯並存可備滕王閣一故實矣

慘聞

梅譜字歷先無錫人濃眉豐頤軀幹偉大性戇直庚申四月初十詰晨粵匪將入城整衣冠謁家祠越一日有人在五里街見其半身面目猶可識噫其不肯屈於賊可知矣回憶童時所聞因筆之以表其烈

回生鍼

安徽歙縣程玠字文玉成化甲辰進士嘗出遊遇喪車見有血從棺中出以指染而嗅之叱曰止其家泣告曰此吾婦不幸朝暝君無疑玠矣曰非汝所知也其家從其言止櫬啟棺玠以鍼刺胸婦忽能言家人悲喜觀者歡聲如沸又能造木牛流馬築室夜戶不閉盜不能入臨歿盡毀其書曰此恐誤人耶文莊濬爲之行狀稱爲一代異人所著惟大定數太素脈訣松崖醫徑行世又六安州人朱昇伍字繩武精醫有貧婦難產死四日舁出葬昇伍遇之途

見棺底流血謂其夫可開棺鍼之必不死如言果無恙子弟欲師其術不肯授

陰德

楊宗應農家者流年十七爲海寇劫去見寇擄二女子恐爲所汚匿而脫之逾月己亦遁歸鄰人子行竊入其家密饋之金使去晉不告人其人感悔卒爲良民子某中雍正元年舉人所以報也

孕育奇聞

明季時尉縣有少婦摘蔬園中虎踰園攫取婦淫之婦驚怖幾絕家人共驅虎踰時乃去後產一虎棄之郊外餘杭周氏與龍交一產四蛇蘇城吳乙妻產金色鯉魚長四尺投之淵太原樂靜縣民

李艮雨忽變爲婦人與同賈者苟合爲夫婦松江莫翁女巳適人忽化爲男又山東婦人生一兒人身雙猶首首有角角之顛有目手垂過膝兼雌雄兩體順德縣民生一女髮長由月已如成人嘉定一男子無家室忽腹大面黄人以爲蠱其鄰夜聞呼喚聲啟戶視之見生一男兒鄰人以聞於官其人抱兒遁去蘇州城東陸太學邦傑家人婦產一肉胞而無血破之中裹小兒百數皆一二寸長能蠕蠕動杭州仁和縣牛頭堰于望雲生一子甫彌月忽大潮湧至于家惶懼奔逃子隨潮去次日赭山港王漁戶獲一大魚重百餘斤擡至彭敬全家易酒米初破魚腸中一小兒端坐不動以爲神異彭無子遂乳哺爲己子于望雲亦無子往彭家求還彭不

師竹廬隨筆　卷一　八

允于訟之官府尹判魚腹全子千古異事着兩家合子之待長兩家各爲娶婦其宿於于家婦而生者即爲于孫宿於彭家婦而生者即爲彭孫後各生數子南宿州村民婦一產七男膚紅白黑青諸色各異以爲妖囑人瘗之是夜里中有長者夢神謂曰明日有七將軍在阨過爾門爾當救之長者起視門外果見有人攜一筐以衣覆其上內有暴兒啼聲問而知其故遂如神言收養及長皆男猛異常崇禎時俱爲盜首

絕粒僵臥

顧廸齋明經咸豐戊午避亂某地年已六十餘賊至其酋強之跪不跪戟指大罵激之殺不殺幽閉暗室中與之食不食絕粒僵臥默誦少時所讀書凡十有一日賊退竟無恙

名醫

余在江浦時某諸生熟本邑掌故偶與談醫言昔有神醫丁味泉適見舁棺棺下流鮮血問得非孕婦乎尚可活啟棺當胸鍼之母遽子生一樵子病劇詢之失一布囊遂中滿密投金藥中燃得金心喜頓日瘥薛上池亦以醫名遇一少年因請痘神夜輒恍惚診脈知有魅氣命毀廟像疣寐始安同時某家女爲魅所憑授以紉鍼魅衣蹤所紉者撲之血出病霍然又言有食牛而全家忽斃者世醫趙共玉視之急詢牛所病以醫牛法醫之全家甦其病篤趙探知半日皆椒雞投制椒藥立愈

師竹廬隨筆　卷一　九

鐵人

岳王墳在西湖蘇隄北墓門內有鐵鑄四像跪焉左則秦檜及檜妻王氏右則万俟卨張俊皆鑴姓名於胸次經粵寇亂失所在光緒初年重鑄跪如前護以木柵遊人輒擊其頂答其頰或撒尿其身或撫摩王氏兩乳洵貽辱于古矣聞丹陽陳少陽墓亦鑄鐵人肖汪伯彥黃潛善嘉靖間南安鄭香過之援筆題楹柱其下聯云跪庭屈膝兩人富貴何爲二像應筆而仆然則愧恥之心汪黃猶未泯耳又張睢陽廟庭有鐵跪二作荷蘭跪狀亦鐵人類也

地雷

任隨成者濟源人素以穴煤爲生因鬬毆傷人論死繫懷慶獄咸

豐癸丑粤賊圍懷慶三發地雷未得入知府余君炳燾河內知縣裴君寶鏞恐地雷之再作求能破賊地雷法者隨成聞之請效力因出之獄隨成曰欲防地道當於昧爽時驗之若草上無露則下有地道遠近曲折一目了然後果因此立功

好貓竹

明季張金字德純吳江人以畫貓自給人或買懸堂中眞貓見而怒與之鬬名遂重國朝乾隆時安徽婺源人汪志曾字養可工畫竹有得其長幅懸堂上者燕雀爭來棲紙爲撞碎眞神技也

總督自塑像

西湖花神廟在孤山下跨虹橋之西雍正九年總督李敏達所建

中祀湖山之神旁列十二月花神及四時催花使者無不釵飛鈿舞蕭態穠妍而精采奕奕光覺動人所以有翠翠紅紅處處鶯鶯燕燕風風雨雨年年暮暮朝朝一聯徧播衆口相傳湖山正神即李公自塑其像其旁列花神皆李之姬侍實有其人噫異矣

青雲得路圖

張瑄號古愚晚號安拙翁江浦任豐鄉人生之前一夕其母夢神騎從鼓吹送一兒至幼明敏負才志明正統七年成進士景泰時爲吉安知府吉俗尚巫迎神無休日過諸塗投神水中俄遘危疾父老皆言神爲祟請復之不許疾亦愈歲大饑陳牒上官不俟報輒發廩振貸永豐雜倫爲諸生時志聖賢學憫其貧分俸周之天順中擢廣東布政使成化八年巡撫福建所至多戰功政績尋遷刑部右侍郎久之進尚書每讞獄惴惴恐入人罪晚年致仕居烏龍潭生平孝友清約居官五十年自奉如寒士自始仕至大司寇每遷一階輒繪一圖廣徵名流題詠先後凡十餘幀後其子姓合併裝潢成軼名青雲得路圖藏之家咸豐間寇亂乃失

天象

明季德安府天雨魚山東雨血光州雨綿絮甲午九月初六日夜一星圓大似碗色如血紅光燭地霎時變爲五各如碗大俱血色至三更復并爲一至四更復分爲五至五更總歸爲一大如米篩俱血紅色壬戌六月日正午北有一星明顯隨日而轉己卯四月

有星隕於鳳翔袁畫師家不及地旋轉如冶金良久漸高飛去照數十里庚辰九月之望兩日並出

草木妖

河南草木生戰鬬人馬披甲持矛之形孟縣民孫光顯祖塋一帶有荷蕭草夏抽新條條列萬狀有爲美人書生達官者有爲龍鳳龜麟雀魚蛇鼠者有爲蟬爲孔雀鸚鵡者皆五彩點染奇巧生動可愛和州芥菜結茄湯溪李生黃瓜明季將亡所以多妖孽也

羊毛疫

河北小兒見一人白面毛遂之人廢棺中發棺則白毛飛滿空中俄而羊毛疫大作漸染至江南民相戒曰無食茄食茄必病既而

驗之以手折茄中外之輒有羊毛此病投以藥皆死惟刺中指節間出紫血去羊毛即愈

先生慶壽

許蓮峯明經績學嗜古遊其門者甚衆七十誕辰門弟子與賓筵之慶明經曰今須暢飲以爲老人懽務常拇戰未足樂也請即以背誦四書爲令如有背不得者各罰三杯諸生私計爲先生祝宜有壽字一生誦殀壽不貳兩句一生誦故大德一節一生誦知者樂水一章明經曰某罰三杯某罰十二杯某罰十八杯衆莫喻其故明經曰某犯一不字某犯四得字某犯六者字安得不如數罰乎說罷掀髯大笑四座盡懽

逃難文

無錫李朗階茂才星琪性慷爽尤工時文避粵寇難居鄉藉蒙館度日抑鬱牢騷作逃難文以自遣其文云挈眷而逃不得已也夫臨難至危者也以至危之事迫於身則其逃也烏容已哉嘗思水旱頻仍屢爲所困難矣而無容逃也金陵失陷迭受驚惶逃矣而未爲難也獨至難爲大難而逃不一逃則因難而姑逃難卒未嘗獲免因逃而遇難逃亦不足爲功蓋非常之難難人即不爲難斃者未有不爲逃窘於以知難本乎天心而逃亦特盡其人事耳思昔承平之世風俗醇茂民生敦龎安居樂業物阜民康猗歟休哉何其幸也乃何以流極而有此難哉嘗都驚惶而後人心不定早已收拾行裝不幾時而招募餘丁遍懸白幟狂奔棄甲半混紅巾縣令早偷生誰與統率民團慎守北門之管大營潰散以來兵氣不揚誰復能安枕席乃無何而殘兵梟競烈燄通紅狂寇鴟張前軍皆墨守備雖拚命亦祇巡防土匪馳驅東郭之郊當是時也際斯境也雖欲不逃烏得而不逃我輩本書生誰慣東走西奔自覺逃生之路乃烏歎焚巢而魚貪漏網安得不一枝聊借而姑與鳥獸同羣吾儕本寒士業既左支右絀何來逃命之資乃險如挺鹿而哀等嗷鴻祇甘與孤竹爲徒而不顧夷齊笑我嗚呼此何時哉此何勢哉吾重有感於閭矣鄉愚本自無情加以時勢之阽危更爲幸災樂禍之心所蓄而積一旦與爲習處微特出言不遜乘勢

而更踴況船抑且任意相凌因事而務鑽爛木更可笑者同是梁溪該箇動輒稱爲無錫人抑何自昧也原本澆俗之難挽也斗室不堪容物論價偏昂飲器不以假人用情何吝假使捷音不至在鄉而偃蹇數年保無積憂成憤積憤成病致使溝壑餘生不獲復覩中興之事業也此則吾所隱憂焉而竊歎難安者爾儒者有何成見一任人情之儇薄自有虛己容人之量以過其萌無如備歷艱辛不免薪水難支背地而撫膺太息況復萍蹤無定呼天而飲恨吞聲最可慨者不獲上國觀光至降而爲村夫子抑何所遭坎坷也氣機而或轉也拜上將以登壇聞風瓦解統雄師而壓境指日蕩平即使故業全荒旋里而希圖生計或者由危而安由安而

咸庶幾景物重新猶得復還舊日之規模也此則吾所仰望焉而祈禱彌殷者爾嗟嗟筆墨久荒遑識文章之體牢騷已甚漫爲游戲之文聊活筆機以質諸同病相憐者

村館小賦

咸豐庚申蕪州某茂才避亂鄉間以訓蒙餬口貧苦無聊因作村館小賦云嘗聞尼山授受道冠千秋泗水淵源澤流百代緬聖人於往昔疇弗欽承思師傅於今茲尤宜尊重周規折矩不愧西席之稱厚貌深情無失東翁之體師無可輕可重一體尊嚴館有在鄉在城兩樣供待試且舍閭閻之族降而論田舍之家但識耕耘罔知禮教以猪圈爲容身之地飽食難安以牛棚爲課學之堂喧

譁實甚不計束修之淡薄何難按節而歸猶自忘供膳之清虛反厭更番之多事下午之青團幾箇物易飽而未必佳焉晚間之白酒半壺味甚淡而難云醉矣若夫教以詩書範以制度不遵約束幾同脫索之牛任其馳驅宛類騰空之馬一首生書告萬遍而不熟幾箇方字隔一宵而輒忘身穿敗絮之衣未免邋於傖樸頭戴開花之帽實屬難以形容語詩書則彼誠不解竟難闢伊心思教經懺則我實未能只得任他笑傲用盡冬烘之力儼然童子無知聊施夏楚之功遂謂先生過甚知此外別無法則不關師教之不嚴究其中實在根由不過天資之太薄更有村中筆伯化外頑民鋤雨晚歸乘風狂話語近荒唐漫自誇聞聞見見講古常未有之

文體非今古只落得怪怪奇奇問倉聖不傳之字守庚申而赴佛會哺啜是圖擇甲子而看憲書吉凶務悉更可笑者欲出帖而求親問八字則茫然莫對或買田而立契計數畝則恍若無知挺胸凸肚語言甚屬誇張擺尾搖頭舉止頗爲鹵莽胸無點墨視先生幾等長工目不識丁生兒輩無非俗子手執煙筒一桿自命風流腹飽腐草三莖終嫌俗氣華服鮮衣原非己有穿綢著絹徒惹彼嗤般般醜態觀者只得聽我形容語語真情作者亦不顧他怒罵游戲爲文工拙不計質諸處村館者諒亦有同情焉

工詩

江陰某以詩名題屈陶合刻集云古色古香蘭菊譜亦風亦雅醉

醒人屐聲云惺忪蟀碎尋秋去三兩人閒話雨來櫓聲云彭蠡晚風漁唱後洞庭秋水雁來時詠字紙簏有腹中自有古文章之句

暹羅象隊

象隊爲暹羅獨擅之長隊中有象八百頭雖形小於印度象而強有力則過之象之頭鼻等處皆用象皮遮護以避砲子

納涼

無錫皇甫墩邑人稱曰小金山一日偕友泛舟蓉湖泊寺塘涇相與散步登惠山石門歸舟在小金山納涼一友云温州府城外濱在江中有小島即謝康樂詩之孤嶼嶼中有江心寺風景極似金山又處州青田縣舊隸温州其地有石門洞洞口有天然石門因

名華亭沈某題似洞非洞適成仙洞無門有門是爲佛門一聯於
其上傳是劉存田讀書處也

救荒

明評事林希元上荒政叢言其言曰救荒有二難用人難審戶難有三便極貧者便賑米次貧者便賑錢稍貧者便賑貸有五急垂死貧民急饘粥疾病貧民急醫藥病起貧民急湯水已死者急埋瘞遺棄小兒急收養有三權權借官錢以糴糶權興工作以助賑權貸牛種以通變有四禁禁遏糴禁抑價禁宰牛禁度僧

龍罣蛛網

雎甯大雨河溢五龍見雲中是日有龍爲蛛網所罣不得脫須臾

復有一龍縱火焚其網乃脫蛛死山中絲網尙彌山谷亦明季事

騎龍

般道人不知何許人偶來龍洞山日與牧童嬉戲時爲人傭值插秧農事甚急比戶求助咸應之次日各田中皆有一般道人助栽插一日丐稻草數十束製爲草龍命牧童縱火焚之衆於煙霧中見道人騎龍上昇

還債貓

和州烏江縣升中寺僧有負士僧金久而不償病且革誓爲畜產以報既卒主僧晝寢夢病僧披衣褰幃入牀下覺而異之須臾貓生子一稍長極馴擾每客至則歡迎走報見非其人者輒繫隨人

有知呼其前名必怒噬至主僧呼則昂首號叫若欲求償其事者衆生業報非一此貓特顯著爾

開河得物

江甯府屬之江浦縣地甚卑自朱家山一帶舊河湮塞浦邑及鄰近數州縣遂多水患乾隆六十年余族曾伯祖蕉巖公爲是邑教諭因賑荒履鄉審知被災之故慨然議疏濬顧請上官與諸生王朝讜等日講指畫俾知開挑及籌措經費諸法事將成公以卓異薦入都未幾卒浦人因是法濬之水患息日久河復淤光緒四年冬統軍吳武壯奉制府沈文肅檄開此河五年春興工至秋極高處濬深三四丈掘得油肆所用石碾一具崇禎通寶錢萬餘枚白

瓷瓶二是年冬掘舊河底丈許見甎井二一有大石覆其上水極清澈一以瓦瓶實其中不下數百大者可容四五升次二三升小八九合中貯泥水深黑色插花常不萎或曰明隆慶時曾鑿四井驗試石骨疑此即其二八年秋制府左文襄復大開此河於盧甯營舊河底數丈下掘得一棺木質堅細異常中空無物滲色光亮若新鎔者次年於灣頭街北掘出小橋一座甎石完好又天福通寶錢二千餘殆五代時物歟

羽化

有陳誠之者精導引術嘗挈一子出遊後壺隱中州年近八旬預示死期書符四十九紙日吞一紙吞畢端坐而逝白光燭天遺骸

温頼屈曲僅尺餘其子以竹籠負之歸人傳爲羽化云

龍泉庵

明鄒智四川人年十二能文章家貧居龍泉庵掃樹葉焚之讀書達旦舉鄉試第一成進士智領鄉薦時郡人集觀智馬上口占云龍泉菴内苦書生偶竊三巴第一名世上許多難了事郡人何用大相驚獄中寫懷詩云人到白頭終是盡事垂青史定誰眞夢中不識身猶繫又逐東風入紫宸辭朝詩云盡披肝膽知何日望見衣裳只此時但願太平無一事孤臣萬死亦何悲

朝鮮

朝鮮與遼接壤明萬歷時日本倭擁師入朝鮮朝鮮危急詔援之

既而尚書石星聽無賴游客沈惟敬款貢之議倭去隨復犯乃復命都督劉綖討之惟敬伏誅

木偶人

明沈鍊官經歷因劾嚴嵩謫保安鍊在保安嘗爲木偶人一李林甫一秦檜一嚴嵩時時發三矢射之嵩聞大恨後嚴世蕃誣殺鍊

乘球探極

西人益特爾們司脫林龍克及勿闌格爾同乘氣球往探北極三人以爲有志竟成路中所需之物悉載入氣球計程自動身之處至北極有六百英里既抵北極而欲覓一可以停頓氣球之地尚有六百英里之遥長天遼闊大非易事幸其行時時令甚佳北冰洋一帶終歲皆冰而夏至以後該處有日無夜氣球前行雖有冰而常帶日光且不至黑夜漫漫昏暗不辨其氣球每點鐘約可行二十二英里計於三十點鐘内可至北極然風不可恃未必能如願以償目下南風已轉爲西南風大約所乘氣球必在西伯利亞之東矣北極之行全賴南風而風轉變不測最難預定氣球又不能逆風而行祇得隨其飄蕩惟有或高之或低之則風力稍殺或可稍自駕馭倘今後東西北風轉變無常恐北極永無到日苟三人能安然無恙而歸述其所見或有可以發明格致學問之處至若必欲抵北極余私度其未必能瀕行之時謂去後將以鴿傳信逾行已一禮拜消息杳然三人恐未必尚生全也

剖腦療瘡

美國紐約有一女名秀蓀家貧傭爲店夥得薪水以養其寡母忽有暗疾求治於好意脫醫生謂之曰腦中有瘡須用刀剖開腦殼取出其毒方可保無虞秀蓀思寡母在堂賴其度日倘一旦不諱母無以生乃聽醫所爲服蒙藥昏迷不省人事醫生即以破腦針破其右邊腦旁一孔取出腦旁一小骨復另以一細針針旁有刀可割者由所破之孔探入取出如豆大之腦一粒驗之腦中果有毒瘡醫生曰倘未凝結僅如濃漿倘漸大漸硬即不治目下療治尚早不必用刀割刮但以溫水噴灌入内其毒悉從右邊針破之孔流出毒流盡即瘳須臾秀蓀果如醉方醒啟口問曰老母何在

而神清氣爽頓覺逾於平時一若絕無所苦者聽醫生以果技進乎神耶抑斯女之孝有以感動天心也

工丹青

明中葉有仇英字實夫號十洲者太倉人移家姑蘇從吳縣周臣學畫而格力不逮特工臨摹落筆亂眞精麗豔逸無慚古人女號杜陵內史能人物有父風同時周之冕字服卿長洲人寫意花鳥最有神韻設色亦鮮雅家蓄各種禽鳥日審覽其飲啄飛止故動筆具有生意

題壁

成都武侯祠題壁一首不知何人所作筆意渾雄頗有慷慨悲歌

之氣其詩云劍江春水綠沄沄五丈原頭日又曛舊業未能歸後主大星先已落前軍南陽祠宇空秋草西蜀關山隔暮雲正統不慚傳萬古莫將成敗論三分

司祝

趙頎浙之東陽人宏治朝由貢生司教和州頗傲岸負才氣時巡按御史道烏江風浪大作禱於項王廟同官以司祝屬之及披讀則白版一方頎應聲琅琅悉成韻語畢祭而風浪頓息其詞曰嗚呼覇王義勇奮揚誅無道秦報叔父梁率三萬卒齋七日糧沈船破釜斬將受降此特一戰之勇故語焉而勿詳不分羹於人父曾釋沛於咸陽英雄心事磊落剛方至於亞父全身而退虞姬受劍而亡君臣道義夫婦綱常八千子弟何幸二十八騎奚傷大抵勝負雖卜天之興滅成敗豈論人之短長千載而下視此烏江

窗外朗聲

貴雲裴吉邑名流也夜集談詩友人謂曰摩詰詩中有畫畫中有詩詩話者亦詩中有話話中有詩也言未畢忽窗外朗聲曰詩無新意休常作話不驚人莫浪傳一座駭然疑有客竊聽吟此以相嘲耳出戶寂然惟風響簷鈴月篩花影而已

遇颶風

乾隆甲戌歲周文恭公煌奉命冊封琉球使舟至姑米洋遇颶風觸礁柁折時旣昏黑兼大雷雨帆葉厨棚吹落殆盡俟見海面一

燈浮來衆悉呼曰天后遣救至矣須臾舟定同舟二百餘人舉慶更生舟進姑米港公謁廟行香撰扁聯以獻

太監用事

明正德中舊東宮太監劉瑾擅權時有投匿名帖於丹墀者帖言瑾亂政瑾收五品以下官三百餘人出午門跪聽處外暴烈日中仆地死者十餘人主事悉械送錦衣衛追究李東陽力言於瑾得釋戴銑等諸黜權閹俱繫獄王守仁時官主事疏救廷杖五十謫龍場驛丞在途有人隨偵將致之死至錢唐守仁知不免遂乘夜佯投江冠履浮水上浙司信之家人亦成服守仁潛附商舟浮海至閩入山遠遁或問之曰楠有親在未免爲累乃赴龍場

破刹

海客在京口偕友遊一破刹因共聯句友曰風風雨雨送春歸忽寺樓有人高詠云無雨無風春亦歸寺本無人居疑必仙鬼聳聽之後賡云蜀鳥啼殘花影瘦吳蠶食罷柘陰稀喙邊黃淺鶯兒嫩頷下紅深燕子飢獨有道人歸不得杖頭常挂一簑衣上樓蹤跡之積灰數寸而已

曷格司射光

西人郎勤以新法製成一種機器名曰曷格司射光凡人身及金類經此機器一照即能洞見其蘊美國醫生某以此射光照一病人瘡管並用照相鏡攝留一影當照相時病者之旁偶有一石迨

師竹廬隨筆 卷一 三十二

照畢曬上紙片以察瘡管之病則見身旁之石中現斑點遂察出石內有金乃知此射光非特能照人身無微不見且可以察石中之蘊醫生今得此法於無意之中自是而後凡地學家金石家皆可持此以考察各種鑛產矣

射光驗貨

近日法國稅關試用曷格司射光以驗貨物行李其中所藏織悉靡遺而偷漏私運者無從作弊矣嘗試用此射光時圍而觀者甚眾見其器如一小千里鏡以鉭鹽之類搽擦其玻璃然後用以照物照時見有一盒上標一籤曰瓷器以此照之中現蛋形瓷盆一又有一包標其籤曰鞋復以照之見內有女鞋一對旁有圓球二許之啟其包則杏子二枚觀者咸嘖嘖稱奇且皆稱便不置云

淡妝

袁簡齋太史之妹適鹽商家喜淡妝太史以詩嘲之云淡羅衫子淡羅裙淡掃蛾眉淡點脣可惜一身都是淡如何嫁與賣鹽人

短衣秀才

崑山葛茂才邦楷道光中僑居浦口貌古樸冬夏常戴一氈笠短衣至骭口操北音聲如洪鐘少讀書勤敏及長隨其父宦遊秦晉間縱覽黃河太華諸勝學益進凡天文律算壬奇刀劍諸法靡不通曉作字喜用雞毫筆楷法逼眞魯公行草出入二王鐘鼎篆隸俱臻高古性不飲而喜與酒人遇詩文多豪宕氣人爭延爲弟子

師竹廬隨筆 卷一 三十三

師館穀外不妄取一錢著有十三研齋集咸豐八年避亂清江病卒年七十三金明經有懷舊七律二首其一云古心古貌古衣冠交結忘年契古歡烈士性情長瘋顛詩人骨相孟郊寒巖門未遂歸身計華嶽曾經洗眼看差幸勾吳遇公子一枝聊寄說粗安

面麻

古無出痘之說史傳備載人體貌獨無言面麻者自唐會昌中泉州陳黯十三歲自詠痘花詩云珷玞應雖比斑犀定不加天嫌未端正滿面與裝花詩載文苑英華此痘事之始見於書者今則爲寰區通病矣

立秋桐葉

吳郡吳蒙字正公以諸生通於醫有一婦人難產蒙往視之是日立秋階前忽墮桐葉一瓣蒙曰此葉應秋氣而落可煎湯服之湯下立產其思致靈妙如此

佳句

程韻篁性懷爽善吟詠一日曉啟西窗望遠口占云山漬露華煙帶白楓酣霜色樹搏紅其詠懷云青山只恨無知己白雪何嘗不媚人蠟燭云君嫌話短更還短只爲心多淚愈多江行云潮落船耕地江行人上天又有詩云種樹溪水邊水清見樹影鳥巢溪水中魚戲樹之頂魚鳥不相涉毋乃是幻境其出筆洵非凡品

旅館題壁

師竹廬隨筆　卷一　廿四

歲辛未仲夏月外舅楊子承先生赴春明試歸述及冀道中旅館題壁詩詞頗有佳者并手錄數首以示丹徒小蓮氏雪後由齊河入山放歌云客夢驚破晨鷄鳴春風吹送行人行擁被登車神惝恍耳邊但覺輪蹄響積雪深三尺征途不復辨凹凸少時旭日昇轍跡見彷彿馭者盡力事驅策倅踏冰花路弗擇一程復一程倏過齊河城再行四十里亂石列嶙峋雙輪犖确非前比輿夫告我入山矣欹側勢同箕簸穀陡覺心頭撞小鹿兩驂不勝苦脊背汗流兩蹄鐵畫石石火出叱咤未許留餘力上山之力爭毫釐下山畧可容喘息人生歷盡行路難得失庸足關悲歡休道入山惡終有出山樂我生不憚履艱危但求後路多平夷村醪莫厭游臥向車中酌拍手大笑呼山靈羣峯響應如聲諾千杯萬杯杯不停竟日瞢騰幾醉醒會須洗我白眼白一路飽看青山青又白下柳眉女史題壁七絕二首云飄零薄命恨緣慳旅館淒清百不堪每憶故鄉諸姊妹一燈飛夢到江南鉛華不御鬢蓬鬆消瘦形骸鏡影中綠徧垂楊青徧草教人一路怨東風又楚南果仙氏題壁二絕云征軺轆轆入衡漳局促輪蹄困不堪到處飛鴻留指爪南人北去北人南鶯歌燕語聽從頭羨煞盧家有莫愁杜牧風流愧巾幗倚將春夢說揚州某女史和韻云曾聞北地十分寒深恐羸軀去未堪夫壻有言頻慰藉宜南風景似江南征途見雁屢回頭寄語高堂莫漫愁別後舟車無恙也兒於重九到沂州有無名氏調

師竹廬隨筆　卷一　廿五

寄蘇幕遮題於壁云月兒高燈影媚悄背蘭釭雙鬢殢雲墜私語喁喁呼小字促卸殘妝聽落釵聲膩漆投膠鹽着水儂我歡卿不盡綢繆意贈與定情金盒子握手匆匆已月波窗漬某依韻和之云困添愁慵臉媚水閣風烟絮影侵簾墜雙聽鸚哥呼小字笑托紗櫥露指痕紅膩檻凝烟屏摺水一寸柔情百丈纏綿意啓報銀釭紅結子私語悲眉見睡時新漬

書法約言

學書之法在乎一心心能轉腕手能轉筆大要執筆欲緊運筆欲活手不主運而以腕運腕雖主運而以心運右軍曰意在筆先此法言也古人下筆有由從不虛發今人任筆爲體恣意揮運以少

知而自炫新奇以意見而不顧顛錯究於古人妙境茫無體認又安望其升晉魏之堂乎凡運筆有起止有緩會心急取勢有映帶連絡脉有回環無往不收有輕重轉肩過渡用輕畫捺蹲駐用重有轉折有虛實有偏正有藏鋒以包其氣有露鋒以縱其神即無筆時亦可空手作握筆法書空須習久之自然雖行臥皆可以意爲之自此用力到沈着痛快處方能取古人之神若一味仿摹古法又覺刻劃太甚必須脫去摹擬蹊徑自出機軸漸老漸熟乃造平淡遂使古法優游筆端然後傳神傳神者必以形形與心手相湊而相忘神之所托也

握運不苟

挽筆有法運筆得宜眞書握法近筆頭一寸行書寬縱執宜稍遠

可離二寸草書流逸執宜更遠可離三寸藏鋒之法全在握筆勿深深者掌實之謂也譬如足踏馬鐙淺則易於出入執筆亦如之楷法如快馬斫陣不可令滯草如驚蛇入草飛鳥出林來不可止去不可遏

綺塍街

綺塍街元明之間最繁盛夾路喬木古藤飛樓邇閣浦長源詩所謂出郭樓臺三四里游人不得見山容也又諺云惠山街五里長踏花歸屧底香今皆無之

裙屐少年

吳下園亭最勝如齊門之吳氏拙政園閶門之劉氏寒碧莊對門之瞿氏網師園婁門之黃氏五松園其尤著者每春秋佳日輒開園縱人遊觀釵扇如雲蝶圍蜂繞裙屐年少恣其評騭於衣香人影之間了不爲忤金閶名姬反以此增聲價焉

節用

貧家用財固宜節儉處豐境亦當準入量出一日多費十錢百日即多費千錢富家兒坐擁巨貲不久散盡爲窶人皆由不知節用而致也至若近日喪家崇習綢衾饗殮及大修佛事尤爲妄費

產蛇

安徽潛山人柳周南善鍼法有婦人腹蠱垂死周南診曰此蛇瘕也鍼之產蛇長尺許而愈

姦民通匪

姦民姜方懷暗通鎮江賊首吳孝如在小茅山等處煽惑居民聚千餘人待時作亂鎮城外和春營獲奸細訊出約期在常州城鼓樓放火俟官出救賊官據城鎮城派賊抄小路接應各情飛咨常州郡紳汪本銓密遣心腹詐稱送信者獲得黨羽二十餘人交陽湖令貴益謙訊辦擇其年少者訊出實供已有黨羽扮三教九流混入城中等語官紳嚴防隨請兩江總督怡良撥福寧炮隊五百名環護將已獲者駢斬於市後續獲數起亦斬之咸豐五年事也

玻璃窗

咸豐六年廣東私鹽船用外國旗號粵督葉名琛辦理不善明年

冬英法兩國攻陷廣州葉制軍被擄至印度令穿公服紅頂花翎外用玻璃罩沿途歛錢至九年三月死於西夷

八陣圖

咸豐七八年間江陰姦民謀叛有某孝廉子精於奇門能演八陣圖以爲戲試之輒驗遂與同學數人謀不軌嘗聚於北門外君山距城不過五里從者漸眾在常陰沙暗招千數百人其父兄不知也追軍械僞制一切部署祭旗有日旗被雷劈始散

江浦災異

光緒七年四月有鼠數萬自浦口南城一帶牌鋪中出即死鼠首圓尚黃尾短五月大雷雨龍見民廬攝人雲際牀榻農具騰空飛

舞十二年十二月大雪旬日除夕尤甚平地深六尺除屋多壓覆鄉民入城市物及店夥索欠歸有埋陷於塗者逾數日蹤跡得之輒僵立凍冰中目珠爲鳥啄去錢物尚存

絶命詩

荆溪歐陽晉字可伯九歲爲詩即能仿李青蓮歌行逮長俶儻有大志咸豐初署江寧府教授癸丑春粵逆陷金陵可伯裂帛書絶命詩自經死僕某毀垣覆其尸懷帛脫歸詩曰首箱何堪抵蕨薇居然全受亦全歸十年養就千霄氣化作忠魂一縷飛同治初其同邑朱大澂司教江甯爲立衣冠墓於雨花臺

異姓亂宗

立繼須擇同宗之人一脈感通方能格享同姓不宗已難獲祀何况異姓風俗通載周翁仲妻產女會屠者產男密以錢易之後翁仲使能見鬼者與兒同祭先塋但見屠者持刀割肉別有人幘青綬徬徨不進妻具陳其事翁仲曰子以承祀先祖不享何用叢送還屠家紀曉嵐先生槐西襍志有覘鬼者曰人家繼子凡異姓者雖女之子妻之姪祭時皆所生來享所後者弗來也凡同族者雖五服以外祭時皆所後來享所生者雖亦來而配食於側弗敢先也惟于某抱養張某子祭時乃所後來享後詢知其數世前于氏婦懷孕嫁張生是子之祖也錄蕭山汪龍莊先生庸訓

八老詩

吾邑王杏春明經禮甲長不滿五尺性聰慧滑稽多辨有淳于髡之風爲諸生時歲科試輒前列道光乙未恩貢尤擅長詩賦有八老詩極佳至今膾炙人口老儒云一卷殘書伴蠹蟲黃花歲歲怨秋風少年不媿眞名士後輩幾疑亡是公白髮無情催老大青雲有路讓兒童壯心不與吟燈冷尚向詞壇氣吐虹老將云百戰歸來始息肩湖山無恙伴餘年劍脣已冷猩河血盾鼻曾飛雁塞箋萬里功名收絶域幾人姓氏畫凌煙酒闌猶作沙場夢不許樓蘭竟入邊老吏云白首依然任指揮掀髯開說使君才幾人舞墨空花過九月催租落葉飛斷案久推條例熟同堂漸覺故交稀殘年倦聽官衙鼓無復揚鞭假虎威老賈云廿載江湖一霎過從前歲

月別離多四弦空訴秋風客萬貫真成春夢婆世路幾番更俗尙古人誰復共煙波酒酣重說揚州事手散黃金買豔歌老農云綠陰如夢一鳩啼藤杖拖煙過隔溪秋月羔羊方介壽春風兒女又扶犁野花籬落延鄰話瘦竹牆邊有稚攜忙日還於腰腳健自將午饁餉長隄老僧云斷塔寒鐘訂舊盟紅塵小刼杳番更情如出岫雲心嬾瘦與空山石骨爭一座雨花馴鶴伴十年面壁靜魚聲蒲團七個年來破行腳因緣付後生老伶云詞壇第一久爭觀老去秋心酒樣酸纖指誰憐吹玉笛折腰無復舞金盤生平面目何堪憶流落琵琶不忍彈唱到龜年斷腸句飄零怕說舊衣冠老僕云掃葉煎茶久不嫌蕭蕭白髮奈頻添殘肴自耐餐松韭託第八

嗤談米鹽報主情深猶戀棧服勞力短敢趨炎玉川老婢今無齒共向書簡作典籤

忠魂不泯

咸豐時粵匪陷南京上元知縣劉同纓厲聲罵賊並誡其勿傷百姓羣逆怒縛樹上攢射之更毀其支體閱三日有夜行者見榛莽中白光上騰諦視見一骸猶著鞾光自鞾中出探得一手摺條陳六事結銜上元縣劉某知爲劉令遺骸覓小木匣裹以布潛埋清涼山麓後其地夜輒有光潛埋者過墓而祝曰光芒萬丈忠魂結而不散也然恐賊人驚異尋掘不如韜晦爲佳祝畢光頓滅又粵匪陷湖北德安府署安陸萬知縣拔刀指賊大罵且斫之羣賊攢刺身無完膚更剖腹實爆竹於中燃火轟焚皮骨燔灼殆盡一月後匪類他竄民憫其死尋得殘骸零骨泣而瘞之旋示夢於邑徐某通身作金色謂所檢骨非是幸棄之次日糾集紳民開視諸骨皆金黃色惟髑髏一具髀骨一片焦黑不類因剔出改葬於漢黃香墓側蓋生時謁香墓欷歔流涕願他日葬此從其志也又武昌被圍半年糧盡援絕糧道李卿穀約候補俞知縣同縊於寓館之後樓從死有屬官數員僕從二三人逆酋踞其室每欲登樓必有異香襲人頭刻頭痛欲裂遂封閉之李道長子孟羣自粵帶勇由湘南勦賊至湖北越兩月餘克復省城銜哀以尋父尸至寓樓見白骨紛布獨其父尸面色如生絲毫無損泣血殯之賊氛所至異

聞實繁此則共知共見者

妓女就義

秦淮利涉橋北有妓女王氏爲粵匪所逼佯作歡笑醉以酒抽刀殺之而雉經於後樓逆氛所擾有膽識婦女殺賊者必多此一青樓之女能以計斃賊從容就義尤足嘉矣

當愛名

汪龍莊云賢聖爲學以實不以名然君子疾沒世而名不稱焉實至名歸亦學者所尚謂名不足愛將肆行無忌故三代下患無好名之士好孝名斷不敢有不孝之心好忠名斷不敢爲不忠之事始於勉強馴致自然第務虛名而不敦實行斯名敗而詬詘隨之

德政堪欽

范文肅公文程朱忠宣公裔國初仗劍謁軍門太祖目名臣後宜厚待遵化四城之役公守灤州獨圖郡保全大兵入關公參帷幄勸睿忠王秋毫無犯爲明帝發喪並護送倪文貞公靈柩南歸凡忠義皆褒獎之初定賦稅有司欲效明末斂餉諸政公曰明由酷苛小民激成流寇豈可復蹈其誤因以萬歷中徵冊爲準歲減數百萬兩民賴以蘇

遇横逆當耐

兇狠狂悖之徒或事不干已無故侵陵或受人唆使借端擾詐孟子所謂横逆也此等人廉恥罔知性命不惜稍不耐性搆成釁端

悔無及矣須於最難忍處勉强承受則天下無不可處之境昔長洲有丁氏無賴子負吳氏錢虞其索也會婦病劇負而圖賴吳氏予斥其無良吳氏婦好語慰之出私橐贈丁婦丁婦屬夫急歸遂卒於家耐性若吳氏婦其知道乎節錄汪氏教子孫語

王三麻子

咸豐癸丑鎮江失守時賈人周姓自城中逸出遇大隊賊至匿於積尸下愚號聲漸遠欲起視復聞有呵聲至伏不敢動俄有人曳其髮起見尊官著古衣冠熟視之曰此應死龍王廟前王三麻子手者釋之而去知爲神懼甚乘夜急行欲避赴江北循江七八里得一漁舟亟登之有一家五六人先在焉以無川資舟子逐之涕泣哀求卒不允憐之探懷中有十餘金盡以畀舟子時風浪正狂不得解纜迨次日風逾緊舟子强欲挂帆周素怯不敢渡躍身上岸此船即乘風而去瞬見達彼岸復大悔因念死已前定逕趨龍王廟前坐以待斃日晡時大隊絡繹過皆未顧問尾一騎賊持長矛直刺其喉周呼王三麻子騎馬者抽矛詰以何處相識乃述神語賊云死妖何能知偏將釋汝告以欲逃無資不如請死賊取一紙裹擲與之揚鞭逕去解視則黃金二十餘兩乃覓船赴仙女廟緬述始末揚州人皆知之夫匪類侮慢神語故欲悖之孰知爲若人一念之善所致耶

巨蛇

昔粵匪據鎮江時金山有大蛇長約數十丈窟其中屢出傷人一日垂首飲於江其巨如甕尾仍在洞中羣匪乘其首尾不能相顧攢擊而屠之分於各館人各得二寸餘

楊妃墓

馬嵬在今之興平縣西南十二里時畢秋帆開府關中曾爲楊妃修墓墓旁築屋三楹室中懸一匾曰斷雲夕照并有柱銘一聯集唐句云驚花尚戀霓裳影環珮空歸月下魂

教子就材質

子弟材質斷難一致當就其可造委曲誨成勿責以所難昔朱胡安國少時桀驁不可制其父鎖之空室室中有小木數百段安國

盡取刻爲人形爻乃道書萬卷其中卒爲大儒錄龍莊庸訓

吳楚兵災

道光時荊溪有傳清字曉湖者精天文易數嘗謂人曰吳楚當有兵災人嗤其妄歲壬寅海疆不靖或問曰汝所云得毋是乎曰未也十數年後當知之及粵逆陷金陵言始驗

贈詩

丙辰春余年七十華西洲茂才作七律八首以贈云輪奐弧堂正落成銅龍鐵鳳妙經營四月望日公誕辰新居適落成燕山繩武家風舊魯殿靈光耆宿明庭芮桂蘭凝瑞靄筵開櫻筍祝長生龐眉皓首來商嶺杖國橫拖綠玉行椿樹森森藏境深老人百事果從心華筵今日

栴梁案子合當年賓您琴招客園棋閒倚石課孫經訓勝遺金此中便是神仙窟何必桃源世外尋遯世還將名氏逃儒林夙仰斗山高玄亭問字紛輪軌絳帳談經植李桃鐸振聲靈江浦遠粟頒仁澤鄂州遙年來桑梓關懷甚保障城垣獨任勞詩中之伯酒中仙三絕鄭虔娩昔賢筆底龍蛇揮醉墨樽前風月寄吟牋當窗臨帖終耽古閉戶著書不計年偶事丹青聊遣興洛陽紙貴一時傳棕鞵桐帽愛清游邱壑萬千胸次留明聖湖邊浮雀舫嚴陵灘畔覓羊裘衡寒遍踏九峯雪攜酒長吟五瀉秋樂水樂山徵樂壽何須導引說真修蓄蟹明珠希世珍完脩從見性情真綠天盦裏無量佛丹桂香中自在身竹箭寫成千个字芙蓉採得一湖春超然利鏦名韁外瀟洒風流更出塵忠厚堪徵福壽長束身圭璧式榆鄉零金碎玉珍先澤潛德幽光表國殤矍鑠精神酬筆墨艱難時局慨滄桑清風亮節從今見薇蕨還思採首陽鑄買黃金繡買絲風流儒雅是吾師忘年結契慚張鎡恩感殷勤說項斯紅藕邀觀三伏日泛舟鐵路橋觀荷蒙邀偕往彩毫雪和九春詞而今還祝先生壽聊貢詩篇侑酒卮

寒地變暖

國初寧古塔極寒三春晝夜風霾蔽天七月有白鷺下地不能飛起數日霜降八月大雪九月河凍十月地裂暮春冰始解草木猶未萌芽夏則有哈湯之險泥淖數百里人依草墩而行稍傾側人

馬俱陷故商賈裹足近年漢人日衆氣漸和暖淖上橫布樹木歲時修理商旅雲集百貨駢闐迥異曩昔矣按甯古塔近鴨綠江

名妓

浙江石門名妓韻青性聰慧工詩詞吟詠外無嗜好終日手不釋卷檇李談孝廉以縣令之任湖北錢太史新甫蓨太守鳳喈祖餞誌別招韻青侑酒當筵各賦詩韻青口占七律一首末二句云勸君更盡一杯酒多種甘棠少種花寓意婉妙娓娓動人閨媛詩囊有數卷惜僅見此一斑也

徒手搏虎

宜興有沈江者居周孝侯廟側入廟必致敬見神像剝落謹識之

一夕夢神令張口噓氣與之寤而筋力異常能徒手搏虎嘗運糧至京師中途與漕卒爭道攢毆之江持桅桿一揮數十人皆墜水衆莫敢近居家犁田日可五畝

不埋名

雲間許幻園題某烈婦詩有句云留得一編青史在千秋埋骨不埋名凡人不論貧富事不論大小必留些事跡使後人記念此謂不朽古來女子留名者甚多爲男子大丈夫者何勿三思之耶

步月奇遇

丁生忘其名年少姿美中秋前一夜路經黌宮前漏已三下見一女郎隨一婢生尾之女顧謂婢曰得毋爲丁氏外兄乎生趨揖語

甚洽因欵生歸生疑此處巨室屈指可數從未知爲誰氏女詰女笑不答拉登樓凭窗玩月女曰郎君讀書亦解吟否良辰良會不可無紀也因吟曰樓高秋迥夜光闌簷鐵吟風響珮環斜捲竹簾西向立濕肩看煞月中山促錄和生思窘澀女笑曰窗下咿唔無非笨鉢可慨也聞雞鳴女曰再煩錄一詩又吟曰一片團團月啣山月痕缺山形九曲龍一珠嵌龍脊錄畢女忽不見乃知在尊經閣上頃官吏拈香啟鑰生猶握秃筆一枝二詩在紙背

婢重廉恥

婢亦室女特其父母貧窶及幼失所親不得自居於室耳他日或爲人妾或爲人婦總望其有所成就當於驅使之中教以閨房之義事之近於褻者誚之近於狎者無使見聞俾知愛惜廉恥自無蕩檢踰閑之慮亦惜福之一端也錄龍莊居士庸訓

廣文豪吟

通州張子仙廣文年逾古稀詩興甚豪初秋遣興句云午倦夢酣團扇落雨餘潮打暮鐘寒客中除夕句云祭詩輸與佛媚竈薄王孫又有遍地烟花香似海萬家兒女夢都癡之句亦佳妙

丐者賣詩文

國初時有丐者餘杭人攜紙筆在吾邑鳳凰橋出賣詩文破衣敗履而神色迥異有一人向其買詩以鳳凰橋爲題即限題字丐者書絶句一首云也不飛來也不啼讓他野鶩與山雞自從五色塡

成後要待才人綵筆題適有童攜豆腐一筐過以豆腐爲題限斑字即書云可知佳種在南山煮餌燃萁任世間磨已去礬緇不涅麻姑長爪莫成斑又以老少年一枝買詠書曰霜前雪後見豐姿小圃秋容又一時似爾無情能不老阿儂怎免鬢邊絲突有二人破園入曰此輩無恥既有薄才何必街頭乞食丐者慨然曰紈袴不餓死儒冠多悞身若輩將來似我并無詩可賣也捲紙筆去

積善神佑

咸豐間粵逆陷杭州人一大姓宅眷匿藏複壁中正欲搜劫忽空際沙土雨落不止賊駭退獲免此與宋建炎初倪氏女撒沙退敵事相類積善家神佑之歟又金陵諸女館秋間每夜有神人示夢

指途令歸女伴相告所夢悉同訝而誌之越旬餘賊驅婦女出城劄稻女伴遵夢中所指之途而行相率逃歸

易經最靈

粵逆見書籍恨如仇讐目爲妖書必殘毁而後快甲寅夏有一賊於漢口鎮花樓空地遺矢甫畢忽震雷擊斃之羣匪聚觀見遺矢處有易經數頁上多污穢始知此賊以聖經拭穢故神怒隨之

閨秀詩

閨秀某有殊色工吟詠某茂才欲娶之不果後適一守錢虜其感懷詩云柔情慧質本天成嫁與王郎百不能月下揮絃空自解花前得句與誰評錦衾總是無情物羅袂常看有淚痕縱使黄金堪

師竹廬隨筆　卷一

作屋不如貧賤一書生又馬香田有眉痕詩草惜春云東風一夜翦紅綃深院誰人唱綠腰二十四番花信裏教人一度一魂消題貞孝女唐素畫卷云久識山中處女賢蓬廬過訪到今年一牀絮被渾身布都是三春賣畫錢古今節孝亦陳陳豈獨宣州葛妙眞他日香花橋畔石阿儂也是勒名人其夫叶雲沒後多淒婉之作感懷云今夜名花總覺空和雲冷落五更風侍兒不省愁多少倚就年時燭影紅有女子婉娥玉娥姊妹同題詩北固山壁婉詩云浩蕩江流接大荒煙光樹色兩蒼蒼六朝舊恨西風冷剩有娥眉弔夕陽玉詩云恨石沉泥馬跡銷孫劉事業付江潮閨中不作閑興廢杯酒遙酬大小喬江陰閨秀曹紉蘭年十四登興國寺塔詩中二句云江山全入目城郭半圍腰後適一貧士除夕云親朋索債盈門第兒女爭衣擁竈頭鼠因粟盡傷心去犬爲家貧放膽眠詩亦窮而愈工耶紹興閨秀王梅卿揚州春雨云底事芳魂恰易銷珠簾不捲雨瀟瀟碧迷眉黛初三月紅洗桃花廿四橋好夢驚回騎鶴客春寒吹入賣餳簫光陰黯黯愁孤負湖上遲儂泛畫橈將歸吳門留別佩香夫人有春亦如人留不住好花開徧是將離笑我遲來偏早去别君難更别揚州等句

高子水居

高公止水在城南隅水缺巷明高忠憲攀龍第後池也忠憲被逮不辱自沉於此以死後地歸他姓康熙初其從子世泰贖還置祠

師竹廬隨筆　卷一

其上名止水又水居在五里湖濱亦忠憲築自行人抗疏貶揭陽典史歸棲遲於此者垂三十年自言几席湖山衣被風月飲食圖史皆此地也其右曰可樓前曰月陂後寖廢雍正時華希閔偕高子從孫愈隆輩修之嘉慶八年秦瀛又修之有記至道光季年其地已蕩爲荒煙蔓草咸豐丙辰先大父後三公偕同志集貲修葺煥然一新楊廷錫作序秦賡彤撰記楊序云中丞鄒公春諱歸秦君韋軒商諸鄒公公首爲倡應乃不數年鄒公殉節金陵事遂擱歲丙辰秦君復請於竇君俊三爰於是年擇吉興工不久而工告成秦記云是役經始於咸豐六年二月落成於七年某月凡費若干緡其董斯役而籌欵充費者竇君承焯之力爲多咸豐十年燬

光緒癸巳許君靜山裘君葆良倡議修復同志數人共襄厥功慮材鳩庸剋期蕆工於是先賢讀書靜坐之地後學復得瞻仰矣

劉鐵雲跋曹全碑

曹全碑萬歷初出土不久即斷未斷搨本海內罕見予所知者僅銅梁王孝禹觀察一本耳斷後咸曰君莪曰字先泐作內次則悉以薄官悉字泐再次乾字穿乾字未穿予藏三本之多悉字不泐僅得此本能不寶諸按此本末行有中平二年十月丙辰造九字在極鼎足之下

工吟詠

吳崧崖善畫梅長小草尤工詩集中佳句甚多甘露寺云斷崖蒼蘚路畫意有無間薄暮客停棹亂雲僧閉關鷗心四時靜草色六

朝閒誰與話招隱沿江漁父還宿靈巖云古寺秋從黃葉老隔溪人帶晚霞來山塘云柳外飛花輕似夢亂隨紅雨過長亭詠春雨樓有綠雲都化水紅雨欲遮樓之句同時有周掄仙者性樸直工詩其稿中如亂蟬兼落木一路送斜陽名山多近水好鳥不離花上水船盤天際路入山人踏鳥邊雲等句亦佳妙

竹鑪圖

竹鑪在聽松菴明洪武間湖州竹工爲僧性海編竹爲鑪規制精密高不盈尺上圓下方類道家乾坤壺王紱爲繪圖賦詩時多題詠承樂間鑪歸潘克誠後歸楊讓成化丙申秦夔爲僧撰疏募而復之因聆秋聲小閣盛顒之從子盛曾做其制爲之至國初舊鑪

既毀咸製又壞而紱圖亦亡顧貞觀更製二鑪攜其一至京師而得紱圖於納蘭成德所復歸於菴乾隆間高宗南巡賜竹鑪山房額命張宗蒼補寫一圖蓋舊圖凡四而失其一也己亥冬邳縣邱漣取卷至署重裝燬於火事聞御筆親仿紱畫爲補首圖命皇六子及弘旿董誥分畫二三四圖又出內府所藏王紱溪山漁隱圖卷償之及更咸豐十年之亂鑪卷皆失同治初秦湘業始得御筆圖華翼綸又出所藏王紱翠竹卷並付黃埠墩僧藏焉而秦恩延亦旋得漁隱卷乃并歸之余家舊藏王進士仲山先生繪竹鑪圖手卷當初繪就庋藏家中不以示人故吾邑人罕知有此卷耳

倪高士故居

清閟閣在吾邑梅里鄉元倪瓚故居旁列碧梧奇石設古尊彝鼎法書名畫其中非楊維楨張雨諸人不得至他有雲林堂朱陽館之屬以清閟爲最勝其名至外國使臣皆知之閣前苔蘚盈階不容人跡綠縟可愛落葉時則令小奚綴鍼於杖端挑而出之

送別

吾邑吳雲士詩文雄健工書乙卯應試入都賈雲裴季超送別詩云都門待君君不至我始歸來君又去去年我去君送行今我留君不肯住問君何時還答以春月暮其時花正開訪我花深處歸期已訂莫愆期堂上二老送別時依依華素人白送別朱南山云且住爲佳耳無端作別詞斜陽將暮矣翹首欲何之深樹鴉歸急

歙橋人渡遲相逢欣不遠記取後來期鮑若洲汀送袁上舍之姑蘇云最恨蓉湖水東南日夜流送君雙柱楫遥指百花洲歲月長繫褭風塵短囊留金閶春色裏莫上最高樓送吳一峰之崇明云三月愁春盡臨歧復送人飛花兼柳絮飄蕩逐征塵我夢依山曲君行向海濱潮平與潮落相望幾勞神送馮道士蘭亭還惠山云爲急原鴒歷苦辛京華滾滾逐紅塵陌頭楊柳愁中曲洞口桃花別後春丹鼎經時虛宿火青山無恙待歸人石門東畔龍峯下好結仙壇禮上眞又有石敘民者不知何許人其出都日占有無定陰晴変孟夏最多離別是長安之句

天寶居

明洪武戊午夏四月雨雹橫山居人蕭天祐在城中三日後歸啟其室見階下有四石子一白如玉隱起竹葉紋一深紅色一淺紅色皆如寶石有芒采一最小者鴉青色王學士達題其居曰天寶

三奇童

邵文莊幼與同邑丁松年惠遠稱三奇童嘗同至洞虛宮嗣龍山房道士年八十餘謂曰聞三君敏妙吾有王學士壽先師祖文千餘言能誦十過記之當烹白鷺以進於是丁誦一過背之不失一字惠誦二過訛四五字邵細誦三過又側聽二子背誦各一訛十餘字道士大笑進鷺既去謂弟子曰邵子深沈寡言舉止不苟此遠大之器二子質敏而氣浮時三人皆十餘歲又三年而丁以儒士第一人應舉不第尋卒惠後仕終順天通判悉如道士言

六景九松

吾邑西梁溪東迴溪宋元時溪流甚廣後周文襄公取三墩土塡迴溪爲良田今僅存帶水明初尤徵君文與王孟端並居溪上過庭章去溪半里許三君相得甚歡孟端晝家溪六景曰春波雨意秋霖水漲羣魚捕獺蘆洲集雁晴漁曬網雪霽鴉翔庭章亦賦溪崗九松合唱和詩爲一軸

朱子四時讀書樂

山光照檻水繞廊舞雩歸詠春風香好鳥枝頭亦朋友落花水面皆文章蹉跎莫遣韶光老人生惟有讀書好讀書之樂樂何如綠

滿窗前草不除春 新竹壓簷桑四圍小齋幽敞明朱曦晝長吟罷蟬鳴樹夜深燼落螢入幃北窗高臥羲皇侶只因素稔讀書趣讀書之樂樂無窮瑤琴一奏來薰風夏 昨夜庭前葉有聲籬荳花開蟋蟀鳴不覺商意滿林薄蕭然萬籟涵虛清近床賴有短檠在趁此讀書功更倍讀書之樂樂陶陶起弄明月霜天高秋 木落水盡千崖枯迥然吾亦見眞吾坐對韋編燈動壁高歌夜半雪壓廬地爐烹泉然活火心清足稱讀書者讀書之樂何處覓數點梅花天地心冬

白樂天池上篇

十畝之宅五畝之園有水一池有竹千竿勿謂土狹勿謂地偏足

以容膝足以息肩有堂有亭有橋有船有書有酒有歌有絃有叟在中白鬚飄然識分知足外無求焉如鳥擇木姑務巢安如蛙居坎不知海寬靈鶴怪石紫菱白蓮皆吾所好盡在吾前時飲一杯或吟一篇妻孥熙熙雞犬閒閒優哉游哉可以忘年

行住坐臥詞

行不與人共行出門兩足雲生爲看千峯吐翠踏翻古渡月明住不與人共住茅屋松窗一塢門前有鶴吟風戶外落花無數坐不與人共坐婆娑影兒兩箇雪花撲面飛來笑我北窗紙破臥不與人共臥葛被和雲包裹孤峯獨宿無聊明月梅花伴我

遺金勸忍

明張養浩璜字廷美剛直慎取與嘗行高橋之南遇醉而鬬者一人墜金於地張拾而默觀焉比鬬已始覺亡金大遑迫潸然出涕張徐呼謂曰男兒何不能慎一言而自令若是向非我即此金不歸與若所爭得失何如也出金還之其人詰所以報者張不顧而去即進使憬叉也

朱將軍墓

朱浦昔邑泰伯鄉人生而駢脇驍勇絕人能力格牛鬬嘗舟行遇盜數十人手殲之焚其舟奪其資以賑貧者明季流寇鴟張從征有功例擢爲將軍當事忌之奪其功浦曰飛將軍不侯固有命焉謝病家居及卒會葬者數十人皆流涕因名其壠曰朱將軍墓

大臣當存心仁厚

侯先春字少芝萬歷間平滇中洞蠻詔屠之時少芝在垣中與臺中某候補布政某同在坐曰蠻人跳梁應誅一洞幼小何知忍令俱死乎謀合疏保之時臺中某尙沉思輒布政某怫然曰朝廷將減此種何疏爲少芝不得已獨具疏得旨宥其幼小活者數千

遇仙

蘇合尊館於趙氏書室中惟榻一人下榻門戶輒自啟閉地上時印足跡橫斜宛似蓮瓣甚厭之忽於案上得詩一幅云偶來卿巷聽流鶯爲愛閒齋花正盈非是春風吹骨輭只因新月掃眉橫世間未識黃粱味夢裏誰憐粉蝶情若得詩人長悟此年年桃李笑

清明又常評改蘇詩有梳殘日影花千縷喚住春光鳥數聲眼前得意香嫌淡別後相逢情最眞等句鄰塾張君顛者至其館即問行藏至夜案上有題帖云君不見柳花飄飄東飄西飄得豔陽人大笑飄得豔陽天大惱弄甚麽巧若然飄到硯池中一身都墨了爾問我我不曉何不向綠水青山看人老遠近相傳謂其遇仙云

縫窮女能守貞

京都有縫裳之業者皆貧郭貧家出爲市廛補綴者以其所作多衲衣敝褌等物故又號之以縫窮云東直門外有母女業此女年十六七貌頗姣好雖蓬鬢布衣人恆覵爲女性貞靜惟低鬟傭作不輕交一言人亦無敢犯之乃母病經旬不能如市薪水之費俱

之女不得已踽踽獨行縫紉終日薄暮始出都門攜一小竹籃內貯剪刀棉線無他利器也村居去城較遠行及曠野人跡杳然正急步間忽聞林中語曰君歸乎予有垢衣可爲予濯女愕然審視女衆亦兼此遂疑爲市井熟識趨就之入林則一惡少年箕踞茂樹下形甚兇暴女驚懼反身欲回少年突起提其領如提雞雛乃頹顏詢曰若有滌衣可付我帶歸洗濯日已暮矣少年笑曰予悅汝美非一日邂逅相遇適我願兮何歸耶女聞言面如灰暗忖欲不爲污須用辣手因佯允之潛取籃中裁剪藏於衣袖兩人俱裸下體猝以剪齊其陰而斷之憤激而力猛血直溢少年大嗥頓化爲狐鼠竄而去遂攜竹籃急歸猶血殷衿袖雄狐綏綏遇者多

師竹廬隨筆　卷一　四六

不免能於倉卒中以計闔之可謂能事且其節足以風世焉

呂叩山三字經

宋富鄭公少時人有罵者如不聞人曰罵汝公曰恐罵他人人曰明呼姓名豈罵他人公曰天下豈無同姓名者乎告者大慚罵者竟死及爲相常語子孫曰忍之一字衆妙之門睦族處家尤爲先務若勤儉之外更加一忍則何事不辦可見節人所不能節忍人所不能忍因用力於人所不能用將習慣自然隨試輒效未出而負公輔望已出而爲邦家光即古聖人克勤克儉有忍有容事業咸取於三字中矣故余以勤儉忍三字經爲士人一生實

父母兄弟

人子於父母當思順適其意致親宴樂先意承志諭親於道其儀節詳見曲禮內則諸書然繁文可省至性當加事親者不必拘拘求合乎古禮而自能暗合乎禮意盡其誠心而無間斷喪則盡哀盡禮祭則必誠必敬貽父母以令名善繼志述事可謂孝矣第喪以哀爲本禮以不僭爲本自衣衾棺槨外俱屬無益毋事虛文有傷儉德至於佛家超度尤爲妄費慎勿從俗於兄弟當念手足之義視兄弟之身如己身而疾痛相關視兄弟之事如己事而榮辱無異視兄弟之子女如己子女而彼此無分設或不幸嫌隙內生遭人倫之變反求諸己必是我之孝弟有未至委曲婉轉務求全合而後已切不可聽信婦言較論財產以致輕其所重而重其所

師竹廬隨筆　卷一　四七

輕有傷至性也

孝思獲報

李江芑邑興道鄉人素有孝行一日入城訪姻戚欵以巨蟒江念母嗜鱔袖之歸薄暮逢竊從賊見其衣衫藍縷止奪其袖中物而去江踉蹌奔歸次日傳言某處有一人昨宵無病暴卒徧身青黑旁遺巨蟒半隻蓋中蟒毒也設使江非念母則殺身路不遇暴則殺母一念感格母子全生孝思之獲報如此

望黃河長歌

徐州王大宣登雲龍山望黃河長歌云天風吹我上雲龍耳中聽盡萬壑松頓覺平生夙願此時展俯視萬家煙火生重重疊頂直

欲迴帝座振衣恍惚尋仙蹤楚漢興亡不人懷古今天地開洪濛直北飛出一條水波濤滾滾流向東有如白雲泛滄海有如大野戲彩虹忽如駿馬駐坡留不住又如兎起鶻落去無窮咫尺奇觀步可到使我氣吞八九常洶洶吁嗟乎扶輿靈秀東南鍾蘇山帶河壯金鏞雲歸天上龍歸海惟有此山此水依舊雄雄封

枝指家聲

亞刺伯南境近紅海與印度海峽相通有部落名雅密德有姓福德理者所生子女手足各生六指代代相傳每人二十四指不與他姓爲婚必二十四指者始肯聯爲秦晉每逢此等之人不必問姓只觀其枝指即知之矣

八搖頭鬼縮退

直隸有老儒失其名傴僂猥瑣侏儒可笑且自耳目口鼻以至四肢無一不似有如無人因以魂靈目之居某巷以授徒餬口丙戌夏秋大雨其室爲霪霖所壞無所依棲左近有凶宅無人敢居曾懸鍾馗像於壁究莫能驅以故曠閉甚久因即造請欲假數椽爲設帳計主人故與識乃笑曰以君狀貌雖似與鬼爲鄰然亦宜避而遠之何更趨而近之乎固請許焉遂移居於其內夜將半果聞鬼聲啾啾毛髮盡豎惟勉誦救苦咒不輟無何有二人排闥徑入覘之貞瘦臃腫不可以目乃甫入戶即反身却退老儒驚怖少定更覘其語曰此眞僬僥國病癭丈人吾曹不可以復逞又有一人應聲曰汝不畏魁梧丈夫撫劍疾視而畏此瑣瑣者乎雖然吾亦膽碎勢難復留遂長嘯而俱去初以爲幸藉佛經既而知其爲已不禁引被而竊笑竟夜安寢響寂然明日出以告人罕有信者居旬餘絕無他異主人稱奇留爲久計惟童蒙畏葸不來爰繪其像撤鍾馗而懸之後有居人無不安堵咸豐時厥像猶在壁

保存神位

明天啟乙丑八月將毀東林書院高忠憲公夜召儒學吏潘守命之曰書院毀矣惟是燕居廟孔子神位豈可俱毀吾念惟文廟複壁中可藏特以相託毋泄乃呼燈躬奉神位付潘明年公及於難其後燕居廟再建潘之子華言於衆乃迎而祀焉

案下情

雍正初設緹騎四出偵伺凡閭閻細故無不上達有王海文殿撰雲錦供職詞垣元旦與戚友爲葉子戲忽失一葉次日趨朝上問夜間何所事以實對上笑曰不欺暗室眞狀元也因袖中出一葉示之即雲錦夜間所失者其餘臣僚所爲皆得知殆難縷述

微生蟲

格致家每謂日光大有益於衛生近美國某省衛生公局實驗此事收效之巨竟有出人意外者據云曾以海底陰溝污水內含有微生蟲及傷寒症之微菌毒者置之日中晒至二刻至一句鐘之久微生蟲即已盡斃日光之惠人大矣哉

泊祭風臺

明董文敏持節楚藩歸舟晩泊祭風臺即周郎赤壁在嘉魚縣南七十里雨過偶有箭鏃於沙渚間露出里人拾鏃示文敏請以試之火能傷人是當時毒藥所造耳噫奇矣子瞻賦赤壁在黃州非周郎鏖戰之赤壁也

樂善生貴子

吾邑鄒叔介兌金崇禎丁丑公車北上渡江泊舟金山狂風大作叔介見有覆舟招手疾呼出金援救衆操舟競援活十一人獲死屍十九復捐三百鍰設救生船二十餘艘號紅船至今好善者踵行之叔介貲旣罄竟歸不復赴試即殿撰忠倚之父也

湯文正

湯文正公斌撫吳時以清介自勵下屬有貪酷者皆善爲勸勉不改始以法懲之郭總憲琇時任吳江令以貪黷聞公檄至省勵以貞廉郭曰琇所以貪者以供前任某撫軍之慾也今公旣清廉自矢請寬一月期如聲名猶昔請立置典刑歸自洗其堂廡曰前令郭琇已死今又一郭琇也政爲之一變公薦於朝卒爲名臣徐中允汧殉明節其子俟齋不仕本朝隱於支硎山中公重其品屏除騶從徒步訪之俟齋辭以疾公徘徊門外久之始延入待以粗糲公爲醉飽時人兩賢之仁皇帝初南巡公引駕自盤門入門爲吳郡中最冷落者曰無使上知吳俗奢有損聖德又請免漕糧數千百不吳民至今感之時納蘭太傅明珠掌朝柄前撫軍某歲以萬金饋之公終年不投一刺明銜之會立東宮明奏曰前星春秋方盛不以可不正人導之如湯某其選也仁皇帝遂召公以尚書銜入輔東宮公素嚴正多所建白人咸疾之嘗待漏朝房衆方促膝歡語見公至皆走散終日無一人與語者公笑謂人曰吾今入啞人國矣明恚怨不釋命翁尙書叔元明章劾公上知其忠優容之一日赴黃木廠查木歸晩猶健飯如常次早猝然薨人以爲明陰遣人酖之也乾隆中特旨追謚文正

貴子又自責

望子科名顯達往往有因心專而致笑柄者昔某太史退老林泉

日以課子爲事子亦名下士早已蜚聲庠序某年大比子甫出頭場即向取文稿閱畢不置一詞自後每日必翻閱一次迨放榜日則見報馬四出皆不及其門焦更三躍消息寂然太史乃招其子入書室手持戒尺指其文而責之曰此處擒題宜緊汝以緩筆出之我作主司必不中此處爲通篇主腦汝草率若此我作主司必不中此處宜翻汝反正此處宜短汝反長我作主司亦不中每說一句即擊首一下責畢將就寢忽報者至曰公子中解元矣闔家大喜賀客紛來太史爽然若失竟置不理復招子至書室仍執戒尺指其文而謂之曰此處欲擒反縱我見不到例當擊此處[illegible]脈經文我見不到此處籠罩全題元氣超超我見不到亦當擊每說

一何自擊一下其子極意勸慰不肯休擊畢然後出堂受賀

儲書籍

遺金滿籯不如一經古人所以稱書爲良田也累發之戶非無秀彥苦於無書可讀虛負聰明爲父兄者早爲儲書俾知開卷有益之故中人以上固可望爲通儒中人以下亦可免爲俗物或謂書非急需急而求售必虧原直嗚呼是薄待子孫之説也子孫至於售書不才極矣以購書之貲置産終歸蕩若其才者則讀家藏書籍大用大效小用小效豈必以資産爲遺耶哉錄雙節堂庸訓

紅蘭主人

紅蘭主人諱岳端安親王子安節王弟善詩詞其邸中多文學士

安王命教諸子弟故康熙間宗室文風以安邸爲最盛延朱襄沈方舟等爲上賓方舟妻朱氏名柔然亦工詩暹方舟久不歸作杭州圖寄之主人爲題詩云因憐夫婿無歸信翻畫家山遠寄來沈郎曰東裴南旋當時傳爲佳話主人嘗選孟郊賈島詩爲寒瘦集行世以宗藩貴胄慕二子之詩可謂高曠矣

子逆媳孝

吳春生者里居未詳其妻某氏事姑甚孝姑年老又有癱瘓疾終歲臥牀不起侍奉維勤無怨言而春生殊不以爲然以母老徒坐食往往咒其速死婦見夫狀泣諫云無母則汝安來汝能長成不知費汝母多少心血不此之念而願母死尚得爲人乎春生怒杖

責之妻亦不聲任其痛杖而已母雖老病甚健食非肉不飽一日婦質釧環購肉奉姑夫歸見之疑其有外遇因得有錢供母婦無由自憤欲自縊顧念姑病不可無人侍奉已死姑亦不免遂屢次忍耐之未幾母死子不以爲戚婦含哀茹痛殮姑葬於翁墓側人均稱其賢孝春生有族兄某窺婦美欲行非禮峻拒之某偵知其夫喜博常誘與同博每待其負解囊代償閱年餘積數甚鉅索逋屢乞緩期終不能償乃使人告之願再出數百金購其妻爲夫者始不允繼以無術償債遂允而立劵婦見劵泣不肯往謂吾夫雖負德吾終不覥顔事二人某令多人强劫以歸誓不從因之一室婦於夜半解帶自縊某自此坐臥不寧心神恍惚經旬昏暈卒其

夫聞妻縊悔悟痛哭數日改行爲善以耕稼終身

江天一覽

高江村士奇華亭人家貧鬻字爲活納蘭太傅明珠愛其才薦入內廷仁皇亦愛之凡遇巡狩出獵皆命江村從故江村詩曰身隨翡翠叢中列隊入鵷鸞帶裏行蓋紀實也江村性趨巧遇事先意承志皆愜聖懷一日上出獵馬蹶意殊不懌江村聞之以瀦泥自污其衣入侍上怪問之答曰臣適落馬墜積瀦中未及浣也上大笑曰汝輩南人懦弱乃爾適朕馬屢蹶竟未墜意乃釋然又嘗從登金山上欲題額濡毫久之江村擬江天一覽四字於掌中趨前磨墨微露其跡上如所擬書之其迎合類如此

眞才子

吳太史廷楨爲諸生時以詩鳴宋漫堂尚書賞之聖祖南巡迎駕於郊宋指以奏曰此吳中才子也上命扶上御舟面試以聖駕巡幸爲題限江韻吳應聲曰龍舟綵鷁動旌幢聖主巡方至越邦上問侍臣舟至何處對以正至吳江吳乃續曰民瘼關心忘處所侍臣傳語到吳江上笑曰即景生情眞才子也因欽賜舉人

鄉人稱皇親

明蔡少卿亨無錫人初爲南陵教諭既五年有都吏謂曰得三百金可擢知縣亨黽勉欲從其請夫人以事未可必勸阻之遂得淮府伴讀歷興府教授皆不得意鬱鬱赴官亡何世宗入繼大統亨

以潛邸舊臣拜光祿少卿尋遷太常大被知眷相傳時有妃蔡氏者蘇人本漁家女微時曾記識亨及入宮被幸上問廷臣中有親族否則以亨對自是代來之恩加之戚里顧遇彌渥鄉人稱皇親今其墳塋猶在南鄉有蔡王村者即少卿昔年所居之地也

鐵頭和尚

陝西華陰縣有關王廟其中僧侶百餘人香火之盛甲於一縣一日有白蓮教匪徒侯德山等糾衆往劫僧侶咸駭避忽有一行脚僧揺手止之謂匪來我敵之有我在何竄爲主僧曰予僅一人不可敵衆況匪徒猖獗子豈欲劇虎牙乎答言請姑試之時匪衆已至殿外行脚僧提鐵棒躍庭中高聲喝曰汝曹明火執仗目無法紀耶侯怒舞刀斫之以額受火星四迸刀不能入盜大驚欲遁復舞鐵棒左右橫掃疾如風雨匪衆多死其餘者鼠竄去既逐盜入殿安鐵棒訖神色不稍變主僧等皆驚拜云吾儕肉眼無知不識活羅漢尚在人間也後爲鄉民所知羣以鐵頭和尚稱焉

愛民孝親

陸朗夫中丞燿吳江人生即端慤六歲受孝經論語以古賢自期乾隆壬申舉京兆補中書入軍機傳文忠倚爲左右手風骨秀整靜氣迎人雖恂恂謙謹而臨大事則屹不可動値有作亂者距運河甚近人情洶洶爭欲閉城公不可謂寇未至先閉城是示怯也且鄉民爭入城何忍棄之乃募兵拒守而身坐城闉彈壓稽察賊

知濟南有備乃不敢南向屢遷至湖南巡撫均以廉直稱事母甚孝初選守大理府再遷甘肅監司俱以親老調近撫楚時見屬吏有老親赴補者惻然憫之奏官員凡親年七十雖有次丁俱許終養一時中外歸養者千餘人臨終前一月猶奏湖南社倉穀已敷用請免征收奉旨允行所著切問齋叢書皆選本朝諸名臣奏疏見諸施行者各分門類詮尤詳備足爲後世準繩

諸葛顯聖

嘉慶辛酉年台中丞斐音奏稱川匪闌入漢中將犯定軍山其間有諸葛忠武侯祠諸賊恍惚見侯綸巾羽扇率神兵數萬助戰賊膽怯因以敗潰太上命葺祠以報其德

阿戇真奇僕

阿戇太倉南鄉人姓陳氏名道生世習武以貧故傭於嘉定廖某家某年廖與同年黃某入都禮試道生隨行至淮北途遇響馬六七人廖黃皆戰慄無人色道生說有我在無害也及盜既近身乃力拔道旁柳樹揮之盜雖刀槍並舉不能勝既而揮舞益力盜驚懼乃揖云我輩無知驚動君子乞恕罪遂釋盜使去因深敬其人及舉進士歸為之娶妻一日為鄰家舁柩因斷綁而傷足鄰家給醫藥資謝不受乃交主人轉給之仍不受人皆以阿戇呼之而彼亦因以自號凡極勞之事一身當之嘗自言既傭於人安敢辭勞苦主人益重之及主人任浙撫使為衛卒長隨任年餘見其在官

無德政欲辭歸將傭後所得之銀錢悉數納還并云僕所以相隨十六年者以主人氣宇不凡將來必為名臣耳今民怨沸騰禍至無日并但不忍受患亦且不恐見獲禍也言畢大哭廖起謝過而彼已挪衣出告貸歸太倉廖自聞其言饋不食寢不寐者數日既忽自批其頰曰我身膺民社反不及一奴僕耶遂上書奏事力陳民間疾苦適有大事無不挺身為民由是士民悅服一省稱頌因思及陳僕函招之復往及退任日士民遮道挽留乃顧謂曰我之治績老僕陳道生與有力於是士民夾道歡呼稱陳先生不止

投河留訓

龔節愍廷祥無錫人於乙酉南都破時投武定橋河死其絕筆訓子云吾自正月出門與母執手相別意欲得一誥封以榮父母四月十八日果命下准誥封吾事濟矣聯方欲一見老母以殉國事不意五月十一同吳年兄到水西門欲出去白刃數重把截遂縮回十三日卓晨易服出城又有多兵將刀鎗亂加縛至城上吾命已該絕終以不見老母為恨亦思此心何心甘事二君乎汝輩要小心謹慎侍奉祖母切不可務外事切不可得罪於人致惹災禍吾雖在地下有餘榮矣吾生平每事思學古人所以至此念之愴然此字節愍歿後百有五年其曾孫任道尚藏於家

錢南園直言

乾隆中錢南園灃奏國泰諸貪婪不法及國帑虧空事上震怒命

劉石菴相公往訊得實置泰於法遷公通政副使後以事鐫級再補言官時和相擅權朝中自立私寓不與諸臣共坐公劾之謂國家所以設立衙署蓋欲諸臣共集一堂互相商搉佐者既明且共視難以挾私賢者亦集思廣益以濟其事今和珅妄立私寓不與諸大臣同堂辦事而命諸司員傳語其間即有私弊諸臣不能共知雖欲參議無由而得恐有自作威福攬權之漸請皇上命珅拆毀其寓遇事公同辦理無得私自處判上嘉其言命公入軍機以監之逾年公暴卒上甚悼惜

食明粟已久

韓貞文先生馨長洲人少時習字董香光見而悅之謂此子日後

必以書法擅名年七歲書五人之墓碑人爭異之至國初隱居不仕惟以習學禪定爲事晚年披髮陀頭作出世狀其弟某有督科名者先生曰清以義受命垂統甚正然吾儕生於季世食明之粟已久不可爲失節之婦以遺異日子孫羞也及其沒門弟子念而不忘私謚曰貞文先生後其元孫封顯達爲大司寇

井中怪

河鎮張菊帆先生家有一井已數十年矣水甚清冽鄰右均取汲於此某年元旦之夕先生在庭中小便偶一顧視見井中有紅光一道射出奇之取燈細照無所見乃就寢漏三下時其女孫忽大號不已先生驚醒揭帳外視見紅光映窗狀如火起急披衣下牀

趨至樓下殊無恙心稍安復啟門出則井發光益盛時鄰右咸疑張家失慎群來救護至庭大疑訝未幾光熄燭之又無異而井自發光後其水即變猩紅色且有奇臭嗅之欲嘔數日更變綠色而香冽異常人不敢取飲且時作巨聲似大石下墮者諸家爲之不安然亦無術以止之其後聲愈巨光愈盛水亦復臭較前益烈人不可近於是均疑有他故設醮禳之一僧忽仆地暈去良久始醒詳述作法時見一人以紅帕裹首散髮於肩雙目閃閃如電手持巨斧迎面擊余余昏瞀不能自持狀大駭先生曰見怪不怪其怪自敗姑置之可耳遂疊石封井上鋪石板後亦無他異

施世綸青天

施讚師世綸有權術尹京兆時金吾帥託公和諾行驕縱輒前常擁八騶施遇諸途乃拱立道旁長揖以俟託驚駭下輿問之施忽厲聲曰國制非王公不設騶馬吾以爲諸王至此拱立以俟孰意汝也欲劾之託謝乃已俗呼謂施青天又有岳少保起滿洲人以孝廉起家初任奉天府尹前任某以貪著公入署命僕自屋宇器用皆洗滌之曰勿染其舊也後與將軍某抗罷官逾十餘年復用爲山東布政使俄調江蘇巡撫公清介自矢夫人親掌簽押署中僮僕僅數人出門騶從蕭條幾駿敝服居然寒素禁止游船妓館無事不許讌賓演劇吳下奢風爲之一變馭下雖甚寬然不假以事權嘗與客共談指其侍從云若輩惟可供灑掃趨走署中政事

乃天子付我儕者安可使其與聞向來大吏不能令終皆倚任若輩爲心腹耳夫人尤嚴正公嘗往籍畢弇山尚書產歸已暮面微醺夫人正色言畢尚書耽於酒色致有今日相公乃效彼爲耶公長謝焉吳民思其德演爲岳青天歌以爲湯文正後一人而已

代作詩

王文簡公士禎詩名重當時浮沈粉署張文端公英時值南書房代爲延譽仁皇帝亦素聞其名召入面試漁洋詩思本遲加以部曹小臣乍覲天顏戰慄不能成一字文端代作詩草撮爲丸置案側漁洋得以完卷上閱之笑曰人言王某詩多丰神何整潔殊似卿筆文端謝曰王某詩人之筆定當勝臣多許上命改官詞林因

得躋高位漁洋感激終身謂是日微張某余幾曳白矣

山舟書法

梁山舟學士同書相國文莊公子官侍讀即引疾歸善書法遠近馳名日本朝鮮諸國貢使爭以重價購之當時論者謂近日書家劉石菴相公樸而少姿王夢樓侍讀豔而無骨翁覃溪撫摹三唐面目僅存汪時齋謹守家風典型猶在惟先生兼數人之長出入蘇米筆力縱橫渾如天馬行空張文敏後一人而已

呂金剛

論拳術有內外二功得其一即足以稱無敵然外功終遜於內功也甬人呂金剛者夙號多力與人角無不勝以此誇耀鄉里時值

天后聖節呂雜稠人中調戲婦女眾莫敢誰何忽有一賣糖老叟疾趨前撫其肩曰子年少何無禮呂怒欲擊之而兩臂痲木不仁無所用其力因知爲異人跪求之叟笑曰有術者宜深自韜晦勿以術欺人如子者尚未登峯造極而乃目高於頂非大器也姑暫赦汝後當好自爲之言訖以手輕拍其背病若失欲拜爲師叟不肯堅辭去或云賣糖者得內功嘗與人戲以一紙壓瓶下手擊三下紙裂爲三而瓶無恙又以頭髮刺蛋鑽成小孔且能使身輭如棉刀鎗不入至金剛所得者爲外功宜其見屈於翁也

品高言直

鄒曉屏參政炳泰無錫人登科後不登權要之門徜徉詞館者三十年以資深得躋卿貳好古書畫收藏甚富遇有宋搨本化度碑至質衾裯易歸自喜云他人以如山金帛易贗物滿架不及余數金之真也立朝不苟游至冢宰與胡合菴爭銓選事直言侃侃胡莫能奪卒以見謫嘗謂人曰吾年已及衰何戀戀此位何爲當以去就爭之不可使朝廷之法自我壞也其言有古大臣風然性多疑忌苛待下屬嘗於政事堂謂銓選部君曰汝部中皆賣法之人何面目入此堂以致激怒闔部司員盡欲挂冠去賴同事者勸諭乃止故僚屬嗟怨不以實告兼京兆數載致延林清之變而公尚未知是日跟蹌入朝謂事出倉皇我亦無法措置昏然坐軍機處階上默無一語眾皆笑之卒以是免官歸著有午風堂叢談尤善

吟詩體裁正宗頗有隨州青邱遺趣實近日公卿所罕也

三姓門生

于金壇相國敏中當權時詞林學士奔競其門有某探花命妻拜于妾爲母及于公死梁瑤峯秉樞柄某又令妻拜梁爲義父饋以珊瑚朝珠紀曉嵐作詩譏之有昔曾相國拜乾孃今日乾爺又姓梁赫奕門楣新吏部淒涼池館舊中堂之句及嘉慶己未朱文正內召某復躍躍其門靦顏求進時謂之三姓門生

流落申江

滬城雖斗大自通商以來成天下巨鎮惜風俗最壞少年子弟往往揮金如土不久而囊橐空虛衣衫日陋矣某有詩云樂極悲來

歎奈何黃金十萬盡消磨饑寒交迫無生業流落申江乞丐多

母宜嚴

家有嚴君父母之謂也自母主於慈而嚴歸之父矣其實子與母最近子之所爲母無不知遇事訓誨母教尤易若母爲護短父安能盡知至少成習慣父始懲之其勢有所不及此龍莊居士語

天佑孝婦

鄂北崇陽縣有王姓次媳葉氏躬操井臼得舅姑歡彚翁歿僅老姑在堂家貧業農度日而伯氏夫婦甘旨常缺幸賴次媳廚下饔飧未幾姑患一症紅大如碗潰膿淋漓延醫治之無少效長媳嫌穢年餘不入慈幃惟葉氏朝夕事奉不離左右一日痛楚更甚昏

昏幾絕忽有道者扣門問有人劇疾者乎氏以實告道人云此非藥可治必人肝方可瘳氏答曰妾當舍此身以供刀俎何如道人即喝咒而氏焚香以剃刀將肝盡割出神色自若道人取庭中梧葉一片塗葫蘆中藥敷其胸血立止痛亦減囑長媳烹熟以進彼訝其異先竊嘗之味甚苦遂舉以奉姑甫入口覺味美似炙熊因食盡焉自此宿痾痊氏亦無恙里中均稱其至孝能格天

和詩

海陽謝慕遐郡雲間許幻園懺綺游四律其一云夢醒揚州尚未遲煙雲過眼枉當時月圓月缺今休問花落花開總不知漫道有情難遣此算來無益是相思試將舊事評量徧幾許歡娛幾許悲

爲政

凡人涉世才足則能達機謀學足則能窮深遠識足則能應權變此經邦知人論世之大要也三者缺一斷斷不能爲政

印章

刻印以漢印爲正宗浙派小異尚無流弊至鄧派已薄弱然亦圓轉可愛今世更將鄧派曲意屈蟠強作姿媚全失篆法古意亡矣

桂亭吟草

高伯祖似山公諱其泰增生棘闈屢薦未售著有易義舊見四卷學者稱爲有功經學之書原本早失又有桂亭吟草二卷僅存伊曾孫國慶手抄一本茲擇其佳者錄之雁聲云列陣排空帶雨鳴

霜風嘹嚦更堪驚聲沉紫塞三千里叫斷青齊十二城共話稻粱將漸熟還憐鴻鷺可同盟靜聽咄咄書空際江上蘆花月正明蟬聲云抱柯高唱淡煙籠作意驚人振暮空鼓翼有時還挾雨鳴琴無處不凌風愁深黃葉荒村外調急清商落照中一點愁心本孤潔嘈嘈渾似笑沙蟲蛩聲云唧唧深藏亂草根蕭然四壁對誰論盧陵有賦相酬答騎省多愁人夢魂細咽更闌孤枕側微吟酒醒一燈昏最憐聽得將軍令戰死何曾怨少恩砧聲云搗盡清霜似鼓撾淒涼不復聽琵琶響隨刀尺金風勁冷逼衣裳玉露華蕩子天涯迷古巷美人秋水隔鄰家丁丁敲斷愁無數遙莫溪頭浣紗的聲云不分鸞嘯與龍吟半入青霄半入林一曲梅花煙漠漠

數聲楊柳月沉沉高樓吹徹驚寒夢孤館聽殘蕩客心清響不勝腸斷處玉關哀調逼商音笳聲云一片西風戍管通悲凉怕聽襍霜鐘心驚冷月眠難穩愁結寒雲韻未終吹動鼓鼙驕塞馬響高彝業壯虜龍餘音若在天山外知在天山第幾重雨聲云珮然天外失峯青簷溜空階冷書屏畢寂巴山寒滴夢淒凉劍閣夜淋鈴瀟瀟入竹難爲語點點灑蕉不耐聽緊逼西窗眠未穩迷離何處問蒼溟環珮聲云誰家裝束鬬春深玉韻天然暗裏尋緩款空階拜新月徐行深院抱孤琴湘裙細擺玲瓏玉紅袖輕搖絡索金最是魂銷人漸遠玎璫猶自送餘音淚花云無端開謝總因風釀燙成文聚散同漢女珮遺明月渡鮫人淚落蘂珠宮青苹激水千盤

上白絮漫江一艦空莫便然犀爭色相三山琪樹有無中睡鞋云小小輕紅不染塵背燈偷換半窺人鴛鴦枕畔千金豔錦繡衾中一捻新踏入巫雲湘水暗勾殘香夢玉樓春魂銷子夜摩挲處雙裏纖纖掌上珍又有秋柳四首錄二月浸銀河冷玉河愁牽織女欲抛梭離亭聽徹烏栖曲別浦驚殘子夜歌望去易傷潘騎省折來難寄竇連波春心不作無情死化入青苹怨更多無端京兆意蕭條愁到西風短髮飄箇裏不堪吹夜月樽前且莫話南朝烏啼秋老蟬嘶死落霜江空冷灞橋寄語芙蓉莫輕妬春來依舊舞纖腰七絕如利黃可亭牛舫云一局棋磨清晝長箇中宛似綠波航鶯聲吹岸千回喚不見飛帆送夕陽數枝梅萼耆精神繞檻璁參點綴新寒夜月橋花影照幾分月色幾分春又斷句可取者金陵懷古有幾點寒燈分曲院一聲寒磬冷清秋詠牀有竹窗雲臥風來掃花榻琴眠月去鋪詠鏡有隻手磨成千載鑑四時藏得一輪秋牡丹爲風雨摧殘有井沒臙脂衰草地樓空結綺暮霞天

焚券還婦

浙江永嘉縣王履謙性孝友年四十五無子妻爲私購一妾履謙知之詢明乃貧家婦怒曰析他人之妻而爲己之子許乎即焚券遣歸後其妻五旬生一子孫曾繞膝壽八十五

成形

北方乞有人參南方之有何首烏久能形成美童其處夜有光明

或日與小兒戲嬉人則不能識也若得食之壽可千萬人有知其細欲發土而取者惜此物預知能逃逸不見其靈如此

歲朝春

諺云百年難遇歲朝春同治辛未元日立春時余二十五歲光緒丙戌又遇余正四旬光緒乙巳三遇余已虛度五十九光陰矣時值在蘭溪晨起見雪戲作一聯云歲朝春同人萃泰元旦雪大有恒豐俞曲園詩云六十六年三度遇珊瑚甚驕語詫兒孫有同然也

儉與吝嗇異

儉美德也俗以吝嗇當之誤矣省所當省曰儉不宜省而省曰吝嗇顧吝與嗇又有辨道德經注云嗇者有餘不盡用之意吝則鄙

矣儉之爲弊雖或流於吝然與其奢也寧儉錢雙節堂治家言

賞鑒家

吳中丞大澂有輕裘緩帶戎馬風流之概年逾古稀尚蒔酒書畫鉏廬日至周鼎漢磚法書名畫一入其目真僞立辨亦賞鑒家也

出使

曾劼剛襲侯紀澤智勇足備精通西學時命出使英法各國所帶隨員中惟與陳君遠濟最契陳君茶陵人少年飽學未久返道山襲侯哭以詩有百事資君如右臂六年爲我竭中腸之句

食緣

張君級三述其同里某素喜食鴨年四十餘以寒疾卒忽蘇自言

至冥司見一草屋畜鴨百羣門上標我姓名所養諒必我之食料須吃盡方死甲果痊復活十餘年又食鴨無算一日謂妻子曰今我將死非夢至冥司見養鴨之室空矣越日竟無病而卒

大盜改行

道光時歸安有某孝廉公車北上道出山東賃一車御者朱五年逾六十軀幹甚偉鬚戟張滿面刀痕若井字又缺左耳疑非善類業已賃其車無如何然一路伺望甚謹夜宿孤店孝廉疑懼五慰之曰我在可無畏也一日食行過宿所求逆旅不得忽有劫盜四五人驟馬來孝廉驚仆五推車至林薄間謂主人毋恐待吾收拾此輩持鐵鞭鵠立以待及馳至以刀環擲之乃揮鞭而舞賊刃皆落瞋目叱云鼠輩伎倆止此遂敢行劫亦知山東有朱五耶不去血吾刃矣盜抱頭而竄孝廉感謝不已答云我不敢諱向者固大盜持此鞭人人叢中人莫能近崇垣數仞越過之如康莊恃此行劫官莫能捕山東界上無不知我名因自信挾此技行天下當無有出吾右者然卒受大創面上刀痕及左耳是徵識也撫鏡自照心猶悸然今改行已二十餘年矣因詰以受創事答言昔者道經安徽見一富戶娶婦裝奩甚盛往劫之逾垣而進夥輩三四人隨以入洞房紅燭高燒夫婦已就寢跡及其窗新婦陡起年纔十七八叱曰勿驚官人有本領財物任爾取之俄一刀飛出著於欞人亦隨刀出衆知不敵皆逃去吾猶以其女子也而易之方徘徊

間一刀復出左耳去矣乃驚而逃甫上屋爲所及蹴以足身不能動婦以刀畫予面縱橫各數十謂今夕花燭良辰姑貸汝死提而擲諸牆外幸不死因知盜不可爲遂翻然改行

崇信朱儒

吳寶齋晉浙江會稽人少入成均法時帆先生最賞識每考必列前茅公性和藹酷好朱儒書嘗增注朱子近思錄又能默誦朱子及朱諸儒各書或問不遺一字登乾隆乙卯科榜眼官至倉場侍郎數任江蘇學政所取皆寒畯士實近來學臣中罕見者

精重孫怪

某公子者皖中名下士也少負重望瀟灑不羣年十六就試金陵

放浪秦淮偶眷一姬酒闌燈炧客去留髠泣謂曰妾不幸墮塵欲擇人而事然久歷無如君者君逾侯生我遜媚香多矣如不見棄當侍左右答以僕本寒士焉能游勾闌求佳麗且家乏金屋無可貯嬌恐終負卿奈何姬淚涔涔下自歎命舛慰之曰今試如售當徐圖之乃喜使人移書籍行裝至院中誦讀限課程如師嚴則焚香煮茗以佐清話每入場親送之貢院歸後必終夜跪祝及將出場親艤舟河干以待試畢留其待榜榜發之夕公子醉臥先遣人買題名錄復徘徊室中足無停趾或默語或變態婢嫗竊哂天將明聞扣戶啟之則報人韋至竟中經魁姬厚犒喜金叉鬻會試之資感其意遂下帷如故冬至後姬買舟泊樓下運細軟於其中同

伴入都越日過袁浦易車而行未兩驛受風寒得微疾達京後病漸加臨場猶料理一切賃車接送如前歸必嘔血未場病劇昏暈公子擬不終場則云妾千里相從若不往是負妾之跋涉不得已惘惘入場草率完卷而出抵寓聞哭聲則已死遂大哭慟為殯殮如嫡禮迨榜發又成進士矣即扶柩回里後官尚書築花園葬柩其中肖姬貌塑像為花神祠俾子孫歲祀之

書生迂戇

洪稚存編修亮吉陽湖人中庚戌探花性狂嗜酒善考訂著乾隆府廳州縣誌及東晉疆域考南北朝疆域考學問淵博戊午翰林大考上小邪教疏深中時要人爭誦之朱文正公招之入都欲薦於朝先生首斥朱崇信釋道為邪教朱正色曰吾為君之師輩乃敢摘究若爾先生曰此正所以報師尊也又譏王韓城相公剛愎自用劉文清公為當場鮑老一時人座悉被疵議後襄裝欲歸復上書於成王及朱石君劉雲房二相公多誹謗朝廷語成王以其書上聞上憫其書生迂戇戍伊犁未逾年放歸田里以其書置御座旁曰此座右良規也先生既放歸乃縱酒自娛不數載卒於家所著古文多載本朝名臣嘉言善行有禆世教焉

二姝交感成胎

粵東之俗女生十二三即結閨閣之盟凡十八號稱十姊妹無論豐嗇不計妍媸簪珥相通衣飾相共儼有嚶鳴之雅焉及嫁緩急

相扶持是非相袒護凡翁姑之不慈夫壻之不睦叔伯妯娌之不相能父母兄弟所不敢問者惟姊妹得而問之故閨門之內幫固根深莫能搖奪某縣紳家有女及笄字於巨族忽病吞酸腹亦震動父母咸疑之然而家禁森嚴內無五尺童子惟同盟一女弟係貧無所依者女白諸父母留養於家晝則共一繡筐夜則同一繡榻此外別無一人疑不及此遂目為疾延醫診視之舉不能辨無何而彌月不遲矣且居然生子矣眾論訩訩醜揚中冓壻家巨族不堪其辱遂訟於邑宰欲離其婚女家亦慚赧不能自解將致女於死或絲吊惟姊妹行不忍具牒於縣言女之冤嬌鳥羣啼閧堂號泣宰亦無能判決事聞中丞委員同鞫究不能定時少司寇某公

出司臬事於粵諳練詳核强記多聞乃謂其屬曰盍使穩婆相女若係閨體則斯獄無難立斷其屬竊笑以爲生子者不坼不副旣球育之未聞旣生旣育而猶珠聯璧合者也因奉憲令勉使驗之果皆以處子報猶恐其妄遂各遣其衙眷同往查勘又俱以女體爲言始信之而惑愈滋因復命於公公聞之嘿然良久遽詰曰胎豈有異乎對曰向曾視之雖無生氣具體亦人但四肢百體空空然如蟬之蛻若革之囊一似全無骨肉者惟此爲疑耳公乃太息曰仕優弗學幾殺人乎諸君固有所不知此二女同居重陰交感之象也衆請其說公笑而不言命吏詣庫取某年部案與衆觀之中一事若合符節衆乃頓悟蓋女年已長情事漸知私與女伴效

其狀雖兩雌無雄而眞氣流通因亦有孕第無雲雨之私究非絪緼之正遂令頑果雖結宛同鑽核之李職是故耳僚屬歎服乃定案埔家亦無異言後數月迎女于歸倡隨無間至今生子數人則骨擎膚立迥非向之僅具皮相者矣

害人自害

世之淫書淫畫害人爲最竟有作淫畫以害人而反自害者眞天道報應不爽也浙人伍某精丹青餬口四無人顧問妻女饘粥不繼窮窘異常遂揣摩時好作唐宮秘戲圖日以貴價求售生計稍裕其女年届破瓜頗貞靜終日惟刺繡忽見所畫春冊不覺紅暈滿面默默若有思乃父有阿芙蓉癖待其煙迷時掩入仔細翻閱日日如此父母不知也後得病不飲不食如夢如癡診治終不見效其母盤問再三不答一夕母爲挪拭枕蓆見有秘戲圖一包皆係殘稿伍乃恍然大悟而悔焉殉孽由自作悔無可追也

施濟勝經懺

嘉慶丙子歲吳中歲歉南濠李文璧父故廣延僧道修醮拜懺一夕伊父憑孫女福全語文璧云爾固孝我但當此荒年苟有錢財宜施濟饑寒較爲有益徒延酒肉僧道禮拜經懺非但無補且加罪愆也李從命維謹日施饑人每人錢一百一十文共用七百餘千未幾伊父又憑福全語文璧云爾之孝思感動幽冥冥府已加增汝福壽我今亦往生富貴人家去矣施濟之益不大哉

全人原婚姻

嘉定秦簪圖先生事親至孝質直好義合巹之夕新婦悶坐垂涕先生詢之謂余雖不才忝名庠序家雖不豐尚可溫飽今日吉期何爲若此情狀答云幼已字有壻家父母嫌其貧遂悔初盟詰是何人以其姓氏答乃同學友也先生立即避出並遣人招同學友來告其故即以己之洞房爲友之洞房次日將奩飾衣物悉贈友而送之歸嗣於乾隆癸未竟大魁多士有張某者六安人綺歲多才家業又富其鄰家王姓豔羨而以女妻之結縭之夕見女哀泣詢其故女云吾前已許貧士高某今又嫁子是二夫也嘗聞烈女不事二夫君其謂我何言訖竟帶自縊張力救得免即於是夕覓

得高某拉至其家爲之合卺焉次日高某籌措聘金送還分文不受次年張捷鄉闈踰年復捷南宫而王鄉宅不戒於火家貲一空諡居心勢利幾致女死究非宜也又天津有丁生者家貧讀書聘妻未娶岳家甚富見壻貧有悔意使人邀丁至家以盛饌相待語之云吾女有殘疾恐累汝願出多金爲贈可另娶佳人乘醉答曰賣妻吾所不爲丈夫何患無妻子爾既不願即作離婚書亦可揮就而出道遇同窗某詢其何往告以故大爲不平因令媒妁往議婚其岳亦某家素豐即允之某定期迎娶前數日告丁曰爾之棄妻昔已娶之子與吾素密何可不我賀迨合卺之期迫往賀邀觀新婦顏色甚麗頗心動然已無如何乃入席痛飲遂至沈醉不知

人事某命人送丁臥新牀反鎖其門至五更始醒見新婦凝粧坐待大驚急關門門已鎖大聲疾呼乃開鎖入詢之曰子已與彼成婚可攜歸矣丁力乞次日某云此吾意也爾岳如有言我當與之構訟時新婦亦知係故夫遂偕歸某倩人至其岳家告知岳甚慚不敢有他說後數年同窗者二人同榜舉孝廉全人婚姻其功甚大此事尤有豪傑舉動天之報善人也宜矣

師竹廬隨筆目二

師竹廬隨筆卷下

錫山胡壽實鎮輯

夙慧

李巨來侍郎紱江西人性聰慧少時家貧無貲買書乃借貸於鄰人每一翻閱無不成誦偶入城市街衢舖店名號悉能識之後官翰林庫中舊藏有永樂大典公皆讀之同僚取架上書難公無不立對人皆驚駭乾隆辛酉典試江南闈中卷幾萬本公一一批示莫不中肯實近世文人所不逮也

讀書說

呂叔山云今有悅人耳目益人神智擴人度量才略而適於用者其惟書乎昔李永和棄產營書手自刪削每歎曰丈夫坐擁萬卷何假南面百城蓋天地秘藏盡洩經籍倫理非書不晰世務非書不經知識非書不充鬱勃非書不解自天子以至於庶人一展卷則面與聖賢對神與造物游讀未見書如良朋傾蓋讀已見書如故人重遇不覺心花時開愁魔遠避故曰寒可無衣飢可無食惟居家不可一日廢讀讀一卷受一卷之益讀萬卷受萬卷之益將至樂有餘文武將相其具在我用行舍藏豈僅青紫梯榮哉

必慎其獨

宋趙清獻公晝之所爲夜必焚香以告天劉甲爲顯謨閣學士嘗謂吾無他長惟足履實地晝所爲夜必書之其不可書即不敢爲

戴亨教人以毋自欺爲第一，書銘於坐曰：莫見乎隱，莫顯乎微，欲人不知，莫若弗爲。吳臨川云：人之一身，心爲之主；人之一心，敬爲之主。主敬則心常虛，而物不入；且心常實，而我不出。無物無我，則功在幾先，如明鏡止水，物來畢照，不求慎獨而自慎獨矣。

自勵

昔邑顧宛溪祖禹弱冠時貧甚，爲里塾師，歲得脩脯止六金，以半輿婦，俾就養婦翁家，餘諸市紙筆燈油，題其館曰：夜眠人靜後，早起鳥啼先。其自勵如此。著方輿紀要，日草數條，或以事曠，必夜不寐以補之。薈於山川阨塞、戰陣攻守之略。會三藩用兵，崎嶇閩浙，迄無所遇。嘗題淮陰侯廟云：重瞳帳下未知名，隆準軍中亦漫行。

半世行藏都是錯，如何壇上會談兵。蓋自況也。

詞有忠憤氣

貴筑石襄臣侍郎徵清，喜吟詠，有集古館飣集刊行已久。旋歸道山，其詩餘一稿存鮑花潭中丞處，中丞於公間加以序跋，付之手民。其有在夷營中絕粒求死，作滿江紅一詞云：生死關頭，有甚麼遲疑不決，又何必旁觀痛哭，聲聲悲咽。海國直教銀管誤，天家且恐金甌缺。恨潼關不守老哥舒，勳名裂。段公笏，蘇卿節，睢陽齒，常山舌。算古今臣子，後先同轍。養氣久無心可動，招魂只有恩難絕。戴頭顱一箇此間來，拚流血。

勸人禁狎邪遊

王霞軒覲察善詼諧，一夕宴客，席上勸人莫作狎邪游。有客答曰：不過行雲流水耳。覲察曰：究行過幾回雲，流過幾回水？滿座大笑。

義婢

中州趙氏有婢名秋香，貌蠢陋，性木彊，平居寡言笑，塊如也。趙子美大令官閩之詔安，挈眷之任，婢隨焉。髮逆擾閩境，鄰縣相繼陷。大令憑城戰守，死與賊抵，歷七月之久，糧盡援絕，城陷而殉。一家死難者三十二人。大令有五子，死其四，幼子名長保，字佑之，方五齡，婢與乳母共護之。乳母負以走，遇賊而驚，棄於地。婢急乘亂挾之入井，水深及肩，置佑之於肩上，僵立三晝夜不少動。餓將死，仰天泣曰：吾主忠臣，天絕其後，蒼蒼者何在耶？賊聞井中嘶泣聲，縋

而出，詰視此兒，謂是妖種，必殺之。賊中語均稱官爲妖也。秋香抱兒泣曰：此非官之子，吾弟也，乞勿殺。吾素供烹飪事，惟役是聽。使司炊爨，作羹湯以進，其酋飲而甘，稍寵異之。羣匪大妒，相謀曰：彼以弟爲命，殺其弟則命窮矣。聞而懼焉，急匿之於竈室泥土中，幸搜未得。即手製精饌以媚羣匪，羣匪漸與善，而此兒遂得保無恙。未幾，髮逆他徙，乃攜兒展轉隨之，對賊則強歡，背賊則泣禱於天，惟冀少主早脫於難。精誠所至，神明鑒焉。詔安之人聞趙令之子在賊中，并知有善爲保護者，出重賂共贖歸。探族中有伯氏守建甯，共往依之。秋香以立水中久，浸着寒濕，卒受病，逾年而死。趙氏厚葬之，祀弗衰，報其義也。

濟人勝修齋

陳鶴臯云昔孔子有言喪與其易也寧戚蓋戚爲本而易則其末也可見人子之事親以實不以文有俞簡之者邑庠生幼失怙母呂氏守志撫孤及壽終語之曰幸汝今已成立吾可見汝父於九原矣值此荒年乏食者眾我家有餘粟可盡出賑之勝於爲我修齋也簡之唯唯遵行不遺餘力全活甚眾此可謂克體親心而善用其財者矣後其子孫益昌熾何莫非孝德中得來乎

孝婦

吾邑顧漢臣妻沈氏備嫺婦道姑病劇焚香告天請代夢神賜甕一丸進諸姑覺而異香滿室姑病旋愈漢臣二十五歿氏八十五

歿闔纘時子孫環侍命曰做善人勤讀書毋負我六十年苦節

樵子祠

浙江台州府之東湖有樵子祠不知何許人相傳爲明初時故老一日擔柴過湖濱聞成祖登極建文走死之信大號一聲曰三綱絕矣棄擔於地投湖而死鄉人至今祀之私謚忠逸有陳某撰一聯云千古泯姓名忠而爲逸一肩擔道義夫豈眞樵

崇祠墓

祠者先人神靈所棲墓者先人體魄所藏也子孫思先人而不見見其所棲所藏者如見先人焉祠墓不綦重乎凡棟宇有壞則葺之罅漏則補之垣砌碑石有損則重整之樹木什器則愛惜之或被人侵害盜賣盜葬則同心合力復之此皆根本所在毋忽

做人

人負七尺軀立天地間惟做人爲第一要事亦惟做人爲第一難事知其要固不可不求究其道知其難尤不可不求究其道大經四書小學近思錄性理等書做人之道盡於是即是而反求諸身隨時隨地力行上可以聖次可以賢下亦不失爲好脩之士矣

奇盜

閩之漳州有文武兼精之奇盜矯如猱疾如隼來風去電莫測所由亦莫知其姓氏凡被劫之家牆上必有畫蘭一枝遂以一枝蘭稱之富家巨室爭相戒備防之愈甚劫之愈速闔闠終歲無安枕

縣令某初涖任控報其案者數十百起懸賞嚴緝久而勿得乃繫老捕於獄三日一比有老捕垂斃矣呼其子與訣其子由獄中涕泣淚痕滿頰途遇一書生叩其故以實告書生偕之至家乃爲具酒半酣謂之曰爾願得一枝蘭乎我即是也如不信請試之捕子謂有飯具遺獄中能取以來否答以何難須臾果攜飯具來捕子大驚再拜求援父命乃約明日到案越晨縣令方升堂比捕忽聞空中語云勿累無辜一瞬間有人跪案前問以伊誰答言生員某某即世稱一枝蘭者是縣令云異哉士而盜乎對曰明公所見亦罕矣今夫爲士者冠儒冠服儒服穿窬其性桀跖其心始則以文字竊取科名繼則以一官吮民膏血天下比比皆是非盜耶至若

我之所爲富者劫之貧者周之以我之義行我之仁似此盜猶勝於彼盜於士也何羞縣令頗奇其言曰爾士也能文乎曰能試以題授筆千言倚馬可待又曰爾盜也能劫我署以內物乎曰能聞明公有宜爐最寶貴當取以報命縣令欲窮其技縱之去是夕設爐於密室令衆環守之至夜半聞庭中有拋物聲衆出燭之無所見入室則爐不翼而飛矣大索終夕蹤跡杳然及明吏報昨日之縱去者至執爐以獻縣令賞之乃勸改行留署中月畀五十金彼悉以周給甇獨己則啜飯而外一無所受也漳州之盜風最熾自此人投誠而餘盜無不獲者海濱萑苻爲之一清

止邪術

唐錢偡爲潮州刺史有妖人登大樹忿爲鬼神語偡曰妖由人興命壯弩而射彼懼請命因鞭之州人咸服嘉定初黃山知紹興府閩嶠有虎患訛言虎有神變化叵測或爲僧或爲玃狙倏忽莫可踪跡山禱於神募勇殄滅無遺民賴以安林大中知慶元府郡民訛言夜有妖大中謂此必黠賊所爲立捕縶之閭閻遂安西門豹爲鄴令鄴之三老巫并廷掾常歲斂百姓爲河伯娶婦因下令我亦往送至期觀者駢塞三老巫并巫嫗廷掾皆在豹云是女不甚美煩巫嫗入報河伯更擇絕美者即投之於河中立久無回命更投一人逾時又投一人促之如是十餘次巫類俱盡則曰彼等不能白事須煩廷掾入河促之衆皆叩頭流血乃止其俗頓革

駒有天性

浙江之鎮海防營內畜馬甚多有牝馬產一駒壯也及長驃壯無倫適牝馬來雄豢人欲其再產良種以駒相配恐其母子相識障駒之目而使之合既啟其障駒知大錯長嘶一聲撲殺豢人跳躑而死營士見而奇之以人禮收葬死駒焉

孝感

朱顧忻十歲喪父以母病葷辛不入口者十載每雞初鳴具冠帶率妻子詣母室問所欲如此者五十年母老目無所見忻日夜號泣祈天母目忽明年九十餘無疾而終陳壽瞽目十年紹興間母死將葬齋欲送柩至壙人或止之答云母生我鞠我今日親入土

忍以疾辭而不送乎衆挈一二里雙目頓開人皆異之

君子有四誠

內不欺己外不欺人上不欺天君子所以慎獨心無妄念身無妄動口無妄言君子所以思誠不愧父母不愧兄弟不愧妻子君子所以宜家不負天子不負生民不負所學君子所以用世

憐寒士

江陰有兄弟三人皆生員也居於鄉因欠糧毆役縣官具稟辛謙受學使請共褫革學使令縣官速取五百金來當爲辦此事縣官不解所由亟如數送至學使批其稟曰欠糧貧窘之故因欠而毆役窮極之故毆一役而革三生君非吾道中人也云云蓋縣官乃

捐班故輕之當傳三人至謂曰有五百金在此速完糧去

呼天熄火

吾邑浦瑾字文玉明正德辛巳進士鄰失火延及其廬父柩方殯呼天仰顙流血被面火頓熄左右皆燬其室獨完人以爲孝感

可法

昔兗州王克明上舍遇里族中有貧而守節者必按月給送錢米其年節慶賀必使子弟輩先往拜仰謁吾以慰其苦而堅其志也年例合符者卽爲請於上司申詳題獎此最可法

敎孝友

孟子曰孩提之童無不知愛其親也及其長也無不知敬其兄也

此從源頭上說來見得孝友是人之天性初非外鑠我者又曰仁之實事親是也義之實從兄是也此從學問上說來見得人能孝友方是大學問蓋父母之恩同於天地人而不孝是自絕於天地矣兄弟之情等於手足人而不友是自斷其支體矣尙得爲人乎

吼聲

四川重慶府馬家巷宋宅有古劍埋土中劍把出土數寸搖搖兀兀欲動力拔則終不能起使人掘其土將及劍末聞有吼聲慄而止今劍把出土仍如故也相傳爲張獻忠遺物云

微弁就義

湖北有楊文軒者以字稱逸其名家居省城內以千總充當巡撫巡捕官咸豐間粵匪陷省城引巡撫至其家從容請殉節代挽帶縊之中梁俟氣絕掩藏畢再拜痛哭亦自經當巡撫之殉難固無俟文軒請而文軒以微弁能如此就義可以風矣

擇友

今夫同聲相應同氣相求之謂友子曰友直友諒友多聞益矣又云毋友不如己者可見人不可無良朋必擇才德出衆者數人時相砥礪而終身可以不孤矣子夏曰四海之內皆兄弟子張曰於人何所不容此言人之度量超越耳豈眞可不擇人而交哉待君子須敬根於心始終如一待小人須包容退讓漸遠而勿近使不至蓄怨凡人家居切忌濫交濫交則人所求於我者衆而代謀日

迫且或遇奸險之徒則嫌怨生而禍孽起其弊可勝道哉

節儉

漢景帝詔云雕文刻鏤傷農事錦繡纂組害女工農事傷飢之本女工害寒之源飢寒而能無爲非者寡此言奢靡之爲禍也乃今日奢靡之失更甚宮室衣服必求美觀慶弔宴會必尙華侈否則人笑爲慳吝儉嗇而少年德性未定者輒羞赧欲避其譏則竭力支撑東挪西借以爭一時之虛體面張文端公曰用費不節者債負之由也債負者鬻產之由也鬻產者飢寒之由也況奢靡既慣則子孫習爲游惰婦女不惜物力豈知榮華枯落曾不須臾天幸難邀祖澤難恃雖以房杜之後猶不免蕩覆無餘況其他乎故傳

曰儉德之供也侈惡大之也能知儉之爲供而非啻知侈之爲惡而非美則知節儉之可尚而不可鄙矣且古人教人節儉亦非必一錢不用也大抵量入爲出耕三餘一不妄用以破家亦不多藏以斂怨王杏伯曰天與人福澤當知愛惜愛惜則一厄之福用之不盡不愛惜則萬鍾之福一覆立盡諺云當於有日思無日莫待無時想有時旨哉斯言有家者所當常念者也

母病不仕

秦鏜字國和無錫人母張病痿且瘖鏜以意揣其所欲而調護之坐卧粥食抱持積十九年不懈舉宏治十七年鄉試授南京都察院都事以母病辭不赴邑志孝友有傳

俗語出名人詩

世之口頭俗語有出於名人集中者如杜荀鶴詩之世亂奴欺主時衰鬼弄神曹鄴詩之難將一人手掩得天下口徐守信詩之兒孫自有兒孫福莫與兒孫作馬牛羅隱詩之今朝有酒今朝醉明日無錢明日愁古樂府之晚飯少吃口活到九十九

品望堪欽

桐城姚姬傳先生鼐癸未進士官刑部郎中劉文正公素加賞識謂近日文人能知政體者惟姬傳一人而已先生爲方靈皋弟子故古文學歸震川而精粹過之其紀事體多仿廬陵殊神逸文正甍先生卽請假歸里以教讀爲生居鄉循古禮日講政書於塾中有貴人子以重幣聘力却之曰餓生雖貧不能受無義財也年八十餘重赴鹿鳴猶著述不休論者以品望爲桐城第一云

終身儉素

湯敦甫金釗浙江蕭山人嘉慶己未進士出朱文正公門公甚器之敦甫性質樸悃愊無華不修邊幅官翰林時寓光明殿左廊房課蒙童無異冬烘任祭酒時寓文昌宮嘗刊文昌陰騭文等書勸人一如文正之學視學江南僕從僅數人暇日攜書至君山上詠讀終日自笑曰此可謂玩物喪志矣洊至吏部尙書儉素猶故

夕陽詩

桂林倪耘劬夕陽詩十律記其佳句云山色六朝金粉豔煙痕一

曲玉鈎斜暗催月魄蟾初上輕送霜蹄馬不知幾處高樓烘翠袖一條深巷認烏衣十里綠搖丁字水一時紅到午橋莊

學粹品端

朱文正公珪大興人八歲卽操觚爲文文體倔聱着古與兄竹君學士筠齊名年十九登乾隆戊辰科進士純皇帝深重其品劉文正統勳復薦於朝謂北直之士多椎魯少文而筠珪兄弟與紀昀翁方綱等皆學問淵博實應昌期而生上曰紀翁等文士耳朱珪不惟文好品亦端方數年擢山西布政使撫軍爲黄檢少年紈袴貪黷驕奢公常匡正之黄劾公迂滯上優容之改學士入直上書房時睿皇帝爲東宫日導以今古嘉猷侍講幄十餘年無一語涉

侍趨東宮甚重之後以孫文靖薦純帝曰朕固知其通曉吏治遂授安徽巡撫以清介持躬俸廉外毫不沾取吳修園駉爲公所得士嘗夏日謁見餉以瓜亦必計值付價於縣隷其不苟取類此受惜人材所保薦如荆道乾王秉韜其後皆爲名臣掌己未乙丑二春闈所取如張惠言鮑桂星陳超曾湯金釗孫原湘孫爾準諸名均一時知名士故其薨日上甚震悼親臨奠醊世共惜之

逆婦變猪

乾隆己酉常熟某鄉有不孝婦欲殺其姑置毒藥於餅中而自往他所避之姑將食忽有一乞人來求其餅姑初不肯與乞人出一綠綾衫與之換去及婦歸家姑示以衫婦奪之初著身忽仆地變

成猪鄉人咸集視之作人語云我本應天誅以今生無他罪過但變獸以示人耳言訖遂成猪叫獨其前脚猶似手也

小人不可忤

與君子忤可以情遣可以理諭諒我無他不留嫌怨小人氣質用事志在必勝忤之則隱怒不解必圖報復故遇小人無禮當容以大度即宜公言亦須稍留餘地庶不激成瑕釁此汪龍莊言也

水怪

光緒甲午之歲京都南下窪忽出一水怪吼聲如巨鼓聞數里外時公車皆集都下爭往覘其異男女老幼日往觀者數千人闐然亭錦秋墩之間茶棚至數十冷寂之境忽成鬧場二十餘日聲漸止時論謂主兵象無何而中日戰起京師大震時論謂怪徵已驗

蝦蟆搬家

京都齊化門外六里屯者有一土窯忽於二月十四日有蝦蟆列隊而出迤邐往東行越陌度阡歷數車道而至一小溝赴水而沒自十四日侵晨起至十七晚止共走四日四夜連綿不絶布隊密如羣蟻遥望若長橋大者如瓶如盎有數小蛙伏大蛙之背路人撥之堅不可拔死蛙必怒目每躍一二尺此外之蛙皆閉目徐行舉前後足作獸行狀好事者爭往觀之車馬絡繹於道

喑啞開言

湘潭有窶人子生而喑啞爲人賃舂既不與人酬對舂粟常倍他

人人以是爭賃之所獲日數十文以放生爲事鳥雀魚蝦均受惠如是二十餘年不稍懈一日忽能言羣以爲好生之報不爽

積德業

世無百年常盛之家而有百年常盛之道得其道則衰者可返於盛失其道則盛者必至於衰其道維何積德業是也夫人生產業俱是外來苟積之不以其道便有悖入悖出之患甚者或以多藏而致厚亡或以財聚而招怨毒種種患害不可殫述獨至德業生於吾心而無窮出於我躬而無盡愈積則愈多愈多則愈安不但一身蒙其利而且鄉黨稱譽之君子敬禮之鬼神福祚之身後傳諸之子孫榮享之種種利益亦不可殫述歷觀故家大族烜赫宇

宙積久嘗盛者其先必有敦龐醇古之君子或開於前或繼於後累代相承積德無間然後深仁厚澤孚於天心善氣凝結蔚爲國華旣昌旣熾爲時望族易曰積善餘慶書曰作善降祥洵不虛也然德業有大小有隱顯務在擇而爲之愼而守之取其大不遺其小勉於顯不欺於隱毋憚其煩毋勤始怠終毋使一刻間斷斯德崇業廣而慶流於後嗣矣或又疑德業惟有財者能積之不知家無論貧富人無論貴賤皆可積也其修於身者如孝親敬長親仁信友之類原不必費財其及於人者雖不能不費財然有財者出財無錢則出力出謀出言均無不可但勿以善小而不爲可也

杜門養親

吾邑王問字子裕號仲山少從邵寶遊登嘉靖十七年進士官兵部主事時累有邊警預籍武健厚其廪食比撤歸多濫領或請追之問曰人輕死以來撤去又欲奪其餘他日朝廷更下檄誰復至者擢廣東僉事瀕行見父有愴然離別之色卽上書告歸杜門養親不出工詩善書畫淸修雅尙士大夫皆慕之嘗書屏云訓吾以道德者拜而師之授吾以文藝者敬而愛之求我以書畫者量己應之告我以家事時事者厭聞之語我以公府事者隱几不應絕之及卒門人以文靜先生私謚之明史及邑志儒林皆有傳

索潤筆

索潤筆詩唐六如何云閑來寫幅丹青賣不使人間造孽錢又鄭

板橋一絕云畫竹多於買竹錢紙高六尺價三千任渠話舊論交接只當秋風過耳邊錢梅溪亦有五絕曾見之今不能記

擅詩才

弋陽黄竹樵孝廉以詩鳴於鄉其悼亡佳句云插腳紅塵原是夢傷心紫玉已成煙天原有恨誰能補我已無魂更可銷後試禮部以風流小過獲譴在獄中詩云走馬方探杏苑芳驀驚鐵鎖貫文昌敢云縲絏非其罪始信溫柔不是鄉一第浮名原腐鼠半生歧路歎亡羊可憐老母攜嬌女猶把泥金拭目望逾年始得開復

義貓塚

京師麥芽胡同有王秀軒者家一貓極靈馴家人皆珍護之一日大雨通宵舉家熟睡貓忽繞屋哀鳴繼而跳登床榻猛嚙王足痛極而醒聞室屋震震作響仰視之見梁木將傾覆卽呼家人起避復聞貓聲嗷嗷兒聲呱呱蓋王與妻倉猝奔避遺兒於榻貓故抓兒啼以待救也迨夫婦抱兒出則房屋驟倒貓竟死矣王感其義爲置棺購地以瘞之立石曰王氏義貓塚嗚呼世之受人恩而不思圖報者其有愧於此獸也多多矣

小詞

同治初年髮逆洪大全就擒後於途間自題小詞下半闋云一事無成人漸老壯懷要問天公六韜三略總成空哥哥行不得淚灑杜鵑紅其人不足取其詞則淸麗可誦

謹言

薛敬軒先生曰易言修辭立誠書言惟口出好興戎詩有白圭之訓春秋有食言之譏禮有安定辭之訓銅人有三緘之戒論語孟子與凡聖賢之書謹言之訓尤多以是知謹言乃修德之切要所當服膺其訓而弗失也可不慎持於應事接物之間哉

狗國

去鄂羅斯若干里有狗國者生雄爲狗生雌即好女子狗大如牛走若飛居則山洞與女爲夫婦女皆絕色美人也飲食則不異中土其餘尚有鶴國蛇國鴿國等均可考之圖書集成一書

先德工吟

余族先輩工詩者頗多如仙谷公諱嵋幕遊東粵大吏以精勤得洽體欲薦舉力辭而歸善詩著有眉山詩稿和杜漢山送春韻云閩道傷春杜牧之一生惆悵落花時枝頭已綴青梅子葉上還題紅粉詞倚閣殘陽人意懶捲簾飛絮鳥聲遲年年送別成泥醉不覺星星兩鬢絲福寧九日云九日登臨興不窮撚鬚吟過板橋東巖名朝斗星辰近石號綴雲煙霧通待渡舟橫秋水上倚樓人在夕陽中歸來且飲茱萸酒莫放鄉愁瀾乃公逸軒公諱其淵習舉業試不利遂舍去暇則喜爲詩著有逸軒詩草二卷游山晚歸口占云暮色蒼然起扁舟一葉輕篷高風有力日落鳥無聲素月波中印朱霞天半橫晴山融夕照漁火隔溪明黃昏舟過北塘云晚霞斜照漾晴波緩棹偏宜載酒過吟罷不知明月上半塘燈火雜笙歌湘濱公諱廷棟由諸生官山東兗州通判性慷慨有友爲福建知縣虧帑被逮因傾貲贖之歸耆學蘇文忠著有潄石草四卷山左旋里諸同寅以詩贈別即用原韻答之有二首秋風偏恨別離多憶昨尊前共笑歌歸興甘於醇酒下宦情薄似淡雲過辭君此日投簪紱訪我何時到薜蘿拂袖燕臺塵夢覺應知勞逸竟如何偷閒非佛亦非仙吾愛吾廬任性天只爲避喧慵作吏敢云高世欲歸田雨餘山翠龍腰卧火候泉聲蟹眼煎倘得羊求來往熟酒樽棋局送流年冬至前一日抵家云依然山翠枕寒流遊宦三年北海留兩袖冰霜孤客淚五湖風雪一歸舟吟殘綠樹攜新屐

揮盡黃金剩敝裘莫怪囊空兒女笑故園從此伴閒鷗璋士公諱廷樸道光壬午歲貢善書工詩其惠山寺詩云南朝梵宇燦琳瑯長史當年舊草堂塔影凌霄山徑靜松陰滿地石牀涼烹泉攜月城仙蹟斜竹青莎佛院牆閒對殘僧話晴雨不知塵世馬蹄忙

逸民

明末時吾邑鄒仲愔式金崇禎庚辰進士由郎中擢泉州知府因鄭芝龍專權遂拂衣歸隱居不出自號木石居士年八十二卒著宋遺民録香眉亭詩稿同里有樂華字子尹者年十二受知於陳寒山先生補諸生逾十餘年即鼎革性至孝懷才不仕以遺民終寒山殉節後子姓衰落訪舊過錫嘗年趨事寒山者皆拒絕不與

逼問獨子尹追懸舊知相對慟哭取篋中金悉賫給之而去又有嚴𣪞字佩之者諸生嘗讀高子遺書歎曰吾舍是誓將誰與歸遂絕意進取究心理學學使張能鱗聞其名徵禮致之不赴贈額不受或勸以野服報謝亦不往無愧遺民者有易說易同春秋論

鼠神祠

四川黔江縣署不蓄貓以故多鼠大者尺許小者尤繁時游行几席間人不敢擊呼之爲先生相傳昔有土賊圍城城中糧盡援絕賴鼠啣米以濟乃得死守全城以是重鼠署中且有鼠神祠焉

搖會壓斃

蘇州有友人某談及道光時黃鸝坊巷有茶樓多年古屋也一日

搖會者集於此圖序既定依次輪搖會注羅列几上第一人搖得梅花一色會例全色全收將取注矣第二人不服謂爾搖一色皆五安知我不搖一色皆六耶搖之果三十六點第三人繼進而搖曰骰點以紅爲貴如六骰全四我當得盧開視果皆紅也滿屋大譁觀者奔集忽訇然一聲屋柱崩倒數十人同時壓斃

儒釋道

聖學源流始於伏羲神農黃帝而大於堯舜續於禹湯文武周公而傳於孔子斯時也道無二致人無二學猶之一宅之內尊卑長幼俱一家人何分彼此及楊墨出而漸有僭越之志然氣燄猶未盛及孟子沒而聖學不傳寥寥數百年此宅遂爲釋老二氏所竊據後世雖有一二大儒起而爭之亦僅能自立門戶彼竊據者終不能扼其吭而搗其腦也自是儒釋道遂分爲三教既分爲三教則亦仍其爲三教可也而憂之者偏欲混而一之倡爲三教同源之說惑矣降及今時教之名愈多而教之旨益雜矣

用心良巧

鎮江某大令乘輿出行見一鄉人號跳路旁一驢繫於側停輿詢之鄉人曰騎驢入城暫繫此地頃市物以來乃忽易肥而瘦矣大令令鞭之驢奔鄉人追逐其後穿街過巷至一豆腐店而入焉視之則鄉人之驢在內也乃拘豆腐店人至輿前責之鄉人牽之欣然而去蓋驢識其家驅之使歸其用心亦良巧也

辭名得實

士於道學有竊其名而失其實者亦有辭其名而得其實者吾邑明邵文莊公勲德冠宇內嘗有言曰願爲眞士夫不願爲假道學斯言也士林奉以爲格言而後世談道學者必宗之所謂辭名得實者非耶夫眞假者即誠僞之辨也語人品則以辨躬行色莊而賢奸由此判論事功則以辨王道覇術而治亂由此分文莊之學問本領正從此兩言中做出也

夢中驚汗病痊

汝南蕭緒字道基風雅士也元皇統中以事羈迹於燕適遘疫癘臥病於城北之獅香觀中勢已危篤道衆慮其死扶而委置於廡

下蘇迷惘不自知恍惚中見其故友某忽來謂之曰諸務皆竣可行矣蘇正鄉思殷切欣然從之甫出觀扶掖使乘同行出郭約數里天已昏暝友云夕陽西下盍停驂明旦啟行蘇頷之於是共詣一村桃柳夾植紅碧相間絕似春景因問友此爲何地時屆三秋何卉木繁盛若是友笑曰兄勿問至時自有佳景須臾抵一門狀甚烜赫如王侯巨家迴顧其友已失所在乃自下騎而入及門側俄聞宅第中金鼓大作如演弋陽劇心益歆動潛往窺之亦無人呵止歷門三重直達廳事堂上銀燭高燒賓主十餘席鵠立踰觀賓席皆男有黃冠者有緇衣者有冕者有弁者亦有草衣卉服者貴賤老少不一惟主席二筵坐四美人瓔珞垂珠半遮嬌面均

衣五色宮衣筵前巡酒者亦皆二八妖鬟心竊豔之立許時不聞驅逐一時麗色驚眸酒香襲鼻不覺宿疾若失而脾燥喉乾頓忘顧忌突如而前自言有不速之客一人來似欲就席幸主者寬容命坐賓席正暢飲間俄而鉦鳴若雷鐃喧如沸優人扮鬼十數共執一人當場而支解之手足割裂臟腑狼籍血雨腥風殊爲慘目蘇素未覩此不覺大驚股慄以袂自障其面汗如雨下良久張目視之寄身廊廡蓋已霍然愈矣始知是夢且歎其奇因匍匐往尋道眾求粥湯飲之不旬日而復初後過嶽廟見寢宮塑四美人酷似夢中東道主奇矣又半年始歸故鄉焉

點額無聲

福中堂曾駐節四川之草堂寺寺中多蛙聲夜噪不能成眠中堂問何物喧聒從者答言蛙也命捕之獲其一中堂玩視鮮綠可喜戲以朱筆點其額曰勿許再鳴放之池中竟寂然此後草堂寺之蛙無聲矣蛙額皆有紅點鮮灼如血

松根子

明中葉有孫慶字思敬者毘陵人父霞以鎮撫卒於河南母花氏攜孤歸葬慶娶於范亦孝婦也母以少寡蔬食慶與妻皆不御酒肉母嘗病瘍肉腐見骨醫云必吮而愈時暑穢甚慶吮數日果愈既又染寒疾愁苦籲天願以身代疾遂瘳後母終日夜至墓號泣墓上產靈芝備五色雲氣鄉人以爲孝感所致號之曰松根子

讀畫山房

吾邑鮑若洲先生汀諸生爲人沖和澹淡終身無喜慍之色工詩善畫名重於鄉間詩宗王韋畫倣倪雲林王孟端沒後及門搜其詩梓之曰讀畫山房遺稿而散失過半矣茲擇其尤可愛者錄十首舟中薄暮云寒色莽無極依依日欲昏天光全在水樹色半藏雲山挾清淮轉帆隨斷岸奔客愁消不得付與晚煙痕懷楊金蘭云舉世無知己佯狂濁俗塵文章空許國肝膽向何人十載青氈舊千山白髮新可能同把臂痛飲洞庭春對雨云春雨積春煙春光歛碧天客情芳草外鄉思落花前黯黯難成醉瀟瀟易破眠幾人春水上垂釣綠楊邊冬日登虎邱云舟行見山不見石入山見

石不見山劍池鶴澗兩奇絕劚破山骨流潺潺嚴冬山木盡赤立悄無麋鹿蒼崖間道旁清泉煮活火吳女一笑堆雙鬟六年不踏山邊路青鬢無情易衰素縱無虎踞闔閭墳不隨人上眞娘墓英雄兒女總消沉蕭蕭落葉聲如雨閒行且上生公臺臺邊頑石頑如故我道生公不如石請看石在生公去烏江項王廟云末路英雄見性眞虞兮歌罷淚沾巾羞將面目還東土拚得頭顱與故人畢竟千秋誰是漢果然三戶已亡秦昔年轉戰傷心地古廟荒涼對水濱紅心驛送春云飛絮飛花慘客程盡將春恨與行人紅心驛畔紅心草也染猩猩送客行有青溪雜詩十首錄四小姑祠畔月蒼涼銀盤金鬠總斷腸莫把楚簫歌落葉人間儘有客思鄉玉

樹流光日已昏後庭花落泣芳魂青溪常似青銅鏡逗出纖纖月一痕莫愁湖上泛艇舸今古閒愁積未消我欲臨風問湖水如何却有去來潮幾多衰柳向人低秋雨秋風路欲迷有限繁華無限恨玉簫聲在板橋西余高叔祖睿川公諱沆其門下士也嘗爲詩著有古癡草含詩稿春齋病中云地偏人罕至春仲漏方長雨洗道心淨風侵病骨涼養生慚叔夜遺世學蒙莊辜負山西路村村桃杏香新正有作云是身如浮雲是心如太虛浮雲自舒卷太虛常廓如人爲境所累念念易其初心兵一以動是物能相驅察物不留物根棘吾廣居人生亦幻耳萬塊皆蓬廬夷險任所遭順應自有餘若洲陳人都應揭僑稽大司空聘教其子作詩送別云龍峯燕市路漫漫國士酬知跡玉鞍秋日一帆淮浦冷曉霞八月板橋寒連牀細數離人夢樽酒重聯舊主歡獨恨長安隔千里春風淚坐總艱難倪雲林墓云蒼然坏土冷雲飛高士精靈此地歸世上浮名詩畫在山中寒食子孫稀祇陀舊閣留遺蹟震澤移家早見幾當日公卿化燐火思量誰是復誰非

儉能惜福

儉之爲益非僅省財惜福必多嘗見富貴子弟驕奢動與疾病相値勤耕務織勞力者往往康強由惜福也况縱欲敗度人之大患凡聲色貨利可以敗驕奢淫佚之弊者當於起手處力防其漸

妙對

績溪有某忽爲張桓侯所附力猛甚往往毀物傍人莫不患之某生者禱於桓侯謂有一對能對否桓侯曰試言之生曰神是神人是人神何可附人良久乃云爾爲爾我爲我爾焉能浼我生曰神之勇夙聞不知神之文如是神笑曰倩純陽代對耳於是遂寂

以正克邪

湖南湘潭縣西南五十里有石村陳恪勤公故宅也相傳公幼時騎竹馬詣塾讀書以竹置道傍土地廟祝云煩土地公公看馬旣夕放學仍騎竹馬歸日以爲常塾師夢神告曰令徒陳大人每日令看馬使我寸步不敢離奈何一日暑夕訪友坐豆棚下乘涼其友留夜飲自攜壺去買酒忽見一少婦踉蹌而來神情閃爍將入

門低首拜拜畢似有所遺遝入內公取視繩也嗅之臭不可聞取火爇竟少婦出覓不得怒向公衆吐舌披髮吹氣甚冷公亦鼓氣吹之胸穿若洞隨吹隨滅友人歸公囑速往視則其婦已懸帶牀頭灸解之氣未絕詢之始悉友欲假其頭上釵換酒不允友批其頰拔釵而去方忿怒間即有鬼勸其就縊非公則幾不及救矣

孝子孝孫

明末徐純忠字存義毘陵安東鄉人沈毅篤孝燕居無惰容知天下將變曰仕而避其難負吾君不避其難負吾親遂絕意仕進母沈病割臂和藥進病即痊同學生殳死河南貧不能斂晝日夜泣純忠竭力助之行嘗避盜出爲潰卒所得忽一卒突出呼曰若胡

爲縛孝子若不知有存義徐先生耶衆愕然問故皆欷歔云眞孝子舁送之歸明亡杜門不出年八十卒其同邑有董琮字禮坤者性孝因舁盜縱橫舉家匿避祖母年八十餘爲盜所獲琮挺身出護謂祖母老而貧幸釋放我有私藏當以相奉盜信釋焉令掘所藏無所有乃言欲脫祖母耳貧家安得有藏盜怒將殺之其黨有一人曰孝孫也遂釋之父病琮刲肱爲羹進不愈哀毀成疾卒

羅公軼事

理學亦何可厚非惟眞僞不可不辨眞之一字惟羅忠節足以當之其夫人目瞽伉儷甚篤不置側室在長沙購得所謂一字牌者人疑其無此癖則曰家君好爲葉子戲耳又聞其箴規友人高雲亭苦言至於垂涕而道眞意流露表裏如一所著不僅言理之作凡天文輿地律曆兵法及鹽河漕諸務無不探其原委眞可以坐言起行爲有用之學者而至性亦復過人可謂篤行君子矣

有先鑒

劉容粵南人未詳何郡其鄉有土豪奪一良家婦婦之夫踵門哀求豪殺之鄉人不敢問時容方九歲聞而不平入夜懷刃踰牆斬豪首歸以告父父大驚欲縶以首官容竟亡去投甘肅提督馬如龍之營自請從戎馬異其幼收之麾下時回部勢猖獗一日馬出戰爲賊困圍容挾彈飛騎往連斃數人馬得突圍出於是奇其膽勇欲用之容因請將兵自效即分兵千人配之累戰有功十三歲

保至副將尋借補參將缺居官五載遂解職泛海徧游海外諸邦熟覽山河形勢一一識之至於印度而止焉乙亥歲游於鄂吳殖先太史與之遇其人軀幹短小而厲肩火色凜凜有英氣嘗言十餘年後朝鮮必有倭人之禍中國並受其害當時聞者咸疑之未幾果有甲午之變其有先鑒乎洵將才之卓卓者也

育嬰變通法

湖南湘潭縣育嬰堂向雇乳媪百餘人經費既巳不貲而乳媪皆有子女仍乳其所生者而私以飯汁飼所養嬰兒邑紳某見其面黃肌瘦聲嘶啼哭不止不久即當就斃因變其法凡送嬰女來堂者給予腰牌按月領錢六百文并給以衣褌襁褓仍交本婦自乳

撫養既久母子之情益篤斷無有忍棄之水濱者若一二年後即將腰牌掣回以是增額數百名費省而事更無弊

尋親

王襄武進人順治舉人父道治明季與族叔遊廣東不歸襄入廣求其父比至則父與叔皆前卒得父友指葬處乃扶柩返母疑非眞命與日勿合葬未幾棺蓋裂窺見道治鬚眉如生襄投徒養母在館忽心動疾馳六十里歸適鄰延燒襄舍母悸不能起急負以出時同里有吳飛鳴者縣學生父懋禦官於福建明亡棄家遁飛鳴入閩訪求夜行晝伏備歷困苦兩載始相偕旋里又有莊汝字魯修者七歲父出不歸十五歲辭母尋之閱十五六年足跡徧天

下終不遇念母老乃歸娶終養更有事親甚孝之趙明侯康熙間征閩之師過境游兵繫其父去明侯晝夜奔馳至蘇州楓橋見其踉蹌馬後抱之大哭不止皆環視歎息曰孝子也釋之其邑復有尋母者二人爲王志榮幼孤家貧母周氏因歲饑乞食爲人掠賣志榮稍長矢志尋母求乞徧訪嘗不遇不還鄉歷安徽甯國太平至繁昌竟得遇之目已盲負於背踰越險阻而還許秀章生三歲値大饑母鬻於山東賈氏迨父歿售產往尋人止之答云前之不往爲事父也今可遲乎至山東閱兩年始得見相持痛哭請返家鄉母以有後子而家溫給不允泣別而回而終身念母益切也

善爲德基

有利於人皆謂之善有損於人皆謂之惡不必顯徵於事也一念之起鬼神如見不愧屋漏君子所以愼諸幽獨凡人發念大都專求利己故惡多於善久之習慣盡流於惡所當於童穉時即導以善端童穉無善可爲但節其嗜好正其愛惡使之習於馴順不敢分毫恣縱自然由幼至長漸漸惡念少而善念多可謂樹德之基矣爲善必昌善後之本端在於是節錄龍莊居士教子孫語

節婦

曹代何無錫人疾篤頗以其妻錢氏年少爲憂氏曰他日相見地下還君白玉夫領之歿時氏年二十四後八十五忽夢夫索白玉自知將死晨起更衣而歿同里有華節婦某氏者性迂拙寡言笑

有念珠一串族子譁竊之質錢於族人岐宮節婦訪知之遣人取贖岐宮利其値之奢辭以無有俄而雷雨大作震霆繞其室作聲煙焰迷漫家人對面不見岐宮大驚送還其珠雷電始息

設櫃求言

曾文正在皖置一櫃凡言地方利弊悉投其中不必列名於是告訐之風大起人患之求於老訟師老訟師曰不出三日必停止衆疑之及第二日果撤回蓋訟師日寓數十無名之稟皆痛詈文正者文正不能不閱又無可查究此令遂停訟師之心可謂巧矣

英雄無理學氣

江忠烈少時游於博屢負至褫衣質錢爲博徒間亦爲狹邪游一

時禮法之士皆遠之有識者獨決其必有所建豎其用兵以畧勝在中興諸公之右至今名滿天下初至京師人未之奇也惟黎樾喬侍御一見即言此人必死於戰場人亦不之信亦不知其以何術知之也其下第回南時三次爲友人負柩歸葬爲人所難爲曾文正以此賞之令閱儒先語錄約束其身心忠烈謹受教然其治游自若也歴代史書所載人物跅弛不羈之士建立奇功者有之至號爲理學者却少概見如胡文忠以紈袴少年一變而爲頭巾氣亦不捨時趨究竟文忠之所以集事者權術而非理學也

遇急須機變

道光時方蔚卿先生公車北上行山東道中薄暮投某店車裝先

師竹廬隨筆　卷二　三八

入徘徊門外瞻眺景色有一童子信口言曰又一死鬼至矣先生獨耳驚心邀其至僻靜處與白銀少許而問之童子密告云此家但見車之入而不見車之出聞之甚懼欲另覓善地而行李已安他徙反滋疑釁且時已昏暝難以趲行乃問逆旅主人姓名答言店主某六十餘之老翁也有二子平時浪游江湖間去年因父死其子乃歸辭父業而結交者皆虬髯虎面之流倏來倏往莫測其由因又詳問主人狀貌乃遣童子去入門即呼主人姓名其子出答曰已去世矣先生又佯爲傷歎之辭曰我前屆入都曾寓於此與尊翁談甚洽臨別依依堅訂後會今日迂道來兹囊中契濶不意室猶依舊人已云亡能無悲悵言次以袖掩淚出銀數兩託其子備酒饌市香楮奠而哭之祭畢詢問家常其子即以祭品饗客殷勤備至五更就道其子挽留以試期迫近告之酬以寓金不受送至十里外而別試罷歸家誡其子弟曰出門人不可無機變

報父仇

毘陵有夏序功者秉性孝友父與里人有隙人乘逐盗殺其父序功幼哭泣不欲生既長出入挾一錐日夜磨淬陽與仇善母歿歎曰天乎可以行吾志矣邀仇飲醉以錐刺殺之事覺執其兄序功即自詣獄知縣向昂歎爲奇男子欲宥之未幾卒於獄

承平藝事

陳曼生萬廉山兩司馬皆以名士爲河官兩家賓客之盛連襼接

師竹廬隨筆　卷二　三九

袂常數十人金石書畫無不充牣精好陳作宜興茗壺形製仿古各鐫銘於上或間以花草每具貴至數金而不可得萬則以秦漢碑百種縮摹於端硯之背雖斑駁斷裂皆畢肖一時驚爲神技承平時士大夫游心藝事一至於此亦宦途之佳話也

項廟題壁

粤難時有故家子流落至宿遷境內日則行乞夜則宿於同里之項王廟同里項王故鄉也與沛公歌風之鄉相距不遠故家子題詩於壁中二聯云子弟空餘桑梓恨英雄尚有釣遊鄉學書學劍名千古爭霸爭王夢一場詞意清切流麗洵題壁詩之佳者

孝能裕後

孝量無盡而不孝易見孩稚稍有智識父母即取坊本刻像二十四孝故事為之講解冀廸其良知又費幾許心力方得授室成人世風澆薄一有室家即置父母於不顧專為妻子惜力靳資財如性命視手足為途人甚且發於聲不僅誹於腹縱為父母者隱忍不言天能不奪其魄乎故有孝而不報者未有不孝而不報者孝而不報必孝有未至不孝之報則其子眼見其父之所為必且過之孫則更甚於子一再傳之後欲求一不孝之子孫亦不可得矣以是知孝能裕後洵非虛語世人其猛省哉節錄雙節堂庸訓

江底取物

有某由京口附舟渡江行至中流赴船後刷洗水煙筒而煙筒頭

失手墮水時順風張帆舟駛方疾水波汪洋望之惘然旁一老者曲背傴僂笑曰可以取之某云江底無際深不見底矣術以取老人言姑試之乃出長繩約十餘丈繩端繫一鉤擲江中手鬆而繩去益遠復以手收之繩既盡而煙筒頭出矣某大奇即之曰此何術也老人笑不答問以姓名亦再三不答殆仙俠之流亞歟

跪墓讀書

林永餘字子裕武進孟河人六歲喪母每塾中歸必抱書跪墓門長誦朗朗有聲誦已輒號泣以母生時喜讀書聲也事繼母甚謹父疾篤刺指血投詞於神病有間越三月歿哀毀如禮

方靴

乾嘉間翰林至清苦有黃獅青己巳傳臚至庚辰始授廣信府十餘年冷署出門皆步行否則賃騾車從無有自豢車馬者同輩皆然不獨一人也京師有諺語上街有三厭物步其後有急事無不誤者一婦人一駱駝一翰林也其時無不著方靴故廣坐及肆中見方靴必知為翰林矣道光一朝三十年莫重於翰林有非時召見即授道府不數年至督撫者起居服食局面一變焉

以孝弟誨人

梅魁字香岑溫州人諸生品行端謹事親竭誠盡敬父疾衣不解帶者數月父喪寢處苫塊者三年母歿亦如之兄弟二人童年友愛白首無間性情恬淡臨財無苟得待人以誠非義輒侃侃以爭

授徒成材者衆課讀之餘諄諄以孝弟為誨鄉里黨為善良

放雀獲報

鎮江范某其妻病瘵瀕死醫者曰用雀百頭製藥末餌之又於三七日服其腦當痊然一雀不可減也范依言聚雀而籠之妻聞之恚曰以吾一命殘物百命雖死決不為也開籠放之未幾病自痊且得妊生男男兩臂上各有黑斑如雀形

茅蓬菴

余曾王父贊臯公諱宏楣少好學假惠山茅蓬菴讀書者數年圖書一室手不停披喜作詩著有研存賸稿經粵匪兵燹遺失記幼時見其山居即景云境僻紅塵隔山齋樂趣多倚樓明月近掀幔

野興過指點松楸靜胸捫星斗羅列疏裘馬客聒耳只樵歌春齋閒詠云明媚韶光景物新桃紅柳綠倍精神日高猶睡鶯呼夢春好不遊花笑人種竹藝蘭聊避俗傲衣疏食且安貧問心何羨榮華境自有詩書養性眞借友遊五里湖云畫船逐浪曉霞催結伴遊湖洵快哉鳥自花間喚客出山從天外送青來碧波萬頃撒漁艇綠柳千條漾酒杯指點水居風景好迷離樹色隱樓臺

行善得報

浙江盛唐號陶村其祖越湖封翁在杭州開鹽廠一日有桐廬縣諸生投之不相識也留住數月始知其被讐陷害緝捕將至封翁急挈之歸家藏夾牆中年餘其妻子亦逋逃繼至封翁並收之又年餘事平始送回後陶村於嘉慶乙丑成進士救人必有報也

精醫

毘陵蔣國佐精醫知府駱鍾麟子病黃疸莫能治國佐呼其乳母詢知三歲時嘗食池邊螺螄數枚投以鴨涎下血裹螺出霍然愈里有產婦死將葬棺薄流血謂血鮮可活以鍼刺婦胸得蘇生子又牛觸牧童腹腸盡出乃以米泔洗腸納之腹中敷藥得不死

匿銀喪命

道光辛丑夏河決祥符口城內外皆成澤國田廬男婦漂沒者不可數計大府發銀賑濟使某丞任其事某領銀四萬先將二萬匿於家以二萬駕舟往時遍地皆水由城堞上登舟忽遇暴風舟覆救者得某丞屍失其左腿銀則盡數撈出核之僅得其半其事遂上聞大吏委員察其寓中則二萬銀在焉

善惡均有天鑒

沔陽王炟家極貧遇考試輒賣卜於市妻張氏性慈善鄰有生女欲溺者抱養之如是者再乾隆間同鄉某生夢神告曰今科本省解元是育嬰者醒以爲異及揭曉領解者王炟也某生細詢炟乃恍然於神示之不爽同時長沙有農民米上西晨出見道旁置一小籃內貯女嬰併布一匹銀十兩附生年月日一紙此蓋勢必難留作此曲全之術冀遇者收回撫養詎料米竟沉女於河取銀布以歸未逾旬日爲震雷擊死吁殺人取財有不上干天怒者乎

還金感巨族

江山縣紳戶乾嘉間以王家爲最盛相傳其先人某居貧門內只有茅房一間爲其祖業一日早起打掃茅屋見有一小包裹檢視之內有五十金知爲過客所遺堅坐門首待之俄有一人踉蹌號哭而來詰其故即失物者自述此係假貸而來緣其戚爲人誣扳入獄擬以此分賂守者始得釋今不得金則某戚行將斃獄其妻與子皆無以自存我無以對某戚又何敢獨活此金實關係四命故如此耸耳語畢復哭某即出前物還之其人詳詢姓名拜謝而去逾年某葬親居期扶柩而行距穴地近半里許適大雷雨水暴漲柩不得前即安放於中途隙地而雨愈暴水愈大走視墳穴

已被水衝破不得已即就隙地累土成墳逾年其家驟起入泮宮登鄉薦者接踵而來竟成城中巨族僉以爲還金之報也

竊銀十倍還

乾隆時吾邑有華姓挾三百金將買貨淮海間舟過丹陽見岸上一負重囊客呼搭船甚急憐之令停船相待舵工搖手曰此地匪人最多華固欲納之舵工不得已迎客宿於後艙將抵丹徒客負囊出曰已近戚家遂謝去頃之開箱取衣箱中三百金盡變瓦石知爲偷換懊恨無已私念金已被竊不如歸家乃呼篙工返棹詐其値仍如到淮之數舟人從之張帆而歸過奔牛鎮又見有人冒雨負行李呼搭船舵工睨之即竊銀客也急伏艙内而令水手迎

之其人不料此船仍回天晩雨甚急又不及辨持行李付水手身躍人艙見華在焉大駭狂奔登岸失足落水即沉發其行囊原銀三百如故外有珍珠百十粒價可數千金而華從此富矣

義舉昌後

江西臨川縣李亶誠封翁少時極貧困嘗除夕避債族人家爲其家奴輩所斥天明負氣出以一袱一傘遊粤西謀生稍得贏餘而素性任俠隨手輒罄後隨客至交趾市肉桂歸售於兩粤間往返數四得八千金歸途過太平郡某丞素所善也見其顔色慘沮問之泣云我權某縣時因公移挪庫項八千金爲新任所揭將監追竊革身亦難保翁言吾囊中金適符此數可取去無戚戚也丞曰君半生辛苦始得此金今索手而歸我何以安翁曰我無此金可圖再舉若無此金則身陷不測竟委金於丞疾馳而去丞得金事遂解翁歸乃改爲猗頓之術不數年富甲一郡連舉丈夫子十餘人水部郎芸圃先生其最少者其長孫春湖先生早歲成進士以翰林出身官至侍郎子孫昌熾何莫非從行義中來耶

孝孫奮復明

浙江永嘉縣有厲建申者少孤貧祖母撫之年二十而盲事祖母孝冬無絮被以身溫榻夏無帷帳以身飽蚊數十年不衰祖母八十餘將死歎曰死而有知當令汝目復明建申周甲後夜夢以藥數其目醒則果復明詢其弟云久不見弟面鬚髮已皤然矣蓋同

居數十年今始相識也一時傳爲美談年七十三卒

爲母溫被

蔡敦復武進欽風鄉人幼孤朔望必至墓所呼父再三不忍去事母孝養盡力天寒爲母溫被母促之起命婦偕母寢妻亦孝姑不怠母疾敦復侍牀蓐目不交睫者月餘疾亟皇迫無措母語之曰汝孝至矣若傷爾體重傷我心愼勿割股也乃吞聲唯唯母殁時敦復年六十三矣結草廬墓每慟輒仆以毀卒

潘家陰德

蘇州潘芝軒相國其祖某翁業鹺家裕每臘月中旬後取白金二三百兩各稱小包三五兩不等身被舊褐衣走鄉中僻巷察其無

計度歲耆量給與之人不知爲誰也又嘗於除夜見廳事前有匍伏黑暗中者燭之乃鄰家子也忸怩言某不肖好賭博負債纍纍今夜索逋者甚急不得已欲行竊既被獲乞饒命而已翁憫之問須若干金了債答言十金翁曰何不早告乃出二十金與之謂以一半償債以一半作小經紀但願汝戒賭勉爲善良誓不以今夜之事告人也其人泣謝去後翁得一山地堪輿家咸謂狀元宰輔吉穴葬數年榕皋鐵華兩先生先後成進士至癸丑芝軒先生大魁乙卯榕皋子世璜探花及第未久芝軒先生子又登科甲焉

不妬獲福

吳江陳海霞嘗言同里某氏適邑中趙某趙私一僕婦有身氏故

有子知其故乃匿之於內詐爲己孕候其產而留撫之人鮮知者後僕婦所生子中某科舉人選嘉定教諭氏得封而己所生子夭亡久矣向使不留其子則宗祧斬此殆天之所以報不妬者乎

賢婦

有周某以刻薄起家爲子娶婦初入門即以斗斛秤尺等物各兩件諭行入多出少之法婦涕泣求去謂翁所爲有逆天道後代必有不肖子破家周某悟曰然則改之何如婦問用此幾年矣曰二十餘載必欲留妾請反用二十餘年以償昔日欺詐之數乃可周某諾之後生二子皆登第此婦以巾幗而能幹蠱洵女丈夫哉

勸惜字

錢塘諸生朱坎泉客游某省課徒見其居民不知惜字糊窗抹桌踐踏污穢惡習相沿乃力勸居停捐貲收買有不潔紙手自洗滌焚之逢人勸諭竟移其俗後坎泉長子瀾入翰林次子瀛登鄉薦夫一人惜字善有限使人人惜字則其善溥宜其獲報之隆也

孫氏陰德

吾邑孫平叔制軍久宦閩省有遺愛謠文靖未釋褐時鄰有老嫠婦不戒於火延燒十餘家嫠婦焚死家乏餘丁燼餘之屍任其暴露其十餘家旋復營造將殘磚破瓦悉堆於其骸之上公見而憐之獨出數十緡令匠移去磚瓦起出遺骸買棺斂埋之又值邑中荒歉餓莩載途官方議平糶而富戶吝於出穀互相推諉公時家

中落將古瓶一對售得數百緡於前後門各設一廠平糶由是殷實之家感愧競相效之藉以活者無算次年公成進士入詞垣

白卷中魁

句容某生博學能文好濟人急值鄉試無貲得親友贐儀十餘金抵省寓地藏菴聞鄰舍有老嫗失養不得已而賣媳者哭甚哀訊其子則多年遠出生憐之詭作其子家書言久商獲利將歸先寄銀十兩以資家用助[illegible]投之嫗得銀事遂解生借貸入闈夢神告云子必售矣然須三場俱曳白乃妙醒而以爲荒唐題紙下方欲書復恍惚有神呵曰子欲落孫山耶卷有字榜無名矣生仍不信靜坐搆思而心如廢井抵暮不成一字昏昏熟睡及覺見出場者

踵相接亦交省出神藍榜無己名乃勉入二三場遂坦然曳白揭曉則高標第二名正錯愕間有飛騎遞某令札至啟視闈稿悉具命固名進士由庶常改外派作收卷官見闈題技癢難禁默成三藝適揆生白卷神歸寢所疾寫發謄惟恐生不再來繼得二三場俱曳白始終完其卷生詣謝令笑問君何惜墨乃爾生以夢告問有何陰德謙言無之固問因微言場前寄銀事令拱手曰是矣子代人作家書天遣余代子作場藝又何謝焉報施之巧如此

雷擊

吳江有顧老紹者以釀酒爲業一日見酒缸中死一赤練蛇心知酒已被毒必害人而吝惜貲本不肯棄去仍與夥嚴姓者分貯十

餘甕將出售忽震雷擊酒甕盡碎無一存者而人俱無恙顧始大悔可見一念之不仁已上達天聽能不儆懼哉

寫離書削科名

甯波葛觀察爲諸生時每赴學塾過路旁一廟必揖神祇夢於廟祝言葛狀元過此必揖我起立不安爲我築一屏於門將鳩工復夢云無庸葛代人寫離書已削科名矣蓋里有棄妻者得其一金代爲之葛聞廟祝言爲力完其夫婦後登鄉榜官至監司而止

不敢負恩

凡人煙幅輳之區遇吉日嫁娶恒十餘起一日兩家俱嫁女一巨富一極貧至中途相值雨大至舁者各以綵輿置郵亭中四散爲避雨討貧女於輿中哭甚哀久之富家女亦心動遣媵婢問之女子適人離父母違兄弟誠大苦然何至傷痛乃爾貧女言我母家故窮所適又乞人子明日即不知何若以是悲富家女爲之惻然俗於嫁娘兩袖中必置壓重物謂之壓袖富者袖貯荷囊二各緘金錠一約重二十餘兩乃出使婢納諸哭者之懷語以萍水相逢無可爲贈持此謀饘粥或不致遽凍餒受之正欲問姓名雨霽輿夫集兩分路貧女嫁後出金俾夫權子母初爲小經紀繼作大賈家驟饒裕廣市田園然所置田屋等必析爲二衆莫解其意性好施與一鄉稱善人顧艱於嗣息逾十載始生男擇乳媼哺之初來時諸婢僕指屋後樓三楹云每清晨主母盥洗畢即捧香屏

從人詣其上汝愼勿登漸所哺子能行走忽攀躋欲上阻之則號跳不得已從之登入其中則空洞無物惟設香案南向一龕障以幕揭視久之不覺失聲哭衆聞聲告主母爭詰之言小郎欲登恐其蹉跌匆促間不及細思應如何示罰惟主命問何爲泣媼揮淚云適見其中所懸荷囊與我嫁時壓袖者相似是日行至途中並所貯金贈一嫁娘彌時母家夫家皆極感不知財物爲可貴不圖今日落魄至此語罷復泣主問汝嫁爲何時以某年月日對問是日遇雨否答言不雨則我之荷囊固在也聞而默然因使人尋其夫來次日張燈彩召梨園若將宴貴客者並召其族人皆至屆時堂中排二席設兩坐旁列二几堆簿籍高尺許命四僕引其夫升

堂命四婦扶媼自室中出令二人上坐主人主母倒身下拜拜已起而言曰曩蒙贈金者乃我翁夫婦非受賜無以有今日藏皮荷囊示不忘也日日頂禮冀相遇也財外為二家敢專利也今幸天假之緣不致負恩歿世此田產簿二分願存其一而以一歸還乘示族人不得有異說翁媼惶遽惟同聲連稱不敢不敢而已乃促坐定奉酒卮筵開樂作至二鼓挑燈送歸所居之東院宿凡几案衾稠與自居者無少異媼初生女寄養他人而身出為傭至是迎歸後長成遂以字其所乳子兩家世為婚姻如朱陳村焉世或疑其坐享幾於倖獲不知皆其惻隱贈金之念所感召也而貧女暴富即天圖報心宜天之陰相之矣造物豈妄與人以福澤哉

名醫好施

毘陵蔣斌字良佐善醫決死生多奇驗張某病劇診之謂所患即瘥十年後當死如期發疾卒徽賈某以微病就診曰二十日後不起矣速歸可與家人相見卒如所言斌輕財好施客山東嘗泊舟臨清值大旱流亡集水次人給錢三百囊中金數百頃刻盡過海甯周某傾蓋歡甚知其壯未娶以六十金畀之其豪邁率類此

龍來

林龍永嘉縣農家子性愿樸年十四父卒事慈親至孝妻陳不合慈親意出之續娶周又不合再出之家貧為人傭因慈親多病每日恒三次歸視於傭所得值僅取三之二謂我多往返恐妨所事願薄受焉有食以魚肉者必舍以遺母或竟日始得歸未及門輒呼母曰龍來龍來母年八十餘一日忽蹶仆瀕於死涕泣禱於神漸甦自是不敢稍離衛護不能食以口哺之目病無所見以舌舐之及卒嗚咽語鄰嫗云母素不能行凡衣食無不待我今踽踽泉壤苦何以堪願相從於地下遂繞墓號泣自經而死

救難巧報

嘉慶初年山陰陳某赴省試舟泊蕭山之西興驛忽聞街市火起登岸往觀見火光中一女子身無半縷蹲伏於地羞慚無以自容陳急取一袍擲與之女得蔽體而家人星散無所歸號泣求救陳使宿其舟之頭艙終夜不交一語晨起訪其母家挽之歸彼此匆

匆不暇問姓名衣亦未還遂渡江去及入場文思甚澀忽聞鄰號呻吟聲窺之一生病篤謂之曰余文成而病不能寫惟交白卷求出場而已子為我檢點考具感甚因為之料量舉生問君文如何告以故生言余文已無用感君之義即贈君既受文遂扶生出歸號錄其文揭曉竟中式徧訪無知生者後以大挑分發安徽晤一候補令似相識諦視之即昔患病某也各敘往事乃知某即蕭山人是年出場病旋愈次科亦獲雋陳往謝之偶一回首見簷下有曬衣則前贈之袍在焉不覺屢顧某疑而問之陳言其始末某恍然曰信哉君所見女子即內子也遭回祿時尚未嫁及歸余奩中見此衣內子為余言昔遭火厄幸遇一士子擲一衣得蔽體而歸

彼此匆促姓名不暇問衣亦未還每呼負負故夏日必曬而藏之將以報也蓋君之遇我我之贈君實君之陰德所致冥冥中假余手以報之非偶然矣語畢呼妻出謝從此來往如通家焉

勸孝

杭州有某患病甚篤魂已離舍恍惚至冥司遇一吏乃其故友爲檢籍蹙眉語之云子忤逆父母法當付湯鑊獄幸壽未終且去俟壽終再來某惶怖求解吏謂此罪至重我何能解哉某泣求不已吏沉思良久曰諺云解鈴還賴繫鈴人得罪父母急以孝順父母懺悔或可挽回耳送之反汗大出而愈即向父母備陳所遇從此婉容愉色侍奉惟謹并戒妻溫凊無懈頗得二老歡心及二老没喪葬如禮後年逾七十壽終想緣孝順挽回也

農人積德

有佃戶錢盆者其主人因謀佔鄰田不遂心生毒計令盆以稗子撒鄰田中盆語妻云竟撒則害人否則逆主命將奈何妻曰何不以蒸熟稗子代之遂依行其主察之見已撒而止而鄰田毫無所損後盆生子登進士第夫妻皆受封偕老焉

人自壁出

旌陽任某赴金陵應試獨賃報恩寺之南廂耽其幽寂洒掃布榻抵夕就寢案置一燈光熒然忽見東壁彷彿有人影徐徐而下身短且肥黑衫皂靴手執蕉葉扇且扇且笑周室旋走俄見其人向西壁一揖則復見一影徐徐下修短狀貌衣冠悉如前者兩人左右往來搖扇不已又見兩人各向壁一揖復有兩人俱下形貌悉同四人者復同揖則又有四人下滿室走且舞扇聲戛戛然風氣陰冽燈光漸黯碧色如豆某初不甚懼至是始覺肌戰心慄猶幸其不近榻前并有帳以衛或無害也方注想間則見八人並立向榻而揖帳忽自開某倉皇大呼沖奔而出彼亦不追也某闖殿上鐘鼓乍動知老僧作夜課急趨投之老僧禁勿言乃勉就方丈卧天明移寓他所其爲何怪終不能知也

書體漸變

館閣書逐時而變皆窺上意所在國初聖祖喜董書一時文臣皆

從之雍正乾隆間皆以顏字爲根底而米趙間之福澤氣息無不雄厚俗語所謂方光圓黑是也嘉慶一變而爲歐道光再變而爲柳咸豐以後則不顏不歐不柳近且多學北魏易流於險怪矣

傍言

吾邑錢勛字撰初咸豐乙卯順天舉人少負才名著爲詩歌駢文沈博絕麗嘗擬樂府傍言八章其一云行不得也哥哥男人祈麥女祈禾一年耕種村農苦誰家歌舞落花多其二云提葫蘆提葫蘆田耕老父饁餉阿婆牛馬果爲誰作苦兒孫醉倒田頭扶其三云咄咄怪今年田夫大猾獪兩過麥拔心無憂歸家乞火向鄰話咄咄怪其四云不如歸去提得鋤頭向村路身無完膚衣無完布

蓑笠且歸來門少催租賦其五云麥枯麥枯大雨如珠十日九雨爛麥稃大兒啼飢小兒待哺莫嫌麥餅焦雨止棃亦無其六云於忽乎於忽乎年豐歲稔官不催租田中泥深還沒駝新婦餉飯拾田螺其七云脱却布袴犢下土高緑陰滿路家家餉得耕田具服却新蓑還典庫其八云泥滑滑車軋軋千頃新苗女手拔大雨來時鷽啼老鸛泥滑滑

先賢投琴

先賢子游墓在常熟縣虞山之巔前明萬歷間有樵者過墓上見一叟衣冠甚古獨坐鼓琴樵者擲斧柯聽之叟欣然曰汝欲學耶因令每日過墓授以清商數曲後樵者於昭明讀書臺下聞有達

官貴人鼓琴爲會者亦傾耳聽已而笑曰第五弦尚未調也鼓琴者曰汝何人亦解此耶試調其弦果如樵者所云遂令其一再彈則泠然太古音也大驚異爲易冠巾與定交問其所從學乃以實告因詢其衣冠狀乃知所見者爲子游也常熟嚴太守天池之琴至今名天下而其傳實自樵者故海内推爲正音焉

生瑜生亮

既生瑜何生亮二語出三國演義實正史所無也而王阮亭古詩選凡例尤悔菴滄浪亭詩序並襲用之以二公之博雅且猶不免此誤今之屬文者可不慎歟

畫龍

周璕字崑來江寧人善丹青康熙中以畫龍著名嘗以所畫張於黃鶴樓標其價曰一百兩有臬司某者登樓見之賞玩不置曰誠須一百兩璕即卷贈之曰吾非必欲得百金也聊以覘世眼耳公能識之是吾知己也當爲知己贈由是遂知名其畫龍烘染雲霧幾至百遍淺深遠近隱隱隆隆誠足悦目或謂畫龍以雲勝固爲得之第烘染太過猶非大雅所尚耳

寄我山房

華棨人白茆邑之工詩詞者有寄我山房詩詞稿行世五古如月夜遲友不至云良友期不來空庭坐明月坐久清輝移中心如有失撫琴不成調展轉意拂鬱人生不百年逝者復飄忽惟此眼前

歡領取即明達更有事煩擾強半被侵奪今夕月如盤孤賞感契濶明日若來時月輪已殘缺糊窗云一椽託吾足暗處疑人覰乃於東南隅牆半鑿一空少引日月光聊使心目縱方秋正西成塵入如煙霧因思蟻緣隙病在隙之縫糊之以素紙既障仍明洞忽如遠行客陡然入鄉夢離家五首錄二首舟人催放船小兒牽裳衣問爺往何方此去幾時歸小兒何所知向我情依依我豈非人子乃欲離親闈徘徊復徘徊朝陽下簷牙帆檣雖已張前路原不賖離家一步遠恍已在天涯去矣遊子身遊子心在家示子四首錄二首頑鐵鍊成鋼精金無以過良玉棄不琢瓦礫奚以多毋寄譽者甘毋疾責者苛從來白與堅能受湼與磨哲士還嫌疑瓜田

有遺言我心縱精自衆口喜讕翻持己寧過嚴與人寧過寬過人心平嚴過己心安七律如寄孫賦山云出處逡歧可奈何分將愁思爲君歌米鹽倍價文章賤才命相妨坎壈多欲去更虞家是累致身難得禮爲羅從茲脫穎囊錐露愧我蹉跎歎逝波將赴館書感有二首錄其一久客似歸歸似客無多生計硯爲田何堪薪桂米珠日正在親衰予幼年甕罄近來持酒戒詩窮只合廢吟篇明朝便欲辭家去那得今宵尚穩眠冬夜云半捲疏簾倚石闌霜清水遠雁聲酸參差紅葉隨風盡憔悴黃花共月殘病後心情終是怯夜來天氣不勝寒江城昨日家書到反爲離愁未敢看將歸云茫然身世費躊躇虛擲流光鬢欲蒼八口一家生計切十年孤

館夢魂忙酒能醉我何妨濁詩恐驚人未敢狂檢點歸裝無長物古琴長劍素書囊七古如溪上有懷云溪上風光三月新桃花水發生白蘋滿川煙草碧波台對此令人懷故人孤琴不鳴杯不舉疏櫺暮掩蕭蕭雨空齋岑寂無人聲夜深獨共青燈語營巢燕云營巢燕朝帶殘香暮花片朝朝暮暮營新巢歷盡華堂與深院營巢燕莫浪營華堂深院多紛更不如江干舊茅屋故巢無恙主人情五律有十餘首錄其一題係送別朱南山且佳爲佳耳無端作別詞斜陽將暮矣翹首欲何之深樹鴉歸急敧橋人渡遲相逢欣不遠記取後來期他題有樹密疑無地山深別有天江漲平浮岸峯高亂插天等句不忍割愛附錄之七絕如遊絲云東風庭院翠煙開裊裊晴絲去復回飛絮落花無限恨一齊牽過粉牆來夢亡妻云憔悴心神多病身卌年與我守清貧君今已在清貧外何事言猶及米薪有偶成四首擇錄其二倦客初歸臥倍安起來紅日滿闌干百錢自糴三升米好作珍珠萬顆看列案蘆菔味帶酸笑和妻子坐團圞年荒供奉休嫌薄尚有人家未得餐五絕如小除夕期友不至云寒溪凍不流孤鶴自來去有約訪梅花山深渺何處不寐云遠客兩行淚孤燈一點花夜寒不能寐那有夢還家有詞六闋錄三調寄清平樂離情云春歸何處半逐風中絮陌上馬嘶人欲去一晌驚花雨小園落盡棠梨斷腸芳草天涯妬殺呢喃紫燕朝朝梁上雙棲調寄東坡引閨情云銅龍和淚滴舊病兼愁

劇二更風雨三更笛夜長眠不得夜長眠不得綵雲易散粉箋猶濕歎花謝春無色去時情事空相憶夢魂何處覓夢魂何處覓調寄南鄉子春陰云春盡雨聲中草色芊綿柳色濃縱有半彎新月吐朦朧恰似嬌羞避阿儂燈影透簾紅翠被香銷瑞鴨烘鐵馬偏生和玉漏丁冬敲斷香魂夢未通

李存我書

雲間李待問字存我工書法自許出董宗伯上凡里中寺院有宗伯題額者李輒另書以列其旁欲以示己之勝董也宗伯聞而往觀之曰書果佳但有殺氣恐不得其死耳後李果以起義陣亡宗伯洵具眼矣又宗伯以存我之書若留於後世必致掩己之名乃

陰使人以重價收買得即焚之故李書至今日殊不多見矣

奇人多奇物

顧玉川名大愚江陰之陽舍人也深目戟髯其狀如羽人劍客遇道士授神行法一晝夜可走八百里所畜多異物有仙人李赤肚所贈白布衲內多名人題贊有張益德玉印一方篆文殊古寶色斑駁腰間出一小獼猴長可五六寸能行走席上擎杯送酒家有大葫蘆可貯米三石江陰界連常熟當接壤處有沙隄一帶頗平衍每歲中秋兩邑馳馬較勝負者恒於斯而如皋泰興有良馬亦渡江來會適當群騎雲集而玉川牽一黃犢至其鈴轡鞍蹬一一如馬曰願以此與諸君遊戲衆大笑玉川固請乃云姑試之則選

上駟與之並馳無不落其後者後至松江謁陳眉公以此犢爲贄謂此青牛也宜爲老子所騎眉公喜而受之

喚雪子

吳江僧大涵初號喚雪子因遊雁蕩黃山愛其勝遂合兩處而號雁黃嘗耕黃山土堅劚之有聲忽聞半空有響者仰視樵伐木也吟云築土登登伐木丁丁詩從此進後以語人人言何乃竊詩經語大涵實未讀詩索觀之笑曰彼疊二字不如三字肖也

狐仙驅賊

松郡試院有樓非學使者至人不敢登咸豐庚申賊陷郡城群臥樓上夜夜聞戰鬭聲有自夢中驚起墮樓死者賊館煮飯皆黑如墨每於深夜見城上火把照耀如晝疑官軍已登城爭相逃竄頃復寂然群賊以終夜不得息遂棄城去土人云是狐仙所爲也

芹藻餘芬圖記

孫君季芳名振烈晚號禿翁健於文撰芹藻餘芬圖記云予少不喜舉子業二十外猶不獲青其衿卒以父兄督責日課一藝者累月始以清同治戊辰歲案得附諸生後是時錫金兩邑同案者三十六人類皆翩翩年少迄今四十有七年存者祇得八人皆鬢髮皤然六七十外人矣慨自清季科舉廢後黌宮荒蕪諸生無復繼踵再四十七年諸生存者尚有幾人乎爰集八人者用西法攝景并系以詩留作他時紀念余年差長群推中座次於左者杜君子

撝年七十一從姪軼千年六十有七妹倩錢君祖耆年六十有六次於右者王君盡臣實君叔英嵇君兩人三人同庚年皆六十有八周君禮與遊幕豫省故不與年亦七十有二詩云泮水斷流芹藻枯黌宮闃寂走豐狐老夫不忍青衿廢相約同人攝此圖末敘甲寅初夏七十二禿翁識孫君年雖老詩興不隨之老近有和錢君禮南昆季合稱百齡圖五古一首云憶昔丙午春仲兄正七秩叔兄辛丑生癸卯我生日合慶雙百齡三人共一室戴君贈以聯語尚能述禮南錢氏子適祖壽無匹昆季有三人翕合如琴瑟合稱百齡圖年數槩從實題詠徵名流裒然已成帙前之聲琅琅珠玉自口出我子亦有三百歲尚缺一幼如淵明兒但覓梨與栗

長亦無所成難以紹蛾術默自數衰齡忽已七十七厭世不出門閱時只抱膝脊令詩久廢往事那堪詰

自述

道光二十七年丁未一歲四月十五日卯時生

道光二十九年己酉三歲五月十三日起連日霪雨傾致大水成災五里街淹沒水積盈尺一片汪洋不通行走者數日

咸豐三年癸丑七歲正月粵匪全股東竄二月初十日金陵失陷越旬日鎮江揚州相繼失陷難民紛紛南下吾邑派留千餘人分四門城外寺廟居之是月二十七日清明節廣潮勇過境在北塘奪坐民船逃船如蟻忽有人訛傳粵匪至爭擁出城南弔橋下踏

斃二十七八三月地震四野有磷人心惶惶挈眷遷避鄉間者甚多余家自祖母下婦稚均避居西鄉太湖濱之歸山麓惟父親與叔父侍祖父於城中而父親隔數日必赴鄉省祖母輒徒步二十餘里觸受暑氣鬱積臟腑及秋發瘧雖屢服藥延久不解而元氣漸虧勦邪襲入心包猝然不語遂於八月二十一日長逝年僅三十有六時兄纔十三歲弟二歲姊妹俱幼母親哀毀幾欲捐生繼思上侍舅姑下撫弱息責任非輕始進飲食吾邑團練於春間倡始兩邑侯奉檄督辦民團延紳董於恒善堂勸捐經費招募鄉勇百名分布北塘牛屋壩及四城門盤詰名盤查局城鄉編立保甲以十家爲一牌十牌爲一甲而吾邑設卡抽釐助餉亦於是年始是冬麵長埣周氏鄧氏開倉收租土匪倪孟壽聚衆抗租搶掠周鄧兩家各募力士數人防禦互相救援獲匪首倪孟壽解縣孟壽立站籠死署前三壩橋土匪平阿方費繼祖等始以抗租聚衆繼謀不軌乘三壩橋趙氏收租入其家搶掠一空金匱高令會營往捕匪黨鳴鑼拒之請兵於府始得捕獲阿方繼祖斬梟同時曹墓塘鄒阿多等亦以抗租搶掠案死於獄者五六人

咸豐五年乙卯九歲蘇撫吉爾杭阿收復上海城移營鎮江二月二日過境錫令吳金令錢同紳董宴吉公於惠山是月初七日祖母病故壽七十有一祖父輓聯云境歷艱辛昔日隨余苦能耐世當離亂此時歸去福非輕初九日鎮江賊分竄高資牽制官軍向

大臣榮勇額四萬餘人積久欠饟百餘萬軍士譁饟向大臣始以慰勞繼以詬責麾使速行軍士皆涕泣謝罪時大營僅存十八日夜以疑兵守之幸各路俱捷轉危爲安鹽梟頭目劉正裕鄭國魁陳三禿子俱巢湖人素爲米業接客咸豐初年江浙漕糧改道海運河運船額共六千六百六十餘艘其舵工水手改業販鹽因正裕國魁久留無錫人地熟悉尊爲頭目而鹽販日衆偏地鹽擠官鹽不銷官不能禁所謂鹽梟也有廬州人結伴負販由蘇常一帶運物於被陷地方獲利甚厚間有僱船裝運者泊北門外河埣裏劉黨垂涎尋釁六月二十三日至北塘盤查局聲言捕捉奸細速乞軍火擅取器械而去趨至河埣裏隔河開鎗廬人飛瓦擲石勝

首示外有本地游民李盤引梟入過橋襲其後廬人恐入河被刺死者十餘人梟人乘勢劫掠其船守備蔣志善排隊出城梟人乃散設計誘劉等到案劉正裕梟示泗堡橋陳三秃子梟示梨花莊鄭國魁奔東壩投營以避捕捉是役居民雖無害驚惶頗甚焉

咸豐六年丙辰十歲四月二十三日天雨寸許後百餘日無雨五月十三日禁屠宰求雨六月初二開屠一日初七日禁魚蝦築臺於崇安寺令道會司居金魁設壇書符誦咒而兩邑令仍步行拈香經旬紅日依然均無驗再設壇於獨山門向太湖借水半月往求三次河中水漲僅二寸許遂止然運河盡涸旱災已成調兵俱陸行商賈運貨亦然直塘人馬車轎不絕深宵燈光如晝二十六

日飛蝗來自西北蔽天日食禾頃刻盡旋爲官示民捕計重給錢於是捉而撻之網而焚之稍殺其勢高田禾稿低田蝗食米價騰貴民不聊生七月二十九日始大雨嗣後陸續得雨河道漸通是年夏金陵鎮江賊議夾攻以撼我大營於是鎮江之賊從東而西江甯之賊從西而東溧水大小關金柱黄馬等處之賊旁出衝擾向大臣因分勦甯國溧水屢經抽撥兵力過單賊蜂至官兵正併力截殺各營火起兵勇潰散張國樑突圍保向大臣衝鋒而出收聚散卒退守丹陽上游難民回籍未久至是又南下吾邑善士集資每人給錢三十文旬日發共錢五百餘千蘇省大吏恐人衆滋事通飭各屬留[illegible]金派養三千餘人彗星見東北方光芒綿長

警報川至吾邑徙避者因天熱死過十之一二余家亦未徙大軍既移營丹陽嬰城固守而賊勢甚猖獗有以退保勸者向大臣太息曰吾病不能進何顏更南走當死於此遂以軍事付幫辦張提督國樑執其手云汝才足辦賊吾死何憾復翻身呼終負君恩一慟而絕謚忠武向大臣自道光三十年調任廣西提督即勦粵匪大小千百戰嘗自矯誓滅此賊私印金陵陷後保障東南人歌之曰向陽一木自欣欣覆徧江南獨賴君功偉可見矣

咸豐七年丁巳十一歲春張軍句容大捷斃賊無數吾邑蝗蝻復生鄉民掘不能徧至是生翼而飛兩邑令飭民捕捉計斤給錢收之在廳宿墩開坑焚燒猶未盡忽天雨三晝夜滅於太湖中總兵

傅振邦等例平溧水城外賊壘副將虎坤元率衆入溧水城復之夏張幫辦會傅振邦克復句容冬張軍復會總兵虎嵩林等克復鎮江府城大營漸漸移駐江甯地界

咸豐九年己未十三歲上年二月張幫辦克秣陵關復大捷於雨花臺遂與和大臣定議築長圍以偪江甯賊又於是年正月克浦口收復江浦金陵賊勢漸蹙矣八月英法合兵由大沽犯京師法酋孤拔縱火圓明園九月四日孤拔再燬圓明園殿宇萬壽山昆明湖等處煙燄三晝夜十月溫暖如春桃花玉蘭盛開

咸豐十年庚申十四歲春行冬令三月十三日大雪尺許十四日清明節方止春寒異常燕未至城中俱梟四鄉閘三月金陵大營

因軍饟不繼擬每四十五日發一月之糧兵勇心漸攜貳城逆糾合各處逆黨於初七日紛撲大營總統張提督晝夜拒戰而賊來益眾勢漸不支檄副總統張玉良來援何制軍桂清在常州擁兵自衛不許行十四日大雷雨夜半酷寒各營火起十五日與和大臣等退駐丹陽錫城人恐紛紛遷避祖父因襄辦團練以死自誓僅許家人避母親不忍離其父母暫挈子女隨外祖遷寨門伯兄維鏞暗體祖父心隨叔父還鴻山威家橋數日間溧陽〔溧水〕宜興同時陷逆匪進圍丹陽初猶憚張提督聲威不敢近逼令黠賊潛入大營伺提督出戰自後狙擊之受創甚猶血戰刃數賊躍馬入丹陽河而死年三十八謚忠武張提督初名嘉祥廣東人在粵頗不逞

後率所部投誠隨向提督轉戰數省所向無敵由偏裨升提督幫辦江南軍務東南半壁倚如長城及其死丹陽遂陷四月初六日未刻常州城失守蘇州藩籬盡撤守兵不滿四千徐巡撫有壬令張提督玉良守高橋扼賊衝逆分股繞出九龍山壓高橋背師潰初十日無錫陷祖父被賊戕於連元街練勇隨死者數人十三日蘇州城失陷徐巡撫遇害江陰亦於是日陷賊既踞錫城四出焚掠寨門居不能安遷而至嚴家橋至陳墅至戴巷時各鄉集民團立白頭局因賊以紅綢裹首民以白布紮頭別之賊出擾協力拒禦四鄉皆然以永昌徐氏江陰王元昌爲最旋城賊出僞示安民而白頭漸散焉秋間隨母親往鴻山與叔父同居未久常熟陷轉徙近城地方以船爲家者匝月值伯兄維鏞在船病危假亭子巷陶姓屋爲易簀地不數日卒九月二十二日也年僅二十兄幼聰慧十六歲時應縣試列名十三侍余尤友愛常以小學坐如尸立如齊等語及婁師德唾面自乾教余乃竟不壽家運之乖夫復何言是月杪賃江溪橋楊氏樓房三間居焉

咸豐十一年辛酉十五歲四月下旬志千從叔祖來言現住東鄉老西莊地頗安靜叔父即挈家徙居老西莊華鼎卿先去年城賊安民復出示招募鄉官募得米業華二猪業黃順元華爲無錫監軍立局堰橋鎮黃爲金匱監軍立局東亭鎮兩處市肆大興并募鄉圖里正充軍師旅帥司馬百長一圖一旅帥五旅一師帥五師

一軍帥軍帥屬於監軍又招募兩邑之老書吏設僞錢糧局於東門外亭子橋造冊分業佃完糧令民自行投櫃隨給僞串業田者稍得收租或頑佃抗租訴賊押追城賊旣收田捐鋪捐不滿欲壑在新塘橋東亭龍舌尖四河口五丫浜大澮八士橋等處立卡抽貨船之稅并立外卡巡船無數勒索行商是年七月城賊奉僞令舉辦僞試勒令鄉官招能文者取齊監軍局每名給錢十千文得數十人監軍送城考試賊以杜撰鄙語爲題錫金取三十八名曰約士旋赴金陵亦稱鄉試錫金中式二十八名曰達士給紅巾爲冠紅衫爲服俱用綢紗中式者內有附生數人皆迫於窮之所爲也十二月二十七日晨大雪三晝夜積深三尺路絕行人河無行

川老屋草房幸多歷倒

同治元年壬戌十六歲母親自先兄卒後悲傷成疾飲食頓減臥牀不起有時稍愈不過勉強出房門而力乏氣虛漸入老境三月杪發熱數日精神益虧醫生案云悠悠揚揚欲脫之象延至四月十五日午刻正進藥而藥忽從兩口角退出以手按鼻息則氣已絕年僅四十四痛哉是月賊首僞忠王在蘇開爐鑄僞錢派各屬用於市銅質極次正面刻太平天国（俗國字）四字背之左右聖寶二字錢業雖於官制錢搭用之十月常熟守城賊酋駱國忠歸順

同治二年癸亥十七歲正月間蘇州賊隊復犯常熟穴地攻城駱國忠悉力扼守二月初五日李巡撫鴻章派洋將戈登勦平福山

賊壘常熟始安四月初旬由老西莊遷東房橋時官軍屢勝賊敗竄各鄉掠擾叔父擬挈眷徙江北故東房橋僅居二十餘日與周雲川家同僱大船偕世丈石琴孝廉家附行繞道常熟出徐六涇渡至通州暢曬西姻丈時就通州館眷屬住淮安府之鹽城縣勸叔父亦往僑寓從之端午節過東臺越二日抵瓢城即鹽城也賃唐家祠東首張宅居焉暑天無事以吟詠消遣如七律有殘書還自他鄉讀皓月空從故國明太息家園遺一炬江南兄尚未休兵等句丁祭前一日偕友瞻仰文廟復登城覽遠近風景并散步街巷口占四絕以紀之八月朔克復江陰縣是月安鎮鄉民每夜見有金匱縣衙之燈行於田岸瞭望入城隍廟城內賊館中亦有鬼神作祟讖者知邑城將復九月間粵匪各處之糧輒至吾邑四鄉擄掠刈稻踞村鎮民房爲棲息地割稻後有運入本城者有運至宜興溧陽常州蘇州者吾鄉偏地擾亂更難安居幸十月二十七日收復蘇州城十一月初二日吾邑克復淪陷三年半有餘民之死於難者固甚多而餓死病死者亦無數城外之屋復城時已毀盡城內之屋尚存十之七官兵進城火其半僅存十之三大憲定章凡典屋未毀執業修理完正者照契價回贖或有基無屋者執業與典主均之執業人復造者照典價加四回贖

同治三年甲子十八歲春吾邑西北鄉人相食正月二十四日收復宜興城同日江甯陸師攻毀鍾山巔大石營賊稱天保城者二

月攻克溧陽並浙江嘉興府城杭州省城是月下旬由唐祠東首遷居儒學街某宅作感懷七律一首頸聯云桑硯已焚千里外祖鞭還舞五更初三月句容金壇先後收復時攻圍常州已久四月初六日各軍奮勇入城殺賊無算生擒逆酋陳坤書費天將跪降者數萬人常州城遂復賊踞郡城凡四年及復月日時皆不爽初八日丹陽城賊因勢蹙開城乞降六月十六日克復江甯省城生擒僞忠王李秀成等悍賊盡數殲滅僞天王洪秀全先一月服毒死搜其屍烈火焚之江蘇全省肅清口占七律以誌喜有忽傳曾李滅紅羊幸得故園能復舊待過炎夏好還鄉等句八九月間浙贛皖秦鄂閩等省均肅清九月二十五日游擊周家良於石城荒

谷中搜獲偽幼主洪福瑱凌遲處死粵匪遂平十月初旬叔父買棹挈眷還鄉路經揚州舟中漫成二絕句出瓜州口過江風和浪靜收京口停泊口占七律一首末聯云曾見前途京口到家鄉路近樂何如旋里後舊廬已燬暫寓北鄉八士橋陳宅以過殘冬
同治四年乙丑十九歲是年有獸類狗俗稱竹狗夜入村落噬人年餘始息三月杪移居城中鳳光橋越數日謁惠山先塋晚歸舟中口占七律末聯云蓉湖依舊迢迢水燈火稀疏認北塘夏間錢君達表舅氏因新婚燕爾屬余至渠現就之新塘橋錢姓蒙館代庖計五十餘日傍晚解館偶步西疇成田家雜詠數首有最憐曝背炎蒸裏暮色蒼茫猶未歸之句憐其勞苦也八月上旬渡江至

師竹廬隨筆　卷二　廿六

泰州訪王緯初舅氏擬赴楚為出山計無伴未果勾留月餘終日惟習字畫以消遣重九後伊家返錫偕歸路經鎮江遊北固山甘露寺見有試劍石鐵塔等古蹟濱江有四角亭聳峙江心下臨無地甚大觀也及光緒間再往遊有武弁駐其中阻人入悵然歸
同治五年丙寅二十歲始以教讀為業館於禮社薛渭占廣文家訓其三孫子明子督偉人春夏應縣府試冬應院試首題而文詩題亂山徐吐日時華君召棠亦館薛氏以雪夜有作四首索和步原韻和之放年學歸越一日天欲雪急步至龍山三茅峯下拾級上白雲洞借榻道房果大雪俯視下界一白無際恍置身瓊樓玉宇口占登石門待雪詩三首又白雲洞看雪詩二首雪消步歸

同治六年丁卯二十一歲仍館禮社六月江潮至城河冬間隨叔父設壇連元街上壽菴為先大父具衣冠招魂葬龍山白鶴墩慨成二律有追思往事惡氛熾仰溯先型大節完餘冠雖平仍抱憾遺骸難覓總殷憂白鶴墩前一慟哭酸風苦雨捲松楸等句
同治七年戊辰二十二歲假泰定橋外家小廳訓蒙時陶雲組表舅氏授徒於伊家品行純正即以詩文請業為回憶幼時所受業者侯步高師張與亭師吳春坪師嚴笑拈表叔王紫綸外祖避亂時乘便從學於仲英堂兄侯蔚人世叔亂平迄是年以前則以制舉業就正於宣琴山師楊可陳師二月應縣試正場首題女聞六言六蔽矣乎對曰未也居名列第三初覆首題盈科而後進拔第

師竹廬隨筆　卷二　廿七

一二覆名列第二三覆名列第一末覆後數日發長案仍第一四月應府試五月應察院試首題所求乎臣詩題皆田綠後蛙爭聚與仲英嫡堂兄同遊庠時學院燬未建復故院試仍在常州龍城書院秋間偕友遊惠山徧尋勝蹟於研朱石上飲酒步月而歸
同治八年己巳二十三歲館於原處六月雨後偕張曉帆秦姚臣范孟和黃公潤觀瀑遊覽甚暢秋間因人言五里香塍夜行偶有遇鬼者遂於晚飯後同王顯庭黑夜散步香塍尋鬼竟無所遇先是靈柩當時權厝老西莊宅後荒塚今夏遷回因木質不堅且未漆稍有朽腐處并見白蟻假嚴家棚空屋停擱薰斃白蟻飭木匠做槨加漆擇九月二十二日安葬於白鶴墩昭穴與先父合兆共

用錢六十餘千文係余集會獨任又英弟時年十八未能分擔
同治九年庚午二十四歲就北門外張宅館正月十三日二姊出閣二月赴澄江科考時學院新建試畢偕孫遜先遊君山并觀潮秋閒應省試舟過栖霞口一帶青山碧嶂有步步引人入勝之妙
同治十年辛未二十五歲仍館張宅四月初八浴佛日偕友七人僱舟遊華藏寺行太湖十餘里頓豁心胸登岸步行數里至寺地頗幽靜歸路泊犢山遊元三殿等處七月澄江歲試列一等八月初七隨叔父同仲哥等恭送先大父牌位入祀寺塘涇忠節祠
同治十一年壬申二十六歲就館於石塘灣孫翰香家在塾係績卿容伯又女徒一八月初九三更時文廟中文昌閣火災十月三

十日將晚天上有黑光如虹自西至東其南北界畫甚分明
同治十二年癸酉二十七歲就釭尖袁蘊山家蒙館二月既望同杜蘊吉侯翔千從弟季英遊惠山竟日探幽尋險興猶未盡薄暮步上錫山頂席地談笑待月出尋徑而下三月二十四日叔父爲余娶楊氏合巹之後新人出房坐朝余在房口占感懷詩一首有昧旦雞鳴警此時椿萱早謝恨堪知之句端陽競渡數日龍舟盛行醬園浜畫舫燈船絡繹不絕余與華海初汪葆素從兄仲英偏坐無棚船遊覽於其間七月赴甯應省試因友約乘馬遊雨花臺及莫愁湖越一日偕友乘馬遊明皇陵地勢果然雄壯試畢歸舟經鎮江登岸遊金山寺復僱江船遊焦山其風景更勝金山也

同治十三年甲戌二十八歲館於留芳聲巷楊撰翁家在塾係硯耘心栽潭千守愚四人春間生一女名蘭芽半年殤五月二十晚有彗星出於西北光射東南長盈尺越旬日長丈餘又聞北鄉堰橋人云伊處有牝雞去年已生蛋今忽變雄高冠峩峩十一月朔金星過日屢登報紙至是日陰晴參半余未得見惟聞余成之說已午時見有黑子從日之東南角入從日之西南角出而已十二月二十五日暫遷楊詒清堂西首竹園旁以待典屋或可久居
光緒元年乙亥二十九歲仍館原處春間忽發吐血症此症由感受風熱而起每年發二三次歷八年方全愈飯量由此加增七月初旬典楊宅後門屋七間修理數日於十八日遷居月杪赴甯應

省試歸家後偕友遊雪浪山作五古紀遊越月餘次女生名紉蘭
光緒二年丙子三十歲館於西門外凌雲翁家在塾係伯昇企周敬叔三人二月初五日餘妹適王伯淵係入贅越八日伯淵挈眷赴鄂四月二十日又英弟入贅於泰定橋王宅半年後遷回同居七月初旬謠傳有物壓人夜輒鳴鑼相警聲徧城鄉又有無故失其辮髮者旣而獲妖人數輩繫諸獄害乃息下旬赴甯應省試
光緒三年丁丑三十一歲就桃山河侯宅館在塾係渭臣紹先蔭保有附徒一二人五月下旬大風拔木蝗入境不爲災秋蟲傷禾十一月杪大雪深數尺明年戊寅仍館侯宅五月地震
光緒五年己卯三十三歲仍就侯館三月十四日申初得子名梁

汾中元節後赴金陵應省試偕友出太平門遊後湖即玄武湖潤
約半里長約三里時湖中荷花盛開乘小舟在花中往返越一日
乘馬遊妙相巷八月二十一日嫡堂弟季英卒嬸母云惜無八技
氣余毅然試之氣冷而臭知難挽矣明年庚辰館聯終年除書畫
酬應外無須紀之事又明年辛巳館聯秋間科試前列補增十一
月中旬生一女名筠寶九歲殤二十一日子時仲英嫡堂兄去世
光緒八年壬午三十六歲仍館侯家八月天有彗星余應省試歸
四更時啟頭窗門見之長丈餘潤二尺形如板門是日午後舟略
停偕伴中友往燕子磯亭中遊眺明年癸未館聯三月初五日又
英弟赴北通州薛撫翁處終年除書畫酬應外無須紀之事

光緒十年甲申三十八歲侯館仍聯八月生一女名桂保六歲殤
明年乙酉館聯正月葬仲哥兩天步往龍山梢料理二月乘菜陽
甄別便遊留園怡園元妙觀七月天鼓鳴是月杪放舟應省試此
次堂備額滿見遺十一月星流如雨又明年丙戌館聯四月生一
女名篠葆四歲殤秋間帶曾兒至侯館偶有遇雨日同宿館中
光緒十三年丁亥四十一歲就水獺橋張繁君家館其兩弟兩子
及陸聽秋子志祥在塾二月中旬帶曾兒至張館有時遇雨同榻
光緒十四年戊子四十二歲就冉涇橋俞館在轆林香胡子壽許
麗生曾兒帶在俞館者約有半載餘七月中旬放舟應省試月杪
偕友遊清涼山山頂有翠微亭其匾額及石碑題詩俱高宗御筆

高興吾邑錫山埒而眺江望遠更足豁心胸越日又遊聚寶門西
邊愚園明年己丑館聯除酬應書畫習以為常外鮮有必須紀者
光緒十六年庚寅四十四歲自丁丑迄己卯每逢正月開學前臘
月解館後及清明端陽中元中秋重陽冬至放節學期內至西門
凌宅教字二三天自庚辰迄己丑每逢一家中輒設字館今年起
不就教讀館專以書法教授連家中有字館七處三月二十八日
偕叔父又英弟許蔭泉等泊舟外吊橋看會四月初旬璧捐總辦
傳蘭垞老師派余往西鄉徐城頭其隆繭行查繭捐計八天繭商
徐棣山送酬敬洋八十元是歲胡子壽詩文按期送閱明年辛卯
有字館七處正月初十趁腳踏船至蘇州山塘橋陸潤號訪陸潔

齋晚宿伊家明日清晨至長洲縣署後泗井巷傅老師處賀年禧
午飯後返同潔齋楊厚甫和春茶園看戲越日與潔齋遊虎邱及
寒山寺盤桓四天均宿潔齋家二十五晚偕友從秀韓街至青山
灣漁巷看採茶燈五月初二下午三里橋天主堂被人燒去各鄉
之堂有隨而燒者七月杪乘省試便偕友蕩槳秦淮并遊毘盧寺
是年夏旱不雨待得雨後蒔秧已晚秋暮又多大風收成大減
光緒十八年壬辰四十六歲字館共有六處正月初五下午雷電
交作二月間新街巷宗祠饗堂重建落成寫門額寶諫議祠四字
商定十三世上大牌位供正龕十四世起小牌位供左右龕月杪
寫祖父父親及壽光雄山兩公等牌位又代族人寫二十餘個

光緒十九年癸巳四十七歲仍六處字館是年春始丁祭司鹿去年秋丁祭因龔梅初有微疾作通贊一次九月初三晨八時嬸母無疾而終得信趕去已九時連日料理一切十一月朔治喪明日出殯至龍山梢逾數天借閱顧竹畦諱蕙生山水册十頁甚佳

光緒二十年甲午四十八歲有七處字館二月下旬趁錢船至蘇州藩署捐訓導九月二十一日二女出閣適顧酉山子誼初十一月二十八清早至神仙橋叔父言已不清延至申刻去世享年七十四連日料理忙碌臘月中旬治喪出殯步送過外弔橋因大雪偕又英弟乘小轎至龍山梢追柩登位回喪雪止明年乙未字館與上年同三月十一清明節晨送叔父牌位入新街巷祠捐匾對

各一九月十六日甚寒大雪下旬因欲修譜僱船至璜塘東房橋戴巷橋三處採訪是年除書畫酬應習以爲常外須紀事不多

光緒二十二年丙申五十歲字館共六處正月既望赴金陵設榻於王府園楊公館越數日偕友步往府文廟遊玩此基本朝天宮道士堂同治七年曾李二公改築其上有飛雲閣閣西有亭均可觀四面之山及三面江中之帆甚勝景也殿宇規模極閎壯一日同陶仞千至北院遊覽中有煦園景致極佳又同至鐘鼓樓一帶眺景歸途月色甚明二月初旬獨至中正街散步遥見文正書院頗多亭臺入其門見屋宇精潔曾文正饗堂西有小園亭樹花木楚楚可觀望日清早轎往督署考驗文詩各一交卷即返在甯寓書者頗多値鄂省饑荒委勸賑發實收數百張遂趁蒸三甥女大船回錫二十二年後泊呂城鎮入蔡宅訪問茅莊本家據蔡客云寶尚書舊宅久改東嶽廟人稱其地曰寶莊廟現無寶姓附近數里有寶家橋尚有男丁一二十人均業農在呂城西北十餘里四月中旬細妹與其姪友端及蕩口華少梅在夏蓮橋合開元昌繭行邀余到行代爲監察十餘天回城九月間鳳喈有事進京細妹送至上海約余遲一二日趁輪赴滬以便同歸有伴伊等住後馬路連元棧到棧後與鳳喈坐馬車遊張園愚園黃昏天仙茶園看戲越日進城訪宜琴師遊城隍廟又閒步四馬路黃浦灘眺望

光緒二十三年丁酉五十一歲正月十七日偕岳父心栽等船往

水居祭高忠憲公自春迄仲夏有五處字館五月杪接委署江浦教諭電報即趁輪赴金陵設榻楊公館越二日起程到任兩頭陸路中間渡江水路江浦學署燬未建復進城暫寓觀音菴接印先行九叩禮拜北望闕謝恩再行九叩禮拜印畢後謁文廟并訪知縣劉樸卿訓導石小泉邑紳張友農十五晨文廟拈香朔望皆然時値久旱偕同寅城隍廟求雨三天又呂祖廟三天均每日二次越宿至關帝廟祈禱明日下午執香步行至關廟再禱冒雨而歸嗣後連五天大雨圩田盡淹没是年吾鄉亦先憂旱荒繼憂水荒有相同者七月朔龍宗師湛霖按臨江甯府乘轎晉省偕石小泉送考十一夜半進院同高淳楊伯寅留場寅正東文場蓋戳畫畢

天已明紗袍半爲汗濕月杪小務在胡家花園設席請華子隨邀
同往飲罷遊雨花臺及劉公園中秋後因賑捐造冊申解趁輪返
家十餘天此次赴浦移寓張友農家晨夕敘談意氣相投作七律
二首以誌契合是日劉樸卿送新生來先交拜然後新生行禮冬
至節卯時偕樸卿等詣萬歲牌前拜牌坐朝歸恰黎明
光緒二十四年戊戌五十二歲元旦拜牌與冬至同畢後往大成
殿及文昌城隍兩廟拈香歸路同寅處賀年禧下午三時至縣署
謁日巳是初虧四時食甚本應素服因元旦用常服五時復圓再
換恭服燈節後委辦淮徐海捐奉發實收數百張二月初三丁祭
先一日黃昏親往驗牲寅正到文廟樸卿祭至聖先師余祭東西

師竹廬隨筆《卷二　夾

配明晨逢戊祀城隍呂祖及社稷壇節孝祠三月既望辦賑務造
冊申解回錫兩旬季夏偕趙燮銘送縣考孟秋同燮銘過江送府
考相偕謁劉太尊逾數天與六合副齋嚴靄卿同留場下午四時
歸寓中秋後毘陵劉甸侯到任即交印此地曾經兵燹七次城小
荒涼房屋稀疏余初到時作詩紀其瘠苦在茲幾及一年又半索
書者不少籌賑能應者寥寥是月備文呈繳湖北空白實收鄂捐
告竣九月十三有事赴江浦張友農具盛饌餞行備極歡樂越日
登程口占二絕句以留別回至楊公館仍住照廳與小務稚雨翁
晨夕敘談一日偕景修騎驢遊北極閣盤桓十餘天遂返錫
光緒二十五年己亥五十三歲連家中有四處字館三月初五日

爲梁汾娶石皮巷王伯淵女九月初七黃昏往鳳光橋議公田規
條中旬連日赴惠山等處丈量墓地并繪墓圖是歲除勸賑解銀
及書畫酬應習以爲常外須紀事不多明年庚子二月初旬委署
江浦縣訓導得信起程在王府園楊公館住兩天遂渡江到任暫
寓詹馨岩家接印謁廟并訪知縣濮桐樓餞席楊仰高又往劉甸
侯張友農處敘談將晚仰高備肴邀飲越日送縣試收給用印春
季移寓姜子璜家孟夏偕甸侯晉省送府試稟見王太尊逾數天
與溧水教諭李儀吉同留場二牌同出端陽節乘輪回浦十三黎
明偕濮桐樓瞻顯庭祭關帝月杪過江停三日伴送六妹赴杭州
枝頭巷與陸幹庭步出湧金門僱小艇遊西湖由茅家埠登岸尋

師竹廬隨筆《卷二　乇

得靈隱寺在其中各處遊玩果然別有天地偕鳳喈江山船飲酒
返錫隨即趁輪抵江浦七月朔交卸回家仍就字館連家中每旬
三次九月既望引梁汾至張聿青處拜師受業是年夏北邊拳匪
肇禍及秋各國聯軍入寇皇輿西遷京師天津相繼失守時事大
變朝廷命慶親王李傅相議和凡各國所指爲罪魁者或正法或
充軍然後開議自秋迄春和議成兩宮回鑾賠款七百餘兆而所
訂條約有令人飲恨吞聲髮指眥裂者又十倍於英法之役
光緒二十七年辛丑五十五歲每旬有三天字期二月初二日巳
時長孫鳳藻生乳名品端十六日同杜冀吉登龍山頂自石門下
徐步而上在道院吃素飯一路探幽尋險眺望盤桓從頭茅峯步

下已將聯冬間抄謄宗譜世系表約有月餘明年壬寅字館僅兩處孟夏既望始排印世系故時常在家校對端陽前三日二姊病亡初交季夏世表印畢時久旱無雨民心惶惶小暑頭起一雷俗有倒黃霉之說後果大雨河水暴漲四五尺變旱爲水與丁酉歲無異又明年癸卯字館與上年同正月十八丑時仲嫂病亡二月十七叔父母合葬於白鶴墩穆穴上巳孫女阿勤生六歲殤逾數天仲嫂出殯十月間典得水獺橋南亂前開光裕藥行房屋一所二十八日自東河頭巷遷居下午頌君賡臣菊人來强余作保仁典賬房此典股未集齊余說須緩開方能諸事舒齊伊等不聽於仲前開市所以莊欵不能流通諸多週折并多口舌勉力支持到

臘初大發肝胃氣每日必一二次除夕尤甚晨到典後人來則起入去則倚牀一日夜勉强帶病料理天明逾數刻回家安睡

光緒三十年甲辰五十八歲元旦肝氣仍劇數月方愈燈節前後西典議事乘轎往返三月初旬薛永甫來城偕永甫約賡臣頌清蘭軒厚卿茶敘二十四上午登舟赴杭走石湖夜宿湖故不經閶盤等門越二日過塘西十餘里見石城小而鞏固舟人稱倭城余甚疑焉後詢知前明戚總兵繼光禦倭炮臺果無此小城也明晨抵上板兒巷薛公館下午三潭印月遊玩四月朔同細妹鳳喈轎出湧金門下船至平湖秋月及行宮在兩宜樓午餐再至唐莊遇雨坐看湖中雨景不多時放晴自岳王墓步上遊棲霞紫雲兩洞

初四晨偕鳳喈乘肩輿出候潮門遊雲棲寺一路沿錢塘江景頗佳初入山徑路崎嶇再入四面峯巒環抱復前行兩邊竹林數里疏處有參天雜樹補其缺竹大而高解籜即然近寺古栢數十本大而直總之不拘何樹均直聳干霄進寺老僧留飯索觀董文敏金剛經墨蹟有御題詩跋又蓮池禪師手卷歸路經開化寺內有十三層塔人稱六和塔拾級而上至第六層以爲上應再有數級循尋階升之路不得及下詢僧方知一明一暗相間明可到暗不能到恍然於第六層已是塔頂矣逾數天清早步行遊湖周大引路由旂營出錢塘門遊昭慶寺立壩頭看澗水走上白隄過斷橋錦帶橋陸宣公祠啜茗片刻經行宮俞樓西泠橋蘇小墓進兩宜

樓吃飯後步上蘇隄經跨虹東浦壓隄望山鎖瀾五橋入高莊遊玩多時仍由蘇隄越映波橋過南屏晚鐘處入淨慈寺看水陸道場從清波門返明日午刻仍約周大引路出城僱小划船入湖向西自茅家埠登岸走入山春淙亭畧坐從飛來峯旁石洞穿過見一線天進雲林寺即靈隱見吾邑龔毅所先生書匾額遂拾級直上韜光殿一路竹林與雲棲同畧小殿門口遙望西湖其東杭城萬屋其東南錢塘江殿後再上煉丹臺眺矚遂下冷泉亭畔聽澗水聲甚大回到湖心月光照波朗澈歸期已定復偕細妹鳳喈坐肩輿出清波門過赤山埠石屋嶺一帶山麓低昂進煙霞洞覽玩石佛同靈隱但較少有石雕大士及東坡像洞深約三丈其旁新

屋十餘楹上有亭可覽錢塘江左右桂樹百餘株在此午餐後再往龍井井大而淺清能鑑人又越山遊理安寺徑路高低曲折峯環兩旁前後者一二里幾疑無路可通漸行漸濶將至寺竹林雜樹參天入寺見長方泉清澈堪愛額曰滴滴歸源盤桓多時望日抵家端陽節造冊申解賑捐銀七夕後鳳喈自杭返錫來訪明日將晚約各東在余家會議逾數天各東繳齊股本下旬細妹赴杭偕行八月朔抵上板兒巷同蕭山王靜安遊三潭印月彭公祠退省菴岳廟岳墓等處明晨偕靜安出望江門遊海潮寺并江邊觀潮初四申刻薛公館眷屬登舟赴蘭溪余另船同行經聞家堰富陽窄溪桐君山七里瀨烏石灘嚴東關大洋鎮石塘初十午時進

蘭溪西門至總局越日偕友出東門觀白衣閣文昌閣及南門花園十三晨鳳喈伴余到下卡逾兩旬趁義烏貨船赴杭擬回家取寒衣同舟有揚州程燮仲朝夕與談詩詞藉免寂寥過釣臺下停泊時尚早偕燮仲登岸眺玩見碑亭碑勒漢嚴子陵先生釣臺宋謝皋羽先生西臺歷石階十餘級入嚴祠亭堂塑先生像供正龕以范文正歐陽文忠謝皋羽等四人祔祀東西龕堂中懸高尚其志千古異人兩額楹聯云惟巢由乃可與並駕微光武不能成其高又聯云中興天子友清節後人師其右客星樓妁多古碣半係前明已剝蝕勾留數刻遂回船重九抵錫停三日再赴蘭谿途中行八天始到下卡署停進總局敘談多時黃昏持螯十二點鐘回

卡辰月初七日至上中兩卡訪友十三晨偕鳳喈坐永康船赴金華將晚抵南門外大橋旁橋高大十三環洞登岸進城寓東南隅天甯寺僧房頗靜庭多花木有盤柏二本一前明一國初極蒼古同住寺者管帶營兵方毅臣文案伍詠霞明晨子身府城隍廟眺玩見如電二字額書法蒼勁鏡中行為四字額款署白樂天無白公名疑偽寢宮後觀音閣再後明月樓高可望遠樓下石柱聯云更樓上一層望羊石仙蹤龍湫勝蹟當月明千里訪邵太常記梁學士碑羊石指黃初平叱石成羊處龍湫指雙龍洞下午偕鳳喈方伍兩君遊八詠樓三面可供遠眺宋沈約為東陽郡太守始建并同遊七寶寺十五黎明與鳳喈詠霞乘轎出西門向北一路前

後左右無數柏樹正結子垂垂遙觀渾似萬株白梅復前行兩旁皆山山麓忽高忽低共行二十五里抵雙龍洞洞頂懸石甚奇有似龍頭龍爪者有似桃子桃葉者有成形而難辨為何形者據土人云昔龍頭二乾隆間郡守欲取以進貢遂失去其一其說近誕步下半里見小村借鑊煮飯飽餐後轎歸越宿舟返蘭溪臘月既望子時雷電交作雨點亦大逾日四更有雷聲微雨二十日丑正天孫鳳標生祀竈後數天散步進西門出東門沿外城腳向北路極低甚方翔東邊一帶跨山築樽西而歸

光緒三十一年乙巳五十九歲元旦立春晨見微雪戲作一聯云歲朝春同人萃泰元旦雪大有恒豐三月朔在同慶龝行看清明

燈有擡閣二十餘乘輪車六乘黃昏至總局看馬燈孟夏望日與
鳳喈張蘭生跨馬遊洞源約十六七里七月初五夜半交卸卡務
至貫船安睡初六下午五時忽狂風捲地萬舟動搖明晨開行十
四飯後乘轎至毛竹街換管莊船夜泊壩子橋望日清晨艮山門
外眺景午餐後仍一人散步西行出武林門觀覽號馬甚多復進
城向西帶南出錢塘門沿外城腳一路看湖清波門外隄邊多白
荷花遂僱瓜皮艇泛湖夕陽中助舟子蕩槳至三潭印月登岸閒
倚曲橋小立兩邊嬌荷見人欲語恐時晚卽回艇正傍岸細雨濛
濛急前行進武林門雨漸大入茶室坐久仍不止路已滑乘轎歸
船明日清早解纜行過菱坪長安十七晨拔壩過斜橋西水塘中

刻泊硤石鎮越兩日將行李搬沙水浜新局重九前一日抵家令
粲汾赴硤代五十餘天十一月初旬起程到局中旬粲汾歸同曹
逵泉遊東山登塔頂季冬登西山頂白文公祠設立開智學堂
光緒三十二年丙午六十歲八日遊西寺及三官殿等處立春前
回家連往返在途共五天越旬餘由局赴杭二月朔抵撫甯巷楊
公館暢敘闊衷將晚大雪徹夜明晨踏雪上城隍山謁阮文達公
祠東嶽廟入四景園啜茗又立山之西隈多時徧覽西湖錢江及
萬屋瓦縫雪景銀沙玉屑一白無垠甚大觀也初四飯後偕友步
出湧金門僱小舟泛湖至劉莊宋莊孤山放鶴亭林和靖墓憑眺
所及猶有積雪暮春之初因薛購稼基立契交價返錫半月在蘭

硤兩處以屏軸聯扇索書者甚多四月朔散步東山登塔未及頂
塔下又眺玩多時二十清早往黃賓謙沈少畊將芍農韓峻軒家
辭行明日下午收拾歸裝黃昏至北關登舟二十二晨賓謙芍農
等臨岸送行時鳳喈暨家眷均乘輪到船卽用硤輪拖帶下午五
時過嘉興上岸至落帆亭遊玩是處河勢彎曲來往各舟經此不
能張帆凡帆必落因以名步進院內有太白亭設酒仙李太白四
季花神杉青閘神三木位其前徧植花木其右疊石爲山上有小
亭二旁又有桂廳將晚回船越日黎明開行經旺港涇平望八拆
兩大停泊二十四巳刻帶上蘇杭斑輪申刻抵南廠泊閒步一帶
馬路黃昏羣仙茶園看戲明晨用蘇鎮輪拖將晚抵家未及兩旬

因秋樵赴皖小荔函邀司賬起程至杭垣撫甯巷閏月既望由鼎
記莊歸足有餘力出望江門散步逾數天候潮鳳山兩門外遊眺
端陽飯罷步出鳳山門登萬松嶺北看湖景南眺江景又沿外城
腳走數里仍循原路踰萬松嶺而歸越日偕丁貞伯僱瓜皮艇觀
荷隔旬餘同秦少岩雨農星北西悅來吃點心卽向湖心盪槳三
潭印月曲橋邊荷正盛開立玩多時又至高莊宋莊等處七月初
四下午大雷雨撫署前旂竿雙折時恰是張中丞誕辰讌會中秋
節後三日係每年大潮最盛之時入茶樓待潮始見一綫白光自
東沖來霎時怒浪騰空聲威甚壯幾有萬馬突圍之勢洵大觀也
合肥卽束裝返錫冬間緣花萼樓有意外事肝胃氣大發

光緒三十三年丁未六十一歲家中設字館一有七八文廟春祭仍司西廡梁汾捐縣丞指省浙江於五月十二日起程到省稟見月杪與又英弟立分關以淸日後界限明年戊申字徒與去歲同七月二十癸卯長生日合壽木支廟秋祭始司東廡艮月二十日辰初第三孫鳳梧生越日皇上大行又越日皇太后大行逾數天至崇安寺哭靈兩次仲冬月初九新皇上登極

宣統元年己酉六十三歲到吾家習字者有八人季夏初旬曉湘從兄去世逾五天乘火車赴蘇訪杜子攜表兄伊因送院試寓長洲學署卽就其處下榻明晨偕子攜唐桐卿等船往八旂會館遊玩遊罷回船午餐畧停各散仍趁火車歸葭月二十七黃昏地震

上海杭州南京等處皆同時震惟直隸保定來信云毫不覺究竟地較遠耳明年庚戌字徒與去歲若合符節正月十七晨同妻兒壻女坐車赴申遊張園愚園又至羣仙大舞臺兩處看戲二十下午歸孟夏中旬因清節堂昔有陽湖包姓捐田九畝十餘載未清理與孫浦言王淇卿放舟至橫山橋訪楊桂亭敘談數刻越宿回錫重陽後偕友偏舟行樂出獨山口泊龍頭渚多時徧覽太湖中遠近各景所有從前歸併而立月祭花戶之田於是月贖去

宣統三年辛亥六十五歲就吾家學習書法者五人燈節後城中河水甚淺恒善堂所設之自治局約諸同人會議開濬余亦往越日卽幫同籌欵就近地擇小康之家募勸者十餘天閏六月初七聞又英弟病篤急探視初十清早再去探問覺更危十一子時竟長逝三朝全家船出北關將晚歸越浹辰徐妹以老病之軀又患癉瘧恐不能支連日至其家詢視七月二十日丑時去世三朝合家赴石皮巷黃昏因傾盆雨不止先後乘轎返此時連數天大雨河水陡漲五六尺初七晨同鳳喈誼初蓀兒端孫坐無棚船出北關看大水北塘及黃埠墩苛塘涇一片汪洋有屋無街比道光己酉之水僅小尺許口占絕句八首以紀之八月二十三巳時第四孫鳳采生旋聞革黨起事鄂省城於十九失陷由是錢莊銀錢大緊重陽前一日家眷束裝赴滬越旬餘邑華某倡議逐官先逐兩邑令而教官縣佐等亦漸漸驅去此風各省皆然捷於影響葭月十

三日係陽曆正月一號孫文作臨時大總統余有時至申有時返錫行蹤無定臘月下旬媳婦趁車旋里孫輩偕歸是年於兩旬內弟妹相繼逝余甚傷之然而所傷者不僅此也自今以後余苟延殘喘雖生猶死嗚噫吁嘻天旋地轉是歷境之尤奇者矣

壬子年六十六歲正月初八趁早車赴申到馬安里寓廬後飯同荆如遊張園從後門入晤鳳喈立談覽玩多時然後由前門返去冬在滬以書畫竹冊消遣今因卽欲束裝回錫故連日以遊蕩爲樂有時大舞臺等處看戲有時偕友茶樓啜茗并消夜館夜飲有時散步跑馬場邊一帶及各馬路眺覽往往月中歸館已下午偕內八誼初等乘土船賦歸與越宿將晚抵家二十晨端金兩孫開

學陶徒兒弟及俞徒亦於是晨來習字二月初五轎往惠山忠節祠與孫紳言同主祭王淇卿讀祝孫錫承贊禮俞子勤慕兒司香帛爲祠裔主祭之始下午各處遊玩將晚冒雨步歸孟秋二十一日岳母病亡連日在伊家襄事艮月杪偕家俊甫陳肇卿至恰昌班將曉捐欵劃存滙通典計洋四百二十九元

癸丑年六十七歲春閒偕友散步惠麓在忍草菴遊眺多時經黃公澗再步上觀瀑越兩旬同內人二女慕兒僱舟過五里湖至許舍停泊登岸向西二里餘抵顧巷設榻於顧金生家明日下午乘山轎登軍帳山頂山形如帳之迴合南唐伏兵故名俗稱軍將山有眞武殿新建尙未竣工旁有從屋數間殿後亂石橫陳潔淨可坐與蕙兒坐石上徧覽

太湖風帆遠近煙景歸途經龍王山麓亦能望遠隔背又乘山輿登橫山人雪浪菴盤桓久之返時內人等俱在船遂回城重陽節後與吳子言江雲裳鄒頌丹華西洲唐申伯買棹備肴泊於湖邊高子水居下除臚仰可樓及暢飲外以打雀爲戲並至東埄學堂花園等處覽玩遊數天同王淇卿楊逸亭赴龍王山訪尋施大壙厝麓甚爲崎嶇難行處令舟丁扶而行將晚回船進水關已二更

甲寅年六十八歲春夏間以數年前所輯之國朝書畫錄付梓并排印惠山忠節祠祀位錄六月初九次孫女玉芝生四歲殤重九下後大雨有雷夜半亦然仲冬中旬新街巷看爬吳姓地基臘月杪新街巷吳姓地基連舊屋立正契西邊浦姓基屋立草議

乙卯年六十九歲中秋後三日因淸節堂昔年有過顧氏捐田事同紳言淇卿俊甫僱船至毛竹橋訪過匡伯敘談片刻即下船歸重九祭祠畢祠右胡姓與吾族商議將牆頭彎曲處改爲直可兩便族議旣定即照行是月因有拆毁城垣之謠同志者數十人聯名遞呈將軍以下各署保城吾家新宅於是年秋排石脚建築閏仰之定亥巳兼乾巽三分之向慕兒獨任監工勞余年老力乏偶往觀之孟冬二十三日新宅上樑釘椽裝門規模畧具矣

丙辰年七十歲三月二十一日江陰獨立軍與南京等軍開戰將晚吾邑閉城城內外各店均閉戶人家亦然城中聞鎗炮聲不絕夜半漸希而止明晨家人步行出西門覓得一舟即登舟張福護

送之五擺鐘時抵許舍隨即僱轎至顧巷尙未暮余與子及長孫守宅越九日家人歸四月中旬余七秩誕辰子欲爲我稱觴余素性最恨浪費最不喜虛體面再三禁止乃諸戚友餽贈紛紛卻之不得無可奈何勉强治麪筵酒席喧鬧一二天實非吾願也下旬偕紳言淇卿俊甫再訪匡伯不遇歸路經黃泥頭上岸至楊翰西所闢之紗布廠遊玩六月十八日遷居新街巷七月杪偕友遊梅園八月中旬又約友八九人買棹遊太湖先在萬頃堂項王廟及附近各處盤桓眺望後又移舟黿頭嘴步上立覽湖景多時

丁巳年七十一歲淸和月十八晨至惠山許家墩族塚看瘞孫女玉芝下午與丙卿同步歸五月二十八日寅時第五孫鳳樓生乳

呂小鳳重陽後十餘日同誦言淇卿俊甫泛舟東北鄉廟住頭訪
過搢廷適値伊至八士橋調查不遇由伊堂弟棨引路步行里許
至毛竹橋訪匡伯據其家中云上城與其妻楊氏敘談片刻卽從
原路步行回船以致傷風數天邇年來除酬應行草書外往往向
人借山水册頁臨摹以作消遣有時幷學習篆隸

戊午年七十二歲正月初三未時地震淸和月初十日因修輯宗
譜同俊甫於淸早登舟開行至陡山東房橋訪族人抄稿晚飯時
歸家越日又同赴璜塘鎭到後卽令篙工走至土瀆邀之來者四
人日暮去卽安睡黎明開行下午進城中秋節借丹翼至圖書館
閱常州府志及褚聖教昔年輯書畫錄向凌伯昇借郡志知淸朝

僅修一次候伯文亦云然今益知康熙三十四年修後未續耳
己未年七十三歲花朝後因修南吉公墓特至惠山二三次淸明
節祭畢家祠栢木橋族人來舍商譜稿孟夏初四日偕秦潤之王
淇卿等共八人放舟作樂先遊黿頭渚次遊萬頃堂下午三時又
至梅園各處眺玩歸甚晚五月下旬起常陰雨河流漸漲六月十
三四兩天大雨河水更溢比宣統辛亥僅小六七寸越日子身徘
徊五里街看淹沒田疇月杪刋工來設榻排印家乘因有一二事
議未定先印詩詞隨筆則家乘告成在冬間矣余衰老而乞書畫
者轉多藉以消遣亦一樂也

師竹廬聯話

（清）竇鎮 撰

《師竹廬聯話》十二卷，(清)實鎮輯。民國十年(一九二一)木活字本。

實鎮，字叔英，號九峰淡士。生平見《師竹盧隨筆》提要。實鎮雖屢困場屋，僅以師儒之館，小試其用。洎乎垂老，又身丁國變，然一生學問、著述甚富。他仿梁章鉅所撰《楹聯叢話》，撰成《師竹廬聯話》十二卷。實鎮坐館暇，每爲人撰楹聯，『每書楹聯，自出新話，不襲陳言』。因有此手眼，遂搜集數十年來見聞所及，上自名公巨卿，下逮騷人逸士，凡有佳聯，悉皆采録。實鎮曾游江、浙名勝之地，亦多所擇録。全書十二卷，以類相從。一『名勝』、二『園林』、三『祠廟』(上)、四『祠廟』(下)、五『學校』、六『廨宇』、七『庵院』、八『會館』、九『佳話』、十『挽詞』、十一『格言』、十二『雜綴』。所記名勝之地楹聯，由於歷史原因，今天已大半不存。其中所可寶貴者爲有關無錫一地名勝對聯，書中采録甚多。如：高氏祠堂、梨花莊都天廟、惠山至德祠、許文懿公祠、陸宣公祠、府城隍廟、顧可久祠、萬頃堂、錢武肅王祠、司馬光祠。所記之聯今天大半不存。有關惠山祠堂者，則爲今天的陳列重置提供了寶貴資料。

本書據民國十年木活字本影印。

(徐志鈞)

九峯淡士著

師竹廬聯話

次庚曾銓署耑

辛酉孟秋
上月校印

師竹廬聯話序

朱楊守齋先生云作詩難塡詞尤難殊不知詩有古體今體之別詞有小調中調長調之分格律可考而求也腔譜可按而得也或專集或選刻幾於汗牛充棟擇善而從者莫不步亦步趨亦趨矣至於楹聯則長短隨心無格律腔譜之可言又無專集選刻之可師近世坊間所刻之臨池一助簡而不精對聯滙海蕪而寡要且不敘其緣起附以品題而聯之旨不見惟梁茝鄰中丞之楹聯叢話獨闢見解無微不達得之者珍若貢璧然八十年前之佳製風行海內而八十年後之名作如林湮沒無聞豈非憾事雖間有一二留意聯話者錄之寘然成帙而限於見聞之不廣苦於傳述之

失眞掛一而漏萬得此而失彼因之意慵心灰未遑卒業者比比皆是　叔英先生昌之受業師也少遭離亂手不釋卷卽有志於通經致用之學乃屢困名場應鄉闈十三度堂備三次不獲售僅得秉鐸江浦時時以忠信篤敬勉諸生本其平昔所得力於唐宋諸大家者以爲講授江邑學風爲之一變其後寄情山水徧遊江浙諸名勝得助江山發爲詩文一吐其邁往不羣之氣閒以餘趣臨摹古帖古畫書則出入蘇米畫則力追子久草書尤神似右軍造詣者戶限爲穿每書楹聯自出新語不襲陳言因仿梁中丞叢話之體搜集數十年來見聞所及上自名公巨卿下逮騷人逸士凡有佳聯悉皆採錄洵足繼軌前作蔚爲大觀今吾　師年七十

有五矣而耳目聰强步履從容望之如神仙中人昔年刊小緑天庵文稿兩卷詩鈔四卷詞鈔一卷師竹廬隨筆兩卷國朝書畫錄四卷又附刊一卷今復輯成師竹廬聯話十二卷其門類一曰名勝二曰園林三曰祠廟上四曰祠廟下五曰學校六曰廨宇七曰庵院八曰會館九曰佳話十曰輓詞十一曰格言十二曰雜綴出私資付剞劂孳孳不已務期興起國粹加惠儒林宜天錫之以壽而康也他日耆耇倡相生勸學士風雲之句新陳遞變增名闡翰墨之光將於是編乎覘之

歲次辛酉秋八月朔　門人胡介昌兹傳氏拜手謹序於西麓草堂之南窗

師竹廬聯話卷一

錫山拙翁竇鎮編輯

名勝

泰山秀甲寰區好遊者往往以不獲登臨爲憾彭雪琴宫保玉麐登泰岱集成語撰聯云我本楚狂人五嶽尋仙不辭遠地猶鄒氏邑萬方多難此登臨氣象萬千洵堪俯視一切浙江處州青田縣舊隸温州其地有石門洞洞口有天然石門華亭沈某過此徘徊瞻眺題似洞非洞適成仙洞無門有門是爲佛門於洞邊石上令手民鐫之相傳此地昔年劉青田讀書處也

湖北黃州重建雪堂供宋蘇文忠軾濟胡文忠林翼二公位於其中逾十餘年余友汪葆素茂才囊筆遊鄂暇日輒至雪堂瞻玩撰偶語懸於楹曰今古近千年元豐咸豐曠世相感江山環一室眉陽益陽易地皆然合肥江淵生太史雲龍爲阮文達公孫壻羈旅揚州題平山堂楹帖云披襟闌俯雕甍其西南諸峯林壑尤美送夕陽迎素月當春夏之交草木際天善於寫景用成語若己出江甯府之妙相菴故風子祠也陶文毅公澍有碑紀其顛末園中因山爲樓鑿石爲亭種四時花木頗多勝景別建精室數椽臨水開窗幽敞無匹額曰得少佳趣聯云四百八蕭寺繁華都付與無情煙雨三十六洞天縹緲我於此小憩林泉係僧人月潭所撰書法亦蒼勁有致蛟川城臨大海所屬之招寶山横截海口山頂有

招寶寺紺宇琳宮香火稱盛吾鄉杜文山明經友房游其地作七字聯云風雨百靈朝梵刹乾坤一柱奠巖疆殊有力量

小孤山在大江中單椒壁立銳下豐上如置石盤盎中碧蘿紅葉秋景尤麗湖南某孝廉兩過之書聯曰有美一人中夜聞五銖環珮遺世獨立下游俯兩點金焦時人詫爲此山之絕唱湖北黃鶴樓湖南岳陽樓爲大湖南北巨觀而聯語無甚動人者某孝廉過鄂渚集古詩題曰大江流日夜西北有高樓後至岳州又撰聯云對此茫茫百端集斯老惓惓天下憂於三醉亭亦題一聯句云一月二十九日醉百年三萬六千場一時傳誦以爲合作

大明湖爲濟南名勝一望皆柳隄藕蕩鵲華山倒映波心前有滙

泉寺爲游人讌集之地劉金門先生題聯語云四面荷花三面柳一城山色半城湖莫愁湖爲金陵名勝臨水起亭閣據其上有勝棋樓可覽全湖煙雨祀明徐中山王及盧莫愁兩像經癸丑之變樓宇毀壞庚午歲改建竣工時曾文正總督兩江撰楹帖云興廢無常一番功業一棋局湖山有主半屬英雄半美人意有寄託追文正薨紳士添懸其像於堂焉

徐宗幹爲南通州第一人任浙閩總督署理將軍兼福建布政司使又兼福建學政一時政治軍權財賦學士均在權衡勳位赫隆世無其匹幼年登狼山題聯云長嘯一聲山鳴谷應舉頭四顧海闊天空不凡之器具可見焉吾邑黃埠墩一名小金山楹聯雖多佳者絕少惟孫郭兩聯最佳孫文靖公爾準有燈火春星浮北郭雲霞朝景接西神之句郭遠堂中丞柏蔭有如臨揚子大江聽塔上金鈴自語定有蘇公高致看山門玉帶垂留之句一渾成一切定小金山有氣勢

台州之有東湖猶杭州之有西湖也出東郭門不過半里湖光山色與西湖無異隔以長隄分裏外湖其外湖有湖心亭傑閣三層登臨最勝俞蔭甫編修撰楹帖曰好水好山出東郭不半里而至宜晴宜雨比西湖第一樓何如顯自然洞天門在浙江嚴州其洞南北相通軒敞如廈廣五丈深二十餘丈洞上下左右壁皆砥平無鑿突若神功斷削成者內有聯云靈峯峭拔疑無路巖谷幽深

別有天四川駱殿撰成驤遊西湖過平湖秋月作偶語云穿牖而來夏日清風冬日日捲簾相見前山明月後山山亦工巧

江西贛州塔影禽金君楚清撰偶語云何處著此身彈指現空中樓閣會當凌絕頂昂頭吸天上星辰極有氣勢德陽西三十里有石亭秋月古跡爲縣內八景之一石亭之側有古井每屆中秋節夜月明井底都人士咸於是夕觀玩之彭君大俠題聯云天氣晚來秋東邊日頭西邊雨夜色涼如水北斗闌干南斗斜蓋集唐人詩句也鎮江東來閣亦名勝也任某有聯曰檻前一帶滄江不古不今圖畫簾外數聲啼鳥非絲非竹笙歌又彭剛直題一聯曰鷹島白浮空月湧江流開鶴夢象山青入座潮來窗外有龍吟均切

而多趣有東昇樓亦在鎮江岸邊彭剛直留題楹帖云風譚淌江秋萬頃鴻波湖星斗雲霞出海曙九霄瑞靄曜乾坤集句亳不牽強曲阜孔君祥麟登多景樓眺望因感甲子事忽成聯語云北固暫停驂縱我雙眸看無邊風月東瀛方用武問誰隻手扶第一江山有氣勢徐致祥學使由四川赴浙江紆道游金山留一聯云適從山水窟中來秋色可人征衫猶沾巫峽雨欲向海雲深處住郵程催我扁舟又趁浙江潮纔述來往行程詞意切合

金陵城西有小湖早因莫愁著名其旁有勝棋樓相傳徐中山王與明太祖奕棋而勝即以此湖賜之樓懸楹帖云占全湖漾水芙蕖勝國君臣棋一局看終古雕梁玳瑁盧家庭院燕雙棲上下聯

俱切同治間新修正荷花盛開懸中山王盧莫愁兩像逾數年增懸曾文正公像爲彭雪琴宮保題有山色慣迎逃世客水聲常送渡溪僧之句長沙羅君庶丹題有管領湖山屬兒女平分樓閣坐王侯之句湘潭黎君福昌撰偶語云我獨攜半卷離騷借秋水一湖來把牢愁盡浣君試讀六朝樂府有美人絕代要借名士爭傳韓某作聯曰江山再劫收拾殘棋好憑湖影花光盡洗餘氛見林樂樓開周遮低徊蹤跡中有美人名將平分片席到煙波又徐某撰聯曰說甚麼英雄自古迄今這一箇湖名偏屬兒女幸留得我輩探幽選勝看六朝山色來上樓臺聞泰州王子實太史曾作偶語題於堂柱曰恨我晚來遊只落得萬柄枯荷一湖秋水問誰能不朽除非是六朝兒女千古英雄以上數聯俱極渾成

虎丘爲吳中第一名勝春秋佳日中外士女游覽者遂爲之塞李文忠祠建於山麓某年祠宇落成其上新添崇樓傑閣曲榭雕闌遠近連亙數里從此吟眺之地更多吳縣吳靖瀾題長聯云崇祠壯輪奐儘當年紆紫拖金春夢一場都付斜陽流水除眞孃墓問誰爲摩挲碑碣憑弔幽魂豔跡話南朝偏賺得名士美人傳酒頰澆青草塚小劫歷滄桑賸今日頹垣敗井蘚壁片塿幻成海市蜃樓出闤闠城又添了熱鬧鶯花撐持香國俊游懷北里知它有畫船簫鼓醉歌來訪白公隄曲折暢達亦是才人之筆

鎮江焦山有所謂四面佛者爲山之最高峰揚州方君地山題聯

曰面面相窺佛也須有靠背高高在上人到此即回頭此處鑿山壁爲四佛像雕鏤尤絕精揚州平山堂夙稱名勝堂之西有第五泉水味濃厚其南有梅數十本爲歐公讀書處李郁華有一徑入煙寺泉香鬬妙天及雲中辨江樹花裏弄春禽之聯某君撰楹帖云好續勝遊來白髮催人莫把韶光輕擲去不知征戍苦青山向我無多塊壘已删平實理實情南京周孝侯臺懸偶句云大星不畫龍蛇待名士來題詠者今世復多蛟虎願將軍出斬除之秦淮風月亭有聯云絮雪撲簾櫳花氣酒香楊柳旗亭春撇笛麴塵生浦溆衫歌袖舞煙波畫舫晚鳴榔句亦倜儻惜不知作者姓名

鎮江金山塔聳峙雲霄丁君紹周題聯曰我輩復登臨舊業已隨

爭戰盡江山留勝跡天風常送海潮來集句頗自然鎮江北固山石䰟樓相傳蘇東坡有聯云雲涌樓臺出天上風搖鐘磬落人間其附近有祭江亭舊懸客心洗流水靈胸生層雲之聯但所撰之人未詳湖北宜昌有三游洞旌德呂某撰偶句鐫於石上云巴蜀荆楚之間奇哉有此元白蘇黃而外游者爲誰是蓋因元微之退之兄弟與白香山遊此故名蘇子瞻兄弟與黃山谷亦曾來遊相傳爲後三游孫君家穀里居未詳於此亦有聯云勝蹟說三游自從玉局題詩問何人壓倒元白雄圖共一覽誰把金沙畫界於此地控往蠻荆江西百花洲亦頗著名有人撰聯曰有此湖山得此佳趣召以煙景假以文章江西滕王閣懸有聯云時維九月序屬

三秋落霞與孤鶩齊飛秋水共長天一色上出重霄下臨無地控蠻荆而引甌越襟三江而帶五湖此王齊仙所集句也

湖北黃鶴樓彭雪琴宮保撰楹帖云星斗摘寒芒古今誰具摩天手乾坤流浩氣霄漢常懸捧日心高視闊步恰稱其人抱蜀呂七有黃鶴去來無定所白雲今古擁高樓之聯又某君有太白無詩獨留千古恨長安不見更上一層樓之聯新化周芍彩作偶語曰君騎黃鶴去俯玉宇瓊樓難拋却千古棋枰萬家燈火我泛斗槎來摘詩留畫稿再收拾湖邊風月漢上煙花後又作一聯句云瓢飲長江一吞六七千里笛橫大別三弄十二萬言石門袁少枚撰偶句云我比青蓮來更遲仍許登樓眺江漢誰知黃鶴去太早空聽吹笛落梅花以上俱能貼切闊此處復有聯曰闌干外滾滾波濤任千古英雄挽不住大江東去窗戶間堂堂日月儘四時憑眺幾曾見黃鶴西來氣勢頗佳但未知何人所著

安徽安慶大觀亭祀余忠宣公雄壯甲於皖江懷寧宮農山撰聯曰萬古乾坤此江水千家山郭靜朝暉集句簡括某君有楹帖云石聳亭高看天邊雲樹蒼茫無非樂土湖平岸闊問江上舟帆來往那是閒人頗倜儻吾邑出城外西南十里許有五里湖爲吾邑之名勝地明高忠憲公於湖畔作屋名曰水居讀書靜坐其中二十餘年其自題書室聯云得閒且閒今日莫思明日事當做就做一年可作百年人梁山舟學士有游目騁懷流水今日修身體道

我思古人之聯秦淩滄侍郎有塵慮蠲除鳥語花香天浩蕩道心透露水流雲在月空明之聯山東竇東皋御史撰楹帖曰與顧涇陽周紫修先後主盟閩洛淵源大振斯文墜緒惟歸季思吳子往始終交契湖山嘯詠時聞知己清譚孫旭三茂才著偶句云理窟造精微由龜山一脈而來高也明也悠也久也名區占幽勝有笠澤四圍相繞藏焉修焉息焉游焉嚴笑拈茂才聯曰道宗伊洛學宗閩一脈淵源承先啟後山似屏風湖似鏡四時煙月適性陶情張以亭學師聯云圖畫自天開如此湖山不負名賢排几席樓臺臨水起無邊風月豈容凡輩入門牆殷還浦學師偶語云萬物付澄觀體道研幾恰好值月到天心風來水面四時成靜坐忘言得

意正妙在雲收雨脚霞亘山頭裘某有聯云後左徙二千年謫宦歸來聊尋漁父濯纓樂接太湖三萬頃涼波浩渺曾與孤臣戀闕心以上句均耐人尋味

金陵江甯縣西有駐馬坡相傳諸葛武侯曾駐馬山麓故名山半有武侯祠薛慰農先生主講惜陰書院時鳩資葺之煥然一新劉君忠誠撰楹帖云許先帝馳驅未連吳會有儒者氣象上繼伊周撫君撫題聯曰駐馬此重經莫問梁天發殘碑臨硎斷闕臥龍如可作願爲我驅除他族開濟清時玄武湖在江甯縣北周三十餘里盡植荷菱三面皆水非舟楫不能通曾文正督兩江時築一土隄以便遊人隄旁爲湖神廟面湖而建足攬全湖之勝薛慰農山長作偶語云三百年方策猶存勝處清鷗汀時有雲煙入圖畫四十里月明依舊聽菱歌漁唱不須鼓角演樓船玄武湖又名練湖南朝於此講武明季置黃册庫於洲上設官守之故薛聯云然

金陵清涼山掃葉樓爲清初託迹僧龔半千舊居郎龔氏半畝園內懸掃葉僧像江甯陳作霖作贊語云龔賢號野遺上元人能詩工畫値明季亂遊四方晚年歸金陵築半畝園於清涼山自號半千高隱不仕自繪像如僧狀名其居曰掃葉樓近爲心悟上人居住端匋齋爲上人書楹聯云不殊風景猶如昨獨立蒼茫自詠詩張君遁庵撰偶語云古寺話齊梁大好江山來振錫餘情寄詩畫想當風雨快揮毫某君有欲窮千里目來看大朝山之聯傷寶壬

有半千掃葉樓千古六一書蘭詩一囊之聯易君順鼎於此題楹帖曰老不白頭因水好冬猶赤脚爲師高蓋此山有還陽井泉井旁居民飲此泉雖老無一白頭者又上人曾居廬山九峯寺其徒年六十雖冬月亦赤脚歲己酉易君與友人夢湘遊此山上人出紙索書因撰此聯以應之

蘇州滄浪亭郭遠堂中丞柏蔭撰楹帖云漁笛好同聽羨諸君判牘餘閒清與南樓追庾亮塵纓聊一濯擬明日刺船竟去移情滄海契成連虞山東麓讀書臺有聯云五六月間無暑氣百千年後有書聲相傳臺爲梁昭明太子讀書處高丈餘中庋太子石像背臨深泉水冷而碧又有洗墨池瘦竹千竿風來颯颯成韻登其臺塵襟爲之蕩滌溫州樂淸縣玉虹洞某君題聯曰高處不勝寒玉宇瓊樓開洞府山中何所有白雲紅樹住仙家

安徽太平金柱塔最上一層有所謂南天門北天門者某君題偶句云趨步來南天門北天門一塔橫江中流砥柱放眼去東梁山西梁山雙峯排闥半壁屏籬武陟山在六安城西二十五里昔漢武帝南巡曾登此山故名有程孝廉聯云我輩復登臨河山極目風景生悲直將把酒問天拔劍斫地漢王今安在對卉飛將流泉聒耳想像旌旃耀日管籥喧雲

浙江金華府八詠樓卽宋沈休文之元暢樓三面可供遠眺縣有齊梁風月留高詠吳越江山極大觀一聯是吾友徐子徵孝廉所

著又有聯云才智縱橫慨末路英雄尺素自書千古恨風煙牢落攬前溪蒼翠夕陽如畫六朝山係長白繼良撰府城隍廟護有明月樓高可望遠樓下石柱聯曰更樓上一層望羊石仙蹤龍湫勝蹟當月明千里訪鄧太常記梁學士碑羊石指黃初平叱石成羊處龍湫指雙龍洞

浙江瑞安飛雲閣供瑞安詩人木主孫渠田題偶語云清新開府俊逸參軍香火共一堂每當月夕風晨結習未忘定有吟聲空際落白水東城青山北郭漁樵分半席遙想天容海色衰年多病恨無眼福望中收王小牧有聯云大好光景小集幽棲懷舊寄深思獨慨白傅龕成黃公壚邈曠代名流同堂晤對論詩猶餘事出當

追蹤七子嗣響四靈閣爲黃漱蘭侍郎體芳建未竣工而侍郎逝故上聯云然又永嘉自宋有四靈詩自成一派清初有七子吟社亦名擅一時

震澤一名太湖其南湖州嘉興等界稍北則吳江蘇州更北則宜興無錫焉所謂汪洋三萬六千頃也吾錫湖濱有一巨石直瞰湖中如黿頭然因呼爲黿頭渚余擬集孫大宗伯繼皋詠黿頭渚五律詩中天浮一黿出山挾萬龍趨爲聯語鐫於石上忽已三十年遲遲未果近由楊君翰西等於東邊山麓建橫雲小築迤北一亭頗擅勝概並闢爲植果場亭懸楹帖云招三兩漁樵春夏秋冬且夜攬萬千氣象雨煙風雪斜陽又傳語云橫雲分疊嶂落日瀉平湖此某君集句也

揚州小金山江都徐理菴撰楹帖云仍從水竹開軒免辜負十里春風二分明月偶向湖山放櫂好領略紅橋烟雨白塔雲霞山麓有月觀陳輿卿題聯云今月古月皓魄一輪把酒問青天好悟滄桑小劫長橋短橋畫欄六曲移舟泊烟渚可堪風柳多情又劉淮年集詞作聯云好句屬吾曹幾度開吟正綠剪烟蕪紅吹雲樹憑闌剛落日千年此地有泉名第五花種無雙揚州產芍藥最有名第五泉在平山堂下

浙江西湖退省盦士淵綺撰偶語曰花柳對亭開居士身閒來放鶴湖山行處好聖朝恩重貰騎驢冷泉亭有聯曰不愁泉冷無時

熱常恐峯來更欲飛謝方山題三潭印月迎翠軒聯云客中客入畫中畫樓外樓看山外山儀徵將蓮仙先生慶棻題烟霞洞聯云地連石壁雙峯起天占錢塘一角多西湖川上亭俞陛雲作楹帖云實恐彼想疑三島花影湖光會一亭西湖俞樓懸楹聯云諸子羣經評議兩吳門浙水寓廬三樓爲曲園先生所建友人多謂以詩此乃先生摘錄贈句書以爲聯蓋先生著述以兩評議爲最大而蘇州有西園杭州有俞樓有右台仙館皆其寓廬

南朝金粉自古流傳而秦淮畫舫尤擅盛名薛慰農山長題傷氏停艇聽笛水閣聯云六朝金粉十里笙歌裙屐昔年遊最難忘花海豪情西園雅集九曲清波一簾夢影樓臺依舊好且消受東山絲

竹南部煙花撰句頗有風人之致所爲墨客騷人胸中另具邱壑者也清涼山掃葉樓一望盡勝景安化李爽和撰偶語云帶甲滿天地詞賦動江關惟戰士文人到此偏多千古恨煙波渺何處齊魯青未了祇湖光山色而今猶是六朝時徐淮生作聯云登樓始悟浮生夢久坐惟聞落葉聲湘潭楊哲子題楹句云每因憑眺傷時局獨倚江山念古人亦有氣勢

鎮江多景樓康南海作柱上聯曰江海日夜東流水地猶英雄北固樓附近有文殊閣林紹年撰楹帖曰人間歲月如流水鏡裏雲山似畫屏林君又題四字聯曰江山如畫魚鳥親人曾君煥於石肯堂作偶語云水清石白焦公之宅紙帳山疏彌勒同龕上二句

集米襄陽銘下二句集蘇玉局詞吳君家勝於東昇樓題聯云紅透雲霞看日上青連天地覺潮來鎮江北固山有塔其旁有亭懸聯云爲孫劉三分遺跡徑將北府招來人事幾回紅亭白塔尚稱古甕蕭梁六字嘉名仍把南朝送去我聞一笑綠水青山無恙不係丹徒趙曾望手筆

浙江雁蕩天柱峯有聯云眞奇哉一百二十峯造化小兒無端弄巧可惜了三萬六千日白頭老叟幾箇曾遊秀水縣南二里鴛鴦湖一名南湖彭雪琴宮保玉麐題聯云移得蓬瀛來世上別有天地非人間松江謝希傳來遊撰楹帖云湖五季迄今幾閱滄桑傑構重新無恙煙波猶瀲灔指百里以內交通輪軌游蹤戾止儘多

裙屐此登臨其旁有來鶴亭蔣君汝藻作偶語云踞鴛嶺傍桃源對芝塢小築茅亭是林巒最幽處曲江濤吳山雪西湖月生成畫本極宇宙之大觀

吾邑西南鄉管社山麓建築萬頃堂憑欄眺望頓豁胸襟春秋佳日遊人絡繹不絕孫叔方孝廉撰楹帖云簫鼓迎神百道風帆來管社詠觴修禊幾人墨妙寫蘭亭秦岐農明經題偶句云眼前圖畫新開大箕山小箕山列岫晴湖不數擬翁留妙筆世外仙源誰是東管社西管社結廬翠麓可有漁郎來問津許靜山觀察題楹聯曰山水儘徜徉異世同心此間近接裴瑞宅風塵方澒洞問天搔首吾老已過羅縣人陸耀星大令士奎作偶語云如上岳陽樓

對萬頃湖光重憶希文椽筆遊贈於越界指一帆風影可來范蠡扁舟王克循茂才勍撰聯曰洗盡舊胸襟一水平鋪千頃白拓開新眼界萬山合抱數峯青毗陵胡某擬成偶語而未鐫板懸於堂句云淘浪何年美人駿馬有餘思此山不語雲水天風豁古愁第二句因堂右有占項王廟而言也

杭州北高峯下雲林寺即靈隱風景奇妙別有天地眞名勝也御筆題楹帖云禪心澄水月法鼓聚魚龍湖山春社在岳王祠西南有御題聯曰花枝入戶朝含潤泉水侵階夜有聲湖心亭居全湖中心四面臨水雕欄外花柳掩映上爲層樓登樓眺望羣山環立如屏亭懸聯曰波湧湖光遠山環樹色涼亦御筆湖北晴川閣遊

覽最宜柱懸偶句云赤壁龍蛇循軌道青春鸚鵡起樓臺係張文襄公之洞所題

江西南昌府滕王閣有聯云大江東去爽氣西來能括渾成洵爲佳對福建甌江中有小島屹立江心曰孤嶼風景宛似金山昔宋高宗南渡曾駐蹕於此嶼中有浩然樓或云孟襄陽曾遊此故名懸楹帖云青山橫郭白水遶城孤嶼大江雙塔院初日芙蓉曉風楊柳一樓千古兩詩人上聯切景下聯紀事也又戴澗鄰太守槃撰聯云憶故鄉兩點金焦同斯佳境到此地一樓風月助我清談戴公潤州人故上聯云爾

杭州湧金門外湖心亭俞蔭甫編修撰楹帖云記故鄉亦有仙潭

看一樣湖光深得石橋長九曲至此地宜邀明月問誰家秋思吹殘玉笛到三更宋莊景蘇閣懸偶語云紅杏領春風願不速客來醉千日綠楊是煙水在小新隄上第三橋作者未及詢明三潭印月之曲橋邊有某君題明月自來去空潭無古今之句殊覺渾成安徽宣城太白樓李承謀撰偶句云大江淘盡英雄山經百戰樓仍在詩卷長留天地人往千秋酒不空贛州府城東北有八境臺覽羣山俯奔流景致佳妙何太守剛德題楹聯曰此亦岳陽大觀誰共後先憂樂話到雙江流水毋忘伊洛淵源

師竹廬聯話卷一終

師竹廬聯話卷二

錫山拙翁費鎮編輯

園林

海陵尤園柳村主人自撰聯曰十畝地無多不妨春酒留賓秋燈課子半生天已定只向西郊學圃東郭催耕毘陵趙氏園楹帖作者未詳句云樂志在田園問良友何人階下幾株松竹傳家惟誦讀教佳兒底事窗前一榻琴書俱志趣高雅燦然可觀

金陵有惕園近亦著名有合歡樹兩本殆百年前物每屆花時士女雲集內懸楹帖云置酒常招烏帽客到門先認馬纓花又有偶語云王謝舊烏衣喬木猶存大好樓臺欣得主邢隨今白地名園

無幾來遊士女任看花此兩聯薛慰農山長所題近聞友人言泰州姜堰鎮新築且園落成王季徵撰偶句云杜來閣基址無存荒涼二百餘年一拳一邱重整頓景山園雲礽有繼結構兩三間屋半村半郭足棲遲又集句聯曰嘉葩美果列植而交蔭疏泉礨石闢地以爲亭各有見長處

新安孫蓮叔有紅葉讀書樓即其讀書處也樓凡三折人呼之曰曲尺樓客至輒留宿其上德清俞蔭甫編修嘗贈以聯云仙到應迷有簇嶂幾重闌干幾曲客來不速看落葉滿屋奇書滿牀蓮叔又有小樓可觀日出署曰觀旭俞編修於甲辰歲曾宿其中適大風竟夕遂題一聯云高吸紅霞最好五更看日出薄游黃海曾來

一夕聽風聲其故人馬諡香孝廉極賞之
蘇州濺碧山莊不知其爲誰氏之莊潘玉泉觀察題偶語云邱壑
在胸中看疊石疏泉有天然畫意圖林甲吳下願攜琴載酒作人
外清游蘇州新修滄浪亭成應敏齋廉訪屬湖南某孝廉擬一聯
曰小子聽之濯足濯纓皆自取先生醉矣一邱一壑亦陶然九江
琵琶亭某孝廉曾撰聯曰燈影幢幢悽斷暗風吹雨夜荻花瑟瑟
魂銷明月繞船時組織元白本事頗自然此亭有舊聯云荻花楓
葉皆千古紅粉青衫彼一時亦才人之筆
吾邑西門外高氏祠堂後高松舟封翁建花園池橋亭閣佈置合
宜花木亦盛亭內懸青松影裏天常寂翠竹林中月亦香之句閣

有聯云弱柳垂風荷帶露小軒臨水閣當山泰瀠如都轉綱業作
又有聯曰池塘月撼芙蕖浪羅綺晴嬌淥水洲趙雲九大令起鵬
集唐人句而成邑北一里許有隨鳫別墅在宏仁橋之後係華子
隨孝廉建築懸楹帖曰兩樹碧梧桐清簟疏簾無俗韻扁舟青蒻
笠斜風細雨有良朋浣秋軒懸聯云曲檻秋風紅蓼岸小橋明月
綠楊隄靜頫小築一聯云新樣何妨參異域俗塵不到即名山雙
梧閣下層有聯云更上一層樓天空地濶旁探千樹雲鳥語花香
曾族兄曉湖孝廉所書蓋兄與華君最交好也
金陵胡家花園在城西花盝岡明徐錦衣西園故址胡煦齋太守
奉母居此池館花石甲於白下以主人別號愚園故人又以愚園

呼之余於光緒丁酉偕友在此暢遊作偶語云花木滿芳園儘堪
邀月哦詩臨風把酒亭臺如畫景更有小蹬蹲虎古柏蟠龍不減
就眼中所見寫一二莫友芝題此中無隱精舍有入座有情千
古月當窗無恙六朝山之句此中有曠觀亭江甯陳孝廉撰二聯
一係白下有山皆繞郭春城無處不飛花一係露白葭蒼伊人宛
在峯回路轉有亭翼然此亭懸包世臣聯云此地有崇山峻嶺茂
林修竹所至皆瓊樓瑤室瑤草琪花旁築春暉堂懸有數聯僅記
湘潭歐陽太守煙霞供養斯得上壽詩酒酣嬉能娛古歡及陽湖
趙太守慷慨宴笑留我嘉侶習靜獨處心思古人兩聯下通界花
塢有長洲趙觀察題白蘭舊香初過雨碧琉璃水淨於風之句右

築深耕草堂灌叟題曰有地開鋤未忘塵世事此間閒話猶作太
平聲當時諸老輩宦成歸隱其風致閒散可想
南通州水月閣俗名魁星樓亦是名勝處面對五山溪水環流遊
者非舟不能渡張嗇庵先生大魁後改名果然亭歲乙卯於此處
改設公園亭臺樓閣異於舊觀丁君月湖題鏡奩界檻一輪月挐
架當門五朶雲及數點螺鬟雜楊陰裏一聲漁笛紅藕花中之句
果然亭懸有聯曰畫檻欲凌雲風月無邊歸小閣鉛標今奪得文
章自價麗崇川南通州有顧某廿年司鐸牢落頗甚歸自太倉得
城南習氏園葺而居之命曰借園結屋數十楹竹木陰翳怪石巉
庭曲徑迴廊位置楚楚一室圖書窗外並多野趣中懸楹帖云家

計買經營一室安耕具一室安釣具世情費閱歷半日對古人半日對今人又有聯云如此丰神但須誦離騷飲美酒斯是陋室可以閱金經調素琴近日吾友自崇川歸談及此中有偶語云佳與四時同楊柳風梧桐月芭蕉雨橘柚煙芙蓉初日賞音千載共鸚鵡賦鶺鴒詩蛺蝶圖鳳凰曲蝌蚪古文均覺自然

錢塘袁子才太史築隨園於金陵清涼山下自題數聯僅記其二一爲舉頭望明月盪胸生層雲一爲春秋多佳日談笑無閒時又某君題隨園聯曰先生何許人也老子其猶龍乎蘇州山塘斟酌橋新修東陽張忠敏公祠其旁有屋數楹應敏齋廉訪署曰停紅小築癸酉秋俞蔭甫編修將有武林之行倚裝撰聯句云小築三

楹看淺碧垣牆淡紅池沼相逢一笑有袖中詩杯上酒痕蓋因此間泉石竹籬荷沼皆楚楚可觀最宜飲酒賦詩也

合肥張君祖翼於金陵冶山下闢地數畝倚山爲屋曰竹居境僻景幽饒有園林山水之雅藏書萬卷其竹居讀書處柱懸立石自成小五嶽披圖而觀大九州之句白門東花園中懸楹帖云忍把浮名換了淺斟低唱若論能事短於擔囊弈棋不知何人所作張欣之題西園聯曰居白門久無往非釣游足迹所經何須皖水皖山常想像夢中風月於西城隅盡與其賢豪長者相契頗趁好春好夏同消磨醉裏光陰徐淮生於金陵皋園內止觀亭題聯曰水抱孤城煙籠有無渾不辨簷開四面雨晴濃淡總相宜以上數聯均有意趣浙江蘭溪縣南門某花園余撰偶句云幽地拓三弓拾翠游人應駐屐春光饒四序看花開更此飛觴時余襄權蘭溪友人屬題溫州梅雨潭上有花木亭臺懸聯云飛瀑半天晴亦雨寒潭終古夏如秋但撰書未能知

蘇州怡園主人顧子山先生文彬自題園林之聯皆用前人詞句裁紅翦碧膾炙萬口其集蘇東坡詞作楹帖懸於園中云多景樓中對酒卷簾邀明月曲水池上杖藜徐步轉斜陽又集東坡云步翠麓崎嶇亂石穿空如對茂林修竹抱素琴獨向綺窗學弄何妨低唱微吟集姜白石撰偶句云雙槳蒓波扁舟僅容居士一襟詩思此地宜有詞仙其自題桂花亭聯曰喚個月兒來清光更多只

放冰壺一色從今花影下嬌黃成暈染教世界都香又聯曰淡酒醉濛濛看天闊鳶飛淵靜魚躍秋水見毫髮要小舟行釣曲岸持觴此用辛稼軒詞又有聯云春到一分綉陌漸薰芳草橋通雙沼紅波香泛浮萍續題聯云巧石盤松細草靜搖春碧垂楊梳雨長絲初染柔黃此用吳夢窗詞子山先生集詞句所撰各對幾如韓信將兵多多益善茲因限於篇幅僅錄百中之五六焉

海上半淞園梅君豫楨題楹帖云彈指感滄桑遙看燈火樓臺日來爭一角園林話大帝殘碑將軍古壘撐腸宮丘壑最好鍾山晝更添得四時風景有龍華塔影歇浦潮聲又有一聯作者未詳句云疊起一房山大好園林最難得茅屋沽春竹簃消夏翦取半

江水別開境界更時有車聲礙夢颿影催詩又聯曰綠樹四圍林靜燈光照螢語紅闌三面亭前酒夢醒秋吟邵君文鍚題曲澗含輕雨清軒秘曉霞之句方遁盦來遊作細雨春帆黃歇浦夕陽粉本大癡山之句此園柱對均能倜儻不羣

如臯王琴夫觀察淡於榮利自浙任歸家於邑東之馬塘鎮小治園林爲菟裘計丹徒趙君曾望爲撰楹帖曰羣賢畢至少長咸集三徑就荒松菊猶存觀察後更營別業在村落間趙君復爲題句於柱云羣賢畢至少長咸集五穀垂穎桑麻鋪芬上聯羨其廣交賢俊故不覺與前同下聯指其地頗饒野趣也吾邑城西十餘里有西山不甚高據嶺遙瞰三萬六千頃波光帆影歷歷在目榮氏

闢園其上植梅數千本亭臺堂閣結搆如畫內懸有千樹梅花半輪月萬家煙火一帆風及幾生修得到一半此幻留藏書何止三萬卷種樹須教四十圍等聯又某君題偶語云歷長廣溪曲曲清流一水迴環入室猶通香雪海與東西山遙遙對峙片帆時渡滿船合載洞庭春園內書畫室掛一聯云風送暗香來幾疊動閣中詩與天空白雲淨數峯見江上青山俱有意趣

常州白龍庵水榭同治間由合肥李相國修建徧題楹聯示得意靈粤亂前讀書是中而復城出李手也近來屢傾圮由地方修復隔岸闢第二公園沿隄栽柳以爲斯榭之障孟心史見時朝夕在此盤桓落成後撰楹帖云煙柳倚闌看高城日暮風景依然長與釣遊留勝蹟滄桑隨燭轉舊壁紗籠題詞安在莫將裙屐換浮名

吾邑眄怡園爲顧氏別墅園內行和軒懸聯云團雪一叢碎霞萬點淩雲百尺篩月半池園內柳風閣有聯云高樹半窗灑空翠竇山一角含古青東鄉鵝湖華氏別業懸偶句云兩樹碧梧桐滿簟疏簾無俗韻扁舟青箬笠斜風細雨有良朋

宜興杜樊川水榭在縣城東關外面臨東氿氿水方廣九里南近罨畫溪杜牧之客宜興時嘗寓此今大東門外杜橋相傳爲水榭故址按牧之萬年人萬年爲樊噲所封地昔稱樊川人因號爲杜樊川其水榭屢圮屢修潘伯彥有聯云禪榻常閒看裊裊茶煙隨落花風去遠帆無數坐盈盈氿水從罨畫溪來上聯因杜詩有茶

煙輕颺落花風之句也

上海愚園景致頗佳朝夕遊人常盈室鄭海藏題楹帖云棠棣並爲天下士舊迹不受人間羈出聯謂園主人柏生兄弟園內鳶飛魚躍閣懸偶句曰怪石四隅危亭一角平橋大曲淺水三灣上海辛園余未往遊聞友人言內有移石栽花種竹烹茶酌酒圍棋及綠水自然成澗壑春風無日不山家兩聯又聞茅亭懸有一聯句云人民城郭是耶非把茅蓋頭看乾坤成毀林泉風月今猶昔拈花躍指樂樓閣華嚴

湘中也可園有嵌字格一聯云也不設藩籬恐風月畏人拘束可大開門戶就江山與我品題語頗清遠惜不知作者姓字廣州北

有快風閣四面虛敞所見無非丘隴揚州石天基撰楹帖云引我舒懷山遠近催人行樂塚高低石君盡自書其感抱而景色恰合有天造地設之巧也楊椒山渡江訪唐荆川不値因登焦山碍月亭題聯曰楊子懷人渡揚子椒山無意合焦山可謂工巧無倫

金陵城內西南隅有愚園爲胡撫齋太守別墅已摘錄數聯兹友人談及劉彭之作能不欣然其清遠堂聯曰地近杏花村闌檻留春瀟灑林泉新畫稿我來梅子雨琴樽消夏清涼世界小神仙係劉省三撫軍銘傳題其曇碧含芳軒聯曰駿馬秋風薊北杏花春雨江南係彭雪琴宮保玉麐題周海舲軍門卜宅金陵得陳氏儀園葺而新之極一時花石之盛薛慰農山長撰偶語云百戰功成

從戟門牙帳而來謝萬戶侯封食看六朝山色十弓地拓極石磴雲闗之勝問汾陽聲伎何如居士清涼又撰楹帖題其宜各云花塢藏春竹爐暖酒紅羅宴客白紵徵歌並題聯於其水流雲在堂句云魚鳥清閒作濠濮間想竹石奇古如魏晉時人隨園老人之別墅在清涼山麓今則鞠爲茂草矣相傳園中有一聯云柴米油鹽醬醋茶便除却神仙少不得孝悌忠信禮義廉恥沒有銅錢可做來見道語深俏有味其自題聯云讀書已過五千卷此墨足支三十年意太豪縱不免爲人指摘耳

南通州城南顧氏借園柱懸偶句曰奉胡安定教條經師南面經生北面仿陸平原故事阿兄東頭阿弟西頭亭內懸聯曰宜飲酒宜圍棋水木明瑟請學稼請學圃冬夏播琴張退庵先生營城南別業成自題其門有不作夔龍佐聊同燕雀栖之句其弟嗇庵先生集唐句爲楹帖云含南含北皆春水山鳥山花吾友于又聯云入水不濡入火不爇與子言孝與父言慈蘇州顧子山先生築園曰怡園樓閣亭榭池石花木景甚清幽遠近遊人畢集曲闌處懸偶語云彈壓萬貔貅笳鼓歸來正堪尋竹邨泉和雲種樹往還一丘壑闌干拍徧只是看花尋句采菊題詩樓有聯云曬髮北窗涼缺月初弓好夢未成驚喚起木末翠樓出清風舊燕去年曾共燕經營又聯曰獨倚小闌干落日蒼茫我見青山多嫵媚正在一丘壑浮雲來去只今明月費招邀亭中聯云鷄曉鐘昏萬卷詩書事

業潭空水冷一天星斗文章

南京愚園有梅庵楊君文瑩題偶語云梅花萬樹密室先春諸老林間圖雅集瘦鶴一聲長天欲雪昨宵枕上夢孤山園中更有稱又一村者李文忠撰楹帖曰山椒雲氣易爲雨村落人家總入詩古稱西園者侯官林內翰惠鏞作聯曰紅黃籍樹珊瑚海黑白雲華玳瑁天春睡軒中灌叟題四言對云故燒高燭乞借春陰松顏館中有一窗蘿月禁春瘦萬壑松風撼晝眠之聯係吳縣王亦曾太史手筆清遠堂內有詩文清芬曰道德會山川靈秀入戶庭間之聯係高要馮中丞譽驥手筆相傳此園樓柱舊有一聯句云百尺曠襟懷更看翠袖連雲香車流水四時供嘯傲最好夕陽西墜

明月東升此園聯語各具風趣

常熟彭家場趙園創始雍正時後咸同間有趙惠甫者觀察江西歸田後手加修葺於此讀書靜養近年園漸傾圮未免荒寂景象有亭額曰延爽懸偶句云亭影欲隨葭葦活鏡光不礙鷺鷗藏俞蔭甫編修爲惠甫觀察題數里外有嚴氏別業明嘉靖時大學士謚文靖名訥所營今改逍遙游佔山麓之勝舍宇曲折奧衍文窗綺寮雅潔無纖塵後倚山前瞰湖四時嘉景天然入畫舍後隨山高下繞以竹籬籬外徧種秋花額曰娛樂廣陽桂懸聯曰夕陽樓閣煙雨亭臺眼前風景不殊烏目山人新粉本西麓北觀南華化景額上題名如故白頭相國舊書堂又聯云晴翠撲人四面軒窗

師竹廬聯話 卷二 十

宜小坐夕陽流水兩湖風月此平分寫景恰合又邑紳錢侍御汝截築小園曰劍閣當時自題楹帖云無邊風月供嘯弄有主江山屬薜裁今聯猶流傳人口而閣久廢矣

吾邑公園於光緒三十一年乙巳春就洞虛宮荒基經始開闢名錫金公花園後數年向秦氏以明季盛冰壑別業之基地購歸由是基漸擴充而構造亦日新月盛即改今名全園黃沙爲路綠草爲場入門巨石巍峙最高者爲繡衣峯其北敞軒一間顏曰西社前面之池通白水蕩池畔築軒三楹曰池上草堂附近有清風茶墅園之中心建多壽樓後有小池前有露臺西邊草場花架中有茅亭又有八角六角四角等亭布置其間土墩一大樹狀若華蓋覆於其上名其地曰歸雲塢斯園之景遊目騁懷信可樂也多壽樓懸華君文川所撰楹帖云圖成公界當具公心望遊人護花驚鈴務使長春不老樓以壽名允宜壽世願來者紀籌延算同爲大陸眞仙此樓發始於宣統元年華海初大令華子隨孝廉與俊夫封翁均以年七十倡節壽筵之資捐助建築樂與人同甚足欽慕戊午六月市公所於樓前添築露臺尤可望遠又懸秦君寶瓚撰聯云勝地起層樓水色山光摩詰畫名園鄰古寺夕陽芳草少陵詩丁君寶書題偶語於池上草堂云可以息可以遊商略廿年眞始願不及此何處池何處堂蒼茫四顧起占人而問之上聯指同人欲擇地爲公園在光緒乙巳以前已廿載當計畫之始不料遲

師竹廬聯話 卷二 十一

有今日下聯指池以上無額垣敗屋可認今建斯堂仍顏舊額不識於古址地位若何臾君觀佔於歸雲塢題集句云老樹不知歲名園別有天曹君銓於清風茶墅撰楹句云復後樂園舊觀奇花四照疏榔兩行小墅清風還闢荊訪洞虛宮遺跡青笠人來棐墩仙杏曲廊斜月好爭詩明盛中丞顒取白水蕩以營後樂園中有清風茶墅爲子弟羣從闢荊處其地即今公園之東元王梧溪在洞虛宮玩月作詩其地即今公園之隙西址毗連也

揚州某氏園懸楹帖云坐客爲誰聽二分明月簫聲依稀杜牧主人休問有一管春風詞筆點綴揚州作者未及詢明惠山寄暢園明正德中秦端敏金并二僧舍曰南隱漚寓者爲之初名鳳谷行

窩中多古木後倚一墩端敏殁歸其族後裔燿乃易今名其後或分或合或改築累石作層巒又引二泉之流曲注其中成而景益勝康熙乾隆間御駕南巡輒幸於茲宸翰稠疊自端敏至今四五百年未嘗易姓他園皆廢惟此獨存爲吾邑著名園墅聞舊懸楹帖甚多今僅有池邊知魚檻內三聯裔孫寶璜聯曰荇藻潆洄三面波光搖素壁樹林陰翳半園山色上朱闌翁文恭同龢聯曰池含林采明於纈石貼苔華媚若鈿餘無見蓋燬未補立耳

杭州西湖彭公退省菴懸偶語云退食有餘閒當載酒人來莫辜負萬頃波光四圍山色臨流無俗慮看採蓮船去始聽得一聲漁唱幾處疏鐘未知撰者姓名靈隱寺西舊有包氏北莊臺榭之美

冠絕一時後爲翰林學士湯右曾別業改稱湯莊自題楹帖云逍峰紫翠看皆好喬木風煙畫不如秣陵聚寶門外雨花臺據岡阜高處遙瞰大江俯臨城市爲金陵扼要之地相傳梁武帝時有法師講經於此感天雨花故名今其上築亭及茶室旁植花木儼是小小園林亦有第二泉味平平遠遜惠泉之甘冽許中丞振禕題聯云獨攜天上小團月來試人間第二泉集蘇句頗能諧妙

師竹廬聯話卷二終

師竹廬聯話卷三

錫山拙翁竇鎮編輯

祠廟上

維揚史忠正公可法祠內聯語極多向推京口嚴問樵太史所撰句云生有自來文信國死而後已武鄉侯允爲膾炙人口毘陵送子觀音殿聯云我費盡慈悲心抱孩將汝你多行方便事積德保他口吻恰肖某處送子殿有人作偶語懸於龕柱句云我把此送將來那分別朱門蓬戶你好生收了去費成個孝子賢孫有勸善意金陵痘司神廟香火稱盛迨經癸丑兵燹久未修理鄉紳曾相國總督兩江時其幼孫患痘甚劇有客請禱於此及病既愈大興

土木殿宇壯麗相國令門下士擬屬對俱不稱意乃自作楹語曰種痘本前因願衆生無災無晦散花拈妙諦惟我佛能發能收額以仙露明珠於是執筆者咸歎服

河南許州有武廟塑關聖立馬橫刀狀曹操手捧錦袍立於側楹懸對云灞橋自古有行人問誰立馬頻年留芳不朽曹瞞於今無故物羞幸綈袍相贈遺像猶存昔有友人述蜀中關廟對其句爲主玄德友翼德釋孟德生解州輔豫州殁荊州吾邑關帝廟丁植卿孝廉題聯云乃聖乃武乃文孔門未見此剛者不淫不移不屈孟子所謂大丈夫筆力雄健

金陵淮湘水軍昭忠祠楹語無甚佳者惟彭雪琴宮保玉麐一聯

頗覺悲壯用之於水軍允宜句云江淮河漢浪駛濤驚三十里掃蕩縱橫君等能當天下事矢石戈矛血飛肉薄十六年忠肝啣切國殤惟有使人多饗堂外樓臺亭閣極多其楹帖匾額俱出八月潭所著積翠山房聯云與石訂交奇不厭有梅作伴冷何妨來青樓聯云隔岸鶯啼春草綠捲簾魚唼落花紅香雪亭有萬劫不磨一片石孤亭好納六朝山之句晚香館有人來曲徑疏籬外秋在輕煙細雨中之句皆名貴可誦

石鐘山湘軍昭忠祠曾滌生相國撰楹帖云巨石咽江聲長鳴今古英雄恨崇祠昭偉烈永奠湖湘子弟魂蘇州吳縣石條撰龔玉自作墓門聯曰有地在心不求風水好無田亦祭只要子孫賢吾

師竹廬聯話〈卷三〉 二

邑至德祠在惠山寺右乾隆三十年知縣吳鉞暨裔孫培源華購煉石開基址奉檄建祀仲雍季札庚申兵燹屋宇損傷同治間修葺裔孫吳勿青廣文汝渤作楹語曰三讓溯家風凡在宗盟自應顧名思義四年淪劫火重新廟貌聊以啟後承先張義士止齋先生祠在寺門內某君撰偶語懸於祠門旁云膽擬汾陽單騎靖虎狼餘孽功高廣野片言挫城社生靈孫大宗伯祠在寺塘涇橋畔對云一疏植綱常歸里洵能爭去就萬言陳利弊立朝渠不愧科名係梁山舟學士手筆

吾邑梨花莊都天廟俗稱延白廟相傳神爲漢博望侯張騫凡祈禱之事皆靈驗甚著靈異丁植卿孝廉撰楹聯曰蒲衣夏熱苦荷秋高緣何今日人間偏司疹癘搖米沈雲梨花湧雪爲問當年塞上有此風光語語典切倜儻風流惠山張睢陽廟亦有丁孝廉聯云天地風塵古廟丹青經幾劫江淮俎豆空山鼠雀亦千秋其左有東嶽廟地址毗連內以門爲界啟門即能通行走俗稱東嶽爲聖帝香火極盛丁公亦有聯云帝出乎震聖而神與造化參霖雨能教天下遍峻極於天高惟嶽爲靈祇冠峯巒豈獨丈人尊又秦研樵封翁聯云聖不可知之謂神化化生生惠澤誕敷下土帝出乎震而宗岱明明赫赫威靈徧被東方俱自然

蜀中諸葛武侯廟額曰丞相祠堂楹懸偶語云義膽忠肝六經以外惟二表託孤寄命三代而還只一人不知何人所作貼切渾成

師竹廬聯話〈卷三〉 三

佳製也少陵草堂陸放翁配享有集句聯云錦里先生爲老伴玉霄散吏是頭銜湖南洞庭君祠左文襄公宗棠少年時應禮部試北上舟經其地登岸瞻玩題聯於饗堂云迢遞旅路三千我原過客管領重湖八百君亦書生意態雄傑即此可見

惠山寺左舊有明周文襄忱專祠正統中知縣談清建萬歷中并祀海忠介瑞繼因二泉亭側之周孔教祠廢邑人移主祔入康熙六十年增祀湯文正斌道光二十六年以革除現年弊政又增祀李文恭星沅稱五中丞祠庚申兵燹後修葺饗堂煥然一新應敏齋廉訪寶時撰楹聯懸於龕云四百年來五開府九龍山下一祠堂簡括明淨

河南汝州關廟浙江德清之商人以爲公所歲丙辰德清俞陛甫
編修行部至此其鄉人乞題一聯句云廟貌儼塵寰此間地接許
昌請看魏國山河徒留荒草輀車遵汝水使者家居苕霅願與故
鄉父老同拜靈旗安徽新安之汪村水口亦有關廟其廟并祀張
睢陽上有文昌閣俞編修撰聯懸其楹曰威名滿華夏眞義士眞
忠臣若論千載神交合與睢陽同俎豆戎服讀春秋亦英雄亦儒
雅試認九霄正氣常隨奎壁煥光芒以三神合寫亦對渾成
邯鄲盧生廟毘陵周伯恬先生撰聯云六國戰爭餘看寶馬名倡
重來故道一餐榮辱定歎黃塵宦海苦戀殘年末句意因西林相
國等多有楹語故隱刺之吾鄉苕湖尖財神廟楹帖云財源萬斛

奔騰有如此水神惠八方廣被也視其人魁星閣聯云握管持金
顯示我功名高下張牙瞬目隱怪他文字平庸華元化祖師殿龕
旁懸俳語曰頭可劈臂可痊妙用兩般醫國手書不傳方不滅總
留一點活人心又東亭鎮諸葛大王廟有大業蜀都扶漢帝舊交
鄰社協徐君之句時新塘橋有徐庶大王廟故言鄰社舊交此四
聯俱孫局三茂才顯所撰
浙江省城新建羅壯節王貞介兩公祠高滋園都轉撰楹帖懸於
饗堂句云由名進士起家爲名臣一開府一開藩浙東西崇德報
功人與白蘇共千古是大丈夫出身臨大節以死戰以死守城內
外矢窮援絕天教廵道作雙忠壯節名邁殿乙未進士浙江廵撫

貞介名友端丁未進士晉浙江布政使同死庚申之難者也吳中
有二程子祠兵燹後新修恩竹樵方伯作聯曰後尼山千五百年
篤生兩先生闢邪說辨異端道統天開正所以下啟紫陽上承鄒
嶧環蘇臺數十萬戶過此一瞻拜黜浮華崇實學士風日起庶不
媿言游故里泰伯遺封用意貼切偶儷不羣
京口淮陰侯祠薛衛瞻太守司鐸鎮江時作聯云江山第一國士
無雙殊覺渾成四字對無過此者吾邑淮湘昭忠祠在惠山寺內
剏寺之大雄殿大悲閣等址爲之祀淮湘諸軍克復江蘇陣亡將
士以程忠烈公學啟居首同治四年建施叔愚廣文時在李文忠
公幕中代公作聯云將士用命臣豈有力爲是享是宜聖代即今

多雨露精魂何依吾爲之歸也以妥以侑故鄉無此好湖山用成
語恰切且合少荃相國口吻錢子諒觀察亦撰對懸於饗堂句云
酣戰復名城夜寒呼松好似前軍驅虜敵殊勳界吾土寒泉薦菊
愧無從事紀功碑邇年來添設李文忠木位居首以程公改爲次
而稱淮軍昭忠祠焉
惠山至德祠吳平齋廉訪雲著聯云草昧造三吳自南河陽城箕
山以來天錫此土豆登延百世立君臣父子兄弟之極民無能名
顧洞陽公可久祠其裔孫警泉廉訪集成語作楹帖曰奮百世下
頑廉懦立環兩山開泉甘土肥許文懿公祠亦在惠麓孫局三茂
才撰楹語云早歲掇科名召對時爲治數言不負傳家有經學實

心維國是紹興倜論奸一膻縱然解組戀君恩落落大方不染時習又陸忠宣公祠有陸映山明經聯云唐代兩朝賢宰相孔門一脈大儒宗亦覺矞皇典麗

蘇州財神廟潘玉泉觀察題聯云生財有大道則拳拳服膺仁是也義是也富哉言乎至足矣君子無所爭故源源而來孰與之天與之神之格思如此夫集四書語頗自然西湖孤山亦有財神廟某君遊此撰偶語曰梅鶴洗酸寒且教逋老揚眉葛仙生色鶯花添富麗恰稱金牛湖上寶石山邊就西湖發揮便覺貼切處山俞省齋撰魁星閣一聯云不彩不履居然名士風流只因醜陋形骸幾湮沒了胸中錦繡能屈能伸自是英雄本色可惜崢嶸頭角誰

識你的筆底珠璣此聯之妙妙在雙關并借此以鳴不平蓋文章憎命詩賦窮人可爲先輩一哭

常州孟河蔣氏支祠落成乞俞蔭甫編脩撰聯云淵源溯漢代侯封縱盛名馬服爻推蔣徑淸風傳自箸祠宇法文公家禮况宸翰龍章寵錫孟河喬木仰彌高光緒六年慈禧皇太后有疾詔徵天下精醫術者馬培之亦與焉比歸命南書房翰林書務存精要四字賜之遇亦榮矣然馬君實蔣氏在漢世有封而亭侯者其始祖也某地有朱孝子祠俞編修亦有聯云有愛子市飴無愛親市飴小節爭常萬口咨嗟稱大孝兒爲母舁輿婦爲姑舁輿高年安樂八騶傳唱總浮榮孝子名高字兆光晉山人母病癱與妻陳以竹椅舁之周行家街又因母嗜飴逢市集每躬往購之市者曰吾鬻此三十年但見人購以啖兒女未聞以奉母也一市嗟歎蘇州閶門外呂仙祠盛旭人觀察題偶語云小築仙居是當年寶劍藏精故地廣爲善舉體先生金丹濟世婆心祠中閒供奉呂仙其餘屋又爲公所衆商人醵資爲善舉者於此會集焉

張勤果公曜撫東時以好客聞客之窮乏者咸隆館餼日費不貲及卒身後蕭然略無長物猶鬻斥若干然東人感其德澤及人思之不衰建祠於明湖畔中有小閣供公攝影長與人等儼如生運陽趙菁衫觀察撰楹聯云橫海東西無處不聞齊仲父大江南北有人曾夢漢桓侯相傳其太夫人夢桓侯而生公故末句云然吾

北鄉八士橋過玉書孝廉建張睢陽廟以向帥榮配享於左龕張帥國樑配享於右龕名曰三忠臣祠許伯謙茂才撰楹帖云同一死以報君更何分唐代藎臣熙朝上將仗孤軍而殺賊恨未得頭函安史手刃洪楊運用得勢偶儷不羣

北里祁城隍行宮即漢紀信廟丁植卿孝廉撰楹語曰勳績邁韓彭逝水前朝尙憶纛車乘黃屋威靈鎮金錫好山對面更無簫鼓賽烏江延壽司殿亦稱斗宮植卿孝廉有聯云分野紀嘯人揆揚壁府奎文舊兹奐會幽宗陛秩祀調燮箕風畢雨惠我黎元又青城大王廟柱聯云白水遶圩鄉尙祈滋潦無災曰暘恆若青城崇里社安得催科不擾有吏胥循亦丁作

石門高氏祠堂落成高滋圃都轉撰楹帖云卜宅晉元興石門秋
色桃塢春風聚九華秀氣緜延累代簪纓後裔至今懷祖澤溯源
齊公族穀熟分支姑蘇別派守百禩清芬崇奉不祧俎豆先祠終
古傍魁峰高氏出齊公族由穀熟遷姑蘇晉元興時又由蘇遷池
州其地在九華山西南曰魁峰曰石門曰桃塢皆其地蓋據高氏
譜而櫽括之故甚詳也海寧觀音殿俞蔭甫編脩因寺僧乞題爲
撰一聯云八面現金容看一出入間便消劫運十方瞻寶相願大
家心上各發慈悲同治三年浙西中賊中忽於海寧北門內民
間屋壁得八面觀音銅像一尊不知何年所鑄因供奉焉而是年
官軍即將浙西依次肅清蓋慈容見而劫運消非偶然也

德清烏山土地廟重脩落成俞蔭甫編脩爲題偶語云耕而食鑿而
飲相傳中古遺風尚留村社春有祈秋有報願與故鄉父老同拜
神旗德清烏巾山之陽有土穀祠相傳謂堯皇土地不知何義然
長興有堯市山一統志云堯時洪水民避難於此成市則堯皇蹟
亦無怪也其廟之戲臺成俞編脩亦有聯云借絲竹傳山水清音
里社歌謠新樂府與父老話昇平盛事歲時伏臘古踪溪隨筆寫
出恰能渾成
杭州吳山新建倉頡祠吳康甫大令屬人撰聯懸於柱云上溯羲
皇畫八卦時文字權輿秦而篆漢而隸任後來繼案流傳不外大
書體例高踞吳山第一峯頂川原環抱江爲襟湖爲帶看從此轉

華大起振興兩浙人材此祠前臨浙江後枕西湖形勢殊勝洵佳
境也吾邑北門外天后宮丁植卿孝廉書楹帖云水附地而行配
夫天位業冠百靈以止兌於女爲少從我后感通周四海而遙都
城隍廟花廳某君作偶語云解榮澤圍忠純漢室錫梁溪福祀匹
睢陽其戲臺有聯云一曲迎神如聽滎陽鼙鼓四年淪劫重瞻原
廟衣冠亦丁孝廉手筆
成都關聖廟懸聯云孔夫子關夫子萬世兩夫子修春秋讀春秋
千古一春秋頗覺渾成左文襄題常德關廟聯曰史策幾千年未
有上繼文宣大聖下開武穆孤忠浩氣常存樹終古彝倫師表地
方數百里之間西連漢壽舊封東接益陽故壘英風宛在想當年

戎馬關山王湘綺題江南武聖廟聯曰杯酒斬顏良河北英雄齊
喪膽單刀會魯肅江南名士盡低頭有氣勢
山東曲阜孔聖廟柱有偶語云覺世牖民詩書易象春秋永垂道
法出類拔萃河海泰山麟鳳莫喻聖人某地有孟子廟懸集句聯
云入則孝出則弟守先王之道以待學者仰不愧俯不怍得天下
英才而教育之又蘇君開泰撰楹帖云由義居仁傳堯舜禹湯文
武周孔之道知言養氣充惻隱羞惡恭敬是非之心蘇君又有聯
云合伯夷之清伊尹之任柳下之和願學孔子能富貴不淫貧賤
不移威武不屈此謂丈夫江甯縣孔廟懸脩其天爵教以人倫一
聯於二門某地施子祠有聯云其地與廉子祠並壽名山水木湛

清華孔教文明盛高弟本朝有靖海侯立功異島雲礽多才俊夏
鳳孱弱望強宗施于孔門弟子名之常字子恆魯人也
漢中大禹祠楊龢甫先生撰楹帖云原隰甸南山剗八載神功如
見巨靈開太華祠堂宏東漢看千秋順軌流將明德過瀟湘南京
禹王宮客座石門袁少枚尙寅題聯云君山茶澧浦蘭武陵桃花
土物似言故鄉好鍾阜樹秦淮月莫愁烟雨風雲尙覺此堂雄韓
城禹廟王樵也題聯曰東龍門西夔門行地寓安瀾歷數勝游疏
鑿千年懷禹蹟左晉嶺右秦嶺極天撑峭壁中分兩界別開一線
走河流某地倉聖廟聯云張旭何顛狂仗吃三杯酒亂塗幾點鴉
也在字中稱草聖李斯亦妄誕擅變六書通強分八體法敢於篆

外廢古文聞是德陽彭大俠手筆
近聞友人言富春嚴子陵祠有長聯云一件蓑衣骯髒那朝中黼
黻你有你的四海我有我的千秋天下已定老子何必官耶本朋
友義不君臣只可把富春山長讓與先生垂釣兩支夢腳驚動了
上界星辰尊莫尊者帝王高莫高者道德此才非用寡人以爲過
矣望嚴灘想思商皓縱然聳豁達度能屈他漁父同狀光緒甲辰
余由蘭溪回錫舟經釣臺下停泊時尙早偕程彝仲登岸眺玩見
碑亭碑勒漢嚴子陵先生釣臺宋謝臯羽先生西臺歷石階十餘
級入嚴祠享堂塑先生像供正龕以范文正歐陽文忠謝臯羽等
四人祔祀東西龕其右客星樓均多古碣半係前明已剝蝕堂中

懸聯四一截君槃所撰之惟巢由乃可與並駕微光武不能成其
高一吾鄉章定安孝廉鈞所題之大漢千古先生一人一某君所
著之釣者不在魚也先生其猶龍乎一某君所作之中興天子友
清節後人師而友人口述者獨未見焉
白帝城昭烈廟懸楹帖云正統千秋尙有紫陽綱目能孤數語常
留白帝城頭成都昭烈墓石柱上有聯云天府古益州劇憐五丈
荒原出師遺恨終巴蜀漢家舊陵寢贏得三分正統望帝歸魂拜
杜鵑嘉興王君蔀畇題橫州大灘馬伏波將軍廟聯云廟貌壯河
山想見將軍猶矍鑠江聲流日夜往來旅客總平安某地鄭北海
祠饗堂懸偶語曰六藝折中身教爲言教四民矜式經師即人師

係金岱峯廣文所撰社公廟聯云春日本陽和看紫燕頻來有幾
許比鄰王謝是翁真矍鑠願黃冠早返儘與他晚景桑榆作者未
知洞庭西山包天君廟曹茂才銓撰楹句云梁室溯華宗陶丘肇
錫侯封玉冊金符隋史千秋留列傳吳民食舊德包麓常留廟貌
雲車風旆具區萬頃此棲神考隋書神諱暘爲梁武帝玄孫仕隋
歷衛尉卿祕書監封陶丘侯廟在太湖中洞庭西山香火特盛
浙江定海成仁祠乾隆甲戌知縣莊綸渭作楹帖云碧海映丹心
氏到於今稱大節青山埋白骨我來此處弔孤忠光緒甲辰祠屋
重脩知縣事楊志濂撰偶語云殷有三仁焉矧萬衆同歸更烈於
箕子辱比干死海外一島耳荷九天褒錄何讓乎漢田橫宋厓山

司獄莫踰制作長聯懸於柱云臣死君子死父妻死夫卑幼死長
上都許有萬八千人可謂烈矣嵇之血嚴之頭顏之舌文山之正
氣以此殿二十四史宜其祀焉管帶定防礮臺黎玉泉題楹帖云
諸大夫報國盡忠了結朱家殘局後君子登山弔古牽連姚令投
池經修董事孫詒謀孫爾瓚撰長聯云殉節以勝朝爲最葬同穴
祭同堂當年慷慨捐軀想碧血橫流丹心長照好官自常郡而來
繆事前莊事後今日繼承芳躅喜山光依舊廟貌重新後龕供女
位邑八武聯達題楹句云莫謂小朝廷投井先聞宮壼許多奇女
子入祠不讓鬚眉俱穩切
潮州韓文公祠江湘嵐撰偶語云豈惟潮人士敬戴先生謳開衛

山之雲威戢鱷魚之暴宜與朱紫陽並崇謚號道原二氏之謬文
起八代之衰某廟合祀文武二帝享堂懸楹帖云爲蜀人爲蜀臣
同是西方之聖號文帝號武帝尊於南面而王陳州太昊陵有聯
曰剖造物之精承垂爻象開生民之利共樂佃漁雲南鶴慶魯班
祠黃梅峯題聯曰化工無工入斯門休輕弄斧成器不器似此老
方許斵輪六安汪啟英先生題關帝殿聯云附聖人末光猛將佳
兒同萬古得夫子正氣寶刀駿馬亦千秋關帝像旁塑有關平勸
馬及周倉持刀像
永嘉華蓋山下有東甌王廟規制閎麗爲一邑冠溫州軍政分府
徐定超題偶語云公本以王業肇基自昔馨香明德遺我曾在是

邦守土若論功罪疚心多某地華陀殿懸楹帖云愧當代以醫名
未能與奸雄破腹穿胸把他心腸易換慨沈痾非藥於願各從平
日修身積善默邀神鬼扶持相傳元化乩筆周孝侯廟有楹句云
生爲名將死作良醫方知射虎斬蛟總歸仁術人起沈痾天開壽
域豈有奇方秘藥全仗神靈係家曉湘孝廉撰蓉湖尖鄒氏宗祠
落成家曉湘於其樓上題聯曰到此奉蒸嘗共毋忘遺澤道鄉傳
家義行於今重締構期不負環村碧水排闥青山蔣萬里撰孔子
廟聯曰天主耶穌希臘老氏釋迦諸教總不越孔教範圍黃種文
明天再造君臣父子夫婦昆弟朋友五倫獨於是立人倫規則素
王道德日當中惠山高忠憲公祠顧響泉廉訪光旭作偶語懸於

饗堂句云君子無所爭立綱常扶名教大臣不可辱感天地泣鬼
神言簡意賅佳構也族後裔子鳴茂才鼎業有聯云道統足千秋
泗水淵源佑啟東林開後學家基延一脈其域德澤光照南渡守
先型西南鄉萬頃堂旁項王廟華棨垂茂才袞題楹帖云追陪名
士登臨佳序恰逢寒食節憩弔霸王遺迹餘威猶震拔山歌鬧友
言丁植卿孝廉撰忠節祠聯云神之格思生爲英死爲靈正氣常
存浩劫歷庚辛壬癸鬼言歸也弋於山釣於水故鄉可樂同堂聯
橘柚槐榆歷年祭祠未見蓋作而未鐫板也

師竹廬聯話卷三終

師竹廬聯話卷四

錫山 拙翁資鎮 編輯

祠廟下

浙江嘉善武帝廟婺源江湘嵐大令作偶語云此何地哉溯郡分吳會縣析魏塘久無尺寸屬孫曹惟公浩氣常留曆累代崇封咸仰上儀侔帝制神來格矣看雲擁靈旗雷轟天鼓猶是聲威震華夏爾日海氛多惡願降魔伏寇俾知中國有聖人又作聯云靈鍾泰岱曰山西聖人下則爲河嶽上則爲日星沛塞蒼冥浩然天地有正氣義結桃園第齊東野語君視如手足臣視如腹心力扶漢祚明乎春秋無二王頗有氣勢

合肥包孝肅祠裴君韙閣撰楹帖云不愧讀書人移孝作忠想見正色敷言永敦國本是真閻羅老看花載酒安得開顏一笑重邀河清某地余忠宣公祠李君丙榮題偶語於其饗堂云臣死忠子死孝妻妾死義更戚屬僚佐士民卒伍感恩從殉者且二千八有奇軼事邁古今直合晉卞壺唐張巡明黃觀諸賢臨難遺蹤並作一時血性國有謚史有傳都邑有壇況縉紳先生野老田夫垂涕而道之閱五百年未艾大名光宇宙好借清水塘風節井正氣樓幾處流芳勝蹟永存萬世綱常風節井爲忠宣夫人及女殉義處清水塘爲忠宣殉義處正氣樓在忠宣祠左

江陰縣城內有張睢陽廟地與江蘇學政節署相近黃漱蘭侍郎體芳督蘇學時嘗捐廉倖葺而新之因於楹柱題兩聯其一曰無倆又無援臨淮張樂彭城擁兵嘆偏隅坐困將才自古英雄千眾忌能文斯能武操筆成章誦書應口幸試院近依公廟至今靈爽屬諸生其二曰男兒死耳復奚言若論唐室功臣四百戰勳勞豈輸郭李父老談之猶動色敢顧揚州都督億萬年魂魄永奠江淮安徽旌德縣雙忠廟柱懸偶語云扼安慶鎖首尾援師使神京再造靈武中興卅六人抗節孤城保障勳勞高李郭與顏常山後先殉國自贊皇辨誣昌黎論定千百載表忠雙廟馨香俎豆徧江淮江華農手筆也

成都武侯廟懸楹帖云三分天下四川地六出祁山五丈原又某

君有聯曰臣本布衣一生謹慎君真名士萬古雲霄蕭玉衡題追慶丞相祠堂聯曰政成民已和伯仲之間見伊呂江流石不轉風雲常爲護儲胥沔縣在成都北十餘里有諸葛武侯祠楊蘇甫作偶句云三足鼎安在哉我來尋丞相遺蹤賸沔水湯湯流千古恨五大洲多事矣誰能挽先生復起奮天威赫赫攻百蠻心楊君又題定軍山武侯墓一聯何云天所廢誰能興追念龍驤虎視未了臣心懸弔那禁下淚神之來不可度聞道風馬雲旂猶寒賊膽英靈常護沔陽人沔縣古名沔陽洪楊之亂羣賊欲陷沔城夜見神兵蔽山賊膽寒遂引去丞相臨終自言欲葬定軍山後主從之擇吉自送靈柩至定軍山安葬

某地泰伯廟吳君鴻昌題聯曰上德不德希蹤巢父抗節子臧是名教完人三讓高風殊卓絕求仁得仁介弟仲雍裔孫季札更後先濟美雙江流澤卜靈長湘潭吳劭之代龍玉衡於屈子祠撰楹帖云痛飲讀離騷放開今古才人膽狂歌弔湘水照見江潭漁父心又代陳培心題一聯句云風雨誦離騷香火升龕薦芳草水軍喧競渡樓船載酒醉先生祠為水師所建

焦山關帝廟賈君鏞作楹帖云此吳山第一峯也問曹家橫槊英雄而今安在去漢代二千年矣數當日大江人物不朽者誰願能動目江南駐馬坡諸葛武侯祠有聯云綸巾羽扇風流俎豆維新比之西蜀祠堂南陽廬舍冠鍾阜石城名勝江山依舊渺矣吳

宮花草晉代衣冠上虞陳桐階題張桓侯墓聯曰君知劉豫州乎署分言情似說生能助臂身是張翼德也成仁取義可憐死不歸元成都錦屏山之東子龍趙將軍墓石柱鐫聯曰以此一身膽曾當百萬兵千秋草木餘生氣莫公數杯酒試問三分國幾個英雄得壽終子龍以病終時年七十五六京口三義閣懸偶句云若傳粉若塗朱若點漆誰謂心之不同如其面忽朋友忽兄弟忽君臣信乎聖不可知之謂神語亦奇

慈利田東溪先生撰楹帖懸於女媧宮曰以神禖配皇煌帝締之尊道在人倫不使衣冠淪異族繼太昊俾天柱地維無恙世留廟祀猶餘伏臘走村翁陳君桐階題神農廟云后稷善承先以稼穡

教民配天合紀司農績許行空好古持饔飧立說入世徒為啜飯人錢君夢鯨題藥王廟聯云要知治病先嘗藥不是神人莫作醫

江瀆廟有聯云蕩蕩乎民無能名通地脈靈江淮河漢是也滔滔者天下皆是以水德王蛟龍魚鱉生焉作者未知

某地項王廟有聯曰天意欲興劉到此英雄難用武人心猶慕項至今父老尚稱王吾邑西南鄉萬頃堂旁古項王廟懸楊君壽楣聯云拔地山雄舊跡猶留霸王廟平湖浪靜名區近接美人崖虞蘿錢武肅王祠懸楹帖云兩間浩氣常存吳越謳思猶有南代金書遺澤在一念精誠所感山川震撼爰挽北關鐵弩射潮回鄰近有司馬溫公祠其後裔屬余撰偶語勉應之句云宋代名臣史修

通鑑功在國德在民勳猷絹百世孔宮配享祠建惠山行其禮奏其樂俎豆永千秋城中新街巷賢諫議祠祀五代周太常寺少卿燕山公禹鈞饗堂懸先大父俊三公撰楹帖云德澤溯源陽歷廿八代子孫共守義方遺訓宗支分錫麓傳五百年耕讀常敦古處餘風又子昂從叔祖聯云禮義廉恥是為四維當思振黍祖考士農工商各執一業使非不肖子孫又豈得天先生聯曰此地有佳山水曾入多賢子孫住山水指庭中假山小沼而言饗堂之北昔年有屋數進頗寬敞并有亭榭池石花木諸勝經兵燹尚未建復閒舊時歐舫中懸春園禊帖圖曾叔祖蘊和公入祠飲福於歐舫南平從曾叔祖燧諸兄均沒作聯云開夜宴於春園當年禊事芳

非歡訴欣隨康樂展舊圖於歐舫此日椿庭矩謝箕裘婦賴仲容
末句有勗勉兩姪意
大梁有孟子廟曰游梁祠沈春祥題楹帖云千里而來何必曰利亦有仁義而已矣百世之下莫不興起況於親炙之者乎相傳沈亦古時之詩人也杭州城內東南隅候潮門之城樓旁有王壯愍公祠中堂懸偶語云正氣作河嶽日星赤手支天張許忠貞同一轍死守到析骸易子捐軀報國岳于名節其千秋語頗慷壯西湖邊岳廟彭雪琴宮保玉麐撰長聯云史筆炳丹書眞耶僞耶莫問那十二金牌七百年志士仁人更何等悲歌慷泣墓門凄碧草是耶非也看跪此一雙頑鐵千萬世奸臣賊婦受幾多恶報陰誅又

冒國霖撰七言聯云一代精忠起河嶽千秋生氣重湖山又吳廷樓題聯曰王業竟偏安歎息北征將士精忠獨報國傷心南渡君臣皆能慷慨激昂而貼切岳王也
浙江台州府之東湖有樵子祠相傳爲明初故老一日擔柴過湖濱聞成祖登極建文走死之信大號一聲曰三綱絕矣棄擔於地投湖而死鄉人至今祀之私謚忠愍有陳某撰一聯云千古泯姓名忠而爲逸一肩擔道義夫豈眞樵臺灣鄭成功廟懸楹帖云由秀才封王主持半壁舊山河爲天下讀書人頓增顏色驅外夷出境自闢千秋新世界願中國有志人再鼓雄風令人誦之不禁雄心勃勃許仙屏中丞振褘督學陝西過馬嵬題貴妃祠堂聯曰龍

武軍變起倉皇畢竟蛾眉能殉國鸞輿道塵飛散漫誰將鴛錦賦歸魂意切詞麗
衡山王船山祠毘陵洪稚存編修亮吉撰楹帖云慟哭西臺當年航海君臣知己惟餘罍相國羈栖南岳此後名山著作同心猶有願亭林有友人述此愛而錄之湖北鸚鵡洲對面舟楫蟻陳足供觀覽其鄰近有禰衡墓題聯甚多以張文襄所作爲佳句云聯蜀拒曹乃公一生學問舍好去詐則吾十年用心觀此知墓與聯可並傳矣江津禹王廟懸某君所作偶語云岳牧無才唐虞不免憂饑溺岷嶓既藝飲食宜思孝鬼神吾家後門向北十餘步有古三皇廟正殿塑伏羲神農黃帝三像龕懸楊君春瀛撰句云欲與乾

坤彌缺陷爲憐億兆立方書百杜鐫華君慶雲偶語云百草療民病立德立功補做食宮室衣裳之未備萬年崇祀典乃神乃聖先堯舜禹湯文武而開基貼切渾成
陝西留侯祠清苑樊蔭蓀題楹帖云雖云山林宜入那須過客登臨祇談風月況值國家多難不有先生勳業莫學神仙案相山留侯祠楊蘇甫先生撰偶句云以三寸舌爲帝師帷幄贊襄是前代皋伊之亞出一編書授孺子淵源付託開漢廷黃老之宗此祠有精室三楹窗外瀑布高懸景致絕佳楊君又題聯云客夢好悉流水浣鷓鴣或有老人來又集唐句成聯曰泉源在庭戶世界接八天浙江平望平波臺元眞子祠有某君所著楹帖云泛鏡水千騰

歸來餐菰飯蒓羹地真仙境聽棹歌一曲隨處有荻花楓葉我亦漁人筆意瀟灑可喜

某地城隍廟懸集四書聯云德之不脩吾以汝爲死矣過而不改子亦來見我乎集句極自然凡神廟對最忌腐氣吾邑城隍廟在直河之西三皇街兵燹後大興土木鳩工重葺裴浩亭邑尊大中撰偶語鐫於石柱云殿宇重新欣逢年穀豐登賴有庶黎成此舉閭閻未復自愧籌書冗雜願邀神佑福斯民朱念椿孝廉鳳衔作聯懸於大堂云古有云有心爲善雖善不賞無心爲惡雖惡不罰特察隱微施彰癉今乃知有心爲善惟善必賞無心爲惡惟惡必罰須從戒勉進功夫龕旁有嘉善夏曰濟所作聯云愼勿以善小

而不爲愼勿以惡小而偶爲刻刻留神積久終邀福報過出於無心則可恕過出於有心則難恕時時在念此生庶免陰誅其後爲二堂屏門鐫劉繼增補書邵涵初舊句云匪神之靈匪機之微總是人心感召爲善必昌爲惡必滅實由天理昭彰其旁有張寶誠所題楹帖云爾心昧昧難明邪盜奸淫恍若撫衷無愧我却含糊不得刀鋸斧鉞還當摩厲以須柱掛工金路書偶句云但憑你無法無天到此孽鏡高懸還有膽否須知我能寬能恕且把屠刀放下回轉頭來又有陸鴻逵書聯曰殿宇慶重新復屹然武聖祠邊古皇廟畔神靈欣共戴也猶是召遺棠舊潘種桃花三堂龕懸聯曰寢成孔安幾番經始民攻其祝高明悠久神具醉止一樣自公退食於茲游息藏修此係龔子達明經撰其右化廳許仿謙茂才題楹帖云庭室近坪臺檻外欲寄米顛石輞川入畫畫中雅屏在水清淵之前後有假山花木故云然

杭州林典史祠懸偶語云大節匹國公取義成仁青史從今尊縣尉忠魂依處士補梅招鶴孤山終古屬林家又聯云上下五百年處士忠臣各今古迴環三十里千祠鄂廟共湖山祠在孤山林和靖墓側金陵上元縣署中程明道先生祠林文忠公題聯云愛物爲心一命於人亦有濟得民以道千秋斯統不虛傳讀此聯語便知文忠一生行事氣節矣按程顥宋時人字伯淳著定性書與太極圖說相表裏闡聖學之秘及卒文彥博題其墓曰明道先生云

上庸陳桐階題張桓侯廟楹句云郤寒膽見其武顏城頭感其風風非暴武維桓不暴而桓千古偉人有光漢族蜀爲君事以忠覲爲賊討以義義入神忠發國惟神在國萬家香火宜配關侯蜀中張桓侯廟懸偶句云春雨樓桑無限落花悲帝子秋風劍閣有人灑淚弔將軍涿州有張桓侯祠某君題聯曰井里猶存一旅旌旗先帝澳樓桑未遠千秋魂魄尙依劉俱妥切

昭州白石山戚公祠郭兆昌撰楹帖云功德在民百世祀可也所望一塵不泯城郭猶是四方來觀者免教再過爲墟又聯云忍教此地爲戎片石護存完我貫正值中原多故長城宛在輔公靈白石山風景殊止有醉石亭爲明戚總兵繼光破倭傲王策勳時所

建三百年來蘭爲茂草數年前幾爲媚外者盜賣歲丁巳邑人呈請官廳爭回重修是亭亭左建戚公祠煥然一新某邑文信國祠懸偶語云下爲河嶽上爲日星崖山千古文山千古孔曰成仁孟曰取義相國一人信國一人泰州海安鎮文信國祠某君題楹句云海道昔曾經蝦子灣頭一葉扁舟支半壁祠堂今重建鳳凰山下千秋祠宇弔孤忠甌江有文丞相祠楊子壹撰聯云英靈咽怒潮遺廟低徊南渡後羈旅哀荒嶼殘疆搶攘北歸時甌江中孤嶼有廟祀宋文丞相因丞相於德祐二年浮海至溫留宿嶼中中川寺有題壁詩一首至今尚存也

如皋關帝廟鄭伯屏大令撰偶語云有半點生死交情方許入廟

謁帝無一毫光明心迹何須稽首焚香漢口關帝廟夏孝廉力俊題聯曰漢室在心漢水在目惟爾有神光大漢江南者吳江北者魏何人雪涕對晴江秦淮海先生祠在錫城鳳光橋東斜橋西頭門有聯云辰未聯科雙鼎甲高元接武十詞林鑾堂懋裔孫寶瓚所書楹帖云肩隨坡老手拍涪翁一代文章發光怪派合洞庭支緒錫麓千秋俎豆嗣馨香又裘孝廉廷梁聯云望重蘇門歎古來震旦生才多難繫譜魂歸璨績看後世名流接武大振宗風廳懸聯云貽厥孫謀曰氣節曰道德曰文章赫赫典型垂宇宙繩其祖武爲宦望爲孝友爲隱逸煌煌史乘是箕裘侯孝廉煒手筆

錫山麓張中丞廟祀唐御史中丞巡施叔愚廣文撰楹帖云將有南雷偏不幸功歸李郭孰開先秦禹臣君作偶語云城存與存城亡與亡四百戰嚙齒裂眥浩氣直吞逆賊將識士心士識將意三千人羅雀掘鼠殊功獨障江淮俱激昂慷慨鄰近有楊節母祠其孫壽芝茂才書楹聯云兼絕畫書詩克儉克勤教子課孫四十載齊名貞孝烈以妥以侑春祠秋嘗千百年香花橋節婦祠有楹帖云歆蘋茹荼當年母節秋嘗春祠此日君恩可謂要言不煩繡幛街范文正公祠祀宋參知政事贈太師魏國公仲淹柱有聯曰萬笏朝天開百世子孫支派九龍匝地拱千秋丞相祠堂未知作者姓名又有聯云務條開闔忠著垂簾才稀甲兵學敦名教瀏貫相於汴都纖獻鄭匹祀列孔庭像留羲俗祠崇蘇泮澤永游隄衍支

流於惠麓佑啟方長係先大父俊三公撰書

四川武侯廟懸偶語云此老不工書不善書不精雜詩歷倒蜀吳魏中幾多僞士其人可託孤可寄命可臨大節算來夏商周後一箇純臣揚州史公墓裔孫史樸題聯曰家國兩封書壯明代三百年江山之色衣冠一坏土增深陽五十世俎豆之光吾邑自雍正四年分縣後創建金匱縣城隍廟俗稱新城隍廟在城東弓河之上數年前駐某軍隊近又改爲校舍所有昔懸楹聯飛向九霄雲外矣憶婺源齊梅麓太守宰吾邑時撰楹帖云百里共分猷尚祈時雨時暘保茲黎庶九峯常毓秀安得好人好事如此溪山又丁植卿孝廉作衙廳聯曰半弓地僻圖亭勝六箭河環花木深又許

伯謙茂才荷亭聯曰人盡著杏子衫輕納涼邀月我尤愛荷花香滿把酒臨風俱工切有味

湖北武昌王武愍公祠落成達人名流贈楹帖者甚多採十之二侯官郭遠堂中丞柏蔭題偶語云身既為楚官職宜守楚土入城一日慷慨捐軀想當時香梓相依碧血淒涼埋碧草殉隨陶文節祀並胡文忠立廟三溢輝煌曠典幸從此英靈永妥丹心凜烈亘丹霄日照丁心齋觀察守存撰聯曰四載中名城三陷如公貞非守土義重身輕臣道克終不愧聖廟崇廟饗一門內大節雙垂似此志切執戈父忠子孝天心式鑒應留賢季振家聲永康胡月樵觀察鳳丹作楹句云單騎蒞圍城安與存危與亡兩字綱常爭一

死殺身完大節子殉父僕殉主千秋江漢咽雙流安陸李竹涔學博守璠題聯云久要不忘平生之言有守有為臨難毋苟免敢問何謂浩然之氣惟忠惟孝殺身以成仁惠麓寺塘涇武愍公祠楹語亦多因限篇幅就尤動目者錄之鶴秋學博偶作偶句云讀書當不負所學今世真罕有此人王權卿孝廉培題楹帖云地鄰吳逸祠堂與先賢曠代論交子孝臣忠同臻極軌門對紫陽書院溯平日高山仰止孔仁孟義不負初心又有聯云同思少年結客之時許為文苑許為儒林詎終為氣節完人一死共佳兒碧血不隨江漢逝嚮荷聖代襃忠之典予以易名予以任子更重以馨香故里千秋同執友丹心長與日星昭秦淡如觀察緗業撰又聯曰抗志殉危城如顏常山張睢陽矢心不二易名邀曠典與鄒壯節李剛烈鼎足而三朱酉山太史福基手筆

蕪湖有宋先生祠杜懸一長聯係和滁廣太兵備道李觀察所題句云人第一詩第二醫第三處士丰標今世少縱使形骸委化靈氣必常存九泉下猶戀雲山應教永建墓前祠主張池館少喪父壯喪妻老喪子生平樂事到君窮惟餘知舊傷懷失聲齊痛哭五倫中倘有朋友忍不代謀身後計辜負泉臺宋字秋蓀為當時老名士尤邃於醫歿之日行篋蕭條著作散亂皖撫裕公及李哲其契友出貲為之營葬並建祠於墓前足見前人之重友誼誠所謂道義之交有非泛泛者比至聯語之懇摯猶餘事也

金陵城中諸葛武侯祠薛慰農山長撰楹帖云青山繞郭宜龍臥翠柏參天有鶴來對仗工切又題神龕聯曰三分割據紆籌策萬里笙歌醉太平集句渾成巧不可偕吾邑南門外南水仙廟祀明知縣松滋王侯其勤邵吟泉明府撰偶語云築城禦寇履畝清糧到今我邑士民皆受君賜碩德建祠報功立廟安得此邦父母盡似侯賢邑宰朱公子庚見此聯踴躍者再又薛又洲太守玉堂著楹句云億萬姓蹈德詠仁鑿斯池也築斯城也三百年畏神服教尸而祝之社而祭之此嘉慶初松滋三百歲冥壽所懸事雖俚俗而用成語極自然惠山寺塘涇歙州助教江公祠有先大父俊三公撰聯云北宋溯名儒錦堂山下烝嘗舊東林扶正學高子祠旁

俎豆新其對河薛中丞祠祀副都御史薛公福辰驪縣李文忠鴻章楹帖云烏府紀殊恩宸翰迎來雙鳳闕赤幾留異績祠銘高並九龍山又翁文恭同龢聯云仰京兆尹之風裁無愧神羊秋隼是儒林傳中人物漫云扁鵲倉公襲堂有偶語云文筆峯高當天心之中正惠泉源遠卜地脈兮靈長歸安沈秉成撰

太湖濱花神廟武進唐駝題聯云春色闌燕支天教萬紫千紅都歸主宰濤聲乳渚地勝十洲三島合住神仙意切而句工實書

橋旁寺塘涇昔有九峯禪院同治十年就其基址建忠節祠祀咸豐庚申殉難士女及邑紳殉難於他省者大廳有侯君熙奎題楹句云當仁不讓見義必爲剛大塞兩間何慚禴祀烝嘗典立祠報

功建坊崇德馨昭百世永奠忠貞節烈魂又有無欵楹句云聚千百族於一堂毅魄忠魂同垂不朽願萬億年無此劫山高水遠共樂昇平亭堂神龕聯偶語云正氣秉日星河嶽豹皮共顯馬革長埋忠義重千秋大丈夫當如此矣隆儀邀禴祀烝嘗鳳闕承恩龍山作鎮馨香昭百世古名將何以加茲係曾文正公國藩撰楹懸聯曰報國捐軀扶名教植綱常盡是一鄉傑士仰天矢志厲冰霜貫日月永推千古完人未刊作者姓名嗟夫粵匪作亂蹂躪十三省被焚戮者不能以數計其慘毒爲古今罕聞也

師竹廬聯話卷四終

師竹廬聯話卷五

錫山枇翁竇鎮編輯

學校

泰興學宮明倫堂懸偶語曰學以致道致堯舜禹湯文武周公孔子之道堂以明倫明君臣父子夫婦昆弟朋友之倫浙江嘉善明倫堂聯曰瑞曜應三台果然彩徹雲衢蔚舍文光齊射斗壘比分片席笑指門盈桃李河陽手植幾經春時婺源江君湘嵐爲邑令兼理學事故有此作吾邑明倫堂屏門鐫堯舜之道孝弟而已矣夫子之道忠恕而已矣此堂近爲工藝棧借用數年未嘗仰爲

某省學宮懸楹帖云道與天地參功滿天地名滿天地書留春秋

在知我春秋罪我春秋福州府學門聯曰方千里育賢之地第一重入聖之門婺源江湘嵐大令宰嘉善時題學宮仰高亭聯云經之以文水緯之以武塘破浪乘風大有魚龍紛變化上不負天子下不負所學讀書論世瞻懷山斗倍流連文水武塘二池名在學宮內下聯用先哲陸宣公語東洲船山書院彭宮保玉麟建有偶語云海疆歸日啟文場須知回雁傳經南嶽萬年扶正統石鼓宗風承宋派更與重華數祀成均九奏協簫韶又衡山銅川書院聯云文武繼諸周好爲汝南增月旦弦歌開廣廈定因言偃得澹臺俱衡陽王君湘綺手筆船山書院又有聯曰講席鎮名山溯通漢宋諸儒東下江河資保障遺書垂道統坐到春秋佳日南來鴻雁

助弦歌石鼓書院聯曰是七二峯雄偶所鍾看砥柱中流莫但賞
青草煙痕朱陵石蹟劉卅六灣波濤而上聽鼓歌五夜應不減船
山燈影獄麓書聲俱新化周君芍老手筆
湖北漢口紫陽書院夏觀川太史撰楹帖云到南渡後誰知孔聖
人尚存即今日仰廟貌於黃鶴樓前無非是秋陽江漢便兆朝中
也間朱先生安在想當年寄學規於白鹿洞口何處尋汴水錢塘
何秋槎太史題韓山書院聯曰五嶺賦棲遲看桑海婆娑南珠正
媚三山憶傳似廟天風鼓盪北斗常依粵中白雲書院戴醇士侍
郎撰偶句云疑是嫏嬛別有洞天歸世界曾經滄海不如泉水在
山中院在西樵白雲洞口侍郎督學粵中遊樵留題之作詞旨瀟

師竹盧聯話　卷五　二十

遠真不食人間煙火者
江蘇淮安清河縣學宮懸楹帖曰博學審問慎思明辨篤行修其
天爵君臣父子夫婦昆弟朋友教以人倫某縣學宮有集句聯曰
堯舜之道孝弟而已矣夫子之道忠恕而已矣禮云禮云玉帛云
乎哉樂云樂云鐘鼓云乎哉婺源江淵嵐大令題魏塘書院聯曰
數間廣廈隨時局變遷自萃古樓就荒僅留得一片紫雲往迹何
堪譚劫火幾度論文與諸君小聚仿梅花亭故事適飛下千年老
鶴回翔猶談聽羲經書院舊在城南有萃古樓供紫雲石一座後
圃梅花亭爲明儒李荆陽講易處毀於兵火邑紳得城北曠宅改
葺之移石於此題聯以誌今昔之感又於斜塘書院作偶語曰星

火數漁莊文水一泓瀉瀠光芒齊射斗兩華錯雁塔法輪千佛標
題名士芙椛雲此院文水漾在其南雁塔寺在其西北
寶山西郭外有別墅名西墻爲鄭先生講學之地金君履祥撰楹
帖云致知而意誠治國齊家大學在自新其德修身則道立高明
博厚至誠固悠久無疆潘勁庵孝廉撰棉州書院聯曰沙螺堡環
處千家州有序黨有庠於斯地春誦夏弦毋安固陋白鵝潭汪洋
萬頃澄不清滑不濁願諸君儼名砥節式是儀型寰南崇正書院
有聯云崇實黜華儒生本色正誼明道學業淵源吾邑惠山寺塘
涇紫陽書院某君作偶語懸於楹云可以居高明遠眺望是能說
禮樂敦詩書宜興蜀山東坡書院饗堂懸聯云何必來奴千頭但

師竹盧聯話　卷五　二十一

埜頌亭成香滿洞庭皆逸興本無郭田二頃況荆溪船入山懷西
蜀即前緣係楚人唐仲冕手筆按東坡客宜興以此山似蜀名曰
蜀山並擬築楚頌亭買田種橘於此
河南洛陽縣學宮有楹帖云道若江河隨地盡成洙泗聖如日月
普天猶是春秋某省學宮柱懸錢君聯句云遵道而行學者必以
規矩誨人不倦煥乎其有文章江西贛州濂溪書院某君撰偶語
懸於饗堂云我生近聖人得教澤如新敢忘魯壁金絲尼山木鐸
此外概賢者後流風未泯竊願士崇禮義俗尚弦歌榮昌敖氏部
題川南書院聯云居今仙人白玉堂小子勉之好與文昌儲將相
名魁多士黃金榜吾道南矣莫將溫飽負平生此院由文昌宮改

建比部時爲院長有望切士風蒸蒸日上之意焉
陝西鳳翔府學宫某君撰偶語云德行本焉文藝末焉當先本而後末實勝善也名勝恥也宜責實以循名其內西南隅文昌閣有聯云見一十七世宰官身繼帝王而宣化爲千億萬年斯文主參天地以同流勞辛階尚書崇光題酉陽龍潭書院聯曰黃卷青燈結習難忘到此地暫停使節墨池疏濬流風未泯願諸君遠紹前烈墨池疏鑿本黃山谷遺蹟時勞公壯雲貴任道經四州所作四川夔州府萬縣白崖書院有聯曰此地自黃庭堅華部東歸南浦西山故里是鍾名士氣相傳是李太白讀書遺址錦心繡口諸君誰繼謫仙才此爲道賢之太史所撰甚愜帖切今其地爲蠶桑棧

舍矣張棠本太守撰瀘州鶴山書院楹帖云鳴鶴在陰同思眷學一場捧檄昔曾騎鶴去高山仰止笑說清風兩袖投書今又入山來太守曾肄業此院後捷禮闈一麾出守騎鶴揚州忽忽三十八年祇同幻夢耳今致仕入山講學徘徊几席感而作此
江西贛州府陽明書院懸楹帖云薪傳本孟子七篇吾道不孤況此地曾留手澤梓里溯姚江一派典型未泯與諸君同爇心香金陵鍾山書院嚴君貫公撰聯曰舊蹟重新產生幾輩英才來從劫後古人長往猶有六朝山色青到簷前又作聯曰最難我輩少年時莫放餘閒好料理春夏干戈秋冬羽籥此是古人讀書處且等芳躅須記取司馬論史公羊傳經其內又有番禺陳学教所書博學於文行已有恥及山水崖谷有以自老道德文章多從之遊兩聯某地麗澤山房柱懸偶語云以吾從大夫後有朋自遠方來此係李滙川廣文守制講學時集四書句而成也
徐州府宿遷縣鍾吾書院其大廳有某君所撰楹帖句云岱爲四岳之宗自梁父云亭以來經鳧繹龜蒙磅礴馬陵岡上秀挺三台應放登山眼孔河乃百川並灌由崑崙積石而下合汴沂淮泗逶迤宿預城邊瀾迴九曲宜爭學海心源羅羅清疏曲而能達武進雪堰橋道南書院懸偶語云春和讀法冬旭飲賓觀於鄉知王道易易爾淳水謳歌夫椒弦誦登其堂喜諸生彬彬然此李紫璈大令手筆宜興蜀山東坡書院屋宇寬敞其西廳有楹帖曰抱先生

趣可醫吾俗對此山面有如水清其後樓柱懸聯曰事去物無象神超興有餘此兩聯俱張君穀組所題焉
江西廣信府信江書院中一榻軒懸上饒王溫如偶語云翠幔朝開珠簾暮捲濁醪夕引素琴晨張院內有文起樓以木根鐫魁星像祀之懸楹帖云酒仙詩佛同千古月色江聲共一樓又榮育堂有聯云琢質繡章國之良幹攬英接秀世有令名其內春風亭有二聯一係春能蘊藉如相識風入襟懷只自知一係蝶銜紅蕊蜂銜粉花有清香月有陰經訓堂有五言聯曰文章開窔奧經訓乃菑畬又聯曰仰誦堯舜言俯遵周孔轍游思竹素園寄辭翰墨林
以上均王君集前人句而作毫不牽强

浙江杭州西湖敷文書院有楹帖云四時之樂具在於此六藝之義不盡於斯作者未及詢明四川瀘州鶴山書院錢塘錢學使械撰偶語云魏了翁講學之區鶴鳴子和尹伯奇撫琴於此山高水長相傳尹伯奇爲瀘人有撫琴臺遺跡某省楓溪書院婺源江渊嵐大令題聯云結習笑吾曹與諸君把酒論文幾蟻尊中浮竹葉清風留里社訪令舉舊廬故宅白牛涇上徧桃花周賓華題文山書院聯曰漠地擁高臺過仙洲第二灘平分片席吟風月晚唐多秀士讀石室五千卷別有新詩上相公浙江温州永嘉縣中山書院有康樂堂懸聯曰吾人歌詠慚康樂自古江山說永嘉係地方紳士乞李石農觀察撰書

浙江陸軍小學堂懸偶句云十年教訓君子成軍溯數千載祖雨宗風再造英雄於越地九世復仇春秋之義願爾多士脩鱗養爪毋忘冠盜滿中原讀此氣爲之一壯吾邑顧宛溪先生祖禹弱冠時貧甚爲里塾師歲得脩脯止六金以半與婦俾就養婦翁家餘盡市紙筆燈油於其學堂題一聯云夜眠人靜後早起鳥啼先其自勵如此著方輿紀要日草數條或以事曠必夜不寐以補之熟於山川阨塞戰陣攻守之略洵偉人也

太倉唐蔚芝侍郎文治愛吾邑山水秀麗就城中西隅購地建宅術置園林楚楚可觀遂遷居無錫焉光緒間爲上海南洋公學校長已閱多年近由吾邑紳士捐資在學宮左首重建尊經閣落成後侍郎於此設國學專修館以主教開幕之日賀客盈座見板對有二係唐君集句而成其一云進以禮退以義中天下而立誦其詩讀其書師百世之王其二云富貴不能淫貧賤不能移威武不能屈所存者神所過者化好學近乎智力行近乎仁知恥近乎勇雖愚必明雖柔必强陶會元世鳳集成語爲賀聯其句係何以利吾國時還讀我書同善分社社員孫君鳴圻以楹帖賀云大啟讀書堂正本清源欲爲徧國中存碩果永傍尊經閣顧名思義從知斯道外無傳薪錢茂才鑑瑩撰偶語賀之曰國粹永保存挽江南文運學堂宏教育得天下英才高茂才鼎業作長聯賀之曰國學實本於家塾黨庠州序教溯羲軒道宗堯舜功高禹稷法備湯文

帝有謨王有訓創業紹千秋先聖後賢皆一揆事修不外乎正心克己治人師承孔孟志契顔曾派衍程朱思深韓柳朝而考夕而稽守身無二致積年累月足三餘余亦贈以楹帖云闡發六經學館衍聖賢餘緒甄陶多士黌宮看桃李成陰無錫中學校贈聯云溯漢京園橋觀聽以來術道干城端賴傳經薪火得孔門舞雩詠歸之樂嘯歌處處庶幾闕里遺風不知作者姓名東林學堂有聯云學所以教忠嚴名分重綱常崇正黜邪遵大道士期於報國辨人禽昭懲勸同心協力輔中朝係家孝廉士鏞所撰

師竹廬聯話卷五終

師竹廬聯話卷六
錫山抱翁寳鎮編輯
廨宇
江甯府江浦縣署大堂聯錢塘袁太史枚撰句云城郭瞰長江敢
無端妄起風波有如此水衙齋環列岫看不改本來面目只在斯
山縣城離江僅五六里北及東西三面山環雄而無秀氣浙江貢
院儀徵阮芸臺宮保所撰之聯久膾炙人口經粵匪蹂躪燬於兵
火亂平浙之士大夫重修廳事復懸楹語曰三五夜月當頭看滿
天金粟香飄與大衆同參怡境九萬里風在下覽隔岸銀山濤湧
到此時亦識文瀾氣勢浩瀚與阮作可頡頏

兩江節署司道官廳柱懸偶語是曾相國所撰其句云雖賢哲難
免過差願諸君讜論忠言勤攻吾短凡僚屬多同師弟待大衆行
成名立乃盡我心淮北運使署阜園徐淮生代某君撰聯云羣樹
合參天吏兼入座花開民使名園留勝蹟萬方正多事只此一官
翹繫不知何術對蒼生廳敏齋廉訪任江蘇臯憲時以署中楹聯
無佳者屬德清俞蔭甫編脩更易因撰大堂聯云讀律即讀書願
凡事從天理講求勿以聰明矜獨見在官如在客念平日所私心
彌往肯將溫飽負初衷又頭門楹帖云聽訟吾猶人縱到此平反
已苦下情遲上達舉頭天不遠願大家猛省莫將私意入公門上
聯是舊句下聯乃俞編脩所易

武邵孟大令承謨由進士於雍正元年來宰吾邑清剛明敏豪猾
悚息禁賭博及婦女入寺焚香舊時縣官相驗人命自僕從胥吏
作作下逮甲總恆集百餘人費輒數十金武令一切屏省距城遠
者操扁舟挾二吏徑至屍所立決之事主不耗一錢以勞瘁得疾
猶惓惓於民既歿邑人祀之惠山又入文廟名宦祠其大堂楹帖
曰人人論功名豈即功名功有實功名有實名存一點掩耳盜鈴
之私心終爲無益官官稱父母何謂父母父必真父母必眞母做
幾件懸羊賣狗的假事總不相干又曰照月臨天有難逃之眼民
窮財盡地無可剝之皮頭門聯云視民如傷錫邑蒼生皆我子修
己以敬東林前輩是吾師照壁聯云罔違道罔咈民正直公平心

斯無怍不容情不受賄招搖撞騙法所必嚴
長白斌僕少宰爲前任兩江總督玉公德第八公子嘉慶己卯庚
辰之間官蘇松糧道駐劄常熟署後即虞山也有小樓可以望遠
題曰辛峯一角樓與吳中諸名士讀畫論詩殆無虛日自題一聯
云羣彥集東南有溫李詩才荃熙繪事高樓占西北挹石梅香月
辛嶺晴雲年未四十著書盈尺矣
陝西學使署柯遜菴撰楹帖云結習未忘袖中攜一卷離騷美人
香草觀風所至天外見三峯落雁玉女蓮花許寶衡廉訪能以文
雅飾吏治重修廣西臬署題四照山房聯云嶺外費經營獨秀峯
前顧讀易廬中論事業孔明臺畔結鄰難又題暉綠亭聯曰從星

巖風洞而來別開生面於月榭雲窗以外高置此身嘉興王都尉撰偶語懸於平樂府富川縣署二堂云好民所好惡民所惡皆人負我毋我負人桂林府陽朔縣花廳有聯曰故鄉無此湖山看象嶺霞蒸鶴塘雲淨今夕只談風月趁楓絲春脆桂蠹秋肥係楊鹿生明府丹書手筆

乾隆初山東徐公士林開府吳中嘗設宴滄浪亭款待士紳教民節儉撰楹帖懸於大堂云三秋剛報豐休羣美景頁辰請先生閒談談間地方上士習民風何因何革五盌可留賓何用張燈結彩教百姓都看看想平日間競奢鬪靡孰是孰非薛太守書常題蘇州貢院聯曰文教開言子曰學道曰愛人願諸生無忘所本鄉賢

式范公爲名臣爲循吏從此地先植厥基李棠璈大令超瓊題江陰縣署聯云帝澤如春看庭前草色蔥蘢願境內都含斯意江城如畫聽郭外潮聲澎湃疑民間尚有不平會稽吳留村大司馬興祚令無錫時撰驛站聯云驛路控吳津君子至斯嘗得見水程通惠麓好山相對欲忘言貼切渾成

長沙徐定生大令以大挑出知贛榆縣事題縣署二門聯曰我亦知才力無多重門洞開期使下情毋壅爾各以身家自保百事惟忍勿因小忿輕來山陽縣署懸楹帖曰不食民一粟不受民一錢乃吳隱之爲太守先天下而憂後天下而樂是范文正做秀才廣東廣州督署內書齋聯云居敬行簡可使南面爲政以德譬如北辰曹伯謂爲寶安縣署中聯云寶善親賢嘗奉教君子安民和衆請從事斯言又聯云失德由寵賂章皆當以不貪爲寶得情存哀矜意吾心因無枉而允矣寶安二字亦覺自然

四川藩署內乃園三百梅花山館許紫蘐方伯題楹帖於其中云漫說梅花三百樹不見放翁料月白風清也要化身千億試向錦江萬里橋來尋工部問秋光春色可能讓我幾分方伯又有聯曰此是荔裳百梅亭舊基况一壑一邱又從秦樹蜀山攜來粉本恰與上谷古蓮池相似對斯臺斯樹更覺荷花秋水動我鄉情乃園爲嘉慶間楊荔裳任川藩時所築光緒甲辰許紫蘐由陝藩移蜀重葺斯園補種梅花三百樹并於園北隙地鑿池栽蓮其風景與

保定古蓮華池頗相似

酉陽州署中清勤亭普化張廣楠撰偶語云二酉舊藏書訪巖洞遺蹤斷簡已無人宛在一琴新治譜看山川生色憑欄遙見鶴歸來張君又題秀山縣署二門聯曰此邦亦號成都四面雲山開沃野勝地舊名高秀一江春水繞邊城四川兵工廠有聯云兵不在多攻心爲上工欲善事利器必先瀘州劉珊洲司訓樂山縣懸聯云海棠香國世界荔枝紅處人家蓋衙中海棠甚盛家有荔枝數百株故云然

閬縣王可莊殿撰仁堪守潤州於郡齋東偏隙地小有結構竹籬茅舍楚楚可觀其同鄉葉肫恭孝廉大莊撰楹帖贈之曰郡齋讀

書借官地二畝江城如畫看煙樹萬家周沐潤宰常熟時榜一聯於縣門曰五日風十日雨歲乃常熟九年耕三年食民其姑蘇徐州府署大堂懸偶句云莛着性子這裏來官雖恕法不恕留點功夫那頭幹耕固高讀尤高

陝西鳳翔縣大堂閻文介公代某君作偶句云我若貪法臓塗地爾敢欺心頭有天痛快之至楊龢甫先生題西安武關聯曰漢代徙豪傑實關中迄今汧渭遺風猶稱雄武國家以弧矢威天下願得干城偉略上應旁求又聯云三輔故多才馴鐵雄風猶近古八荒今無事羽林衛士盡通經又題沔縣公廨聯云毋博寬大名去害馬乃能牧馬敢云清白吏惟嗜魚故不受魚漢中權局楹帖亦

楊龢甫撰句云握算愧非長惟自斷一腔冰雪牽車來不易要多留幾點脂膏又撰權局客室聯曰入芝蘭室久而不覺去闤市征今茲未能南通顧君曾烜作宜君縣署大門聯云左馮翊要衝通南道北道袤九十里而遙行旅出其塗商賈藏其市古昇平樂國統上城下城暨卅五社之衆農夫忭於野官吏慶於庭於幕賓題斯是陋室我有嘉賓之句諸聯俱偶儷渾成

成都將軍入都祝嘏楊龢甫先生作偶語於其行署云松州舊領殿前軍克奏膚公入覲帝城雙鳳闕桃實新開天上宴欽承手詔同稱王母九霞觴鉦傳善題四川德陽縣察廳聯曰爾頑民有恥且格察於上下防患未然徐季舫學士於鄞都考棚大門撰楹帖云舉一人焉拔其尤是鶚薦之初漫云小試行千里者始於近聽鹿鳴在後當有奇材衛後有鹿鳴寺即東坡聽鹿鳴處也又題看卷房聯曰醒眼辨丹黃留記當年辛苦否輕心迷黑白其如後世子孫何觀此則閱文者宜刻刻留心不敢偶忽矣

熱河無城郭四面皆山崇文正公綺任都統時作聯云四望雲山皆壁壘小栽花木驗農桑鎮江府署二堂戴潤鄰太守題楹帖云居一日官盡一日心無忘無荒當思於物有濟治百姓難愛百姓易同好同惡惟在强恕而行李黻臣太守題大堂聯曰作官當守官箴便留十分神也怕我忙中錯了保民須求民隱偶試三尺法要替他堂下想衆傳誦著大令題縣署法廳楹聯曰我也不會做

官積半點陰功減些罪惡你們何須告狀留幾貫錢鈔貽於子孫某大令撰偶語懸於縣署大堂云為親民官何以克勤厥職行快心事但求無愧於天

雲南高等審判廳吳某代唐啟虞題楹帖云世界三權法亦特權獨立示尊嚴竊願後有來者西南諸國滇為大國百城黍表率相期下無冤民胡文忠公林翼撰釐金局聯云天子何忍傷民財因小醜猖狂擾茲守土地丁不足濟軍餉願大家慷慨輸此釐金唐徵卿官臺灣時題廨署聯曰安得廣廈萬千種竹權為留客地倘徧回欄十二惜花仍是愛才心頗有風趣

陝西宜君縣署大堂南通顧君曾烜題楹聯云揆度衆情以宜晉

民保障薾綠或者屛區成沃壤被服儒術而君斯邑刀筆篚篋將毋俗吏勝經生又題耀州署儀門聯云郡以鑑山有光得名或稱宜州崇州輝州北雍州輿志具存控馭朔方資鎖鑰地於井宿所次爲城驛若傅氏柳氏梁氏令狐氏人文迭起爭衡上國蔚冠裳又作偶語於其二堂云北雍峙雄州在昔爲左輔屏藩六城師帥東郊稱沃壤至今有成周風土七月詩篇

某省寶安縣署大堂懸偶句云縱橫百里比古諸侯惟此土地人民政事是實南北一家屬今梟墨願爾父子兄弟夫婦俱安西安府醴泉縣嵕南書院東側號含鱗亦爲歲科童試之所南通州顧某於其大堂撰楹帖云立鴿盡英雄人彀早符唐帝語巖巒無小

大觀旂都誦魯侯詩又堂柱聯曰曾是昔年辛苦地安得廣厦千萬間有張麟年者名士也戲作贈知縣聯云下官拚萬個頭向上司磕去爾等把一生血待本縣絞來又戲作贈知府聯云見州縣則吐氣見道臬則低眉見督撫大人茶話須臾只解得說幾個是是是有差役爲爪牙有書吏爲羽翼有地方紳董袖金贈賄不覺的笑一聲呵呵呵繪影繪神足供談笑

西安府耀州署二堂懸楹帖云川媚山輝看二水潆洄諸峯羅列年豐歲稔有四城供億百里謳歌其內宅聯云施於有政是亦爲政宜其家人而后教人集句天成且確切官署中內室某縣令因年歲大荒飢民徧野捐廉設施粥廠朱竹坨先生作聯云同是肚

皮飽者不知饑者苦一般面目得時休笑失時人含蓄有味可爲世態炎涼下一鍼砭揚州馬棚灣驛站有聯云紅樹怨離亭辜負我柳陌菱塘江村如畫秋風催客棹怎奈他鱸魚蓴菜鄉夢牽人家曉湘孝廉客揚州時所題

四川藩署有乃園樊蔭蕤撰楹帖云對風月累千觴與君今夕傾談借箸預籌天下事拓園林十數畝無論明年何處栽花先釀萬家春某君爲邑令題其署之二堂聯云爲委吏矣爲乘田矣從大夫之後有民人焉有社稷焉非諸侯而何張文襄題廣州督署內書齋聯曰不犯秋毫岳武穆能寒夏膽范希文宋范仲淹字希文鎮延安時夏人相戒曰小范老子胸中有數萬甲兵

金陵上元縣署舊懸偶語係袁子才太史宰是邑時所撰句云眼前百姓即兒孫莫言百姓易欺須留下兒孫福澤堂上一官稱父母漫道一官好做要盡些父母恩情其愛民之意溢於言表今之爲民社者其三復斯聯六安汪筱潭少極寒苦習裁縫業一日其師以足挾其膝痛極逃歸憤而讀書未久入泮連捷南宮出爲夔州府年老告歸後見家鄉縣署傾圮解囊建築題楹聯云山水有清音願賢父母援參而理春秋多佳日勸鄉人士歸耕勿來詞言委婉頗得詩人忠厚之意

師竹廬聯話卷六終

師竹廬聯話卷七

錫山拙翁實鎭編輯

庵院

金陵妙相庵四面修篁涼翠凝袖中有一亭額曰小淇澳詩僧某撰聯云巔一片綠雲補衲留三分皓月看經佛室聯云半箇蒲團天地老一聲清磬古今空妙在可解不可解之間杭州南高峰下理安寺有靜室三楹俞蔭甫編修題聯曰竹覓潛通十八澗蒲團小坐兩三時蓋俞君每游九溪十八澗必至此小坐也

湖南西禪寺重建落成王湘綺撰偶語懸於其柱云彈指見華嚴看天馬雲開一角小山藏世界觀心禮尊宿聽木魚晨叩十方古德應齊期湖南無十方叢林一方大缺典也普明上人嘗議以西禪寺公之法侶示寂後法裔秀枝上人願成之棟宇狹小香田租少惟不副衆望運本寺中道徒尤惴惴焉乃有碧崖和尚以無邊宏願行不思議功果且拾且募不三年成百萬大工斯實海內希有之事也又題東洲禪寺聯云竹樹護精廬林鳥似識前朝事鐘魚答弦誦芋火還容宰相分衡府東洲羅漢寺乃前明舊刹王君主講船山書院與此寺主任柏永禪師相鄰十年因題柱以誌因緣又題彭縣多寶菴聯曰山中晝永看花久樹外天空任鳥飛指彭縣牡丹甚多而言也於伊山禪院又作聯曰明月似聞三弄笛白雲長對六朝山王君所撰者俱灑脫渾成

京師永定門外有倒坐觀音庵中懸一聯云問大士緣何倒坐恨世人不肯回頭十四字點醒一切京師拈花寺爲萬柳堂故址湯文端公金釗題楹帖云蒹葭秋水尋開士楊柳春風憶相公純皇帝南巡駐蹕嵩山適越南貢九色玉如意九柄因即留鎭嵩山麓之禪院中某公撰聯曰嵩呼萬歲天保九如瀘縣北巖寺楊升庵題聯云半空樓閣千山繞兩岸人家一水分亦自然

江寧報恩寺客堂懸楹帖云天半插浮圖殿閣晶瑩三界上雲中現切利樓臺金碧六朝前鎭江玉峰菴陳寅谷集漢郃陽令碑字成偶句云白雲既開遠山出如涌清風所至流水織爲文鐵頁題鎭江松寥閣有新潮忽生波鳥外舊題多在薜蘿中之句又題自然菴有虛閣半涵江樹影小窗長護海雲深之句某君撰焦山定慧禪院石坊聯云天闢海門容大隱人從石室學長生漢焦光隱此山下江峽名海門

蘇州寒山寺以唐時僧寒山得名在楓橋鎭西北面臨大溪幽秀獨絕葉白蕉撰楹帖云木屐樺冠世外寒巖終古相傳如雪竇鐘聲塔影山塘精舍到今依舊屬雲陽孫毓騏有聯曰此間無江上風波寄語豐干休饒舌依舊是橋邊霜月追懷張繼再留題安徽賓鎭山遊此作偶句曰待詔碑殘重新廟貌留書卷蒲牢夜吼依舊鐘聲到客船某君於此作五六月間無暑氣二三更裏有鐘聲之句胡壺禪亦題一聯懸於佛堂句云佛以語言文字爲禪者教

楓落吳江饒舌出袖中詩本寺有泉石樓臺之勝直抵圓洲祗樹點頭徧郭外山光諸聯均瀟灑風流

徐蘭畦先生筮仕浙江於慈谿南塘定海均有惠政補嘉興通守見時事多不愜上書西臺卽以言事落職旋里後隱居於錫山之石浪菴以花木自娛每日黎明虔拜大學一篇按章句而靜思之並焚香參升仙佛杜少京司馬題偶語於其廬曰靈境隔凡塵天地湖山收一覽盧堂羅寶像聖賢仙佛任同參又七字對云但做得來皆事業若推不去卽因緣尤覺意味深長徐君隱於此之前十餘年菴中懸有一聯云五里湖光七層塔影幾排石浪半溪松聲係山僧乞先大父所撰書

揚州興教寺彌勒龕王仙漢春學義合作偶語云笑呵呵坐山門外覷着去的去來的來皺眼愁眉都是他自尋煩惱坦蕩蕩戳布袋中休論空不空有不有含哺鼓腹好同我共享昇平某君題彌勒佛像聯云忠恕慈悲三教之中無異理飛潛動植兩間以內盡生機秦棨光題彌陀殿聯曰儘爾輩使陰謀放開大肚皮容物懇自家尋樂處便取笑面孔對人彭春洲撰楹帖懸於某地金蓮庵句云卧蓮瓣讀書是天人福慧見桃花悟道須來者聰明妙諦名言非鈍根人所能領會

姑蘇鄧尉山聖恩寺有純皇帝御製聯曰萬頃湖光分來功德海千重花影勝入旃檀林蘇城外西園天台劉文珍撰楹帖云最難得過人來相逢香火有緣卽色卽空正婆娑春夢一場蘇臺啼鳥何處尋乾淨土大好園林無恙宜晴宜雨彷彿西湖三月花港觀魚西園離留園半里卽戒幢寺放生池池多魚鱉而黿尤龐碩寺內有五百羅漢極莊嚴瑰偉之致陸雲蒸有聯云三吳選佛場此地居然新結構百族消劫運上天無處不慈悲

江津四大王廟楊建屏題楹聯云坐佛門安百丈之身此爲大人而已順天道布四時之氣豈曰小補之哉天目山韋馱殿錢塘丁修甫中翰立誠撰偶句云尊者是童身願學人猿伏魔降汞作祖山眞佛子如來有天眼看此地龍飛鳳舞特開靈境古精藍某君於韋馱閣作楹帖曰聖門季路道教玄壇鼎足共成三護法努目

金剛低眉彌勒同心齊向一如來江陰城外送子殿有聯曰你是孝子慈孫自當抱樣送你他能光宗耀祖還須積德與他作者未知某處有送子觀音庵龕懸聯云觀世無如觀自在好心定有好兒來亦楊建屏手筆

浙江上虞縣西二十五里蘭芎山有福仙寺明倪文貞公元璐嘗讀書於此嘗題一聯云山深鳥語皆成韻晝靜僧房半是雲鎭江焦山寺枯木堂懸楹帖云昔留瘞鶴一碑尙存書自古人紛辨論試比卧龍三詔不起山因高士並留傳又曾文正公聯曰似聞陶令開三徑來與彌陀共一龕江津鍾耘芬爲張某祈子題羅漢殿聯云人相我相壽者相斯眞法相爲俗士現三千界羅漢身須知

佛卽是心心卽是佛前因後因夙世因各有來因願菩薩放五百
道毫兒乳居然孫又生子子又生孫肇𡩋而能達
鎮江迴光精舍金家宜題聯云百尺巖松生琥珀九秋海樹長珊
瑚梁忱聲於此撰楹帖云身來姑射高無極心有菩提香益淸又
陳壯度於此作尋碑寺外甕生履看月江頭響滿彩之聯周思溥
亦留題舉杯依嶺邀明月拂紙臨江繪古詩之句狼山之麓有荷
花池花香水潔池上有亭柱懸偶句云風定波平霄千花萬葉放
大光明現菩薩化身等相天空海濶願一切衆生破除苦惱向淸
涼世界中來王瓊澥遊狼山愛其景而題此句也
古崇安寺爲梁溪首刹大殿懸楊可園所作偶語云西竺來一丈
六尺身鐘鼓旛幢復能崇釋安禪大地山河留鹿苑南朝想四百
八十寺樓臺煙雨居若靜修懸悟中天日月煥龍章又懸秦凌滄
少司寇瀛所撰楹帖云定裏證安禪象教萬年開佛宇靜中生實
慧能文兩字見天心其左有火神殿丁植卿孝廉撰楹聯云借星
辰日月以同光功參化育合水土木金而相濟福佑平安其右有
中隱院三世佛龕懸聯云度衆生之有緣慈航東城歷千劫而不
古果證西方柱懸過謙齋嵒集禊帖字聯曰少室猶修仰期惠可
大山靜契領悟文殊惠可人名左下數丈有三官殿龕掛聯曰今
夫天今夫地今夫水不貳不測位乎上位乎中位乎下資始資生
屋宇不多近日又添供二十八宿尊像

南通州城北有土山曰鍾秀山西曰西山又西曰西山寺內有古
松一株數百年物也李小湖學政聯琇撰楹帖云松生何代古復
古寺在鍾山西又西大庸陳桐階逢元作天門寺大門聯云天作
高山山高作鎮門迎大道道大通神又於正殿作偶語云仰驚大
宇寬變成幾多雨幾多露幾多雪幾多風和雷時出時入時往時
來多少神奇誰鎖住俛視衆山小看破一箇嵩一箇衡一箇恒一
箇泰與華自東自西自南自北箇中底蘊此平分何士果太守壽
朋題廣東大埔西巖山寺聯云勝地匹陰那惜坡老未來致令晦
跡千年巖壑林泉哀古月登樓聯悟始問仙人何處勝有殘棋一
局河山風雨愴神州陰那山名赤蕨嶺靈覺寺悟始堂相傳爲了
拳師牧羊所
廣東佛山觀音殿鄧瓊石廣文撰楹帖云願爲楊柳甆瓶一滴水
灑三千世界尙有芙蓉粉本百花箋寫億萬觀音吳平齋題焦山
定慧寺妙香閣有雲連鷹島白水抱象山青之句韓國鈞題鎮江
自然菴有靜觀得衆妙展席俯長流之句梧州準提閣許月樵太
守作偶語云有神仙到處卽是名山風月佳時惣管領待老佛歸
來重開福地樓臺畫裏好登臨狼山準提庵姚純夫撰聯云不作
風波於世上別有天地非人間恰合山寺禪房地位
常熟維摩寺踞虞山之巔其東見海樓凡五楹中龕祀景州刺史
背巖屈公寺爲屈氏家山樓爲公所手建有楹帖云鐘磬定山聲

昔有白雲招刺史憑欄接海氣遥看紅日抓維摩闕衛遣矚黃流一線吞吐於依微竹樹間破曉登此可觀海中日出數里外有名藏海寺者門榜聯曰山中藏古寺門外盡勞人曲折行百餘步又有石形陡絶者名三沓石謂上如舟中如几下如斛畧具形似繫石聯曰絶壑雲扶將墜石谿崖風勒下奔泉爲沈啟南題又有偶句鐫於石上云風巖晝激諸天雨陰壑寒生萬樹濤王元美手筆是佳景之遺近繞寺者也

金陵雞鳴寺正殿懸楹帖云浩劫歷紅羊歎江北江南惟茲選佛名場留住六朝佳勝在平湖飛白鷺更蓮花蓮葉現出莊嚴法界好同一幅畫圖看又聯曰湖水經秋平似鏡蓮花破曉白如霜寺內豁蒙樓傳文江撰偶句云借同輩登臨闈道是十里芙蕖六朝煙雨有大士居山倒坐怕看那故宮花草廢井胭脂又曾忠襄有聯云松雲山下無多地煙雨寺中第一樓

某地送子殿懸聯云上帝本好生求我與以兒女不求我亦與以兒女下民須自愛爲善報在子孫爲不善亦報在子孫勸勉意頗深

杭州西湖孤山南聖因寺第一進爲彌勒殿第二進爲大雄寶殿第三進爲觀音閣西邊爲方丈昔年李巡撫敏達所撰二聯已載他書不必錄焉寺內有樓臺亭閣池石花木諸勝最西湖山房懸偶語云蒼翠望中收四面湖光依几席薰風行處徧六橋花柳間桑麻澄觀齋懸楹帖云雲窗靜挹峰巒秀花徑平分松竹香澗清居有入座煙嵐鋪錦繡隔簾雲樹繞樓臺之句光碧亭有千峰林影簾前月四壁波光鏡裏天之句俱係御題理安寺在南山十八澗正殿有楹聯云勢到岳邊千峰環秀色聲歸海上萬水拱洪濤又淨慈寺聯云雲間樹色千花滿竹裏泉聲百道飛亦御筆

惠山爲吾家最近之山出試泉門數里即至余壯盛之年偕友登絶頂遥覽太湖及四面風景心胸爲之頓豁頭茅峰道院懸楹帖云得道洞華陽憶前生證果藏真來福地先知後世因緣又有聯云由彼同同此心同此理自然獲福諸天資化化普男化普女共樂昇天二茅峰寺中居羽流二三人柱懸偶語云昆季接真元繼世而與登蕊闕峰巒綿古迹潛靈之所見華陽三茅峰殿亦

奉道教正中有楹聯曰鶴駕踐靈修想當初羽葆成真記在華陽仙洞龍峯標勝跡看此際香雲結彖何殊勾曲名山以上數聯均合道教門氣惠山之麓有白衣殿其禪室壁上畫一墨龍屏列四字對云老龍聽法頑石點頭庭前一石孤峙高七尺環植花木紫青蘿白倘所謂頑石者非耶

金陵虵山麓爲龍潭上有駐馬菴薛慰農山長題聯云水如碧玉山如黛風有高梧鶴有松金陵妙相菴頗具園林之雅王霽仙撰楹帖云雙前樓閣未全灰祇剩得半折碧一卷經五更鐘六月涼風三冬積雪雨後園林無限好最愛是百本蕉千條柳萬竿竹數聲啼鳥幾寸游魚鎮江夕陽樓某君作聯云去無所逐來無戀月

自當空水自流鎮江金山麓有笑佛庵某君題偶語云笑嘻嘻看著你來應把那一些孽錢施捨咱布袋和尚意拳拳都向我拜何不作百般善事免累他崽把兒孫惠山麓文昌宮丁植卿孝廉撰聯曰十七世士夫道啟文明億萬世數百言實訓源從道德五千言犢山元山大王殿丁孝廉代丁子霖作楹語云虎口脫餘生當年風送一帆幸仗威靈完骨肉犢山崇廟貌終古瀕湖千頃永綿香火惠黎元蓉湖尖眞武殿重建落成吾友汪實素茂才撰聯懸於饗堂云獨峙波心水德崇隆昭北極重修廟貌山容平澹挹西神青圻大王廟新築戲臺汪茂才題聯曰臺榭喜初成看寒暑千周遶青一角冠裳傳勝事聽梨園舊曲莆部初聲

酒仙殿酒業營建在吾邑東郭第二進楹帖云有酒便消愁請看眞人足宦府無心思借枕願隨夫子上天壇施叔愚廣文建烈撰又聯曰一飲三百杯喝月倒行霄漢吾隻身數千里臨風長嘯海山蒼楊茂才殿奎撰第三進神龕施廣文書聯曰一劍掃殘氛道勝中山千日醉三杯通大道願邀上界片時閒旁有趙大令起鵬作偶語云廛夢醫眞彘一醉先聲開呂祖豪情餘赤壁千秋定論屬曹公又有朱茂才恩沐書聯云五十年富貴榮身一夢醒來看破世間多少事千百載神仙妙術九丹成後度過天下往還人第四進神龕丁孝廉培撰聯云何以解憂萬古消愁還與爾不妨作俑此鄉沈醉即封侯其左供玄壇有施廣文題執鞭我亦思求富

騎虎人宜曾保盈之句其右花廳三間前後均布置池石花木所懸聯家孝廉士鏞有二一係玉宇生寒正天上綺筵開處金樽引滿開江邊黃鶴歸無一係臺榭依然我適閒游向湖海林巒如許誰能痛飲亦神仙丁孝廉又作楹帖云酒國有長春三醉樓頭記否棖吹玉蓬仙家多好夢一炊黍許何妨再續黃粱王潤生題聯曰萬事付沈冥酒國溪山堪入畫太和歸醞釀醉鄉花鳥亦長春陳郁皆茂才建藩有聯曰壺中日月方長斗仰南天丹藥其延千歲壽花外溪山如許壇留東郭白雲常護一庭春此聯燬於咸豐庚申兵燹王學師有賛補書

南通白衣庵供大士像有樓一楹名望海樓懸包召棠所撰聯云

龕護白雲是大士趺坐處樓觀滄海惟達摩一葦杭之鐔江焦山寺松寥竹塢許中丞乃釗撰楹帖云眼底江山皆淨域毫端竹兒靈源某省天門寺內韋馱閣陳桐階作偶語云金甲金神八仗一杵打開妖魔不言護法方成護法鐵關鐵門限能隻身尋出路從要說過關才稚過關從前三清殿在吾城中觀前街北今改圖書館其旁道院尙未毀雷尊殿懸蔡茂才延槐書聯曰上天無私霹靂一聲驚世[illegible]下民有欲電光萬道照人心火神廟有聯曰借雷聲電影之威祇人間善惡秉朱雀赤烏之瑞開天下文明振仙殿神龕侯孝廉煒書弓影斜飛天上月彈丸拾得掌中珠之句柱懸聯云子可送乎莫謂天上石麟不難惟吾所願仙眞奇矣須

識階前蘭玉總由積德而來何人所撰未知
三河佛頂寺何秋槎太史撰楹帖云與了拳同衍南宗古柏傳香
覺路有誰登佛頂記行腳來從東浙黃梅留偈空山曾此證禪心
平陽某寺觀音閣懸聯云是西方之人如在其上推南海而準乃
位乎中苍城東隅四箭河頭有藥師菴古剎也昔有庵主號蘭芳
者工詩詞善書其徒均恪守戒律咸豐庚申經兵燹片瓦無存有
滿慶法名迦明擲頭鎮任氏子幼即端厚凝重禪誦之暇亦嘗習
書甲子各省克復滿慶歸省時年屆不惑奮然興復此菴不數年
自殿堂以及旁舍廊廡皆次第重建大殿正間供藥師龕懸佞石
琴孝廉書壽佛經皆書以葉嵩神譜看寫梅花之付杜懸材少筠

太守所撰偶語云因報本相尋願纏除九結十纏生彌陀靜域光
明常不滅得照見三乘四辦爲佛祖傳鐙容麗有聯云流風出林
萬籟俱寂明月在地一塵不生王莘鉏先生題
鎮江海西菴王可莊太史題聯云表資江山如許灑寄懷魚鳥欲
忘形蘇州寒山寺在楓橋鎮西北胡念修撰楹帖云寒陵片石在
人間豐干抱袖拾得拍肩到今派衍天台東渡靈蹤續薪火大乘
宗風盛吳下支硎講經雲巖說法何似敲詩月夜南聯佛性燃霜
鐙乂蒲九節遊此寺作寒柴淵樵山花生佛頭之句獄字仍能
灑脫東門外延壽司殿舊有板對十餘副數年前某軍隊駐於此
兵丁以對板劈碎煮飯此處楹聯爲之一空嗟夫兵丁之爲患無

異紅羊小劫今所存僅戲臺石柱刻有一聯句云簫鼓迎神同使
黔黎登壽考冠裳煥彩好偕奎璧吐光芒
東京淺草觀音閣懸楹帖云寶鼎現莊嚴金碧裝成安樂剎佛光
呈壯麗雲霞飛出普陀山日人有此漢文亦不可多得也鄧尉司
徒廟向有柏樹四株參天蓊鬱慣經風雷數百年前老樹也相傳
有清奇古怪名號純廟南巡爲題一聯云清奇古怪春常在風雨
雷霆劫不磨出語渾成不愧大雅吐囑邑望湖門外古南禪寺
柱懸偶語云地僻境清幽古木深林負郭禪房閒得趣塔高僧寂
靜折葵參筍戒壇法味老彌甘能貼切荒野寺院係沈葆三孝廉
祖約所撰

壽陽報恩寺大殿後有毘盧閣邗江張君樹德題楹句云藤杖一
條提得起纔放得下禪關兩扇看不破便打不開越秀山觀音殿
李棣華作聯云現大士化身問誰仙佛因緣在即越王遺蹟從古
英雄感慨多江津有一古寺其頭造龕供笑佛鍾耘芬題員聯云
你眉頭着甚麼焦但能守分安貧便收得和氣一團常向衆人開
笑口我肚皮這般樣大總不愁穿慮喫只講個包羅萬物自然百
事放寬心俱就禪意生發亦足勸世

師竹廬聯話卷七終

師竹廬聯話卷八

錫山揣翁竇鎮編輯

會館

湖北黃石港有吳越公所係旌德徽州上元南昌南豐公共之會館也汪君肖雨題偶語云遊目俯大江數叢沙草孳鷗散舉頭望明月一夜鄉心五處同集唐人詩句脫口而成雲南湖廣會館懸聯云故國人來問流水桃花無恙大觀樓近覩岳陽黃鶴何如昔未識作者姓名蘇州盤門內新橋巷浙紹會館俞蔭甫編修為題一聯一係游宦到金閶把越酒話鄉關如讀會稽三賦清時調玉燭借蘇臺成雅集勝在永和九年此懸客坐者一係高會郎蘭亭敘暢詠幽情更饒綠竹興新聲徵菊部對蘇臺風月應憶鏡湖遊此於戲臺上見之

杭州有安徽會館杜聯曰游宦到錢塘飲水思源高兩浙東西與歙浦江流相接鍾靈自瀠徽登高望遠問雙峰南北比皖公山色何如未知作者是誰想是徽人耳蘇州新修安徽公所其中季包孝肅朱文公渠主潘玉泉方伯於戲臺撰偶句云菊部小排當聽他絳樹新歌好博洞清同一笑梓鄉眾耆舊來自紫陽故里試將風景話三吳上聯末句切孝肅下聯切文公蘇州積功堂乃掩骼埋胔之公所司事者乞俞某撰句懸於楹云積累譬為山得寸則寸得尺則尺功倘無倖獲種豆是豆種瓜是瓜勉人積善其意甚深弄邑華少坪先生育嬰堂聯云彼離父母欲求生餓寒可憫我有兒孫皆怕死慈愛宜推確是仁人之言

曾相國於同治甲子克復金陵後創建湖南會館工竣時即題楹聯曰地仍虎踞龍蟠洗滌江山重開賓館人似澧蘭沅芷招邀賢俊同話鄉關又作戲臺聯曰荆楚九歌客中聊作枌榆社江山六代劫後重聞雅頌聲吳中八旂奉直公所其大廳中間懸楹帖云勝蹟冠吳中有梅村詩句衡山畫圖坐對茶花思往事名流來日下是豐沛故家金張貴姓好憑酒讌話昇平此即拙政園舊址固三吳勝地也

江寧府城中湖南會館落成彭雪琴宮保書楹帖云洞庭八百里

浩淼烟波直下大江觴詠齊思建業水衡嶽七二峯蒸蘸佳氣挺生名世樓臺重啟秣陵春又聯云人門盡是鄉音彼此天涯同作客適館欣依夏屋清涼山色舞迎人又戲臺聯云六代名都桃竹猶聞清夜月三閭遺韻風騷應識故鄉音維揚會館李笠翁撰偶語云一般作客誰無故上之思常來此地會同鄉也當買舟歸瀲水千里經商總為謀生之計他日還家人人滿載不虛跨鶴上揚州某地公所儀徵陳六舟中丞題聯云得地九衢中到此應知故鄉事成陰十年後可能還憶種花人同治閒殷秋樵比部來西院相與偕竹石花木因成是聯

武昌湖南會館高可瞰江勝地也某君於大門題大江東去吾道

南來一聯李篁仙撰楹帖云將相功名開湘楚數千年未有之局
衣冠人物泛洞庭八百里交會而來北京常昭會館門懸年歲常
熟豔散昭文之句陝西山東館門懸聖賢桑梓海岱人文之句王
湘綺代莫提督作偶語於成都湖南館云少年裘馬錦江游高壁
頓巫來秋稻豐兵氣靜高會簪纓華屋敞願英賢繼迹甘棠階
蔭後人看王君又題南昌湖南館云宅枕龍沙看表裏川原冒是
湘人辛苦地門盈騶馬喜從容尊俎幸逢江介宴安時又題衡州
江南公所曰湘水東流想金陵龍虎逶蟠共向郵亭望遠雁峯南
館看石鼓江山如畫長依候計籌邊江南湘軍公所戲臺徐定生
題偶句云簫管奏升平依然盛世元音譜成韶濩鼓鼙思將帥憶

否當年血戰保此金湯京師廣州公所戴文誠公題聯曰近依聳
轂光儀雅集定多蓬島客話到鄉園風味選詞應譜荔支香
蘇州湖南會館王盟吾學政集陸放翁句作偶語云賓館喜重逢
同上吳城看落日鄉關渺何處却爭衡岳望歸雲濟南八旗公所
懸聯云國家長白發祥遼萬年姬爲姜璜豐鎬衣冠輝帝里海岱
維嵩作鎮首七邑齊風魯頌聖賢桑梓說宗邦南通州公所在京
都宣武門沈君岐題聯曰旅燕適構於京寓戴斗瞻天爲奕簪纓
朝北國文章莫大乎是快騰蛟起鳳聯翩科第冠南州湖南省城
金陵公所大廳懸楹帖云入門一笑是幾時萍水相逢願鴻爪少
留看三十六灣秋月來日大難問別後梅花誰寄望魚書早達趁

二千餘里春潮此李篁仙手筆
川人商於津口鎮者建會館靖川閣畔鄧都王桂珊爲撰楹帖云
芳草綠平隄往事問許鸚鵡賦好山青到蜀相思遙寄杜鵑聲京
師四川館懸聯云我從巴蜀而來回首劍閣夔門山川形勢甲天
下書讀漢唐以上抗懷張仲吉甫孝友文章啟後人瀘州石陽公
所懸楹聯曰心流巴月蜀山以外家在青螺白鷺之間衡州長沙
館戲臺王湘綺題偶語云東館接朱陵好與長沙回舞鶴南山鶴
紫蓋共聽仙樂奏雲門晉邑北門外錢業公所供端木夫子木位
龕懸偶句云性道文章爲一代聖門高弟貨財生殖開累朝商務
先聲時畢翁蓉坡偕錢業領袖與同志數人籌資築公所屋數楹

並乞許伯謙茂才紹淵撰此聯句
江南山東會館懸聯云齊魯集英才但擕泰岱雲來得志願爲天
下雨秦淮臨勝地如泛明湖月去異鄉頗有濟南風北京龍溪會
館莆田陳海坪先生作偶語云海濱人至談鄉音天上春來似畫
圖廣州湖南會館譚鍾麟撰楹帖云粵壤接衡郴風景不殊好徵
荊楚歲時記宦游來嶺嶠雲山在望常念梓桑恭敬詩又張百揆
撰聯曰衡湘連五嶺雄封望遠懷鄉好共傳書寄歸雁交廣控百
蠻重鎮感時撫事便思飲酒讀離騷又某君題聯曰五嶺聚萍蹤
沅芷澧蘭列坐恍如香國會三湘聯梓誼飛山珠海相逢莫作異
鄉看又有聯云游嶺嶠廿年喜此地堂構重新好話家山風景湘

湘灕一派願吾鄉英賢蔚起共廻大海狂瀾俱有意趣

漢口長沙郡館樓李篁仙撰楹帖云麓山之巔湘水之濆擕劍倚蒼茫數前朝梅將功名蔣侯威望武昌以西漢陽以北憑欄瞰風物想故國定王臺榭賈傅祠堂山西湖南會館何林亭作偶語懸於其客廳句云同是宦游人三晉雲山權作主應知故鄉事重湖風月近何如又李篁仙題楹聯云籍威出塞雲色渡河李太白詠三晉遺風今日猶如昔日杳漢口夕陽洞庭秋水劉長卿寫兩湖好景此鄉得似故鄉無津市昭武會館客廳懸果園翠木綠浮几津市晚燈紅到門之聯又吳某題聯曰廣義稱澧公園亞土熙熙見歐偕合犟譽衣帶水洞庭浩浩接郡陽此館與津市隔澧川緊

其西有果園翠木蓊鬱兩邇如沐明華陽王別業也

北京菜市口揚州會館儀徵阮文達公元題偶語云二千里遙引江淮凡甲乙科同在中朝皆敦鄉誼尺五天近瞻韋杜當己未歲重新上館吏敢人文此爲江都甘泉儀徵三邑旅京士子所居故稱揚州上館後因高郵寶應諸邑頗有違言遂改上館爲老館而別建新公所於珠巢街云某處有湖南公所其客廳懸洲邊草綠江上峯青及大廈終須要樑棟故鄉無此好湖山兩聯又懸楹帖云拔磊落奇才是海岱松是荆州柏住湖山佳處可太白酒可伯牙琴俱新化周芍彩所題

星沙會館在儀徵南門外屋宇華麗中有龍王殿某君題聯曰爲龍爲光其德不爽如江如漢降禍孔皆石江公所有周芍彩撰楹帖云公爾忘私異日宰天下當如是矣所學何事抗心希古人庶幾近之立意足以醫世某處山東公所楊龢甫作偶語云車服在廟堂梓敬桑恭此即呂平鄒氏邑聖神際天地管窺蠡測我亦達巷黨中人京師安徽會館戲臺有聯曰安廬鳳穎徽甯池太滁和廣六泗八府五州良士于于來日下金石絲竹匏土革木宮商角徵羽五音六律新聲嫋嫋入雲中邗江湖南館其戲臺懸聯云二分明月正當頭喜賓宇澄清好將金管玉簫鳴西江月千里尊盤同樹像對樓臺歌舞恍見珠簾畫棟飛南浦雲漢串翻處公所戲臺楊龢甫撰聯云大夏渺遺音聽他秦筑秦箏今樂何如古樂天

涯聯皆侶爲我楚歌楚舞他鄉也似故鄉

濟南府江南會館後有老屋數楹凡旅櫬之未歸者皆殯焉武進汪叔明司馬昉撰楹帖云生亦云勞幾輩能酬胸次志死猶作客何時得遂首邱心見者悽惻鎮江近山門外江西會館懸偶語云坐中都是故鄉人喜一榻茶煙好同詢南浦朝雲西山暮雨江行別開名勝地近二分明月試憑眺東流雪浪北固煙鬟還上四樹公所懸楹聯曰相逢多故里親友試話明山月色甬水潮聲無客不思家歸夢遠馳三百里到此覽神州氣象但看嶽鎮東來貫鼎西去匹夫皆有責舊邦毋忘四千年上言變鄉下言變國哉非血性人必不能吐此忠愛之言

京都南通州會館爲春秋兩試仕人息肩之所光緒丙申鳩貲重
葺屋宇顧君曾烜之孚儒甚時官內閣實典斯役及落成顧君撰
楹帖云惟淮海惟揚州逕隸行省與附庸皆縣別開邸舍於玆脊彼
征人命儔歗侶入息勝驕出鳴佩珂去與漢卑辱而得升朝千里
因依欣聚首聚鄉邦後進來遊上京卽布衣諸生皆具風雲之氣
譽斯髦士應科歷官內躋臺司外秉疆寄自儆落權輿以迄吾世
百年賡續話從頭北京常昭會館內有敦睦堂柱懸偶語云常建
詩名興福寺昭明遺蹟讀書臺杭城城館內正廳懸聯云客來不
速賓至如歸語殊渾成揚州公所中戲臺有楹聯云想當年那段
情由未必如此看今日這般光景或者有之盧字傳神何其妙也

惠麓南北貨業公所懸聯云故域屬揚州廣收九市精華山珍雲
萃海錯星羅不僅楠梔傳錫貢名區占惠麓休負二泉勝概挈榼
春初題襟秋晚最宜桑梓共聯歡係南貨業人屬曹衡之茂才撰
亦覺暢達有味

師竹廬聯話卷八終

師竹廬聯話卷九

錫山拙翁竇鎮編輯

佳話

桐城張文和公七十壽辰純皇帝賜以聯曰潞國晚年猶矍鑠呂
端大事不糊塗合肥李小荃制軍五十壽楚中僚屬楹語雖多愜
意者甚少惟浙撫楊石泉中丞昌濬一聯獨邀賞賞句云有開必
先領袖一門將相伴壽而艾儀型半壁東南簡而該切而脫佳製
也吾鄉顧存之封翁九十壽丁植卿孝廉撰句祝曰身閱五朝范
文正睢婣任恤天遺一老衛武公耄耋康强筆意倜儻楊明經岳
秋先生祝辭云五代慶麟祥恰好一堂開壽宇十年添鶴算再看

百歲建崇坊末句指封翁將百歲坊巷汪葆素茂才有聯云身歷
五朝老來尤健巷名百歲壽者所居又代友作云文武一門功名
富貴衣冠百代子孫冒元顧峻夫明經亦撰句以祝云高誼溥風
雲活族施貧千畝膏腴鴻鶴偉大年登耄耋躋堂介壽五傳人物
衍麟祥上聯末句因封翁創建義莊而言也
瑞安孫琴西觀察衣言著遜學齋詩稿行世琉球國人以善價購
之同治戊辰霽夾江寧適曾文正公移任直隸贈楹語曰大筆高
名海內外君來我去天東南意包括而句健江陰何蓮舫太守栻
以詩名海內著有悔餘菴稿行世同治初年棄官而商家揚州築
山鑿池日以琴書自樂文正贈聯云千頃太湖鷗與陶朱同泛宅

二分明月鶴隨何遜共移家工於運典瀟灑風流洵堪傳世
宜興布衣徐慎獨字迂伯倜儻有大志事親孝尤留心經世之學因道光辛丑壬寅間海疆事棘作平夷策六篇及治安十策詣闕上之時曾文正國藩官翰林聞而訪之則將歸矣書海內奇男子江南大布衣楹帖贈行咸豐庚申粵逆陷宜城迂伯沉淵死於贈聯洵無愧焉其同邑有諸生潘光序者字曉村性澹泊尠嗜好手一編寒暑不輟工古文詞與人交恂恂和藹婺源齊梅麓太守彥槐贈聯云心地推忠厚長者頭銜署醉吟先生人以爲雅切
道光間江陰陳九如字廉夫兩浙候補鹽運司運副性謹嚴喜施與歲值旱潦輒倡率平糶并捐鉅貲助賑全活者甚衆督學使者

福建廖公鴻荃聞其樂善不倦贈以聯曰爲善最樂豈望報乎積德必昌將有興者後其子果於咸豐癸丑登進士時同邑有吳景范字濟亭精倉公術治無不驗周孟木學使系英延其治疾因貽以楹語云得倉扁傳洞明五內精岐黃術名滿三吳
俞蔭甫編修樾壽李少荃中堂太夫人聯云起居八座亦多壽亦多男當百花生日祝慈蔭長春偏浙水東西洞庭南北文昌六星有上將有上相依萬石家聲承熙朝景運比荀龍減二賈虎增三雖近雕琢知典切工新自是才人手筆又贈潘榮巖茂才聯云門第舊金張喜宰相文孫剛配狀元嬌女倡隨小梁孟締百年嘉耦恰當十月賜春茂才爲相國潘文恭公之孫娶道光壬辰狀元吳崧甫侍郎之女十月初旬是其親迎成禮之吉日良辰也陳慶雲軍門贈曾滌生相國聯曰大將行師動若流水老臣謀國安如泰山題貼切時有贈李少荃相國二聯作者未詳一係名儒名將名相壽身壽國壽民一係圖畫麒麟名第一精神龍馬日方中文昌相駐軍濟南時贈衍聖公孔觀堂先生祥珂楹語曰德備四科羣倫宗主學傳一貫累世通家亦要言不煩
張友山方伯官刑曹二十年出守泰中遷四川廉訪由廣東安徽方伯移姑蘇其母時年八十矣俞蔭甫編修樾獻聯爲壽句云慈雲從京國而來爲秦蜀皖粵諸大邦萬家生佛變日至蘇臺更永與中丞廉訪兩賢母三壽作朋時丁雨生中丞應敏齋廉訪均有

壽母在堂朱績臣處士乃采孫孝廉之父年屆五十俞編修祝以聯曰有丹桂五株其大椿不老先元宵四日祝明月長圓處士正月十一日生有五子安徽張仁菴名保衡以道光己酉舉於鄉庚戌成進士其嗣君瀚堂中翰名德霈以同治癸酉舉於鄉甲戌成進士俞編修撰偶語贈之云北山梓南山喬聯步到桂宮杏苑西年科戌年第成名占後甲先庚父子以酉戌聯捷科名佳話也
德清俞蔭甫先生之文孫階青太史陛雲於光緒戊戌年以第三人入詞館先生已年逾七十口占兩聯以誌喜其一云念老夫畢世辛勤藏書數萬卷讀書數千卷著書數百卷喜小孫連番僥倖院試第一人鄉試第二人廷試第三人其二云湖山戀我我戀湖

山然老夫耄矣科第重人人重科第願吾孫勉之余友侯翙千明經撰句賀其門人陸耀星秋捷云文字豈無憑看明年聯步而登甚聲殿陛科名等閒事願異日不忘所學繼美忠宣又見楊章甫明經賀其門人許儀亭秋捷聯曰積善之家有餘慶行看志遂顯揚常此書生本色年少登科匪不幸惟望功深學養蔚爲公輔長材均有勸勉意

番禺潘仲瑜太史館選後歸里其兄椒堂太史撰聯云棠荆樹底拜下紅氍三千里芸館馳歸北向好行前輩禮春草池邊夢回青瑣十五載蓬山早到西堂還見阿連來又是科殿撰爲張建勛潘椒堂太史門下士也故又撰聯曰隔歲晉冰銜前度杏花馳馬足

同年稽齒錄阿兄桃李是龍頭青雲書院山長某君作偶語賀梁斗南大魁句云鼇背留先聲三千級引無雙士龍頭承舊澤百二年來又一人莊有恭乾隆己未科廣州府番禺人梁耀樞同治辛未科廣州府順德人係同府故下聯云然

侯季舫觀察晟又號壽舫爲紀之先生胞弟任湖南寶慶知府晉雲南迤南道某年八秩誕辰稱觴丁植卿孝廉作楹帖云歐陽公穎上歸田載酒蘚堂猶帶洞庭春色諸葛君南中籌筆持旌按部難忘洱海秋風筆意挺拔灑脫先數年侯紀之先生八十介壽時有某祝以聯曰年登八秩身列五朝看令子文孫簪笏一堂齊戲彩昔奏風琴今聲教鐸快杭民淮士冠裳兩地共稱觴風琴教鐸二句指浙江安吉知縣改山陽教諭而言也丁孝廉亦撰偶句以祝云八十齡少壯精神兒事追隨歸櫂難忘潞水北廿五科文章耆宿民情愛戴愬棠徧頌浙江西開口便偶儷丁公於楹聯可謂擅長秦霖士御史賡彤亦有壽紀之先生一聯句云績學著術良聲天錫純嘏杖朝增鄉國望人祝期頤亦切合

廣東東莞陳子礪中解元其業師陳蘭甫作偶語賀之曰文章高遏羅浮頂科第連登會狀元子礪名伯陶後於光緒壬辰科廷試第三人及第羅浮二山在東莞余友陶丹翼中會元裴葆頁孝廉廷梁撰聯賀之曰禮樂傳家詩書繼美羣賢領袖盛世羽儀丹翼名世鳳余業師表母舅雲組先生之子自幼秉庭訓刻苦勵學其

冠南宮洵無愧焉逾數年江陰夏閏枝編修孫桐贈楹聯云先生有道東林繼聲更聞德曜高風畫裏溪山齊眉偕隱令子象賢南宮首舉移贈徐陵留句郡中科第周甲又逢版云雲組老伯耆儒碩德辭官歸里主講東林書院茲曁德配秦恭人並壽登七秩升翼萬部官京師開筵遙祝桐預躋堂之列憶道光戊戌吾祖爲會大父母稱觴徐星伯先生贈聯有教子南宮第一人之句今適歲紀一周後先相繼足爲鄉國嘉話謹獻俚語用佐侑樽暨陽夏孫桐撰句並識

黎方流孝廉如瑋爲從弟召民登鄉榜謁祖題楹帖云兄亦兼師鳳樓期弱弟添修爲戀春暉萬里公車遲就道母原爲傅蟾窗看

孤兒翱步轉思冬夜一燈子舍勉傳經孫勗三茂才撰偶語賀侯景文孝廉昆仲同登鄉榜云果然是賢弟兄一時同慶登龍萱草發榮新雨露不愧爲眞學問他日長安走馬杏花重見宋郊祁又張筱亭明經作賀聯曰大蘇品學能傳弟小宋科名不讓兄蓋言蔚人孝廉中經魁第九且曾受業於兄也

錢塘丁修甫中翰立誠作偶語賀汪星齋重遊泮水云八十杖朝年領袖泮宮采芹藻重三修禊節琴尊潭水問桃花時屆上巳桃花正盛聞吾邑吳匊青廣文汝渤曾隨裕中丞幕府參酌機宜以功得藍翎五品銜爲金山縣訓導光緒壬午重遊泮宮某明經撰楹帖賀之句云秉鐸歷三朝師道今看還弟道稱觴逾八秩養庠

且喜復遊庠某縣蔡白香孝廉重諧花燭宜豐淶筱甫賀以聯曰而翁本是美男子阿婆學作新嫁娘人至重諧花燭必年在八十左右殊非易事洵嘉話也

南通州顧君曾烜宦遊陝西年老辭職家居其西席楊某作偶語贈之云游宦歷秦漢故都垂老告歸接踵科名聲望厚有子播馨黃政績辭官養志等身著作校讎精劉緝庭補授訓導以其官推贈父母告祭先靈即以是日爲長公子舉行嘉禮顧君曾烜爲題聯云天子推恩人臣克致於所生一命榮親題主焚黃循故事先王制禮丈夫願爲之有室百年合偶竝賓納采舉嘉儀族兄殿珍大令七十續娶華子隨孝廉撰楹帖賀之云此事誠古希解組在

七旬續膠亦七旬白髮紅顏洵嫡耦爲君可預祝今日合百歲他年各百歲芝蘭玉樹定成行兄原配華沒已十七八年擬不再娶自甘肅涓源縣解組歸忽羨好逑遂娶小四十齡之朱氏女爲繼室汪寶萊茂才賀丁柘軒完姻有堂上白頭千日醉案前紅燭十分春之句又代顧德三贈姪女梁蓬峰夫人有伯鸞曾作移家客道韞能爲詠絮詩之句許達夫醫士迎新婿楊某於家設宴款待孫勗三茂才撰聯中賀云入座春風楊得意前身明月許飛瓊典切意賅洵是才人之筆

合肥李相國五十壽其門下士撰楹帖祝云名將相惟我公公望公才聲頌乾坤總隻手大富貴必得壽壽身壽世歡呼華裔重龐

眉吾邑王綺石先生蕙林夫婦五十雙壽其弟人月先生芝林著聯祝云花時已三千年果時又三千年我以斯言爲兄嫂壽今日合一百歲異日各一百歲倘如所願誠家庭歡賀僕老當是家庭壽晉侯景文世丈作偶語壽許母顧太夫人曰三鳳倍河東桂籍留名曾與郊祁同譜九龍環郭北椒盤介壽羣推桓孟家風太夫人令子六人登科者三其長子撫屏中丞官聲卓著醫理尤精時有贈中丞三聯一李文忠公句云醫國大名公領袖經天偉業此權輿一丁子美貢士句云龍虎豹大韜在手曾李左三相爭名一章定安大令句云將相經綸儒氣象英雄肝膽佛心腸又丁植卿孝廉壽其太夫人聯曰兩世紀羣交正欣晝錦筵開壽母令妻歡

魯頌六珊鍾郝荃難得宮袍綵舞二難四美適燕山顛工切孫戩宜刺史應穀九十稱觴吳春坪師撰楹帖祝之云騷客降庚寅濵南宦荃江左高門累葉爭傳壽者相名場周甲子鶴算九旬鹿鳴兩宴連枝共見老人星由舉人爲雲南河西知縣旋調賓州知州咸豐癸丑重遊泮宮乙卯重宴鹿鳴享壽九十二余從叔祖母九秩開慶華子隨孝廉壽以聯云曰老曰耄曰期頤開百歲筵爲熙朝人瑞多福多壽多男子符三祝願效聖世華封薛芸楣茂才之父年屆八旬其族姪潤古明經贈以聯云頌禱有同心問河東眉壽誰高合一族咸尊上齒會元穉饞膝看堂北耳孫繼起再廿年共祝期頤切薛姓并確是族中前輩

雲閒許幻園雅負時望相推許書多以楹帖見惠毛華孫有非書不坐惟酒爲涯之聯李漱筠有隱居求志閉戶著書之聯張蒲友有酒腸寬似海詩膽大於天之聯張子仙有讀書破萬卷落筆超羣英之聯劉康侯贈句云好學深思推司馬氏從容長嘯憶卧龍岡張小樓贈句云好花四時明月千里遠山一角奇書滿牀沈贊叟贈句云景星慶雲祥麟威鳳醴泉芝草仙露明珠蔡小香贈句云佳句不嫌千遍讀識君翻恨十年遲均有風趣其人可見

吾鄉朱君蓮夫鑑章文章古奥不入時趨常熟楊濱石綱修請近日試官無人解得乃庚午科竟舉於鄉王仰之明經賀以聯云果有賞音吾黨久推異等豈無弋獲此材不愧賢書又楊子承先生昌祐余外舅也同於是科登賢書其弟子登先生亦邑之名下士時未獲售王明經撰賀聯曰一龍奪雲巳變化三鳳指日將翺翔三鳳蓋指行三而言句法夭矯天外傳觴不羣

吉林馬錦江觀尹七秩稱觴楊筱荔觀察寄聯祝云恰先荷花十九日生清能益壽再看桃樹三千年實古更希逢六月二十四爲荷花生日六月初五是錦江誕辰引用貼切馬君久寓淮安其子孫入籍於此秦研樵封翁七十壽辰汪葆素茂才祝以儷語云玉樹祝遐齡汴水商山兩首謳歌賓邑宰錦囊稱絶業府庚清德俊乜旬矍鑠老詩人丁部主政榮簃叔太夫人於某年十月介七秩壽適其孫子某遊庠王仰之明經撰楹帖賀之曰七十古來稀况坐

看大宋文章蛟騰鳳起九五福曰壽又值到小春時節桃熟芹香丁植卿孝廉年屆古稀侯耜之大令祝以聯曰五斗米不肯折腰是何高蹈四十年憶曾同榻遐祝遐齡秦霖士太史屆杖國之歲楊明經鶴秋先生贈以楹語云祝耆齡人看桃李門前滿具仙骨君自蓬萊頂上來上聯切東林山長下聯切翰苑

杭州陳廉夫觀察遷居嘉興丁修甫中翰賀以聯曰七八月秋水生書新居傍楊柳隄灣芝蘭室雅五百里德星聚選勝地在鴛鴦湖曲驪馬門高吳興劉翰怡京卿營上海新居落成湖南李亦棠撰偶語贈之句云所居與歐亞爲鄰漢瓦秦碑好古獨儲圖伴業最難得春秋之富胄倉杜庫移家滿載儀貧糧晉邑鄒公子道平

茂才自汴省歸以父宦囊構宅東河頭巷落成之日丁植卿孝廉贈聯云百萬青錢仁里卜鄰安且吉一雙白璧遼鄉衍澤熾而昌里中有坊曰里仁爲美而公子與弟壽平茂才俱年少翩翩有璧人之目忠公之苗裔也故云然

曾文正公克復安慶張廉卿書楹帖諧賀云天子預開麟閣待相公新破蔡州回文正見之甚喜時幕中有晉麟閣蔡州對仗未工者文正嘆曰以鑪對麯奈何不工之有毘陵有老儒生鄉某年屆古稀作自嘲聯曰不佞佛不學仙計昧在三餘僅留白屋無成名無就利愧年登七袞仍坐青氊吾友王寄塵孝廉世忠居城南黃泥埄有六十自壽句云平生意氣消何京國觀光燕臺懷古汴梁

載酒岱岳等碑六十年回首前塵也思烈烈轟轟請繫長纓做个奇腳色顧我頽唐甚矣張蒼齒豁廉頗矢遺沈約形消江淹才盡一雙眼飽看世運祇得委委曲曲自播短髮變成老頭陀舒嘯懷抱筆曲而達張子惠副車文藻才學湛深有五十自壽句云自呱呱墮地以來爲俗子爲腐儒逐浪隨波枉教萬八千日過作蕩蕩樂天之想不鶩名不馳利酣眠飽食那知四十九年非雖是謙詞却有逸趣有某屆五秩誕辰作聯懸於書室云虛度半百年華能知非庶幾寡過聊借三椽茅屋期無愧即是廣居楊懶農先生渊有自壽聯云半間老屋四扇明窗宏開壽宇一子行厨三孫釀酒以燕嘉賓先生心貌古樸作擘窠書遒逸豪邁寒士之可敬者

李文忠公六秩壽辰廳懸楹帖云天生是爲社稷人望之若神仙作者未知又薛撫屏中丞撰五言聯曰書恆河沙數仰天柱峯尊安徽有天柱山下聯用此典吾邑楊母侯太夫人七秩稱觴丁植卿孝廉祝以偶語曰富貴一生從父從夫從子恩榮三錫多福多壽多男夫人爲侯葉唐少宰之女楊菊仙大令之配藝芳方伯之母有子五人半皆回翔鄉里榮之是聯洵切合渾成吳匊青廣文亦贈有一聯覺稍遜句云五鳳啟家祥蔭閣恆春富貴十全今有幾三鱣仍世澤萊庭舞綵起居八座古九稀楊明經鶴秋先生八旬介壽其門下士陳恩受寄聯遙祝云三載坐春風小子無才承乏西泠懸製錦八旬開壽宇長庚有耀願從北面佐稱觴曾姪孫

臨士觀察以楹帖祝云舉族仰儀型鞠槷登堂羅拜數雲礽而下達尊兼齒德養庠入學泉推在甲伏之間丁孝廉亦有聯云講座瑞銜鱣桂馥蘭芬酌斗春從人日到文壇詞吐鳳椿榮萱茂齊堂客叩子雲居切姓發揮與上數聯各有意趣

慈利田東溪賀同邑友人李某武鄉試中式句云投筆自雄才可笑吾曹毛錐子竟安所用立功期馬上抗論先世飛將軍抑又何人徐仲山召試歸盐都馮文毅贈以偶語云北闕上書識盡西京才子東軒賜食歸貽南國佳人仲山夫人商氏年近古稀容貌如二十餘好女朝夕惟飲乳汁猶耽花讀書不衰有李丹扆者里居未詳撰句賀甯元甫新居落成云晏平仲請更諸爽塏者范柏年

所居在齋讌間劉伯持繼娶謝氏秦硯樵明經作楹帖賀云延明
衣看乘龍座道韞詩題射雀屏妙在兩切其姓陳有珍祝某上將
軍聯曰武緯文經南天半壁嵩生嶽降上將一星侯紀之大令作
偶語祝吳絅青廣文云名重大僚曾倚文章資黼黻官非小隱聊
將苜蓿當蟠桃指曾隨稀中丞幕參酌一切
壽州孫文正相國誕辰于晦若侍郎撰楹句云壽州相國壽者相
天子師傅天下師淵穆高雅恰如其人吾邑楊珍珊封翁花甲初
周其子經堂秋闈報捷余外舅楊紫丞孝廉贈以聯曰是翁備箕
疇五福其子歌鹿鳴三章楊堃洲大令夫婦同壽其子蘭樵秋捷
南闈外舅有贈聯曰輝曜雙星綿福德榜開三世紹箕裘三世開

榜而兼雙壽誠盛事也周仲克甥於醫學經驗宏多而眼料尤精
余贈聯曰仙手擎雲光明大放佛心濟世仁壽同登楊筱荔觀察
七秩誕辰余祝以聯云勳績徧浙東西辭二千石鶴俸歸來而今
高蹈芳蹤夫婦齊眉舉鴻案文章驚江南北再十三年鹿鳴重宴
且趁古稀華誕兒孫舞綵集鱣堂楊子延先生七秩稱觴裘葆良
孝廉書楹句云翁絕似陶泉明只以菊花爲性命游何必赤松子
能兼詩畫亦仙才又章定安大令撰聯云直疑靖節今親見尚有
元方占盈稀靖節指其嘉種菊元方指乃兒紫丞先生均切合

師竹廬聯話卷九終

師竹廬聯話卷十

錫山拙翁竇鎮編輯

輓詞

塔忠武公齊布歿於軍李次青方伯元度撰輓語云謚並武鄉侯
湘鄂戰功青史在壽同希少保古今名將白頭稀咸豐八年羅忠
節公澤南殉節皖中時胡文忠公林翼巡撫湖北撰聯輓之曰上
馬殺賊下馬著書獨將大義扶持眞烈士眞將軍眞理學前表謝
恩後表舊死回憶忠魂酸楚有老母有寡婦有孤兒左文襄公亦
作聯輓云率生徒數十人轉戰而前殺數萬賊下廿餘城亦健將
亦眞儒獨有千秋羅山不死報國家二百年養士之恩提三尺劍

讀等身書是忠臣是信友又弱一个湘水無情均激昂慷慨
毘陵湯貞愍公貽汾字雨生以父殉難臺灣襲雲騎尉官至浙江
副將乞歸寓居金陵焚香鼓琴儼然出塵外工詩善畫山水花卉
均簡淡超脫咸豐三年粵匪陷金陵從容賦絕命詩一章投池死
有某撰偶語輓云三絕畫書詩到頭來大義凜然不傳以才傳以
節一門祖父子慭髮時成仁不讓斯謂之孝謂之忠亦挺拔
江陰何蓮舫太守寓居揚州先曾文正公兩日而卒全椒薛慰農
先生時雨作輓語云詩酒中人翰墨中人江山風月中人溥宦豈
能羈頻年擺脫凡塵逸興豪情跨鶴占揚州勝境循吏一傳文苑
一傳游俠貨殖一傳通材無不可平昔服膺師訓感恩知己瞬鯨

為上相先驅夫椒許福芬先生為江左名儒從遊者數百人年七十卒時周文之太守以微罪戍塞外郵寄一聯云期我第一流政事文章河嶽在地星辰在天夜雨留悲興國寺從公三十載師生骨肉死者九泉存者萬里春風難度玉門關洵是才人之筆惟河嶽星辰於許君稍嫌過分耳

吳甥青廣文汝勤輓錢塘吳曉帆方伯聯云廣廈昔因依記曾烽火驚心全倚屏藩障南國小春聆謦欬何意人天撒手空餘涕淚望西泠願受塋先生均亦錢塘人頗精側艷九度秋闈道光辛卯八月十五夜以疾卒於號舍其表弟梁應來先生紹壬聞而傷之作輓聯云矮屋痛長眠文戰嘔心竟爾修文歸地下良宵驚噩耗月圓撒手從今賞月怕秋中有顧君號竹臣者里居未詳其夫人於某年四月初三日卒時年五十八俞蔭甫太史以楹語輓之曰鶴壽未六旬仙去後二年再向仙山上壽鶯花過三月佛生前五日遽歸佛地拈花頗工巧

錢塘梁山舟學士有自輓句云讀書十年作官十年歸田十年生有涯如斯而已儒林無傳循吏無傳隱逸無傳死之日倘何言哉學士早達致仕亦甚早優游林下重宴鹿鳴歸田十年句似未確蓋欲湊對或於卒之前數十年已作就此耳候補縣佐某歿於蘇州家貧無以成殮時侯官林文忠公則徐巡撫江蘇慨然贈金并作輓聯云我亦傷心看今日良朋衛友人誰不死想他年寡婦孤

兒諸親友聞之俱陸續而至張蓮舟明經步瀛撰楹帖輓張佩之太守觀階云牛衣灑淚寒士同情不圖五十年來偏有殊恩邀北闕馬革裹尸男兒本分可識二千里外尚留知己哭西臺有王某早失怙妻亦亡續娶賈氏甫生一子某遂病卒蓮舟作聯弔之曰白頭有母黃口有兒俯仰總成未了局泉下誰迎閨中誰送幽明齊喚奈何天邑商趙雲齋祖母薛孺人五世同堂年逾九十而歿家曉湘孝廉輓以偶語云不羨佛不羨仙九秩返瑤池壽考轉教仙佛羨有賢孫有賢子一堂生玉樹會元也似子孫賢

顧磐泉廉訪光旭乾隆壬申進士官至四州按察使學術純正居官多惠政致仕歸主講東林十餘年壽六十七卒秦小峴侍郎瀛撰楹帖弔之句云已矣斯人畫像應教彌西蜀傷哉吾道絳帷猶是憶東林絳帷一作講帷杜少京司馬紹祁嘉慶庚辰進士為福建仙遊鳳山等縣知縣除暴築城大有功擢淡水同知引疾歸主講東林多年以脩脯佐賓興寒士均沾惠壽七十六卒有自輓句云電光石火小功名七載臨民差異風塵俗吏蠶背蝸身大遊覽半屏殺賊居然我馬書生半屏山名公多道義交其自敘一篇中謂生平最密者吾祖俊三公嘗記吾祖作偶語弔之云今人是古人為英為靈禮合千秋祭社兄事兼師事可坊可表服從三月緦麻兩人之相契可見矣

鄒北餘鳴鶴為廣西巡撫時粵逆悉銳攻城戰守三十三晝夜賊

他寬以失援鄰境齊職歸未久杜林仓胥陷陣總督徒瀛調赴江寧給六品頂戴効用乃逆衆直逼江寧城遂書絕命詩以殉節有人撰楹帖弔之曰有志未成功惜無郭李諸公共襄偉績大名傳不朽幸附顏張之後並著孤忠華荻秋司馬亦有輓詞云大節信無虧死而後已所以報也危城不易守一之爲甚其可再乎貴州黃子壽太史彭年道光乙巳入翰林兩閱月夫人亡曾文正公書輓聯云親見夫君爲文學侍從之臣雖死亦慰但覩人言於父母昆弟無間其賢可知通州孫文節公銘恩先爲禮部侍郎乞假終養左遷太常寺卿咸豐四年復奉命爲安徽學使會粵匪竄安慶遂殉節時曾文正在軍中作輓語云以文來以節歸毅魄長留兩

江上下因孝難因忠死苦心可質百世鬼神長沙陳岱雲太守殉節安慶時論譏以爲非曾公撰輓聯表明之句云衆口鑠堅金誰知烈士丹心苦大江流明月常照忠臣白骨寒洵足剖白焉

鄧紫珊大令曾知浙江天台縣事咸豐九年七月初三日病亡配施宜人先兩月卒時許葯甫太守爲金匱令著楹帖輓之句云兩月此離鸞地下鹿車應共挽一朝悲化鶴天台鳧舄此長飛薛芷軒明經輓其弟衡瞻太守聯云傷哉雁陣斷衡陽汝病吾不知時汝歿吾不知日已矣虎符持粵右其生也有自來其逝也有所爲集句極現成惟以虎符用於太守似稍廓西鄉錫復初陷於賊中年餘逸出復爲賊迫赴水死顧雲史茂才作偶語輓之曰慨身世如斯猶幸智囊歸晉國歎風波不測依然屈子赴瀟湘用典渾成切合其悼亡聯云歸儗五年幸未賚孩留井帮病纏三載脫然謝我破菱花亦極簡潔

桃源訓導王月灶先生罵賊被戕一門視死如歸有人作楹帖輓云讀聖賢書臨大節而不可奪立臣子傷微斯人其誰與歸又聯曰一門忠孝節義千秋俎豆馨香余亦撰聯輓之曰指可截舌可剜顱可破一死植綱常浩氣定能寒賊膽父盡忠子盡孝僕盡義千秋馨俎豆貞魂洵足繫人心乃祖後三公於咸豐庚申四月初十日殉節越數年招魂治喪楊明經鶴秋先生輓云宗族鄉黨稱紳歿齒不爭衆望遺愛儒林忠蹟惟公獨擅千秋桑子惠大令聯

云一死植綱常當黎民鹿鋌之交矢石親攖眞不愧讀書明理九重褒忠義看丹詔鳳銜而下馨香崇祀豈僅教纂史垂名杜文山明經楹帖云光風霽月推周子亮節清標記疊山巖笑拈明經楹句云公正協輿情到頭來大節孔昭一片丹忱堪報國恩榮封世職歿齒後精忠不朽千秋青史特標名秦省吾觀察聯云數千里聞變驚疑病倚騎雲迷悽慨舍生成大義三百兩蒙恩祭葬念露濡霜降馨香從祀慰忠魂秦係子壻時宦陝寄聯遥輓

王伯陶中翰嘉慶壬申二月十二日生同治丙寅二月十二日卒華荻秋司馬撰句輓云來日是花朝去日是花朝那堪紅杏枝頭悄然思舊君年五十五我年五十五可歎黃公壚下獨自傷春顧

覺質而趣又孫旭三先生聯云秉筆入薇垣春蚓秋蛇名滿帝京
天動閒散金酬梓里玄旌丹旐魂依祖隴日生寒貴州莫子偲先
生名友芝少時爲名孝廉肆力於許鄭之學旁及列史諸子百家
詩古文詞極淵博黔中文風爲之一變一時名公鉅卿四方績學
之士莫不引重與之訂交湘鄉曾相國尤器重之官之不可延之
幕中亦不諾以一扁舟往來蘇滬間辛未秋卒於興化舟次相國
作楹帖弔之曰京華一見便傾心當時書肆訂交早欽宿學江介
十年常聚首今日酒尊和淚來弔詩人其交誼可見
錢揆初太守助吾邑西鄉人少負才名詩歌駢文沈博艷麗由舉
人爲內閣中書同治初李少荃宮保統師上海入參幕事後從剿

捻匪卒於濟南宮保作楹帖輓之曰從我陳蔡間千里關山豈料
北征成絕筆與君生死別十年協助那堪南望爲招魂秦澹如都
轉輓以偶語云薄雕蟲技擅倚馬才滬瀆共從軍草檄飛書總輸
汝得四十年終二千石河梁成永訣齊山越水渺愁余蕭質齋太
守聯云最是傷心老母生妻幼子不堪觸目殘杯占劍遺書
益陽胡文忠公林翼甍會滌生相國撰輓聯云道域在史中是先
帝與藎臣臨終恨事交遊滿天下願後人繼我公未竟勳名劉忠
壯松山字壽卿殉難甘肅年纔三十七曾相國作偶語輓之云勳
名畧同馬伏波骨歸萬里精誠欲效岳忠武壽少二齡湯海秋侍
御鵬以微疾卒於京師相國聞之寄聯輓云著書近二十萬言才

未盡也得謗徧九州四海名亦隨之俱極倜儻
曾文正公國藩學業勳名冠絕一代而自言生平無他長惟輓聯
一卷頗愜己心無他長蓋謙辭也嘉興錢警石先生卒文正撰楹
帖輓之曰禮經獄勘羣史校讐筱衍丹黃千卷在陳叟云亡先生
繼逝東南耆舊幾人存時蘇州陳碩甫奐先數日死三河之敗李
忠武續賓殉節文正作偶語弔之曰八月妖星半壁東南摧上將
九重溫詔再生申甫佐中興有謝氏女而嫁於何氏者亡文正輓
以聯云柳絮因風閫內清芬堪繼武麻衣如雪階前稚子總能文
曾公又輓胡文忠林翼太夫人聯云武昌據天下上游看郎君新
整乾坤縱橫掃蕩三千里陶母稱女中人傑痛仙馭永辭江漢感

激悲歌百萬家袁端敏甲三卒於臨淮曾公亦有聯輓之句云屬
纊寄箴言期我勉爲范文子蓋棺有定論何人更議李臨淮雖所
著成卷而得之耳聞固難期其多也
蔣湘叔先生大鏞以進士起家兩任治中巖絕請謁有政聲權貴
忌之輒播以蜚語終無恙同治己巳歿於遼東時朱酉山編修供
職京師撰楹帖輓之曰居官清慎勤壘經宦海風波立節不磨強
項令持躬孝友順猶是儒生面目傳家惟有等身書丁植卿孝廉
亦有聯云蔣徑附羊求當年客館征途愛我不殊同氣韓門稱籍
湜此日儒林宦望讓君獨有千秋漢蔣詡於舍前竹下開三徑惟
羊仲求仲常過從孝廉與先生同出某明府門下故慨言及之

合肥江潤生太史輓李勤恪公瀚章聯云於公爲通家子姪行數
我生舊游多奇曾隨游展看山笑送閒雲過滄海雞季皆一時俊
傑士爲國事摧傷殆盡獨贍元臣卧閣愁深春草夢池塘敘述交
誼發揮穠藴面面俱到上聯結語謂勤恪督粵知而不能用也嚴
又陵先生有輓李文忠公聯云使當年盡用其謀知成功必不止
此設晚節無由自見謂世論又當如何簡括中有史筆
秦宜亭先生炳文吾邑風雅士也道光庚子舉人官吳江教諭晚
入貲爲戶部主事以善書山水擅名其書風韻瀟灑秀絕人寰初
師高灣游倚爲畦徑所詣五十後專摹西廬遂臻勝境居京師久
於某年卒華狄秋司馬撰楹帖輓之云穩說要還鄉最記掛的天

師竹廬聯話　卷十　八

際歸舟到如今乃忽焉絕筆何愁無了局縱短少那人間書債知
此去已悉數清償丁植卿孝廉輓以偶語云一官寄與四海論交
難忘雪後金焦親爲我寫子舍棠甘孫枝林立試問人間福慧誰
似公兼張筱亭明經作楹句輓之曰教我作酒狂謂酸不可嚮莫
沾染書迂習氣如公眞健者奈技無與並也消磨名士精神吳匑
青廣文輓以聯曰半生酒地花天嵇阮之交無俗客幾幅殘山賸
水倪王而後有傳人陽湖呂庭芷編修作聯弔之云見吾家三世
惟公頻年京國開樽獨許鄭同參末座卿用里諸賢無恙大好溪
山如畫不留摩詰住仙源吳縣謝景亭中允亦弔以聯句云采菊
仰高人正九日樽前洗琖誰傾元亮酒思蒓違夙願歎二泉山外

歸帆空載米家船切卒於京師并切辭世在重九節時也
錢塘袁蓉生明府簡齋太史之曾孫也同治癸亥殁於海陵金眉
生都轉安清撰聯弔之句云圖林鍾阜袍笏串江人世太匆匆可
憐玉樹芝蘭竟成斷梗平白悲歡倉黃患難傷情都歷歷從此天
荒地老不了傷心杜文山明經友房吾邑之名下士也習舉業外
兼工詩古文詞辛未秋卒於嶺南其自輓聯曰竟至死乎縱爾聲
烟孤客槪莫非命也銷魂化魄五羊城侯石琴孝廉謂死字換斯
字更得神又有遺聯示子姪云負債纍纍顧兒曹竭力仔肩勿使
我償來世歎平居碌碌期汝輩卧薪嘗膽莫令人笑此家貧侯孝
廉煒撰楹帖弔之曰獨客悵乘桴那堪海角天涯一夕斑荊成永

師竹廬聯話　卷十　九

訣大招嗟自輓最痛蠻烟瘴雨幾篇賸稿歷歸裝張筱亭明經輓
以偶語云避亂共流離歎頻年郭外焚芻求老已悉存耆事遺游
成幻夢痛仲子牀前易簀臨危猶念別時言其壻郎曉湘從兄哭
以聯云天不可知算來羈旅十年應有文章傳海外吾將安仰痛
絕河梁一訣空留魂魄返吳中數聯俱淒婉動人
同治壬申二月初四日曾文正公國藩薨於兩江任其門下士瑞
安孫琴西觀察衣言獻輓聯云人間論勳業咸謂如周召虎唐郭
子儀豈知志在禹皐別有獨居深念事天下仰文章殆不愧班孟
堅歐陽永叔却恨老來豬湜更無侍坐雅談時洗盡惡習卓然名
貴可傳也歸安江小雲觀察清驥撰楹帖以輓云生民擬山海鳳

麟應五百年名世歷廿四考中書正學懋躬修帝賚奇勳高柱石
翊運際風雲龍虎統天地人爲儒立德功言不朽救時安宇內公
應無憾補金湯句語典麗較孝西則遜較他人爲優高柱石指庚
午壽辰恩賜載高柱石匾額而言其幕府海甯陳小圃主事方坦
輓曰將相本門牆更合一家昆季再造乾坤如公獎薦賢才偉量
高勳過千古儀型仰山斗獲窺濂洛淵源韓歐軌範念我追隨江
皖景行親炙垂十年江甯陶華堂別駕實春作偶語弔之曰末秩
荷陶成北斗山高方欣大廈聽依翹首久欽文潞國鞠躬眞況葬
南天星隕遽失中流砥柱傷心如喪武鄉侯李少荃相國時總督
直隸寄楹語云師事近三十年火艷薪傳築室忝爲門生長威名

震九萬里內安外攘抗世難逢天下才此尋常酬應之作兩人身
分交情尚未十分透達薛慰農太守時主講尊經書院撰輓聯云
一个臣休休有容頻年獎邏餘閒小隊出郊坰慣向山中尋魏野
萬戶侯綿綿勿替當代元勳佐命大名垂宇宙豈徒江左重夷吾
楚北王鼎臣刺史定安輓云微夫子吾誰歸是秦漢以來第一人
物以天下爲己任自伊周而後無此規模吾邑薛叔耘副憲福成
在其幕中十餘年相知最深作楹帖輓之云邁蕭曹郭李范韓而
上大勳尤在薦賢宏獎如公悵望乾坤一灑淚窺道德文章經濟
之全私淑亦兼親炙迂疏似我追隨南北感知音未入幕前已有
交誼故言私淑上下聯起語亦非虛譽蓋紀實也

貴州王芰初司馬慶元令常熟咸豐十年城陷同治二年隨營克
復仍知昭文縣事買良田營廣厦擇牛眠地擬家於此而不返矣
歲丙寅卒於官丁植卿孝廉在其幕中輓以偶語云虞山舊治琴
水新猷萬家生聚依然伊誰之賜陽羨買田桐鄉起塚千古循良
有傳復見斯人語語典切丁孝廉於應酬文字不苟如此吾邑楊
明經鶴秋先生年逾八秩卒門人陳恩受寄楹帖輓之句云四載
列門牆渥被春風檢到遺編珍手澤八旬尊齒德仰空山斗痛教
遙冀熱心香內閣學士江南主考銘安寄聯輓云恭儉福之興知
進家規堪厲俗文章壽以世老泉手筆有傳人曾姪孫志瀛作楹
句輓云矩矱夙親承曰敬行曰勤學曰立身誨勉維殷銘座遵循

期弗失音容今渺隔有遺誄有傳經有著作典型猶在登堂追慕
懔如生姪孫省齋聯云八秩享遐齡福備箕疇來年芹藻重賡方
喜膠庠傳盛事一生崇儉德穀詒孫子此日蓬萊長往痛教宗族
仰遺型紫丞先生代撰

吳門陳佩之部曹輓王魯山先生賡伯聯云故友復聯姻少同學
業長共游庠每上燕臺懷舊雨艱辛成痼疾仰戀慈親俯憐令子
忍聞馬帳起悲風孫婦三明經顯吾邑風雅士也少爲名諸生工
詩能書畫兼精卜筮之術辛未九月初七日不病而卒吾師嚴笑
拈明經作偶語弔之曰勵品果誰如夷考一生所爲固是達者實
謹者登高已有約忽先兩日而死聞之駭然又慘然又一聯曰平

生有襟期有品格有學問有才華超然自得是日猶把酒猶持螯
稱下棋猶作畫遽爾仙游雖李易却有風神候景文孝廉輓以楹
帖云身世等棋枰而今夜雨秋燈局外更誰留冷眼光陰消圖畫
但見殘山剩水人間何處不傷心秦子惠大令輓以偶句云詩書
教子筆墨營生閉戶未嘗談世事狷介自持寵榮不慕居鄉何可
少斯人徽嶽項蘭谷撰聯云使我最難忘秋月秋風秋雨夢君常
相見論詩論畫論書王仰之明經亦撰聯輓之句云造物有何權
能窮君不能困君能死君不能病君此去定非閽者意畢生可無
憾以文壽更以詩壽以書壽更以畫壽祇憐未了向平心其繼配
劉梅賦女史輓聯云老成尚有典型何當風雨滿城抱恁任揮事

壹調丈夫亦憐少子更痛參商異度蓋棺未及洗三期劉亦工詩
畫其幼子仲襄在蓋棺後數日遺腹而生者也
毘陵李申耆先生卒江陰縣令某君輓以楹帖云大夫國人皆所
矜式也後生小子於何問業焉朱紫珊觀察厚基歿於武昌時封
翁臨川先生猶在堂也丁植卿孝廉書輓語云江漢仰星雲當年
桂苑杏林久已奇材重南國梓桑瞻山斗此日素車丹旐更無長
策慰西河薛湄占明經病亡余胞叔雲莪公作偶語輓之曰別我
何堪最難忘長日清談寒宵對飲活人多矣固應向仙班證果邑
乘留名薛君精醫曾寓余家數年對飲活人皆實事壬子泉舅氏
自武昌府任返錫擬暫息復出忽患外症而歿閻丹初中堂敬銘

寄楹帖以輓云甘苦昔同嘗計戶給軍籌備我慚蕭相國是非今
已定化民教士歌功咸感冠施州丁植卿孝廉弔以聯云生爲英
歿爲靈大孝千秋此去同騎箕嶺鶴簡在心碑在口論交兩世從
今忍食武昌魚其父武愍公於咸豐五年殉節武昌先大父俊三
公製聯輓云平生有學問文章方能臨大節千古惟忠臣孝子乃
可爲眞儒深痛吾祖作此未久亦於家鄉辦團守城殉節也
河南固始吳春舫太守政祥於同治初年來錫爲邑宰不數年其
封翁卒吾師張與亭孝廉撰楹帖輓之句云有子播循聲泰伯城
邊稱父母惟公眞碩德洛陽會上少耆英家靜之叔祖亨壽七十
四於光緒元年卒張與亭師輓以偶語云西河退老淚灑年年幸

令孫連步雲程足慰桑榆晚景北海通家交深世世倘吾父相逢
地下仍聯詩酒前盟薛湄占明經作輓句云篤於禮寡於欲廉於
財每事存先正典型德可知矣少而富壯而康老而健猶及見文
孫獲傳福亦宜之其內弟鄒漢源先生輓聯云大耋共興嗟幸石
硯有靈一第竟償垂老願遨遊成永訣歎繐帷無恙百年尚賸未
亡人楊範甫代撰西門外高松舟封翁卒與亭師亦有輓語云廿
載訂知心欣逢月夕花晨宴賞園亭無俗客一朝驚撤手愁絕名
山勝地經綸鄉國少能人又代其弟藝軒蓉齋作聯云五十年花
萼競榮左右隨有洵可樂一百日參苓罔效死生分手復何言又
代友人撰聯以輓云湖海廣交遊觴詠管絃成往事風霜摧晚節

偶寫花柳經傳神凌雲軒封翁聯云偉岸世無倫治家則儉而中禮處世則寬而能容鄉里間誰堪繼武下風吾早拜幹事有通人之才豪飲有兼人之量朋儕安可失斯人張筱亭明經代作

蘇州潘鼎亭中允卒吳叔青廣文撰楹帖輓云昔兩數從頭君言瓊海論交惟余最久懸崖驚撒手誰料高山失仰先我云亡江左其陳載之間一子一姪俱死友人輓以聯曰去年纔抱西河痛今日又飛東野書錢揆初中翰輓余苙之聯曰樂深按曲茂苑觀花京華把盞十餘年同兩當新那堪斗酒隻雞他時醉墓老母倚閭事虛在室弱子趨庭三千里隨風一慟共盼素車白馬遠道歸魂又代友人撰聯云少同里長同游而今撒手歸泉空對晨星悲舊

雨名何存利何在此後闔門立戶惟期玉樹快凌雲侯翔千明經作偶語輓趙梅生茂才云王楊幼慧庾鮑清才記髫時角勝文壇眞後生畏友也父母俱存兄弟無故即此去身登仙籍豈君子所樂歟又作長聯弔張鐵堂云一棹沿洄燈窗話別爲貧求世業屬我佳兒泮水幸蜚聲誰料高報兼旬香夢遽隨江月逝卅年奔走升斗勞人到雨雪爭攀未成歸計宦途齊下淚君看瀕海千古旅愁更比漢流深氣勢浩瀚不愧才人之筆

常州惲心農觀察病歿楊筱蕖太守撰偶語輓云偉略未全施至今海嶠遺黎重過羊碑應墮淚感恩在知己垂老江湖泛梗追懷鄂渚勾勝悲楊明經鶴秋先生輓其門人史煥亭茂才聯云腹便邊笥筆燦江花當時鐵硯爭磨誰道劉蕡終不第母已白頭兒纔黃口此日玉樓赴召豈避李賀竟無年秦研樵封翁卒王仰之明經作楹帖弔之云半世作齊豫遊欣看曳杖逍遙有令子承歡官舍一生得春夏氣猶憶解衣磅礴與少年角藝文壇封翁確有此風趣王君又有哭其師潘啟鈞茂才聯云卜人以告疾不可爲始信宿瘤能殞命泰山其頹吾將安仰從今佳節應登高又聯云有令子能畫能詩所造已堪名世爲多士任勞任怨其後必有達人子晝堂能詩畫尤精妙任勞怨指賓與訟事而言

金陵蔣劭聯孝廉師軾寓吾錫多年偕與文會同志樂從返鄉後十餘載忽病卒王顯屏廣文寄聯輓云傷心知識無多風雅如君

山色湖光應皆頷回首神情似昨淒涼有我斷章零字憶平生仲英嫡堂兄維鑑患三陰瘧半載而亡侯翔千明經作偶語弔之云溯卅載舊君斗室雙親待養一第未邀身世已多艱那堪數月沉痾意外竟成千古別記當時共學瓢城君賦雁行我陪鯉對光陰不轉瞬屈指廿年前事淚痕頻爲九原枯薛撫屏先生輓以聯曰齊物以觀彭祖不如殤壽大修身爲本顏淵豈羨跖年高趙和笙明經有聯曰彼蒼何太無情親老子殤未竟天年偏撒手我弟亦傷不祿才長命短相逢地府可談心顧竹樞先生卒汪葆素茂才撰楹帖輓云投筆早從戎往來江皖之間朝餐雪暮宿荒煙草檄飛書倚馬萬言人可待持身猶法古品概漢唐而上學授諸兄

猶深老母征途客館騎鯨一去我尤悲許昌侯甥病歿余代其弟鳳喈作輓聯云平生剛直世事崎嶇毗定遠正堪封侯偏教客死海甸回首雖尋蝴蝶夢六子未婚三女待字向子平方思了願豈料遽辭塵界傷心忍聽鶺鴒啼陸引南茂才卒余輓云久約二泉遊正期勿藥可占相與領湖山勝景忽成千古別此後臨池得暇共誰談唐宋名人墨君工書法與余最契約遊二泉惜未果

毗陵劉澗枘先生臨終有兩手撒開塵世事一身跳出利名場之句額曰仰天一笑家春嶠從叔祖撰偶語自輓云十七回塵戰棘闈一第難邀羞到重泉逢父母廿八載訓蒙梓里半生勤苦庶無餘孽及兒孫曉湘從兄撰自輓聯曰一死極尋常所奇畢世忙遭

定是不才逢舉主生平惟笑傲獨怪頻年摧折誰將劣命叩穹蒼迍邅摧折因子女早殤悼亡三次而言外舅楊子承孝廉於臨終前兩月臥病無聊作聯曰卑污非本心所甘此生無忝躁急是終身之累至死方休其高尚可見

嘉興錢恭勤公應溥與常熟翁文恭公同龢撰楹帖輓之句為平生瀝盡憂時淚臨絕猶聞訪舊言蕩口華耕樂封翁為子瓚孝廉之父於某年卒余外舅楊子承先生輓以聯曰效秦任好輸粟救災慈能召福德以永年君子詒謀真有穀師范希文置田贍族子已成名孫尤挺秀晉人食報正無涯施叔恩廣文卒華茂秋大令作聯弔之曰人間多有輓歌恐不值先生一笑地下若逢美酒也

應共才鬼千觴常州瞿賡甫方伯輓薛誠伯大令聯云河東鳳代有文名與君家昆季雙素論交史市秋風燕市雨武昌魚同嘗宦味聽行部士民歡呼哀送沔汀春水漢江潮薛懋庠以丞鳳某刺史云雄文富有亞西亞美政歌成于蕩子以于蕩子故死於郴州恰切某君撰偶語弔焦子達茂才云公竟渡河七夕佳期成永訣我將出塞萬方多難且高歌韓茂才卒於七月初十日故首七夕永訣又某有聯云巾服飄然大陸風雲兒輩在城郭猶是斜橋燈火酒人稀雙丹嗜酒每晚必至斗橋肆中暢飲

湖洲柏丹州俊甫京都翰苑某作聯輓云其生也榮其死也哀雨露雷霆皆是恩門如市臣心如水皇天后土鑒孤忠中堂因順

天鄉試賄賣舉人情事見殺實其幕賓及吏胥作弊而中堂未知也楊藝芳觀察母侯太夫人病歿常熟翁文恭公同龢作偶語輓云何以報親恩自萬戶災黎同聲號泣況聞敦友誼是九旬賢母隻手經營李文忠公鴻章亦有聯云一笑歸真見五子英諸孫擢秀八旬備德恰九宸頒書七族稱賢某輓鄒頌丹母云寸草三春有子悲街孟東野生芻一束昔賢我媿徐南州華西洲茂才代某輓朴虎侯媳云小謫塵寰此去瑤臺證明月多情尖塔獨表高節哭梅花王頌屏廣文撰楹帖弔章公靜茂才曰鯉庭拜母序論交二十年皮錯情深悵筆判吳一灑淚萱樹榮樓蘭椅系念三千里程途遙隔仰看河漢倍傷神先大母李恭人辭世外祖王業

鄰公作輓聯曰哭子淚應枯泉下牽裾聊一慰相夫心早碎人間
嘗莫總難償許靜山星健之付婦亡楊藝芳觀察輓以偶語云能
仕教之忠口淚長風貽訓勉成宗繼志欲養親不待有暉寸草銜
哀同廢孟郊詩楊母先兩年仙逝故末句云然
某有悼亡聯云痛我不辰僅□壽命猶慷俯歸泉騃嗚嗚乎世不
遇封侯夫婿奠我入間爲一時傳誦先祖後三公悼亡句云境歷
艱辛苦日隨余苦能耐世亂離亂此時歸去暗非輕越彩章孝廉
娶妻未誠同房者兩月其妻投井死撰聯輓云卿何奇疾莫能興
可憐半載因緣何是鏡花水月我豈無情肯輕別待諸兩旬爭果
竟成碧海青天先嫡母禧宜人年六十九精神尚健忽無疾善終

時雲栽公已甚衰頹作悼聯云五十年伉儷相隨離亂撫諸兒因
苦艱難閱世久貧賢助一二輩死亡可嘆影形傳獨弔淚枯神黯
此生猶復誰憐一二輩指十餘年前兩子相繼去世而言家孝廉
曉洲兄娶杜宜人僅數載即卒著悼亡聯云非參耆术草能回歎
妖夢無憑竟成鬥虫聽父母翁姑環哭倘性靈不昧何以爲情繼
配候宜人歿悼以聯曰屈指一九年歡少愁多嘗徧艱辛都爲我
況珂二十日房空幃寂相關痛癢更何人又悼再繼配徐宜人聯
曰我命竟如何幾同卓立孤峯一無依傍汝來猶未久満擬同成
全局又付空虛額云六年一瞬
輓聯多句雖有佳者闡王仰之明經言一聯云你何人我何人無

端六禮相傳惹出這般煩惱生不見死不見倘若三生有幸再成
夾世姻緣丁植卿孝廉代王芰礽大令作欄帖輓未過門聘室云
遠占有期一夢游仙偏解脫浮生如寄百年偕老亦須臾意識僩
儻生新興上可以並傳吳郊青廣文輓其妾云同是空花怎奈少
偏先老將來結果定知我不如卿聞友人言有以義輓子婦一聯
句云望汝生孫心久矣使予顧子淚潸然亦極得體錄之以備一
格家曉洲孝廉撰偶語弔適母云挈兒孫一棹南來驀看楊柳依
依家山無恙騎鸞鶴隻身西去太息蓮花朵朵世界成空過母𦂯
素奉佛居八士橋楊樹下同治丙寅攜眷自海門歸未久卒
都門某倫生於二月十一日亡於三月晦日有人輓以聯云生在

百花前萬紫千紅齊俯首春歸三月尋八閒天上總消魂吾邑杜
晉齋明經卒汪葆素茂才撰欄帖弔之曰十載客都門飲酒論書
才華高出諸君上一朝拋俗障殘編遺稿鐫刻悲無後起賢華景
方病歿余外舅楊子承先生輓以聯曰年相若居相近意更相投
肺腑深交生平有幾同釣遊同几席并同患難童髫舊契𤸯嘆堪
嗟外舅又有一聯云合父母昆弟鄉里鄉黨無間言今望詒
之孫子以慈幼養老振窮恤貧爲己任實心實力是謂仁人本作
此輓某君因其身分不稱未果能當此者固甚少也
左恪靖與曾文正書函來往每以兄弟相稱不肯稍自謙抑王文
正薨後乃自書晚生輓之云謀國之忠知人之明自愧不如元老

同心若金攻錯若石相期無負平生豈其悔心之萌有不覺流露者歟吾邑孫咸吉先生於咸豐庚申殉於城歲丙寅其配秦孺人亡子惟蕃茂才扶兩柩而合葬焉孫鼎三明經書楹帖輓之云丁令可歸來傷心一旦招魂瀝腸披肝至死不曾離故土劉爾諧伯儷撒手六年若夢元旌丹旐此時還共赴佳城汪介予葆素茂才之弟也性敏慧幼失怙恃同治癸亥從黃叔軒表兄避難昭陽學詩賦工書讀書寒暑無間斷年十七得瘵症病中吟詠不少嘗十九歲卒其撰聯自輓云功名富貴總由天即樵水漁山亦算一生事業脾肺心肝都是病餘藥爐茶竈虛拋三載光陰葆素作偶語輓介予云十年憂兵五年憂貧方期手足常依長向案頭同挑卷

七歲失恃九歲失怙豈料箕裘難續早從泉下侍亡親顯性眞摯動人鄒雲湘先生輓姪某聯云有恨問天廿八載春秋何促無文祭姪十二郎今古同悲詞意淒惻讀之令人酸鼻

光緒甲申法越之戰徐曉峯中丞延旭撫桂兵敗獲譴後又起用甸日卒於位時王鶴峯大令以知縣需次徐公相愛殊甚留置幕中及卒王大令撰楹帖輓之云聖主惜奇才待公以晉曹沫秦孟明遽齎志以終恨未覩犁庭掃穴末僚承下問愛我如夏侯郎猥闒部竟知音甚逝忽重彈流水高山俟紀之先生輓楊秀芝茂才聯云東林深賴經營心力變殫留祠宇北海素稱豪放人琴俱杳變生甥楊明經鶴秋先生撰聯輓王闓生太守之父湘帆先生句云六十年總角深交方期一棹湖山白首相偕娛永日五百里驚心調訃幸沐九霄雨露青雲彼起慰重泉侯翔千明經代某作偶語弔秦小帆云哲人萎乎最憶蘆草溪灣藉藉頌聲周縣北先生歸也從此杏花春雨年年清淚灑江南錢叔燃孝廉作楹帖輓楊濬泉茂才曰慣招尋舊雨數人雲水浣盧甌若戰盼君針照後又播落晨星一顆霜風開菊徑花期負我小春初此聯切每日茶敘下聯切愛種花及逝世在十月

吉林馬錦江縣尹卒於淮安楊筱巖太守輓以偶語云今年歲在辰漢土遺書竟兆康成夢讖傳家君有子淮陰致誄咏備孝韓文章吾邑裘竹筠封翁病殁於河南孫勵三茂才輓以聯云魂歸故

國三千里名滿中州四十年施叔愚廣文撰聯弔顧竹漪先生云十年白下重頻提攜縱無才他日有成何處報公尺寸一別吳門遂成永訣倘老父九原相問爲言不肖流離薛仲貞孝廉輓姚子莊農部聯云病非不起醫已難求數四人藥石爭施請問是誰妙手吉報未終哀音遽至頃刻間曇花忽謝能毋令我心驚時孝廉患病未久亦卒言爲心聲固不宜爾也孫茂才又有楹帖輓族人某云十年蓮幕依人劇憐弱息幼孫未曾識面一旦朁城作主堪歎玄旌丹旐空爲招魂家曉湘孝廉撰偶語輓周漱石云已過五十不爲天只憐失母雛孫呱呱何託便到三公終有死惟此通儒眞品卓卓可傳漱石懷才不遇子媳俱亡惟與幼孫相依度日

某縣張亨甫才高學博著有思伯行堂集行世與桐城姚石甫爲同年交姚官臺灣時亨甫從之會禁煙事起姚爲琦善等所忌陷於獄中亨甫亦被牽連及事解乃釋亨甫寓京都宣武門外松根山先生祠未幾以病卒士論惜之何子貞編修作楹帖以輓云是骨肉同年詩訂閩江酒傾燕市眞血性男子生依石甫死傍松山

江陂橋楊芙初吾邑善士也於某年卒華萩秋司馬弔以聯曰衣食常施三黨里中推碩望典型猶在四知堂上仰遺暉吾友汪葆棠代棃遣峰輓岳母顧恭人聯云兩闋月話別空庭奈客寄雙隄道路迢遞慚半子卌餘年主持中饋惠系聯四世兒孫羅列泣重陽又代友輓顧某云婚嫁未畢何忍舍向平兒女風儀已杳不勝

思子敬人琴秦蓙風孝廉輓姪子厚聯曰是何奇疾莫能興最傷心惟老父得書三千里揮亡兒之涕豈料斯人竟無後更慘目有寡妻在室十二時抱幼女而啼時子厚之父刑部副郎霖士先生供職京師意切而言甚哀也

進賢譚蔚春工詩詞文筆亦典雅晚年課蒙於鄉自號東阜上人同里陳志喆翰苑人也曾官閩粵多年有女隨養任所光復後陳挂冠歸里父兄相繼逝去女亦病歿譚代其作哭女兩聯其一云自天涯萬里歸來哭父哭兄誰知淚眼雙枯更哭廿齡弱女把人世三生勘定種緣種福且願低頭一拜莫種頭刻鬘花其二云從我瓊島游不畏瘴癘從我珠江游不畏風濤誰期一刹那間埋女

郎身如夢如幻如影如泡如露如電閃沒過去生有何夙根問汝未來生有何善果惟囑再出世後爲男子漢無恐無懼無苦無疾無害無災刻畫入微毫不著迹洵可傳也吾邑吳留青廣文卒其外孫楊筱蘇太守撰楹帖輓之云一生霽月光風耄老訂成書曾許文章傳阿士千里慈雲慘雨夢魂驚惡耗獨懸塵榻哭吾公丁植卿孝廉輓眼科王益堂聯云似如來放大光明可惜良醫未躋中壽惆斯世太多矇瞽有誰妙手爲起沉痾孫勛三茂才代秦義亢輓姊云吾寡兄弟而弗忍也欲爲煮粥倘可得乎謝夢花編修作偶語輓唐桐卿廣文曰今日僧何言閻浮界大夢先醒安知非福善人胡不佑溫處道沉夾又告頓失所依楊明經鶴秋先生著

楹帖輓華題春封翁曰兩年茅舍聯居薪膽同嘗在昔解愁欣得友一幅林巒繪影草心誌感從今讀畫總思君因父母遺像亂失囑畫山水一圖以代之所以格外誌感又撰偶句弔周擁于云竹醉正開筵大耋延賓君尚健衛秋胡返駕竟年哭友我何堪又有楹句輓華召棠孝廉母程孺人云茅舍舊聯居知挽鹿丁年廿載親嘗藿曰味篝燈勤課讀辛丸熊午夜一枝早折桂林秋

某縣文芸閣才名藉甚冠絕一時惜不得志而死其友王某輓以偶句云追思往事感不絕於余心同學少年北邵過半曹子桓有言既痛逝者行自念也殷憂傷人士固憎茲多口文稱千古東海流傳韓昌黎所謂動而得謗古亦隨之情文並茂風格亦超逸傑

搆也秦莖風孝廉哭其子再臣聯云徒教汝書徒誨汝文汝未成名胡竟黃泉隨幼婦未養我生未送我死我非必壽何堪白髮撫孤孫叔父雲裁公歿侯爵人世丈時宦浙江寄楹帖輓云離亂昔曾經遍對烽煙旅館頻年同草閣音塵今已杳長途風雪驛人何處寄梅花同草閣指鹽城同居而言余外舅楊子承孝廉撰楹句輓姪眉叔明經云悔我遲歸一見病體支離輒令咨嗟搔白首慟君速去再欲溫言慰藉難從魂夢覓黃泉作偶語輓胞弟子登明經云失怙十載失恃廿年而今隨侍九原知煩惱都消二老偕遊極樂國久病竟延不病竟歿檢得遺編數卷幸文章有繼兩兒還是讀書人以上各聯均切合有意味

吾師張與亭大令健文善書有聯輓陸少華茂才云相如善病遂少工書感懷蛾術同時無多舊雨伯道無兒謝公憐女幸賴傷原有託足慰重泉余外舅楊紫丞孝廉於某年治喪所見楹帖約十餘副茲錄其三通州張季直殿撰郵寄一聯云對楊江限記否夜雨深譚情同骨肉扁舟錫麓尤服暮年進德蔭及兒孫華子隨孝廉作偶語輓云鯁直可風分道南學派廉介絕俗延關西清芬陸耀星庶常弔以聯曰道在從俗學在修身得此乃一洗道學家習氣清如秋霜白如皦日惟公方不愧清白吏子孫楊筱荔觀察輓其堂弟少坪曰痛吾弟業未就婚未成電光石火四十年而今已矣有親姊視爾疾送爾死風急天高重九日此去何之又輓岳父雲我公云古誼師松蘿況孤露提攜許倍增延賞感老懷傷鳳驟想遺言綿惙硯留應識伯孫賢家曉湘孝廉輓堂兄閣英云從戎投筆縱秩酬庸一官河水清誰能遣此予幼家貧米珠薪桂有兄天外遠何以鄉之指臨歿時家況甚窘而言

章定安大令撰楹帖弔胸師母云出南宮第一人致君澤民助教抗宜文前席相函丈踰七秩令妻壽母誦詩傳魯頌兼篇烈女異大賓許字包文煒幼失母父延燦貴而寄食於人女寄居舅氏范四家范子阿金屢調不遂一日值女寢裡登其閣女號示以刃女拒益力竟死年十八共鳴諸官捕金置法為請旌以楹句輓者不少邑令張佑璧聯云外家非疏遠之親豎云兩小無猜詎任滑陽成一死聖世當表揚其烈更有雙旌薦導樂隨忒肅氏千秋丁孝廉培聯云一樹女貞榮士也不良可惜春花魔夜雨千年精衛恨魂兮來格最宜秋菊薦寒泉墓在錫山麓人望其坊輒敬之

師竹廬聯話卷十終

師竹廬聯話卷十一

錫山拙翁竇鎮編輯

格言

古人楹帖必用格言毘陵某氏懸聯云雖無眞學問頗祖宗根基未曾田醜也有悲心思留子孫地步不敢輕爲又聞友人述一聯云且少從容萬事皆由忙裏錯莫圖便易好人都自苦中來可作座右銘乾嘉間有汪信號可生者里居未詳相傳其自撰楹聯云實善數家珍有訓辭無玩好讀書成國士先器識後文章極平常陳熟語而渾成乃爾至今玩味猶想見先輩敦品立行庸德庸言往往足爲後人矜式此正聖賢教人不離布帛菽粟也

近日在高氏花園見一楹帖係桐城張君遯先所書其詩與園林毫無關涉却有格言意爰錄攜歸句云光陰迅速便朝夕讀書寫字能得幾何必毋貪毋荒趁早年埋頭用力時世艱難卽尋常穿衣喫飯已非容易須克勤克儉免後來仰面求人憶昔年侯石琴世丈書齋中懸一聯與此大同小異句云光陰迅速縱認眞讀書寫字還恐蹉跎亟宜振刷精神趁此埋頭用力稼穡艱難若但知吃飯穿衣何來生活休染因循習氣貽羞仰面求人不忍割愛亦錄而並存之陳蓮史先生撰偶語云君子澹交還是澹中交可久好人難做須從難處做方成侯世丈每寫書此句故得見之聞友人言某處官齋懸聯曰爲政戒貪貪利貪貪名亦貪勿務聲華忘政本養廉惟儉儉己儉人非儉還從寬大保廉隅

餘姚孫忠烈公燧爲明陪都大宗伯殉宸濠之難繼室楊夫人尢賢其訓子聯云愛惜精神留此身擔當宇宙蹉跎歲月將何日報答君親後諸子皆顯達誠母教也先儒某完姻撰楹帖自勵云撫躬不是孩提憂患多從今日始轉瞬卽爲父母劬勞酬自養兒知此意未經人道吾邑嵇桂山明經讀書自好方正清廉一邑推爲醇謹士作偶語懸於書室云隨時隨地留心積善惜寸惜分發憤讀書孫叔方孝廉爲人書堂聯云莫謂自由便可作惡須知倖福也要良心嘉其新而有格言之意故錄之顧雲簃茂才一生儉樸深惡浮華家懸偶句云老屋數間祖宗基業破書幾本子孫詒謀

書顛古茂有至理存焉

蘇州元和陸鳳石殿撰潤庠於松寥閣題楹聯云欲除後悔先修己各有前因莫羨人儁永有味聞友人言見某處懸一聯云讀書卽未成名究竟人高品雅脩德不期獲報自然夢穩心安又述二聯一係欲高門第須爲善要好兒孫必讀書一係立品定須成白璧讀書何止到靑雲憶昔年在某君書室見柱聯曰觀天地生物氣象學聖賢克己工夫數聯俱宜置座右以自勵

番禺莊滋圃先生有恭撫浙時手書客座楹帖曰常覺胸中生意滿須知世上苦人多識者已知爲宰相之器人生自少至壯罕有全履泰境者惟耐得挫磨方成豪傑不但貧賤是玉成之美卽富

貴中亦不少困境此處立不定腳根終非眞實學問吾邑素渟叔明經集聯云五閱箴考父三節仰湘鄉朱文公有戒閑思慮閑出入閒涉歷及接閒人與閒事曾文正公有節勞節慾節飲食之語吾祖俊三公集句格言聯云言思忠事思敬智欲圓行欲方王君仲華謂余曰曾見俊三先生書此句至今未忘眞我輩處世之大要也聞某家懸偶語云學破愚儉資廉勤補拙居處恭執事敬與人忠樸實說理淘自俏娶目

晚紅軒所錄楹帖其格言有甚可愛者如道以反身而誠者上人惟中立不倚爲難 於心能安於理亦得惟勤有益惟公乃明於世俗中見本來面處家庭內無利己心 學道人能精明世故

性天內見涵養功夫 到知非時闢通則高能自卑者益尊而光於不覩聞時能戒懼可從行習內得精微 世不可無名師益友人安容有滿志矜心 崇德獨行人思御李修身明道我欲瞻顏 以文爲富以道爲貴居安若危居高若卑 行無不可對天之事思必有益於世乃言 以上各聯半係集爭坐位帖字

三鳳草廬藏有格言楹帖抄本頗工穩有味五言云養胸中正氣學天下好人 序天倫樂事讀孔氏遺書 利人終有益克己自無私 六言云作事須循天理出言要順人心 靜坐常思己過閒談勿論人非 處事須留餘地責善切戒盡言 七言云利人時出有益語修己常存改過心 事不再思終有悔氣能一忍可無憂

欲子孫賢必積德要門庭顯還讀書 平生事業惟安命第一工夫在謹言 緜世澤惟在孝友振家聲不外詩書 八言云作德日休爲善最樂知足不辱能忍自安 孝弟力田君子務本詩書執禮聖人我師 獨坐防心羣居守口開卷有益作善降祥 長聯云孝弟忠信禮義廉恥是撐天八根大柱 慈愛溫良謙和敬讓眞涉世幾個神方 體兩句如之何天下無難事存三個必自反世間皆好人 孝于親弟于長慈于幼可爲成人矣 禮以行孫以出信以成不亦君子乎 書是良田傳世休言無厚產 仁爲安宅居家何用有華堂 孝弟慈父子兄弟足法 知仁勇天下國家可均 天地無私爲善自然獲福 聖賢有教修身可以齊家 勿忘祖

父艱難宜務勤思儉 要作兒孫榜樣須蹈義懷仁 均足垂戒

近聞楊某述格言楹帖云吃苦是良謀度苦日用苦功費苦心苦境終歸樂境 偷閒非善策說閒話好閒遊理閒事閒人即成廢人

憶先祖俊三公手書格言有句云忍而和齊家上乘 公與正處世良謨 咸豐時自書偶語懸於座右云百鍊此身成鐵漢 三緘其口學金人 近見昔年爲人書聯語有云一係修己惟清心最要 涉世以慎言爲先 一係省察謹嚴心如秋肅 存養冲粹氣若春溫 以上皆可作箴銘以自勵者

身世準繩吾邑李覲文先生纂輯傳世已久其中可爲家懸楹帖者甚多如愼乃百年提撕緊鑰 敬爲千聖授受眞源 百善孝居

先若推卒以友兄弟則善吏大萬惡淫為首倘因淫而肆殘暴[illegible]
惡彌深　融盡性情上偏私斯為真學問消得家庭內嫌隙便是
大經綸　文章無益身心縱工何用著作有資勸戒雖拙可觀
恩立掀天揭地事功須薄冰上履過欲做美玉精金人品要烈火
中鍛來　治家戒奢尤戒嗇處世忌寬亦忌嚴　求足何能足知
足便足待閒安得閒偷閒自閒　道不必大行要有裨民物官何
須尊顯期無負君親　公正嚴明為做家長貝法安詳恭敬是教
小兒善方　處衆固宜和尤當具強毅莫能奪之力持己須以正
要貴有圓通不可拘之權　意念沈潛於理能盡得志氣奮發何
事不可為洵有裨於人心世道之言

有張杏村者里居未詳自製楹聯云想行路出門難但得居家便
是福除讀書寫字外別無生計所以窮檨實說理頗有味沈石翁
用熙集成語為人書楹帖云受人以虛求是於實所見者大獨為
其難亦具至理南海徐佩章先生為子授室自撰偶語云女無不
愛媳無不憎願世上翁姑推三分愛女之情以愛媳妻易於順親
易於逆筆汝曹人子減半點順妻之意而順親通達人情慨乎言
之矣江西百花洲有一聯云盡力量為善養精神讀書將將藝有
氣勢旋安化陶雲汀制軍手筆

師竹廬聯話卷十一終

師竹廬聯話卷十二

錫山拙翁竇鎮編輯

雜綴

番禺潘蘭史徵君六十自題齋聯云圖史兩間樓便是老來行樂
地江湖多暇日補讀平生未見書楊菊仙大令建裘學樓落成汪
憲仲孝廉撰聯賀之句云世德繼衡鱣累葉都成清白吏奇才真
吐鳳此間可草太元文昔有友人述一楹帖云父戊子子戊子父
子戊子師司徒徒司徒師徒司徒上聯指橋梓俱戊子科中式下
聯指師弟均為司徒官頗工巧
丘文兆瓊山幼從師於里宦之家聰敏有聲宦兒劣不好學凡師
外出宦兒即歸一日天雨丘獨坐書室雨滴其肩丘乃與宦兒席

對換宦兒具告師師曰能偶對者理直因言點雨滴肩頭丘即言
片雲生足下師稱善宦兒不能對哭告其父父怒試以對曰孰謂
犬能欺得虎丘應聲答云焉知魚不化為龍宦歎賞顧東橋璘撫
張江陵初應童子試東橋曰能屬對乎曰童子略能因以雛鶴學
飛萬里風雲從此始兩句使其對張隨口答云潛龍奮起九天霄
雨及時來顧大喜頗加嗟賞并云此兒他日貴過我也
蕉溪奚載春詩才卓絕更擅屬對記其五一自壽云家八六七輩
沽酒十千會飲三杯也算慶祝余生五一年拙荊四九合成百歲
總是痴頑多用數目字毫無斧鑿痕洵佳構也某鎮有陳某兄弟

二人燭名士也見酒於酒弟兴癖好事者戲贈以聯云阿兄酒
色雞冠紫乃弟煙容鴨蛋青堪稱工絕東坡佛印琴操相往來一
日佛印至蘇家見琴操卧於紗廚內戲曰碧紗帳裏睡佳人煙籠
芍藥琴操對曰青草池邊洗和尚水浸葫蘆佛印大笑曰和尚對
娘子實出意外
淮安毛子喬孝廉松齡幼負儁才比壯文名益噪屢上公車不售
頗侘傺不自得晚舉一子會其初度日自撰楹帖云陽月建辰我
已如嶺上梅花安能及公門桃李者年得予八道是海中仙果差
堪慰晚景桑榆九江蔡燕山平生嗜古成癖金石書畫收藏甚富
浮沉翰苑十餘年死後一貧如洗嘗戲作一聯云折將唐宋元明

草賺取歐非亞美錢可想見其風格矣
毘陵張曉帆明經余同案友也才華頗富教讀之暇戲撰偶語云
少日讀諸子百家雄文健筆起鳳騰蛟呼曹植酌斗論才何妨伯
仲老來築名園五畝疊泉栽花養魚放鶴遇郭泰入林把臂卽是
神仙氣勢蓬勃昔無人能當此語一日遇汪葆素茂才談及庚午
正月二十二日晚夢至一裴廓之區高臺十餘丈懸有楹帖書法
頗爲勁枯枝秃梗非凡手可及句云大千秋色在眉頭看遍了玉
海金山重遊贍部九萬春花如夢裏曾記得丁歌甲舞萬壑崑崙
醒酒聞之友人知是京師戲館聯嘯異矣楹聯何必入夢哉又汪
茂才在金陵時旅舍無聊作楹帖云狂花滿屋病葉半牀我醉欲

酣眠亂疊青山夢國夢長煙一空皓月千里秋深難作客相思紅
豆旅人情洵是旅客之情才子之筆
泰州姜堰鎮河干有酒樓數椽屋宇歆傾久不修葺有人題偶句
於壁云好一座危樓誰是主人誰是客祗三間老屋半宜明月半
宜風頗得味外味而一種登樓感慨憑弔今昔自然流露咸豐十
年四月初十日吾邑失陷萬民塗炭自克復後每於是日聚僧衆
於崇安寺大修佛事燒紙郎孫錫三明經著楹帖懸於齋堂句
云大義在人心看此時烟彛灰飛猶動道旁歆泣精齋修佛事願
昔日忠魂毅魄不終地下沉埋意切句工王武愍公七十冥壽侯
最文先生撰偶語云完大節於黃鶴樓中取義成仁光億萬年之

俎豆祝遐齡於白雲鄉裏如生介壽合八千歲爲春秋家曉湘孝
廉作聯云奇忠獨亘千秋在天爲日星在地爲河嶽介壽剛逢七
秩事死如事生事亡如事存均以冥慶盡忠兼敘頌聲不泛
洪承疇幼讀寺中一日師他適其友來訪衆童方遊戲見客至競
歸坐而洪戲如故客叱其何故不讀書洪曰熟矣客因舉三尊菩
薩坐獅坐象坐白蓮以難之洪略思索卽對曰一堂學生攀鳳攀
龍攀丹桂客奇之言於其師師問之洪不認師乃述原句命其更
對洪時誤白蓮爲蓮花承疇遂以一堂學生偷鴨偷雞偷蘿蔔對
人以是知承疇之必貴但恐其不爲純臣耳後果然
上海某舞臺懸楹帖云休羨他快意登場也須夙世根基幾博得

居狗封侯爛羊作尉姑借爾寓言醒世一任當前炫赫總不過阜
顛簪貴花面逢迎蘭作者薛獄農也丁植卿孝廉作偶語贈巧雲
曰巧兮倩兮美兮盼兮雲想衣裳花想容某相國集成語贈妓張少
卿曰少之時不亦樂乎卿以下何足算也爲一時壓卷錢撰秝太
守撰楹句贈月梅女道士云不知月色爲誰好要與梅花作伴來
亦傳誦周文之太守贈妓月仙聯曰對風月清談恍來天上似神
仙眷屬小謫人間又贈妓謝寶蓮偶句云自古謝家多寶樹從來
周子愛蓮花可謂巧合天然不涉牽強
某地有鼎升客棧其客廳懸聯云賓至如歸教庖人善調鼎鼐春
來且樂勸旅客莫問升沈頗瀟洒浴池聯甚少佳者更無近見一

聯殊覺超脫句係到此皆潔己士相對乃忘形交孫勗三茂才尊
人吳慶大修佛事嚴笑拈先生書楹帖云法雨散蓮臺試憑佛號
千聲敬當祝嘏流風垂梓里不愧書香一脈代有傳人吾友汪葆
素亦有聯云愛日如生幽與明總驚歲序遺風猶在子若孫不負
家聲茶酒肆聯佳者甚少惟毘陵周伯恬先生所撰者最佳句云
爲名忙爲利忙忙裏偷閒吃杯茶去謀衣苦謀食苦苦中作樂拏
碗酒來聞友述茶店聯云一雙脚行不盡世間路莫慌忙暫停履
七尺軀能增當古今事且放下可吃茶又聯云四大皆空坐片刻
無分爾我兩頭是路吃一杯各自東西事雖俚俗句頗有味
海門吉有金蘭室煙館屋宇精潔庭院植梅竹室懸楹帖云斯品

幾生修得到此君一日不可無語意微妙可思嚴笑拈師吾邑名
下士也作偶語題時憲書句云分至啟閉必書斯稱盛治歲月日
時無易是謂大同又撰聯贈黃紫英曰相業姚隆心存濟世父書
能讀學有傳家紫英爲濟慎醫士之子棄儒習岐黃承父志也有
客幕遊燕趙間老而失志作楹帖自嘲曰白髮蕭然見他人兒女
夫妻一分恩愛黃金盡矣奈今日油鹽醬醋百計安排此閱耐冷
識見之鞏研蕉明經撰聯自述云西朝養庠老諸生兒書出仕孫
輩讀書福分本由天得趣直超三樂境半世天涯浪遊子文愜已
心詩傳人古工夫可道古成章自著一家言對語頗佳惟稍嫌自
譽光緒乙巳余襄樵蘭溪是年元旦立春晨見微雪戲作一聯云

歲朝春同人萃泰元旦雪大有恆豐某年朝夜雨聲不住口占偶
句云青草池塘遍日鳴蛙正聒耳黃梅時節今年大雨尤驚心連
日傾盆大雨殊覺悶人竟有荒歉之象所以聞而驚也
昔有友人自鄂歸述黃鶴樓懸楹帖云爽氣西來天地掃荊雲霧
懷大江東去波濤洗盡古今愁又述曾遊金陵見莫愁湖勝棋樓
有洗鍠所撰楹句云江水東流淘盡了千古英雄兒女石城西畔
依舊是六朝煙雨樓臺余長孫鳳藻之太岳顧石仲先生於癸亥
晚以聯云吾長孫儷君女孫卿講學宗風早伴筆耆英洛社弟先
逝吾兄繼逝援修文故事合同歸兜率天宮南皮張稚帆中丞曾
數甕錫筱務[illegible]察作偶語輓云勛名齊文達文襄我幸何緣冒護

儲胥依玉節出處繫世治世亂公歸不復坐看荆棘沒銅駝中丞秉性剛直任浙江巡撫多年官聲卓著人感不忘

蔚州賈楓三先生以翰林宰河南汲縣武陟三次因案撤省後一次繼之者爲榮城孫六曾因自撰大門聯語云運是子文又作三春幻夢才慙孫武常存一片婆心以子文對孫武工極昔年聞厉學友趙翼孫明經口述工聯今尚未忘其一曰丁中丞縱子殺人殺人不償命譚觀察因妻借債借債不還錢其亡曰其權在升遷補降之中句句不離柴擀話乃病於癡肺瘋癆而外年年長發榮花凝均可供談笑聞某處有一小園係乾隆初所築近年因園主家況窘迫久失修葺漸漸荒廢遂更產于有傾倒之勢其中之人

他徙某君見而憐之作聯曰月落五更殘鳥鳥有情還自淚秋深三徑冷黃花無主爲誰開惋惜情深措詞不苟

杭州西湖蘇小小墓王成瑞題偶句云鐙火珠簾儘有佳人居北里笙歌畫舫獨教芳塚占西泠其附近有曲院荷風亦勝地有人撰楹帖云風片雨絲應留佳客藕船荷淚是生好詩其西邊栖霞紫雲兩洞之下有岳王墓某君題偶語云幾道殉金牌取義成仁南渡江山傾半壁一門憐鐵漢父忠子孝西湖風月弔千秋又聯云凜凜生氣悠悠蒼天八字中包括無數意義吾邑西門外高松舟封翁之父酉山先生八秩冥慶家曉湘孝廉作楹帖云辯有古風九辈緑綸褒碩德依然愛日一庭蘭玉冀華觴吾友汪葆素茂才撰聯云法雨散蓮臺全憑誦佛翻經一心祝嘏流風垂梓里猶想施食活族合口稱仁張子惠明經文才卓著尤長於楹聯作偶語輓淩伯升茂才云由來長吉慣嘔心誦千百家賢哲詩文獨闢町畦辦香平日宗韓愈聞道閻闔傷將指剩數十卷叢殘著述誰爲編纂賞音並世待侯芭指侯伯文茂才允爲編遺稿而言

長沙廣福巷供關帝梁卓齋於神座題楹帖云平生爲昭烈帝臂珍國讎雖傲矜亦義勇斯在今日與文宣王抗衡廟食是豪傑可聖賢之徵沈文肅公葆楨夫人林文忠公則徐女也沒後治喪有佐貳某君作聯輓云爲名臣女爲名臣妻江右佐元戎錦繖夫人分偉績於中秋生於中秋逝天邊圓皓魄霓裳仙子證前身吾邑顧峻夫明經以優貢劃考華嘯雙孝廉撰偶語賀之云惟明經與進士同盛以學術增吏治之光有某集四書語爲楹帖懸於恒言堂句係得見有恒斯可矣願無伐善其庶乎欣恒善二字顯天然汪葆素茂才作竈神聯云人有調羹樂家無煮豆識孫伯素茂才亦有聯云心地無他團糟不事塗門戶家變有素獻歲何須覓犬羊雖明妥然不及汪作之簡括多意味

師竹廬聯話卷十二終

吴芝瑛傳

（民國）惠毓明 編

《吴芝瑛傳》，又名《萬柳一角》，（民國）惠毓明編，民國二十五年鉛印本。

惠毓明，又名惠泉，女，教師，廉建中妻。吴芝瑛，爲無錫廉南湖之夫人。清末廉南湖任京官，吴芝瑛偕焉。吴在京與秋瑾爲好友。後秋瑾在紹興因革命而爲清廷所殺。吴芝瑛不顧清廷高壓，毅然爲秋瑾營葬。後袁世凱稱帝，吴芝瑛上萬言書，痛斥袁氏。吴氏之豪情高義，向爲人所景仰。民國二十三年（一九三四）吴芝瑛去世。廉建中，字蓉湖，爲廉南湖族人，惠毓明因此與吴芝瑛相識，對吴氏素所敬仰。遂於吴氏逝世二周年之際出版吴芝瑛的紀念册，名爲《吴芝瑛傳》。因吴芝瑛曾長期居住上海小萬柳莊，故是書又稱《萬柳一角》。爲本書題辭者有王蘊章、胡樸安、蔡元培、徐世昌。吴東園、楊佑甫作序。書中收集吴芝瑛青年、中年、老年之照片各一，印有吴芝瑛手迹二十餘幅，詩文二十餘篇。書前有惠毓明編述之吴芝瑛夫人傳略，記載有吴氏家世、生平要事等内容。最後記録吴氏去世後各家所寫挽詩、挽聯。書後有胡介昌所寫後記。胡介昌原爲廉南湖表弟，且爲是書作編輯校對者。

本書據民國鉛印本原本影印。

（徐志鈞）

惠毓明女士編

吳芝瑛傳

又名萬桥

一角

胡樸安署耑

吳芝瑛夫人傳目錄

吳夫人芝瑛遺作序一

宇宙秀靈之氣鍾女子者雖多閨房著述之文播時人者較少抱殘守缺誰闡幽光訂墜拾遺誰敦高誼吾友

廉建中之德配

惠女士毓明者以蘭閣之名媛操蕭樓之選政蒐羅衆製彙輯一編玉尺之量金針之度取珊瑚於鐵網出鉛汞於丹鑪篤桑梓之宗親捐棗梨之刋費於是檢

吳夫人芝瑛遺稿凡碎錦零紈搜求蠹蝕殘篇斷簡縮入芸編縱觀章草之書具見簪花之格國初各社月旦品評閨秀諸家風流宏獎仰觀俯察賁白文明遠矚高瞻離黃篤實片詞隻字藝苑珍藏短幅長篇名山寶貴聲華之盛壓倒淑貞品藻之高掃除清照隋宮四品絳仙有司馬之才唐韵一書青史補彩鸞之闕衆美今垂廉宅兩人皆出吳門吾族

芝瑛夫人適桐城

宗長寶三大令之女公子

宗長摯甫州牧之姪女先哲

廉南湖部郎之夫人也及笄已屬通才不櫛又呼進士書工大雅秀韵天成經擬離騷逸情雲上仙心穆穆女宗之紅線孔嘉俠骨棱棱世俗之黃衫不取爲歌兒脫籍慨然芥視千金代烈婦求援未克芒銷一劍於是去危邦而不入當亂世而不驚哭西泠則鬼唱秋墳救北里則人歸夏屋寃禽銜石恨海難塡弔鳥滿山危峯易度佳製雖傳諸子奇文或攫六丁茲何幸毓明女士開篇浮白籌費殺青鳩工於以庀材鴻業爲之潤色織文雲錦選千佛之名經識曲霓裳賺衆仙之同詠薦隻鷄絮酒九天之靈爽式憑修五鳳樓箋千載之精神弗弊心源印證家乘椒香口澤流傳史箴藻斧若蘭錦字差可方其花蘂宮詞得無類是碧紗描粉麝囊貯金屋之嬌紅袖添香螺黛搨玉臺之序

乙亥暮春古歙東園吳承烜拜序　時年八十又一

吳芝瑛夫人遺著序二

吾國之宗教主孔孔子讀書至商周之際慨歎才難以國后邑姜預興周十亂之列是聖人成德育才之心陰陽敎並重未嘗有女子無才是德之言也吾桐吳芝瑛女士爲鄉前輩鞠隱先生之女吾師摯甫先生之猶女而無錫廉南湖先生之德配也生名門偶杰士其所薰染與尋常之閨秀不同詩詞簡札靡不精通而尤長于八法名動宮廷索觀讚賞人得其片纖寸楮珍若拱璧胆智過人辛壬更革之際冒險蹈巇襄助國計雖漢楊敞夫人唐柴長公主之毅力未能過之尤難者慷慨斥財興鄉學給軍儲殯亡友有古人千金一諾之概幾使巴淸失色秦績無功懿矣哉巾幗中之鬚眉鬚眉對之未免俯僂而成巾幗宜乎傾動朝貴揚芬藝圃上縉紳冠帶下儒門販買無不知之僕生同里閈未接徽音徒震驚滬西小萬柳堂之名以爲寰中佳耦世外畸人未可梯及劉柳老矣林下風銷其可慨也已錫之宗人建中社友暨配惠毓明女士于其沒後纂崖畧摭遺著棻之一時通人慧媛贊誄者殆未易枚夫何取于空山一叟望影藉響扣槃捫籥之詞也哉感義俠之云亡泝流風而獨寫不覺傾芳嗽液而出之抑以見孔敎之至公無偏不遺閫行而誤附其言崇陽屈陰剷女權斥内政之未可爲則也于是乎書同里

楊寅揆潛廬氏拜撰時年六十有六

題辭一

奉題吳芝瑛夫人傳幷悼南湖

虞山宗　威

記得知交廉孟子三年坐對海棠花自經遼左人初去便覺長安日已斜地老天荒祠宇在鐘沈唄寂夢魂遐題詩細楷猶藏篋又報靈風送鈿車

唐韻書成吳彩鸞簪花格許後人看傳家文派留衣鉢禮佛經幢證涅槃湖上一抔秋雨冷堂前萬柳夕陽殘九龍山好無顏色金獸香銷玉骨寒

題辭二

桐城張健蓀

廉君建中與其　夫人毓明女士編輯　萬柳夫人遺稿既成奉題兩絕句即希　敎正

揮毫夭矯若龍蛇豈僅書名海内誇俠義獨埋秋瑾骨一時爭頌女朱家

一卷珠璣萬柳春蒐羅遺稿費艱辛多君伉儷皆風雅竊喜南湖有繼人

題辭三

古歙女士吳藥先絳珠倚聲

南北曲

新水令　一窗燈火夜迢迢闡幽光帖摹章草墨乾香屑聚鑪冷篆烟消筆塚書巢閨秀惠檢遺稿（惠女士主編）

步步嬌　短幅長篇從頭校橙搓雲綠繞薇盥露紅嬌女相如是絳仙才調紙界拓芭蕉一行行鐵畫銀鈎巧

折桂令　想當年幾卷冰綃珠玉揮毫五嶽俱搖萬古雲霄雞林價貴鳳閣名高破工夫鶯昏燕曉分支派虎卧龍跳元著超超文彩昭昭墨淋漓書工大雅辭灝瀚經擬離騷

江兒水　芸編無限好華袞有餘褒你看他徵車幾度瓊琚報你看他傾囊幾解珍珠到你看他拂竿幾樹珊瑚釣誰說他衛夫人不抵王家逸少

雁兒落　不住的紅粉調不住的碧紗描不住的彩幣交不住的黃金耀最難得披香博士手兒抄最難得摛華才子眉兒掃都只爲生花有筆獨能操　因此上簪花有格尤能效蕭蕭黃葉樹錫山遙翹紅豆粒玉壺敲

僥僥令　博文蝌蚪肖食字蠹魚逃婺星光暗天將曉環珮魂歸不用招

收江南　𠴨金石圖書慰寂寥可憐時節可憐宵六丁不攫忒蹊蹺湖上月明來鶴弔彩鸞書

韻亦仙曹望天街一條望天街一條路入蟾宫杖化橋

園林好 賦梅花陳編忍拋頌椒花新編亂銷 那里有 春蚓秋蛇貽笑昔照讀蠟炬燒文補闕

螘酒澆

沽美酒 怎能彀 返魂香一樹飄掃愁帚一柄挑鳳死山空多弔烏翰墨林何處好文章樹幾

時凋

清江引 問誰敢千佛名經視弁髦 幸虧你 心香一瓣酬天姥暮暮又朝朝打點刋梨綢繆鐫棗

運心匠覓手民把一個賢媛忙殺了

乙亥夏初　古歙女士吳王玉珮倚聲時年二十四

題辭四

鶯啼序

廉建中先生之夫人

惠女士毓明爲前哲

南湖先生德配

吳芝瑛夫人搜集遺稿厥功頗鉅因倚此解俾作題辭

芸編尚留幾卷發幽光萬古不須愁代遠年湮六丁暗中偸去幸虧怹掃眉才子保存東壁圖

書府慰前賢佛國栖眞懺消泥絮　啓後承先不櫛進士指染香如許新紙界一片芭蕉綠天

驚走懷素䙡餘輝書巢筆塚流逸韵玉杯珠柱况粲蓮口澤綿長纘宗繩祖　彩鸞易逝黃鵠

難歸硯池墨華聚猶復有拾遺訂墜赤錦囊探守缺抱殘黃金像鑄銀鈎鐵畫瓊絲珊網鼎書

鳥篆雖區別但羊辛豕亥宜刋誤（原稿漏四字）要知簡册通靈必先鬼神呵護

桂魄宵沈梅魂晝返推倒蓉城主因此上一生遺稿辟盡紅蟫千佛名經蕩淸碧蠹鸞翔鳳翥

龍跳虎臥字林文藻銷雲霧又名山玉樹愁風雨簪花格巧章艸書工寫入霓裳中序

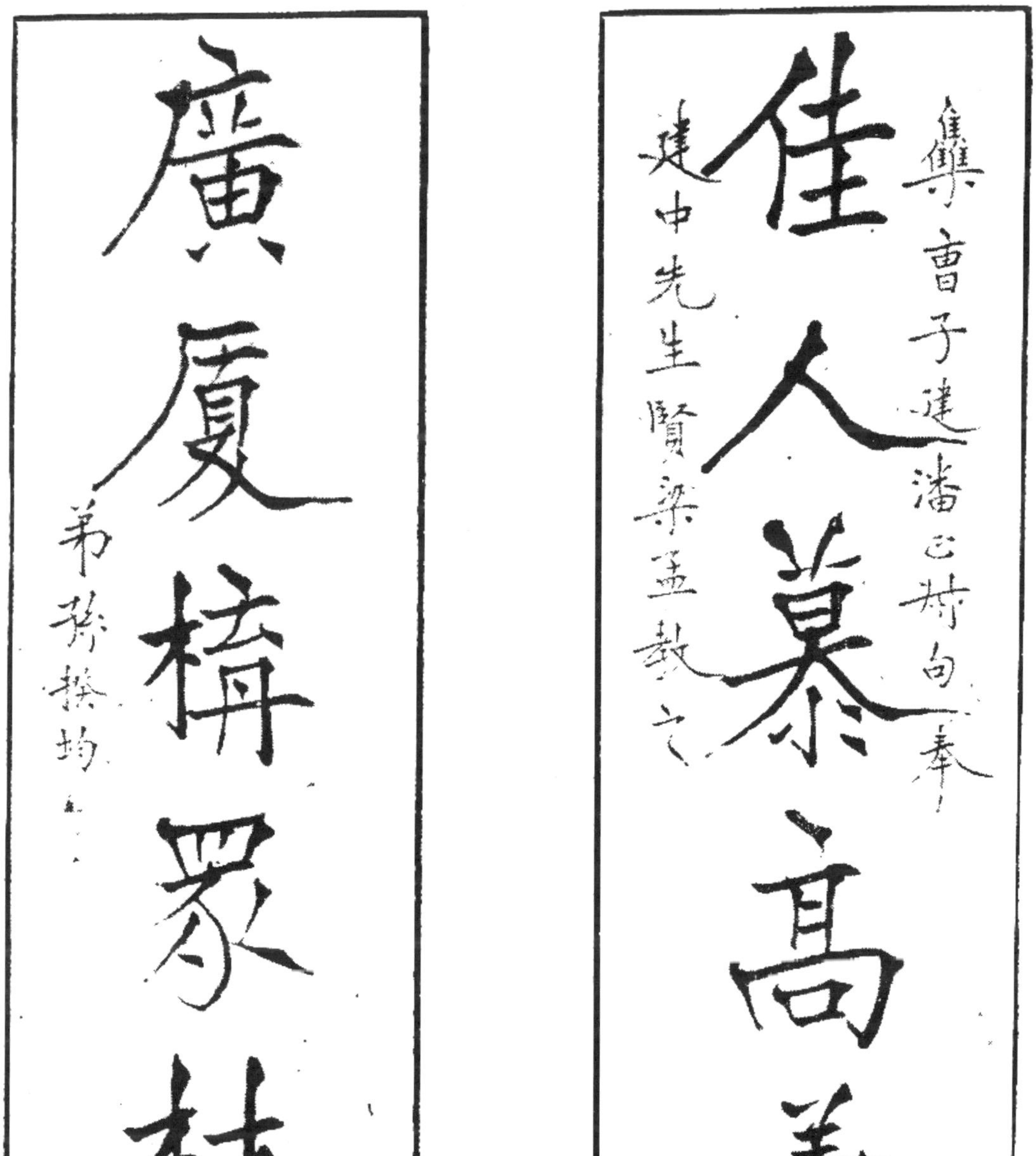
集曹子建潘正叔句奉
建中先生賢梁孟教之
佳人慕高義
廣廈構衆材
弟孫揆均

編者言

惠毓明

吳芝瑛夫人爲廉南湖先生之德配與余同爲廉氏婦因久慕其爲人豪俠書法挺秀乞外子建中之介紹故得瞻風采時一登龍然余羈于俗事不克屢親謦欬甲戌春初聞夫人病欲往問候者再以事冗而未果至三月二號忽聞驚耗不禁愕然悔不于數日前與夫人作竟日談互通積愫今則音容永隔欲會無從言念及此淚涔涔下矣是年外子主編國華月刊余將夫人生平軼事見聞所及拉雜書之付刊先後凡五篇茲合之成帙名曰吳夫人傳略然則夫人之懿言往行曷止此數余生也晚不知其詳此不過掇拾其放失餘緒耳余愧不文又烏足傳今刊是編也將徵求所得及余所藏夫人遺像遺墨遺著不敢自私彙爲一册公諸同好聊作紀念而已況夫人著作等身浩如烟海不易收聚茲之零星碎墨無以名之因夫人生平卜居于小萬柳堂故僭名之曰萬柳一角其內容殘闕可知非敢云代表夫人之佳作也後附各界哀輓詩聯百數十家足見夫人之死士林震悼夫人之道德學問見重于世也余愛夫人敬夫人擅將夫人傳畧及流傳遺作編輯出版罣一漏萬化金成鐵或適足成夫人之羞知我罪我則皆所不計也爰書之爲閱斯編者告

大中華民國二十有五年吳芝瑛夫人逝世二週紀念日毓明惠　泉敬叙

吳芝瑛夫人哀榮錄　編者言　一　無錫雙飛閣藏版

吳芝瑛夫人遺像一（青年時攝）

吳芝瑛夫人遺像二（中年時攝）

吳芝瑛夫人遺像三（寫經時攝）

吳芝瑛夫人遺像四（老年時攝）

吳芝瑛夫人哀榮錄

吳芝瑛傳

蔡元培題

無錫雙飛閣藏版

吳芝瑛夫人傳略

惠毓明編述

一、吳芝瑛之家世上

夫人姓吳氏名芝瑛號萬柳夫人係桐城望族其先世多蓄德能文父康之諱寶三號鞠隱幼承家學長受傳訓專心攻讀經史酷好詩古文辭旁涉諸子百家不遺餘力少年即游庠嗣擢高科歷任山東鄆城陽信等縣知縣政績卓著世皆稱爲鞠隱先生或鄆城公云母張太夫人爲江蘇豐縣人秉性和厚相夫甚有循聲鞠隱先生年逾三十而夫人生甫三週知覺過於常童又因弟妹皆早死鍾愛特甚時鞠隱先生敎之讀書輒過目成誦歷久不忘伯父摯甫先生爲桐城古文的派見夫人之聰俊備極贊許及長延師啓迪溫文爾雅不煩督責讀經書深曉大義講授一過自能洞究微奧又好吟咏師或命題立即下筆成章瀟灑出塵師稱其有道韞才夫人年甫笄靜處深閨博覽羣書尤嗜唐宋諸大家詩文及法帖雖嚴寒酷暑未嘗釋卷偶有所作宿耆名儒見之輒贊賞不置

二、吳芝瑛之家世下

清季自曾左二公削平洪楊之亂廉仲高先生出宰山左齊河利津等縣政績循良民心翕服曾與桐城吳鞠隱先生同宦聲應氣求交訂莫逆輒相過從歡然道故或開懷暢飲縱談古今成敗事酒酣揮毫題詠互相唱酬數年如一日遂訂子女婚約夫人即許字於廉仲高先生仲子南湖先生後各解組還鄉夫人年十九來歸南湖自知恭脩婦道侍養翁姑曲盡孝順夫婦之間雍容和藹相敬如賓至於持家尤加謹嚴崇儉尚朴事無鉅細必親自檢點晚則一燈熒熒課讀兒女循循詳解必使之明晰而後已清季南湖先生抵京就職度支部郎中夫人隨往南湖除宦事外輒與夫人作筆墨生涯由是京邸顯達名流悉知夫人名及手鈔楞嚴經一部（袁項城爲之作序由寒雲書趙秉鈞爲之補釋迦牟尼圖曾呈日皇御覽）儒林視爲希世之寶求書者日衆蓋慕其筆法有衛夫人之遺意焉時爲閨中知友鑑湖女俠秋瑾埋俠骨於西湖之濱卒爲都察院御史常徽劾奏清廷准夫人與秋瑾同黨偵緝益急南湖上書申辨輿論擁護倖免究以故夫人勸南湖先生毋爲升斗之祿屈志于清廷之下遂絕意仕途解職南旋築別墅於滬之西郊顏曰小萬柳堂風景絕勝四時花木惟柳最盛夫人饒有雅趣蒔花植木親自灌溉每晨起聽黃鸝聲兩三以滌塵襟焉夫人生子一劭成女公子三長紹華適粵東連氏次雲華適贛東胡氏三硯華夫人自南湖先生作古益復感傷奄奄成病民國廿三年三月一日夫人卒享壽六十有七

三、吳芝瑛之軼事

自來建非常之功勛立非常之事業者自以鬚眉英雄爲多巾幗女流雖曠代亦不數覯而況於近代乎惟廉南湖先生之德配吳芝瑛夫人當前清末葉政治腐敗人民困苦更受專制之威迫如霧障天二百年不見兩耀之光億萬里同沾腥羶之氣中華民族不易自立夫人有鑒於此捫心自痛適知友鑑湖女士秋瑾留學東瀛歸國才華出衆豪俠軼羣提倡革命不意被先烈徐錫麟黨案事洩逮捕夫人奔走營救不濟羅織罪狀斬于浙市夫人得訊一慟幾絕是夕浙西雲黯湖濆波翻秋雨秋風助人悽慘乃與徐寄塵輩含淚泣血瘞俠骨於西湖之濱且建勒墓碑用誌紀念未幾清廷偵緝同黨并剷秋墓欲羅織夫人之罪親戚驚駭請速赴滬濱租界避禍夫人成竹在胸視死如歸不欲托庇於外人宇下也時端午橋督兩江素與吳摯甫吳鞠隱兩先生交情綦篤不忍羅織夫人又賴美國女教士麥美德雙方專摺力保始免究追辛亥之秋民軍起義鄂中聲勢煊赫一倡百應夫人仗義疎財斥資以助軍餉自是還葬秋墓于西泠建悲秋閣滬上執紼者多至數千人至今豐碑屹立得與岳墓並垂不朽胥夫人之力也民國十六年國民革命軍奠定江南旋卽統一中國組織國民政府卽聘夫人爲諮議員以巾幗中人參加國事不愧爲近代女英雄女豪傑之先進也夫人鑒于科學繁興而桐城尙沿故習乃將父鞠隱先生遺產充作創辦學校經費普及教育俾兒童得灌新學識夫人之熱心興學有如此者有名妓李蘋香者善唫咏與夫人往還甚密夫人憐其才不惜典質簪珥爲其脫籍夫人之尙俠憐才一時傳爲美談至今勿替也

四、吳芝瑛之作品

自古女界以著作鳴世者或以文章顯或以詩詞著或以書法稱如謝道韞蔡文姬曹大家等是也然亦各有所長未有如吳芝瑛夫人久負當代盛名中外並稱三絕迨民國肇造袁大總統專權當國醉心帝制篡竊神器改稱洪憲夫人悲憤交并乃作書以規之詞嚴義正足奪袁氏之魄余嘗讀其文委婉懇切抑揚反覆本開誠布公之意論國家存亡之幾與夫政治之得失民權之基礎並發揮詳盡袁氏讀之夢魂爲之戰慄餘如手扎及詩詞等類亦皆意摯情眞有自得天然之趣非儕輩所能望其項背也夫人之書法尤神韵迥異能摹古人各體文明書局曾印小萬柳堂摹古本惜今已絕版夫人晚年喜摹褚河南體儒林爭爲至寶西后那拉氏亦慕其書得與余沈壽精繡同邀賞賚是以海內外慕其名而索書者日有數起戶限爲穿然

夫人不肯輕易揮毫應者寥寥夫人病篤時請同邑名醫周某診視周不受診金曰俟夫人病痊求得夫人書聯一副足矣夫人之書法其見重于當世槪可見矣詎夫人一病不起遽然長逝哀哉

五、吳芝瑛之哀榮

廉南湖先生自小萬柳堂易主後偕夫人遄歸故里於民國二十年南湖先生獨赴北平潭柘山養疴不數月遽反道山矣家族聞訃奔喪以南北道阻旅櫬難於回錫遂安葬於潭柘山中

夫人在錫自南湖先生逝世後益復感傷疾病侵尋纏綿已久突於民國二十三年三月一日適值長公子劭成自鎭垣假歸省視而夫人之病亟矣劭成公子侍側夫人以鎖鑰一握晶章一枚含淚交付劭成曰此一微物吾兒當留作永久紀念淚隨聲下彌留訣別緊握公子手不忍釋家人環伺俱爲掩泣戚族聞之亦無不潸焉出涕

三月三日舉行大殮之期靈前懸夫人廿餘年前所攝大幅像片豐神清麗栩栩如生女公子紹華雲華硯華均奔喪返里前來執紼者除廉氏族人少山肅周等外南湖故友如吳稚暉先生自滬來錫孫寒厓先生自蘇寓回錫餘如顧忠琛張紀振陳仲英諸先生咸來致奠國府以夫人生前有功黨國且曾聘爲諮議員此次乃重致郵金用彰懿德

三月五日劭成公子請諸父老議决治喪兼合壙事宜南湖生前曾辦楠木壽器兩具運回本邑嗣後南湖先生在北平身故不及運去今夫人用去一具尙餘一具吳稚暉先生等擬仿古禮夫婦合壙之說另謀變通辦法以南湖衣冠殮入空餘之棺將來營葬合壙俾便掃墓並遵南湖先生『生不做壽死不開吊』之遺訓繁文縟禮一概摒除

十五日舉行家奠劭成公子已於殮期請吳稚暉先生題主並請孫寒厓陳仲英兩先生襄題詎前一日吳先生電促赴滬至是日傍晚先生始自滬來錫題主禮節隆重

十六日舉殯本邑各界人士震於萬柳夫人之才名均及早佇看出喪大有萬人空巷之槪上午九時舉殯由水獺橋故宅出發王少宰第前孫寒厓先生致路祭其儀仗僅雇馬十餘匹軍樂兩班與神亭兩座國民政府諮議委任狀一座最前一馬由侍役執廉宅行喪白綢旗一面柩不用罩僅上覆國旗並置花圈數對整齊嚴肅吳稚暉孫寒厓薛學海諸先生及戚族男女送殯者共百餘人均身佩黃花以手執紼至圖書館卽舉行公祭靈柩暫厝錫麓山莊俟祖塋山向通利擇吉告窆

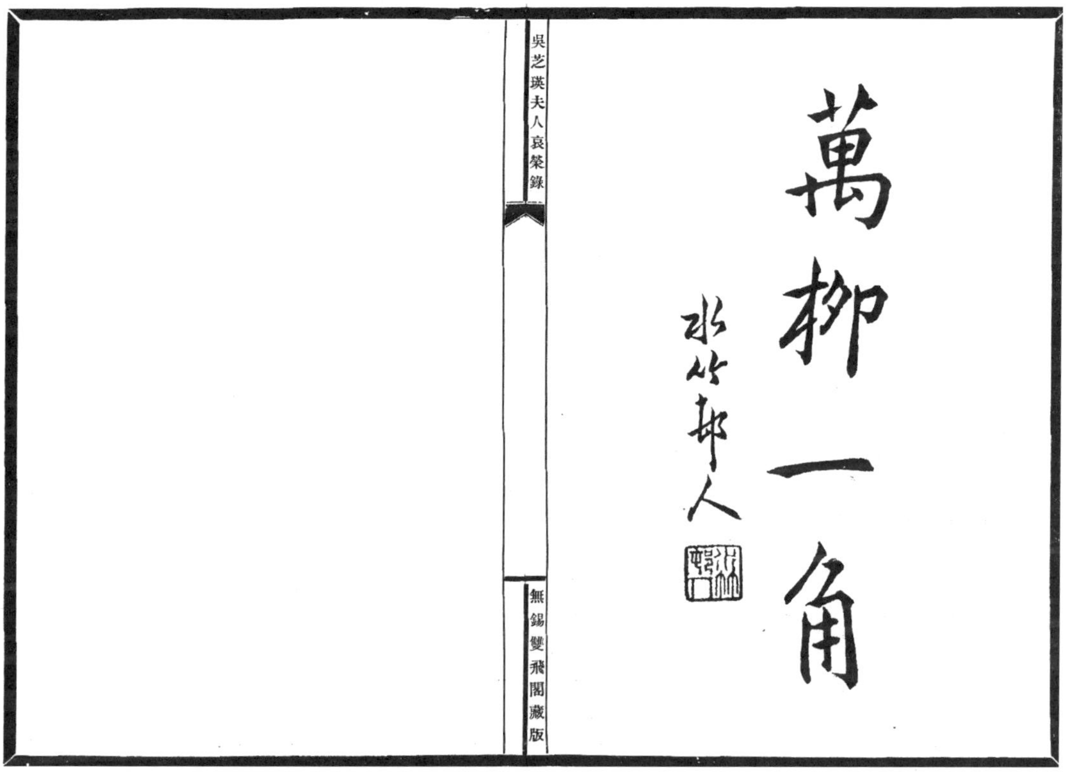
萬柳一角
水竹邨人
吴芝瑛夫人哀榮錄
無錫雙飛閣藏版

吳芝瑛夫人遺墨

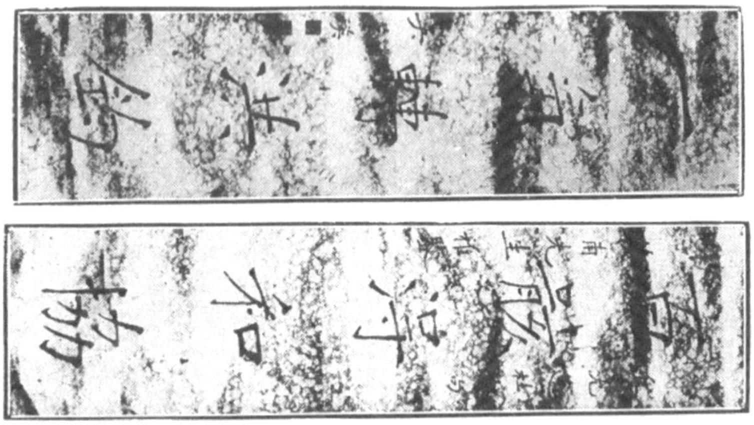

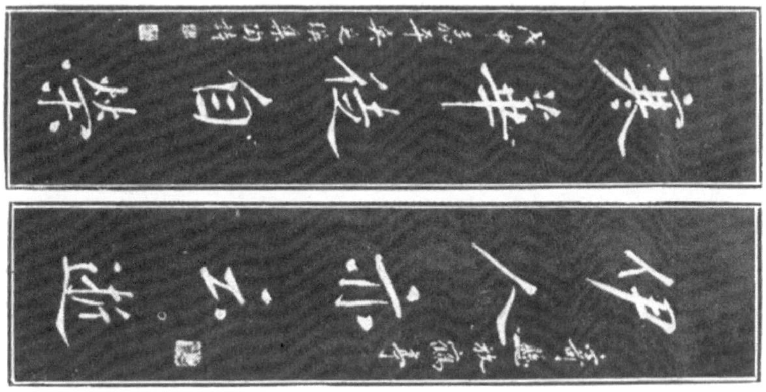

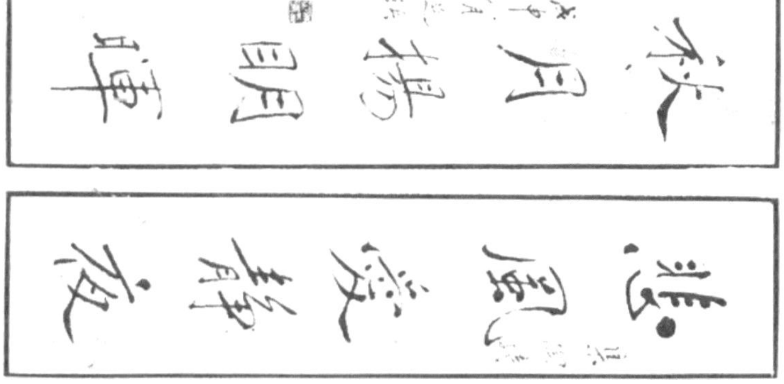

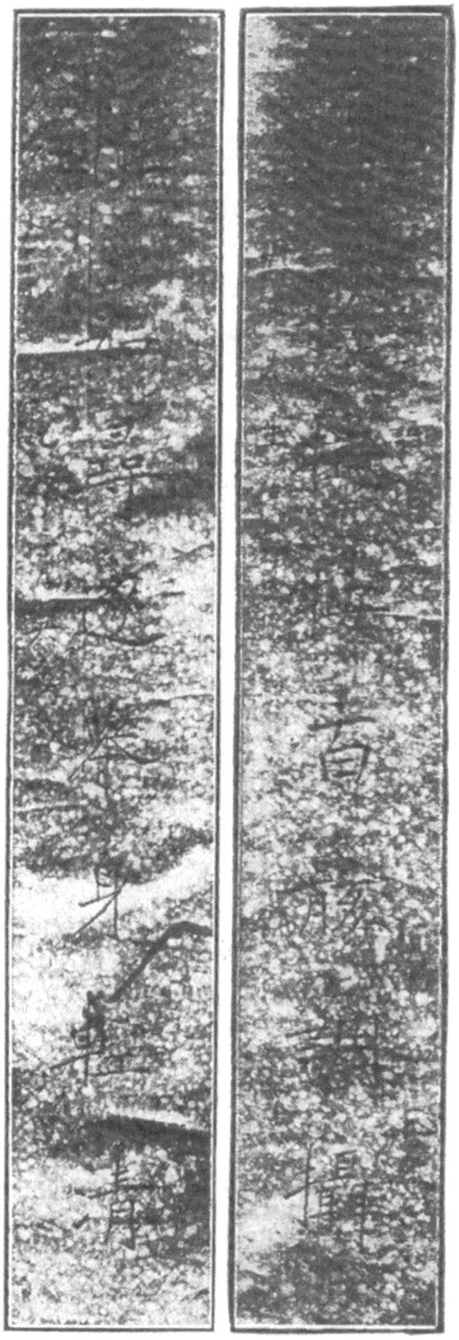

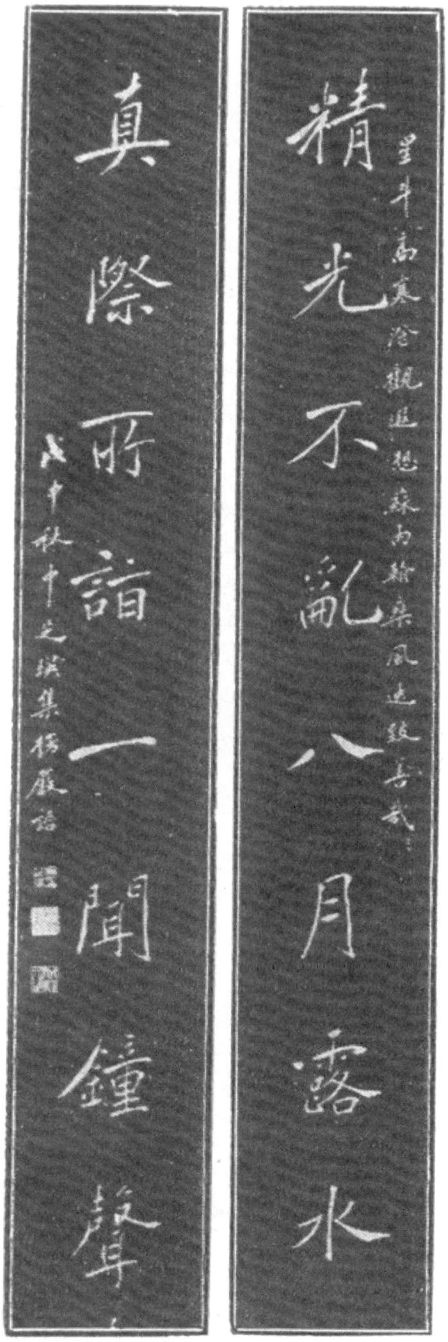
精光不亂八月露水
真際所諳一聞鐘聲

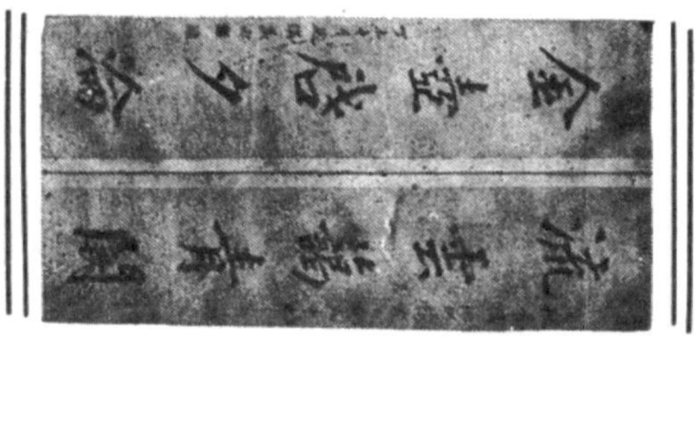

大佛頂首楞嚴經　小萬柳堂寫本
卷第一至卷第五

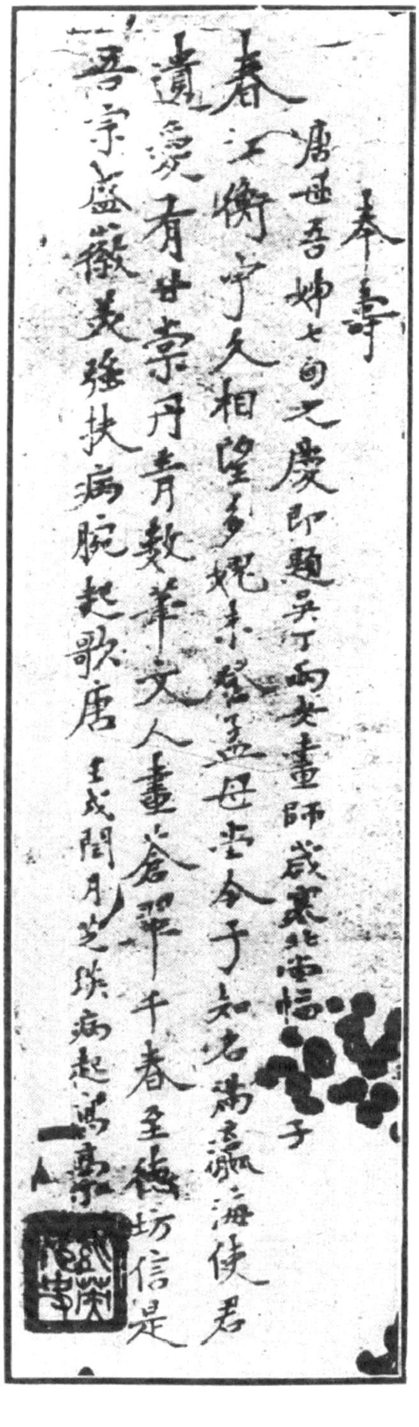
奉壽
唐母吾姊七旬之慶即題吳丁丙女畫師戚寒花畫幅子
春江儕寧久相望多愧未登孟母堂令子知名满瀛海使君
遺愛有甘棠丹青數筆文人畫蒼翠千春至德坊信是
吾宗盛嶶美强扶病腕起歌唐
壬戌閏月芝瑛病起寫壽

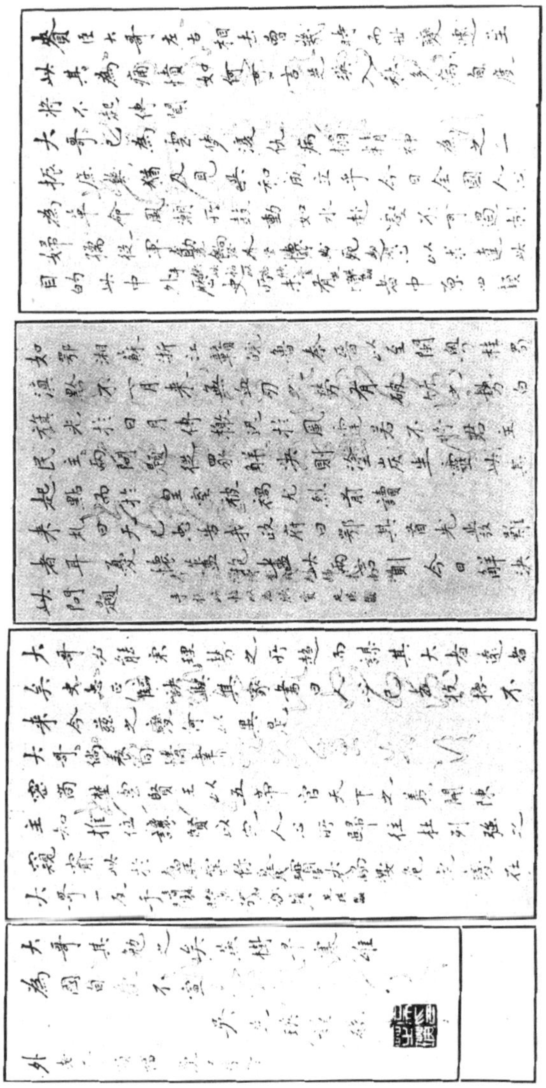

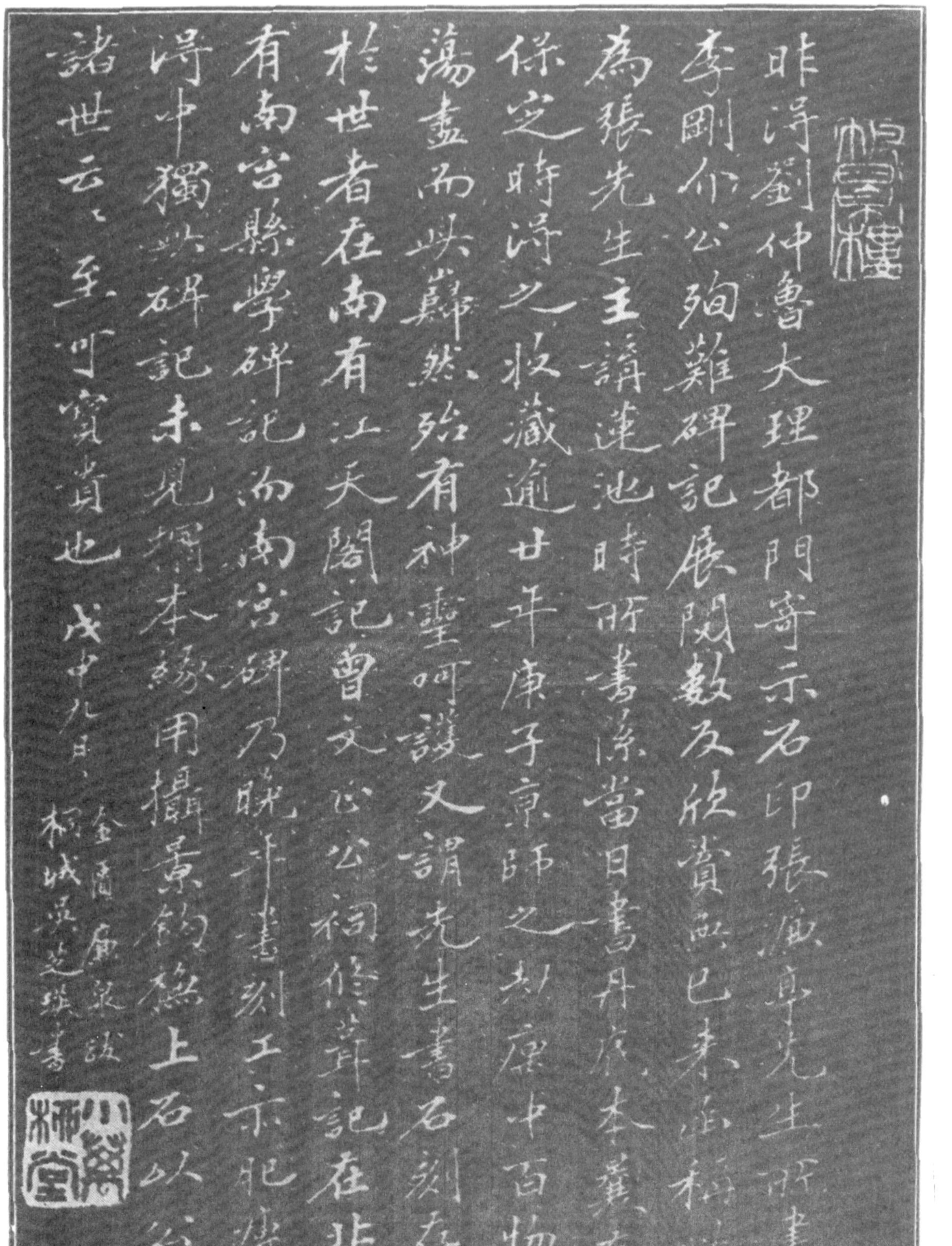

昨得劉仲魯大理都門寄示石印張濂亭先生所書李剛介公殉難碑記展閲數反欣賞無已來函稱此爲張先生主講蓮池時所書係當日書丹底本舊在保定時得之收藏逾廿年庚子京師之劫庫中百物蕩盡而此巋然殆有神靈呵護又謂先生書石刻存於世者在南有江天閣記曾文正公祠修葺記在北有南宮縣學碑記而南宮碑乃晚年書刻工亦肥瘦得中獨此碑記未見拓本緣用攝景鈎摹上石以公諸世云云至可寶貴也　戊申九日　金匱廉泉跋　梅城吳芝瑛書

人間稱汝
多聞第一

楞嚴語也
新聞報館卅年紀念
吴芝瑛奉賀

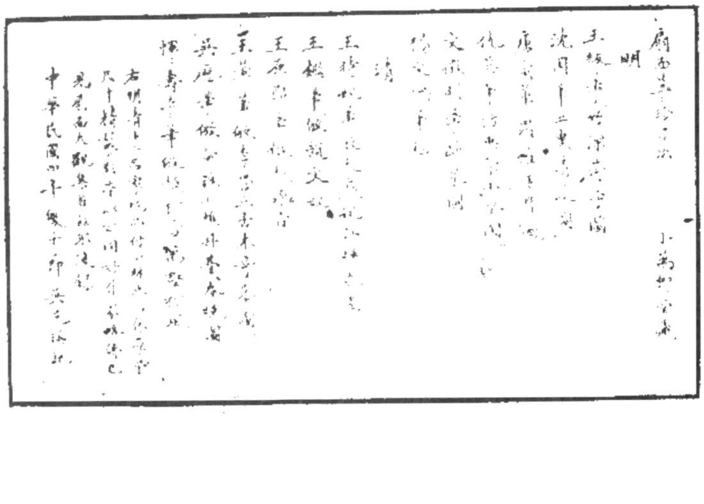

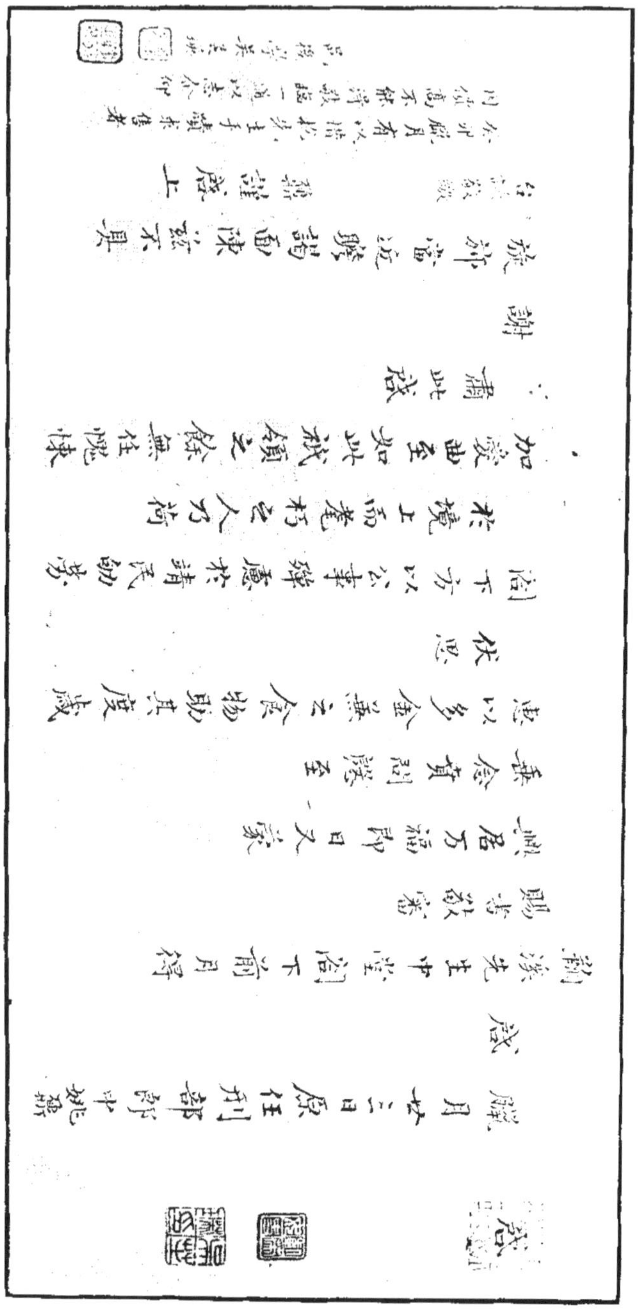

臘月廿三日原任刑部郎中姚鼐
啟
劉漢先生中堂閣下前月得
賜書敬審
興居万福即日又蒙
垂念貧耐隆至
惠以多金兼之食物助其度歲
伏思
閣下方以公事殫慮於請民勤勞
於境上而老朽之人乃荷
加意如至如此祇領之餘無任慚悚
謹肅此啟
謝
旅祢當近勝謁面陳茲不具
鼐謹啟上

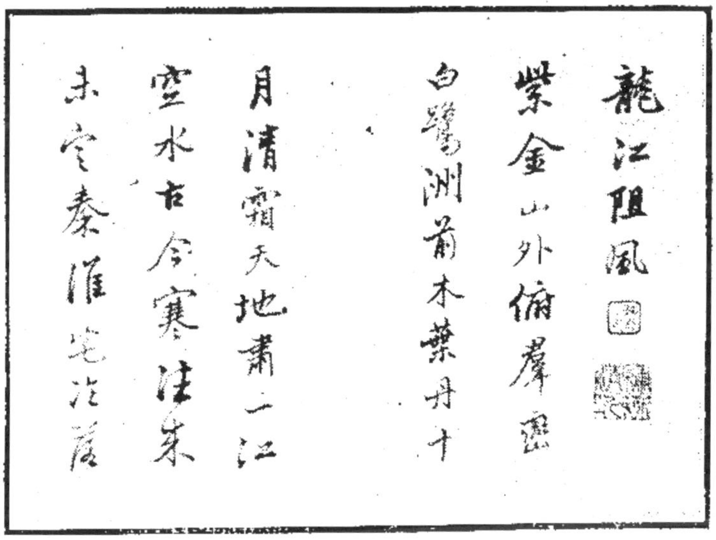
龍江阻風

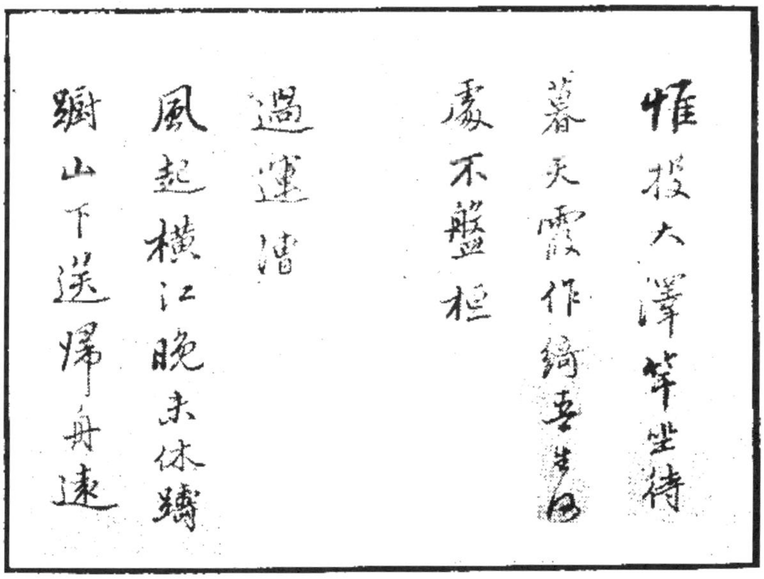

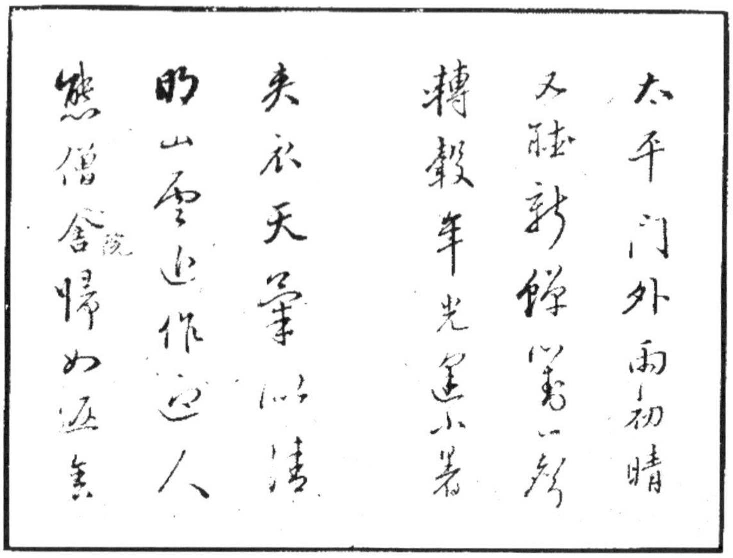
太平門外雨初晴
又駐新驛[illegible]
轉轂年光[illegible]
[illegible]衣天筆似清
明山雲[illegible]作[illegible]人
[illegible]僧舍院歸如[illegible]

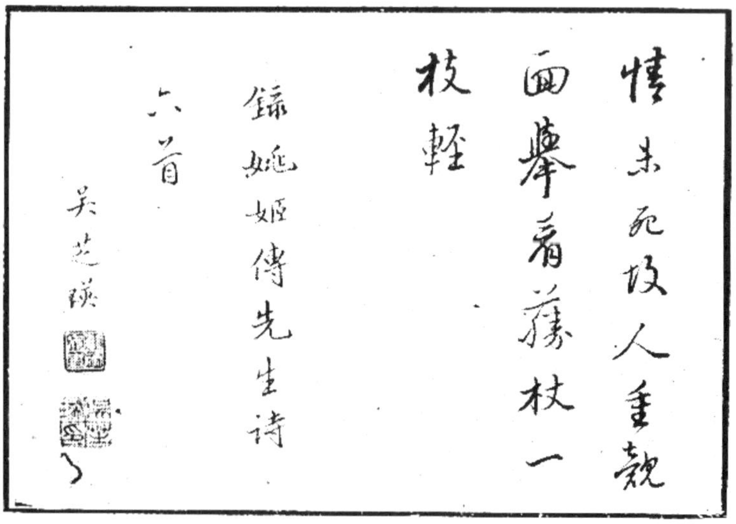
情未死故人重覲
面攀肩藤杖一
枝輕
錄姚姬傳先生詩
六首
吳芝瑛

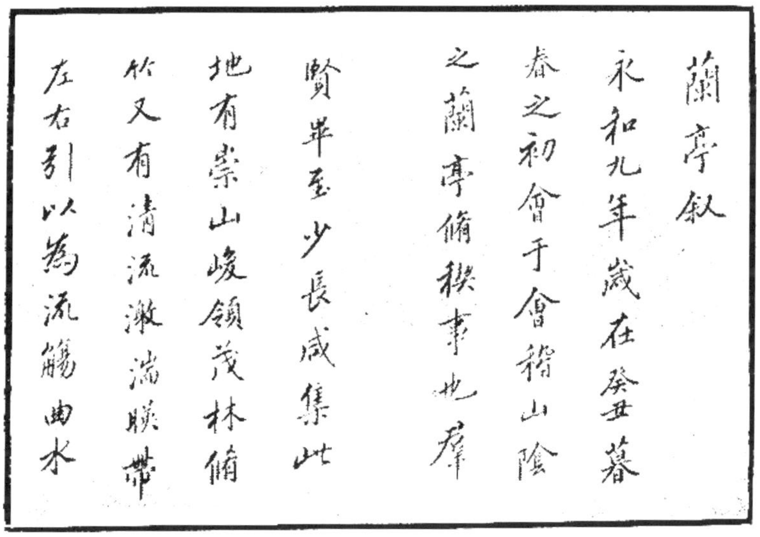
蘭亭叙
永和九年歲在癸丑暮
春之初會于會稽山陰
之蘭亭脩稧事也羣
賢畢至少長咸集此
地有崇山峻領茂林脩
竹又有清流激湍暎帶
左右引以為流觴曲水

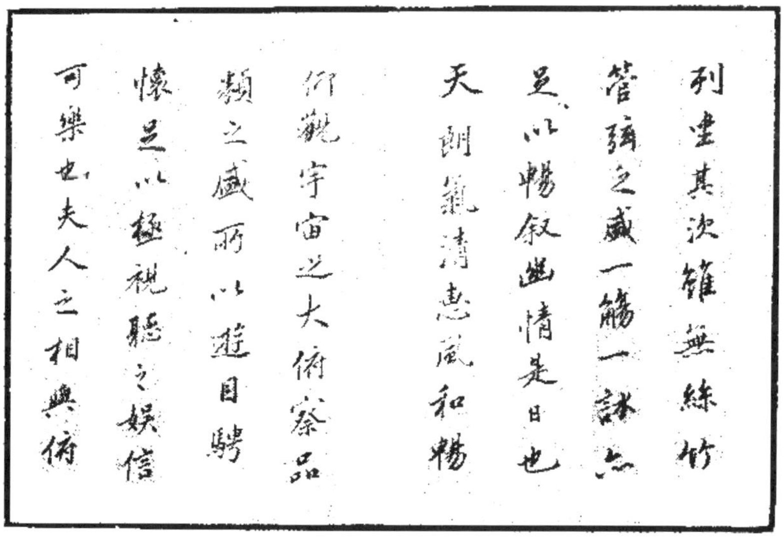
列坐其次雖無絲竹
管弦之盛一觴一詠亦
足以暢叙幽情是日也
天朗氣清惠風和暢
仰觀宇宙之大俯察品
類之盛所以遊目騁
懷足以極視聽之娛信
可樂也夫人之相與俯

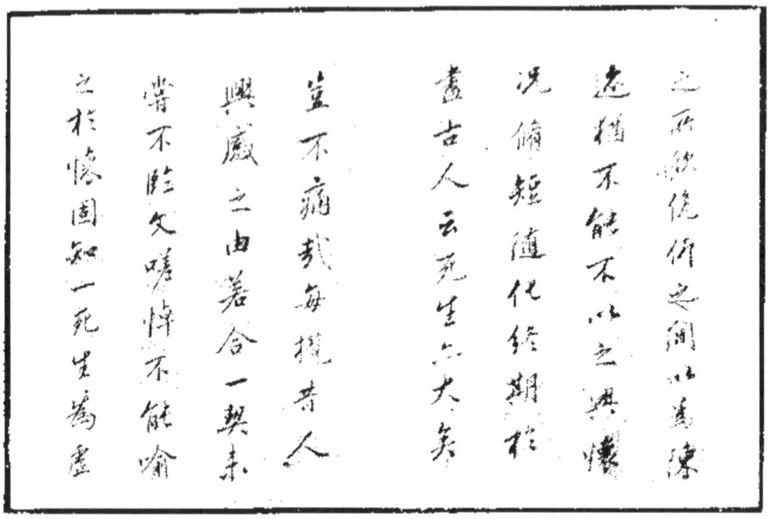

之所欣俛仰之間以為陳迹猶不能不以之興懷况脩短隨化終期於盡古人云死生亦大矣豈不痛哉每攬昔人興感之由若合一契未嘗不臨文嗟悼不能喻之於懷固知一死生為虛

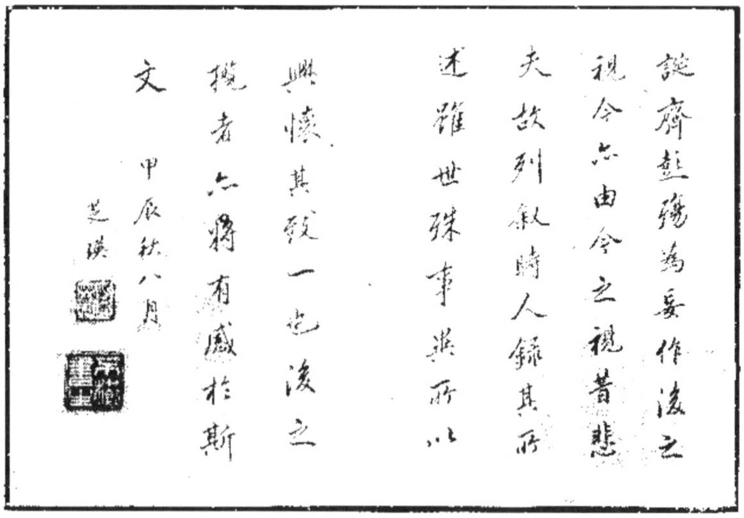

誕齊彭殤為妄作後之視今亦由今之視昔悲夫故列敘時人錄其所述雖世殊事異所以興懷其致一也後之攬者亦將有感於斯文

甲辰秋八月

芝瑛

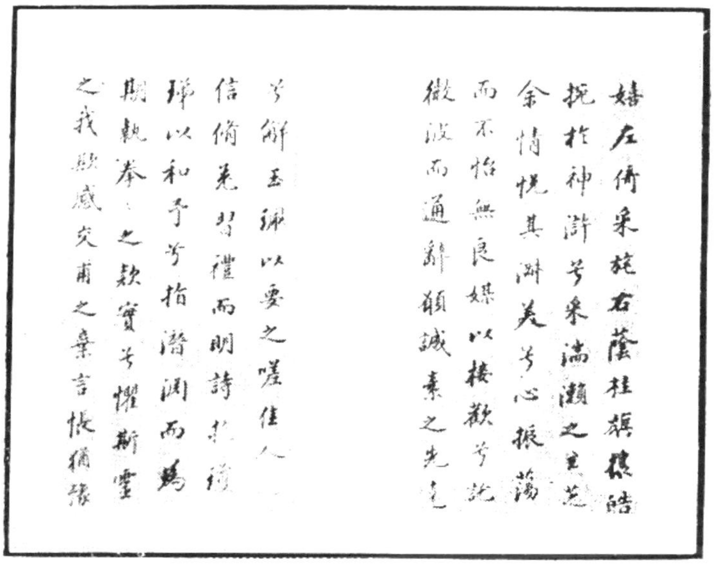
嬉左倚采旄右蔭桂旗攘皓
腕於神滸兮采湍瀨之玄芝
余情悅其淑美兮心振蕩
而不怡無良媒以接歡兮託
微波而通辭願誠素之先達
兮解玉珮以要之嗟佳人
信脩羌習禮而明詩抗瓊
珶以和予兮指潛淵而為
期執眷眷之款實兮懼斯靈
之我欺感交甫之棄言悵猶豫

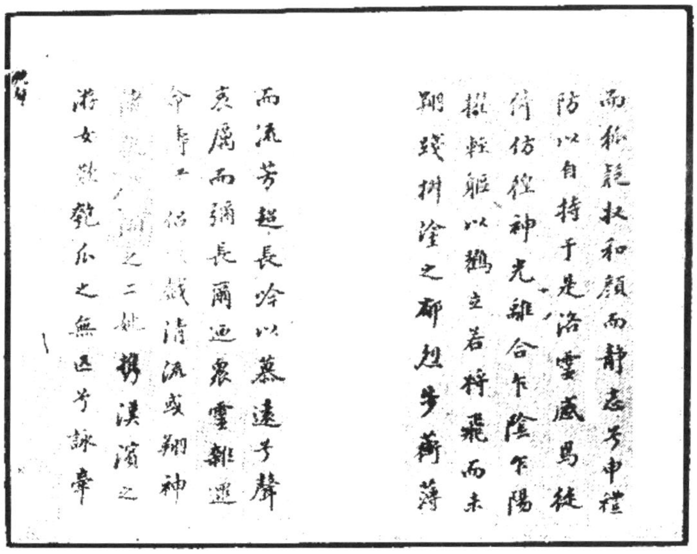
而狐疑收和顏而靜志兮申禮
防以自持於是洛靈感焉徙
倚彷徨神光離合乍陰乍陽
擢輕軀以鶴立若將飛而未
翔踐椒塗之郁烈步蘅薄
而流芳超長吟以永慕兮聲
哀厲而彌長爾迺衆靈雜遝
命儔嘯侶或戲清流或翔神
渚從南湘之二妃攜漢濱之
游女歎匏瓜之無匹兮詠牽

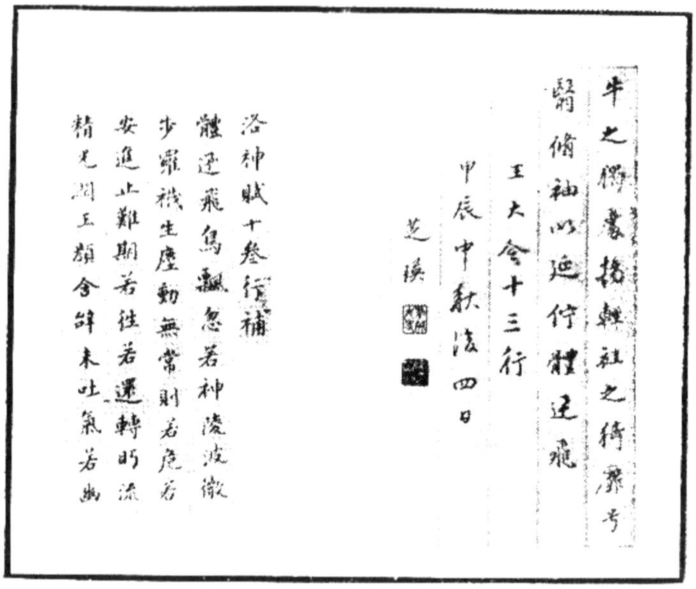
牛之倚，晝揚輕袿之猗靡兮，
翳脩袖以延佇。體迅飛
王大令十三行
甲辰中秋後四日
芝瑛
洛神賦十叁行補
體迅飛鳧，飄忽若神，淩波微
步羅襪生塵。動無常則，若危若
安。進止難期，若往若還。轉眄流
精，光潤玉顏。含辭未吐，氣若幽

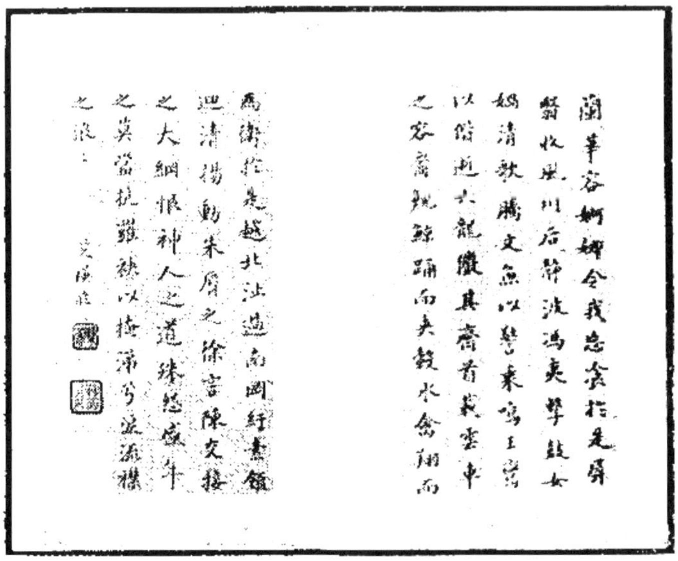
蘭。華容婀娜，令我忘飡。於是屏
翳收風，川后靜波。馮夷鳴鼓，女
媧清歌。騰文魚以警乘，鳴玉鸞
以偕逝。六龍儼其齊首，載雲車
之容裔。鯨鯢踊而夾轂，水禽翔而
爲衛。於是越北沚，過南岡，紆素領，
迴清揚，動朱脣以徐言，陳交接
之大綱。恨人神之道殊兮，怨盛年
之莫當。抗羅袂以掩涕兮，淚流襟
之浪浪。
芝瑛補

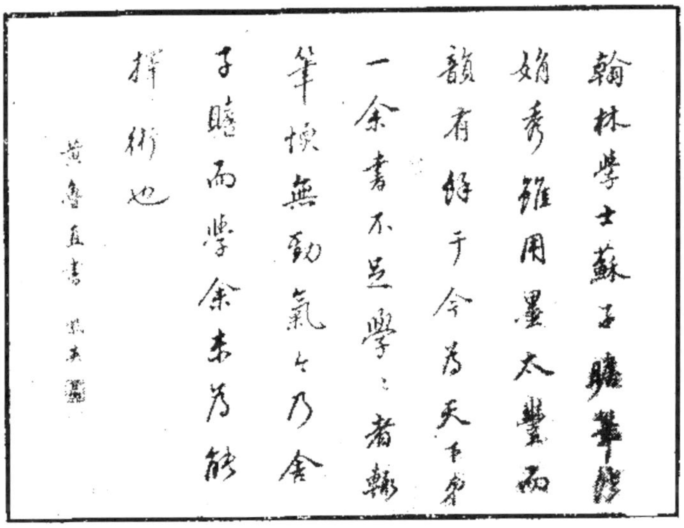
翰林學士蘇子瞻筆精
妙秀雖用墨太豐而
韻有餘于今為天下第
一余書不足學學者輒
筆愞無勁氣今乃舍
子瞻而學余未為能
擇術也
黃魯直書

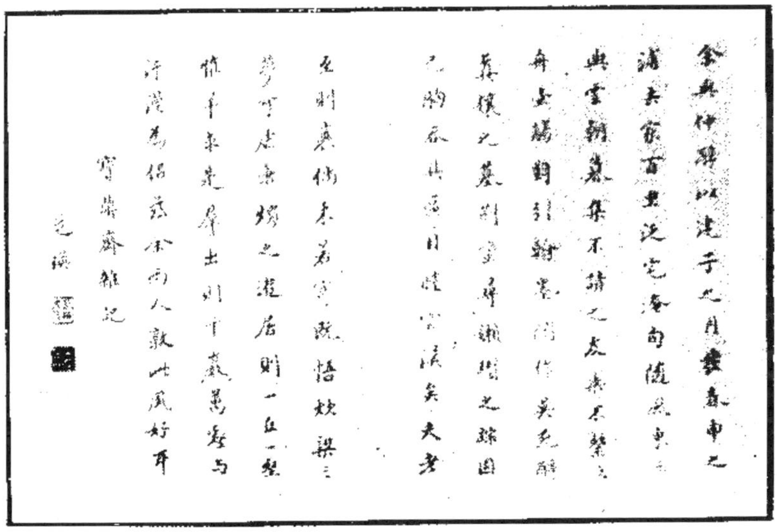

吳芝瑛夫人遺著

惠毓明編輯

上袁大總統

吳芝瑛

容盦先生執事月前外子廉泉由津門歸攜豹岑公子兒詒容盦弟子記圭塘唱和詩等册美哉公之忠於前清至矣盡矣弟子輩之鋪揚謳頌可謂無閒言矣大臣引廢鶴詠游釣固其所也武漢事起公遲回審顧卒能徇南人之約推覆清廷南人亦以五條之信誓授公爲民國臨時總統南人之深信公厚恃公推戴公公亦居之不疑矣然當時一般之可憐老頑固莫不動色相駭戟指走詈謂袁某某到底是奸臣今果篡位矣又有略似有知識者謂總統自然孫文做下去如何忽以艱難甫造之新民國之總統授諸滿清斥廢之大臣況袁某某狡詐性成偏用羣小將來必無良結果爲此兩種言者皆似有理不知甚非也我公能知大勢所趨弭定北兵推翻清祚其知識卽爲非常人國者積民而成總統者爲吾民服務之首領文言之爲總統質言之一服役之頭兒耳服役者之頭兒之位何篡焉吾父老昆季呑聲飲恨二百五十餘年之專制苦惱一日引吭拍翅重見天日其功烈之甲乙丙丁自在來日之民國史中吾今非稽勛者不暇列也惟中山先生之必以是區區者辱公此實公理良心昭如天日當是時也南北爭都頗費詞矣中山先生坦白爲懷專使齎授乃京津鬨刼使者僅免有謂是公之狡弄者吾始未信也北使之來迎中山先生往也南人又大動猜疑先之以克强黃先生中山先生亦更然命駕一堂杯酒驩若平生南人於是益信我公之誠爲我民國服務之首領無媿色矣中山先生以交通利便自任一心於鐵道黃先生亦解南都留守之職致力於營礦兩先生之不肯再插身政界者實非有意使公不疑以爲公既出身受此擔負矣公亦熟稔亡清國之政治之如何失敗共和國之應如何刷新公智略非常人又富有閲歷亡清國三十年之經驗今者身膺民國之臨時總統自然事事以準繩約法體恤民心爲當然無或失之措置以爲總統可以去職約法不可有違某某可以殞身民心不當或失吾民國有此神聖不可侵犯之總統中外熙熙額手相慶并亦無所用其顧慮矣兩先生之幷力於路鑛也實爲各服務於吾民也蓋信公之深恃公之厚遂推戴我公至於此極也乃當時頗有謂兩先生之爲此也使公不疑也夫果有心使公不疑是畏公也今試走國中集三尺童豎而語之曰孫文黃興畏袁某某乎無不匿笑而跳矣兩先生之心理以爲袁某某爲吾民包羅一切雜務之服役頭吾輩亦當盡其心

力所能爲者竭誠貢獻於吾民政界有某矣念吾民之生計日蹙惟路鑛爲現今至不可緩之要需故挺然以工頭自認嗟乎兩先生之心迹胡復不能見諒於同具耳目之徒也豈同是人也而肺肝果別乎頃者東南宣告獨立矣討袁軍之旗鼓震布中外矣吾信公之凶惡似不盡如檄告者之窮極然吾聞誓師者之言曰某之本志惟在倒袁又曰袁某一日不去誓不生還嗚呼一堂杯酒之客今作不共戴天之仇昔之深信厚恃推戴爲總統者今乃曰罪魁曰獨夫吾民之無恆歟何振臂響應者四集也吾知公聞東南之獨立也必掀眉一見齒曰若輩乳臭能亦與老夫弄兵乎多見其不自量也嗟乎公生平以武力自負公今亦知卽以武力自困其生乎武力者外交家相持不得已者所爲今以武力欲束縛强迫一室中至窮苦至親愛之家人謂從此可關門做皇帝公得毋噴飯乎吾不敢謂討袁之軍果能決勝於袁家之將吾更不敢謂袁家之將果能悉効命於我公公英敏人也果敢人也英敏者無不先知果敢者無不毅退吾愛公智略惜公名譽願我公以民心順逆爲從違以大勢渙聚爲進止公之府令不常曰國利民福乎試問如何使國利如何使民福不必以前事言卽以最近之不可思議之北兵南下言之爲利國乎利何在爲福民乎福何在夫上有利國福民之總統下乃有稱兵討賊之義師吾民雖愚公理具在吾民雖懦良心皆同公毋以吾民愚且懦也玩弄而煎迫之此在亡清時之皇帝之專制也猶或審擇爲之今民國之總統矣乃以專制之實蒙共和之名共和共和乃恃爲濟惡之符乎吾民蓋疾首痛心者近一年矣公之膺臨時總統至今日不過年有半也年有半之總統乃有一年之怨毒公亦翩然引去乎吾不敢謂繼我公者爲何如人其賢者也民國之福也倘不肖也民國之命也然國亡於繼公者之人不亡於我公之手此吾所謂愛公智畧惜公名譽願我公乘此時際幡然速去也公詩不云乎人生難得到仙洲咫尺桃源任我求蘇門咫尺非公之桃源乎逍遙洹上非公之仙舟乎歸歟披簑垂綸賦詩擕樽卅年前清之大臣一年半民國之總統姬侍之奉兒孫之繞優遊休養以娛餘年人生之榮遇如我公者亦尠矣公取號曰容盦毋自苦也必有容也其從容而安也倘一意不回將以是區區者據爲公家之長物必欲以兵戎相見則民心愈憤內憂外患相迫而來歲月不居金石易弊公於此時踌躇情況不難預知乃亦效項王之訣曰非戰之罪乎昔也見放於滿清今也殞生於民國得罪廢帝詒憤中山吾知公英敏果敢萬不出此芝瑛女子也一無黨籍之關係讀容盦弟子之記誦圭塘唱和之詩聞討袁軍之聲罪日厲審人心大同之所歸向五內怦怦不憚斧鑊爲此

招隱之文聊盡忠告之末爲民國生命計爲我公譽望計何苦以區區服役之頭兒把持糜爛我一室中至窮苦至親愛之家人乎抑芝瑛曾聞之中山先生矣公不嘗云以一日在職爲苦乎是吾民之推戴也公且以一日在職爲苦矣是良心上發現之語也今吾民羣起而反對如是公卽自信一無所開罪於吾民亦應飄然去職靜觀萬變以謝天下以息羣疑吾知公於此必不以據位爲樂也必有所牽制者也然公之智力亦奚致爲左右者牽制陷公塗炭滅絕吾民國乎公朝去而吾民早安公夕去而吾民晚息公不去而吾民永永無甯日吾民永永無甯日於公何利焉總之吾民國現時存亡續絕之機棙惟在我公一身進退去留一撥之矣病久心慌語不成文僅求達意幸賜察焉民國二年七月廿一日江蘇獨立之第七日桐城女子吳芝瑛上書

致湯都督書

吳芝瑛

蟄仙大都督執事義旗一應還我湖山日前奉讀安民條教具仰胞與之懷溢於楮墨企慰莫名西湖茅家埠有貞孝女子趙麟者係前乍浦左司文協領之女痛無兄弟也故於其父母歿後誓志終身廬墓守貞不嫁芝瑛往年曾爲集款購置墓田以資贍掃際此變革譌言四起孝女惸惸無依惶促可想芝瑛秋來多病一時未能詣省萬望執事保持覆護以安驚魂而彰孝行并求飭弁馳慰風便示復不勝感悚企命之至肅頌麾福諸希鑒察不宣吳芝瑛謹啓

再致湯都督書

吳芝瑛

蟄仙都督麾下前奉手復承以孝女趙麟廬墓事遺員慰問隨時保護具佩篤念孤惸有加無已感同身受昨接湖上來信本月初七日下午二鐘有人持軍政府封條云奉府令將墓廬封去等語查孝女前因省垣初復避地德清伊友談小姐處至今未回旋據談小姐密函稱孝女得着莊人報告知墓廬被封哀痛幾致身殉立欲回杭省墓以遂其志經談小姐飾辭勸阻因此暫止芝瑛接閱各函焦急無措不及思索已徑復談小姐謂墓廬被封之事芝瑛可保必無因將月前示復附函寄閱以安其心被封云云或麾從遺員慰問時察其墓廬闃如爲此保存之計旁觀不察致生誤會未可知也方今人道主義世界所重共和基礎已立無漢無滿自當一視同仁矧先生力主和平維持風教海隅逖聽夙企盛懷乃日來頗聞貴轄軍探窮極深菁到處搜尋大有驅盡旗人之勢即敝莊亦聞有密偵時來梭緝相戒不准旗人寄頓云云其事信否抑又傳說之誤耶萬望先生推胞與之誠以保安甯而弭恐慌不勝翹企僭越之至天寒

維加衛不盡肅頌籌福吳芝瑛謹啓

附錄 湯壽潛復吳芝瑛夫人書

芝瑛先生侍右夏間詣廉莊僅得一晤惠公背秋涉冬湖山改色矣辱華簡篤念孤惸維持風教至可佩感前者秋案致生誤會鬨閧先生已察悉情形深幸深幸此次謬承衆推權攝斯事秘駕無日以杭有旗城力主和平解決冀他有旗城亦視杭而下而又蒙一不韙之寃道並不高魔日益至願先生有以教之世俗澆漓禮教掃地誰生空桑可言無父孝爲百行之先中外不易趙麟矧在羈孤尤宜矜憫行即遺員慰問以勵薄俗以副雅屬無不隨時保護也匆此布復敬問賢伉儷福祉諸惟亮察湯壽潛謹肅

與端方書

吳芝瑛

匋齋尚書閣下芝瑛因葬秋一事自取罪戾蒙佛悲誨開我迷雲如失乳兒忽遇慈母雨淚翹誠悲欣交集芝瑛與秋瑾生前并無深交且性質亦頗不類蓋芝瑛守家學而秋好爲高論以此每見必以箴規之言進秋不服卽相爭爭不已家人輒進酒一醉而罷然秋氏心亦無他其所遇極可憐愍故遺其所親愛之子女激起東游之念此非外人所及知也不幸留學歸來以疑獄死芝瑛傷枯骨之暴露謂彭越頭下尚有哭人李固尸身猶聞收葬卽本朝法律亦無不准掩埋罪骸明文乃秉慈善之旨盡友朋之誼勿悼後患取而瘞之自屬行不忍人之事與浙紹黨獄初不相涉侯官嚴幾道先生昨自津來寓書相慰謂釁聞葬秋之舉幾欲泣下何則感並世之中尚有人焉知有罪者之爲我同類也此而爲罪人理絕矣其言絕痛敬以述聞芝瑛承尚書保持覆護實出於愛才盛心然自念身干法紀矣是非縱有公論處理則在朝廷芝瑛不敢逃罪只求尚書密商冏帥勿將秋氏遺骸暴露於野以示聖朝寬大之恩與二公澤及枯骨之政區區卑懇用敢自陳再芝瑛去冬收葬不過一青冢耳現時墓亭係杭州男女學界所爲芝瑛曾寓書止之而不我應然芝瑛願一身當之勿再牽涉學界一人所謂自妄所招還自來受此意并乞轉達冏帥悲泣可量芝瑛咯血始止而百病叢身知非壽相現在皈依勝法日課楞嚴不許一切外緣稍攪元妙明性頃寫訖二卷欲得尚書一言冠之經首使一技之末亦得託以不朽想亦宏獎之懷所不辭也是經隨寫隨印擬製成打本式上版較爲雅觀不審能完此功德否附呈手製影樣三紙幸賜教焉臨楮頂禮無任悚惶敬叩崇安伏祈垂鑒芝瑛謹狀

與良賚臣書

吳芝瑛

賚臣大哥左右相去曾幾時而世變遽至此其爲痛憤如何可言芝瑛入秋多病自度將不起傳聞大哥已爲雲夢復仇病榻精神爲之一振庶幾猶及見共和成立乎今日全國人心爲革命風潮所鼓動如水赴壑不可遏制婦孺從軍助餉人人懷必死之心以求達此目的此中外歷史所未有者中原四顧如鄂湘蘇浙江贛皖魯秦晋以至閩粵桂蜀滇黔不一月來無血刃之勞有破竹之勢白旗光於日月傳檄迅於風霆若不將君主民主兩問題從衆解決則塗炭生靈此其起點而於皇室被禍尤烈前讀來札曰天已忠告我政府曰鄂其首先發難者耳憂懷蘊抱盡此兩言則今日解決此問題大哥必能審理勢之所趨而謀其大者遠者矣史忠正臨訣與其家書曰人心已去收拾不來今茲之變何以異是大哥倘表同情幸密商野雲賢王以五帝官天下之義開陳主知推位讓賢以定人心所歸往杜列强之窺簒此於皇室保全實大而安危定變在大哥一反手間時哉勿失大哥其勉之矣燕樹早寒惟爲國自愛不宣吳芝瑛謹啓

此芝瑛辛亥十月寄良賚臣之手札也賚臣至性中人與泉情均天倫革命軍起南北音問不絕泉閱其十月二日書謂武夫熱血猶是沸騰滿腔並無暮氣尚可一用又以外間報紙所載謂不足信知無可進言乃屬芝瑛手草此札引史道鄰語曰人心已去收拾不來望其密商濤邸以五帝官天下之義開陳主知定保全皇室之至計賚臣得書至出涕開闔數反目炯炯若顧趙太君曰此我廉氏嫂來札舅母爲我好好祕存毋遺失時以石版房地僻移居紅羅廠未幾受炸死泉今歲三過津門趙太君爲述往事相對歔欷許將此札付還附賚臣遺書之後留爲紀念賚臣遺書凡八通當南北軍相持時尚有二書論時事謂南軍能得民心不可謂秦無人又以朝廷能起用項城謂最可喜之事屬泉傳示李鍾玨李時長松滬民政與良亦有舊二書乃祕留之不我還故所存止此回憶雪夜南苑之讌與西城寒食之詩俯仰一身感時傷逝不知涕泗之何從也癸丑十二月南湖居士廉泉記

復神州女界共和協濟社書

吳芝瑛

神州女界共和協濟社諸先生惠鑒芝瑛於新舊學問一不通曉又體弱不振患肺病者有年矣近復咯血幾瀕于危移家曹渡專以養痾爲事於世務絕不相聞貴社並未預發起之列亦未倩人紹介入社一聆高論曩承諸先生謬采虛聲推爲名譽社長聞命惶悚實不敢承萬望另舉賢豪樹之風範爲蒼莽神州放一異采不獨我女界光也英諺曰惡模範如傳染病斯賓塞爾曰國之强弱及秉禮與否惟恃乎人之爲强弱及秉禮與否以作之則芝瑛謂今日當務之急必以道德教育爲前提然後能爲秉禮之國民不傳染外來之惡習昧劣之見願與諸同志勉之芝瑛昨自病院歸方得讀前札遲答之罪尚希察恕幸甚幸甚此布敬頌萬福不盡縷縷吳芝瑛謹啓

復謝炳樸書

吳芝瑛

虎文先生執事前月養痾南湖在民立報上奉讀公函一通昨返曹渡始得展誦來教表彰盛心欽慰無量今者五族共和吳良大節凛然雖所際不同而成仁則一來教謂是非自有公評當俟作史者論定之最爲確論寒匡題詞專述私交不涉國事亦同斯旨錢與吳初不相識因心儀烈士樂爲之傳卽持論容有不同異日得史筆裁正之因自不妨吳太君以此增慟殊非芝瑛寫詩之本心務乞知言君子代爲申明勿致誤會感悚何極孫題專爲寫本而作尊處排印本請勿錄用而吾之寫本除孫題外亦不暇盡錄他人之作早經函論在前執事殆忘之耶然成事不說古有明訓寫本傳印不多於烈士生平無足增損毫末此後亦不復再版矣此復敬候興居不盡縷縷諸君子前均此致意吳芝瑛謹啓

復女子北伐陳司令書

吳芝瑛

貴重之也月陳先生麾下景行清芬者久矣每於新聞紙親炙志行知先生哀民生之愁激悼女界之沈淪投筆從戎倡義北伐一洗數千年來女子昧弱之習如撥雲霧而見青天吾界之泰山北斗徽先生誰與歸也頃辱華簡三復驚歎實慰平生自維庸陋寡學詎有以忝女豪之知故聞命震慚不知所以爲答先生倘許陪侍玉台乎芝瑛買絲繡之矣秋烈女曩曾相識撫影增慟當有同情顧前躓後興卒達共和目的先烈英靈亦可告慰其成功若是之速中外歷史所未有也昨聞清使撤回和議已歸無效兩方面爲極端反對又將以兵戎相見項城不得總統居常鞅鞅故爲此孤注之一擲雄師北伐痛飲黃龍此其夙願惟同國推刃自相靡敝久而不解兩虎之噬恐利卞莊之刺項城之肉其足食乎秋烈士墓表原石存吾悲秋閣中茲檢奉搨本一紙書畫墨迹尚在寄塵徐先生處他日黃河橋上築凱旋之門勒石紀功芝瑛當濡墨以待請以此書爲左券何如此報卽頌麾福幷賀新元吾子之至友吳芝瑛謹啓

與美國麥美德教士書

吳芝瑛

美德吾姊青覽昨承寄示公立婦孺救濟會簡章樂善之懷兼濟之量邁越倫輩四城現設分會已逮二十所無漢無滿一視同仁吾姊昕夕奔馳保持覆護不敢告疲且見愛人如己之心惜妹寄存各物不能即日變價贊襄盛舉其爲歉悵如何可言費君倘有確實辦法請速玉成藉資公益盼甚盼甚與姊相別曾幾何時而世變遽至此以最愛中國如吾姊者觀之必深信吾中國人民之能文明自由以脫離滿人之羈絡與天下萬國相見於一堂而成此四萬萬人民之大共和國妹以理勢決之清政府立於必敗之地我中國共和政府得各友邦之襄助必能達其進行之目的想愛中國如吾姊者必能以言論鼓吹以慰我四萬萬人民之希望也我中國人民向以從軍爲苦故唐杜甫詩有曰（車轔轔馬蕭蕭行人弓箭各在腰爺孃妻子走相送塵埃不見咸陽橋牽衣頓足攔道哭哭聲直上干雲霄）今觀民軍氣象則不然自武漢倡義江浙響應環顧親朋其子弟大半投効民軍有入義勇隊者有列先鋒隊者皆志氣激昂欲以一腔熱血換共和二字以達民主立憲之目的昨在滬寧鐵路停車場見民軍大隊向南京出發其爺孃妻子相送者又皆欣欣然有喜色以不斬張勳誓不還相勖其朋友則携餅乾

水菓等物在停車場送行拍掌歡呼聲震林表南京鎭江等處商民痛遭張勳之慘戮日夜望民軍之至有簞食壺漿以迎王師之意婦女脫簪珥以助軍餉者一呼百應所在都有從軍之樂爲中國從前歷史所未見人心向背若此尙望清政府之不覆其可得乎再觀於各省棄城而走之逃官現皆畢集於上海以租界爲安樂窩酒樓妓館座爲之滿見人輒談當日出險事謂有天幸亡國敗家視若等閒不復知人間有羞恥事即此一端足見清廷命運已終君非亡國之君臣皆亡國之臣雖有善者亦無如之何矣今日清廷倚若長城者只一袁世凱耳然袁氏實一反覆小人也觀於戊戌己事即可斷其平生袁氏組織之內閣非眞心匡扶皇室不過借大清名義以便私圖迨大權在握則惟我欲爲雖清廷無如何矣故持人道主義之吳祿貞有碍袁氏之進行者即被暗殺然袁氏即能以兵力壓制國民或借外援誅滅同種吾恐人心已去收拾不來終無救於皇室之阽危留此革命種子異日禍發恐更有烈於此者且彼黨炸彈已入燕京袁氏能免暗殺倖矣今中國輿論一致甚望貴國出而扶助使我文明自由之百姓成立共和民國公舉新政府得與各友邦人民通商交際以謀世界之幸福際此四郊多壘强鄰耽耽虎視以伺其間惟貴國能表同情妹亦望吾姊聯合在中國之各教會好友致書貴國有名報館主筆發爲公論鼓吹貴政府以五帝官天下之義陳說清廷使得推位讓賢認改共和政體以定人心所歸往杜列强之窺伺否則兵連禍結塗炭生靈而滿州皇位終不得保異日必重演流血之惡劇此愛中國各友邦所急宜注意者也妹以私交妄論天下大事幸垂省覽本貴教愛人如己之旨以進世界於大同登斯民於袵席姊亦與有責焉回首觚棱杞憂何極霜寒惟爲道珍重不盡馳依妹吳芝瑛謹啓黃帝紀元四千六百九年十月初一日

致徐寄塵女士書

吳芝瑛

寄塵吾姊如面久未牋候馳慕之私殆無以爲喻昨在報上見致孫大總統電並立秋社及建風雨亭小啓生死交情始終不渝欽慰無量秋君之妹珮卿自湘中來明日詣杭即住南湖悲秋閣因久仰高義屬妹一言介紹以便詣談想吾姊亦必相見恨晚也秋君遺孤名元德年十五一女名桂芬年十有三仍在王氏專制家庭之下失於教養情極可憫珮卿回越擬屬乃侄赴湘接來滬上衣食教誨是吾輩後死之責想吾姊亦表同情故急奉聞秋君墓表原石當日毀墓時妹密託心腹先期運出故得保存今尙藏吾悲秋閣中秋祠成立後此石應置祠中何時需用望示知以便送上也妹久病未健不能偕珮卿同來手此代面即頌曼福不盡㥪㥪妹

吳芝瑛謹啓

祭女烈士秋瑾文

吳芝瑛

於戲璿卿南國之秀志度淵英貞不天祐蘭薰而摧鏌鋣則折物忌堅芳其信然耶自古皆然

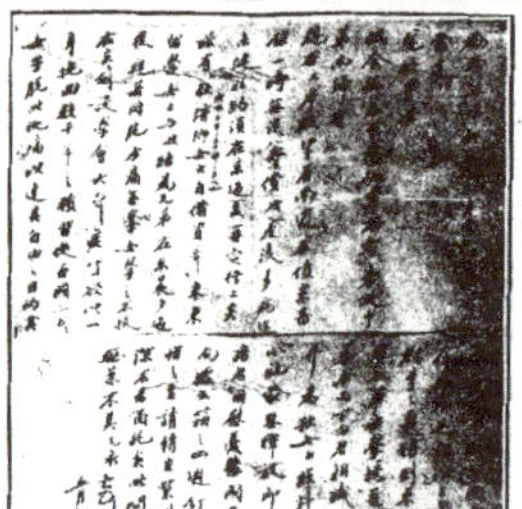

我又何嗟惟君之懿早歲蜚霙爰自笄年學綜兩京摛藻下筆鼠却狐驚海飛龍嘯氣橫太空震發聾聵不雌無雄（傳言女士幼承家學甫笄涉通經史喜爲歌詩然多感世之辭）儒文俠武道莫能兩怪哉惟君靡不畢張拔劍砍地（天僇生哀詞注稱女士好擊劍有寶劍歌）肝胆芬芳（傳稱女士扶人於危）曰仁者勇雖柔必强迨年十九作嬪於王嗡嗡訾訾駭君之爲君曰郎無吾告郎知自謂吾虎郎何鼠期郎不吾與吾不郎雌吾唱無和逝將去郎一朝奮發伏劍乘桴（天僇生哀詞註又稱女士往日本就學買船票必乘三等艙與苦力雜處日以寶刀自衛）勁翮獨翔孤風絕侶止於扶桑尺箋郎語郎無婦予

吾不汝耶汝他鳳占無復吾望吾夫赤縣規古英皇堅貞自矢允迪國光禮失求野言戾此方倏聞尉羅寥廓高翔乃眷西顧反我舊疆（傳稱女士以留學取締歸國）國之不競民之無康矯首舐天抗論决策義窮機豕戴鼎戴革革者伊誰翳惟我與羲文迪我垂象二女兌以説享離以重明文明以説惟女克貞西方美人曰有羅蘭實始剪君我是則瞻越有一麟景行武湯相胥下民衍胄偃王夙與君知殲狐麟傷君此已矣吾道何窮反袂掩面欲叩上穹如何靈祇不殄妖凶封豕負塗積疑張弧得君嬰牙殞其玉軀薰風罷暖翰曉允吾彼蒼者天矜君無辜（傳稱女士就義丁未六月六日時陰雨晦冥者旬日）七字成獄哀感行途彼何人斯鸞鳳肆屨嗚呼哀哉時屯必亨運蒙則貞天降喪亂靡國不平後天而應豈豈者氓已日乃孚君志今成君身夙死於君何悲惟我與君好合連枝願言勿獲永懷令儀擒辭千言以寫我思侑此一樽神鑒予私嗚呼哀哉尚饗黄帝紀元四千六百有九年十月二十七日桐城吳芝瑛撰奠

紀秋女士遺事

吳芝瑛

秋女士自號鑑湖女俠平生豪縱尚氣有口辯每稠坐議論風發不可一世其在京師時攝有舞劍小影又喜作寶刀歌劍歌等篇一時和者甚衆女士原作絶佳有上下千古慷慨悲歌之致惜隨手散佚不可得見矣女士平時持論謂女子當有學問求自立不當仰給於男子今新少年動曰革命革命吾謂革命當自家庭始所謂男女平權是也某時時戒之謂妹言駭人聽聞宜慎之女士曰姊勿怪吾所持宗旨如此異日女學大興必能達吾目的其在數十年後乎然不有倡之誰與賡續也女士東游值甯河某君以戊戌事自首繫刑部獄女士方脱簪珥謀學費窘迫萬狀不得遽行聞甯河事乃出其所金送入獄以濟其急并屬送金者勿告姓名迨甯河遇赦出獄始知之時女士已東去甯河寓書謝之事後與人語輒爲涕零然女士與甯河初不相識也某女士贈詩有曰隱娘俠氣原仙客良玉英風豈女兒二語能髣髴其生平云女士自東歸過滬上述其留學艱苦狀既出其新得倭刀相示曰吾以弱女子隻身走萬里求學往返且數回買日本船票必取三等艙與苦力雜處長途觸暑一病幾不起既至東處學費之不給事事刻苦至節縮衣食所賴以自衛者惟此刀耳故與吾形影不相離某曰當此黑闇時代留學風潮且大起一發不可遏倘遇關吏詰問得毋疑妹爲女革命黨乎女士笑曰革命與口口不同姊固知吾非新少年所談之革命者既而行酒酒罷女士拔刀起舞唱日本歌數章命吾女以風琴和之歌聲悲壯動人旋别去不復見曾幾何時而昔日戲言不知其遂成讖語也悲夫今女士死矣呼天天不聞呼地地不應吾又何必再訟其冤然罪人不孥古有明訓某與女士有一日之雅又能知其生平不願以生家性命保秋氏家族望當道負立憲之責任者開一面之網飭屬保全勿再羅織以成莫須有之獄誣以種種之罪狀使死者魂魄尚爲之不安此某既爲之傳而又紀其遺事之微意也

秋女士傳

吳芝瑛

秋女士瑾字璿卿浙江山陰縣人女士幼承家學甫笄涉通經史喜爲歌詩然多感世之辭年十九嫁某京官某君生一子一女隨某君京師有年痛憤庚子之變以提倡女學爲己任凡新書新報靡不披覽以此深明中外之故而受外潮之刺激亦漸深一日脱簪珥爲學費别其夫送其子若女受鞠于外家孑身走東瀛留學時京師諸姊妹與相識者置酒於陶然亭餞之以壯其行此光緒三十年某月日事也女士既之東見留學界種種腐敗狀欲拂衣徑歸曾於所著中國女報序發之曰當學堂未立科舉盛行時代其有毅然舍高頭講章稍習外國語言文字者詎不曰新少年新少年然而大道不明真理未出求學者類皆無宗旨無意識其效果乃以多數聰穎子弟造成買辦繙譯之材近一年來此風稍變然吾又見多數學生以東瀛爲終南捷徑以學堂爲改良之科舉矣今且考試某科舉人某科進士之名稱又喧騰於吾耳矣嗚呼此等現象進步歟退步歟吾不敢知要知要之我女界前途必經此二階級是吾所敢決者又曰「人世間有最悽慘最危險之二字曰黑闇黑闇則無是非無見聞無一切人世間應有之行爲思想彼宅身其間者亦思所以自救救人歟夫含生負氣孰不樂生而惡死趨吉而避凶而所以陷危險而不顧者非不顧也不知也苟醒其沈醉使驚心萬狀之危險則人自爲計甯不勝於我爲人計耶」又曰吾欲結二萬萬大團體於一致通全國女界聲息於朝夕使我女子生機活潑精神奮迅以速進於大光明世界爲醒獅之前驅爲文明之先導其與人上下議論多類此女士性慷爽遇有不達時務者往往面折不稍假借以此人多銜之甚或舉俄之蘇菲亞法之羅蘭夫人以相儗女士亦漫應之自號曰鑑湖女俠云三十二年秋女士自東歸過滬聞母喪倉皇歸里旋應明道女學之聘爲教師明道女學者女士同鄉人徐錫麟所創辦也三十三年五月廿六日徐錫麟之獄起於皖浙中大吏指爲同黨殺之年三十有一

秋瑾遺著序

吳芝瑛

右若干卷山陰女子秋瑾撰嗚呼秋瑾之歿於今五年矣今武漢起義天下豪傑之士雲合景

從討伐其君莒誅庶其春秋之文湯武順天大易之旨秋瑾不幸齎志以死不及於身親見之庶獲有償遺志之一日於秋瑾亦復何悲夫秋瑾一弱女子耳閔時俗之流蕩嫉當世專制之主踵襲秦故欲更化嬴秦二千年敝政而返之共和生其時者謂婦人理內惟酒食是議著於禮經改制大事非女子所得置喙卒以戾時䛥而賫奇禍可不爲大哀也歟然而吾謂無哀也是易所謂革已日乃孚者也吾讀易至革鼎兩卦未嘗無感於聖人設卦觀象之旨曰異哉犧文昭予矣抑秋瑾者將所謂以少女子悅麗乎文明得其中而應乎剛者哉可以間執嵩嵩者之口而關之辭說矣何也在易兌上離下曰革離上巽下曰鼎兌以悅亨離曰重明故彖於革曰文明以悅離麗乎中巽順乎剛故彖於鼎曰得中應剛彖者言乎象者也而巽爲長離爲中女兌爲少女著於說卦八卦成列象在其中易者象也象也者像斯者也聖人有以見天下之賾然後擬諸其形容象其物宜豈云苟然而已然則革故而鼎新之殆女子之所有事也吾於大任不敢擅歸於女子也不敢不勉今不幸而生斯世不願爲其人歟願爲其人歟獨不知於吾秋瑾之意合焉否耶死者不可復生徒使吾茫然四顧而傷心也夫是爲序辛亥長至日桐城吳芝瑛

剪淞閣詩序

吳芝瑛

自吾營小萬柳堂於曹家渡又樓其東曰帆影堂之上曰西樓西樓鈎連處爲剪淞閣王君冠山藏有伊墨卿所書剪淞閣橫額喜其命名適同因以見詔閣爲地不過丈餘方夕陽始落紅霞彌空倒影入水似水中別有一天而水之迴瀾被風帆所激忽起忽落均閃閃作金綫對岸爲蘆灘帆隨灘轉不能窮其往惟見暮色蒼然楓葉荻花蕩漾於風漪之內而已自吾堂渡河而東不一里徐氏小蘭亭在焉亦有剪淞徐渡之額故作此詩

集時賢句題津樓惜別圖一首卽次南湖先生韵

吳芝瑛

小閣重樓落日寒（伯嚴）　談禪說鬼有餘歡（樊山）　名山誰信身堪隱（蘇堪）　客裏相逢歲又闌（子言）　枉疊華巾綰空髻（蹇庵）　可堪夢窄較春寬（稚悉）　綠波南浦情何限（詠霞）　顧曲頻登舊將壇（澍生）

神州女報題詞

爲題七偈藉以告哀卽日將赴山陰爲秋女士尋拾遺骸而改瘞之也丁未大雪節後

吳芝瑛

我聞古來言不幸作女子吁嗟聞此言女子眞休矣乾坤闢混沌想來但有男儒謂此語妄如何女下男

男正位乎外女正位乎內聖人訓人義非我所肊改男女正外內未言位高低定神試一想如何權不齊

我思權不齊厥咎仍在己我今平心論不盡咎男子自己既放棄男子復壓制悠悠成習慣遂無兩立勢

女權日以靡男權日以烈忽忽不自覺女權盡消滅豈無聖善人飲恨以折鬱充其毒所極女子比玩物

女子比玩物慘哉地獄黑方今開通時世界無此國如何我黃裔流毒到今日痛心一猛省迴瀾豈無術

偉哉秋女士抗心誓雪恥振臂而疾呼家庭革命是演談一何壯平權此宗旨無端橫禍來軒亭斷頭死

軒亭斷頭死神州女報始神州女報始頭斷心不死我今題此偈一淚凝一字一淚凝一字吁嗟我姑姊

輓秋瑾女俠詩五律二首

吳芝瑛

昔日同遊地今朝來哭君百年誰不死三尺此孤墳時事那堪道英靈自有羣行人痛寃獄掩淚話殷勤

碧血千年事悠悠那足論此心天可白一死我何言玄酒空山奠孤亭落日昏舊交三兩在誰與訴煩寃

哀山陰二首時將赴山陰爲秋瑾營葬故有是作

吳芝瑛

爰書滴滴寃民血（用天根句）能達君門死亦恩今日蓋棺論未定軒亭誰與賦招魂（浙人對於此獄獨無清議是可異已）

天地蒼茫百感身爲君收骨淚霑巾秋風秋雨山陰道太息難爲後死人

附錄　王冬花先生次吳夫人哀山陰原韵

事不驚人心不死寶刀無怨亦無恩墳前夜夜天開眼一縷寒光未斷魂

英雄志氣女兒身一哭憑棺淚滿巾骨是泥沙心是佛勸君莫作再來人

再疊前韻

世界當爲女豪傑此身誓不受人恩天留一片山陰土芳草年年欲斷魂

文章小道愧儒巾甘爲同胞殉此身巾幗大名垂宇宙一齊頫首學中人

附錄王冬花先生見吳瑛芝代葬秋瑾義之並哭秋瑾詩四絕

死後秋心比月明一棺風雨泣同盟誰爲埋入深深土女士爭傳吳芝瑛
錢塘女界合淒然不比尋常文字緣說起秋孃齊下淚明年青塚上花圈
不卻飛來刀箭鋒從今低首梵王宮人間儘有英雄血難得羅蘭一捻紅
骨肉傷悲徹肺肝人家流血一心酸一雙老眼天生就哭到於今淚未乾

附錄范姚蘊素女士贈吳芝瑛夫人詩一律

每惜孤懷未易輕空餘熱淚灑江城他年或踐西泠約今日毋忘海上情夾道電光能蔽月層樓秋氣倍添晴與君同抱傷時憾誰使神州弊政清

從軍樂　吳芝瑛

大哉中國豈無人一怒能教四海驚蠢爾蠻荊休竊笑請看今日少年軍
絕塞飛登下朔荒黃沙萬里渺茫茫路無山水遮行進好個男兒馳騁場
砲兵守後騎兵先步卒横抄曲水邊萬顆彈花飛不住轟成天地黑如煙
將軍布陣若游龍出沒無常變化工十萬輕騎横掃去胡兒血淚戰袍紅
萬柄鋼刀逐電來北追窮寇渡冰山冰山高立三千丈作我中原紀念碑
凱旋門外歌聲震大廈將傾拚命撑阿母對兒歡喜說做娘心願至今償

題菊　吳芝瑛

揀得東籬最好枝揮毫和墨露團時憑他人世爭濃淡寫到秋容只自知

輓秋瑾女士聯語並跋　吳芝瑛

一身不自保
千載有雄名

有是哉秋女士殃戮已旬餘矣既爲之傳又紀其遺事回顧壁間小影一痛欲絕忽憶蕭選得二語乃濡淚墨之尺素他日當大鐫其墓門嗚呼女士其長此冤耶
丁未六月大暑日桐城吳芝瑛扶病書於南園草屋

其二　吳芝瑛

今日何年共諸君幾許頭顱來此一堂痛飲
萬方多難與四海同胞手足競雄廿紀新元

追挽
革命流血諸烈士之靈幷告慰
璿卿吾妹淩雲一笑
黃帝紀元四千六百九年十月廿七日

吳芝瑛夫人哀榮錄

四言三家（一）　女界後學謝希轀

延陵華冑　泰伯封疆　名門淑媛　夫子㝡陽　南湖碩彥　蜚舉於鄉　唱隨梁孟
欽佩賢良　錦心綉口　俠骨義腸　溯自清末　秋俠受戕　營瘞遺骨　掩淚心傷
親題墓誌　手澤芬芳　西子湖上　蘇小墓旁　表彰先烈　潛德幽光　民國成立
泰斗羣望　葳行在戍　鸞馭翶翔　生平著作　爲世珍藏　奇文妙墨　萬丈光芒
女士不死　天地久長

（二）　胡埭鎮閔爾文

緊維夫人　秉性溫良　延陵華冑　累代書香　幼讀經史　聰慧異常　胸羅錦綉
舉止安詳　詩並蘇謝　字法鍾王　淑媛閨秀　譽著帷房　來嬪廉氏　科甲碩望
克嫺內則　潔治酒漿　雍容和藹　孝事姑嫜　雞鳴戒旦　鴻案相莊　隨夫遠宦
幾易星霜　歷任京邸　支部中郎　清季末葉　顛覆朝綱　酷施專制　黎庶受戕
沉淪女界　晻昧無光　鑑湖女士　俠骨義腸　引爲同志　感慨滄桑　提倡革命
努力方剛　黨案事發　荊棘鋒鋩　奔走營救　艱險備嘗　秋瑾殉難　風雨悽愴
西泠埋骨　布奠傾觴　民軍起鄂　聲勢囂張　舉行北伐　猶助軍糧　踈財仗義
戰道頌揚　名妓脫籍　佩德難忘　滬江別墅　萬柳艸堂　課讀兒女　教授孔彰
培成大器　品重圭璋　優游暮景　扶杖徜徉　寫經悟禪　樂且未央　不遺一老
天道茫茫　南湖作古　益復傍徨　相距三載　閏厄黃楊　慈雲慘淡　婺宿光芒
瑤池會速　環珮聲鏘　驚傳鱷耗　莫不悲傷　黨國元老　執紼臨喪　桐城梁邑
遺愛甘棠　我今憑弔　更覺淒涼　載瞻著作　百世流芳

（三）　鴛湖許大年

懿歟賢母四德兼全才高咏絮書法娟娟致力革命數十餘年功在黨國志在田園好施樂善
嗇己豐人懿範昭垂蘭玉盈庭偶然示疾蓬島歸眞載瞻遺象黯然傷神

古風四家（一）　高郵臨澤無垢氏董屋

吾聞女秉坤德順泥古原來不合宜試看芝瑛吳夫人軼事足可愧鬚眉奪回民權民師誓劃

除二千年專制寰中餘焰急復熾不畏權奸斥袁帝秋瑾女士具熱腸拯救同胞身喪亡太息枯骨委荒艸奔走營塚西湖旁擁抱琵琶香君李吟哦同調推知己爲憐薄命羅網羅千金不惜脫簪珥骨之俠兮肝之義軒冕所難巾幗易萬柳草堂寄幽情寫經誦佛乃餘事萬株柳樹合成衙朝朝暮暮集啼鴉朝鴉飛去暮鴉歸夫人一去未回家萬株柳樹萬縷烟一年一度障青天明年柳色復如舊夫人可曾去復還

（二） 武進寓公諸秉彝

卓哉女士吳芝瑛殊常聰慧名門生夙嫻姆教羣經明不承家學傳桐城不櫛進士蜚英聲簪花格寫書法精蚤年宮禁聞其名直教那拉氏心傾目無餘子空公卿良緣天假鏘鳳鳴叔度廉子人中英因緣文字聯鴛盟璧人一對洵有情鴛鴦福祿詩堪賡目擊政變當勝清一腔幽憤摩雲程心悲秋瑾寃獄成救援無力徒長征西泠埋玉殫經營長伴孤山高士塋豐碑屹立邀褒旌名花終究彰女貞王綱紐解帝制更魄褫奸雄心胆驚辭嚴孔璋氣縱橫從此蛇豕心難萌俠腸義膽何䠶䠶愛才如命出至誠生憫靈芝擢九莖沈淪草莽太不平下交折節垂青睛盼賞無異卞玉京謀爲脫籍放膽行不惜釵珥儕布荊如此仗義拚財輕黃花晚節宜爭榮無端仙樂鳴琤琤悠然控鶴歸蓬瀛一時社輟閭巷氓芙蓉江上罷吹笙青蠅吊客幡舉爭素車白馬門庭盈吁嗟乎江城曲譜如醉醒我勸一言彩鸞此去訪飛瓊定有西池阿母含笑下階迎

（三） 天長郁靜僧老鶴

春寒驛使來叩門拂箋清沁梅花魂讀之合洗雲水眼芝瑛夫人重清芬班昭家學衛氏字道韞詩才孟光婿萬柳草堂狎書史巾幗鬚眉俠氣存淚鑄金石葬女俠棠梨花笑雙龜蹲殯時以麵遣兩龜標誌兩仇人晚年書經尺有咫彩鸞寫韻奚足論楊枝一滴更普渡八功德水葉流根小娥受戒拔苦海火裏青蓮超金繩塔頂寶光不磨滅至今瓔珞垂乾坤息影佛山我學佛爐香坐對長明燈鄉人緣薄付想像安得說法聞三乘火急書還發深喟未淨塵根慙靜僧

（四） 甲戌二月晦鎮江陳直

晉人擅草隸論者推羲獻艸隸即草書此議吾不變唐賢能張軍多革山陰面雲礽肖皇祖端嗣楮登善悠悠一千載作者等零綴已矣吳夫人簪花猶可見卽是八分書藝林重黃絹巾幗筆陣圖並世愧諸彥楮書孟法師婀娜雜剛健綿延繭曳絲鷟鴦雉帶箭夫人固相似貴在識

隋卞安得庾品書位置上中殿墨池餘事耳氣節尤可傳會有文字雄鐫銘石一片

五律九家（一） 如皋情荃許樹枌時年七十有五

古來奇女子儒俠幾人傳慷慨追嫈姊端嚴重魯連皖山鍾秀色家學守遺編餘事稱書聖名超沈綉前

救世懷饑溺蓮花出火坑草堂仙隱逸萱閣佛心情詩禮傳家法湖山毓世英宜賡中壘筆彤史播嘉名

（二） 虞西釣叟錢景周時年六十有六

夫人名萬柳桐邑舊家聲經史搜千載鍾王寫一生南湖聯伉儷西麓薦犧牲女士營葬秋瑾女烈於西湖西泠之麓勝侶援歌妓昏君斥項城義腸垂今譽俠骨見精誠何意瑤池赴仙遊不計程

（三） 高郵後學沈道榮忻甫氏

孰謂乾坤窄蘭閨尚有人詩書知大義巾幗率天眞仗劍披肝膽揮毫動鬼神劇憐一夜雨萬柳悼芳春

（四） 合肥後學楊開森福之

衣缽傳家學班昭世所賢清才耽韻事綵筆奪春妍俠氣留天壤靈光照簡編神州傷末刧羽化遽登仙

（五） 丹徒楊鴻年秋心

木公纔逝世金母復歸天豈獨詞章妙且兼筆法妍西湖堂尙在秋社塚相連義俠世無比鬚眉亦赧然

（六） 高郵高醒儂

生就閨闈質偏存俠義心憐才蘋脫籍樹木柳成陰鴻論誹君主鵝經重士林秋墳一杯土當日費沉吟

宇內潮流急心傷海變田奠基虛夙願謝世了塵緣懿範垂千古徽音播二泉女宗嗟頓失相嚮各悽然

（七） 青浦錢學坤靜方時年六十有一

裔出延陵後置身廉讓間聲名傳巾幗文翰壽湖山俠骨秋營葬禪心晝掩關惠泉清可奠環珮夜遲還

（八）　廉建中

南湖哀未已又灑淚雙痕詩禮傳桐邑賢良著錫垣揮毫成拱璧瘞骨慰忠魂佛手援妓苦（曾費數千金為一妓脫籍）丹心斥帝昏（致書袁君項城痛斥帝制）治家勤且儉處世厚而溫何遽西池去高風萬古存

（九）　高郵馬治平

惠麓孀星墜金萱帶雨痕文名傳上苑（夫人書法為西后那拉氏激賞）佳話遍京垣（嘗與劉鈞雲爭一法碑卒成仇隙傳遍都下）棒喝權奸夢（袁項城稱帝夫人痛斥其妄）湖營俠女魂（營葬秋瑾女士於西湖）一經留墨跡（夫人寫有楞嚴經極寶貴）萬柳掩黃昏（夫人居滬西時顏其居曰小萬柳堂）麥美情懷厚（御史常徽奏劾夫人於清廷賴女教士麥美德始得免）蘋香笑語溫（與名妓李蘋香時相過從卒為之脫籍）斯人今已渺手澤悵空存

七律四十二家（一）　常熟金鶴籌叔和氏（時年八十有一）

河東門第延陵裔詩禮傳家壼範垂不幸降生為女子孰知義俠勝男兒骨埋秋瑾情何摯籍脫蘋香事更奇況復閨中多手蹟士林寶貴奉為師

萬柳夫人器識宏超然不愧女中英名書賞鑒邀西后嘉譽流傳偏北平墨寶清新曾目覩文才淵博久心傾如何一剎登仙去忍使同人哭失聲

延陵淑媛秉英姿妙有生花筆一枝數卷文詞傳後日半生墨寶重當時風裁自是人中傑品學堪為女界師義俠無慚廉范裔大名鼎鼎四方馳

萬柳夫人率性真英姿颯爽軼羣倫一身艱鉅担江左三傑聲名著滬濱視死如歸徵勇敢當仁不讓莫逡巡臨風揮淚收秋瑾熱血滿腔義憤伸

善誘循循教澤長昔聞彤管早流芳春風煦拂花含艷化雨涵濡草亦香道韞才思原敏捷文宣講解倍周詳名高泰斗儒林重謭陋如予曷表彰

（二）　吳縣張榮培（蟄公時年六十有三）

孀星匿彩痛延陵佳偶能齊廉范稱萬柳高風標灑脫九龍山色仰飛騰俠腸應匹秦良玉雅度甯輸管道昇墨寶流傳珍藝苑簪花妙格溯師承

（三）　高郵甓漁楊遵路

萬柳夫人萬柳堂垂楊以外幾滄桑西湖度地埋忠骨北里憐才見俠腸憤筆痛陳君國害寫經細領佛天香玉樓新廣修文例女子參加應召忙

（四）　吳江沈昌直

天教弱女繼書香猶有桐城舊典章學衞夫人揮管樂嫁梁高士賃舂忙春風萬柳攤經卷（女士嘗寫金剛楞嚴二經）秋雨孤墳葬國殤（謂葬秋瑾女士）彤史轉愁難位置藝林俠傳費商量

（五）　胡介昌（西麓時年六十有二）

江南秀氣毓桐城萬柳夫人絕世英字學簪花紅格峻樓居帆影碧煙橫七言柳絮欽鄰島一卷楞嚴動帝京儼似當年堵女士傳家墨跡獨垂名

一從巾幗侍南湖俠義心腸與化俱書斥項城銷帝制墓營秋瑾雪人辜火坑脫籍悲名妓血產培才憫禍夫環珮忽然聲已杳皈依合拜老文殊

（六）　青浦項　寰（涵公時年七十有二）

夫壻南湖素有才心香一瓣久低徊三生石上良緣訂萬柳堂中佳耦來名滿錫山欽俠骨春酣金谷脫凡胎綉帷遺稿搜求徧庶免文章付刼灰

（七）　鎮江貫策小齋

女孀昨夜落天樞經濟才能薄俗儒南國俠風稀競爽西泠義骨賴難枯千秋墨瀋經千卷萬縷烟消柳萬株回顧蒼生揮刼淚誰堪七級造浮屠

（八）　寶應毛文沂瀚波氏（時年六三）

家風詩禮出桐城巾幗賢良舊有聲徐淑前生傳翰藻孟光再世重釵荊一身為婦明坤德萬柳隨夫博隱名（南湖先生解組後築有小萬柳堂夫人自號萬柳夫人）著作煌煌騰女界奈何匆遽返瑤京

婺星痛墮錫山濱留有生平事業真營葬魂安秋女士（葬秋瑾於西湖）工書體合衛夫人（善書法）俠腸獨脫為娼李（費多金為詩妓李蘋香脫籍）忠膽同爭不帝秦（上書斥袁項城帝制）一部楞嚴成墨寶（書有楞嚴經一部）永堪百世奉奇珍

（九）　鹽城臧鉞成退菴氏

一代宗師女界傳驚人事業世稱賢革君命重秋任俠（女士曾營葬鑑湖女俠秋瑾）抗帝秦如魯仲連（袁氏稱帝女士上書斥責）鴻案相莊京洛地（其夫君廉南湖為京卿女士書名傳海內）鹿車共挽滬江天（築小萬柳堂偕隱滬上）惟餘萬柳堂前樹風雨淒淒泣暮煙

學繼班昭是大家伯鸞德曜共才華脩行共證名山果（女士好佛曾手寫佛經傳于世）俠義能拯墮溷花（女士嘗簪珥代詩妓某脫籍）工寫楷書勻且秀閒吟詩句正而葩西湖風雨亭前額來往遊人字體誇（舊遊西湖見秋女俠墓前風雨亭三字係女士手書）

（十）　合肥李國瓌（伯琦）

桐城家學溯源淵巾幗英雄豈偶然詠絮才華能婉娩簪花風格自清妍悲秋曾築湖干墓援李真生火坑蓮萬柳堂空人已去春來依舊樹飛緜

（十一）　寶應德洲王文潞

盥誦徵文軼事稽柔情俠骨愧鬚眉楞嚴筆法簪花格道藴才高咏絮詩書斥老袁還故國麵模浙撫辱爲龜千金惠脫蘋香籍如此婆心罕見之

（十二）　天津徐緒通 一達

虆礁珥筆昔同銜林下高風識未差謝道韞才洵並叔衛夫人字合專家文心唱和名傳遠俠骨收埋誼拜嘉 爲秋瑾營葬 小萬柳堂遺墨在臨摹紙定貴黃麻

（十三）　海虞王慶之

清才令德達楓宸望重紗帷幾度春仗義瘞埋秋女士垂模媲徽郝夫人萬株煙柳書堂敞一卷楞嚴楷法眞最是熱忱謀救濟蘋香世世感恩仁

（十四）　會稽章輝庠

才情詠絮早流芳想念夫人萬柳堂二月春風如利剪一天消息黯斜陽南湖何處瘞詩骨西冷應敎弔俠腸難得崑山留片玉將與珍重篋笥藏

（十五）　鹽城子陽凌春生

萬柳堂中女丈夫憐才尙俠邁吾儒法書慣握雙毫寫 女士善書法 名妓賴伸隻手扶 不惜千金爲一娼脫籍 斥帝丹心供北闕 致書袁項城痛斥帝制 求賢白骨葬西湖 營葬秋瑾骸骨于西泠 古今閨範知多少如此佳人世上無

（十六）　紹興俞尙志安之

昨夜霜天月滿庭懷人正看女嬋星驚傳環珮昇霄去忍使鬚眉傾耳聽俠骨自能成義舉禪機原不惹羶腥堂垂萬柳楞嚴誦翰墨流芳幾卷經

（十七）　合肥楊逸俠

皖水皖山靈秀氣篤生賢媛重江東唱隨才調名齊著家世文宗衆所崇經寫楞嚴含佛性墳修女俠見英風祇今人去堂猶在惆悵斜陽萬柳叢

（十八）　桐城玉屏山人吳文山

謫落塵寰六十週蘭因絮果兩悠悠浮名俗利甘拋棄徐淑秦嘉互唱酬 姊同姊丈南湖均以詩名天下 鞠隱山莊捐建學 伯父寶三公身後無嗣所遺財產甚多並住宅鞠隱山莊一所姊均捐辦鞠隱小學與族中諸無賴涉訟數年始成事由甚長統見鞠隱案牘彙存 西湖高閣起悲秋 女革命家秋瑾烈士殉難後姊爲在西湖墓側建一悲秋閣 離塵羽化登仙去海上空餘帆影樓 姊昔在上海名所居之樓曰帆影 蔡邕絕學女兒傳鐵畫銀鈎體態妍 伯父寶三公書法絕妙膝下惟姊一人姊承家學淵源書法亦爲人所共賞 萬柳書堂摹法帖 姊有小萬柳堂摹古

法帖行世 簪花妙格寫楞嚴 姊有楷書楞嚴經全部二卷行世爲近人最寶貴之法帖 多情同撫秋孤子 秋女烈士遺子女各一人男名元德女名杜芬光復之際姊同徐寄塵女士均爲敎撫見民國文粹姊與寄塵書 遺產甘因建學捐 前註不贅 忽忽六旬乘化盡鹿門夫婦共逃禪 姊同姊丈南湖晚年均好佛學

（十九）　古平阿何國瑾子良

言論當年不自由狐因兔死故悲秋 秋女烈士與姊至契秋殉難後姊輓詞極激昂沉痛甚觸當道之忌 宣傳革命遭奸妒慷慨悲歌作楚囚 秋殉難後數月滿奴以姊輓詞過激幾至捕姊下獄營救乃免 北伐女軍捐字餉 民元光復之際上海有女子北伐隊之組織姊曾賣字以助其餉 南湖新舍寫經樓 姊丈欲築南湖新舍姊請加建一樓寫經見姊書楞嚴經法帖書後詩序 近從夫婦同皈佛始見文章少杞憂 姊與姊丈昔日著作多有憤時之慨自同皈依佛後作品中始不題時事矣 萬柳堂前氣象空令人憑吊仰高風 姊昔所居上海之小萬柳堂聞已變賣償債令人生感 從夫幸匪錢謙益 姊丈南湖先生節操高尙風清朝野迥非有文無行之所可及 得叔傳揚廉建中 廉建中先生爲姊叔翟欲爲姊闡揚幽光特登報徵遺蹟以編專集傳世 愧我蹉跎虛所望哭君感慨實無窮 余髫齡極蒙姊垂愛謂定非池中物並賜書帖甚多今已壯年毫無建樹不但有辱吾姊知人之明且自感身之漸老而無能爲也 年來玉樹凋零盡從此蒹葭等襲桐 自前年秋南湖姊丈去世去歲柯鳳孫姊丈王子翔姊丈相繼捐館今姊又逝則至親之貴戚凋零殆盡從此不但傷蒹葭之無依而且感廣陵散絕中郎竟逝誰惜焦桐哭姊之餘實自觸身世之痛也

（二十）　海虞蔣兆文 志爲

本是瑤池供奉班華嚴小刦墮塵寰晉陵此日驂鸞去梁塚何年化蝶還賸墨零星搜薄海才人事業重名山義腸俠骨傳巾幗幾輩鬚眉不汗顏丈夫生性女郎身巾幗中無第二人一卷楞嚴資墖礎千秋俠骨妥湖濱上窮碧落難其選有幸青樓得自新勝慨豪情眞卓卓鬚眉男子恐非倫

（二十一）　無爲東生楊景春

婺煥中天數十秋鬚眉氣象媲名流桐鄉壼範三千則柳室儀型十二州義葬忠骸開赤縣情憐才嫒脫青樓無端赴召瑤池去曾憶黎林軼事不誰云女界少英華萬柳夫人足可誇新異文章翻錦繡勁遒書法走龍蛇義聲昭著堪傳世墨寶徵求可克家但惜嫦星今晦彩同胞姊妹仰仙車

（二十二）　太倉高枕石

秦嘉徐淑眷神仙賦茗香閨翰墨緣秋燕不歸人亦杳風騷無主帝胡然黃金手散憐才俠白髮眉齊學悟禪解作女嬃申詈日皎珠淚墜夢如烟伯英結習癖殘碑棐几湖簾憶舊時冷面熱腸雙眼淚禪心俠骨一身持秋魂重瘞湖濱血春柳空縣瀝濆絲悵望草堂餘落照鏡奩月缺彩雲馳

（二十三）　分湖女子沈曦滋

深閨日對屏間字 家有夫人摹蘇黃米蔡屏幅 早與夫人意氣投家世桐城饒著作行踪櫻島快優游寫經潭柘閒消夏覓地湖隄慘葬秋一代名流今已杳賸留翰墨抵琳璆

（二十四） 李林絳茗女士

西湖舊事刼餘形秋瑾當時殞獄亭簪珥英雄昭史策鬚眉巾幗寫嚴經部郎主婦賢中饋侍御孤臣夢裏聽其奈義聲超鄂渚夫人奔走汗流靑

（二十五） 乙亥三月李天民初稿于台灣

巾幗鬚眉獨占魁憐香脫籍俠豪哉 謂李蘋香事 衛姬書法簪花格謝女詩名詠絮才鼎革寄塵碑勒石義聲秋瑾骨寒灰楞嚴經寫珍如璧萬柳堂中蕩古哀

（二十六） 乙亥三月李學樵

雞林宿望共推陳巾幗英雄無錫人字寫楞嚴經什襲集傳閨秀闡天眞歡呼女傑悲秋瑾慘澹男兒慟寄塵更與蘋香爲莫逆憐才脫籍保吟身

（二十七） 東寧遯客王良有 濟川

延陵世胄炳桐城林下風傳死後名詠絮淸才誰與匹簪花妙格衆皆驚聲馳北苑留佳話耦

得南湖慰此生猶有俠腸播巾幗不堪萬柳悼流鶯

（二十八） 倪道榮

海上相逢已十秋 謁南湖先生得識女士 那堪今日賦仙遊光陰迅速如流水身世蒼茫易感秋庾鮑淸才曾有幾褚歐妙筆本無儔從今歸向南湖去萬柳蕭蕭空自留

（二十九） 無爲李正德 適平

娟娟西去恨蒼穹詠絮咸推造句工勤織不須聞絡緯讀書曾記注魚虫珠沉懿範妝台冷玉碎芳名畫閣空塵世浮生渾若夢仰天憑弔月明中

（三十） 南漳夢園黃思賢

淸才麗質擅天聰絕妙詩吟柳絮工交警雞鳴歌味旦宏開馬帳仰春風聲名洋溢九州內蘭蕙摧殘二月中如此義腸兼俠骨誰云巾幗不英雄

（三十一） 胡球鎮閔爾文

絕世聰明絕世姿人人爭仰女宗師淋漓寫就簪花帖慷慨捐輸創學資著作等身名不朽光陰彈指逝如斯怕從萬柳堂前過悵望璇閨失令儀

巾幗才華出錦心等身著作冠儒林書文價重連城璧 當袁世凱改元洪憲女士上書袁氏見書不敢篡奪帝位復總統制此書南湖先生曾裱一手卷有吳稚暉章太炎等題跋 詩賦聲同擲地金 閔女士家世幼著才名所作詩文早爲桐城老宿贊賞 無上楞經誇墨寶 寫楞嚴經一部女士自謂今多肉眼無識者五百年後當相賞於筆毛墨瀋之間欲造七級浮屠以爲奠基之資也 生平尙俠痛山陰 埋瘞秋瑾之後輒自流淚痛泣 從今駕返瑤池去憑弔滬江淚滿襟

（三十二） 胡球鎮陳 慕 恂懋

遠隨夫壻歷風塵 清季偕南湖先生宦游京邸歷任度支部郎中 仗義執言軼等倫 負豪俠之氣不避艱險非世俗女流所可及矣 北闕傾心書一紙 項城氏醉心帝制上書勸阻袁氏見其書膽戰心驚罷稱洪憲 西湖埋骨任千鈞 清廷斬秋瑾夫人爲瘞骨于西湖之麓被常徽劾奏清廷欲羅織其罪幸端午橋力保始免究 聯吟紅拂訂知己 時有名妓李蘋香善詠詩憐其才不惜籌珥爲之脫籍自是往還益密訂爲知音 扶樹靑天出性眞 民軍起義北伐以助糧餉又作從軍樂一篇 巾幗英雄今已杳祇垂萬柳滬江濱 自小萬柳堂易主後旋歸故宅忽於今春謝世憑弔滬江不勝惋惜

（三十三） 安徽無爲縣葉顯琪

萬柳夫人著作喧桐城家學自淵源溫文儒雅女誰匹義俠詩才世共尊南國頌聲高軒冕西湖埋骨慰忠魂傷心灑盡眼中血閣建悲秋千古存

（三十四） 無爲縣宣是若

萬柳夫人蓋世才文章事業占爲魁上書救國同歸漢脫籍詩妓不惜財翰墨餘香經卷在滬

江小築柳堂開一輪明月偏相照詎料瑤池降詔來

（三十五） 鹽城李時宗

本是蟾宮謫降仙緣何淪落步風煙書傳遯海雙條鯉恨鎖崑崙一角天環珮香隨蓬島月芳容詞渺洛神篇他年化鶴歸來日長使儒林泣杜鵑

（三十六） 無爲泥汊鎮易向高

孀星忽隱我心摧跨鶴西歸不復回希世奇珍留墨蹟上書帝制斥袁裁滿腔熱血埋秋骨一片苦衷吊夜臺仗義疎財成善舉好將彤史表賢才

（三十七） 鹽城郢子蓍

平生灑脫孰爲儔俠義堪悲故國秋家世桐城嫻姆教蜚聲藝苑遍環球壼儀垂範標彤史梁案相莊並白頭曾泣南湖哀未已堂空萬柳更添愁

（三十八） 鹽城樂英張振才

賸留墨跡契前賢女界誰人敢比肩婦道恭脩歌戚里母儀足式學源淵忽離凡海超塵外不願騷壇奪幟先可惜名媛今已杳幽光潛德萬年傳

吳家淑女勝鬚眉雖死猶生衆口碑才學聯翩傳國際文章瀟灑出羅帷蘭心蕙質閨中秀俠
骨義腸海內馳如此名媛天亦忌頓教馭鶴返瑤池
博士頭銜一代喧蘭英再世耀吳門相夫鴻案眉齊敬奪幟騷壇手澤存久仰廉家逑淑女那
知天道喪名媛不才抱愧難爲傳聊把哀詩灑淚痕

郭傳汾 挹清

（三十九）

花謝水流月冷溪佳人跨鶴竟歸西芳徽自足標彤管博學何曾類甕雞德媲孟光荆布儉才
高道韞柳綿題南湖返櫂抱深痛怕聽子規夜半啼
噩耗驚傳萬柳堂佳人馭鶴上西方丸熊佐讀留儀範挽鹿功高重禮常達義知書嫻姆訓賢
名淑德著枌鄉從今再把遺文讀女界紛紛淚滿裳

鹽城乃秋孫田鴻

（四十）

草堂衆傍浣花溪女士法書播泰西柳絮清才誇倚馬蘭閨昧旦聽鳴雞情諧鴛侶牽衣問淡
掃蛾眉舉案齊訪到南湖登極樂子規何事耳邊啼

荻港 羅富華

（四十一）

萬柳夫人姓字香寰球羣羨女賢良文成金石生花筆口吐珠璣詠絮章一代名媛留俠骨中
天寶婺竟韜光追懷往事常如在血淚頰流葬國殤（秋瑾爲國捐軀夫人悲悼惋惜營葬西湖）

鹽城後學李箴言 慕梓

（四十二）

爲國鼎新起怒濤江南羣羨女中豪相夫端合孟光德教子風裁歐母高尙俠精誠兼厚愛持
躬勤儉不辭勞何期駕返瑤臺去萬柳堂前鳥亦號

常熟徐兆瑋 少逵時年六十有九

七絕三十〇家（一）

秋雨秋風刻骨悲西泠碧血葬蛾眉延陵義俠高千古力植民權不避危

常熟周 瑾 子璨時年六十有六

（二）

瘦硬通神契晉賢寫經慧業動人天楞嚴十卷流傳遍便是檀林萬寶篇
名滿塵寰四十年瑤池歸去會羣仙義腸俠骨千秋著巾幗何人敢比肩
文章詩筆盡超倫腕下龍蛇更入神莫怪世間多寶貴前身應是衞夫人

虞山龐北海 時年六十有八

（三）

悼亡詩滿舊屛風（元 稹）從此長歸阿母宮（李玉羣）艷質已隨雲雨散（杜 牧）花殘月
謝霧朦朧（曹 唐）
暫來浮世返蓬瀛（李 中）爭得仙娥駐玉京（方 干）只恐西追王母宴（李舜絃）月中嬌
女執旛迎（呂 嚴）
身在仙宮第幾重（韓 愈）白雲斜掩碧芙蓉（李 涉）芳魂艷骨知何處（白居易）會向瑤
臺月下逢（李 白）
玉貌潘郎淚滿衣（溫庭筠）琵琶弦斷倚屛幃（白居易）彩雲一去無消息（魚元機）只擬乘
鸞獨自飛（劉禹錫）
零落蕉花雨打開（王 建）常嗟物候暗相催（樊 晃）一潭明月萬株柳（許 渾）自古朱
顏不再來（白居易）
洛濱仙駕啓遙源（駱賓王）環珮空歸月夜魂（杜 甫）香散艷消如一夢（汪 遵）寧知白
玉暗成痕（李 益）
半牕殘月有鶯啼（王 建）玉樹花飄鳳失棲（司空圖）妝匣尙留金翡翠（嵩嶽諸仙）幾多
紅粉委黃泥（雍裕之）

蕭聲一絕艸虫悲（劉禹錫）雲沒烟消不可期（韋應物）香解返魂成淚語（李 中）落花如
雨淚胭脂（沈亞之）
眞珠爲土玉爲塵（姚 合）羅幃香儆冷錦裀（劉 滄）徒愛右軍遺點畫（陸龜蒙）九天曾
是散花人（吳 融）

（四）

俠骨義腸巾幗罕憐才畢竟性情眞風塵青眼無餘子秋瑾蘋香一例論

泰縣錢嘉穀 競五時年六十有三

錫山婦是桐城女經寫楞嚴世所無小萬柳堂堂不朽他生仍合偶南湖
才工詠絮誰其偶格寫簪花此後身競道龐吳當不死千秋遺墨總通神

（五）

南匯後學沈瘦若

南湖居士大詩人奇句能教海內驚難得才媛爲伉儷雙排筆陣掃千軍
爲慨腥羶僭政荒江山晚照正微茫同心革命開新路烈烈轟轟做一場
聞雞起舞互爭先無意吟邊與酒邊敢瘞鑑湖秋俠骨一襟豪氣薄雲烟
延陵劍氣化潛龍墨海爲家染翰工闡說佛經親手寫心燈普照大千紅

萬柳堂成偕隱來倦勤端合老湖隈壯年事業成追憶贏得風流載口碑
賢儔有約登仙去從此騷壇失柱撐幸有珠璣堪壽世不生素願略能償

（六） 南通丁紅禪

胎息鍾王自一家別成妙格勝簪花即今藝苑留瓌寶萬口人爭說法華（夫人法書有名於時曾臨有法華經全卷爲世所重）
肝胆輪囷世已無交情寧以死生渝不辭艱險收遺骨媿煞人間幾丈夫

（七） 興化致中韋永和

南湖驟喪女中師悽絶延陵筆一枝夢冷香閨留別恨惱人濕吊寫烏絲
慘慘悲風萬柳堂飛來噩耗更悽惶義腸俠骨羣欽式遙奠浮紅酒一觴
天生麗質擅才華著作等身曹大家遺芬一集留彤管春雨深宵泣杏花
畢竟多才命不長彩鸞飛去入仙鄉殘編遺稿今猶在留得人間翰墨香

（八） 常熟龐取威

芳菲美豔不禁風（賓鞏）絳帳無人花自紅（司空圖）花落花開人世夢（王樞）餘香漸滅玉堂中（李羣玉）

學取莊周淚莫多（元稹）白雲明月弔湘娥（貫主）寶琴零落金星滅（程長文）能使千秋傷綺羅（劉長卿）
瑤臺無路可追尋（李遠）鳳去空餘簫管音（蕭祜）簾捲玉樓人寂寂（元周）姮娥歸處月宮深（劉禹錫）

（九） 無爲許正區

生與吳剛姓氏同飛昇應駐廣寒宮彩鸞試向人間看多少蛾眉拜下風
生前陰物似慈雲義俠心腸熱萬分彤史不愁無左證口碑到處有傳聞
孟光眉與案相齊徐淑書皆手自題五袴人歌廉叔度知他內助有賢妻
湘簾棐几已凝塵猶賸簪花字體新想見綠窻勤染翰千秋應比管夫人

（十） 青浦俞祖望慧殊

巾幗也關家國事軒亭碧血拾遺痕從今獺水橋邊路萬柳毿毿護俠魂
簪花妙筆籠紗句玉珮珠襦墮渺茫獨有藏經不磨滅天風鈴語散餘香

（十一） 世姪女李家頤

瘁秋湖上蹈危機義俠堪稱末世師玉骨當宜藏勝地營君馬鬣吏爲誰
蕭疏衰柳不勝愁無復當年人倚樓（予遊西湖過小萬柳堂已久爲蔣莊矣）日落南湖天倒影詩成奇句自千秋（女士有年來省識荒寒趣愁看南湖水底天之句）

（十二） 李又白

文章事業勞研究女界堪推咏絮才不料一朝成永訣淒涼風雨動人哀
慘淡文壇染淚痕天涯何處痛招魂遙憐兜率宮中月照到名媛影亦昏

（十三） 太倉盛雪門 小鶴

秀毓桐城詩禮家遠隨夫壻客京華書成墨寶簪花格贏得椒闈賞賚加
壯年救國救同胞不避艱危女俠交力植民權歸隱去感傷時事盡相拋（自夫人歸隱後即研究佛學手寫經卷不問世事矣）
千金慨脫烟花籍一角孤撐風雨亭湖海長留生死感詩才豪氣獨垂青（脫蘋香花籍於上海瘞秋瑾俠骨於西湖憐才慕義實爲罕見）

（十四） 鹽城效良張兆勛

萬柳叢中一艸堂齊眉偕老傲鴻光頭銜自署夫人號領袖詞壇翰墨香

曠世爭傳咏絮才蟾宮降謫下塵埃一朝赴召瑤池去杜宇聲聲喚不回
堂開萬柳意彷徨人去堂空劇感傷手寫楞嚴經一部琳瑯至寶足珍藏

（十五） 水月居士龔海明

吳中盡道女宗師痛哭秋瑾繫夢思萬種悲懷流血淚一生遺恨有誰知
巾幗奇才第一流歸眞含笑竟難留西湖猶賸悲秋閣煙雨迷離動客愁

（十六） 無爲饒秉忠 嘯園

俠骨義腸立志奇羣稱巾幗勝鬚眉世間多少裙釵女除却夫人更有誰
提携女界現光明不憚權奸勢力橫壯志未酬遭彈劾胸中長抱不平鳴

（十七） 無爲方丁淑媖 湘雲

簪花妙格夫人筆柳絮清吟女士才一字一縑須鄭重心香瓣爇向瑤臺

（十八） 合肥王政謙 季和

平生任俠慣財疏仙侶劉樊位不虛贏得士林齊拜倒知君學富五車書
殘編斷簡留人世去作瑤池第一仙幸有左芬女士（毓明）護遺什徵題詩句廣流傳

張紹先

（十九）

詞客梅郎風歇後香閨繼志播賢名蓉湖千尺水清秀如此文章總現成

記得與夫盟刎頸相隨泉壤可聯坒堂前過客增惆悵小鳥猶鳴萬柳陰

（二十）　慈谿李振華

女界聲名一代榮生平寫作俱專精天成傲骨誰堪比祇有秋英許並衡

素抱奇才革命心由來女俠感人深柳堂海上仍無恙錫地偏傳噩耗音

（二十一）　陸區橋奚文憲

巾幗詩人古所稀宣文宋若世幾微翰香宮闕邀脅寵無上楞經詩玉璣

自幼攻書習劍琴聯吟紅拂訂知音憐才不惜黃金價爲脫羅襟換紫襟

秋風秋雨有愁人仗義扶傾出性眞縱是豺狼遭齕齧青天猶樹萬家春

桐城梁邑出名姝四海盛傳一丈夫萬柳滬濱生顏色至今憑弔俠魂孤

（二十二）　鹽城後學杪梓史枺柯

萬柳夫人壯志違晚年棲隱悟禪機題詩自有驚神句擬是天花落翠微

噩耗驚傳返帝鄉騷壇詞客更悽傷愧余穢線才殊短也賦巴歌當輓章

（二十三）　安徽無爲萬　里雲鵬

鏡臺塵掩舊時痕黯淡雲天曉日昏畢竟姮娥邀作侶蟾宮縹緲賸芳魂

生平著作已多儲萬柳堂閒意自舒環珮飄然何處去一簾明月夜窗虛

（二十四）　鹽城樂山李樹仁

噩耗傳來動客驚吳中同哭女先生世間多少裙釵輩能使鬚眉心久傾

墨寶琳琅手澤留生平才調孰能儔那堪長往游仙去也把文章記玉樓

（二十五）　無爲吳鐵圻

賢妹我愧忝同宗桐邑山川一代鍾最是詩書畫三絕高風萬古想仙踪

河東賢婦延陵女詠絮才高世所無萬柳堂中遺像在他生得否偶南湖

柔腸俠骨秉天眞偶得南湖眷屬新書畫詩文原不死千秋閨閣想斯人

（二十六）　鹽城樂英張振才

俠骨柔腸世所稀應標彤管著芳徽南湖萬柳堂猶在欲訪才媛事已非

大筆如椽書法工驚傳海內碧紗籠憐才惜俠猶餘事多少鬚眉拜下風

（二十七）　漣水韓永泉醴香

彤管揚芬出錦扉才媛歸去寸心違遙知添座瑤池會無限仙雲作伴飛

才華絕世自神輸南北義名衆口呼一點熱忱深似水痛秋俠骨瘞西湖

噩耗驚傳徧地哀天公畢竟妬奇才爭看親寫簪花格筆底通神手自栽

（二十八）　安徽無爲縣葉顯瑰

國事頹唐若散煙欲將帝制盡傾顛九重書斥權奸勢爲救同胞快着鞭

造化何爲太薄情女中獨喪一豪英芳魂自此歸何處惟有義名遍帝京

（二十九）　鹽城秉乾劉家堃

女士簪花蓋一時才名不讓蔡文姬茫茫天道誠難測忍使江南失女師

天既生才又妬才騷壇有客總含哀等身著作堪風世駕返瑤池何日來

（三十）　族晚廉　良

夫人俠義世間無秋墓于今宿艸蕪一在家鄉一潭柘相從地下覓南湖

楞嚴經寫衛夫人妙格簪花可亂眞軀殼雖亡神不死堂前萬柳色常新

詞二家（一）　虞山醉樵陸寶樹

（調寄沁園春）佳話當年因緣翰墨情深唱隨況經翻貝葉茂猗書法詩吟柳絮道韞才思俠骨柔腸淒風冷雨獨瘞忠魂慰故知邀恩眷仰名馳内苑譽滿京師

相期歇浦棲遲看綠遍垂楊裊萬絲念一緘進諫膽寒雄主千金市義身贖歌姬夢斷虆砧眞歸蓮界月落霜天叫子規空憑弔賸河山黯淡烟水迷離

（二）　虞山後學孟芙陸熊祥

（調寄高陽臺）道韞才華左芬藻思賢聲早播荆湘絳幔春深三千桃李門牆濡毫妙擅簪花格寫金經一瓣心香瘞忠魂風雨西泠俠骨柔腸　美人名士饒清福看艸堂小築綠遍垂楊嘯傲湖山珍藏萬卷縹緗虆砧夢斷鵑啼血證蘭因遽返仙鄉忍重過翠館紅亭夕照荒涼

聯三十五六家（一）　弟吳文山

以文字開革命先聲著作等身花映門楣光照耀

鼓風潮鑄共和大錯鬚眉俯首名傳寰宇死猶生

（二）　孫寒厓

碧血話軒亭湖上相逢應舉酒

清輝照潭柘山中却喜有歸魂

（三）　吳稚暉

絮吟悲絕響

俠墓結神游

（四）　侯疑始

鬥茗話歸來伉儷千秋自有高名著金石

簪花承寫韻楞嚴十卷長留妙墨鎮湖山

出聯用趙明誠夫婦歸來堂金石錄事下聯用吳彩鸞寫韵軒事夫人爲鑑湖女俠秋瑾寫楞嚴十卷曾有建塔西湖供奉是經之願

（五）　汪兆銘

妙筆寫經自資鹿苑多生福

奮開賭石還匹鷗波異代名

（六）　褚民誼

細字擬簪花手寫楞嚴超兜率

清才吟柳染老論金石表明誠

（七）　裘可桴

佛經寫定數萬言鶴樓老人同此一派（孫寒厓書法酷似夫人頗有王逸少師事衛夫人意味）

靈魂來往三千里虎林潭柘各有千秋（廉氏子女謀葬夫人於鑑湖女俠秋瑾之西湖墓地與南湖潭柘山墓地南北遙遙相對後人憑吊將不勝其欷噓）

（八）　王克循

南湖居士所行多俠義膾炙人口者久晚隱於禪蓋絕世也前歲歿故都葬西山潭柘寺萬柳夫人以書法蜚聲海內有手抄楞嚴經傳世人爭寶之今春夫人復沒於里予以通家誼撰聯輓之重居士幷重夫人惜未能狀其萬一耳

遯世絕汚塵古剎瓣香夫子高風爭膾炙

寫經誇盛事小堂萬柳斯人有墨壓鬚眉

（九）　吳溯海

巾幗一人葬秋瑾傾動朝野

詩書雙絕寫楞嚴名震遼東

（十）　張蟄公

輕財仗義好學工書於有清三百年間數女中奇傑

祈福寫經褒忠瘞骨出今世五濁界內爲民國完人

（十一）　張鐵叟

書學文學卓絕千秋是衛茂漪黃崇嘏一流人物

慈心俠心周乎萬類爲李蘋香秋璿卿並世知音

（十二）　蕭伯逵

是巾幗中文學家碑鐫秋塚經寫楞嚴伉儷享清名承曩年墨蹟貽存猶見桐城傳一脈

奪鬚眉間儒雅氣才亞左芬書珍衛鑠古今同美範看他日遺編刊印允偕惠麓並千秋

（十三）　李蘧廬

一紙書使阿瞞褫魄

千古恨爲秋瑾招魂

（十四）　廉　隅　礪清

承淑教幾歷五十年自兩歲依儀容慈幼敦仁念長嫂眞如母也

哭元方曾奔數千里更一朝失壼範撫棺爲位痛家事復咨誰耶

（十五）　世姪女李家恆

見義勇爲游俠傳名空一世

揮毫妙絕楞嚴遺墨重千秋

（十六）　侍生 金鶴籌

謝家道韞以高才著曹氏大姑以博學稱耳熟洪名久深景慕

文宣沒而設教無人應貞亡而遺芳有集心儀懿範彌切追思

（十七）　董太沖

念載聞聲溯當時義動九重早有英名飛海外
頻年抱恙痛此日魂歸千里空餘遺墨滿寰中
李汝鍇

（十八）
家學淵源看起鳳騰蛟有子堪稱天下士
奇文標藝苑想春風化雨無人不道女中師
安徽無爲金心齋幼石氏

（十九）
名標玉琯德著瓊閨百世仰徽音不愧女中稱俊傑
精研法書旁參禪悅一朝驚怛化定應天上作神仙
懷遠王 舒 鳴遷

（二十）
女界失明星曾說熱腸兼俠骨
人間搜遺墨定知一字值千金
嘉興楊玉臺

（二十一）
俠骨義腸一死定垂良史冊

殘縑賸墨千秋共仰女宗師
啓明中學同人敬輓

（二十二）
字秀似彩鸞寫唐韻曾經十載
功成騎白虎與文簫同播千秋
丹徒楊鴻年 秋心

（二十三）
興學育才培植桐城佳子弟
義腸俠骨尊稱巾幗大英雄
後學徐佛陀

（二十四）
錦心綉口著作等身伉儷兩文豪堪稱男女宗師早爲詞壇奪一幟
俠骨義腸仁慈在抱儒林多佳話閗道倡隨泉壤頓教學界歎千聲
南沙葉秀峯

（二十五）
文章如蘇海韓潮堪與河山並壽
楷法得顔筋柳骨足徵巾幗長才

（二十六）
滬築幾間柳堂有名士風具英奇派藝多交廣寫作俱佳當使錫人共仰
慈谿李振華
天生一副傲骨抱丈夫志負男子才革舊維新變通有術可與秋俠齊驅
江蘇金山朱涇鎮倪道榮

（二十七）
能書能詩能文章巾幗具全才往古來今推巨擘
尚俠尚義尚道德瑤池遽赴召淒風苦雨總傷心
佛天精舍 徐軍武

（二十八）
寶婺星沉天上宿
蓮花香現佛前身
王穀仙

（二十九）
行誼不尋常傳遍寰區女俊傑
詩書並絕妙長垂簡冊後人師
養晦居士 宣是若

（三十）
卿爲巾幗英雄頓成千古
我料瑤池仙座又益一人
郭傳芬

（三十一）
名齊道韞才亞左芬想當年革故鼎新譽滿江南淮北
德媲孟光賢稱侃母痛此日化形托迹魂羈天上人間
武進沈寶珩

（三十二）
相夫子興學勗兒郎成才卅載辛勞德著閨中仰賢女
攻詩慎說文守班昭女誡一朝怛化經傳紗幔又何人

（三十三）
俠骨義腸有鬚眉氣
文章事業增巾幗光
黃夢園

（三十四）
蘭折蕙殘猶有餘芬傳藝苑
東台劉莊曹家廟 陳 玠

遺編賸墨幸留寳蹟在儒林

（三十五）

藝苑蜚聲雄才何殊蘇小妹
騷壇奪幟佳作不亞曹大家

（三十六）

爲吳季子女爲梁伯鸞妻爲歐陽修母
有謝道韞才有蔡文姬長有曹大家風

鹽城慕程李箴言

葉錫爵 志清

其二 前人

安鑑湖魂寒袁氏膽熱腸俠骨爛然比日星舉國共欽今賢豈讓往哲
抱濟物志有詠絮才遺箸鉅編卓哉同天地千秋不朽巾幗無媿鬚眉

跋

廉建中 蓉湖

丙子 惠君毓明性慷慨好施與見義勇爲操作不辭勞苦經理校務家務之餘輒以研究刺繡繪畫爲娛樂孜孜不倦興味日增尤酷愛吳芝瑛夫人之書法對于吳芝瑛夫人之爲人如折項城葬秋瑾贖蘋香等事更嘖嘖稱道在吳芝瑛夫人病重時因校事家事課事繪事之羈身未蹈隙一往探視及聞吳芝瑛夫人噩耗爲之減食者數日卽誓出私資爲吳芝瑛夫人作傳并刊其遺作遂登報徵求吳芝瑛夫人遺墨遺著然丙子又自慚學問淺薄筆墨生疏爲吳芝瑛夫人作傳深恐反有玷吳芝瑛夫人懿言德行徵求所得之遺墨眞僞難辨徵求所得之遺著魯魚亥豕無所措手事遂庋擱者十有三月今春余執教鞭于上海持志大學丙子移書謂吳芝瑛夫人遺作決計擇尤付印并乞余校閱訛脫然余亦不學無術曷敢肩此重任卽飛函懇胡老師西麓主其事胡老師原與南湖爲表兄弟雖年逾花甲不廢吟事承慨然允諾煞費腦力與功夫洵可感也而吳文山先生家礪卿先生贊助本編之成其功尤不可沒應深致謝意者也于本編出版之日爲述巓末如此

大中華民國二十五年歲次丙子仲夏蓉湖廉建中敬跋于上海持志大學之崇禮堂

尾言

胡介昌 西麓

廉子建中及惠君毓明賢梁孟斥私資彰潛德爲吳芝瑛夫人刋遺墨遺著屬余校其訛脫校旣竟乃脫巾而歎曰卓矣哉夫人之膽識也方項城當國之際羽翼滿朝廷爪牙徧天下一言不合輔之者必圜視而起誰敢以纖纖弱質攖其鋒耶而夫人則上萬言書洋洋灑灑力闢帝制之謬目無全牛氣吞華嶽是時固祇知有共和國家而不知有專制魔王祇知有忠告善道而不知有刀鋸鼎鑊也嗟乎震雷不能細其音以與金石協日月不能曲其曜以行覆照私百川不能促其涯以通濟者情五嶽不能削其峻以副陟者欲廣車不能縮其轍以苟通於狹巷高士不能降其節以同汚於流俗夫人正道直行不爲威怵捋虎鬚而不餒顧罟擭而不避卒以公理戰勝强權巨猾爲之俯首此其膽此其識固非世之齷齪者鞅鞅者井底蛙甕中雞所得而望其項背也顧念夫人以一無憑藉之身而用子房一擊之計以僥倖於不死似未可得操左劵而膽足以勝之識足以達之故能舉重若輕行所無事一談笑間而使帝制氷消而雪融雲散而霧歛宜當世賢士大夫莫不咋舌而心儀其人也若夫瘞俠骨於湖山脫妓籍於火坑則愈出而愈妙於用殆夫人遊戲三昧之餘緒耳余書此言以附驥尾未識建中毓明賢梁孟視之以爲何如也

民國二十五年歲丙子律中蕤賓之皋月胡介昌茲儔甫跋於西麓吟舍

空谷流馨集

（民國）汪大鐵 輯

《空谷流馨集》上下集二編，附編三編，（民國）汪大鐵輯，民國三十七年（一九四八）鉛印綫裝本。

汪大鐵，原名瀾，字子東，無錫人。因誦蘇軾詩『烏府先生鐵作肝』，故號大鐵。於無錫城西丙溪七尺渡築芝蘭草堂。此地毗鄰錢基博家，即今錢鍾書故居。無錫畫家吴觀岱、諸健秋爲之繪制芝蘭草堂圖。草堂爲一小型園林，且富於文物書畫之收藏。汪大鐵又曾居吴中三多橋畔，晚年卜居上海静安寺。二十世紀七十年代初尚在世。大鐵一生，從商之餘雅好金石翰墨之收藏。所結交者皆無錫舊彦及一時名流。無錫者有孫寒厓、胡汀鷺、吴稚暉、廉南湖、俞仲還、孫慨翁、丁寶書、王雲軒、吴觀岱、裘可桴、錢基博等。社會名流有于右任、柳亞子、唐雲、陳石遺、鄭文焯、鄧散木、謝公履、金松岑、瞿兑之等。汪大鐵與這些人都有詩文書信往還。積三十年的這些作品，由汪大鐵盟弟劉蕙堂輯爲《空谷流馨集》一書。當年錢鍾書與汪大鐵之往來文字，亦收入集内。錢鍾書給汪大鐵的信中談到：『頃幸見懷之什，深情若水，詞翰雙絶，愛玩無已。弟杜門著書，奮於考據，遂少作詩』。信中提到的『杜門著書』，即其時錢鍾書所作《談藝録》一書。《空谷流馨集》全書以上下集分編。上集載文編、詩編；下集載詞編、聯編、書信編。另有附編。今芝蘭草堂已蕩然無存，一時俊彦也早歸道山。該書成爲一份不可多得的文化檔案，他們的唱和之作，交往之迹，許多名人作品賴此以存。本書保存了當時江南文壇藝林的諸多掌故，是一份珍貴的原生態文獻。

本書據民國三十七年（一九四八）原刊本影印。

（徐志鈞）

空谷流馨集

詞編

芝蘭草堂珍藏

疑始覲署耑

空谷流馨集詞編　　　　　　　　芝蘭草堂藏稿

錫山汪大鐵輯　　同里劉蕙堂校

林葆恆子有

題芝蘭草堂印存

懸肘盤螭細端整有誰能彀休將篆刻薄雕蟲銀鉤鐵畫占取吉金壽晨窗鏤得雲腴瘦筆法追㖡嘯石交契合無盡墨緣定結千秋久　調寄青門引

吳絳珠江芷

題芝蘭艸堂圖

蕩蕩乾樞茫茫坤輿詩翁艸廬想芝餐朮餌是神仙侶蘭紉蕙佩是善人居庾信小園王維別墅一幅張爲主客圖攬名勝有青山紅樹繞屋扶疏徐徐坐擁琴書把俗慮塵緣盡掃除况卜商住宅屈原行澤生今之世與古爲徒北海開樽南宮拜石門外襟江又帶湖饒逸興恁玉杯排玉珠柱嵌珠　調寄沁園春

空谷流馨集〔詞　編〕一

俞鴻籌運之

題芝蘭艸堂印存

蝌文蝠扁供驅策多君爲我摹古凍鏤鐙明珍倖剛卯瑰癖一時堪數周秦遺矩有鳥啄蟠螭平添奇趣元祐銘成印人傳裏待重補　指點九龍山下湖波三萬頃高士容與千尺同深一枝遠寄別有幽情如許瓠廬老去只三絕相推江東獨步鵲墜擊來熊熊光怪吐　調寄齊天樂

題芝蘭草堂主人種菜圖

本來澹泊試點毫山窗自寫幽情漬染霜紅咀含寒翠筆端熟處還生是最上乘展趙家圖譜評笑徐黃弄粉調脂僅留清介可同稱　風味蔓清蘆菔詠堯峯好句足傲公卿遺騎持籠寄書屬草良朋招隱分明遂初賦成有芋田舊夢猶縈煩君寫上鮫素一鋓煙雨青　調寄霜花腴

胡　振汀鷺

題芝蘭草堂主人種菜圖

滋味菜根香不患食無肉那有牛羊來踏破菜園滿眼深深綠　飲水自生肥不可居無竹充塞心腸淸气多何處能容俗　調寄卜算子

題鴛湖影事圖袖卷

湖號鴛鴦湖中合配鴛鴦宿風狂雨惡吹散鴛鴦各　似影迷離往事歡難續屏山曲綠楊門角夢也何曾熟　調寄點絳脣

題墨荷畫扇寄大鐵

闌珊玉珮龍霓裳相對綰紅藕絲風送凌波去又低頭軟語商量一種深情十分心苦脈脈斜陽　色空盡轉生香明月小銀塘桃根桃葉終相守伴殷勤雙宿鴛鴦菰米飄殘深雲乍黑同夢寄瀟湘　調寄一叢花

蠡園餞春

西翁招宴蠡園作餞春之集坐有健秋蕙堂大鐵登景宣樓聽雨譜此卽圖大鐵便面

湖波萬頃奈閑愁如許從何收拾電謝水流容易過早是三春三十稺綠重重瘦紅點點聲盡鵑啼血園林大好芳菲肯使消歇　知否燕夢驚寒鶯魂怨莫我亦迴腸結相對淸尊無一語不信光陰過客黛濕遙山登樓試望滿眼傷心碧斜風細雨一般怎比寒食　調寄百字令

孫肇圻頌陀

題鴛湖影事圖

長相憶朱樓倒影湖波碧湖波碧桃花人面去年今日　柳絲難綰雙飛翼罡風吹斷春消息春消息情苗留待再生重茁　調寄憶秦娥

題溥心畬臨燕文貴秋山蕭寺圖卷

墨痕依舊最銷魂歷覽海桑無數黑水白山天樣遠回首斜陽如許冀北霜寒江南秋盡不用鈴旛護拓開襟抱遐心都寄雲樹　想見當日王孫淋漓揮灑疑得江山助等是丹青今勝昔終古烟雲飛舞蕭寺秋山桃花潭水一樣深情注天然詞境披圖心賞能賦　調寄百字令

題花詘厂臨趙松雪門茶圖

霄降甘靈春深小峴又見楊花飛舞儘有閒愁暗恨狂飲何聊獨醒無緒看今番茗戰是誰勝開懷如許趁豪情不減當年莫把韶光辜負　誰肯詩清自謝七椀吟成祇惜騷壇無主那及閒尋排遣滋味親嘗色香同譽有高齋寄傲讓前賢偏饒風趣到如今品第分明舊事新圖終古　調寄奪錦標

庚辰秋日大鐵招遊愛儷園別來三十年餘風景依稀悵然有賦

名園淸晝記曾遊處結構依舊人間避地無所留乾淨土吾曹消受亦有家山刼後更誰與回首趁半日偷得閒來攬勝休將景光負　寒煙密鎖方塘柳聽殘荷春雨跳珠簌遷欄半晌無語旛影動磬聲徐逗只近黃昏爲問淸遊興味酣否待轉瞬佳節登高有約重攜酒　調寄雨零鈴

張志奮滌盧

甲戌春莫汪子大鐵有秦皇島之行臨別出示江南春卷子爲塡小

令聊當贈別

江南好三月燕雙飛折柳情懷愁惻惻惜春心事夢依依畫裏認芳菲

勸君飲惜別酒難酣滿地落英傷祖道一鞭殘照上征鞍誰譜憶江南

調寄憶江南

徐　愚育柳

送大鐵金石家北上

彈指惜春莫把酒送君行欲思折柳持贈無奈絮愁生一片杜鵑聲裏一抹斜陽影外去棹一帆征今日故園別明日客登程　穿建業過曲阜入燕京江南江北風物春色可相評海角天涯結客月底花前爭句談笑四筵驚他夜有歸夢我向夢中迎　調寄江南好

黃太玄玄翁

題劉柏年臨錢舜舉桓子夜圖

穀銷魂錦袍束帶悄染一襟凉露憶花事當年夢裡恍惚幻成香霧深院

按歌小樓吹笛鏡裏眉雙語等閑來人隔重簾耽剔綺痕懶策馬歸去
妙身手雄才慧業愁繫漢南遊處哀樂難消情懷易減斯意今何許只燈
唇酒尾冰顔袪盡殘暑蘘玉精神畫圖按對老樹從君賦奈何聲禁得河
山幾番風雨　調寄子夜歌

錢耆孫仲英

題渤海歸棹圖册子周懷民畫

潭水數汪倫湖海餘豪氣來作春明汗漫遊賭酒旗亭醉　渤海掛帆歸
不盡蒼茫意載得詩情幾許多一櫂烟波裏　調寄卜算子

壽　壐石工

題渤海歸棹圖册子陳雲彰畫

分明眼底蓬山畔夢醒遼陽天樣遠頹歡倚醉月能酬舊事忘機鷗不管
東風何故吹春晚疊浪驚濤珍重看幾年緇盡素衣塵付與海潮應浣
偏　調寄玉樓春

謝　翥公展

題鴛湖影事圖袖卷

清明過了池上風光好嫩柳夭桃春尚早銷得吟魂多少　芊芊小徑留
連碧波照影嫣然擺脫勞人生活來尋世外桃源
山坳勝境池曲明如鏡幽鳥嚶嚶清可聽逗起萬千心影　柳陰落遍桃
花枝頭尚燦餘霞臨去香車留照畫中繫住韶華　調寄憶蘿月

鄭文焯大鶴

題手拓宋建安兎豪盞墨本

記尋閩嶠城南樹認刻琴題廉主越器重甒天寶譜千峯過雨九秋承露
小月團團古　官窯艷說均哥汝白馬三郎舊供御不數青天破處痕迷
嶺嶂色含海霧一片孱王土　調寄青玉案

空谷流馨集詞編卷終

空谷流馨集

聯編

芝蘭草堂珍藏

通耕

空谷流馨集聯編　芝蘭草堂藏稿

錫山汪大鐵輯　同里劉蕙堂校

于右仁犇翁

大鐵築室粱溪題此寄之

草堂開人日

芝蘭長子孫

方還唯一

大鐵新築草堂繪圖徵言題楹以贈庚午六月酷暑

如杜少陵浣花題詩人日

繼粱高士避世戢景鴻山

方爾謙地山

題蘭蕙齋

屬在同心能入室

誰云坐久不聞香

宋人詞句大鐵屬書爲秦島潮音龕補壁

匹馬黑貂裘十載江湖都把閒情消了

一曲黃金縷百年歌嘯不堪帶酒重聽

王蘊章蓴農

大鐵新築草堂郵紙索書漫塗卻寄庚午荷花生日時客天下第六泉上

芝草無根自異出山小草

蘭堂有燬何須晝錦名堂

王朝瑞東墅

大鐵索書曲園太史句天寒研凍久缺報命而敦促彌殷匆率握管手癱墨澀未免不稱懷雅愧悳愧悳已巳歲嘉平月十七日鐙下記于慰萱廬

泉明歸歟歸歟置老屋六七間在山水之鄉白首相安金章奚慕

居易樂哉樂哉共及門二三子志秦漢而上干時不足養性有餘

吳中顧艮盦觀察集張玉田辛稼軒詞句爲聯珠璣在手偶儻不羣大鐵見而愛之屬錄補壁即乞正字慰萱廬主人記于琴川

茅屋短籬邊捲簾收燕倚檻調鸚隔水呼鷗尋蕉覆鹿蒼雲息影此中方是無心苦玉笛移宮又歌南浦郵亭維纜重度西冷輕衫厭撲游塵十年前事反疑夢

偃人瓊海上釆菊題詩看花索句垂楊繫馬炊火烹鱸往日曾論閒處直須行樂去清風入手笑拍洪厓明月臨關嘯開閶闔小草何如遠志一出山來不自由

吳紫英芝瑛

題芝蘭草堂甲子人日集孟襄陽句

草堂時偃曝

蘭樵日周旋

吳俊卿蒼石

題大鐵寄廬

千載名那及即時一盃酒

六國印何如負郭二頃田

吳敬恆稚暉

大鐵築草堂於故里七尺渡題此貽之

如气之秋窈窕深谷

猶春于綠荏苒在衣

吳觀岱觚廬

題芝蘭草堂

芝菴商山君子德

蘭生幽谷王者香

余　覺冰臣
聖賢自奮可以立德立言仙佛自修可以立宗立教將相自起可以
立功立業都貴乎自立人中之醴泉芝艸天地不息所以品物生長
日月不停所以晝夜生明君子自强所以德業日新均不外一勤可
以推諸流水戶樞之蘭艸堂主人屬書癸亥初冬七十六叟識于石
湖草堂
醴泉無源芝艸無根人貴自立
流水不腐戶樞不蠹民生在勤
邵松年息盦
芝蘭艸堂主人喜鑒
五言和气鳥獸率舞
萬物蕃殖鸞凰游行
侯　毅疑始
空谷流馨集〔聯編〕三
題芝蘭艸堂
栝柏豫章早有棟梁气
芝蘭玉樹生於庭階間
徐世昌鞠人
贈大鐵印人
深鐫大刻媚於古
布白分朱惡近時
徐　觀穆如
集宋詞爲三多厂製聯
酒初醒夢初醒縱有楚柁吳檣料猶是聽風聽雨
進亦樂退亦樂只要絺𢇁䊸飥消幾番花落花開
孫智敏廛齋
汪氏家廟舊有是聯劫後失去大鐵屬補書之壬午展重陽識於海

上
執干戈以衛社稷
悦禮樂而敦詩書
孫揆均寒厓
集陳叔寶徐孝穆語題芝蘭草堂楹帖並乞正字草堂圖舊爲江南
老畫師作重展遺跡同此悢然十八年重九記于白下
頗用譚笑相娛琴尊間作
加以天情開朗逸思彫華
貴筑楊和甫太史集南史李幼廉王玄謨傳語寄大鐵琴川
碎諸人作不得李長史脚指
聊一笑想足申王都督眉頭
袁克文寒雲
題贈芝蘭艸堂主人
空谷流馨集〔聯編〕四
從來多古意
可以賦新詩
章　梫一山
大鐵奉親有道名其讀書之所曰芝蘭草堂撰聯以贈請兩政之已
己冬月志於海上福壽廬
潔養自芳道德文章經濟
愛書納福金石師友兒孫
陳寶琛伯潛
題芝蘭草堂
幽香生空谷
人日詠梅花
陳　衍石遺
大鐵集艸堂序語屬書爲雲龍星鳳之齋楹帖

挂劍壓間雲气共白龍俱化
撫琴坐上星光與彩鳳齊飛

大鐵印人築室粱鴻溪上以孔子家語名其堂撰句題之

與善人居如入芝蘭之室
移北山文而懷艸堂之靈

郭則澐嘯麓

題贈大鐵秦島寓齋

青雀舫白蘋洲款乃數聲歌共倚春風蒼顔照影
綠陰中黃葉地解遺雙䘮至一醉秋色明月多情

曹 銓次庵

大鐵研弟幼耽詞翰長擅刻畫近年作客南北時以治印自娛今春旅琴從古泥趙先生遊藝益孟晉貽予小章足以上法秦漢下窺鄧趙他日印人傳中必可添一位置矣因拈完白山人句奉贈庶幾其彷彿乎戊辰季冬記于百漢石墨之室

印貪三面刻
墨慣兩頭磨

大鐵賢弟載酒問字與予結翰墨緣有年矣風雅嗜古好藏前賢名蹟邇雖服賈南北而退息之暇時復瀹茗焚香品書讀畫有脩然出塵之至茲以寄廬楹帖屬書匆率奉報卽乞商是壬戌長至日記

浮生若夢誰非寄
隨遇而安自有緣

完白山人作此聯結想之奇得未盡有即論隸法亦蒼古可喜惟撫詞略嫌陵雜爲易數語以博一噱大鐵仁弟有道正是乙丑九月

泰岱日巫峽雲峨嵋雪赤城霞湘江月彭蠡煙巴川雨洞庭風匡廬翠靄合宇宙奇觀卧遊斗室
號叔鐘毛公鼎左丘傳司馬史中郎碑右軍帖少陵詩摩詰畫屈子離騷收古今絕藝供養舫齋

華世奎壁臣

題芝蘭艸堂

玉樹芝蘭謝家子弟
梅花人日杜老草堂

楊天驥千里

曾見張子青相國作此聯以題畫字書之峻拔逋峭不讓鐵生蘭堂主人屬書楹帖卽以應命庚午五月寫積趢廬

峻嶺崇山雅集勝獅林虎阜
蒔花栽竹風流繼文畫唐詩

裘廷梁可桴

大鐵希風往哲有恨不同時之感撰此奉贈庚午雙十節記於厔寓

萬頃汪汪澄不清揚不濁

一士諤諤揮不去招不來

裘昌年讓園

大鐵風雅絕俗嗜古好學尤深企止爰集朱子成語以助清興庚午春日記于岸橋

坐擁百城日消殘醉閒吟裏
卧遊五嶽夢入青藤古木間

鄒福元嵩生

大鐵仁弟酷嗜舊學性耽金石雖作客湖海不易其常且好古日益深茲以明陳眉公題香祖庵句屬書可以識其梗概矣癸酉夏

異人常住漁樵裏
老鶴多眠蘭蕙中

壽璽石工

大鐵印人小遊故都聞將南旋索書留念卽錄蘇玉局句奉貽

江南江北青山多獨騎瘦馬踏殘月
半晴半雨寒食節正看歸鴻作小羣
趙 石古泥
大鐵拈此吉語預爲銀婚補壁時飲東河老屋醉後草草
神仙眷屬
福祿鴛鴦
大鐵老弟工詩喜摹印製此贈之
新詩欲擬唐黃鶴
小印閑摹漢赤虬
趙 林晉風
大鐵賢兄少長吳越壯遊燕趙船唇馬背慣歷風霜茆店雞聲隻身行役頃由榆塞南歸相逢海上出示吟卷誦秦島竹枝詞十章續聲繢形可當臥遊他日村童負鼓定有唱大鐵詞者豈獨譽盛南朔已

也因集宋詞爲聯
欺寒茸帽拂雪金鞭行遍天涯正老矣
亂葉飜鴉金風破雁人傳詩句滿江南
劉鳳起 未林
題大鐵種菜圖集顧亭林金冬心句
松陰舊翠長浮院
菜甲抽青白灌畦
崔蘭言 滌薆
廿載神交今始通聞因集詞書聯用志招隱之意
富貴本無心寧論雀馬魚龍夜深驚夢
江山如有待更看雨昏烟嫁我欲歸耕
潘昌煦 芯廬
集宋詞爲芝蘭艸堂主人壽
福祿未渠央松菊關情元氣本同天地壽
精神渾似舊芝蘭爭秀從今更願子孫榮
題芝蘭艸堂
釆芝商山畫裏鬚眉猶昔
滋蘭楚畹風前衣帶皆香
鄧 鐵散木
局足海上漫展所作解后汪子大鐵刻折藝事愜我心神論及淵源則同出虞山趙夫子某何敢望回然其相遇非偶然也汪子嗜酒好飲策蘇詩似之二十一年二月記
愛酒陶元亮
識字揚子雲
大鐵同門詩書刻劃畢盡能事吾黨健者築室西神山下七尺渡旁隱然有終老之意爲作此聯遺之他年相見於泉石之閒攜酒歌呼

倘以此爲前券乎二十二年十月識
通三五六經之詁訓
羅二十八宿于心胸
集宋詞寄大鐵秦島用寫別懷
鴻雁又南飛驚歎歲月如流海角天涯總成相憶
蓴鱸新有味盡入漁樵閒話論詩載酒還與誰同
題三多龕
人境結廬破寂賴窗外漁歌門前樵唱
明時共醉款客有籬邊秋蕊甕裏春醅
一日雨一日醉一日病酒
大鐵嗜酒今寓酒庫集北史左傳題句戲之
十年生十年教十年沼吳
蕭 蛻退闇

釋迦歷二千九百五十年歲在甲子莫春爲芝蘭草堂主人集長聯
攈石鼓體勢參以小篆不能盡𣃔獵書亦勿爲近賢縱横筆勢也適
翁友三君示毛公鼎精拓展竟試墨時客淞浦聽松居
逢彼清時或盤于田或駕而獵
惟古有道其處則淵其游以天
集句贈大鐵
家國成敗吾豈敢
金石刻畫臣能爲
題三多厂取本事詩意可當大鐵小傳讀也甲申莫春七十叟記
飲酒賦詩工篆刻
讀書求友積陰功
蕭中淵盅友
題歲寒堂

竹石松梅寫其性
詩書畫刻傳斯堂
瞿宣穎兌之
集詞題芝蘭艸堂
石磴掃松陰聽隔竹敲茶穿花喚酒
水痕吹杏雨看移燈翦韭换鼎分香
譚澤闓瓶齋
題芝蘭艸堂
山中芝草千年壽
江左蘭堂四序春
附自題楹帖 汪大鐵
以俚語自況庶幾似我
雄心不死
老氣横秋
題玉船軒
石飄上人藏明刻蘇文忠赤壁圖之玉船一鈍鐵同門隱知予
愛甚讓見貽并約婁東顧心雲印人刻兩賦於牙屏而爲之妃
字細如蚊足合二美焉爲題此帖以紀勝因
絕代風流懷玉局
一時佳話感心雲
題春帖子
一年春夏秋冬醉
半世東南西北人
飄泊江湖寓廬無定題楹寫懷用慰鬱律
五斗米折腰不如歸去
幾千里脊展只爲看山

客有問大鐵爲何許人題此示之
倔强似韓退之不解詩文招客笑
疾惡如朱伯厚獨留肝膽照人奸
題書齋
不值半文錢作畫題詩雙攪擾
付諸一笑耳臨池治印自優游
題偪促樓
堂堂六尺軀履地覆天還嫌偪促
小小三間屋聽風坐雨亦足逍遥
題短短廊
名也忙利也忙何如獨坐清清晝間曝背夜看月
堂三楹樓三楹還剩空庭小小醒時長嘯醉沉吟
空谷流馨集聯編卷終

空谷流馨集

簡編

芝蘭草堂珍藏

郭則澐題

空谷流馨集簡編　芝蘭艸堂藏稿

錫山汪大鐵輯　同里劉蕙堂校

王蘊章蓴農

茲爲校事僕僕於京滬道上匆卒無須臾之閒頃自家山歸來風塵勞頓正無好懷得手教並示新刻展讀欣喜猷如蔡中郎過石闕下幾忘寢食弟夙愛搗叔小朱文印承示近作駸駸堪分片席月來塵濁爲之一洗茲奉數石請興到爲之聊求增色拙書也暇祈枉顧敝廬當奉酌小敘幸勿卻匆叩道安三月九日

前奉賜刻石章勁古入化感篆之至鴛卷題就奉教并獲林潘柳三公之作乞檢入茲有及門曾金佛能爲顏平原書近喜治印曾介謁鈍鐵獲商緒論茲擬執贄大匠之門以求深造務請賜與接見指示津筏亦誘迪後進之盛事也專啓敬頌道福四月二日

客冬一敘音問久疏遙望家山正深渴想頃由侯子曄華轉到賜刻鐵畫銀鉤上追秦漢劍氣珠光精采万丈蕭齋藏印對此咸有媿色即公爲弟所治諸印亦以此印爲冠把玩珍賞幾欲效米顛下拜得此瓌寶何以爲酬稍遲惟有精心作四體小屏奉詒聊志欽佩之忱耳聞公不日將有滬行務盼先期見告俾便奉迓邑譚前呈諸章不敢以瑣屑屢瀆或興到時隨作一二方足矣傳世鴻寶豈容長得片羽吉光亦同麟鳳臨書感謝言不盡意艸艸祇頌道安不宣四月四日

今日有雁行折翼之痛心亂如麻因承嘉貺稍抑悲懷忽忽肅謝乞恕

久未通問積想成阜頃奉尊公訃告驚悉老成凋謝舉襄有期祇以俗冗羈絆未克登堂敬奠媿罪之至郵呈挽帖尚乞懸諸調几聊志微忱是所至禱比來頗得佳石讀南北史關切寒宗故實時有戈獲擬采脊作印一爲方外司馬一爲烟霞萬古司馬印可仿漢官印似多逸趣它日文旌來滬當面呈求大筆也先此叩請禮安十月廿七日

王榕桂蔭之

郵敍至暢承介各件與函囑者均交貴友矣茲奉小扇一頁幷希哂正爲禱今年滿擬作惠山遊近因弟媳之喪不獲出門如晤仲威靜山諸友均乞代爲致忱耑復幷詢秋綏八月廿二日

朱　碁其石

損書拜悉手刻名印不啻百朋之錫叩謝之餘莫名感紉海上友輩醇酒婦人度其繁華生活者甚多如弟望而褎足今欲得一知己與之談印論畫直如索于枯魚之肆矣苦悶如何忽得手翰遙頒使我喜而不寐神馳沽上相思爲勞近作數印鈐呈正謬秦島風光還斬時時見示不勝企禱之至悤悤布覆不盡所懷卽叩道福三月一日

前晤鐵畊畬台從北去馳思爲勞頃得損書拜悉一一國家多故藝事銷沉薄海同嗟弟以友好之議有印存之輯聊寓提倡於宣傳之中然以不合時宜如弟復有不符時代之刊如此詎非怪事宜乎吾道中人目爲落伍者矣茲寄贈一册尙靳正謬爲幸讀尊作秋心閣諸印日趣化境佩甚

佩甚俟文旆歸旋擬求賜一二作他山之助未知能如願以償否便中頗希惠我南針幸毋惜墨如金也專此忽頌道祺六月廿二日

委書率爾涂奉疵謬正多尙靳教正爲幸此次錦旆南還未獲一晤悵惘之至羊二頭奚敢受用他日晤時仍當璧趙雪明軼劉蕡翁諸子咋過於小有天席上均以尊兄近況爲念專此祇頌道祺十月十五日

吳　龢石平

潤別一年馳思綦切遙望高郵湖畔誦王簡直三十六陂烟雨春句想見笠屐逍遙錦囊詩滿歆羨奚如接讀瑤緘悉彼此相思如同一轍然雲山雖阻情愫可通千里猶一室也承刻三印古雅精到感甚佩甚便希惠頒藉爲拙畫增色心紉不盡當以拙作奉酬近日天氣陰寒霪雨不止虞邑僻處海隅潮水徙漲恐將成災惟冀早日放晴尙可挽救但放晴以後必有炎暑諸希珍重順頌近祉七月二十四日

半載未晤企念至殷遙想詩情雲逸酒量海寬叔度丰標無任欽儀去歲在滬數度暢敍快極快極原擬久駐滬上藉娛晚景惟以人地飲食俱感不慣迨淸明後遂攖胃疾中西診治毫不見效迺急謀回里未克話別至今悵惘歸來兩月料量湯藥託庇全愈今則杜門養晦因病謝客時憶三年前與君尙湖泛棹之樂亟檢尊箑續就鄙奉當時唱和之作無從記憶因贅五言補白惟冀芳躅重來以續玉蟹瀹茗之緣企予望之西神先生晤希致聲恕不另函此頌近綏六月廿日

吳　敬恆稚暉

一萬分對不起前天得覩顏色又以陪友趕路未及暢聆教言賜書來匆匆去湖州又不及詳復俟歸來再縷聞也先叩道安二十九晚

我們通了二次信我莫名其土地堂所謂印譜我未之見什麼寫件亦極模糊提起題字似乎題過乃今晚收拾積件方才發現先生九月十五所賜手函及印譜對聯如是如是原來是這末一回事抱歉得非凡卽刻將對塗成又印存題字後附贅數言一併寄上見笑得很兄弟房子一幢比

起亭子間鴿子棚來也就不算小但是逐日書報郵件極少五六七八且達二三十件所以積了好幾年又把箱籠櫥櫃茶几飯桌一齊占滿兄弟單槍獨馬既要走走跑跑又要坐坐睡睡所以收拾一件事照例十二月念四夜應該撣簷塵可作週年大掃除而如此大典已廢了許多年數所以一個不小心郵差在鐵門外鑿鑿投入縱橫滿地拾者悞置之隔年歷本左右卽永遠可以沉淪無異竟付洪喬如有承蒙寵愛囑題囑寫往往將稿本珍藏起來過了幾時忘却放在何處俗語說得好因爲嫁妹子少眠了一夜從此一世補不足兄弟亦有此情形高者升猱不便晤者側足無從重者不易翻尋壓者不願撥灰竟至石沉大海行同吃滅如有是之可笑先生之件躍然而出不可謂不是幸運但擱了許多日子實在抱歉印譜珍藏聯子寫上不多說了望爲道珍重十二月十日

吳　觀岱觚廬

久疏啓候無任馳系忽奉手書並蒙賜金陵百合嘉美無倫拜領謝謝但

無以爲報惟識之心版而已文旆重九節後旋里當圖把晤快談不勝盼盼先此鳴謝順頌節禧

久違雅教時深馳念前晤健秋云兄調任琴川不勝欣喜交通方面較前便利多矣屢擬箋賀緣日來賤恙復發咯血不止刻幸稍愈承賜馬鈴瓜解暑可口深感大惠謝謝稍暇擬買棹來訪作十日遊先復即頌暑安

吳載和仲珺

前奉手示敬稔台從言旋即維潭祉綏嘉定符臆頌承篆石章精雅絕倫佩謝無既屬畫之件稍暇即當塗呈藉求法教惟筆墨久荒寫圖尤非所長恐不值一哂耳弟本無潤例數年前因友朋中爲人轉索者多曾一度刊行以杜間接酬酢旋即收回銷廢況我兄所命更譚不到此矣忽此復謝敬頌道安餘容再上四月二十四日

上月奉書藉審移稅秦島知公私順遂爲快前承命作圖幅昨已塗就用特郵呈惟久不作續率劣異常不值方家鑒定聊志吾人墨緣而已乞勿示人爲幸嘉行兄屬筆至意并聞忽此敬頌道綏六月廿五日

接奉魚翰敬悉種切承賜治印一鈕清超雋秀佩感莫名弟俗冗勞勞此道久輟稍暇有作當呈鑒教近鈐拓莫郘亭先生印譜一帙成書當奉清覽匆此復謝敬叩吟安餘容再上三月六日

沈壽桐西苑

日昨錦旋雖雨雪載途然車中憑眺到處瓊樓玉宇皓漠無垠不啻置身琉璃世界是亦人生一樂旋珂以來若何賢勞誦歲暮之章不能無慨也桐知非已屆建樹未能立達之懷終難實踐怍赧奚如寒夜無聊酒酣有感率成咏雪四截別錄呈政夫託比寄興固不失詩人諷戒之義顧格律多疎屬詞少實不識足下能無嚼蠟之嫌否耑頌年釐十二月十九日

沈　楨軼劉

去冬一別悵念至今棨溪歸程未與祖餞尤所深憾比於鈍鐵處獲知尊訊巋成徂北皋廡頓虛回首前遊不堪寂寞吟興計復不淺能以新詩見餉否輒奉一律藉當去思專頌旅茀並盼玉音六月八日

奉懷大鐵

一卷湖山集淒涼汪水雲刪詩存痛史劃石出奇軍廡下人窮北江南日又曛桃花無恙否苦憶舊殷勤

侯　湘曄華

頃自鄉來得五日前還雲拜讀三復欽服無似吾與先生多年相識今竟相知於古人擇友之道先生其得之矣弟少嬰孤露壯又失學飢寒驅人碌碌頻年自嘆無補時艱史慚末學膚受讀子桓之論日月逝於上體貌衰於下忽然與萬物遷化及長沙所述迭遊荒醉生無益於時死無聞於後是自棄也感此數語何能不並日而學忘寢廢食以竟斯志以窮其年或冀身後之萬一幸此間地僻事少傭力之餘餘晷尚富然而華年將逝精神有限重以爲憾耳閣下深隱闤闠以城市而作山林求之吾道更誰與埒迺復夕厲惕若小心翼翼易所謂終日乾乾自强不息吾以貽之先

生庶幾無慚乎此請時安十一月十七日

昨日此時正快覩賜書隆誼摯情感激難宣僕家無擔石世傳一經念年奔走一事無成性更疎豪不知搔影弄姿坐視歲聿不居忽焉遲暮循躬內省誠如先生所謂以有涯之生爲無益之事但僕出此豈得已哉僕平生嘗有志於學然今世之田爲富人所據學堂尤爲富人終南捷徑雖萬死不變之志發憤有爲之心亦徒自苦耳考泰西爲政無向隅之志士無失望之環境無責全求備之人情無入主出奴之習俗我國則不然無互助互愛之精神無殉道殉名之氣節舉世靡靡不知所居正恐爲無益之事而遺有涯之生者更僕數不盡耶僕以半世有用之精神悉付諸米鹽瑣屑生死疾病追溯往事悽愴何限幸魂魄未散神志泰定雖萬苦終不肯貽交遊之羞耳出月文旆來滬當遲先生於道左匆復敬請朗照不備一月二日

闊別而后轉瞬匝月天各一方無任跂仰想從者冰雪聰明雲天高誼豈

若遯跡海濱因拙見屏之人不堪策勵也月初奉到手書及致裘可老丁
雲丈二函已併轉致當時曾復想有達覽吾兩人相去數百里而蹤跡之
遠已若參商所急欲知者先生之近況與北地之情形耳弟本屆暑假擬
歸小憩而可丈書來令就蘇人鄭家之館生涯如故情緒可想較先生之
優遊山水金石爲友實艷羨不止故鄉水災已成農民困苦日甚一日環
視中原不勝杞憂此請旅祉七月二十七日
謹復者前奉手畢幷印一件可老寄聲道謝極佩大作不愧斲輪巨手令
我枏彤見拙拙稿則無一是處尙荷獎借益增愧恧附奉可老贈兄一聯
藉助尊齋清興閣下詩酒流連委情山水昔元遺山云今夫世俗愜意事
如美食大官高貲華屋皆衆人所必爭而造化者之所甚靳有不可得者
若閑居之樂澹乎其無味漠乎其無所得蓋自放於方寸之外者貪人何
所爭而造化者亦何靳而不與耶閣下以弟知之而不能决蓋夫恐欲樂
而適得憂也年内能相見否草草不盡順頌大安十一月二十二日

九秋分袂忽又三冬積思成阜定勝惆惘前者健秋先生持大函來知旅
況清佳榮問休暢至慰至慰弟詩境不佳作時益少擬垂老之歲芒鞋竹
杖與先生等唱和於九峯二泉之間今者家累生計相逼爲苦抗塵走俗
念之憔悴固無風雅可述矣上月冀翁書展不少名作惜不共足下同欣
賞耳健秋已歸梁溪足下又遠客秦島接席連藩之人少停雲落月之時
多奈何哉耿耿此懷何以爲情專復敬問客安十二月三日
俟　穀疑始
承損書幷大作眼明心喜尊翰孟晉眞有奔軼絶塵之概寅服無似辱委
撰序容少暇報命穀學殖荒落恐未必當尊意更不足爲尊刊增重耳前
失小印不欲重自刓刻擬煩吾兄代治一方一端賤名一端小字自怡允
代覓牙便中望一詢穀爲題跋碑帖鈐有前失印跡幷乞檢閲大小字數
一準此印如章法字體略與相仿尤感厚幸足下鐵筆漸入由肆返醇之
境他稱雄海上固可預必也惟天寒珍衛不一一十四日

小兒持師手翰並惠牙璽結構刀法並臻樸茂直入周秦之室驚服之餘
尤勝感幸小兒兼荷賜刻小印眞不知何以爲報弟所失較此爲大仍擬
求公摹刻得隴望蜀婪求不已恃愛相瀆或不深責也惟惠詧不宣臨書
無任感謝四日
日前來此本擬逕赴威海于主席延掌祕書並聘閲試卷遂不得不暫留
沽上日來胷小瘍發輒便芟除而人心惶惶不可終日顧以情勢度之不
久當趨安定耳昨由舍間轉到手扎並賜刻印璽鈐迹感謝無已已令小
兒將二璽寄來益覺古茂可喜寅服寅服圖幅在里題就已交吳轉奉想
收到矣扇箑俟寄到書就奉上匆匆卽頌吟祉不具廿一夕
南行返津所事加繁未及通候然私心無日不神馳左右比維興居佳勝
至以爲頌通叔題簽曾否寄到昨同郭嘯麓賞月雲在山房曾述及足下
求署空谷流響集封面事已得首肯如需補題請寄紙當向代索也小兒
大星就事財部寓津河北小關三元庵二十七號順聞匆問節祉不一一

八日
日來甚念前承損書並大作感佩無似因事未遑卽復爲歉大作雅潔可
誦昨爲點定適患腹疾被閣數日兹奉繳祭入爲幸尊翰似於柳歐爲近
深望多讀二家文及近人梅伯言集更求波瀾老成不難超登作者之林
也日者驟寒夜深竟下霰數十年中所僅見榆塞如何甚念惟惠察不一
一六日
月前承損書敬悉勁止納福慰甚穀自客臘隨節飛蘭碌碌無善可述氣
候苦燥不宜以是常攖小極交通梗阻卽開發亦非易事稍暖卽思東歸
一行或卽小遊京漢間正未可知耳在此居舊藩署清季寒厓從何秋輦
方伯丈亦曾來此屋後有園故著盛名今則頹敗已久重以枯木未榮荒
涼滿眼無可涉足咏吟久廢興致索然憶前年兄曾代友索書萬里投荒
遲未報命乞再示尺寸款名卽便繳上也匆復唯順時葆愛三月十號
皋蘭轉到惠扎欣悉文旆南還重遊海上至慰至慰尊稱過謙殊不敢當

子與云人之惠在好爲人師毅自顧學無根抵垂老迫人事益荒落卽勉循盛意覥然居之不疑亦必無所益於左右將昌黎所謂傳道解惑之謂何毅以西北於賤體不宜來漢經月暫爲留住聊爲小遊敬頌道祉不一
一　二十八日

前爲事來申約二三日卽返江州垂老厭塵囂僅一造泥皇閣足下如得暇過我一談而別甚所欣盼手此卽頌著祺十月三號

在滬快談并擾盛饌謝謝別後留新都三月十五夜抵潯陽先德家傳卽屬艸舊索聯幅當購箋卽奉匆頌文祺二十三日

昨寄一牋計獲寓目頃得家書附到惠扎并尊公行述尊翰孟晉可喜試多讀梅伯言集必更有進於前也承贈潤筆已有家人拜領拙文殊不足道足下未免過于客氣媿謝媿謝先德傳容艸就卽寄自知不足爲尊公增重也草復卽頌文祺不一一二十六日

俞　復仲還

昨奉惠函敬承一一復老朽無似獎借過當媿汗爲沾糯矣往讀邑報時見大著文采蔚炳足爲後起主持風雅英才雋拔敢拜下風承惠虞山石研雖未快覩然早已心馳神往欣賞莫名敬拜嘉貺容後圖報也寒公書件不久可繳復頌秋祺

前日奉惠書敬承一一荷賜印章奉閱之下歡喜無量前屢在邑報展讀大刻時深欽佩早有欲求之心未敢瑣瑣奉瀆今乃得荷頒賜尺度既極適宜眇字新號本未有相當用章獲此至寶歡喜正無量矣弟于弱冠時亦曾學刻數年故于此道略識門徑以質性鈍魯未能有所成就然于前賢印存頗樂展玩大作極合正宗白文浸入漢人堂奧朱文亦守兩漢規範厚重不佻詢佳作也老友王冰鐵曾爲弟治印數方弟亦曾爲之輯印印存未識寓目否倘無此集請示及當寄呈一部也敬佈謝悃順問爐祺
十九年一月七日

奉惠函并賜印花蒼古無倫拜倒拜倒行神空際非時手所能夢想缶老遺派于今未澌欣躍之至承情將何以報乎囑題印存敬草俚語二絕佛頭着糞殊自慚耳專此申謝敬頌暑祺七月二十五日

俞鴻籌運之

昨奉手簡並承惠汀鷺先生詩畫集感謝之至瓶廬墨跡浣手謹觀此詩已載瓶廬詩稿卷六中惟時序失紀致臘月之作列在歲首而詩句亦有脫去今獲覩眞蹟已將刊稿一一校正詞亦見張輯詞稿內尚無錯誤卷中首章與三章倒置將來似宜改裝茲將原卷鄭重奉繳卽祈詧入並謝盛意墨拓三件藉伴荒函以博一粲敬上十月十八日

捧示並惠多珍迭蒙厚意何以克當銘謝之至下走昨得漢電促卽起程法績倚裝拜閱心佩曷已崔灝在前不敢潦艸落墨擬先繳還容竢假稿就正再行繕上卽候酌裁是荷家刊數種附呈一粲外石二方能否俯允鐵筆劣石恐不耐鐫篆敬候選擇十月二十四日

昨奉快緘並新鐫印花四枚合十起視歎不自勝竊謂尊作得秦漢神髓

已登作家之堂迺復謙抑爲懷拜服之至昨夜朔風奇寒篝燈賦長短句欲以申謝點筆草草自惡荒落深知我公能爲運斧輒敢率塵卽祈賜教是幸鴛湖長歌拜讀讚嘆玉岑久不通函俟探知旅處當函代候拙作重承雅命必勉力爲之耑謝卽請撰安十二月十五日

奉墜簡并印花一紙感荷莫名友人陶聲甫適在敝廬獲覩之下讚嘆不止謂小印如此精妙雖古泥未易抗手至弟則五體投地更不知如何言謝矣江南早寒已得微雪擁卷習靜益念故人鷺社湖畔引企光輝憶漁洋詩句云風流不見秦淮海零落人間五百年黃雲裘艸時復神往雅人勝地不可無詩想囊中佳句定有貯積幸希見示勿祕爲禱日前在廬曾與佩兄晤敘亦深致馳仰意弟年內暫作休憩如合從蒞臨時切盼先示俾得恭迓耑此布謝卽請道安十二月九日

俞　逸逸芬

一別數月云胡不念前月承爲治石刀法益駸駸入古佩甚唯尚未言謝

至今媿然稀生疎嬾知我如兄必能邀諒也與鐵峠書適在坐間得快先覩藉審近狀且悵且慰不肖尤蒙關垂足徵愛我之深感與媿俱一時如打翻了五味瓶不知何以爲答疑始師久不叩起居當即去函奉候觀叢頃來滬聞弟述及已發消息今歲頗欲整刷精神謀所建樹有成當續報也率因風便奉答一一憑穎神越不莊不悉唯珍衛千萬六日

奉六日誨帖承示先師遺著具見萬里關垂非兄風義不得有此弟久欲搜集先師遺作印行如得此編自可傳之百世矣尙望即與地老情商至盼玉成不特藝林一佳話抑先師九泉之下猶感激吾兄于無已者也再請地老及仲燕如有先師其他精品乞爲羅致隨時函商弟對師門糜骨難報決欲了此心願使先師心血不致散佚當爲地老及仲燕所樂許耳賜復寄舍晤地老仲燕乞致聲憑穎主臣唯天寒保重十四夕

十七日手帖頃始遞到敬悉宋書提要二十九種已印過不成問題寫肵題詩極佩極佩雖未見書已能知此編之可貴也地老前乞兄婉轉爲言

空谷流馨集　簡編　十

足下熱腸高義當爲先師九京所共感吾輩交情不復多謝聞張某得先師遺扎三十通並爲涎羡請向商讓或假借一印出書後當有贈也此爲先師名山不朽之業尤是吾輩後死者應盡之務乞兄善爲力圖弟今常駐雲社千里西神子平諸君均時過從稚老尤以尊況爲念囑詢起居此頌道安二十四夕

施叔範髯翁

惠教暨囊翁轉下大作先後拜悉春雨一首風致絕佳山海關詩句法尙有斟酌按七律對仗前後兩聯語氣最忌雷同昔山谷論七言詩四字三字分作兩節弟意三字一節中更有一字貫二二字貫一之異也如昌黎詩眼穿長訝雙魚斷耳熱何辭數爵頻銀燭未銷窗送曙金釵半醉坐添春蓋雙魚斷數爵頻即以二字貫一字者窗送曙坐添春是以一字貫二字者古人所謂句法詩眼不外乎此然非細細留意最易粗心忽過未識高明意爲然否大作七絕稚有餘韻大都得力於漁洋爲多七律深入淺出處往往與簡齋合以足下致力之專用心之虛精進獨造當未可量耳屬序自慚不文無以增飾大篇雖罄肊言之仍苦抓不着癢處奈何奈何附教塞責承賜印敬敬拜謝手此奉復即頌吟安三月十六日

胡炳益夐修

昨奉惠函祇審一一承獎飾過當寔非堪任就稔上侍康娛台候曼福爲頌益蟄居里門養痾送日媿乏善狀古泥趙君係益老友佩蒼累世通家好學不倦惟相隔兩地不克時晤爲悵希代致意屬書楹帖稍暇當報命也通家世好幸勿言潤先復順頌台綏不一一十二月十日

孫揆均寒厓

奉手帖奬借逾恆不敢當也并荷牙章嘉貺三法精到欽服之至誦長歌江山佳麗文釆風流足當之矣附繳錄示墨荷舊作已如隔世似此尙在西城柳堂時也悵甚肅謝敬頌曼福不盡十九年十月二十日

昨由京轉到雙魚敬承一一匆匆奉報至孤盛意也揆病胃請假來蘇已

空谷流馨集　簡編　十一

旬日近以居士之逝愴痛無似荷垂注感甚矣尊書奉讀絕似寒雲又觸故人之痛肅頌曼益不盡廿年十一月廿六日

奉華翰出入懷袖愛不釋也寒雲往矣載誦墨妙恍見故人承屬書件附定衰遲不學益自愧悔匆復肅問曼益廿二年月四日寒夜

奉十六日琅翰並名鐫既章一展誦捧讀一時如獲奇珍歡喜無量從者文筆遒雋篆刀蒼古幸生並世鄉邦作者唯君出一人頭矣揆衰病侵尋率塗一扇呈教匆謝肅頌曼福不盡廿二年十月十七日

古來墨妙皆在有意無意之間諦觀大作益信愛不去手也欽服欽服寒雲不及見循齋不能見尤爲惜矣

適有京游昨才還蘇奉讀重陽手帖并鈐紅雙印挑鐙細視歡憙無量叩謝叩謝牙片二不汲汲任意爲之可矣兩石即刻託人來取屢荷嘉貺實慚無厭安敢時瀆既承盛誼加渥容有需再干之匆復肅叩旅祺不盡一一廿三年十月十九夕

春中萬柳夫人之喪獲讀挽詩暨諸先生書稱雙絕也從者天才實爲傾
倒誠心之言幷非貢諛
杭冋奉十六日手詔附賜篆牙二石一精美絕倫中仍益然古趣諦視反
復歡喜之至神乎技矣欽服奚似唯從者正困于書如此多勞尤不寧矣
勾吳民印舍姪劍英手刻此子服務津浦廿餘年近調臨城好弄篆刻近
復豁松要皆無師承論其天姿似尚可造郤年近五旬承詢因及之揆均
常用江東孫叔朱白兩印尚是卅七年前俞仲還先生同住南菁時爲我
作者餘則出王冰鐵之手爲多先生復不吝賜玉感幸何涯專謝肅頌近
祺驟寒唯加衛 廿三年十一月廿一日
流光迭電慕雲北望眷念深矣自上月十九日奉十六日手詔並賜篆三
件出入懷袖喜幸无量當於廿一日肅械申謝度能垂督昨者返錫檢獲
三石皆劣質也姑郵上能奏刀則爲之否則棄之果賜篆也不論何日大
駕南歸帶擲已幸甚矣海島早寒伏維珍衛近復吟興健否肅頌曼福廿

三年十二月十三夕
奉十八夜詔復幷石一方鈐紅展視喜幸無涯奏刀神速有如是耶分朱
布白跨漢人之室古趣橫溢想見海癖憑几游刃有餘之樂叩頭叩頭
來書謙抑太甚幸生幷世拜嘉已多稆霄云云謂而虐矣倘有所詢如知
者自當貢之肅謝敬叩吟綏 廿三年十二月冬至夜
家山咫尺年前太夫人發引未及執紼叩送罪甚讀禮中復承遠貽鐫石
悚感何涯丁公一方容郎郵之公闓前晤本說七十後章尚未有人爲之
得此喜可知矣春寒猶厲珍衛咸宜專此道謝肅上孝次 廿四年二月廿
三日
前奉二月廿日手書敬承壹是虛度七十一事無成方愧疚之無已從者
乃以三多節我百感滋集如何復來潤筆廿羊當交蘇中原行匯上此廿
六日事也度已收入頃將四屏寫就奉教定損語無聊之至徒汙壁耳匆
此奉復惟起居加衛 肅上禮次 廿四年三月九夕

獻歲唯祝時和人健雖是老套語然按之現在之切要無有逾是者矣除
夜手詔頃奉到筆墨兩美愛不釋手惠章二尤榮幸唯謙抑飾獎兩不敢
當海濱近奚遣也匆復叩謝肅頌年釐不盡 二十四年一月三日
徐緒通一達
奉示幷先貞惠公紀念徵文豪錫鴻詞實感隆情永矢勿諼附上題名表
祈賜署擲下張孝女詩拜讀極佩已轉蘭雪居士囑爲代謝家伯書簽遵
即奉上乞檢收示復求治二印可乘興爲之專此先謝肅叩大安 二十三
年一月二十五日
南游三月昨甫歸平奉示遲答爲歉承賜名章至深感謝茲於報端閱之
矣拙作乞賜正和如何肅請道安 八月九日
莊綸儀紉秋
頃惠治印刀法銛利大雅絕倫拜領感佩特鳴謝悃兄伏處窮閻景況甚
窘支離床褥舊恙不瘉想吾弟當聞而憐之也得便過滬亟盼來敍頰以

聆教爲快耑復即問台安
過從數日極盡歡笑頻行又承饋貽尤爲欣忭兄近狀支絀皆爲郵邑軍
事一役所累爲貧而仕因仕益貧可嘆也請鐫中書君大印一方希即成
之此請行安
別後想抵尚湖矣詩興如何奉上海虞詩話高郵文孟各一函又書二宗
駢文古詩之根底必於名家著作求之以弟好學敢爲圭臬之示佩弟時
晤並以附聞近日思緘家兄來琴訪舊不知行否可持函往謁爲兄道意
此問近綏
華曰曾曼公
昨自城歸拜讀惠書敬悉一是先生行誼素所景仰祗以疏嬾成性未克
買山陰之棹耳尊公六十稱觴敬當登堂拜祝藉罄瞻仰之忱屬圖有就
即報當不遠也敬復即頌台安 九月二十日
惠教敬悉過承褒辭殊覺汗顏蒙賜鐵筆精美絕倫拜覎深感拙績已就

即寄上不足當老人一噱也媿甚專此敬復順叩侍安八月廿五日

馮啓鏐武越

久仰盛名莫由求教昨自津轉到手書敬聆一是承藻飾媿未敢當弟以多病去歲將北書讓渡與友如有大作仍可代轉台從北遊是否久居弟有至戚趙君薔生供職秦島敢爲公介趙君誠篤可敬亦酷愛蓺術旅中寂寞用或稍解附片可代致拳拳伏枕未得暢呈乞諒艸艸不恭祇頌吟綏端午北平德院寄

惠書拜悉弟沽上度歲又爲二豎所苦二月兩病在蓐床褥今得手教頓爲神王力疾扶枕裁箋答謝以報雅意惟書不成字尚乞深諒也承治造象印忻喜欲狂當以錦奩藏之終身永佩伯龍多所企慕以印花寄之彼必有函啓候也入山在即行裝已備匆匆道謝幸恕唐突手請公祺三月十三日

舍親來賫至琅函幷印三件薰沐展拜重登厚賜敢不愛護珍荷引爲世寶大作刀法結構度越前古尤爲北方罕覯蓺林之光必有馨香下拜者弟當廣爲宣揚不致名師無聞新病初愈獲此大快稍健當畫圖以報用志金石至誼日內去西山休養倚裝宣謝匆匆敬請起居曼福三月廿三日薔生屬筆致敬

投桃報李自古爲然惟兄所貺殊厚不易言報且在病中又不克入市選購姑從舊藏奉上塗金夔龍腰印一鈕梅花壽佛詩箋各一匣用供海齋清賞仍交舍親賫呈物微情重幸哂存之伯龍夫婦久企高賢不審己有書報左右否專肅即頌道祺三月十六日寄自西山

裘廷梁可桴

前歲失迓歉甚然神交久矣忽奉惠書驚喜無倫又以兩印見貺治石精妙古意盎然近世所希也深媿無以爲報手此鳴謝敬頌撰安三月五日

鄒福元嵩生

昨奉惠示藉慰調飢並附到大作若干首讀之令我心儀誦蒹葭秋水之章所謂溯洄從之道阻且長者是也容俟低首吟咏作梅花之細嚼再行郵奉以副雅囑專此奉復即頌台綏十月十四日

昨沈君交到尊著捧讀大快殊有深意君誠雅人也佩甚佩甚昨夕適元宵客窗岑寂賞詩之樂有逾於賞燈者妄加點染未知當否尚祈商正此問大社正月十六日

頃有友人來邀未克在此久候深歉深歉且俟尊駕返滬時再圖把晤也大作附繳乞即檢入近來詩筆清蒼淵淵入古漸可上窺長慶下視元祐矣欣佩無任專此祇問硯安三月十九日

趙石古泥

翁卷眞蹟極佇借書名小耳白雪之數得之不貴也請留一日扇兩頁何款目疾尚未愈不便之甚此復即頌學安

江君來荷惠羊蹄麵筋敬登謝謝歲暮栗鹿重勞遠注感甚矣一別三年思深念極何日過虞獲傾離索望客裏珍重珍重書件爲病稽稍健當即報命也臘八日

趙林晉風

屢蒙手書未曾一答甚罪頃悉從者北遊秦島異地風光亦可開拓胸襟也今由江君寄扇之便附上拙作一方即請哂正此間天旱奇熱漸成災象人民均憂形于色貴處景象如何川原迢遞台旆何日南旋統希賜教順頌吟安七月九日

劉如淵蕙堂

兩肅寸啓未獲片牘豈眞驛路梅花飛不到青蓮幕裏耶望風懷想賢勞可知誦李義山身無彩鳳雙飛翼心有靈犀一點通句忽忽若有所失矣彼此相交十餘年回溯前塵時多慨嘆癸酉吳中之遊尤爲平生弟一快事留園覓咏吳苑門茶冷香看梅獅林拜石放浪形骸盛事難再今也一鞭殘照各走西東庚年未老潘鬢將衰轉瞬俯仰都成陳跡足下思之於意云何何日言旋相思若結急盼來音毋穿秋水天寒惟保練不具九月

十五日

里門邂逅喜出望外班荆促膝如醉醇醪以文字之因緣締金蘭之盟約擔簦戴笠心心相印大有地老天荒此志不渝之概小金山刼後重新想見當年畫船簫鼓之勝令人興今昔盛衰之感偕遊良怏今又別矣停雲落月我勞何如因思彼此十年來苦攻詩文稍有心得然執經問字徬徨無門樵師物化木壞山頹蒿翁垂老意興蕭颯大海茫茫載沉載浮南鍼之賴幸亟圖之溽暑困人惟万万珍玉卽候著祺不一　六月四日

滬上判袂深情若水文旆作武林之遊奈弟嫁線羈絆未克追隨左右一覩六橋三竺之勝翹望雲天徒增悵惘今展途次所發手書彷彿臥遊益深健羨弟蟄伏斗室心意安閒月夕花晨披簡展卷一爐香一盞茶有南面王不易之概或散步村落間好花含笑野鳥迎人客非漁郎地比桃源心曠神怡樂而忘返旅況如是堪私慰矣昨應潞兄聽歌之約歸悉倚虹下世才高遇嗇千古同悲千里輓以詩云已嘆萍飄何處去復憐虹現不

多時書生名氏眞成讖亂世詼諧只忍飢紅紛金戈俄絕筆人間地獄爾長辭銀燈影裏孤雛淚誰向蒼穹問子遺蒼涼鬱律情見乎詞聞足下旋珂養痾今不知健全否倦遊歸來伏維珍重專叩道安　三月十三日

鄉關傾蓋水閣挑鐙話巴山之夜雨斟吏部之春醪狂奴故態勝氣如虹訪猗瀾舊址涉淮海名園西晉風流東坡笠屐朱衣弔點易之臺綠水濯春申之澗夕陽在山巾車尙指夫雲谷皓魂行空蘭槳遂返乎烟溪春風十里暮捲珠簾明月二分高燒銀燭開瓊筵以坐花觴金尊而度曲興亦豪矣樂可知也然而萍蹤易散盛會無常君走秦淮我來歇浦於簿書鞅掌之暇誦琅函清新之辭又稔賢者探梅鄧尉訪古靈岩梵宇紺宮如叩九天之鳳闕葛巾野服恍疑陸地之行仙更以梅香夢白俗慮全消燭影搖紅吟懷未淡七步成紀事之詩鏤金刻玉三春賦尋芳之句剪月裁雲淸福獨占珠璣分頒悵執鞭之無由感在遠之不遺弟也斗室翻書頻磨短墨河干小步獨對垂楊江南笳鼓時含殺伐之音舍北沙鳳猶饒性靈之趣當此花光媚娬益覺愁緒縈洄底事傷春幾輩紅顏愁五夜聞誰落魄一領白袷走三吳夙荷惓惓敢佈區區尙希魚雁之常通聊慰相思于不盡專復卽請文安諸維朗照百益　二月二十日

關山千里魂夢兩通不盡相思無邊軫結爾我十年來憔悴江湖風塵栗碌行縱來去動若參商而今歲兩敍故里翦燭茜窗連床共話幾忘頻年離索之苦夢想不到欣喜欲狂人之相知貴相知心道義之交更非世俗之所謂酒肉徵逐者可比別後日祝康健今想復元足下好學深思弟所不及幸勿靜極思動求過于供乞易讀書之勞而讀畫好酒之嗜而好茶一樣風華別饒情緖祈善採納爲道珍重弟質盡貂裘靑氈坐老半杯綠醑一枕黑甜以無聊之事遣有涯之生耳世風日非人情更薄洪水橫流誰爲砥柱怒馬奔騰勢必蹶蹄茫茫前程思之悚然鄒嵩生夫子聞已就故鄉之館從此滿城桃李爭拜先生一隊紅妝環侍函丈不意隨園風度重見今日將來巾幗高才衣鉢傳薪當不讓鬚眉專美于前矣兄爲如何

金風玉露遙念故人桐葉楓枝頓感秋思憑穎神越主臣主臣

一別兼旬飢渴系馳荏苒韶光又屆七夕看雙星之渡河橋塡靈鵲羈兩地之孤客目斷征鴻觸景神傷爲之悵然足下有同情乎日來秋虎未殺溽暑猶蒸伏案握管揮扇流汗大苦大苦迨夫送夕陽迎素月浮瓜沈李切藕調冰意態閑若心脾延爽或依聲而度曲或引腔而高歌生旦雜作悲歡畢集又一時也彼此雖隔一千里外精神相通此際必有同情如我之攤書坐起遙夜徘徊席月抽琴拂簟尋夢者乎鄉前輩俞仲還先生復聞長故鄉與兄有舊從此停車問字較便多矣我儕刼後餘生萬念俱灰惟所不能去懷者幾句詩幾筆文耳窮年兀兀結習未忘可笑亦復可嘆苟能復假歲月稍蓄餘貲琴鶴歸去三徑盤桓種桑栽竹濯水看山與足下朝夕過從敲棋酌酒理亂不聞黜陟不知斯無憾矣江東詞人楊雲史近駐海上贈杭妓陳美美聯云圓圓姊妹小小鄉親詞人吐屬畢竟非凡足下與佩蒼通訊何不倩伊介紹得一推敲之師尤爲吾輩厚幸佩蒼雲

史累代世交足下與佩蒼復有通家之好當不難有就也專此奉達祇叩
著祉七月八日

郇雲一朵發自京口萬叠情波函高三尺客裏中秋知多佳況遥想金樽邀月俯仰大江解衣磅礴鐵笛横吹擊楫揚帆數瓜州之星火此足下月下渡江時之勝概弟所旰夕仰慕者耳越旬又展瑤箋在遠不遺歡喜無垠日月不居忽又重九風雨惹人滿城愁煞紹潞盟兄半月不面擕尊來敍相偕出遊知不久將有漢皋之行看黄州之竹喫武昌之魚乃爲之賀然人生聚散直類飄蓬陽關折柳念之黯然涼風蕭颯維十万珍重

故鄉睎首披瀝肝胆慧心善提妙舌蓮花精誠所感金石爲開善哉善哉梅園之遊快絶生平坐誦幽堂登招鶴亭湖光山色都歸眼底幾不知塵世間復有煩惱事也洎乎精舍筵開圍坐傳盞恰得七人七日之數誦梅花人日草堂詩句不啻爲此集詠矣翌日高軒北去遽賦驪歌投轄有心攀轅乏術我懷軫結至今惆悵弟於元宵前二日整裝亦行鐵硯重磨馮

婦再作斗室埋頭孤衾獨擁宵來則一燈如豆朦朧間猶侍足下徜徉于香雪深處梅花入夢擬念未斷思之思之不禁失笑吾邑詩人廉南湖前輩近爲其女公子文定項城袁氏以硏貽婿結朱陳之永好傳佳話於梁溪生面特開足風末世弟素不善飲有媿家風近偶沾唇一飲輒醉豈天廚之有命而酒星之無分耶一笑時頒來鴻藉通聲氣手祝日利千萬一
月二十日

虞山名勝甲江南十年夢縈臥寐求之兹償夙願快獲清遊下陳蕃之榻坐米老之船此情更感不安矣讀兄新詩情文兩富啓兄和作工力悉敵弟媿不文勉成三千五百字拉雜作記有負此行如何如何雪泥鴻爪聊誌因緣工拙在所不計也幸教察之一年容易又是秋風落帽題糕約在錫會万勿負此佳節生遍插茱萸少一人之感幸甚幸甚啓兄乞道地此
問道安

奉還雲敬悉行旌柯君獲兄指導印學書法酷似足下昔人有言與善人居如入芝蘭之室久而不聞其香信不誣也貴體自甲子戰役縋城折背莫大穩憂終身憾之幸保愛調治万万珍重翰飛社長昨有函到盛道相思之苦約兄在故里酒敍乞定時日弟當治肴擕榼敬迓高賢此叩文福
五月十三日

前椾不知有達典籤否比來滬甯道上又起干戈鼙鼓聲聲龍蛇將舞放眼河山慭焉憂之清躬如常否鄉關千里惓念高賢不禁神往左右吳兄企南海虞接席已深欽佇長風破浪正未有量何期玉樓赴召修文天上半世風流頓歸山邱可慨可慨從此吾黨英才又弱一個華年如是能不喟然鴛卷今藏兄處否香火因緣不可不記亦所以報死友也廣交如兄還祈遍徵題咏以傳影事啓南地下有知亦必感兄於不盡耳石平世伯通函乞致心誠恕不另肅此頌興居不一

鄧 鐵散木

辱書拜悉鴛圖硏譜奉上鴛圖題詩容再思索必當有報來畫殊妙稍暇

塗抹奉正清恙甚以爲念唯祝早日痊可下星期必當走訪即刻

國難當前百憂紛集飢來驅我簿書之事既未容少暇而米鹽瑣屑料量爲難旁晚歸來惟酗酒自遣讀草堂先生離亂之作徒增感喟而已折簡寵召適赴南市通宵狂飲今午始歸復有他事須辦不克走訪爲歉兹擬星期午前奉屈過我一敍有旨酒一罍可澆塊壘藉罄種切尊意何如復
達十一燈下

嘉肴忽至食指大動甚謝近惠歲盡矣將奈何暇乞過我同酌三杯以送除夕立候命駕國難當頭假鐫一印以自刻勵劉陽成仁前有忍死須臾待杜根之句以忍死須臾入印甚當足下得虞山心法宜有以教我乞見示不盡一一

承遺介士聲威甚壯會付騶使令伴紅友飽德飫惠何以爲報星三之夕當以一鷄一黍款吾故人藉當虞行祖道幸以申時過我注尊以竢無嫺嫺其來也此狀十日清晨

奉書敬悉連日困於酒政遲歸宴起未卽裁報至以爲歉屬事容徐圖惟
力是視不敢敷衍昨醉臥忽夢見朝鮮使臣趙越詩稿一紙爲東方曼倩
故里作夜開宣室儼垂旒執戟郎官走綠韝首竄犢駒俱碌碌漢廷綱紀
一俳優詩實佳記曾於漁洋詩話中見之亦朝鮮使者惟非趙越作更不
知趙越有無其人無端顚倒亦是奇事知以奉聞附鈐近刻數印乞塵泥
師教誨又前乞泥師鈐印箑子並書小聯並請道地謹狀六日清晨
奉教甚慰生肖印極佳論詩甚中肯屬事當次第報命造象舊照不明請
卽攝近影惠我並留紀念亦兩美也近閒公私蝟集日無寸晷哭社十集
課卷亦尙閣置飢驅碌碌奈何奈何久思作歸田計苦無買山錢而海上
居又大不易欲求稍事積蓄竟不可得言之可歎近作數方呈政自知稍
趨規矩終無進步也忽艸不盡七日午後
久未報書羈跡浪遊此一月中兩度武林三度雋李一度高橋致書債高
築漏夜趕製尙苦不及知勞故人懸系死罪死罪印存題詩改就奉正乞

指謬玉岑短命實吾黨大損近獲古泥師最後印跡且拓款甚精湛留與
足下它日歸南共賞特閗四日
鄧樹柏蔭臺
久仰㦖暉未親雅教東山在望時切引領曩承書箑並拜大作展閱之下
感佩曷極尊書剛健軼宕超然象外求之當世實不多覯謹當什襲珍荷
以爲墨林標幟僕向喜涂鴉質漸凡庸難期深倘造蒙不吝珠玉時予箴
規則幸甚矣値茲春風送暖想見公退之暇得意揮毫又必雲烟滿座矣
率泐奉謝諸維愛照不備
穆守志湘知
奉覞佳刻遂誦新詩靑泥封篆驚懸鍼垂露之工白雲成腔仰戛玉敲金
之貴樂石煥吉金之采秦漢兼融短歌振長什之音宋唐並茂萬流奔赴
大才集羣善之長一字謙抑賤子折十年之福責畫蚓塗鴉於春箑鴻獎
遍施識郊寒島瘦于多心奇文共賞薄技覆騷壇令旨聊當寸贄之投賚

籙還鄴架珍藏媿乏雙瓻之報望風泥額裁簡寫心珍重萬萬不盡一一
錢基博子泉
久耳聲聞未親展對何意望衡得接高齋上星期回里奉讀手書詞令斐
然承惠印章渾脫樸茂兩擅其勝所謂欽其寶莫名其器者也敢不世世
子孫永永寶藏以彰高義博文質無底患爲人師於文章流別差有所見
而功力不逮過蒙獎飾祇以爲媿念劬廬叢刊四册又拙著現代文學史
編一册及韓文讀語全分遥送尊府未云報瓊祇以乞正遲日有暇或當
詣訪此頌近綏三月七日
昨蒙見過失迓爲罪報謁又相左命序芝蘭艸圖似序已有人先著筆因
繫贊次備一格前荷見示所藏郭頻迦聯眞蹟留閲數日眼福已飽承惠
不敢當也謹以奉璧艸艸卽頌侍綏卽日
錢鍾書默存
十年不見八表同昏昔日望門今成隔世去歲舍弟賃廡吳下與公又結

德鄰重拾墜歡得知邇況頃幸見懷之什深情若水詞翰雙絕愛玩無已
弟杜門著書奮於考據遂少作詩別紙錄舊作一章聊將寄意大作當後
和耳專布卽頌吟吉
儲南強簡翁
哭社晤後忽忽數月弟亦他去近始歸里衡之先生久說遊宜滿擬奉約
作伴近因得信須明年道通後再來時憶淸暉輒爲神注求篆一章聞已
刻就便祈見擲以慰先覩蘘翁諸公想必常晤久少通候請代致聲竹爐
事在蘇遍訪尙未得見現四出託人打聽下文再告專此布達惟頌雅綏
不備十一月十五日
上年瀆求作篆荷承見賜驚心動目不足比其珍貴叩謝叩謝念與執事
契闊多年神馳無間藉申感悃而台從過宜留片洞天未及預知有失倒
屣不勝悵惘弟爲修葺先始祖唐詩人（儲光義先生）墓在金壇三月臘
中卽去首夏始歸尊作大印攜帶篋中出入懷袖益增仰慕茲歸抽暇亟

候吟綏伏維鑒督承示時壺得便當詣艸堂拜觀五月二十二日

薛汝琥佩蒼

雲間一鶴正切扶搖江上雙鯉忻傳康吉發函盥誦欣慰莫名吾兄精研舊學樂而忘倦求之今世實所罕覯想見刻燭抽毫臨流賦詩之狀可以傲芸衆矣弟一燈如舊半卷南華卽至燈畔飛蛾宵窺明月未敢剔開紅焰去捲湘簾藉以養性已而謠說頗熾心亂如麻未能多述聊答萱蘇祈鑒入手頌撰安二十八日

宵來月色大佳坐看秋河拳懷左右惟握管流汗未克箋候歉罪奚似頃於嵩丈處知荷遠注感泐曷既並讀大著心兵意匠別饒靈機想見寢饋詩書瀏覽功深矣中間段干木踰垣之雅台從効之鄙陋如弟竊以過於不情夫名士襟期原不論俗列紅妝而修史託洛水而馳名固知名士美人不可相背否則白傅風流黃衫俠氣如何同話千秋倘謂事非其時境非其人則雖橫陳亦同嚼蠟正不必以尺尋直爲計也佛最無情尙拈花

而微笑况其他哉夙恃諍友之列用敢奉勸惟大賢鑒納爲幸近作小詩數首稍涼繕請斧削新秋諸希珍衛匆上卽頌吟安中元節

春水綠波方感別緒連朝梅雨又牽離腸客裏滋味祇須讀文通別賦足矣側聞勤求古學比擬正則不勝企慕弟蘭成潦倒蕭瑟江關不知何以敎我武進莊級秋先生作宰郵邑因兄好學敢爲介紹想所樂聞附簡一通乞爲面致級公少年科第十仕令尹惠政澤民風清兩袖因仕而貧因貧又仕豈得意哉曩在上海過從甚密今則南北離索不勝馳系乞晤道地專肅卽頌景福

兩荷枉存未克答謝頃奉手畢知旌旆南移停雲敝邑海濱之地又羈詩人水色山光定蒙寵榮弟返滬未久俗務正煩聯襟牽裳慳識途之老馬晚菘早韭闕東道於高賢回首鄉關不勝歉惆茲擬九秋時候省親歸里萸佩龍山平原十日屆時再行邀踐也茲爲介紹二友附函請撥冗分致聊解客中岑寂如何專頌學安五號

前荷惠教祇審一一猥以公私忙迫稽遲作答良用歉疚日來氣候轉燠陽春景物漸入時矣嵩老自此間解館已有歸養之志深願優游林泉歡傲詩酒享香山之三泰謝平子之四愁如玉局仙人伴朝雲而論佛江州司馬偕樊素而敲詩文采風流於斯爲盛足下聞之當深慰也級師憂患歸來飽經世故而於閣下尤拳念不已後如乞假過滬總冀一見爲快弟匏繫如故淑狀毫無學業就荒心緒栗六不知兄台如何敎之手頌日祉惟鑒照不盡初十日

前上蕪緘拳致衷緒未諗何時得達溽暑屆節趨威正盛客邸孱書諒多清勝頃聞舍下書來述及惠賜多珍冰桃玄圃別沁心脾老人深快朵頤未有不茹禾念露感及高賢弟亦銘泐無旣氣候秋涼或假歸視屆時趨謁台端同討幽勝作平原十日飲想亦樂許也專此伸謝卽候著祺不一廿一日

別來無狀久疏通候前聞行旌蒞滬匆匆卽去交臂之失至今尤惜級師

時詢我兄近况前曾書扇奉贈囑弟轉上久稽篋中日長漸忘頃得惠函見爲級師作印始憶秋扇已捐延擱爲罪吾兄刻劃入妙近更精進家鄉有趙古泥者於此道甚負時譽如須晤談願爲介紹弟爲此間鞶劇未定省親之期承念極感附扇一頁請入鄴架專卽此頌公綏十四號

謝觀虞玉岑

酒樓一別至今爲念後承枉顧失迓爲罪弟昨方歸手書石章俱已拜登大千出遊去平月餘未返聞有鄂行不知確否已通函告知健秋所續鴛卷甚精能攝其意作一扇否求爲轉懇北行何日啓椗甚念春晴太湖風物定佳困於塵俗買棹未能甯免欲采蘋花之歎乎匆復不盡卽叩大安四月一日

釋鐵橋

秋中拜訪未值而返繼欲趨晤聞公已買棹南下作六橋三竺之遊具誓智識爲自了漢豔羨奚如納於八月二十六日離郵爲鄧尉法徒中恕之

病延至九日先我解脱復料理其喪葬之務殊爲繁劇至今仍滯山中北望雲天不獲一聆麈教爲憾昨座還元閣讀中恕所藏梅花册子見公題詞知中恕往日與公亦有因緣今既往矣求製文悼之求治二印已由皓月徒轉到感謝之至兹奉小扇二柄書畫鄙拙不足云酬祈大方家指正是幸天瑞大令晤乞道地朔風望珍重不宣此叩道安衲子合十十月二十八日鄧尉山中

空谷流馨集簡編卷終

空谷流馨集

坿編

逆蘭草堂珍藏

林葆恆署

空谷流馨集附編上卷　以收到先後爲次　芝蘭艸堂藏稿
錫山汪大鐵錄　同里劉蕙堂校

文

沈壽桐西苑

壽芝先生六十壽序

剛柔者性也人無剛不立無柔不濟沈潛剛克高明柔克固相資用焉古之君子每以匹夫而輕萬乘七尺而寄百年者其道無他要在剛以直內柔以宜外而已雖然剛而無禮則暴柔而無禮則鄙人多患之惟賢者能補其偏孔子曰吾未見剛者蓋剛而有禮者自古難得若夫柔而有禮求諸今世亦尠乎不易覯孰意吾乃於市廛間遇之汪先生漢章即其人也先生世營食貨商其業而儒其行塵芥其利邱山視義急人之急不以懋遷盈絀攖心經商數十年家僅温飽襟懷泊如也與人接無尊卑長幼必霽色怡聲致其誠款氣度藹如也然於用舍取予則纖毫不苟律身忠而

恕治家溫而厲處世和而不同操守介如也居恆每舉太翁玉山先生之遺教詔其哲嗣大鐵君曰學以啓智詩書不可不讀友以輔仁直諒多聞之士不可不交繇斯觀之先生之行誼非所謂柔而有禮者耶非所謂柔以宜外而仍不失乎剛以直內者也大鐵久承庭訓一以先生之志行爲志行彬彬有禮亦商而儒者尤且寝饋詩書廣交四方賢士大夫才擅三絕兼工篆刻近構芝蘭堂羅置金石圖書花木於其中以娛先生可謂能養志矣吾於是益嘆先生平日涵濡陶育之化爲不可及也古人云一室之內有以自娛豈易易哉先生自少而長樂有賢父兄自壯而耆樂有賢子弟善繼善述洩洩融融無時不適其性即無時不葆其天眞夫適性本乎柔仁之體也葆眞需乎剛義之用也高忠憲有言仁則气和戾氣不得而干之義則氣正邪气不得而伐之皆壽道也向使先生同流合汚出其才智壟斷貨殖亦不難坐擁厚貲震炫一時然志誘於物必致梏戕其性眞不流爲鄙則流爲暴安能如今日之心逸日休而爲無懷葛天之儔哉

然則先生之得自厚其天正天之所以厚先生也玆者先生始周甲子大鐵君恪遵嚴命力摒世俗所爲惟于椿庭懸弧之辰以詩文侑觴凡與先生有舊者競致其詞丁丈耘軒俞丈仲還屬桐爲之序桐媿不文未足以壽先生竊幸獲交與大鐵君有年得審先生之品槩爰表而出之以爲徵壽焉可以爲引壽焉亦可其亦得侑晉一觴否乎

劉如淵蕙堂

壽芝老人六十壽序

榮啓期登泰山鹿裘帶索鼓琴而歌栩栩以行年九十爲樂甚矣壽之可貴也雖然彭祖八百幾疑神仙林類拾遺不過百歲其次杖朝杖國嘗之者莫不以壽自榮斯壽也年齒而已矣有限之壽也歷久而不敝愈遠而彌長則無限之壽矣無限之壽果何以永其壽者惟賢子孫乎若子若孫弓冶相承足以繼其所蓄之精神永永不替夫然後所謂壽者庶幾近之吾於漢章世丈而益信世丈性淡泊不慕榮利雖隱於商而恂恂有儒雅

氣平居瀏覽經史或古文辭一日瞿然興曰旨哉敬姜之言也沃土之民不材淫也瘠土之民莫不嚮義勞也環顧吾邑驕奢之風日熾一日善自策勵或免浮沈宴安耽毒其可懷乎故敝衣糲食數十年無稍惑且也律已雖儉待人則豐賙貧恤寡罄其囊之所有鄉里稱之年來具盧仝癖益深花晨月夕曳杖過茶坊獨據一几風生七碗怡然自得凡此一言一行敦厚純樸合於古處士風口碑在道奚庸喋喋余所不能緘默者賢子孫耳世丈子大鐵其智圓其行方其識廣其才博有耿介拔俗之標具瀟灑出塵之想遍走名山大川探奇覽勝胸襟開朗故下筆洋洋極縱橫變化之奇發纏綿激昂之祕清風吹空皓月舒波大鐵之詩也長江黃河浩渺奔騰大鐵之文也剪翠裁紅落英繽紛大鐵之詞也研朱飛白規秦範漢大鐵之刻印也舉凡騷壇藝苑固莫不知有大鐵更莫不知有世丈也大鐵治印足以追蹤安吉抗手虞山千百年後恐莫不知有大鐵亦莫不知有世丈也世丈之年自杖鄉而古稀耄耋而期頤則有限之壽也世丈之

子賢且孝不僅一時之榮兼爲千載之光豈非無限之壽也有限之壽人情所恆見無限之壽理勢所難求山野匹夫不能無壽於世丈矣至若九如之頌三多之祝徒事諛揚非吾所欲言亦非世丈所欲聞今日者黃花插帽綠酒盈杯開草堂集嘉賓奏霓裳之法曲舞熚燦之萊衣左顧賢郎右弄文孫世丈亦當掀髯大笑一進十觥乎是爲序

詩

丁寳書耘軒

題南極象祝壽芝老人六十

雲氣蔚爲五色祥老人下降鳳鸞翔壽開禹域皆歡喜星耀南天萬丈光

王　偉師子

壽芝老人六十畫圖奉祝

文山蘊紫芝抱質本殊衆青松壽色多寫作岡陵頌

王蘊章蓴農

祝壽芝老人六十

桃花潭水賦深情又見靈芝茁晚榮經笥傳家稱絶業詩壇拔幟築長城
早聞金石承弓冶羣仰文章屬老成玉笛飛聲金縷唱酒波喜共二泉清

王榕桂蔭之

祝壽芝老人六十

華堂喜肯老萊衣遊子初從海上歸黃鞠滿頭開口笑茱萸插遍醉春暉
今朝何幸得摳衣却爲遊山尚未歸星燦天南花介壽尊前賓客帶餘暉

任　董叔

祝壽芝老人六十

量偏瀛洲萬斛塵大千世界小陽春國中故事徵三老林下新詩見一人
自養生機仙晉合能參活句佛同因管弦未散搖鞭去不負看花是此身

吳觀濤詒孫

畫南極象祝壽芝老人六十

八千歲爲春八千歲爲秋試問南極星甲子凡幾周

胡　振汀鷺

畫南極象祝壽芝老人六十

矍鑠精神羨是翁飄然杖履醉春風蟠桃結實三千歲只在須臾彈指中

胡介昌玆儔

祝壽芝老人六十

杖鄉已發杖朝端淡泊襟期蟄故園每愛院風茶辨味因崇家範菜咬根
華陽宰相無封祿短褐神童有子孫鐵筆卌枚能畫日烏雲聲譽滿乾坤

侯　毅疑始

祝壽芝老人六十

心平意正安仁上德喬松彰祖貴壽無極愛子多才祿祜洋溢入和出明動作有光興歡飲酒齋福上堂增榮益譽長樂永康

趙　石古泥

畫紅梅祝壽芝老人六十

鐵骨紅顏傲雪霜擢仙高隱九龍傍芝蘭繞砌爲孫子占盡春風一艸堂

曹　銓次龠

集漢石文字祝壽芝老人六十

猗歟我君丕顯其光奕世載德無善不章資才卓茂秉心惟常行義高邵立達爲方佐時理物知世紀綱鍾天之祚耀此聲香積修純固乃招貞祥長履景福干祿無疆奉爵稱壽子孫繁昌

許修直竹禪

祝壽芝老人六十

南極星輝長者車風光喜及插萸初河山歷刼推遺老金石不磨溯六書
桑梓敬恭尊齒德林泉頤養愜興居杖鄉且聽閭閻祝大雅扶輪志豈疏

蔡　允霞城

祝壽芝老人六十

剪淞一水秋濤壯養志優游得大年樂石盤蟠心自古吉金冶象道彌堅
吳江楓冷骯佳句藝圃芸香獲研田瑞靄霏霏蘭桂馥稱觴好趁菊花天

謝　羲公展

畫菊祝壽芝老人六十

陶令籬邊花大如斗盃泛金英延年益壽

薛汝琥佩蒼

祝壽艸老人六十

七尺渡前風[illegible]好梁溪高隱識門侶捧觴閑話開天盛介壽渾疑渭水漁
澹泊每尋籬下菊聽强時翦故園蔬芝芬蘭秀亭亭竹一室怡融樂歲餘

聯

王榕桂蔭之

壽芝老人六十壽

爲春爲秋八千歲

如升如恆七二㮚

王　甄陶民

集坡仙句祝壽芝老人六十

有子才如不羈馬
似公身是後彫松

胡炳益貽修

集易林句祝壽芝老人六十

聽韶行觴千秋起舞
扶堯戴禹八世大昌

趙　石古泥

壽芝老人六十壽

艸堂春暖芝蘭楙
鄰曲風清道德尊

錢振鍠名山

·祝壽芝老人六十

甘露醴泉年歲大樂
瑤英朱艸福祜日成

鄧　鐵散木

大鐵同門之先大父得潘蓮巢玉山艸堂圖愛逾球壁即自名玉山今垂三世雖遘離亂大鐵尚寶藏完好足徵流傳有自益見世美可謂不負先德者矣辛已元宵大鐵爲其先大父母百齡紀念設供上壽用撰此帖以代觴祝並彰孝思

篋中尚簇玉山圖三代楹書無恙在
天上重開王母宴百齡觴兕慶如生

附　聯　　汪大鐵

取古老人語示來者

無錢思有錢有錢當記無錢日
失意望得意得意毋忘失意時

空谷流馨集附編上卷終

鄧散木先生題風木圖卷首

諸健秋先生畫風木圖卷

空谷流馨集附編下卷　以收到先後爲次　芝蘭艸堂藏稿

錫山汪大鐵錄　同里劉蕙堂校

先妣許太孺人哀輓錄

輓聯

孫揆均寒厓
負米千里遊榆塞遲歸泣衣綫
望閭七尺渡草堂美蔭茁芝蘭

裘廷梁可桴
往不復來從此藁砧乏良伴
死眞无憾長留玉樹吐奇芬

楊春灝又眉
大士一鑪香早有慈名傳梓里
夫君雙鬢雪那堪老淚灑桃潭

王榕桂蔭之
閫範仰完人相夫卅年忽聽鼓盆報歌泣
天涯有游子親省萬里歸來嘗藥慰晨昏

侯毅疑始
仁智外衍幽閑內昻
婦功無殆母績有餘

孫保圻希俠
芝蘭生庭階敎子有方三絕才名眞不忝
蓬萊渺瀛海相夫成業雙飛緣會忽難期

錢基博子泉
儉德宜家且著靑裙貽閫則
沉疴卽世郤貽素旛輓春相

沈壽桐西苑
夫子早杖鄉悵而今臘粥待嘗鼓缶忽然同莊叟
郎君悲陟屺歎此後春暉徒戀蓬瀛空自望秦皇

孫詒鴻雪澂
待郎君遠道遄歸方愜心三寶皈依證果登天無遺憾
伴夫婿耆年偕老先瞑目幾生修到寒梅經雨遽飄香

孫肇圻頌陀
垂老悼亡顧此芝蘭堪自慰
名門懿德方諸鍾郝洵無慚

徐緒通一達
德合無疆錡釜敬恭皆實踐
生來有自旛幢擁護到華鬘

華重協西廬
游子遠歸來春暉寸草能毋痛
良人深感愴潭水桃花空復情

薛汝琥佩蒼
撒手遊僊懿德千秋昭郝法
齊眉人在悼亡一慟賦潘詩

劉如淵蕙堂
廿載溯通家與令子長廊說劍小閣敲詩難忘潭水深情末座每嘗親色笑
雯時驚噩耗報太君歲暮遊僊菩提證果重到草堂話舊鼓盆忽聽倍凄清

輓辭

王朝瑞東墅
懿歟賢母淑慎和謙書禮薰陶識遠慮恬持家整齊能綜洪纖宜厥郎嘉其勤儉而鄉里讚爲不凡敎子有方克振商業且爲吾虞所瞻蓋尤以慈

母之慈而兼夫嚴父之嚴形壽有盡一笑花拈里言謹輓悵望帷幨

祭文

諸 鵠健秋 侯 湘疇華

維中華民國之二十三年十二月朔越十九日世愚姪諸鵠侯湘謹以清酌庶羞之奠謹致祭於汪老伯母許太孺人之靈曰緊維吾邑山水明秀漢有梁孟實斯是儆流風餘韻貞石所鏤汪有賢母才高德茂自奉則約待人則厚相彼夫子枯菀備嚐天君泰定不爲物囿治家敎子道義最懋學維求新人維求舊戚鄙交欽咸與暱就荆釵布裙安於簡陋後有起者一夔已足金石刻畫譽滿南朔服賈四方抱書勤讀昔共故鄉詩酒徵逐今去秦島緘札往復皤皤二老西郭卜築含飴弄孫芝蘭馥郁白雲親舍亦勞夢覲豈期庭謖委於昧谷黃門老淚孝子風木地久天長撫心一哭登堂拜母髣髴在目何圖此日失此聖淑靈衣虛襲霜棲落木追念芳徽奠此一束尙饗

輓畫

胡 振汀鷺

拈花證果圖

馮啓鏐武越

仿六朝造象畫接引佛一軀下錄心經全文

朱 碁其石

西藏織錦哈達佛象下附鄧散木手書大悲咒全文

先考壽芝府君哀輓錄

輓聯

裘廷梁可桴

逾花甲甫三齡因微疾遽促天年正值新霜染紅葉

視塵世無一戀有佳兒足稱邦彥獨尋故劍到黃泉

孫揆均寒厓

紀金石辭有子高名遍南北

入芝蘭室太公隱德焰鄉里

楊春瀛又眉

啜茗訂新知方喜接孟氏芳鄰謝庭寶樹

識荆成往事休再提萬家酒店千頃桃花

王榕桂蔭之

小隱住名山那堪霜菊初花忽嗟老去

耆年多碩德況有芝蘭滿室差慰平生

王蘊章蓴農

翠墨表瀧岡有子能爲金石刻

靈光頹魯殿後生永式典型尊

華重協西廬

梓舍多才樂石吉金足供養

蓬山促駕清樽黃鞠太凄涼

孫肇圻頌陀

薤露悲涼會弔人來七尺渡

芝蘭馨逸離塵僊去六三齡

王 龍天瑞

六十年令德孔彰桑梓稱賢大業宜登貨殖傳

七尺渡訃音忽告芝蘭競秀英靈永傍惠山泉

劉如淵蕙堂

與先君交比張范七碗瀹新茗當年丹鳳樓頭抵掌共談天下事

有令才子高機雲三秋悲失怙此日玉船軒裏傷心怕讀蓼莪篇

汪仁壽靜山

新室樹芝蘭秀毓盈階有子才高嫻藝事

舊居歸兜率考終五福愴懷宗望失晨星

輓詩

徐緒通一達

哲嗣工篆刻惠貢雙印章聲價瓊玖重藏笥增輝煌方期侍杖履介眉壽恙羊臯魚風木痛赴哀驛使忙望塵弔遺象涕淚濡衣裳行見文表墓永叔鑴瀧岡

祭文

諸鵠健秋 侯 湘曄華

時維人民建國之二十四年十月朔越四日世愚姪諸鵠侯湘敬以清酌庶羞之奠謹致祭於壽芝世伯大人之靈曰玉之在璞完其眞劍之在淵全其神不赫赫其名天之所以堅其貞緊維汪公德量旣惇法式往古親賢與仁早歲服賈計白齊名憶則厦中商戰之英義方教子願其與鸞鶴爲羣偕老鴻妻播秩秩之德音十餘年唉庶晚景有諸孫頭角崢嶸是司馬萬家之生佛是楞嚴十種之散仙拈花一笑解脫萬緣毫髮無遺竭來

忉利天畢生不辱終其全令子大鐵君吾黨之英賢摯誠以待人孝弟以爲先藝著九能自視欿然兩遘大故星夜言旋百感塡膺抱恨終天國人皆曰幸哉有子如此信足以告慰於黃泉嗚呼尙饗

輓畫

丁寶書雲軒

寒泉秋菊圖

趙林管風

素菊圖

風木圖卷題辭

潘昌煦芯廬

大鐵世兄感懷風木以寓孝思屬諸健秋繪圖鄧糞翁署贖而自錄諸輓章於其卷復徵俚句以殿後敬題二律藉表佩忱

回首趨庭日承歡逮夕昕角巾從郭泰紗幔侍宣文逝景催玄鬢哀思繫白雲無窮風木感展卷寫清芬

浩渺梁溪水親恩視此深庭槐瞻舊德墓檟長新蔭行路臯魚淚封阡永叔心鮮民同一慟應廢蓼莪吟

孫肇圻頌陀

大鐵先生屬題風木圖卷子

汪子孝厥親思慕無已時何以報劬勞努力奠始基少小耽文史風雅如其師壯作萬里遊苦辛所勿辭餘事作印人衣鉢虞山垂築室七尺渡馨逸蘭與芝有懷託丹青展卷不勝悲茲屆八八節徵題答親慈情意一何深揮汗爲賦詩下筆費沉吟悠悠白雲思

傳

壽芝老人夫婦合傳

學術迭興工商業隨之發展才智之士奮跡於其間者咸各有所成就則關乎人才之磨濯而亦以覘時代之邁進也梁谿汪子大鐵經商數十年

壯遊數萬里高掌遠蹠爲時流所弗及顧其人謙和淵雅藹然有儒者之風篤好詩古文辭而尤精於金石篆刻其品性之修養何深邃若此溯厥淵源則知胥本於尊公漢章先生及尊慈許孺人之教也今具狀乞爲先德立傳自不敢以不文辭先生諱榮庭字漢章晚年取與善人遊處之意以芝蘭名其室又自號壽芝老人系出唐越國公後世代遞嬗具詳譜牒考玉山公妣惠太孺人生子二長曰庚吉幼殤先生其仲子也玉山公讀書擊劍任俠自喜赭寇之亂入楝園抗戰不濟乃潛居塘頭鎭事平歸里則廬舍爲墟爲衣食計奔走吳越間謀計一之利頗得饒益乃舉家遷城手創米穀業爲衆所望先生幼而聰穎修眉廣顙身長玉立束髮授書惠太孺人嘗於夜分篝燈督課之學日以進玉山公鑒於科舉將廢不令其虛糜心力即以所業授之先生躬承提命深得計然之術辛亥以後國體變更內戰迭起地方時復騷然而先生所營之業以隨屢謀恢復終於不振又洊遭玉山公暨惠太孺人之喪居恆悒悒時大鐵生而十六齡矣從

曹孫二師遊方期深造至此不忍其父厄於環境乃跪而請曰大人宜少休兒願代勞而服賈矣先生贊許之遂至海上佐上谷氏經營貿易量物度時廣取節用果也智足以擴其業利足以贍其身而先生之志以伸然猶不自暇逸朝作夕思無非冀先緒之重光而已先生明決果斷勇於任事待人一以至誠而絕不自營私利雖生平坎坷屢起屢蹶而天懷淡定未嘗有踰越法度之行也壬申之秋先生年登六十大鐵稱觴慶祝先生顧而樂之既乃諭之曰汝祖嘗以孫兒宜力學求聞以光門第爲訓第因時代與境地之變遷不獲如先人願今汝不自菲薄能與海內鉅人長德遊以砥礪名行亦可謂不辱先命予深滋嘉悅惟冀修德惜福幸爲世守嗚呼義方之教可垂奕禩已乙亥九月二十三日卒年六十有三孺人姓許同邑錦綸公第四女年十八來嬪逮事舅姑烝烝色養其治內也井臼箕裘之事魚菽蘋蘩之祭凡婦職所在無一不舉自奉儉約而對人寬厚姻好或有患難疢疾早夜探視維護惟恐不周且時其有無而撫恤焉戚

黨至今猶稱誦之孺人居嘗奉佛而不恆持齋春秋佳日出而瞻禮名山輒與先生偕行青裙白髮眺賞流光其倡隨之樂見者每深艷羡年五十有六於甲戌十二月初四日卒蓋前於先生之逝一朞合葬於邑之舜柯山祖塋新阡

贊曰周易有之積善之家必有餘慶說苑亦云有陰德者必享其榮以及其子孫蓋言天人感應之理苟能親親仁民以至愛物則不祥之氣於以祓除無疆之庥因而肇造豈必如世俗所稱門容司馬庭植三槐方爲信而有徵哉先生修德惜福之訓要非惑於報施不爽而祇言其踐履所當然其垂裕於後人者甚遠詩曰貽厥孫謀以燕翼子可謂先生詠矣孺人淑慎柔嘉克修閫則列於中壘之傳亦何愧焉

賜進士出身前翰林院編修國史館協修吳縣潘昌煦謹撰并書

空谷流馨集附編下卷終

跋

大鐵盟兄刊其三十年來師友酬贈之什曰空谷流馨集屬余任校勘之役余謂今之世何世耶上下交征利方聲色犬馬之不遑視金石圖史若敝屣龍蛇競起蓬斷草枯苟全性命尚不易有何文字之足云哉卽間有抱殘守缺之士不廢哦吟亦限於一己之作安肯拔釵典裘盡付棗梨大鐵則集他人之文惟求他山之石孜孜兀兀手揮目送卒底於成其尊師重道風義人情莫不躍然於字裏行間臨風三復恍同一夢余與大鐵交誼之篤何敢以不文辭惟校書之難如掃落葉况時值離亂倉皇校讎魯魚亥豕在所不免惟希大雅君子進而教之則幸甚矣

已丑孟夏同里弟劉蕙堂跋于海壖一劍樓

右集之付刊也已遷延十五寒暑洊經喪亂卒卒無暇幸韞櫝以藏未遭劫灰然丁丑雖作不無零落今則時不我與河清難竢爰將十五年中絡續收藏各家墨蹟分類補輯詩文詞札凡得五編編各一卷並以

附編上下卷殿諸後付之剞劂了此心願憶余獲交當世名儒碩彥以及方外閨秀結文字緣者都一百一十六家前後不逮三十年謝賓客者已五十有七　先嚴慈亦相繼卽世故此書之殺青也已不勝風木之悲人琴之痛歷事滄桑之變幻有如是者嗚呼傷矣

戊子立冬節汪大鐵跋於海上之說篆舊廬

空谷流馨集正誤表

文編

正	悮	多	少	頁	行	字
巳	己			三	十四	十七
月	日			三	十九	十四
侍	待			四	三	七
侍	待			四	四	四
誌	誌			四	六	十三
嚮	響			四	六	十四
已	己			四	十一	二七
間	閒			四	十七	一
焉	矣			五	三	二四
巳	已			五	九	十九

空谷流馨集〈正誤表　一

正	悮	多	少	頁	行	字
儒	儒			五	十四	十七
			工拙	五	十七	二一
巳	己			六	十九	一
歿	沒			八	三	二三
箸	著			八	十五	三
袂	袂			九	十三	十四
爲卯	卯爲			九	二三	十
雖	雖			十	二十	二五
巳	己			十一	五	二八
帙	帙			十一	二一	二
膺	膺			十四	六	十四
已	巳			十四	二三	二
己	巳			十五	八	一

正	悮	多	少	頁	行	字
映	映			十六	一	二十
羣	羣			十六	二三	十三
靳	勒			十七	二四	二七
巒	山			十八	二	十四
顚	巓			十八	二三	十七
屝	屝			二十	五	二一
劬	敂			二十	六	二一
帙	帙			二十	二三	一
已	己			二十	二四	十六
澈	激			二二	十一	十
突	特			二三	三	十四
如	和			二六	二一	二一
巳	已			二七	二六	十二

空谷流馨集〈正誤表　二

詩編

正	悮	多	少	頁	行	字
烟	姻			一	六	二
			寄	三	十七	五
秋	流			三	十	十五
照影碧	牽恨深			三	十	十九
炙	灸			三	十八	二五
初	春			四	十九	二十
倫	淪			五	二	十九
畫	銘			五	十九	一
吳門	海上			五	二三	十一
貞	貞			六	一	二
凌	陵			六	十二	二四

抐	抐			七	二十	十六
垔	垔			七	二二	二一
逈	迴			八	一	五
睽	睽			八	九	二五
亳	亳			九	十八	二三
亳	亳			九	二二	十八
閒	閒			十二	五	十四
巳	已			十二	七	二
		中		十二	二一	二三
亳	亳			十二	二五	十七
巳	己			十三	十五	七
孰	熟			十三	十五	二六
戊	成			十三	二二	十九
天	尺			十五	一	二十
圖	題			十六	二四	六
映	映			十六	二五	五
韻	諳			十八	五	十
鳴	鳴			二十	一	二七
困	困			二十	五	二三
		視		二十	六	十三
			及	二十	十二	十二
居	店			二一	五	十八
少	無			二二	二十	二八
城	域			二四	十五	四
烟	姻			二六	二五	四

聯編

空谷流馨集 正誤表 三

正	悞	多	少	頁	行	字
壺	壼			五	九	十
悳	惠			六	二四	六
慰	戱			八	二三	十六
飄	飄			十	三	二
		而		十	四	二一

簡編

正	悞	多	少	頁	行	字
弋	戈			一	二三	二一
瀾	潤			二	二十	一
陡	徒			二	二四	七
有如	如有			三	二二	二五
致	至			四	十四	十
恐夫	夫恐			六	十二	二五
			日	六	二六	三
倫	偷			八	二六	十一
侍	待			十一	五	二一
蹤	縱			十七	五	三
造倘	倘造			二十	十九	十八
文	交			二一	五	十二
			堂	二一	九	十九
而已	已而			二三	六	九
塵	塵			二四	二	九

附編上卷

正	悞	多	少	頁	行	字
酖	耽			二	十六	九

空谷流馨集 正誤表 四

祜	祐	[illegible]	十一	二三
芝	艸	五	七	三
閭	侶	五	八	十四
毋	毋	六	十一	六

附編下卷

正	悞	多少	頁	行	字
子才	才子		四	二三	三
駟	司		七	二十	十九

空谷流馨集〈正誤表 五

空谷流馨集正誤表終

空谷流馨集

芝蘭草堂珎藏

寶琛

吳觀岱先生畫芝蘭草堂圖

侯序

同里汪子大鐵服賈海上而折節讀書鍥而不舍文采斐然腾譽南朔兼耽藝事與鄧子鈍鐵同學治印於海隅趙古泥先生融會皖浙二派駸駸直入秦漢之室作書私淑吾友逭上寒雲得其神髓繪事遠承青藤石濤新羅白陽諸家近師觀岱老人一洗粗擴瑣碎之習詩文辭恪守古人義法尤得毗陵莊紉秋先生之傳今大鐵方在盛年蓋已博學多通若此而復守其先德近善人游處之訓好與海內鉅人長德碩學賢士交遊但有一事之長雖千百里外輒不憚褁糧相從虛懷請益而海內鉅人長德碩學賢士亦多樂與往還大鐵時獲觀摹薰染借助他山學問藝事方日進而不已異時造詣之所届寧尚有可限量哉大鐵積二十年所獲羣賢讌遊紀事酬贈題詠之作都百餘篇庋之芝蘭草堂比復裒錄成册名之曰空谷流馨集將付剞劂永資觀感錄之持以示予並欲予爲綴一言嗟夫今之人方競倡新說謀毀棄禮樂文字之不暇斯文之不絕也如縷大鐵

空谷流馨集　侯序　一

乃獨猶竺嗜此道且復廣集朋交之作珍之以爲鴻寶抑何好惡之與時拂逆乃爾雖然文字陵夷至於今日更十年二十年竊恐讀書之士或將絕跡於國中雖有好事勤搜博采又安所得此於當世吾聞逃空虛者見似人而喜擁敝帚者且千金自珍矧大鐵今所集錄琳瑯璀璨固多出之海內鉅人長德碩學賢士之手又皆一時卓然可傳之作也歟則其亟亟謀所以傳諸久遠以貽來茲資觀感厥意蓋可知矣惟予不文所貽大鐵者尤荒傖不足道而亦忝附羣賢之列是誠不勝其惶媿者耳

癸酉春分前五日同里侯毅序

自序

少嘗聞先大父玉山公垂誡有曰與善人居如入芝蘭之室凡我子孫崇儉服德近善人遊處斯固無虞凍餒委溝壑矣余以紅羊喪亂棄書服賈碌碌終老我子孫能一日償素願以繼我汪氏清芬世業者吾雖不及見亦當含笑地下耳前年家君命就故里之七尺渡築芝蘭艸堂所以承先大父之志而昭我子孫也大鐵少孯讀書長苦行役負米四方營擾終歲雖駑下無能自維尚知奮迅幸以飢驅之餘時時披卷研誦積久有會進而從海內賢士大夫遊多承不棄相與賞奇析疑如是亦幾二十年於兹癸酉走海上偶檢行篋獲讌遊紀事題畫徵言投贈之什無慮二百篇作者皆海內賢達博碩之士旁及方外閨秀都九十七家虞其散佚錄成一册盟弟劉三蕙堂同門鄧大鈍鐵見而善之斥資相助以付剞劂且爲任校勘之役謂以翰墨之因緣證交誼於不替以貽子孫光家乘未始非守先德近善人遊處之訓迺取淵明詩意以空谷流馨名而乞序於同里侯

先生疑始然則此集之成當感侯先生與蕙堂鈍鐵於無窮耳

癸酉人日汪大鐵序於芝蘭艸堂

空谷流馨集各家題名錄 以姓氏筆劃爲序

丁耘軒 于右任 方地山 方唯一 王雲軒 王師子
王蔭之 王陶民 王蕘農 王東墅 王天瑞 朱其石
任董叔 汪靜山 吳觚廬 吳詒孫 吳稚暉 吳芝瑛
吳石平 吳蒼石 吳東園 吳江芷 吳仲珺 余冰臣
沈淇泉 沈西苑 沈軼劉 林子有 花劫盦 邵息盦
侯疑始 侯曄華 金松岑 金東雷 俞仲還 俞運之
俞逸芬 宣古愚 施叔範 柳亞子 柳君然 胡夐修
胡汀鷺 胡茲儔 唐俠塵 孫廛齋 孫寒厓 孫慨翁
孫頌陀 孫雪激 孫晴梅 徐鞠人 徐一達 徐穆如
徐育柳 袁寒雲 秦郊農 馬冷翁 高雲麓 崔瀞褱
章一山 巢一藏 張瀞廬 曹次盦 許竹禪 莊紉秋
郭嘯麓 陳伯潛 陳遺石 陶勺園 華曼公 華鼕臣

華西廬 馮武越 馮君輝 黃玄翁 黃謙齋 康南湖
楊又眉 楊千里 楊楚孫 楊無恙 裘可桴 裘讓園
鄒嵩生 壽石工 趙古泥 趙晉風 趙幼梅 劉未林
劉叔溪 劉蕙堂 潘芯廬 潘蘭史 潘博山 褚禮堂
蔡霞城 鄧散木 鄧蔭臺 鄭大崔 穆湘知 諸健秋
錢名山 錢子泉 錢默存 錢仲英 儲簡翁 蕭蟲友
蕭退闇 薛佩蒼 謝公展 謝玉岑 瞿兌之 瞿旭齋
譚瓶齋 釋鐵橋

空谷馨流集總目

右列上下兩集合得一百二十六頁綜成一函

空谷流馨集 總目 全

空谷流馨集

文編

芝叢草堂藏

七十二峯亭主授記

空谷流馨集文編

芝蘭艸堂藏稿
鍚山汪大鐵輯　同里劉蕙堂校

吳敬恆稚暉

題芝蘭草堂印存

莊生有言曰提刀而立爲之躊躇爲之四顧此可借以形容奏刀時之專精也又曰游刃有餘善刀而藏之乃得意忘形於紙上矣此所謂好者道進乎技者也質之大鐵意爲如何

吳觀岱觚廬

題芝蘭草堂印存

汪子大鐵余之忘年交也擅鐵筆喜治印浸淫于金石刻畫之學者十餘稔矣去夏作客海虞由胡汀鷺畫師之介得拜古泥趙先生門下朝夕探討造詣益深今春歸來出眎其所製印稿益覺分朱布白媚古鑠今深得秦漢遺矩異日印人傳中必可添一位置矣昔人有云士別三日便當刮

目相看觀此益信爰記數言以誌欣賞已巳元宵書於繼春軒中

題芝蘭草堂主人種菜圖

眞西山論菜云百姓不可一日有此色士大夫不可一日無此味如百姓有此色正士大夫不知此味也自一命而上至於公卿皆能甘此味則必知職分之所在矣天下人安得少飯吃大鐵作此圖必有意于此出圖索題卽書眞文忠語以應之戊辰三日望時年六十又七

題靖節先生攜琴圖

梁昭明太子云淵明文章不羣詞彩精拔跌宕昭彰獨超衆類抑揚爽朗莫之與京橫素波而旁流干青雲而直上語時事則指而可想論懷抱則曠而且眞加以貞志不休安道苦節自非大賢篤志與道汙隆孰能如是乎大鐵屬畫卽乞法教丁卯季冬書於繼春軒

題東坡先生笠屐圖

東坡訪黎子雲途中遇雨乃於農家假篛笠木屐披戴而歸婦孺爭笑村犬爭吠東坡曰笑所怪也吠所怪也松雪老人曾製之圖雖奕禩猶如見也大鐵屬圖適長公遊赤壁後十四壬戌秋七月時年六十有一

題鄒小山待郎秋艷圖

吾邑鄒待郎畫工細中時露風韻用筆亦無滯迹斯圖尤靜氣冲和撲人眉宇設色雅潔典則風華猶對宋苑粉本堪與南沙相國相伯仲實非時史所能夢見者也敬題數語以注嚮往壬戌寒夜拜題

沈　衛淇泉

題溥心畬臨燕文貴秋山蕭寺圖袖卷

心畬王孫以天潢貴胄雅擅淸才先世故富收藏最饒珍品緣此耳濡目染出筆更自不凡上規瑤華詒晉諸賢正無多讓此卷高僅三寸有半而長幾七尺觀其用筆峭勁模仿逼眞實爲精到之作大鐵其寶諸辛巳元旦八十叟題于海上僦樓

沈　壽桐西苑

汪公玉山小傳

公諱炳文字玉山系出唐越國公後父宏興母氏王世居無錫城東公幼年經紅羊變俘役兵營衆憐其稚異其貌善視之教令習武隨軍三載乘閒逸遇季父於塘頭鎭輾轉訪求父母則俱已殉難垂涕尋骸骨以葬慟幾絶季父挈之歸時江南初定道殣相望公乃業商謀衣食由是奔走吳越間櫛風沐雨凡四十年夫人惠氏以女紅佐之夕績晨針亦數十載不倦鄉里爭稱有梁孟風焉公豐頤廣顙剛武有力爲人排難解紛崇樸黜華布蔬自甘室中圖書整列几案無纖塵業餘輒手一編爲子孫講解忠孝居恆以生當亂世不獲事親爲憾懷悲風木每泫然淚下以故公五十後暨室惠誓戒葷酒蓋不欲以不得餌其父母者而有以自奉其志良苦矣年六十八無疾終惠夫人後公三載聞武昌起義猝中風逝年七十一合葬於舜柯山麓祝家坦之原子榮庭蜚聲貨殖孫國梁能詩工書商而儒者克世其德云

沈子曰自非孝之說倡而彝倫攸斁天下滔滔幾不知親親爲何事遂致人道爍世變烈乃嘆先王以孝治天下固端其本也雖然當叔季之世求一爲人子而奉養其親口體者已尠不可得遑論終身孺慕矣公雖不獲養親顧終其身慕親觀夫尋骸以葬茹素以終儼若舜之五十而慕得不謂之孝乎推此道也豈唯錫類直可興邦是足傳矣

花　元劼盦

祝枝山臨洛神賦卷子補洛神圖

大鐵得明賢祝希哲先生手書洛神賦長卷緗墨完好洵爲球璧屬補一圖以紀勝因知不免有續貂之譏奈何奈何辛巳人日記於天下第六泉上

元文宗臨蘭亭序卷補圖

丙戌長夏道出滬上訪汪子大鐵于說篆舊廬班荆道故置酒言歡獲觀元文宗手臨蘭亭序文鈐有奎章閣大印柯丹邱審定署款熊景星甯江跋爲南海伍儷荃郎官舊藏時賢有趙叔儒觀款高雲麓題語名迹也大鐵出重金易歸以未獲蘭亭圖爲妃尚遲付裝余偶興至允爲補寫因錄蘭亭後序及詩若干首並列當時與會名賢姓氏臨自舊拓蘭亭墨本雖遺續貂之譏而成大鐵嗜古之志并記吾輩會合之因不復計焉

贈大鐵編年冊子序

梁溪汪子大鐵癸酉歲始識於先師石平翁畫室無何別去幾十餘年不通音問丁丑難作余避亂走淮北時烽火燭天干戈匝地家山已破落魄可媿因知故人之無恙也迺投大鐵於海上商設館鬻畫聊謀饘粥計大鐵慨然允諾且爲汲引余自淮北來海上凡數載米珠薪桂居大不易實獲大鐵之助爲多故人高義至足感也從此春秋勝日結伴宴遊風雨凄其互相慰藉篝燈促膝漏夜無倦大鐵嘗縱譚其平生所歷所遊諸景勝槪豪情可以寫入畫圖者多至數十題欲乞丹青之靈以編歲月之次所以有編年畫冊之倡余聞而樂之許爲經營用酬知己於萬一自大鐵束髮受書弱冠交遊寫諸圖紀諸詩使他日念舊展對如溫昔夢懷當日之樂興無窮之感者諫果回甘臥遊有據誠盛事也余且許大鐵每遇勝事願爲寫圖歲歲續之至於不替天假因緣則不獨記吾兩人交誼已也序諸冊端以證來日大鐵當掀髯一笑乎乙酉花朝記于虞山辛苦齋中

醉鄉圖

醉鄉者非耽嗜麴糵而困於觴政者也吾友大鐵子與余罹丁丑難避亂來海上賃居閘橋之酒庫日與紅友共起居且爲伴焉處其境居其鄉不飲亦醉欲不醉亦不可得矣别余與大鐵家山已破歌哭無端者乎圖成大鐵題曰醉鄉并口占一絕紀之戊寅四月

附詩　汪大鐵

寢未安時食未甘一天霉雨黯江南銷魂此日家山破黃歇浦前住酒龕

佚　湘畹華

贈大鐵子序

心智百骸受諸天才藝學術受諸人受諸天者時焉既至天或靳之矣受諸人者時焉雖至鍥而不舍舉莫足以限之圓其顱方其趾皆是也設不善用其天賦之心智百骸吾恐五行之蘊無由洩聲光化電之學無自通吾友大鐵子君子人也其於人之一技一能津津樂道必引爲師友其於已之藝事也孜孜兀兀若恐千載而後文采不表者往時服賈秦郵寇擾城垣勢張甚城中居民作鳥獸散而大鐵奏刀驕然爲其故人張大治印章然竟無恙性至孝甲子之役吾邑幾陷於寇城既扃大鐵念父母老不及奔避遄自秦郵歸乘郵欲入縋絕墮背骨爲折再入竟見父母而後快人謂愚孝吾謂愚不可及大鐵疾惡如仇使酒罵座人顧憚而相戒勿與攖家固貧因精計白術差全衣食余與大鐵交既久深知其平生故爲文以遺之雖然更有進者大鐵信道篤稟質醇使處於高明之地必能有裨於世使其致力於聲光化電之學必能有所發明豈僅納小信小惠於朋

儕精一藝一能以名世已哉二十三年一月五日

芝蘭草堂詩存序

湘讀易至乾慨然有感夫天法健健故不息則久且大君子之道法乎天者也故曰終日乾乾夕厲惕若荀子曰其爲人也多暇其過人也不遠矣君子之與庸人相去間不容髮有志之士可不內自儆懼蘄不與庶物同其生滅吾友汪子大鐵幼年嘗有志於天下事而困於地望不能昂首申眉一展其平素抱負稍長乃習賈人事逐什一之利然好學不懈過於宿儒嘗私淑洹上袁寒雲先生克文作擘窠書從海虞趙古泥先生石治刻畫君固穎悟異於常人者不數年而盡通其術復從陽湖莊絅秋先生綸儀治詩古文辭先生嘉其志行誘掖倍至君亦益自刻勵未幾業大進其所作小詩絕類眉山間作古風同里馮君輝先生光烈見之謂有長慶遺韻非阿好也近方服賈四方每至勝境有所感發悉寓諸詩嘗告湘曰余以窶人子得遨當代碩彥特達之知豈始願所及今袁氏莊氏後先物化

惟趙先生巋然如靈光之獨存因請毗陵錢名山先生振鍠顏其室曰拜石廬其尊師重道之誠豈惟並世所僅見求諸古人中亦殊不可多得湘與君交十餘歲始値諸君健秋齋中通款曲其後年愈久交愈密蓋目擊道存無心冥解釋氏所謂緣法乎及辛未之夏與君遊尙湖劍門之勝君援筆作小詩屬余和而其藻思紛披才華凌轢余誠自歎不及復覩其綜理庶事應對賓客頃刻數千言滔滔汨汨如懸河瀉水鋒不可當雖皤然胡耇自詡老於事者經其擘畫罔弗服頃之予將南邁整裝待發君立治小印數方爲贈曾不須臾而印成蓋君精神意志度越流輩故治事治學莫不遊刃有餘抑亦自強不息取法乎乾有以致之也茲出示其所著芝蘭草堂詩存問序於余余於詩未嘗學問然深知君之詩機杼天成無章句儒人之氣習卽所謂天籟也大鐵其保嗇神理時時鑽研興滅繼絕之功必屬於抱殘守缺者爰序而歸之癸酉四月序于海上之賞雨茆屋

兪　逸逸芬

題先師分明詩卷

洹上師嘗有詩曰絕憐高處多風雨莫到瓊樓最上層雅爲時人所傳誦意存譏諫野史新亭之淚鴒原箕豆之慟慨乎言之先師沒後數記其事於簡耑今同門汪子大鐵出示分明兩首以隸楷兩體出諸筆光墨妙尤爲罕覯所謂同氣之求同聲之應其精妙若是嗣丐方地山太夫子題耑胡痦公丈補圖裝爲一卷遂成全璧寇難既作大鐵攜以避地卒使人間瓌寶永存天壤予固自慶眼福之不淺而前塵共話恍惚如昨則又感念今昔不知涕泗之何從也輒爲記其始末於此丁亥立春謹識

施叔範髯翁

大鐵詩序

好某人詩蓋心折乎其人之藝也諷誦不已於爲胎息初意甚微迨發之成章乃顯故某也近某體非囁精吸髓專於一家之士此語不易得惟名不輕假人亦豈自好者所樂與哉輓近嘐嘐者流言必稱天才吟必尙性

靈於是盲詞鼓腔皆得爲之詩矣畏鑽研苦工力於是撤穢棄矢俱爲超超元著矣夫不諳韻味不解典雅尙可與論家數有是哉烏乎吾甚歎詩事之敝至於此極也會錫山大鐵授稿屬爲序讀竟悚然有間君之詩卽今人所競病者胡爲攻之弗已日者如漁洋如與義他時更上與騷葩合彼負鼓作場者見之不且曰何聲腔之終不吾若也君將奈之何哉乙亥寒食序於歇浦之照紅樓

宣　哲愚公

畫松

黃石公赤松子此境不在人間世以畫理繩之則鑿矣大鐵道出廣陵同舟渡江篷底岑寂作此遺之藉博一粲

胡炳益覺修

芝蘭草堂圖序

蓋聞蘧廬天地體物無心蔗境雲山道腴有味塵間通隱無煩水殿雲房

林下高居自有茆檐蔀屋佛氏三生之説白石爲緣歐陽四十之年紅亭作記故工部爭鄭翁之席詩人續主客之圖此粱溪汪子大鐵所以有芝蘭草堂之圖也大鐵奇气得江山之助豪情廣湖海之交居與善人遊從良士平章風月作陸地之神仙笠屐湖山辭九天之富貴詩酒寢淫烟霞嘯傲一邱一壑機杼早儲于胸中三楚三吳人物齊歸乎眼底紅蕓繞砌數馮衍之家風素奈盈堀識潘尼之宅第衙官屈宋拓開瀟碧湘靑詞客鄒枚横攬塵紅陌紫陶潛粟里徵士託踪杜甫草堂詩王遯跡左圖右史坐書城以自雄模水範山與造化而爲徒撫琴座上星光與彩鳳齊飛挂劍壁間雲氣共白龍俱化曉風楊柳當門則酥雨如絲出水芙蓉繞屋則團花凝月瞻依芝宇覩饍堂前思興蘭陔勸餐膝下倚壁摹東坡之妙緒高筵敞北海之淸樽扶鳩杖而祝釐剔蠟鐙而鍛句芝稱君子之德蘭爲王者之香發育麥禾作喜雨豐年之頌艱難稼穡懸豳風無逸之圖炳益舊京寓公虞山遺叟振纓希古奮袂譚經感汪倫送我之情抱吳質抗宗之志大鐵不遺在遠相契益深向日傾葵望風懷想湖光蕩漾賀知章乞鑑曲之圖筆氣蹤横徐孝穆作玉臺之序癸酉百花生日作於虞山舊史堂

胡　振汀鷺

跋拜石廬圖

汪生大鐵昔嘗從予遊能作古今體詩書法歐蘇兼參漢魏因予介得受業虞山趙石農學治印指授刀法得其眞傳今石農作古多年大鐵乞作拜石廬圖以志不忘憶六年前攜眷遊虞山與石農相聚多日別後石農卽病於臥榻間猶殷殷予與程子罪僧也時罪僧巳病癈于家不久二君相繼殂謝罪僧與石農丱爲角交予因罪僧獲交石農邇來大陸將沉避亂海上與大鐵縱譚往昔感時懷舊不知涕淚之何從戊寅重九後三日大濁道人識

唐　雲俠塵

補冷泉亭圖

大鐵獲陸淸獻公手書吾邑冷泉亭記卷子名賢法書不易多遘焚香展對令人肅然吾郡故實劫後全非予以避地海上今不知泉味可冷亭尙無恙耶主人督予補圖祇以寫實之筆聊附名賢之後髣髴黃蕘翁之得蘇文忠集而倩余秋室畫象書岀同一好事者矣辛己春同客滬瀆

孫肇圻頌陀

宏興汪公家傳

君諱某字宏興系出唐越國公後由歙縣遷泉唐再遷粱溪家焉君少孤露長能樹立讀書說劍有古俠士風足跡徧名山大川獲交當世賢豪長者謀生計爲商賈之事非所志也晚歲家居豪俠好義猶少壯時遇是非口舌之爭任排解一言立决懷其德者咸以魯連目之洪楊之役烽火薄邑城君揮戈助民團捍衛卒以衆寡不敵力盡而死配楊先君十年卒繼配王女金鉄同殉子三錫霖錫慶炳文亂平炳文尋骸骨歸葬於九龍之陽

論曰天下興亡匹夫有責執干戈衛社稷不應由有守土之責者獨負之世之衰也地方有事官棄其民去之惟恐不速與城共存亡者蓋寡而鄉黨不知自好者不恤反顔事仇忍辱偷生攫取一時之富貴功名以爲快人心世道尙可問乎君以鄉老家居不作辟地計獨奮起爲民團應禍變卒以身殉而妻若女同殉焉嗚呼烈巳子炳文於亂後尋骸骨歸葬父忠子孝一氣感召傳諸千秋以示吾邑有氣節之士而告後世臨難苟免之徒也戊寅冬仲同邑孫肇圻頓首拜撰

馬公愚冷翁

題唐士大夫寫經卷子

佛教盛於漢造像盛於六朝寫經盛於唐今洛陽之白馬寺爲漢時佛教元始卓錫之所伊闕龍門之懸崖刻石卽六朝造像之遺蹟也然寫經之作雖歷見著書欲睹墨蹟巳不易覯二十年前敦煌石室被盜唐經出土

始稍稍見於世今大鐵獲此二卷即敦煌石室故物由其友宰是邑時收而寄贈者矮紙硬黄光澤可鑒確爲唐物無疑二卷字體壯麗後卷尤較前卷爲精定係當時士人所書絶非經生習課况歷千二百餘年而紙墨如新更大可寶也大鐵復以舊藏十八應眞象冠諸卷耑合裝見示可謂與佛有緣焚香展對心跡雙清合十讚嘆人天歡喜敬題數語歸諸辛巳百花生日記於滬上耕研齋

高振霄雲麓

題溥心畬臨燕文貴秋山蕭寺圖袖卷

心畬王孫人品氣骨文章詩詞書法畫格俱超越凡俗近今罕有倫比可稱爲六絶相隔數千里未曾一面而書翰往來相契獨深二十年來于茲矣所謂神交者歟屢得其作品前曾以小卷長幅見貽有卷舒千里之勢能納須彌于芥子者珍祕篋笥以爲至寶今觀此卷清勁瀟洒筆力秀挺氣韻脩然展玩數四如對黄叔度千頃陂也

題元文宗蘭亭序卷子

右爲元文宗臨稧帖奎章閣朱印爛然幷有柯九思署名紙尾九思字敬仲與虞集幷時同直奎章閣有參書侍郎學士之目極一時之選想見文采風流之盛丙戌仲冬拜觀幷題

崔蘭言滌褒

渤海歸棹圖册題耑

大鐵印人秦島倦遊買棹渤海將作歸計爾時沽上友好賦詩贈別裒然成帙因爲題眉以誌嚮往丙子百華生日記於臨沂獨樹村中

曹　銓次庵

芝蘭草堂印存序

攷周禮有掌節之官鄭注云璽節者今之印章也秦時八體五曰摹印徐楚金曰摹印必屈曲縝密如秦璽文是也漢居攝中甄豐等校文書之部定爲六書中有繆篆埶文志注顏師古曰繆篆謂其文綢繆纏繞所以摹印章也綜觀載籍知璽印之制由來尚矣有清一代徽浙二派各擅其勝接軌斯冰度越前古汪生大鐵研討淩長之學出其餘緒刻畫金石嘗師事虞山趙古泥得其心傳今觀所存印蹟古趣横溢具有法度是蓋於印學諸大家融一鑪而冶之不朽之業豈曰雕蟲小技乎哉抑又進者大鐵方當盛年他日造詣益深由秦漢而上窺邃古藝進於道庶幾於印人傳中分其片席也企予望之民國二十二年嘉平月

題無我室主人繪漢宮春曉圖卷

雲軒先生以工細之筆寫金碧宮殿間以危岩絶壑林木烟雲壯麗無匹蔚爲大觀其精到處直欲駕趙伯駒仇實父而上之此爲大鐵作阿房宮圖未竟易名漢宮春曉圖雲翁且賦詩紀之乙丑黍月裝池告成大鐵屬紀始末幷識其墨緣如右記于百漢石墨之室

跋漢涅陽左尉銅印

右漢銅印瓦鈕文曰涅陽左尉按涅即㵪之古文今雲南有㵪江縣與㵪

江毗連爲漢益州郡之俞元縣地曰涅陽者殆在涅江之南但史不詳其地劉公魯氏謂涅爲涅之異文涅全幣涅省作涅與此从口正同至若爨土作王州輔碑涅而不緇涅从王可證印文作涅殆變體也水經注涅陽在岐棘山東春秋時屬鄧國戰國爲秦穰邑漢書地理志涅陽屬南陽郡應劭曰在水之陽續漢郡國志涅陽在荆州南陽國左尉爲縣令椽屬漢書百官志大縣設左右尉各一秩四百石

跋晉鮮卑率善伯長銅印

右銅印駝鈕文曰晉鮮卑率善伯長按漢書鮮卑傳鮮卑爲東胡之支別依鮮卑山故因號焉東漢安帝永寧元年鮮卑大人率衆來降又考晉書武帝紀咸寧三年西北雜虜及鮮卑匈奴千餘輩率種人內附據此是鮮卑由漢及晉皆服屬中朝其大人封率衆王侯下至千伯長乃有率善歸義諸名號各鐫印賜之蓋以勵四夷之內屬也時乙丑秋黍既望大鐵屬鈐漢晉兩印乃以考證所得者率書其後

莊綸儀紉秋

芝蘭草堂主人種菜圖序

錫山汪子振奇不偶好學多才卽市隱之餘閒搜藝苑之軼事胸羅諸史目無全牛每當早韭春初晚菘秋後露葵朝薦落英夕餐泮渙優游恣爲放曠宜乎尙矣夫功名之際學圃非其所堪寂寞之區貨殖豈容並盡何圖闤闠見此異人希諸葛種菜之高風效龐公結廬之逸致盡心樹藝伴我詩書種來白白青青寫出花花葉葉一畦春好半畝霜濃葉嫩香肥笑朕色美誦蘇玉局新唫之句居然蘿菔生兒詠胡雲稚倚聲之篇自有清蔬餉客謹序戊辰季秋

陳　衍石遺

題潘西圃墨蘭長卷

畫蘭易工者實難非得其雅澹神味不稱也此卷澹遠之味在詩中爲孟山人輩蘇州殆從祖硯餘波來者大鐵祈寶之七十九叟

華曰曾曼公

芝蘭草堂圖

昔人有盧鴻草堂圖雲林有清祕閣吾家東涉公有眞賞齋諸圖皆曾臨撫大抵昔賢好爲林堂近景寫其遊娛之地以寄其高眇之思吟賞風流映媚千古今大鐵有芝蘭草堂於邑城舊第屬補此圖大鐵工書精篆刻名重海內人傑地靈芝蘭之有圖當與輞川龍眠並傳使墨林增勝事也丁亥十二月記

壽　璽石工

芝蘭艸堂印存序

丙子花朝後十日章甫沽上寓書示汪子大鐵印存屬爲序大鐵曾爲余書便面鈐印樸雅不知其能治印也亡友陳師曾論印絶句文何圓熟氣雍容傅粉搔頭誤俗工繼起西泠成峭折一時風靡露刀鋒丁蔣力矯文何之失重刀方矩得於漢鑿印者爲多數傳而後支離破碎弊與文何等耳濤季印人得皖派之眞傳者吳讓之得浙派之眞傳者趙撝叔若黃牧父出自皖派而力追彝器銘字吳昌碩出自浙派而旁搜陶瓦遺文卓絶千古並傳不朽文何丁蔣有媿色矣大鐵所作險絶可喜往往有新意或涉支離斷無破碎堪與近賢抗手不難登作者之堂而嵩居暇晷願取古器銘旁及專陶小品翫其用筆審其布局引鋒就石自有水到渠成之樂何文丁蔣不必深求秦漢印拓眞贋雜糅繙帋之頃鑒別不可忽也則器銘尙矣惟大鐵識之是爲序時客故都

趙　石古泥

自序拜缶廬印存贈大鐵

僕性鈍少失學隨先人賣槳村市年二十四始好金石刻畫入城識李虞章先生鍾知撫印宗派繼遇安吉吳缶老倉石時缶老專治漢印一掃文何丁鄧積習獨闢蹊徑邁古鑠今海內外宗之印學之風一變然學者非多讀三代秦漢金石使字法有來歷不可僕既失學於繆篆尤無根底字

多意造刀法更不精究故於印學無所發明年來請業者日夥輒未敢應因以歷年印存裝六十册置海虞圖書館中呈正大雅藉以褁請業者之足耳敢望流傳哉此二十四册贈與大鐵硯弟爲課餘瀏覽大鐵有榆塞之行萬里展對晤言一室可以壯行色而不落寞耶丁卯夏五

自題印稿贈大鐵

摹印之道於金石文字篆法中求之則易就近人多欲於刀法求之故十八九不得其門篆法又須求諸六朝以上六朝以下篆非不佳委致太甚都半不堪入印矣昔鄧完白先生篆法能自成家數觀其所作印白文佳者十五六朱文佳者十二三而已何也蓋白文不越漢文藩籬朱文則益以已意爲之篆法委美便病纖巧耳大鐵就余問印屬留印稿輒書於後乞商是二十一年秋八月病起

跋琴齋額

大鐵仁弟好金石能書工詩寄食上谷氏計會吾虞駐琴水上屬書此額

亦隨寓而安之意焉戊辰秋日泥道人記

趙　林晉風

題絹本無款菓蔬圖册子

曩見內府所藏郎世甯菓蔬大册芬芳競體濇露欲滴正與此册同惜此册未署作者姓氏殆當時之臨本歟考其絹素信爲國初無疑道光朝經汪桂芬陳筠湘分題二頁今十頁尚空待後之如汪陳兩女史者題之當更生色不少也溽暑展對如酌寒泉令人肺腑一清豈第觸手生香已乎已卯中秋同客春申

劉憲烈叔溪

題先師臨董文敏長江萬里圖卷

右爲先師墨畦顧先生晚年手臨董文敏長江萬里圖卷子摹各家筆墨寫各地名勝展卷臥遊不啻坐鴨嘴船置身揚子江頭誠劇蹟也大鐵以重金獲於吳會出以見示因志墨緣回憶先師殘簡賸墨零落殆盡今且墓木已拱益增人琴之痛況當日執梃者乎題竟泫然

芝蘭艸堂圖

艸堂在梁鴻溪上之七尺渡虞山趙古泥題榜同里吳觀岱作圖虞山胡匊修序上海鄧散木記同里錢子泉讚海內鉅公題詠殆遍傳爲勝事侯官陳石遺題楹與善人居如入芝蘭之室移北山文而懷艸堂之靈蓋主人承先德與善人遊處之訓而築斯堂也

雲龍星鳳之齋圖

齋在芝蘭艸堂之南凡三楹主人藏劍曰雲龍琴曰星鳳故名上海鄧散木榜之歙縣吳東園集胡匊修太史句題楹挂劍壁間雲氣共白龍俱化撫琴座上星光與彩鳳齊飛可以想見其景物矣

拜石廬圖

武進錢名山爲之榜餘杭褚禮堂紹興壽石工同里曹次庵序之主人從虞山趙古泥問印學古泥名石出安吉吳缶老門下自署曰拜缶廬今主人以拜石廬署之同以不忘師承而命名後先輝映聞者美之海內名賢題其印存者盈尺予故不贅祇寫圖以傳其事云

偈促樓圖

偈促樓在芝蘭艸堂上凡三楹左右藏圖書典籍主人坐雨聽風之所也故自題其楹帖曰堂堂六尺軀地載天覆還嫌偈促小小三間屋聽風坐雨亦足逍遙同里徐觀治印記之

三多广圖

广位于吳城之南虞山蕭退广爲之榜吳縣潘芯廬詠之主人自記曰三多者多讀書多交益友多積陰功非古人之所謂三多也取以自勵兼示來者予旣爲製圖今復重摹入屏所以美其風尚也

竹報齋圖

齋在三多广南翼紹興壽石工榜之跋曰綠樹扶疎翠禽上下門絕市囂港聞航唱喜容膝之可安實苟全之勝地上海鄧散木題楹曰人境結廬破寂賴窗外漁歌門前樵唱明時共醉款客有籬邊秋蕊甕裏春醅主人寓吳時退息宴遊書畫篆刻之所也

說篆舊廬圖

舊廬在蘆子城西之天下第六泉畔吳興龐虛齋爲之榜同里華曼公爲之圖主人自記曰避亂賃廡託迹十年空桑三宿誰能忘情用徵丹青以留永念他日承平願以一斗酒壽我作平原十日敘也

歲寒堂圖

堂位於武林靈隱寺西梁溪汪人鐵約至友二三合建是堂繢圖徵言製印壽石藏於堂中爲春秋勝日羣屐觴詠之所衡陽符鐵年爲之榜虞山蕭盅友題楹曰竹石松梅寫其性詩書畫刻傳斯堂蓋劫後餘生治此以爲遯世逃名之窟故曰歲寒誠可紀也癸未十一月中浣爲大鐵作大屏八幀于吳下

題歲寒堂圖卷子

大鐵有武林之約懸偎歲寒堂寫圖記之願他日獲成此願余得造廬晉酒與二三子共享承平之樂持此以爲先券可乎新涼入序佳音頻傳不覺筆墨爲之飛舞乙酉天孫渡河之夕記於吳門

自丁丑至乙酉寇亂凡九年此卷成於受降之前二十天其時祇聞佳音未獲確息故叔溪所記尚有諱言虎口囘憶離亂可想今斯願未成叔溪墓草已宿人琴頓杳隱痛在抱感傷如何大鐵註

張夕庵遊洞庭湖詩卷補圖題語

大鐵小遊吳市獲張夕庵遊洞庭詩長卷長一丈有六尺載詩十餘章上款三峯先生卷前有洞庭泛棹圖係當時夕庵倩其從兄舸齋司馬作者有舸齋印茝香及飲綠草堂印茝香爲舸齋夫人蓋同作也詩圖雙絕嘆爲僅見惜原圖歷刼破碎幾成片段難窺全豹不克裝池大鐵冒雪見訪屬臨一過以彌缺陷誠好事矣惟恐唐突古人相與皇恐甲申冬至後一夕

虎阜袖卷

曩與大鐵同遊虎阜歸後索圖迄未報命寒窗憶舊漫成此卷即以奉寄他日再續前遊願攜此卷同來生公臺下看頑石點頭青蓮重花以證鴻雪之因如何丙戌大寒寄自吳中

附甲申花朝與叔溪虎阜看梅十首即呈芯廬太史松岑前輩退闇夫子　汪大鐵

七年沉鬱鎖春愁今始登臨上虎邱不是行吟酬令節東南無地可埋憂

莫教辜負好風姿爲踐梅花隔歲期今日花朝始相見碧螺春寫探梅詩

日斜風緊幾徘徊聳帽銜寒索笑來二十四番花信了東皇猶勒野梅開

無端消息滯天涯春半遊人恰憶家萬紫千紅尋不得等閒開遍玉梅花

誦豳堂下香成海太僕墓前花滿山兩地相思無着處冷香閣上倚欄看　梅園鄧尉遊人裹足

鶯燕驚心花濺淚通明誰奏綠章來河山舉目今猶昔其奈江南庾信哀

捫碑吊古五人墓披荊揭衣短簿祠上下千年同一哭流風餘烈想英姿

石不點頭花不開荒臺古塔沒蒿萊萬人塵海炎炎熱誰似生公說法來

飛車十里出金閶小艇歸來已夕陽綠水青山橋下望半城燈火是山塘

平江月落子胥潮金粉飄零霸業銷天地無聲歌管歇空留烟雨溯南朝

劉如淵蕙堂

大鐵子傳

大鐵子梁溪異人也性耿介有俠士風嘗誦蘇子瞻詩至烏府先生鐵作肝語瞿然興曰大丈夫處世不當如是耶射南山之虎屠東海之龍辨順逆定去取不以富貴惑其心不以貧賤易其志鐵中錚錚毋疚神明彼世之巾幗而事人者非吾所敢知也因自號曰大鐵子人亦稱之平日好讀書是欲盡三墳五典八索九邱者力有未逮則假之於人孜孜焉兀兀焉風雨一燈曾無少輟每有會意幾忘寢食又耽金石工篆刻見一鼎過一彝婆娑撫摹不忍釋手甚或貨之歸雖昂其値不吝也焚香相對心領神會故所治印挈秦範漢古趣橫溢昔者米顛癖石放狂恣肆得趣於牝牡驪黃之外今之人方聲色犬馬之是急金石云乎哉惟大鐵子不然蓋其所秉者厚則所見者大也花前月下獨喜紅友一杯無妨一石奚辭耳熱興酣解衣磅礴或出洞簫吹之其聲嗚嗚然或振筆作韻語格宗眉山激

昂悲壯具見風骨書法亦蒼勁剛健中時有婆娟之態躍出所謂妖韶女老自有餘態者是耳大鐵子既薄富貴不求聞達揮手黃金半供書酒偶有餘貲輒作汗漫遊芒鞋竹杖飄然而出走燕趙之地攬吳越之勝舉凡宮室之壯偉山水之清麗一切可驚可愕之狀可咏可嘆之情歷其境而窮其奧者莫不記之以詩達之以文故詩如其人文如其詩不擇地而出無往而不清也嗟乎叔季之世氣節蕩然矣出入公卿之門奔走利勢之途四維不張斯文墮地於此時也雖有一二耿介拔俗之士愴懷世亂思作中流之砥柱然狂瀾所趨沛然莫禦亦將隱迹深山儕侶猿鶴耳吾傳大鐵子不禁爲世道人心憂也

潘承厚博山

題祝京兆臨洛神賦卷

此卷用筆謹嚴不以奇縱取勝蓋其中年臨古之作昔人謂京兆書指與心應腕與筆應觀此卷益信辛已長夏記于吳中

褚德彝禮堂

芝蘭草堂印存序

徐兄穆如枉存壞室譚次爲言其同里汪先生大鐵隱于廛市而折節讀書好學媚古與當世名儒碩彥遊學書遠法白陽秋岳書宗平原山谷俱得其遺矩生平於治印工力尤邃以近刻芝蘭草堂印譜一册見眎予劉覽一過觀其所作白文諸印縱橫奇偭直逼西京朱文放古小璽尤精眇古秀大鐵于治印可謂力爭上游矣考璽在周後秦前篆文奇詭多與六書不合然在小篆未興以前異文奇字古趣橫溢前人藏古印無言之者光緒初濰縣高南鄭集齊魯古印攈始以璽別爲一卷簠齋印集收璽甚富近時秦豫所出古璽尤多奇品友人中如龔懷西徐青原張繡斧諸君所獲突過前人大鐵誠能取其拓本而揣摩放效之庶幾集古璽之菁英而得其神似乎癸酉清明前五日記于海上寓樓

鄧 鐵散木

芝蘭草堂圖記

蘇之無錫倚太湖一角以山名山不崇而秀拔有泉洌中鐘鼎玉川子品之次爲天下二以泉名靈秀所毓才士輩出不衰顧愷之倪瓚邵寶王紱諸子其尤著者位城西塘有試泉門其内有西溪距溪不半里舊名七尺渡於明爲津渔今不聞喚渡者百年矣傍溪泥牆荊扉自具幽趣者是爲芝蘭草堂主其居者同門汪大鐵子東也大鐵錫人敏好學隱于貿遷布衣帛冠人不之識工刻劃與余同出虞山趙夫子門下精詣獨到無與比儗其人頎碩于思不事邊幅讀五代史人目李先爲錯安頭余謂大鐵差足當是祖若父某某亦鄉佳士遵善勿失常詔厥後必與善人居故芝蘭草堂者大鐵承先志而爲之也屋三楹中庋鼎彝圖籍爲奉親讀書品茗觴詠所樓於其上而障以槊厓犖東向翼然比于廊者榜曰局促敝南牖倚檻遠盼風鈴鏘戟之浮屠近盼枯木竹石修桐短卉亦時聞崇慧寺鐘與黌舍之絃誦聲東西楹列廡爲短短廊右榜曝背左榜看月南出曝背

廊曰拜石廬大鐵從趙夫子石治刻劃榜此志所承也折東向面草堂曰雲龍星鳳之齋大鐵著一劍一琴曰雲龍星鳳故名西出看月廊有敞然西向者爲玉船軒置所獲明人玉刻東坡泛赤壁圖而妻東賴墨廬心雲刻賦爲之妃玉船瓏玲刻賦細于蟲足亦二難已大鐵工治印以治印者治草堂故地雖仄而井然如攟中庭雜羅卉木鬅沙翼鞠扶籐引蘿蘭蕙蘅芷之披拂可席而坐笻而立屋廑三楹而有樓有堂有廊有軒因阻爲奥借曲爲遠奉親於斯觴詠於斯歲時集賓客於斯大鐵可謂善資其生者矣歲辛未畢列遊觀之事志之圖而永之徵邦人士歌詩和之至於累帙而其同門鄧鐵爲之記

江南春袖卷

大鐵同門將去津門眷懷遊賞不能自已今當遠別遂興感歎大鐵交多名士爰有畫伯振翰寄意以代陽關之什更屬余題其韓首爲拈定公句報之期以江南春色壓君行裝也二十三年春日

題王孟津過甯陵拜新吾祠堂詩稿

孟津書直接魏晉而間參海嶽筆法險勁沉着一時無兩馬氏寶嶽樓筆談云明人艸書無不縱筆以取勢者覺斯則縱而皆斂故不極勢而勢若不盡最能道着佳處儗山園帖雖奄沒無聞然終不能因人廢言甯陵新吾祠係明賢呂新吾先生祠堂孟津嘗從之遊故末署門生王鐸也二十五年六月望敬觀幷記

題玉山艸堂圖

玉山艸堂圖元王叔明爲崑山顧阿瑛所作也聲聞海內備見著錄耕烟山人曾摹副本此復爲潘蓮巢所臨耕烟本也大鐵同門之先德玉山翁得此因以自號寶愛之殷已可想見今歷三世迭遭喪亂而保藏完好可謂善守世澤不墮名物者矣流傳不替奕世濟美願君家子孫永永寶之茲值重裝甫竟用書厓略以紀勝因壬午修月拜觀幷記

題芝蘭圖

此圖爲大鐵同門之尊人壽芝丈所藏與其先德玉山翁所藏潘蓮巢之玉山艸堂圖堪稱二難今大鐵榜其讀書之所曰芝蘭艸堂則合二者爲一矣兩圖並關君家故實故樂爲之記俾其子孫世守勿替許源字大泉江甯人以畫蘭著名于乾嘉朝見墨香居畫識此圖載有五古長歌書法畫筆俱臻上乘名蹟也壬午修月記

鄭文焯大鶴

宋建瓷供御茶琖題記

考宋建窰在福建泉州府德化縣明曹昭格古要論云盌琖舊建瓷多是盌口色黑而潤有黃兎斑滴珠大者眞但體極厚少見薄者朱琰陶說案宋時茶具尚盌盌以建安兎毫琖爲上品價亦甚高宋程大昌演緐露記東坡後集從駕景雲宮詩云病貪賜茗浮銅葉今御前賜茶皆用大湯盌色正白不通建琖但其制作銅葉湯盌耳銅葉色黃褐色也是知北宋時御前茶琖並尚建瓷所謂銅葉湯盌黃褐色者卽類建安兎毫琖也證以坡老詩句益信余所藏褐色盌盌底有供御款者確爲北宋建瓷御用之品以視君謨茶錄所稱門試家用者逾足稱爲瓌寶已記于吳城東戚熹芝宦

又六研齋筆記宋汝窰器用瑪瑙末作釉當時止供御絕難得此宋瓷之以供御名亦一佳證也附識

右宋建安兎豪茶琖當時門試家所貴見之君謨茶錄今琖中水文猶隱隱可辨其豪色現於表裏亦如墨釆紛披細織密纚天成羽毛蓋良工精製曰兎豪可云善於體物已其底款有供御字或爲宋代內用燒造之器际恆品益堅緻爾鶴道人

宛委餘編云宋中興渡江有邵成章提舉號邵局于修內司造青器名曰內窰模範極精油色瑩澈又云定州白瓷器有光芒不堪用遂命汝州造青窰然君謨茶錄則以青白琖門試家不用蓋茶之妙白爲上故琖宜黑也老芝題記

家藏供御琖有二款字並作逸體古茂有致其一類磬口有底無足其一蓋所謂銅葉盌也格古要論云古人喫茶多用盌取其易乾不留滓茶經言越盌上口脣不卷底卷而淺盌盌是已宋窰器有文字者世所希見得此眞抵雙南金也更當以詩紀之

諸　鵠健秋

題芝蘭艸堂圖

芝蘭艸堂圖吾師觀岱吳先生爲同里汪大鐵作也岱師承十年之約僅寫其半全卷未終而已歸道山大鐵持以授予屬爲補成人事屢遷洊經喪亂忽忽又十餘年矣今岱師墓木且拱余與大鐵番番將老旣懷良朋益感梁木遂拂塵封加以點染續貂之譏在所不免嗟乎一卷之成幾逾廿載從知天下事固有創易成難之慨因記厓略以歸大鐵用證墨緣卽希兩正乙酉元日作于冬心研齋

題芝蘭艸堂主人種菜圖

余與大鐵交二十年初慕其能書擘窠蠅頭縱橫如意繼讀其所爲詩文清麗可誦旋聞以治印名大江南北今復覩其所作畫朋輩驚疑咸相嘆服此二十年中大鐵之媚古好學特飛猛晉可想見矣蓋大鐵作客湖海垂十餘稔停車問字虛懷請業多接賢師良友流風所播造詣益深故其聞見博大筆墨淵穆駸駸乎而登作者之堂更一二十年後必以專門名家蜚聲藝苑當可拭目俟之此圖爲大鐵丁卯度歲秦郵時作徵題海內珠璣滿幅大鐵且題句於後所以昭誡其子孫示稼穡之艱難知榮根之有味幸善藏之二十二年重陽時同客春申江畔

題畫壽芝蘭艸堂主人

余行年四十矣一事無成百年有涯頓生潘鬢庚年之感大鐵製印爲壽不敢當也予交大鐵二十年肝膽論心因緣契合雖小我十歲常以畏友視之今大鐵三十壽繢圖奉祝藉記兩家交好之緣亦雪泥鴻爪之證也

題黿渚感舊圖箑子

黿渚感舊圖者記吾師觀岱吳先生昔年偕洹上寒雲公子泛棹黿渚之故事扁舟烟雨節屆重陽詩人孫中書寒厓亦在座曲家吳宛老和甯寒雲歌八陽一闋剪燭命酒感慨不盡洹上集中有畫伯着屐今道子詩人烏帽舊寒厓句及几席三山萬頃波濤疑海上湖天一角重陽風雨是江南聯子均是日作不意事隔十年岱師宛老後先羽化寒雲亦旋歸道山孫中書又爲故人南湖先生之喪白頭憔悴奔走南北嗚呼聚散有因悲歡無常懷舊感逝我傷如何今大鐵以同門逸芬兪君所書洹上詩詞小扇屬畫蘿憶往事爲圖舊夢余與逸芬有同感焉壬申重陽記

明賢後赤壁賦補圖題句

大鐵獲明賢張伯起先生鳳翼手書赤壁賦卷子其自題句曰甲午中秋偶見文衡山先生前賦漫爾錄此意在附驥不免續貂之誚也考甲午歲爲明萬歷廿二年是先生六十八歲時所書正晚年筆墨大鐵屬補此圖因仿衡山先生筆法應之雖謂大鐵之好事然其景仰先賢有足都者樂

爲寫成以證墨緣後東坡先生遊赤壁八百五十九年辛巳中秋時同客海上之環雲精舍

錢振鍠名山

題陸清獻公手書冷泉亭記

右平湖陸先生寫白樂天冷泉亭記篇末缺長慶三年八月十三日九字先生學最正排陽明甚力文以達意爲主不主學韓昌黎謂詩可毋作間作一首亦拙甚不謂乃肯寫樂天文字然則先生固未嘗棄詩人也意者樂天之文固亦有得於道耶辛巳春莫記於海上桃源邨

題宋賢方蛟峯先生書龍圖閣直學士金公傳

右宋方蛟峯先生撰金龍圖傳先生淳祐九年進士第一立朝嘗力攻鄭清之賈似道宋亡元人召之不赴至元二十八年卒承其父伯治先生家學別無他師而伯治則朱學嫡傳也弟逢振字君玉亦以講學著世稱山房先生龍圖西山門人蒞官務求民利病寶祐間眞魏去國門人咸更名他師龍圖獨音問不絶宋代手蹟今世已希見又況以眞儒之筆傳眞儒者乎大鐵得此何異親炙名師鄙人得一見爲幸多矣乙卯九秋拜題

跋潘氏墨蘭長卷

大鐵示我潘氏墨蘭長卷觀之神怡不覺胸中柴棘盡去客邸無書未能考潘氏祖孫之爲人而卷末自題旻藻叟同年則信可貴矣予雅不服宋儒注楚辭謂屈子之蘭非今之蘭夫花之貴者有過於今之蘭者乎而謂楚之辭衆芳而獨遺之乎彼所謂蘭乃澤蘭也使天下之藝蘭者不藝今之蘭而藝澤蘭畫蘭者不畫今之蘭而畫澤蘭詠蘭者不詠今之蘭而詠澤蘭以蘭爲名字者不取義今之蘭而取義於澤蘭則藝蘭畫蘭詠蘭取名字於蘭者皆不願也而獨爲屈子願之乎平生爲蘭號屈屢見於拙著願以質諸大鐵與世之讀是卷者已卯展重陽跋

附自跋　汪大鐵

戊辰春奉公虞山獲汀師函介得叩古泥趙夫子門牆譚詩論印過從

最密凡六年癸酉秋始別去時艸堂初成泥師以潘西園墨蘭長卷見貽知余明歲有榆塞之行也歸宴交親丁耘老爲補一芝諸老輩且爲題辭明春赴榆攜以出塞丁丑歸滬復獲吳鶴峯墨蘭長卷因以爲偶重付裝池雙卷同珍奉爲世守然潘卷題辭諸老輩不及廿年無一存者彈指人琴墓有宿艸不禁感慨系之寒夜檢篋藉綴數語用記墨緣

丙戌大寒記于海上說篆舊廬

錢基博子泉

芝蘭艸堂圖讚

芝蘭艸堂圖者鄰人汪君大鐵善承太翁與善人居之教而取孔子家語以名艸堂吾邑老畫師吳觀岱爲之圖未竟而屬其門弟子諸君健秋足成之者也金匱孫寒厓題顛上海鄧鈍鐵作記而基博繫之讚基博住無錫西城之七尺渡望衡對宇舊王姓居亡何告易主詢之汪姓徒以素簡罕接人事主人成室媿未以一刺發也一日出瞻其門署聯曰一年春夏

秋冬辭半世東西南北人辭气殊常知爲異人亟問字呼乃知主人大鐵工書善治印籀甚士夫口固當世有名字者大鐵賈而士行不斷斷營逐什一惟文史自娛所與游者皆一代大人名德障壁字畫非其人不求而治印逼西京朱文仿古小璽尤精眇古秀顧自珍異尤非其人不與門外多長者車轍燕坐從容以是自淑以是奉親記有之思貽父母令名必果其大鐵之謂乎於塵世華膴何有焉甯膂敦行慎交善薰其德之足以勵世而磨鈍哉基博幸託比鄰欽其馨逸繫之辭三章讚於圖曰

循彼南陔滋蘭九畹言揚其芬君子服婉比德於馨如此繾綣太公式詔載德而婉 一章

艸堂之靈言產其芝色思於柔亦服之宜眷依庭闈婉告愉委勿矜於行勿亢於辭 二章

汪胥昂藏所媚者親壹命傴僂曰汝親仁毋或比匪必於其倫服之無斁德以潤身蘭幽自潔芝粹自淳不顯其德敢告里鄰 三章

中華人民造國之二十三年四月三日謹撰

薛汝琥佩蒼

芝蘭艸堂詩集序

芝蘭艸堂主人屐海寄身鴻山擢秀上揚州而騎鶴子晉本是神仙遇洛水而驚鴻陳思別饒才藻酒旗歌扇寫名士之風懷墨海筆花鍾詩人之結習屬以運逢典午道失夷庚鷄次渡江擊楫懷祖公之雅鶯聲求友泛舟訪少伯之蹤端木通財晏嬰近市而乃金缸朝朗玉漏宵遲憬世事之滄桑寄幽思於家弄杜少陵之篇什感慨何多李供奉之詞章發揮不少而汝琥風吹萍聚幸託同舟雨話茶香曾記擊鉢珊瑚網裏詞林之魁首輸君縞紵交中月夜之同儕屬我請登酒席備數詩悰今夫長松葱鬱振奇響於高山駭浪奔騰聽濤聲於大海天地兩戒厥籟爲清今古千年惟人是傑假使曉風殘月渡一葉於水湄白露蒼葭結三秋於夢想送君南浦握手勞人圖彼西園傾心雅集緬雁去鴻來之景當春風夏雨之天陶

寫性情發揚辭藻要皆寄百篇之詠逞七步之才然而自唐以後格律綦嚴有宋而還手神競爽誌離合悲歡之態有扢揚卷舒之風當其宗賈年華機雲才調射雁塔而蜚聲步螭庭而入對春風十里閒多柳陌之吟湛露九霄爭說柏梁之製吟成綠竹寫出紅箋金箭價重於東南珠玉詩成於咳唾則必極螭藻揚芬之妙盡拏雲捧日之心又或門承通德志切干城揮彈羽而卻轂知書開柳營而孝寬讀史羊叔子輕裘緩帶別擅風流蔡將軍雅歌投壺自成馨逸每當關山月朗牙帳風清磨盾鼻以揮毫指旄頭而入詠莫不闡激昂之奇气壯曲部之雄風至和夜郎仙人紫薇太守二分明月因碧玉而聞名一闋清平付紅牙而按拍金爐細裊羅扇輕揮牽玉虎於梧絲繫斑騅於柳岸往往東風無力捲上珠簾秋水爲神涼生翠袖細雨訪橫塘之路春水三篙錦囊儲長吉之句蠻箋百幅豈非才人心事半屬風華騷客俠腸偏多側豔乎更有進士不櫛雅善簪花才子掃眉偏工詠絮茜窗韻事指脂盝而爲題彤管宣芬借香奩而刻集摹妃

白儷黃之體于蘭言花笑之中錦上迴文羣推蘇蕙宮中買賦竊比相如
固以出水之芙蓉雜仙心於巾幗深秋之楊柳悟禪悅於空王未嘗不奪
陸氏之千金壓丁娘之十索矣别有孤臣雪涕遷客椎心海上眠羊藍關
擁馬絜荃蓀於澤畔聆絃管于潯陽是則古來詠物之工詩爲之最才子
言情之作詩入乎微今君妙擅天機别饒情愫縱横翰墨咀嚼宮商觀其
綺年落花之篇香草懷人之什類皆擲地金聲掞天雲采所願世運承平
海波息浪青鐙一點共事摩挲黃卷千箱相與縮帬必使莩甲新意芟削
陳規建文陣之雄師睹旗亭之畫壁君子自愛擷將金荃以命編我媿不
文拜向玉臺而作序庚午花朝序於海上

謝　翁公展

題芝蘭艸堂主人種菜圖

古之善寫生者不僅能寫色且能寫汁不僅能寫意且能寫气寫汁可從
技巧中求寫气則從書卷中得來大鐵命題妙畫漫書數語奉正

空谷流馨集〔文　編〕　二七

蕭　蛻退闇

題萬里長江圖

老友墨畦先生身後留此劇跡汪君大鐵藏之可謂物得其所兩無遺恨
甲申冬展讀題記

瞿耀邦旭齋

題祝京兆臨洛神賦卷

有明書家推徐武功有貞李太僕日華武功艸書出顛素太僕楷法宗顏
歐枝山爲武功外孫太僕之婿故其艸書奔放出於大父楷書謹嚴實師
婦翁兼兩公之美自成一家遂爲有明一代之冠小楷尤精勁獨到惜傳
世不多右臨洛神賦全文具渴驥奔泉之態恣往肆來直可繼武太令深
佩古人臨池之功爲不可及此卷雖未署年月款識首尾朱印爛然的是
枝山中年經意之作當入神品之列大鐵獲於刦後物主不辨印記疑爲
無款買likewise得薛實堪慶幸辛己古花朝記於鐵琴銅劍樓

空谷流馨集

詩編

芝蘭艸堂珍藏

瞿宣穎拜題

空谷流馨集詩編　芝蘭艸堂藏稿

錫山汪大鐵輯　同里劉蕙堂校

丁寶書耘軒

仿梅道人作芝蘭艸堂圖題句奉貽

結宇山水間巖壑被華丹時有幽人來吟嘯氣若蘭荀完亦自足滿志良獨難烟雲羅四壁聊慰平生歡

蘭蕙齋圖贈大鐵

春滿蓬廬笑語溫芳蘭一徑供朝昏蕙風吹處香彌永合住桃源溪水村

題芝蘭艸堂主人種菜圖

蔬果有佳味年來欲灌園青青霜露氣何用食鷄豚

附原作　汪大鐵

青青白白未磨糊寫出家常一幅圖終日三餐多少味問君嘗得菜根無

能知布帛衣冠貴方識詩書滋味長後起承家傳舊德還應不忘菜根香

題潘西圃墨蘭長卷大鐵得於吳下爲補靈芝

鍊石補天天不漏萬事補益方成就有蘭無芝美難全蘭芝並峙長滋茂君家原有芝蘭堂兵火荒凉空思舊綿綿長卷溢古香惛惛祖德同珍守他年喬木與堂高階下芝蘭標俊秀恍然是畫圖是堂滄桑萬變神靈佑

題靖節先生撫琴圖

五言派別開章柳胸次峥嶸意灑然籬有秋花巾漉酒終身如在義熙年

題紅梅

春到孤山處士家微波澹月影横斜莫嫌骨格清寒儉今日冷香是國花

方爾謙地山

題潘西圃墨蘭長卷

芝蘭之室久而能香纘乃祖之緒其澤孔長後之覽者百世流芳

王　徵雲軒

題漢宮春曉圖卷

憶昔都門寄游踪藉廣眼界開心胸未央宮殿建章闕一一收入畫圖中汪生攜來絹三丈丁甯欲寫阿房宮五步一樓十步閣經營慘淡師良工尺幅未盈日已暮蓮漏聲聲催晚鐘自嘆目力已非昔牛毛繭絲難奏功况復畫債苦相逼因之東閣逾三冬汪生來索且示意請斷五尺爲先容易名漢宮述本末非關有始無其終僧繇當年畫寺壁有睛不點留神龍且將殘本徵題詠常留翰墨傳無窮

王　龍天瑞

題芝蘭艸堂印存

鄭虔三絶詩書畫篆刻昆吾氣吐虹缶翁不作古泥老寂寞人間汪子東

附贈天瑞一首　汪大鐵

籀心劍氣屬吾曹詩酒當年意自豪今日逢君一低首輸他玉印與金刀（君治秦璽甚妙）

王榕桂蔭之

題種菜圖

辛未秋吾鄉洪水決堤予作客梁溪適大鐵歸自秦郵剪燭清談洞悉災荒爲題斯圖自多江鄉回首之感

秋風疾兮水茫茫江北江南農圃荒安得蒼生無菜色忍言溫飽到根香

故鄉寒菜已無畦一夕西風何處栖羨爾丹青堪一醉待吾呼酒爲君題

王蘊章蓴農

題芝蘭艸堂印存

近來哲匠推吳（讓之缶廬）趙（撝叔）晚出虞山張一軍傳得曹溪衣鉢在冰藍獨許挹清芬

皖浙源分流不同印人佳話續飛鴻未妨卿用卿家法冷艷秋花傲晚紅

題芝蘭艸堂主人種菜圖

紫雲割龍寫丹青不寫花穠寫菜馨畢竟田家風味好也思抱甕作園丁

黄虀三百最風流冠譜羣芳味不侔卻笑北江舊題句菜花不上美人頭

題鴛湖影事圖袖卷

樓頭烟雨最消魂，一片鴛湖綠到門。千古傷心唯此地，還將影事憶梅村。吳梅村有鴛湖憶舊詩

附原作 爲吳企南製健秋作圖　汪大鐵

江山多麗惟春色，文彩風流推吳越。遺事虹橋三百年，餘韻至今猶彷彿。相逢兩小俱無猜，一笑牽情低復回。課書餘暇兼課畫，無端邂逅成憐才。貂冠玉佩桃花面，紅窗比肩同筆硯。得句連吟唱雙聲，神仙妬煞鴛鴦羨。地久天長無已時，此情只許兩心知。翠禽合巢相思樹，紅豆子生連理枝。誰向花叢作蝶使，驚波忽皺一池水。人間春夢醒華胥，頓教好事從此止。繩規墨守舊家風，花自西飛水自東。流水潆洄牽恨深，春花憔悴可憐紅。關山遙隔便人天，尊前怕理舊時弦。十年羅帶濕珠淚，一夜鵑魂已化烟。至今卧聽秋階雨，背人暗訴更樓鼓。往事回溯淚欲枯，從知家法猛如虎。吳郎相逢在海涯，沽酒約我停公車。含情欲訴當年事，欲言未言先咨嗟。索我詩爲記事珠，再辭不可費踟躕。爲倩一代丹青手，傳寫鴛湖影事圖。

企南爲石平畫伯之次郎，下世將二十年。當日圖成，徵題企南已不及寓目，今卷存艸堂，觸物懷人，更增延陵掛劍之痛。大鐵記

重九宴集寄石平大鐵蕙堂健秋逸芬鈍鐵索和

淺幘涼尊秋已遲，疎燈相對倒深巵。鬪聲差慰班荆契，驚座能爲炙轂詞。落天涯人已老，茫茫來日夜何其。雕龍畫筆飛鴻印，各有千秋此一時。

附和作　汪大鐵

十載心欽識已遲，春申翦燭奉金巵。紅鵝家世蘭亭帖，黃絹人間幼婦詞。大雅扶輪啓後進，中原多故究誰其。相逢且祝尊前健，風義交情記此時。

是日逸芬去浙未至

吳　龢石平

題芝蘭艸堂圖

薈萃乾坤清淑氣，九節靈芝九畹蘭。植向庭階伴吟客，艸堂春煖倚欄看。

題種菜圖

寒畦生意鬱蒙茸，霜雪無虞晚翠濃。芥自有孫菘有子，一年旨蓄在三冬。肉食何曾具遠謀，斷虀有客出人頭。古來咬得菜根者，未許膏粱醉飽侔。

題靈芝圖

何處仙童採藥還，芳流玉液夕陽殘。功成可惜飛昇去，留與人間辟穀丹。

倘湖泛棹和大鐵

頻年放棹過西山，蕭寺尋幽泊水灣。愧我老生餘白髮，輸渠大士永朱顏。寺有觀音像 丹梅映日新成熟，黃鶴看雲去未還。黃子久西山看雲一去不還 扶杖柳堤視耕作，農家辛苦幾曾閒。

附原作　汪大鐵

入春無日不遊山，今放扁舟泊水灣。團扇輕羅初過雨，酒香茶熟笑開顏。船頭青幛當窗揖，眼底紅妝拜佛還。載得倘湖波十里，塵心滌盡學鷗閒。

是日同遊者花訪盦陶勺園

重九宴集和西神韻寄大鐵蕙堂

宗承卧鯉久欽遲，此夕緣深對酒巵。有約黃花餐晚秀，孤飛白石擅清詞。先生雅擅詞調 醱醅明日將何自，國粹沉霾夫豈其。先生辦正風學院注重國學 記取雲霞新契合，高秋風動滬江時。

題倘湖泛棹圖

庚午四月，梁溪汪大鐵來吾邑，因偕遊倘湖，春夏清和，烟波一棹，如坐天上。顧而樂之，酬唱竟夕，囑爲圖紀之。以筆墨孱集，三年未報。今歲旅滬，得胃疾歸杜門，養痾風雨，懷人振觸前事，亟爲寫成，附詩乞教。大鐵得此圖，諒亦有前塵之感也。

舊遊回首處，彈指已三年。森森鵠峯路，悠悠鴨嘴船。寶巖參古佛，玉蟹瀹清泉。何日登虞嶺，重來續此緣。

吳承烜東園

題芝蘭艸堂圖次大鐵韻

蠣粉香泥薜荔牆詩人舊住浣花堂萬方騰茂傳騷客五世蜚英卜鳳香
木成林猶緑野蓮花並蒂有青房謫仙情感汪倫厚千尺桃潭累我量
側身天地一蘧廬藝圃文田帶月鋤信手拈來成錦繡委懷恰好在琴書賢
宗貫澈肱三折易理周流體六虛道德藩籬宜固守莫從時局問何如
料得江干筍蕨鄉清涼居士愛清涼神仙座補硏丹熟主客圖成倒屐忙扇
底無塵賢傳潔廚中有酒步兵狂何當罄挹芝蘭室聚處朝朝不覺香
樂山樂水樂從今不厭高遠不厭深花入夢中生彩筆桐因爨後始名琴一
簾燈火三更月六曲欄杆萬里心在遠不遺頻索句幾回俯暢幾遙吟

吳觀岱觚廬

題東坡先生笠屐圖

玉帶金章未足奇蕭然笠屐是何時平生雅抱共千古野服逢人到處宜

沈壽桐西苑

題芝蘭艸堂圖

十里青屏臥艸廬平章風月意何如掃雲影散千竿竹亂葉聲敲萬卷書室
繞蘭芝香益遠門臨溪水氣常舒蒼松待著歲寒節爭說鄉中君子居
江山故宅識先謀蒼海茫茫任自流歸去情怡三徑菊閑來懷放五湖舟子
雲詞藻藝林重魯直書名玉版留屏却浮塵願作伴舉杯共賞碧天秋

花　元劫厂

銘芝蘭蓮梅大屏主人屬作取芝蘭聯美之意也故爲之頌因約同里
王瘦秋道兄合作時丙戌新春客海上之榕園

四皓采芝三閭詠蘭茂叔比德和靖盤桓春風滿屋四美二難弟昆競爽奕
世交歡

重陽畫扇附小詩寄大鐵海上

我與梁溪汪大鐵曾共患難見交情偶誦杜老登高句遍插茱萸苦憶兄
孟嘉落帽龍山日大鐵行歌吳下時上下千年同一笑圖成有興復題詩
畫扇恰逢重九日滿城風雨爲催租前賢不敢題糕字尙有劉郎寫作圖

背貞爲劉叔溪作滿城風雨近重陽圖

邵松年息盦

題鄒小山侍郎秋艷圖

雅擅丹青結主知南齋供奉際明時當年彩筆傳天上祗有南田是我師
芍藥當階昔庋藏一枝紅艷比花王于今又見秋容淡老圃黃花晚節香

林葆恆子有

題鴛湖影事圖袖卷

豈是尋春去較遲棗花簾底雨如絲月波樓外毿毿柳長遍東風連理枝

侯毅疑始

題芝蘭艸堂印存

昔惟張仲嘉今見汪大鐵一時此瑜亮治印吾心折駸駸迫秦漢卓卓兼皖
浙紆徐絕粗獷恢廓戒瑣屑盛年已臻爾造詣眞難測直欲陵悲盦寧惟壓
安吉前賢畏後生餘子更非匹卽此足千秋精能在抱一三絕書詩畫不妨

權閣筆

題芝蘭艸堂主人種菜圖

咬得菜根香自知食肉鄙多謝蘭堂翁寫出玄微意

癸酉中秋雲月俱朦昧雲招一山嘯麓誦洛溯伊諸公集沽上雲在山
房嘯麓有詩卽次其韻寄大鐵海上

浮生禁得幾悲歡煨芋庸須問嬾殘且喜珠宮容剝啄可無桂子落淸寒腰
空露影遲雲在潑眼銀光作意看萬里何年照端整一尊重與話憑欄

侯湘畊華

草堂六詠贈大鐵

芝蘭草堂

翼翼草堂開山翠排闥來主人屬汪倫對月且舉杯仰承菽水樂俯字羣童
孩門無車馬轍詞客相追陪我時搴帷入流連竟忘回縱談千古事不識樂
與哀一笑衆峯立疏香繞壁梅

雲龍星鳳之齋

有時琴聽發有時劍光明清聲繞屋梁清光射目睛誰作變徵曲石裂天地驚誰作鴻門舞一擧四海平我與賢主人相交以至誠胆肯不可報不平不可鳴不作撫劍勇不作古荆卿肝胆苟存在宇宙待吾寧

玉船軒

憶昔蘇長公帶月遊赤壁周郎不可作憑弔露爲白俄傾成千載大江溢陳迹有客性好奇奇事鐫白璧主人偶得之寶之逾玉帛時時撫且摩悠悠與昕夕誰能笑其愚其愚不可及憐才惜士心冉冉漸成癖

拜石廬

老矣趙虞山鐵筆並世絕吾友得傳薪程門常立雪忽念草堂靈歸去守其拙有時涉峯巒有時運寸鐵漸與師門遠轉與麋鹿暱築廬儲衣鉢聊以表折節此誼古有之今誰與爭烈

短短廊

新拓一弓地商量作迴廊四時花常有四面啓綺窗可以通園圃可以升堂皇花氣簾罅入月亦露清光擁書過百城一一施丹黄妙墨逾千軸歲歲曝秋陽此樂洵無盡敝屣南面王

偪促樓

俯仰人間世悠悠無百歲以與天地較偪促誠如寄不如小樓居登臨望四裔不如擁敝裘萬事不心繫主人胸懷淡游心雕龍藝風流成孤賞樂此得眞契嗟我久行役此心如萱桂與世既枘鑿製芰佩荃蕙閑吟王粲賦與君不同例

和大鐵移居四首步原韻

卜築城隅容膝住何妨睡起日三竿澆愁酒熟引人醉索句梅邊濺齒酸豈有凌雲懷司馬暫將臥雪學袁安茶烟禪榻蕭閒甚要製荷衣紉茝蘭

辟穀無心學子房吟哦偶亦繞迴廊曉風殘月柳三變亞壁題詩王七郎鞅掌堪能穫畏壘芥舟尚自過坳堂浮雲富貴誠何羨寄傲南窗閱海桑

翼翼艸堂迴出塵山爲屏障水爲鄰世逢叔季干戈際人自黄虞耕鑿身竹外朝曛容曝背籬邊殘菊解迎人承歡菽水仲由志況有才華不算貧

桃潭空擁百城書學得濂溪草不除祗有林泉攜嘯侶幸無冠蓋索幽居理財效法唐劉晏傳食羞稱孟子輿早築菟裘歸習計斑衣璨璨笑相與

題汪大鐵江南春袖卷口占贈別

昔逢歇浦爲君畫今日故鄉索我詩兩地飄蓬勞客夢一枝秃筆寄幽思披圖即見江南樂仗劍高歌塞上詞最是黄花重九近當筵痛飲莫推辭

玉台新詠徐陵體座上休文亦解詩我是頻年苦形役君原有術遣歸思何當皓首同行樂莫負青山此日期漏夜尊前一揮手好風吹散又睽離

金天翮松岑

題芝蘭草堂圖

敦善不怠行云是君子德薰德而善良充體詩書澤古澤萃於腕元精貫於石並世篆刻賢汪鄧斯儔匹鄧子樓名謫子有芝蘭室飽聞過庭訓服膺久無斁繪作艸堂圖娛親徵翰墨喪亂不暖席亭榭案圖得十里烟波長展卷心閒逸絲竹聖人居宮牆望千尺　乙酉仲夏年七十三

俞　復仲還

題芝蘭草堂印存

故人重念王冰鐵新友欣逢汪子東愧我不如鄭大鶴佛頭汚着付郵筒（大鶴山人題冰鐵印存甚精）

鐫刻朱書軌上行升堂翔步一程程白文蒼古眞橫絕應令前賢畏後生（大鐵刻朱文規模古人白文尤精絕無倫有突過古人處）

題東坡先生笠屐圖

坡翁當日偶爲鄉農裝束不免矜持於形相之間笑也吠也所由來也內心不動外緣不起質諸大鐵以爲然否

笠屐蕭閒服御招吠笑來怪因非外造還起我心猜

施叔範蓊翁

題鴛湖影事圖
年年吳越水通靈兒女相思未了青省識湖波多少恨湖樓不是牡丹亭
題江南春卷子送大鐵沽上
風骨巉巉吾黨尊飢驅大海賣龍文自來燕趙多奇士儻識能詩汪水雲
不辭辛苦怨炎風老雁長空路路通此去邊城添景料四圍落日亂流紅
柳棄疾亞子
大鐵刻印見惠奉酬一截即題其所輯芝蘭草堂印存
瓊瑤入手敢輕捫厚誼深情那可論愧我姓名終落伍一錢不值比梅邨
題鴛湖影事圖袖卷
影事前塵恨未休鴛湖湖小尙東流從知戀愛尋常甚誰遣家庭靳自由
柳　稼君然
芝蘭圖
大鐵印人築室梁鴻溪上以孔子家語名其堂清芬世澤祖德永輝

因纘斯圖幷系小詩丙子春日記于吳門襲翠堂
乾坤淸氣溢毫端九節靈芝九畹蘭欲爲君家傳盛事芬芳寫入畫圖看
胡　振汀鷺
題芝蘭草堂圖
汪生築室睦親坊却以芝蘭名草堂屬我畫圖兼索句揮毫落紙盡芬芳
題漢宮春曉圖步雲軒韻
崔巍山勢雲連蹤王郎邱壑羅心胸參差臺殿閣道複披圖神竟遊其中臨風怳惚開絲竹如可換羽並移宮儀仗隊隊嚴且肅淵淵伐鼓撞黃鐘寫山寫水得眞趣繪聲繢影技何工神妙直到秋毫巔丹青奪取造化功桂樹青葱含春意此中不識有嚴冬於今政變公天下秦皇漢武豈能容天下原非一人有家天下者鮮有終潮流所趨社會化大同世界無眞龍王郎王郎技益進技能愈富家愈窮
題江南春袖卷
伯濤畫江城曄華接之平丘溪亭育柳寫隔岸景物予添小山搭院餘紙健秋補成大鐵有津門之遊合作此圖贈行他日客窗寂寞展卷臥對如置身五湖九峯間也甲戌三月識
綠波渺渺柳毿毿燕子飛來路已諳記取曉風殘月意新詞合譜望江南
和作　汪大鐵
征帆北去因何事世味酸辛子細諳多謝諸賢一尊酒臨岐爲我寫江南
題賣花圖
嫩寒天氣澹東風門外一竿曉日紅喊徹深閨幽夢醒老夫生計百花中
胡介昌兹儔
題芝蘭草堂圖長卷和大鐵韻
小小疏籬短短牆柳蔭濃罩讀書堂盃浮竹葉傳鸚武琴寫梧桐詠鳳皇甌北避囂開水榭劍南留草作山房閒來輒拜虞山石手執昆吾細細量
擇居近聖結茅廬自種芝蘭自把鋤奏藝獨驅參化筆引年偷讀養生書水

通七尺渡非遠竹解千竿心總虛修到神仙眞不易庸凡似我愧何如
依稀身住水雲鄉門隔紅塵夏亦涼福享清閑嫌世鬧事逢變幻看人忙板輿奉母斯爲愛玉局參禪不算狂省識莘根滋味好江南二寶本書香
蠻觸相爭不自今眼前外侮意殊深漫從槐市留振鐸難向桃源覓故琴梁月照開君醉胆鬢霜老盡我名心輞川一幅詩中畫疏雨斜陽酬短吟
附原作　汪大鐵
茅檐蔀屋矮泥牆兀兀乾坤此艸堂文物衣冠思魏晉蕭閒笠屐傲羲皇齊爲驅使供彭澤不願封侯羨子房寄意畫中聊自慰一花一石費商量
落落長松蔭艸廬量晴課雨自荷鋤論交肝胆酬知己老我光陰只讀書紙閣敲棋春晝永蘆簾邀月夜窗虛此中一段清閒趣修到神仙未必如
棋能琴餘使醉鄉不知世態有炎涼半生偷享湖山福一日難抛人事

忙小技雕蟲慚大雅長齋繡佛學清狂殘經憂患干戈後老臥芸窗夢亦香

滄海桑田變古今逃禪安用入山深閑評淡墨雲林畫瞑據無弦靖節琴不慣逢迎偏折背自知疏放却虛心年來悟徹回甘味收拾酸鹹付醉吟

題月宮圖

月到中秋鏡乍磨玄皇乘醉聽嬌歌自他偷得霓裳後翻𧺆人間曲子多

孫智敏廑齋

題溥心畬臨燕文貴秋山蕭寺圖袖卷辛巳冬至後九日寒夜擁被口占翌日書之

畫史不刪趙松雪丹青顏色黯然銷遙知清冷西山月獨抱殘光照碧霄

繪事原須素爲絢清言有味道之腴昔時鄭虔稱三絶今舊王孫一溥儒

孫揆均寒厓

題潘西圃墨蘭長卷

鈐紅展卷分明認髯圃花橋香雪堂難得故家藏妙本風流二老屬潘楊

賴有丁公爲補芝平添三絶畫書詩桃花潭水深如許愧我未能白也詞

題芝蘭艸堂印存

七尺渡前金石家一庭芝秀茁蘭芽閒拋刻畫無餘事爛讀陶詩遣歲華

四功已不易三法更難能但免俗與獷便登最上乘

題靖節先生撫琴圖

送萬柳夫人舉殯歸曹次公示岱老淵明撫琴幅子屬題蘭堂汪氏藏珍物也率成三絶記于來鶴樓鐙下

嗚彈清吹伊人逝遺墨瓠廬元亮圖寒食西城同一哭九原有酒樂陶無

日暮荷鋤歸未倦撫琴又復上東皋先生自有悠然趣一片潯陽山月高

籬菊堂蘭皆可愛風流相襲味醰醰願言高舉尋吾契萬點桃花千尺潭

孫保圻慨翁

題鴛湖影事圖袖卷

讀畫弦詩寫洛靈風雲氣盡惜娉婷高樓柳色深如許別有傷心憶小青

孫肇圻頌陀

題芝蘭草堂圖卷子

如從夢裏識家山城郭人民想象閒桑海已驚紅日盡草堂時見白雲還箕裘省識貽謀遠圖史能將俗慮刪難得芳馨傳刼後閒居無日不開顔

辛巳小除夕大鐵召飲畫紅梅奉答

有約消寒勸酒頻汪倫情意十分眞媿余筆研荒疎甚祇寫梅花贈主人

題大鐵藏梁公約畫玉蘭遺墨

故人別後感滄桑風雨凄迷宿草荒珍重生花一枝筆卽經塵刼亦留芳

題雲伯爲大鐵造象

都道虞山筆有神蕭疎竹石伴吟身偶然小試雕蟲技却被人呼作印人

題無款果蔬册子

生香活色幾經春席上於今信有珍參到禪機應澈悟種瓜種豆豈無因

滴我饞涎意在斯倘教投報更相宜圖中風味天然好除却汪倫那得知

題三多厂圖卷子

世俗稱三多福壽幷男子今人所見大在此不在彼奇書與益友相親胡不喜常抱飢溺心行善合天理汪子來吳門卜居迺近市厂以三多名多多益善耳豈第居之安直欲比仁里韻事寄丹青圖成嘆觀止流傳五百春詎致等閒視題詩供覆瓿厥草惟求是

乙酉送歲圖丙戌谷雨節戲題于海上簫心劍氣樓中

乙酉除夜張瓊筵送去舊年迎新年二三友好集樽邊開懷暢飲無拘牽今夕何夕欲忘眠湖穎徽墨紙是宣誰則興酣落筆先居士奮袂趨几前寫出梅花朵朵鮮酒甕香浮口流涎汝南一聲殼回旋牡丹畫幅姓氏傳幼蕉善寫福綿綿石橋種菜不用錢主人吉祥到毫巔明年財氣湧如泉龔翁題詩筆如椽頃刻圖成藝事全我歎觀止賦詩篇聊與羣公結墨緣一幀年年除

夜懸髣髴米家書畫船

孫伯亮晴梅

送汪大鐵北行題江南春卷子

依依楊柳拂堤斜春老游人正憶家何事不知離別苦張帆卻又向天涯

徐緒通一達

謝大鐵治印一首

蕭曹使筆如使刀汪子使刀如使筆奏刀落石石成文點畫筆鋒傳一一字成渾忘石性剛安章布白配疎密賚我一字值千金厚貺遠邁百朋錫小字欣登大雅堂刀快欣如風雨疾章成海內摹印多洛陽紙貴光彩溢鐫螭刻蚪事等閒繆篆技真完白匹人賞妙刻識我名名借石傳事可必

代柬一首

銀鉤鐵劃細雕刊筆力刀傳不避難貺我物踰投木李交君室恍入芝蘭報無瓊玖心盟素色釀硃砂紙印丹更喜八行書鄭重迢迢千里話平安

和韻奉寄一達北平　汪大鐵

來從塵外求知己一笑天涯得二難滿地江湖慚作客當途荊棘孰如蘭神交不薄雕蟲技佳句重分換骨丹猶有文章存道義朱霞白鶴望長安

徐　觀穆如

刻偈促樓印題句

世途生荊棘何處堪容足天地雖吾廬慨然歎偈促今聞汪郎悲古有阮籍哭邈邈千古心同此寄幽獨

吾友大鐵子感世路之崎嶇悲廁身于荊棘因以局足名其樓屬刻是印用誌命名之由銘以短句用存永好甲戌新春

袁克文寒雲

大鐵屬錄分明二首書卷歸之

乍着微棉強自勝荒臺古檻一憑陵波飛太液心無住雲起蒼崖夢欲騰偶向遠村聞怨笛獨臨虛室轉明鐙絕憐高處多風雨莫到瓊樓最上層

小院殘烟送晚晴囂囂歡怨未分明南迴寒雁淹孤月東去驕風黯九城駒隙留身爭一瞬蛩聲催夢欲三更山泉繞屋知清淺微念滄浪感不平

秦寶瓚岐農

題春山圖

身世蒼茫問白鷗柳陰深處釣魚舟年來只作浮家想大好溪山任淹留

題月宮圖

廣寒深鎖幾春秋難得三郎到此遊寂寞姮娥開笑靨只回相見解煩憂

萬丈金繩擲作橋玉人靚面可憐宵含情只譜霓裳曲私送天香雲外飄

吳剛斧冷玉柯斜月殿仙人空自嗟夜夜寒光潑銀汞團圓只照別人家

唐　雲俠塵

溪山無盡圖袖卷畫贈大鐵即題短句

滄桑劫末認溪山片段殘餘不忍看何似寫來圖畫裏溪山依舊舊時顔

高振霄雲麓

題待秋瑤笙一亭三秋爭艷圖

曾向蟾宮折一枝晚來蹤跡寄東籬駐顔不藉餐霞術只有丹心似舊時

章　梫一山

題三秋爭艷圖

雲麓題詩意自遒菊花桂樹兩宜秋耐寒具有回春手松柏經冬已十周

巢章甫一藏

題渤海歸棹圖册子

錫山汪子人中龍高名久被江之東詩筆夭健如華嵩揮毫落紙寒雲同海天樓下駐高蹤入門下馬氣如虹十載欽遲今相逢賁若高譚暢心胸論詩論畫神多通襟期大迂復相蒙忽報欲張歸棹篷君來君去何匆匆（海天樓大迂堂皆余自榜所居）

張志魯滌廬

圍城治印歌酬大鐵

丁卯暮春秦郵苦兵大鐵作客是地於烽火燭尺鼙鼓動地之時復爲予鐫印章歷盡無數險阻始抵於成自謂此印從萬刼中得來不可不記予感其情妥賦短歌以誌不忘

鶯花三月暮秦郵正苦兵風聲與鶴唳危城日數驚吾友大鐵子沉湎詩書裏世亂心偏閒高懷誰得似烽火起沙場人盡走倉皇君猶持寸鐵爲我治印章奏刀剛一字忽聞兵已至情急且收藏覓處妥安置兵去復奏刀舞袖興尤豪驚魂甫初定戶外又喧囂重復收拾起行止日數四此去彼又來相擾渾無已迨夫雙章成又聽月笳鳴城門報失火滿天燭通明市廛盡蹂躪華廈成灰燼沙場鬼啾啾鄰里哭聲震汪子亦心驚相攜妻子行將印縛腰際誓與共死生幾經苦磨折幸脫此浩刼雙章欣無恙珍同金玉玦振鞭歸故鄉寒暄語未遑先出雙印示相將喜欲狂古香與古色直逼秦漢刻刀法何蒼奇道是險中得吁嗟乎此印歷萬艱朱痕似血斑汪子重叮囑珍重莫等閒縱有千萬貫此印不可換願君什襲藏不與俗人玩鯫生謹受敎視同連城珍古人多高誼我獨感汪倫

題鄒小山秋艷圖

壯綸儀紉秋

翰林文藻佳無匹山鳥山花自友于 用成句 回想承平多韻事畫工深淺入時無

題芝蘭草堂圖

陶運百勺圃

家法南田不可攀南齋已渺夕陽殷墨香未退塵難浣說與詩人淚黯潸

題芝蘭草堂圖

四山紅葉戰霜酣中有幽人結草庵流水繞門七尺渡客來錯認桃花潭

黃炳元謙齋

題溥心畬臨燕文貴秋山蕭寺圖袖卷

按畫家有南北宗之別文貴設色布景全仿李唐大小李將軍所謂北宗是也心畬貝勒撫此殆有舊京之思乎質諸大鐵以爲然否

灰洞塵冥翳玉泉眼明北法寸縑傳丹青異代椎松雪那識王孫泪暗濺

燕家景物豁鄉愁藩邸清娛落市樓癡憶海天同病者故巢涎燕認攀頭

曹銓次庵

題芝蘭草堂主人種菜圖

耆旨御多辛盤薦新食肉者鄙蔬果足珍

題月宮圖

集唐張祜溫庭筠吳融牛僧孺句

瓊樓玉宇集羣仙目極雲霄思浩然一曲霓裳聽不盡香風引到大羅天

華重協西廬

題月宮圖

廣寒宮闕月中秋隨着申仙作侵遊爲問霓裳歌舞隊有人得似阿環不

馮光烈君輝

題芝蘭草堂主人種菜圖

菜甲青青菜服紅秋來蔬果滿園中尋常一樣家園味寫入丹青便不同

堪笑何曾無下箸更憐張翰憶蒓鱸問他咬得菜根者此味果能知也無

裘昌年讓園

題月宮圖

清光熠熠彩雲開唐帝神遊月窟迴玉宇高懸好世界如何祇見素娥來

康泉南湖

集夢東師語題東坡先生笠屐圖

堂堂格外展家風田服閑披色本空閒向溪流證面目不知誰是主人翁

豈但三身祇此身聖凡不隔一微塵可憐誤識東君面都把彌陀作別人

楊冠南無恙

題鴛湖影事題袖卷

桃花猶記映柴門本事詩成夢尙溫剩有餘情煙水裏紅窗小舫鴨餛飩

題大鐵造象

舞雩風詠浴沂歸陶子持圖來叩扉告我梁鴻溪畔客刻劃心儀五布衣他日相逢五湖上驗他竹瘦與瓠肥

丙戌酷寒雲伯海上歸來攜圖索題不見大鐵將十五年題此以詢別況

楊壽杓楚孫

題鴛湖影事圖袖卷

湖名端合喚鴛鴦影事流傳夢亦香漫展畫圖尋艷迹朱樓烟雨鎖垂陽

趙　石古泥

題芝蘭草堂印存

大鐵老弟喜篆刻所作小印精勁有古人法大印力追秦漢每與僕商余謂摹印如讀書學一藝足矣何必五經皆博因系小詩知不免爲時人笑也

盤螭小印勝時髦安用封泥與古陶待到旁人說丁鄧青春半已付金刀

題芝蘭草堂主人種菜圖

萊菔猩紅菜甲青帶霜鋤食齒牙馨休將風味田園好說與膏粱子弟聽

寫生不寫海田桑寫出寒菘意味長安得九州無菜色盡人鼓腹到羲皇

題印存

大鐵屬留印草媵以小詩

飢收玉粒日三盂利鎖名韁吾可無鑿印不愁人見笑老來事業轉荒蕪

鄒福元嵩生

癸亥除夜寄大鐵

逢逢臘鼓太催人此夕惟聞爆竹頻一息存留原守舊五更報到已更新夜深不寐忙如旅老去偷閑懶祀神三百六旬終算結果然甲子又逢春

甲子殘臘詠雪一首示大鐵

日來密密布彤雲瓶凍知寒已十分勞煞天公頻醞釀亂如人事總紛紜黃昏未到山中客白戰偏多塞外軍瑞雪豐年徒想像有誰洗甲慰吾聞

趙元禮幼梅

題渤海歸栫圖册子周懷民作

世網不可觸一帆歸去來奇文破鬼膽大造阨英才浪擊蛟龍怒風摧燕鶴哀桃源在人境何必問蓬萊

劉如淵蕙堂

賀大鐵移居四首步原韻

戴笠同車商略慣江湖滿地欲投竿君今結屋思歸隱我謂收帆意苦酸滄海橫流悲日暮龍蛇起陸鬥長安人間苟有桃源住悔向風塵幷艾蘭

吟聲時度紫芝房看月廊銜曝背廊篤學阿兄崇啓我（濡汀佑字啓我篤好小學）散仙弱弟笑劉郎消磨歲聿三升墨點綴湖山一草堂茗椀竹鑪清淨課不知門外有滄桑

卜築西溪迴絕塵又旁爨宇結芳鄰九龍孕秀二泉冽萬卷撐腸七尺身拜石廬中揮鐵筆玉船軒裏坐詩人（軒中懸東坡像）入門四壁圖書古君守清寒鶴守貧

吾輩生涯只讀書三更螢火照庭除芝蘭馥郁千年壽琴劍因緣一室居（大鐵藏一劍曰雲龍一琴曰星鳳上海鄧鐵名其齋曰雲龍星鳳之齋）衲子叩關談學佛野人攜酒喚停輿論交廿載西窗下借榻挑鐙得所於

附原作　汪大鐵

詩瓢酒盞輕車載琴劍圖書擔一竿措大移家原似此勞人生計終寒酸

伯鸞寄食談何易子晉樓居作暫安拓得三弓清淨土好教樹蕙更滋蘭

三間茅屋兩廂房偪仄樓邊短短廊七尺渡前新姓氏八兒巷口舊汪郎

（予家世居八兒巷口）

每懷飄泊無家宿從此歸休有草堂藏得琴書儲得酒更容宅後事農桑

桃源何處避囂塵且約梅花作比鄰料理軒窗展畫稿安排筆硯着吟身

園栽竹柏新生意我是芝蘭舊主人祖語難忘崇儉德清芬家世貴能貧

菜根滋味是詩書生意階前草不除車馬江干誰喚渡梅花香裏便移居

青燈窗下勤針黹白髮庭中奉板輿更喜全家團聚好優游卒歲樂相於

暮春偕大鐵遊寄暢園遇雨

老去春光客夢殘子規聲裏倚欄杆遠峯掩映山增翠近樹婆娑葉未丹檻外游魚將送暖雨中飛鳥不驚寒名園幾度留題詠緩緩歸程興未闌

甲子春盡隨嵩師鐵兄小飲市樓歸賦徵和

天街小雨正溟濛市飲樓頭百慮空後起庸才慚北海先生盛德比南宮樽無雲液心先醉座有騷人興不窮莫怨春光容易老蘭亭妙序屬羣公

潘昌煦芯廬

題三多厂圖卷子 虞山龐退厂題首紛今齋作圖

一水滄浪日溯洄城南喜見艸堂開平生結習詩書畫故舊論交松竹梅買宅近鄰蘇子美放歌遠擬賀方回知君四十年華盛豈許林間息影來

妙理能將妙筆傳三多厂記得眞銓 君自撰三多厂記深得風人之旨 藏書好付佳兒讀閒徑還敎益友延人世浮榮空眼界天生善果種心田說來都是承先

空谷流馨集 詩編 一九

澤寶桂王槐邁昔賢

題薄心畬臨燕文貴秋山蕭寺圖袖卷

卷爲金息侯題首有沈淇泉高雲麓孫厓齋等題詞

芊芊芳草掩朱門銀錠橋南舊業存鏡兎千毫烟十笏風流儻繼趙王孫

裘馬輕肥話少年知君風骨獨高騫閒來自寫丹青賣應許橋亭研並傳

秋深蕭寺夢依稀秋入晴嵐翰欲飛更有左家嬌女在商量添個釣魚磯

年來海上墨緣新泥爪宣南跡已陳太息貞元朝士盡白頭誰識老詞臣

潘飛聲蘭史

題鴛湖影事圖袖卷

影事囘頭說夢多情天懺恨問如何圖中喚起曝書老重補鴛湖百櫂歌

鄧 鐵散木

題芝蘭艸堂印存

錫山有士常兀兀抱殘守闕磨石礫酒酣睨石眼如炬不知何爲漢與秦憶昔共君閒尊酒屋頭急雨翻天欲碧石大書傴斯籀刀聲與雨相和鳴粗枝大葉足新意如與可畫留溪藤杜陵詩老昔有句書貴瘦硬方通神今看篆勢亦何異折釵屋漏誰敢怜往昔虞山開法派龍拏虎攫無前人破圓爲方推辣手片席獨占興吳爭東南一派未歇絕君如皇甫張韓軍嗟予癡鈍守外慕六鑿未許通靈根年來眼明腕轉弱無復大氣盤輪囷作歌美君君勿謝從來貶賞貴有眞願君作力祀事刻畫他時重爇虞山鐙

題鴛湖影事圖袖卷

戀戀復戀戀泛艷迴冰綺雄龍與雌鳳相望南湖汜龍頭酒澆趙州土化爲六法通神理畫本不足圖相思子雲奇字傳之子夢未緩鐵春水春水豁鴛鴦死長相思風雨裏

吳生企南館鴛湖某氏居停有女美就生課六法日久情漸通居停主靳之生解館去女數投書焉未年女卒生亦懷感以殁其友大鐵爲乞健秋畫師作圖自題長句識之昨歲將闌直大鐵滬壘出圖索題輒循逝跡諏句報之不圖千載下又聞華山畿唱矣二十一年春記於三夢閣

空谷流馨集 詩編 二十

題大鐵所藏泥師印蹟

高牙建纛八何在大錯今閒鑄六州奔似窮居趙夫子開天錐鑿倚雙眸金泥刻劃翻奇境門戶南東鎭上游顧眄風霆那悉數未應輕許錯刀投

題印扇寄大鐵

刻劃豈能事榮枯世不關奇窮詩拔扈小病石堅頑招隱賦可作遊仙夢未還願君分一手留刃鑴青山

示大鐵二首

聞說桃源好避秦有人燈火守窮耕餘生涕淚留天地空谷芝蘭謝送迎金石堅貞閑作力尊罍顚倒又關情長安玉壘差堪慰未似珠厓一擲輕

從來兀兀成何事如此江山一死輕且擲彩翰朝盾鼻已聞飛將出龍城復仇曾借楚三戶報國相期魯兩生神血未凝身有待新亭涕淚爲誰傾

泥師拟詞四首書大鐵扇頭

大石山頭石未平辛峯亭畔虢泉聲春風曳屐花如雨歸路談詩月滿城數
典直批三代奥清言坐解一脊醒攝衣已愧諸生後慚殺當年倒屣迎
法身漢柏秦松古骨相淵渟嶽峙同白刃摩天雙鐵臂布衣大坐一髯翁趣
庭有女傳家學造物何人遺化功未謂尻輪成委蜕春鐙飄雨作悲風
千秋門戶幾人支一老東南鬢已絲湖上高店無魏晉江南先輩望刀錐座
中侍雪朗游酢口角嘘春負項斯從此天涯摧涕淚蘷蚿歧路兩興悲
安丘去後眼生稜絕業南東不可聞逝景歸隨倘湖水修名遙接鴿峯雲西
風簫鼓迎新葬夾道松楸伴夕曛十載韓門慚皇甫祗餘望古挹清芬

題江南春卷子送大鐵至津門

居然識字能爲厲始信文章气不靈揮手歸來殊浩蕩搖鞭竟去惜伶俜願
分北國蒼生淚來餞西神處士星莫爲沉憂便呵壁朔方豺虎有新型
一尊落日寫江邊送汝楊枝跋馬前失路漫嗟人似狗餘生得識海成田重
趣燕趙悲歌地不見黃農浩渺天失笑書生空挾策只來絕島看風烟

題三多厂圖卷子

大隱三多巷清風扇德音詩書堪拄腹金石與盟心即此已足樂斯人何處
尋正須忘世界安用羨華簪

題長江萬里圖

今古形勢有不同長江天塹成悃愊當年南宋畫半壁鐵騎飛渡湯池空兩
河淪棄無人問匪梳兵篦難彌縫卽今天地又睢剌河山到處燃兵烽颿檣
千里盡烟滅時回勢轉添㩲痌忍從畫圖記陳蹟江流紙上狂奔衝畫手昔
推李成與范寬降及郭熙夏珪紛爭雄范本董擬裴旻虎遂濡健筆追前蹤吳
門畫師工點躥遠沾法乳摹川容深鈞淺勒意自遠殺尾大署華亭翁初發
金焦循廬阜中溯衡岳趣荊雍遠指岷峨過巫峽尋源直欲通巴庸寸天尺
地不可數千山萬水誰能窮或用斧擲或麻皴意態各各承宗風牛腰巖束
緘光彩牙籤錦軸紺囊封芝蘭主人稱巨眼買羊得王誇渠儂江山有盡意
不盡知君百感橫心胸臥遊抽思寄遠緒飛夢莫到夔州東

乙酉元日題於滬上三長兩短之齋

附自跋　汪大鐵

長江萬里圖卷曾見內府夏禹玉本用大斧筆寫艨艟艦舸篙工爭流夫
役牽挽襯以遠岸荒灘蓋畫瞿塘灩澦之急湍與夫行舟之險絕也旋見
平泉書屋藏王石谷本則畫沿江風物帆檣蓬桅林立如雲漁艇江鳥往
來如織自金焦上溯俱以工筆出之則又江南麗景矣兩卷一工人物一
工寫景皆未畢長江全景爲憾今獲是卷知爲吳中老畫師墨畦翁手臨
董文敏者寫各地名勝用各家筆法舉凡城郭山川平原江流無不畢俱
且題而出之更易瞭然披圖攬勝識山川之形勢猶登臨而懷古臥遊也
可索驥也可回憶禹玉石谷之作則又覓乎尚矣他日買棹以西溯江而
上當持此卷爲先導不問舵工已識山名不亦快哉裴池既竟因記所以
爲將來出遊之券可乎甲申立冬記於說篆舊廬

題大鐵造象

兀立人同竹樣清危時不解廢閒吟鳶肩曾醉新豐酒席帽工橫處士琴合
向墨間號通隱還從世路傲華簪百年鼎鼎誠何事珍重鷗盟去日心

附自題三首　汪大鐵

胡亞光爲我造象唐居士補竹成之

畫師爲我戲寫我傍修竹自媿食肉相對竹難免俗免俗談何易苦無十
年學爲貪五斗米負卻九秋鞠一身常爲客百年猶轉燭不如且歸去賞
雨坐茅屋披圖與人看當作喜神讀儼然鍾進士團團鬚眉綠忽訝無劍
佩猶如泥阿福何不懸斗室自求多福祿

唐居士復爲我造僧衣趺坐象戲銘　汪大鐵

口不持齋心常念佛具善男子無善知識萬里行腳四海爲客乞食負米
天涯托鉢身無一技手持寸鐵治印換酒醉裏日月嗜書媚古平素結習
有時危坐有時獨立忽發長嘯天空海闊顧行年今將五十矣而不堪有
七嬉媿古人之遽伯玉

叔溪寫我未來象　汪大鐵

似我還非我未來急或眞滄桑兵火劫天地歲寒身七尺渡前客三多會裏人神仙吾不羨願作太平民

題乙酉送歲圖

太白睒睒將戒旦梅開酒熟蔬甲粗送舊迎新祈百善日利汪子宜千萬

唐俠塵汪大鐵張炎夫鄭石橋合作圖成散木道人作韻語以篆勢題之藏大鐵之芝蘭艸堂其子孫永寶

鄭文焯大鶴

題宋建窰兎豪盞拓本

傾雲承月歷千年銀液曾擎近御前渴想金莖同飲露香分銅葉欲浮烟漫吟紫甌虛堂瀉坡公同子由訪王定國清虛堂小飲有紫甌鋪粟盤龍茶之句定勝花瓷試院煎雙玉只今供棐几清風一啜傲坡仙

前題

白茫漫數定州瓷青玉盧傳邵局司試取雲腴添一水鷓鴣風裏展清旗東溪石眼北山芽自古詩人戒門茶我愛寒梅供素飲一壺春雪泛金沙

穆守志湘知

題芝蘭草堂印存

廓清鄧趙付蟲沙天遣汪倫建纛牙不信江南徐騎省一千年後尙風華

風捲桐花落印床芝蘭堂上紫泥香鸞翔鳳翥驚神鬼苦我連朝打硬黃

諸鵠健秋

大鐵卜築七尺渡繪圖奉貽并系小詩

玉梅花下論交情每愛同吟得句淸十載風塵溯道義約君共訂歲寒盟

紅鑪煖酒當年事綠竹青松幾許長畫裏有君兼有我分明寫出是蘭堂

錢振鍠名山

題明人張鳳翼黃姬水周天球王穉登合錦扇箋

名賢題詩多絶倫四百年來澤尙新下走一朝附驥尾被人錯喚明朝人

錢鍾書默存

汪子大鐵風雅宜人大隱在市東坡所謂粗布大帛腹有詩書者彷彿見之得結芳鄰詩以志幸

買鄰端欲賣藏書喜有高人此結廬十笏淸閑生白室百函充積草玄居漸淪風雅君難得能隱塵囂我不如何日江湖償債了還鄉下澤許同車

附和作並呈子泉前輩　汪大鐵

江湖十載爲傭書一夕懷歸且結廬有約循牆問奇字何幸對宇接高居羡君玉樹排行列媿我芝蘭未必如願作公門開桃李春風侍席許停車

生日感懷即寄三多厂主人

兩年閉置等車中削迹埋名刺少通浮世光陰駒過隙平生才氣馬行空倜儻花惱顚狂減無復秋悲感慨工稍許魏文明我意祗頭未白已成翁

儲南強簡翁

有懷大鐵即寄

平生薄有周汪癖賴古飛鴻好巧求今日亂後重檢點入眸先覩百城留君曾作百城烟水大印亂後出土喜得

巨篆深刻法獵碣小字邊行仿洛神今日摩挲兩不厭桃潭千尺念汪倫

蕭蛻退盦

題三多厂圖卷子

多福多壽多男子五濁紛綸舉世同獨有汪倫知遠尙讀書求友積陰功

人聞三多必忻然色喜豈知汪子大鐵之所謂三多皆爲世人所不欲聞者然則大鐵之意遠矣劫濁見濁煩惱濁衆生濁命濁五濁之果爲多福壽男子我佛所稱衆生顚倒心理深可憐惑者即此也既應大鐵意題詩并明斯義七十二甲申冬仲七十叟記於南村

附三多會自記　汪大鐵

壬午秋奉公㚖下小駐背城羡山水之淸嘉人物之倜儻遂有卜築之願位三多橋下之三多巷面衢背港獲數椽焉葺而新之足蔽風雨乃榜其

廬曰三多會沿橋巷之名命之庶幾可垂諸久遠耳三多者多福壽多男子此古人之所謂三多余身丁亂世目擊時艱出入刀兵水火之厄幾不如盛世之鷄犬六尺堂堂時虞隕越尚何敢望多福壽多男子哉然則余之三多曰多讀書多交益友多積陰德實有別乎古人之三多者也至子孫之可守與否未敢必苟佚游荒醉不克世其業而能守此三多之旨至沒齒而不渝者則免凍餒溝壑之虞其可必也北平壽石工先生聞而美之曾爲署榜贅以綠樹扶疏翠禽上下門絕市囂港閗航唱則此會四時之景畢於斯矣余故述而不作付諸後來之能文者記焉時於三多會之南窗

薛汝琥佩蒼

芝蘭草堂移居

欲訪幽居路轉賒牆陰深鎖紫藤花亂離身世原如寄覆載乾坤即是家蕉鹿何須求寤寐竿魚正可玩烟霞春來侍饍堂前過多少英菁鬱翠芽

送鄒嵩老歸粱溪寄大鐵

一闋歸耕得意歌齊眉偕隱老槃阿春風杖屨推金齒秋月襟懷重玉珂海上神山看變幻尊前舊雨讓婆娑天涯此日成高會誰說河粱感慨多

無題四首步漁洋韻寄大鐵蕙堂索和

芳非容易蕩春魂別有風光到玉門玳押蝦鬚凝燭影紗垂珠網映蕉痕呢喃燕子穿蘭院宛囀鶯哥認杏村無限綺情成悵望那堪往事細重論

彷彿藍橋許搗霜誤人畢竟是橫塘游驄曾睹黃金勒佳句應儲碧玉箱釧動花飛雙打陸分曹射覆合稱王不知小住華鬘市也是人間第幾坊

九華縹緲現羅衣招手飛瓊是也非春去楊枝嬌彷彿秋來蕉葉恨依稀玉鐺瑤札流香澤瀋墨深情躍紙飛漫說陳王雄作賦感甄何處願多違

伴狂薄怒總堪憐吹氣如蘭似隔烟小倚屏風示鄭重輕彈帕雨意纏綿緣雲未必忘今日紅豆何須記昔年一飯胡麻已大覺休將花月說無邊

和前韻　劉蕙堂

萬縷千條斷客魂數株斜立傍柴門枝頭翠鳥疑無迹葉底青旗認有痕漫繫蘭橈停曉岸忍牽驛馬過前村誰家少婦登樓望弱質飄零仔細論

連朝飛絮潔于霜多少風流寄野塘眉細無煩濡彩筆腰輕幾見拂漁箱移來靈囿差忘漢此去陽關尚憶王淺綠深黃誰管得一鞭殘照走鷄坊

暖風吹上舊征衣春老江南是也非爲覆鴛鴦絲不斷故留眉眼舞頻稀白門烟雨新潮漲翠館笙歌燕子飛無限綺情忘不得香塵逐處忍相違

搖曳東風總可憐依依捲盡一溪烟淵明宅畔尋常綠蘇小門前分外綿老樹新亭飛點點斜陽古渡伴年年凄迷莫向灞橋過怕惹離愁到酒邊

附和作　汪大鐵

欲寫芳非已斷魂李花滿地想金門扇題舊句兼新句襟漬茶痕雜酒痕一笑迴風歸別院五更飛雨夢前村桃花人面分明在付與尊邊子細論

聞說麻姑鬢也霜柔櫓當日滯山塘清尊座上停紅燭紅粉叢中賦玉箱花草吳宮懷帝子烟波洛水思陳王觴詠舊地猶堪憶敎曲層樓第一坊

華年盛鬋綺羅衣一瞥驚鴻是也非紈扇陌頭歌緩緩春燈花底話依依喜看蝴蝶隨風舞却羨鴛鴦比翼飛薄醉相逢愁裏別幾多心事與心違

相思相怨復相憐一息絲絲化碧烟影事回頭春寂寂歧途交臂恨綿綿旗亭畫壁渾疑夢書館吟懷晝似年十載繁華祇一瞬從知情海却無邊

謝覲虞玉岑

題芝蘭草堂印存

獵碣迂回能棫茂封泥安雅亦開張匆匆皖浙成芻狗此事方知法後王

題鴛湖影事圖袖卷

畫裏清波去不回新詞又起華山隈墜天竭海尋常甚卻笑騷心作許悲

釋　鐵橋

題秋蟬畫扇寄大鐵

弦月上烟艇微風到綠楊蟬移無定響星過尚餘光夜火喧漁市秋帆聚野航畏途同作客淸吹自悲涼

補遺

金　震東雷

與大鐵闊別十年矣吳下重逢盍勝欣慰承賜長律依韻奉酬

當年沽上題襟客別後悲歡似夢中何意苔岑逢舊契還攜詩板託深衷滄桑世變同驚幻苜蓿生涯未送窮多謝主人情款好借將杯酒慰飄蓬

附原作　汪大鐵

甲申雨水節金翁葆芳召飲南園坐有舊友東雷十年契闊有感呈作郎以索和

十年不見東雷子亂裏相逢況客中爲謝鄰翁儲善釀（湖州名酒）何妨借酒話離衷湖山感舊情猶昨景物翻新道已窮搔首問天天不語此身無計任飄蓬

胡　振汀鷺

庚辰送春餞春二律書大鐵扇頭

翦刀風裏裁新綠幾朵殘紅戀故枝客況宜同飛燕說癡情祇許杜鵑知未能免俗憂來日豈不懷歸又此時小巷坐聽櫻筍賣一杯婪尾餞春遲

全家漏網餘生在世亂休嗟行路難小屋似舟身作僕老妻多病藥爲餐久拋筆研添新債盡典衣裳忍晚寒曉起鄰園牆外竹對儂偏又報平安

鄧　鐵散木

湖上雜詩書大鐵扇頭

天斜一徑似松寥舊賦淮南不可招水樂無聲叢桂盡東南天地此蕭條

不似尊鱸往日情夜涼風露擁初醒一湖秋色三篙水小艇歸來載月明

鳳林鐘罷客星稀霜槳重來眼欲迷一樣湖山風月夜不曾載夢過西溪

隔湖明月照銅鞮鶴鳳笙簫失舊蹊此夜不知誰載酒一燈紅過段橋西

謝客東來意萬重憐他塵劫太從容萬山和墨僧樓夜誤我三生一杵鐘

壓座松聲茗椀空荒時款客勝秋風誰攜塵世蒼茫淚來訪西山賣餅翁

酒醒何處最蒼涼一覺雲屏跡未荒三十三天秋露重跨虹橋上月如霜

茆庵僧去劇淸嚴重過雲堂舌未箝散髮僧雛能識字泥人絮絮念靈籤

蕭　蛻退闇

癸未舊作示大鐵

吾不爲匠書人以匠視我匠我何慊焉名列周官夥在昔有匠石運斤鼻無墮又有解牛丁批導刀不頗三寸毛錐子重逾萬夫何揮霍窮八極剛健含婀娜六書星宿海八法翼而飛頡籀在龔牆斯凝相左右兩京晉唐宋大冶一鑪簸讀書五十年雕蟲媿瑣瑣書本以人重劣因無勝果以此恆自箴俗子嗤曰叵信手亂黑白誰歟無不可試看當代賢藝苑各馳騁如陳魚龍戲覩之神欲癉褐蠶動遠近聾金供頤朵問子胡不然正法付一火因是終老拙饑贏不知須闡言如挑耳敬謝來命奇人皆阿修羅子獨薛怛埵般動願留飯奈無釜中鎖且與倒壺酒白日作大坐

空谷流馨集詩編卷終

後記

無錫是中國吴文化的發祥地。七千多年悠久歷史與文明，造就了『梁溪明秀之區，衣冠禮樂甲於江左』的城市人文傳統和深厚的歷史文化底蘊。數千年來，文脉綿延，永世流芳。邵寶在《錫山遺響》序中曾經這樣描述：『錫之爲邑，在三吴間。山水清麗豐曠，生其地者，多沉雅秀整，以文名家，代不乏人。』文化已經成爲這座城市最本色的氣質。爲傳承吴地文明，建設文化名城，進一步彰顯無錫城市内在精神特質，經過幾年的精心策劃，旨在全面整理地方文化典籍的《無錫文庫》編纂出版工作於二〇一〇年全面啓動，二〇一一年起陸續與讀者見面了。

無錫的城市文化曾經爲中華文化寶庫作出過巨大貢獻。顧愷之、倪瓚、王紱、鄒一桂、賀天健、徐悲鴻、錢松嵒、吴冠中，如松秀群嶺，在中國繪畫史上擁有很高的地位；華秋蘋、楊蔭瀏、劉天華、華彦鈞（阿炳），乃韵動天籟，對中國音樂發展發揮了重要作用；李紳、蔣防、尤袤、蔣捷、陳維崧、顧貞觀、嚴繩孫、周濟、劉半農，皆胸懷錦綉，在中國文學史上可謂各領風騷；計六奇、顧祖禹、顧棟高、秦蕙田、嵇璜、錢基博、錢穆、錢鍾書、錢海岳，可稱堂奥廣庭，學造淵源，在中國學術史上卓然大家；顧憲成、高攀龍之東林，唐文治之『國專』，徐霞客之游記，徐壽、華蘅芳之『格致之學』，陳翰笙、錢俊瑞、孫冶方、薛暮橋之經濟學，都堪稱中華文化史上的一座座高峰，至今閃耀着炫目的光芒。

深厚的歷史文化底蘊激發了無錫城市的文化自覺。市委、市政府滿懷對鄉土誠摯之情、對文化敬畏之感，以義不容辭的責任擔當，致力於文化强市建設，以科學的理念和方式對歷史文化遺産作全方位的觀照、深層次的發掘、系統性的保護，匯四海之智，舉全市之力，共襄文化建設盛舉。二〇〇六年十二月，無錫市成功申報國家歷史文化名城，標志着新一輪文化意識的覺醒，并迅速轉化爲文化自覺的實踐。近年來，我市全面啓動惠山、清名橋、小婁巷、榮巷、蕩口等五個歷史文化街區和十個古村落保護修復工程，『護其貌，顯其顔，鑄其魂，揚其韵』；鴻山遺址成功保護的經驗被國家文物局譽爲大遺址保護『無錫模式』，并被授予首批國家考古大遺址公園，闔閭城遺址考古發現則確立了歷史上無錫曾作爲吴王闔閭都城的地位；建成開放六十餘座博物館、名人故居和紀念館；對無錫的非物質文化遺産予以重點保護；每年春天舉辦的中國（無錫）吴文化節、中國文化遺産保護論壇成爲文化亮點，享譽海内外。這些舉措遵循規律，探索文化建設體制和機制的創新，形成了寶貴的『無錫經驗』，得到海内外學者、專家的一致肯定。

在注重保護歷史文化遺存的過程中，發掘、整理無錫歷史文獻著作，展示和弘揚無錫城市的思想精神世界，自然而然成爲大家關注的重點。二〇〇六年，市委宣傳部組織無錫文史專家、學者編撰的十七册三百萬字的《無錫文化叢書》正式出版，引起强烈反響，出版後供不應求，在二〇〇八年再版加印。《無錫文化叢書》集中反映了無錫城市文化精華，展示了無錫城市文化特質，彰顯了無錫歷史文化的厚重，同時也告訴人們，文化精神的傳遞是文化繁榮發展的重要内涵，一旦擦去歲月蒙塵，優秀的歷史文化就會轉化成爲取之不盡的精神財富。

爲了進一步彰顯城市歷史文化底蘊，二〇〇七年，市委、市政府將全面系統整理無錫文化典籍擺上工作議事日程，明確提出編纂《無錫文庫》。由于無錫歷史文化底蘊深厚，卷帙浩繁，内容豐富，編纂工作千頭萬緒，要想整理出一部簡明扼要而又内容翔實、主旨鮮明而又文質彬彬的文獻集成，難度遠大於預想。爲此，我們先後成立了《無錫文庫》工作委員會和編輯委員會，加强對編纂出版工作的組織領導與統籌協調，在尊重歷史、尊重規律、尊重科學、尊重專家的基礎上，積極推進文庫編纂工作。編輯委員會經過反復論證，明確原則，綱舉目張，有條不紊地開展工作。充分憑借地方文史專家的優勢，充分發揮高校人文學院、研究機構的作用，充分依靠出版機構的專業經驗，并邀請國内外著名文史專家指導、把關，形成了文庫編纂的工作合力。

在編輯過程中，我們力求使《無錫文庫》成爲經得起歷史考驗的鄉邦文獻集成。

全面規劃又保持開放結構。面對豐富的歷史文化積澱，没有規劃就不可能形成清晰的編纂思路。在前期編纂工作中，編輯委員會經過二十餘次的論證會和專題研討會，形成并確定了《無錫文庫》總書目，明確了收録範圍和内容主體，立足無錫市區，兼顧江陰、宜興，主要體現無錫本土内容，突出人文科學，適當兼顧其他門類。據此，《無錫文庫》收録圖書五百五十餘種，分爲五輯：第一輯『官修舊志』，收編無錫地方志（含江陰、宜興）；第二輯『地方史料專著』，收編反映無錫地方史料的專著與筆記；第三輯『年譜家乘』，收編無錫（含江陰、宜興）地方名人年譜和望族的家譜；第四輯『無錫文存』，收編歷史上無錫作家詩文和專著的精華；第五輯『近現代名家名著存目』，編撰無錫近現代名家名著的書目提要。爲使文庫具有更大的開放度和包容量，《無錫文庫》注重整體設計，在框架分類上既注意整合，又突出重點，考慮到文庫的涵蓋面和系統性；在書目選擇上既注重經典性，又强調代表性，兼顧到圖書本身質量和作者特點；在出版方式上既總體規劃、循序推進，又采取較爲靈活的方式，成熟一批出版一批，不編序號，爲今後增補書目預留空間。

尊重歷史又反映時代特色。《無錫文庫》注重歷史性與時代性相結合，以嶄新的學術角度和現代學科理念對城市歷史文化進行整理和弘揚。編纂工作充分體現對歷史傳統的尊重，儘可能減少評述性成分，杜絶截割、改篡、增删圖書内容，對節選本衹采取作者的自選本。與此同時，以現代學術視野來看待傳統史料，增加收録有價值的歷史資料和文獻，如對民國時期的一些稿本、期刊、會刊、紀念册也予以應有的關注，收入了部分重要的民間史料。

保持原貌又便于讀者查閲。《無錫文庫》除第五輯外，全部采用原版影印方式，力争選擇最優版本作底本，保持文獻著作的歷史面目。爲了便於閲讀、查證、使用、研究，每一輯均撰寫編輯説明，每種書撰寫提要，并編撰《文庫》書目索引。通過這樣的方式，使《無錫文庫》兼具工具書檢索的作用，增强文化典籍整理的實用功能。

如期完成又精益求精。《無錫文庫》作爲一項重大文化工程，編纂工作面廣量大，必須集中力量，一鼓作氣。我們明確，從編纂工作全面啓動開始，花三年時間完成《無錫文庫》出版工作。《無錫文庫》總書目形成後，五輯的書目編纂工作同時開展、整體推進。我們要求，《無錫文庫》編纂出版工作要强化精品意識，力求思想精深、内容精彩、選編精當、學風精良、裝幀精美。文庫編纂出版的每個環節都反復論證推敲，確保經得起歷史檢驗。

《無錫文庫》的編纂出版工作，得到了鳳凰出版傳媒集團的大力支持，鳳凰出版社在版本選擇、編輯出版方面做了細緻的工作；由於《無錫文庫》收録的資料有三分之二散落在全國各圖書館中，中國國家圖書館、上海圖書館、南京圖書館等一批國内知名圖書館爲此提供了積極的幫助；應邀擔任《無錫文庫》學術顧問的專家，都是無錫籍的文化名人和國内一流的古籍研究專家，他們有的不顧年事已高，有的不顧自身工作繁忙，爲《無錫文庫》的編纂工作付出辛勤勞動；《無錫文庫》工作委員會和編輯委員會成員以及編務人員在文庫編纂出版過程中做了大量的工作。在此，謹向他們表示崇高的敬意和由衷的謝忱！

由於《無錫文庫》收録内容涉及範圍廣、時間跨度長，部分書目已經散佚，可利用資料受到限制，加之編輯委員會水平有限，《無錫文庫》的編纂工作難免會有一些疏漏和錯誤，不當之處敬請讀者指正。

王立人

二〇一一年一月